CB074169

Estudando a Bíblia com

Matthew Henry

Publicações Pão Diário

Estudando a Bíblia com

Matthew Henry

Compilação e organização de
Dayse Fontoura

Estudando a Bíblia com Matthew Henry
Textos originalmente publicados nas obras completas de Matthew Henry
Compilados, organizados e traduzidos por Dayse Fontoura.
Copyright © 2024 Publicações Pão Diário.

Coordenação editorial: Adolfo A. Hickmann
Tradução e organização: Dayse Fontoura
Revisão: Adolfo A. Hickmann, Céfora Carvalho, Dalila de Assis, Giovana Caetano, João Ricardo Morais, Marília P. Lara
Coordenação gráfica e de artes: Audrey Novac Ribeiro
Projeto gráfico e capa: Rebeka Werner

Dados Internacionais de Catalogação na Publicação (CIP)

HENRY, Matthew (1662–1714)
Estudando a Bíblia com Matthew Henry
Tradução: Dayse Fontoura — Curitiba/PR, Publicações Pão Diário
1.Estudo bíblico   2. Panorama bíblico   3. Vida cristã   4. Devoção

Proibida a reprodução total ou parcial, sem prévia autorização, por escrito, da editora.
Todos os direitos reservados e protegidos pela Lei 9.610 de 19/02/1998.
Permissão para reprodução: permissao@paodiario.org

Exceto se indicado o contrário, as citações bíblicas são extraídas da edição
Nova Almeida Atualizada de João Ferreira de Almeida © 2017,
Sociedade Bíblica do Brasil.

Publicações Pão Diário
Caixa Postal 9740
82620-981 Curitiba/PR, Brasil
publicacoes@paodiario.org
www.publicacoespaodiario.com.br
Telefone: (41) 3257-4028

JG286 • ISBN: 978-65-5350-395-3

1.ª edição: 2024

Impresso na China

SUMÁRIO

Apresentação 7

Como aproveitar melhor este livro 9

Biografia de Matthew Henry 11

Antigo Testamento 13

    Panorama do Antigo Testamento 14

    Estudos sobre o Antigo Testamento 17

    Panorama do período interbíblico 274

    Os 400 anos de silêncio profético 275

Novo Testamento 289

    Panorama do Novo Testamento 290

    Estudos sobre o Novo Testamento 292

APRESENTAÇÃO

Ler as Escrituras é fundamental alimentar a nossa alma! Porém, crescemos ainda mais na fé e na prática cristã quando vamos além da mera leitura e nos empenhamos para encontrar os tesouros escondidos disponíveis somente para aqueles que se aplicam no estudo e na meditação da Palavra. Parabéns! Você, quando adquiriu esta obra, tomou uma decisão importantíssima para o seu crescimento espiritual.

Pensando em ajudá-lo nesse passo importante, desenvolvemos um projeto de estudo bíblico que pode ser realizado tanto individualmente quanto em grupo. Para isso, selecionamos um dos mais respeitados e influentes comentaristas bíblicos de todos os tempos, Matthew Henry, para ser o seu professor durante esta jornada. Esse servo de Deus, que viveu no século 17, desde cedo se tornou um estudioso da Bíblia e um mestre em transmitir seu conteúdo. Você verá que, mesmo tendo se passado pouco mais de três séculos desde que ele viveu, sua mensagem e interpretação da Palavra de Deus continuam relevantes e desafiando a Igreja a uma vida de santidade.

Organizado de forma cronológica, conforme os eventos ocorriam e os livros canônicos iam sendo produzidos, esta obra o levará a ter o panorama histórico da Palavra de Deus em mente, o que o ajudará a fazer as conexões necessárias entre os textos. Contendo mapas, esquemas, tabelas, cronologias e introduções bíblicas, *Estudando a Bíblia com Matthew Henry* provê a você auxílios extras para lhe dar uma visão mais ampla da abençoadora mensagem de Deus ao seu coração.

Com tudo isso, esperamos que você tenha um ano de crescimento espiritual exponencial e que isso transborde para abençoar sua família, comunidade e igreja local. Já temos a bússola da Palavra em mãos, agora só precisamos aprender a interpretá-la e segui-la para que Deus, segundo a riqueza da Sua glória, conceda-nos que sejamos fortalecidos com poder, mediante o Espírito, em nosso íntimo. Isto para que, com todos os santos, possamos compreender qual é a largura, o comprimento, a altura e a profundidade e conhecer o amor de Cristo que excede todo o entendimento, para que sejamos cheios de toda a plenitude de Deus (conforme Ef 3:16-19).

—dos editores

COMO APROVEITAR MELHOR ESTE LIVRO

Este livro será seu guia de estudo bíblico durante um ano. Neste volume, organizamos os comentários de Matthew Henry de forma cronológica, buscando ajudá-lo a formar um panorama tanto histórico quanto de formação dos livros do cânon protestante.

Além disso, tomamos o cuidado de acrescentar mapas, esquemas, tabelas e cronologias para ajudá-lo a compreender melhor a Palavra de Deus. Os espaços para anotação lhe darão a liberdade de deixar registrado a meditação do seu coração no dia da sua leitura e o que Deus ministrou de forma particular a você. Esse diário pessoal lhe servirá de inspiração para os momentos de dúvida e de necessidade de encorajamento e orientação divina.

No entanto, gostaríamos de lhe dar algumas sugestões para que o seu crescimento e compreensão sejam ainda melhores:

1. **Leia** sempre toda a passagem bíblica referente ao dia. Nunca menospreze essa etapa porque é justamente ela que lhe dará todo o contexto dos comentários bíblicos de Matthew Henry.
2. Sempre que sua leitura vier acompanhada de um dos auxílios extras (mapa, tabela, esquema etc.), **tire um tempo para analisá-lo** e fazer a ligação daquelas informações com o texto. Isso ampliará sua compreensão holística dos contextos histórico, cultural e geográfico da passagem bíblica.
3. Após seu estudo, **tire um tempo para meditar** no que leu e faça uma lista do que aprendeu (pode ser em seu espaço de anotação ou em um caderno à parte).
4. Encerre seu período de estudo **orando** a respeito das coisas que aprendeu naquele dia.

Colocando em prática todos esses passos, você extrairá o melhor do seu material de estudo bíblico e se aproximará de Deus por meio do estudo da Sua Palavra.

MATTHEW HENRY
(1662–1714)

Matthew Henry nasceu prematuramente em Broad Oak, uma cidade do País de Gales perto da fronteira com a Inglaterra, em 18 outubro de 1662. Seu pai, Philip Henry (1631–96), era pastor anglicano, mas, pouco antes no nascimento de Matthew, foi expulso da igreja por não concordar com o Ato de Uniformidade, expedido pelo Parlamento inglês, sob o governo de Elizabeth I naquele mesmo ano.[1] Cerca de metade dos ministros anglicanos deixaram a igreja, pelo mesmo motivo, passando a integrar o grupo dos não conformistas, ou puritanos.

Criado neste ambiente de hostilidade e perseguição eclesiástica, Matthew Henry foi alfabetizado por seu pai. Diz-se que, aos três anos de idade, apesar de sua constituição física frágil durante a infância, ele já conseguia ler porções das Escrituras. Conforme testemunho dele próprio, sua conversão aconteceu durante um sermão de seu pai, quando seu coração passou a buscar a Cristo. Foram incluídas em sua educação as línguas originais da Bíblia — o grego e o hebraico —, além do latim. A tradução dos textos bíblicos originais era exercício que ele tinha de fazer diariamente em sua casa.

Aos 18 anos, impedido de estudar em Oxford e Cambridge por ser um puritano, foi cursar teologia em uma academia não conformista em Hackney, onde esteve, durante dois anos, sob a supervisão dos reconhecidos presbiterianos Thomas Doolittle (1632–1707) e Thomas Vincent (1634–78). Infelizmente, devido à perseguição estatal, a academia teve de mudar de lugar, e Matthew voltou para casa, onde deu sequência aos seus estudos de modo autodidático.

Quando tinha 23 anos, foi enviado por seus pais para cursar direito em Grays Inn, um dos quatro principais centros de estudo de direito de Londres. No entanto, seu desejo de dedicar-se ao ministério jamais foi renegado ou colocado em segundo plano.

---

[1] O primeiro Ato de Uniformidade foi desenvolvido sob o governo do rei Eduardo VI (1537–53) e visava uniformizar a nova crença protestante, a liturgia (com a imposição do *Livro de Oração Comum*) e os sacramentos da Igreja Anglicana.

Em 1687, mudou-se para Chester onde tornou-se pastor, a convite da igreja presbiteriana local. Precisou ir a Londres para ser ordenado, em 9 de março do mesmo ano, por seis pastores presbiterianos, um dos quais ordenara seu pai 30 anos antes. Meses depois, uniu-se em matrimônio com Katherine Hardware, que morreu durante o parto em fevereiro de 1689. Um ano depois, o então viúvo Matthew casou-se com Mary Warburton, com quem teve um filho e oito filhas — três das meninas morreram ainda na infância.

Sua pregação teve impacto em Chester e regiões circunvizinhas. Ao longo de suas duas décadas de ministério, a congregação local chegou a ter 350 membros frequentadores. Uma nova capela foi construída para comportar esse público e inaugurada em 1700, na qual foi adicionada uma galeria em 1706. Em seus sermões dominicais, expôs duas vezes a Bíblia toda para a sua comunidade, sem se furtar, sequer, em explicar os pontos doutrinários e teológicos, pois, para Matthew Henry, todo cristão deveria conhecer profundamente sua fé. Uma de suas características marcantes era a aplicação do ensino bíblico à vida prática do cristão. Essas suas características estão refletidas igualmente em suas obras literárias.

Seu trabalho de escrita do famoso *Comentário bíblico Matthew Henry* (CPAD, 2010) começou em 1704, tendo-o completado de Gênesis a Atos em 1714. Os comentários dos demais livros bíblicos foram acrescentados por seus colegas de ministério, que compilaram o restante usando as anotações e sermões do próprio Matthew Henry.

À medida que esse comentário e outras obras iam sendo publicados, a fama desse grande homem de Deus começou a se difundir. Vários convites para pastorear igrejas em Londres, Manchester e outras localidades foram rejeitados. Contudo, em 1712, Matthew Henry aceitou liderar uma congregação em Londres por entender que essa era uma porta de oportunidade para seu ministério e para a pregação do evangelho. Embora a igreja tivesse pouco menos de 100 frequentadores — quase todas as igrejas em Londres, nessa época, sofriam de torpor espiritual —, as portas realmente se abriram, e ele pregava todos os dias da semana, frequentemente três vezes por dia. Isso cooperou para a deterioração de sua saúde, que já sofria com a diabete e constantes crises de pedras nos rins.

Em 1714, enquanto viajava para pregar em outras cidades inglesas, ele foi lançado ao chão por seu cavalo, mas negou que tivesse sofrido qualquer ferimento. Durante seu sermão, naquela noite, os presentes notaram que lhe faltava a vivacidade característica. Foi muito breve e, mais tarde, estava lento e falando pesadamente. Sofrera um acidente vascular cerebral, indo morar com o Senhor na manhã seguinte, 22 de junho do mesmo ano.

A influência desse grande pastor e autor ainda é sentida três séculos após a sua partida. Dificilmente, teólogos eruditos falarão de comentários bíblicos sem mencionar o de autoria de Matthew Henry como uma referência histórica. Seus escritos têm inspirado grandes homens do passado e do presente. George Whitefield, John Wesley, Charles Wesley, William Cooper, William Carrey e Charles Spurgeon são apenas alguns célebres instrumentos de Deus que foram muito iluminados por suas obras.

Antigo Testamento

Panorama do Antigo Testamento

PERÍODO PRÉ-PATRIARCAL

- Criação
- Queda
- O mundo antediluviano
- O dilúvio
- Babel
- A distribuição das nações

ESCRAVIDÃO E MARCHA NO DESERTO

- Vida no Egito
- A história da libertação
- A instituição da Páscoa
- O êxodo
- A Aliança no Sinai (Lei)
- Pecado e os 38 anos de peregrinação no deserto

| Datação imprecisa | 1850–1650 a.C. | 1650–1250 a.C. | 1250–1000 a.C. |

PERÍODO PATRIARCAL

- Jó
- Abraão
- Isaque
- Jacó/Israel
- Os doze patriarcas (12 tribos de Israel)

POSSE DE CANAÃ E JUÍZES

- As tribos a leste do Jordão
- As tribos a oeste do Jordão

REINO DIVIDIDO

- Reis de Israel (Reino do Norte)
- Reis de Judá (Reino do Sul)
- Queda de Israel (722 a.C.)
- Profetas de Israel: Elias, Eliseu, Amós, Oseias, Jonas
- Queda de Judá (Queda: 586 a.C.)
- Profetas de Judá: Isaías, Miqueias, Naum, Sofonias, Habacuque, Jeremias, Joel, Obadias.

PÓS-EXÍLIO

- Reconstrução do Templo
- Trabalho interrompido
- Profetas: Ageu e Zacarias
- Trabalho retomado
- Esdras ensina a Lei
- Ester, rainha da Pérsia
- Reconstrução dos muros (Neemias)
- Corrupção da prática da Lei
- Profeta: Malaquias

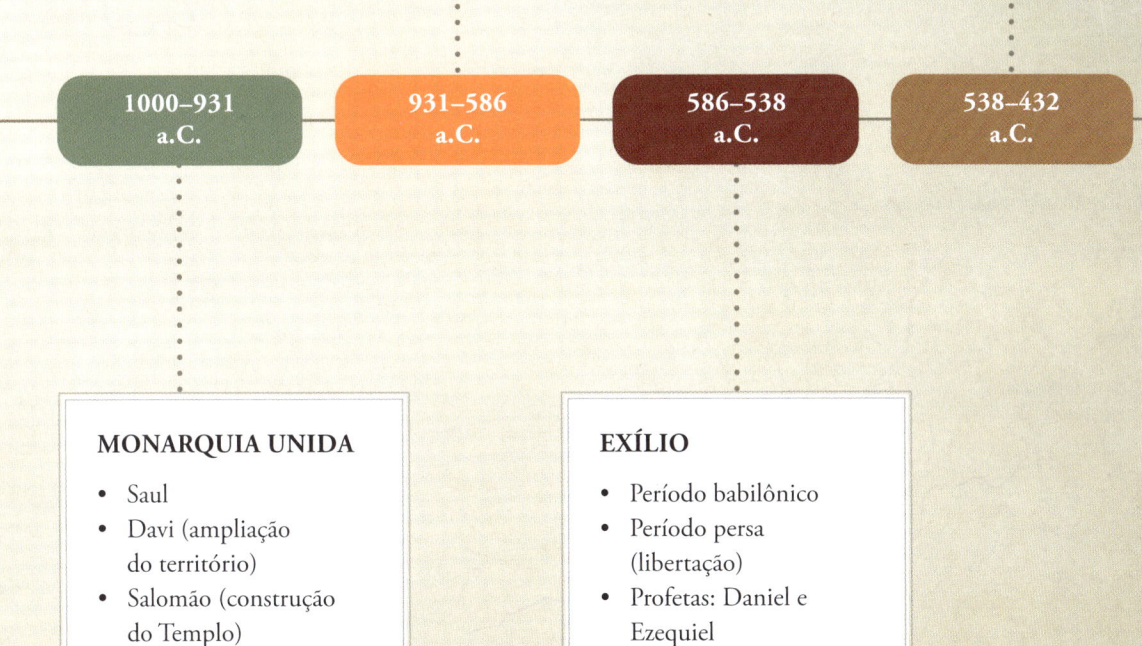

1000–931 a.C. — **931–586 a.C.** — **586–538 a.C.** — **538–432 a.C.**

MONARQUIA UNIDA

- Saul
- Davi (ampliação do território)
- Salomão (construção do Templo)

EXÍLIO

- Período babilônico
- Período persa (libertação)
- Profetas: Daniel e Ezequiel

O PRINCÍPIO DA CRIAÇÃO

ESTUDO 1

Período pré-patriarcal

Leitura bíblica: Gênesis 1:1-25

*No princípio, Deus criou os céus e a terra.
A terra era sem forma e vazia; havia trevas sobre a face do abismo,
e o Espírito de Deus se movia sobre as águas.*

GÊNESIS 1:1-2

O caos foi a primeira matéria. Aqui ele é chamado de Terra (embora a Terra, propriamente dita, não tivesse sido criada até o terceiro dia, v.10) porque se assemelhava muito àquilo que depois foi chamado de Terra, apenas Terra, destituída de seus ornamentos, como uma massa pesada e disforme. Também é chamada de abismo, tanto por sua imensidão quanto em razão das águas, que, depois, foram separadas da terra com a qual estavam, agora, mescladas. Foi a partir dessa enorme quantidade de matéria que todos os corpos, até mesmo o firmamento e o céu visível, foram depois formados, oriundos do poder do Verbo eterno [N.T.: veja João 1]. O Criador poderia ter feito Sua obra perfeita desde o início; no entanto, por meio desse procedimento gradual, Ele mostrou o que é, normalmente, o método de Sua providência e graça. Observe a descrição desse caos: (1) Não havia qualquer coisa desejável de ser admirada, pois não tinha forma e era vazio. *Tohu* e *Bohu*, destruição e ruína, conforme são traduzidos esses termos em Isaías 34:11. Era sem forma, inútil, não possuía habitantes, tampouco ornamentos; era a sombra ou o grosseiro esboço do que estava por vir, e não a imagem das coisas (Hb 10:1). (2) Se houvesse qualquer coisa desejável de ser vista, ainda assim não havia a luz para poder contemplá-la, visto que a escuridão, as densas trevas, estavam sobre a face do abismo.

O Espírito de Deus foi o primeiro a se mover: Ele moveu-se sobre a face das águas. Quando consideramos a Terra sem forma e vazia, penso eu, seria como o vale cheio de ossos, mortos e secos. Podem eles voltar a viver? Poderia essa confusa massa ser transformada em um mundo belo? Sim, se o Espírito de vida, da parte de Deus, entrar nela (Ez 37:9). Agora há esperança com relação a ela, uma vez que o Espírito de Deus começa a operar e, se Ele age, quem pode impedi-lo? Portanto, aprenda que Deus não é apenas o autor do ser, mas a fonte de vida e o manancial do movimento. A matéria sem vida estaria para sempre morta se não fosse avivada por Ele. E isso torna crível, para nós, que Deus ressuscitará os mortos. O poder que criou um mundo como este a partir da confusão, do vazio e das trevas, no começo dos tempos, pode, no fim dos tempos, retirar do sepulcro nosso corpo desprezível, embora seja um território de pura escuridão e sem qualquer ordem (Jó 10:22) e pode transformá-lo em corpo glorioso.

ANOTAÇÕES

....
....
....
....
....
....
....
....
....
....
....
....
....

ESTUDO 2

Período pré-patriarcal

O PAI E SEU FILHO

Leitura Bíblica: Gênesis 1:26–2:24

E Deus disse: Façamos o ser humano à nossa imagem, conforme a nossa semelhança. Tenha ele domínio sobre os peixes do mar, sobre as aves dos céus, sobre os animais domésticos, sobre toda a terra e sobre todos os animais que rastejam pela terra.

GÊNESIS 1:26

O homem foi criado como a última de todas as criaturas, para que não se suspeitasse minimamente de que ele fora um auxiliar de Deus na criação do mundo. Esta pergunta deve sempre lhe trazer humildade e mortificação: "Onde você estava, quando eu lancei os fundamentos da terra?" (Jó 38:4). Contudo, foi igualmente uma honra e um privilégio que ele tenha sido formado por último: uma honra, pois o método da criação era avançar do que era menos perfeito para aquilo que era mais perfeito; um privilégio, pois não era adequado que ele fosse abrigado no local que lhe foi designado até que este estivesse completamente adequado e equipado para a sua recepção.

A criação do homem foi mais um sinal e um ato imediato da sabedoria e poder divinos do que a de todas as demais criaturas. A sua narrativa é introduzida com algo de solenidade e com uma distinção manifesta do restante. Até esse momento, fora dito "Haja luz!", "Haja um firmamento" e "Que a terra, ou as águas, produzam" tal coisa; porém, agora, a palavra de ordem é mudada para uma palavra de consulta: "Façamos o homem, por quem o restante das criaturas foi formado; esse é um trabalho que devemos tomar em nossas próprias mãos". Nas anteriores, Ele fala como alguém com autoridade; nessa, como tendo afeição, pois Sua alegria está nos filhos dos homens (Pv 8:31). Parece como se essa fosse a obra na qual Ele ansiava por se envolver; como se tivesse dito: "Após haver estabelecido o preliminar, dediquemo-nos agora ao trabalho principal. Façamos o homem". O ser humano era para ser uma criatura diferente de tudo o que fora criado até então. Carne e espírito, Céu e Terra, devem ser colocados juntamente nele, e ele deve estar associado a ambos os mundos. E, desse modo, o próprio Deus não apenas assume formá-lo, mas se agrada em se expressar como se convocasse um concílio para considerar a criação do homem: "Façamos o homem". As três pessoas da Trindade — Pai, Filho e Espírito Santo — conversam sobre isso e contribuem para essa criação, visto que o homem, quando foi feito, deveria ser dedicado e devotado ao Pai, ao Filho e ao Espírito Santo. É nesse grandioso nome que somos batizados, com boa razão, porque a esse grande nome devemos nosso ser. Que o homem seja governado por Aquele que disse "Façamos o homem".

ANOTAÇÕES

....
....
....
....
....
....
....
....
....
....
....
....
....

O PRÓDIGO ABANDONA O PAI

ESTUDO 3

Período pré-patriarcal

Leitura bíblica: Gênesis 3–4

Então os olhos de ambos se abriram; e, percebendo que estavam nus, costuraram folhas de figueira e fizeram cintas para si.

GÊNESIS 3:7

O texto nos diz que eles perceberam que estavam nus, isto é: (1) Que foram despidos, desprovidos de todas as honras e júbilo de seu estado paradisíaco e expostos a todas as mazelas que devem ser esperadas, com justiça, de um Deus irado. Estavam desarmados, sua defesa os deixara. (2) Que estavam envergonhados, para sempre envergonhados, diante de Deus e dos anjos. Viram-se desnudados de todos os seus ornamentos e insígnias de honra, degradados de sua dignidade e em extrema desgraça, totalmente expostos ao desprezo e à censura do Céu, da Terra e de sua própria consciência. Agora, veja, primeiramente, como o pecado é uma grande desonra e inquietação. Ele traz injúria onde quer que seja admitido, coloca os homens contra si próprios, perturba sua paz e destrói seus confortos. Mais cedo ou mais tarde, haverá a vergonha, a vergonha do verdadeiro arrependimento, que redunda em glória, ou a vergonha do eterno desprezo para o qual os perversos ressuscitarão no grande Dia. O pecado é desgraça para qualquer pessoa.

A triste artimanha que inventaram para mitigar essas convicções e para se armar contra elas foi: costuraram, ou entrelaçaram, folhas de figo e, para cobrir pelo menos parte da vergonha um do outro, fizeram para si aventais. Veja aqui o que é normalmente a tolice daqueles que pecaram: (1) São mais solícitos em preservar seu crédito diante dos homens do que obter seu perdão de Deus; são reticentes para confessar o pecado e muito desejosos de disfarçá-lo o quanto puderem: "Eu pequei. Ainda assim, honrem-me". (2) Como as desculpas que os homens criam para cobrir ou atenuar seus pecados são vãs e frívolas. Assim como o avental de folhas de figo, eles não melhoram a sua situação, apenas a tornam pior. A vergonha, assim ocultada, torna-se ainda mais vergonhosa. Mesmo assim, somos todos aptos a cobrir nossas transgressões da mesma forma que Adão (Jó 31:33).

ANOTAÇÕES

ESTUDO 4

Período pré-patriarcal

A TRISTEZA E A JUSTIÇA DE DEUS

Leitura bíblica: Gênesis 6–7

*...então, se arrependeu o S*ENHOR *de ter feito o homem na terra, e isso lhe pesou no coração.*

GÊNESIS 6:6 ARA

As expressões aqui utilizadas são muito estranhas: O Senhor se arrependeu de haver criado o homem sobre a Terra, de ter feito uma criatura com poderes e faculdades tão nobres e o colocado nesta Terra, a qual Ele formou e adornou com o propósito de ser uma habitação conveniente e confortável para a humanidade; tudo isso entristeceu o Seu coração. Essas são expressões conforme a maneira dos homens e devem ser compreendidas de modo a não refletirem na honra da imutabilidade e felicidade de Deus. (1) Essa linguagem não implica em qualquer sentimentalismo ou inquietação em Deus (nada pode gerar perturbação na Mente Eterna), mas expressa Seu desprazer justo e santo contra o pecado e os pecadores, contra o pecado como odioso à Sua santidade e contra os pecadores como ofensivos à Sua justiça. Deus odeia o pecado dessa forma? Também não o odiaremos nós? O nosso pecado trouxe pesar ao coração de Deus? E não lamentaremos e seremos afetados em nosso coração por ele? Que essa consideração nos humilhe e nos envergonhe e que possamos olhar para Aquele a quem entristecemos dessa forma e pranteemos (Zc 12:10)! (2) Não há implicação de mudança de mentalidade em Deus, pois Ele tem apenas uma mentalidade, e quem pode mudá-la? Nele não há variação. Contudo, essa expressão informa a mudança em Seu modo de agir. Quando Deus criou o homem de forma correta, Ele descansou e tomou alento (Êx 31:17), e Seu modo de agir para com o ser humano demonstrava que Ele sentira prazer na obra de Suas próprias mãos. Entretanto, agora que o homem havia apostatado, Deus não poderia fazer outra coisa senão mostrar-se descontente. Assim, a mudança foi no homem, e não em Deus. O Senhor se arrependeu de haver feito o homem, mas jamais o encontramos arrependendo-se de o haver redimido (embora essa tenha sido uma obra muito mais custosa), pois a graça especial e eficaz é oferecida para assegurar o grande objetivo da redenção; de modo que esses dons e essa vocação não são acompanhados do arrependimento [divino] (Rm 11:29).

ANOTAÇÕES

....
....
....
....
....
....
....
....
....
....
....
....
....
....
....
....
....
....
....
....

OS TOLOS PROJETOS HUMANOS

ESTUDO 5

Período pré-patriarcal

Leitura bíblica: Gênesis 11

Venham, vamos construir uma cidade e uma torre cujo topo chegue até os céus e tornemos célebre o nosso nome, para que não sejamos espalhados por toda a terra. GÊNESIS 11:4

Aparentemente, [essas pessoas] almejavam três coisas ao construir a torre [de Babel]: (1) Ela parecia projetada como uma afronta ao próprio Deus, pois queriam construir uma torre cujo topo chegasse ao Céu, o que evidencia uma provocação a Deus, ou, no mínimo, uma rivalidade contra Ele. Eles seriam como o Altíssimo ou chegariam o mais próximo dele que pudessem, não em santidade, mas em altura. Esqueceram-se de sua posição e, desdenhando o fato de terem de se arrastar pela Terra, resolveram subir ao Céu, não pela Porta ou pela Escada, mas por outro meio.

(2) Dessa forma, esperavam fazer para si mesmos um nome; queriam fazer algo sobre o que se comentasse naquele tempo e para que a posteridade soubesse que existiram homens como eles no mundo. Em vez de morrer e não deixar lembranças, desejavam deixar esse monumento de seu orgulho, ambição e tolice. Perceba: 1) A pretensão por honra e fama entre os homens normalmente os inspira com um estranho ardor para empreendimentos grandiosos e difíceis, e, com frequência, denuncia o que é mal e ofensivo a Deus. 2) É justo que Deus enterre esses nomes na poeira de onde se ergueram pelo pecado. Esses construtores de Babel se empenharam para fazer seus nomes conhecidos sob custos grandiosos e tolos, mas não conseguiram sequer conquistar isso, uma vez que não encontramos em qualquer relato o nome de qualquer um deles. Filo, o judeu [N.T.: filósofo judeu radicado em Alexandria], diz que eles haviam gravado, cada um, seu nome em um tijolo, *in perpetuam rei memoriam* — como memória perpétua; no entanto, nem mesmo isso serviu ao propósito deles.

(3) Eles fizeram isso para impedir sua dispersão: "para que não sejamos espalhados por toda a terra" (v.4). "Isso foi feito" — diz Josefo [N.T.: historiador judeu do século 1 d.C.] — "em desobediência à ordem 'encham a terra' (Gn 9:1)". Deus ordena que eles se espalhem. "Não", dizem eles, "não nos dispersaremos. Viveremos e morreremos juntos". Para isso, eles se envolvem nesse grande empreendimento. A fim de que pudessem se unir sob um glorioso império, resolvem construir essa cidade e torre para ser a metrópole de seu reino e o centro de sua unidade. Veja a ousada presunção desses pecadores. Aqui há: 1) Uma ousada oposição a Deus. "Encham a terra", diz o Senhor. "Nós não nos espalharemos", dizem eles. Ai daquele que assim rivaliza com seu Criador. 2) Uma ousada competição com Deus. Ser um monarca universal é prerrogativa divina, o Senhor de tudo e Rei dos reis. Deus não dará sua glória a outro.

ANOTAÇÕES

....
....
....
....
....
....
....
....

ESTUDO 6

Período patriarcal

ACUSAÇÕES INJUSTAS

Leitura bíblica: Jó 1

Então Satanás respondeu ao SENHOR: Será que é sem motivo que Jó teme a Deus?

JÓ 1:9

O diabo não podia negar que Jó temia a Deus, mas sugeriu que ele era um mercenário em sua religiosidade e, portanto, um hipócrita (v.9): "Será que é sem motivo que Jó teme a Deus?". Observe: (1) O quão impaciente o diabo ficou ao ouvir Jó sendo enaltecido, embora fosse o próprio Deus que o enaltecia. São semelhantes ao diabo aqueles que não suportam que qualquer outra pessoa, além de si mesmos, seja enaltecida, mas se ressentem da porção justa de reputação que os outros têm, como Saul (veja 1Sm 18:5 e outros textos) e os fariseus (Mt 21:15). (2) Ele não sabia o que fazer para se opor a Jó. O diabo não pôde acusá-lo de nada que fosse ruim e, assim, acusou-o de interesseiro ao fazer o bem. Se aquilo de que seus irritados amigos o acusaram, no calor da discussão, fosse apenas em parte verdade (15:5; 22:5), Satanás, sem dúvida alguma, teria trazido isso contra ele agora. Contudo, nada daquilo podia ser alegado. (3) Portanto, veja quão maliciosamente o diabo censurou Jó como hipócrita, não afirmando que ele de fato era, mas apenas perguntando: "Será que ele não é hipócrita?". Este é o modo comum dos caluniadores, dos que sussurram coisas, dos difamadores: sugerir, por meio de questionamentos, aquilo que eles não têm motivo algum para pensar ser verdadeiro. Note que não é estranho que aqueles que são aprovados e aceitos por Deus sejam censurados injustamente pelo diabo e seus instrumentos. Se eles forem, de outro modo, irrepreensíveis, é fácil acusá-los de hipocrisia, como Satanás acusou Jó, de forma que não há o que devamos temer menos do que ser chamados de hipócritas sem motivo.

(4) O quão injustamente o diabo acusou Jó como mercenário, para provar que ele era hipócrita. É bem verdade que Jó não temia a Deus sem receber nada em troca; ele conseguiu muito por isso, pois "grande fonte de lucro é a piedade" (1Tm 6:6). Porém, era falso que ele não temeria a Deus se não tivesse ganhado nada com isso, como ficou provado pelos acontecimentos. Os amigos de Jó o acusaram de hipocrisia porque ele estava grandemente aflito; já Satanás, porque ele muito prosperara. Não é difícil para os caluniadores acharem uma ocasião para atuar. Não é mercenarismo visar à recompensa eterna em nossa obediência, mas ter como objetivo vantagens temporais em nosso exercício da religião e torná-lo subserviente a elas é idolatria espiritual; é adorar a criatura mais do que o Criador. Provavelmente, isso terminará em apostasia fatal. Os homens não podem servir a Deus e a Mamom ao mesmo tempo.

ANOTAÇÕES

....
....
....
....
....
....
....
....
....
....

O BEM QUE VEM DE DEUS

ESTUDO 7

Período patriarcal

Leitura bíblica: Jó 2:1-10

*Mas Jó respondeu: Você fala como uma doida.
Temos recebido de Deus o bem; por que não receberíamos também o mal?
Em tudo isto Jó não pecou com os seus lábios.*

JÓ 2:10

Jó considera que, embora o bem e o mal sejam opostos, ainda assim eles não provêm de causas contrárias, mas que ambos vêm da mão de Deus (Is 45:7; Lm 3:38) e, portanto, que devemos manter nossos olhos no Senhor em ambas as situações, com gratidão pelo bem que Ele envia e sem impaciência diante do mal. Observe a força de seu argumento:

(1) O que ele alega: não apenas que se suporte, mas que se receba o mal: "por que não receberíamos também o mal?", isto é: 1) "Não deveríamos esperar recebê-lo? Se Deus nos concede tantas coisas boas, deveríamos nos surpreender, ou achar estranho, se Ele algumas vezes nos afligir, quando Ele nos disse que a prosperidade e a adversidade são colocadas uma em oposição à outra?" (1Pe 4:12). 2) "Não deveríamos nos dispor a receber o mal de forma correta?". A palavra significa receber como uma dádiva e denota uma afeição e uma disposição de alma piedosas sob nossas aflições, nem as desprezando, nem desfalecendo sob elas, considerando-as um presente (Fl 1:29), aceitando-as como punição por nossas iniquidades (Lv 26:41), aquiescendo à vontade de Deus nelas — "Que ele faça o que achar melhor" (1Sm 3:18) — e acomodando-nos a elas como aqueles que sabem passar necessidade bem como ter fartura (Fl 4:12). Quando o coração está humilde e desmamado, pela providência que o desmama para torná-lo humilde, então recebemos a correção (Sf 3:2) e tomamos a nossa cruz.

(2) Percebam: A consideração das misericórdias que recebemos de Deus, tanto passadas quanto presentes, deveria nos levar a receber nossas aflições como uma disposição adequada de espírito. Se recebemos nossa porção do bem comum nos sete anos de fartura, não receberemos nossa parte no mal comum dos anos de fome? *Qui sentit commodum, sentire debet et onus* — aquele que sente o privilégio deveria se preparar para a privação. Se recebemos tanto bem para nosso corpo, não receberemos algum bem para nossa alma, ou seja: algumas aflições, pelas quais participamos da santidade de Deus (Hb 12:10), algo que, pelo entristecer da face, torna o coração melhor? Portanto, que a murmuração e a vanglória sejam para sempre eliminadas.

ANOTAÇÕES

ESTUDO 8

Período patriarcal

E ERA TEMPO DE CALAR...

Leitura bíblica: Jó 2:11-13

Sentaram-se com ele no chão durante sete dias e sete noites. E ninguém lhe disse uma só palavra, pois viam que a dor era muito grande.

JÓ 2:13

Provavelmente [os amigos de Jó] estavam acostumados a visitá-lo em sua prosperidade não para caçar ou negociar com ele, não para dançar ou jogar cartas, mas para celebrar e edificar a si mesmos com a conversa sábia e piedosa dele. E agora que Jó estava em adversidade, eles vieram compartilhar com ele de seu pesar, da mesma forma que antes vinham para compartilhar de seus confortos. Esses eram homens sábios cujo coração estava na casa do luto (Ec 7:4). Visitar o aflito, o enfermo ou ferido, o órfão ou os que não têm filhos em seu sofrimento é tornar-se um braço da religião pura e sem mácula (Tg 1:27) e, se praticado por um bom princípio, logo será recompensado com abundância (Mt 25:36).

Com relação a esses visitantes, observe: (1) Que eles não foram chamados, mas vieram por sua própria determinação (6:22), de onde [Joseph] Caryl [N.T.: pregador inglês (1602-73)] observa que é de bom tom ser um hóspede inesperado na casa do luto e, ao consolar nossos amigos, antecipar-nos a seus convites. (2) Que eles marcaram hora para vir. Note: boas pessoas deveriam marcar hora entre si para fazer o bem, desse modo animando umas às outras e obrigando-se mutuamente a ele, e auxiliando e encorajando uma à outra a praticá-lo. Que as mãos se unam para a continuidade de qualquer desígnio piedoso! (3) Que eles vieram com o propósito (e temos razão para pensar que era sincero) de consolar Jó, mas, mesmo assim, provaram-se péssimos consoladores por meio da sua falta de habilidade em tratar seu caso. Muitos que desejam fazer o bem, por erro, falham em seu objetivo.

Eles se sentaram com Jó; contudo [por sete dias], ninguém lhe falou palavra alguma; eles apenas prestaram atenção nas narrativas particulares que ele dava de suas aflições. Ficaram em silêncio, como homens perplexos e surpresos. *Curæ leves loquuntur, ingentes stupent* — nossos menores pesares têm voz; aqueles que são mais opressores são mudos. Há um tempo de manter-se calado, quando mesmo os ímpios estão diante de nós; e, ao falar, podemos endurecê-los (Sl 39:1) ou quando, ao nos pronunciar, podemos ofender a geração dos filhos de Deus (Sl 73:15).

O coração dos sábios investiga para poder responder. Deveríamos pensar duas vezes antes de falarmos, especialmente em casos como este; pensar por muito tempo, e assim poderemos ficar mais bem capacitados para falar de modo breve e direto ao propósito.

ANOTAÇÕES

....
....
....
....
....
....
....
....
....
....

A RAIZ DO SOFRIMENTO HUMANO

ESTUDO 9

Período patriarcal

Leitura bíblica: Jó 5

Mas o ser humano nasce para o sofrimento, como as faíscas das brasas voam para cima. Quanto a mim, eu buscaria a Deus e a ele entregaria a minha causa. Jó 5:7-8

Elifaz, depois de haver tocado Jó em uma parte muito sensível, ao mencionar tanto a perda de sua propriedade como a morte de seus filhos como punição por seu pecado (vv.1-5), a fim de não o levar ao desespero, começa aqui a encorajá-lo e tenta lhe trazer refrigério. Agora ele muda muito seu tom de voz (Gl 4:20) e fala no idioma da bondade, como se pudesse expiar as palavras duras que lhe dissera.

Ele lembra Jó que problema e aflição são o que todos temos motivo para esperar neste mundo: o homem nasce para o sofrimento (v.7), não como homem (pois, se ele houvesse mantido sua inocência, teria nascido para o prazer), mas como um pecador, como um nascido de uma mulher (14:1) que estava em transgressão. O homem nasce em pecado e, portanto, nasce para a aflição. Mesmo aqueles que nascem com honras e propriedades são, ainda assim, nascidos para o sofrimento na carne. Em nosso estado decaído, tornou-se natural para nós pecarmos, e a consequência natural disso é a aflição (Rm 5:12). Não há nada neste mundo para o qual tenhamos nascido, e de que possamos verdadeiramente nos apropriar, senão o pecado e o sofrimento; ambos são como as faíscas que voam para cima. As reais transgressões são as faíscas que voam da fornalha da corrupção original; e, tendo sido chamados de transgressores desde o ventre, não surpreende que ajamos traiçoeiramente (Is 48:8). Tais também são as fragilidades de nosso corpo e a vaidade de todos os nossos prazeres que a partir delas nossos problemas surgem tão naturalmente quanto as faíscas voam para cima — são tantos, tão densos e velozes que um segue ao outro. Por que então deveríamos nos surpreender diante de nossas aflições como se fossem estranhas, ou discutir com elas como se fossem difíceis, quando são apenas aquilo para o qual nascemos? O homem nasce para a labuta, é sentenciado a, do suor do seu rosto, comer seu pão, o que deveria habituá-lo à dureza e levá-lo a suportar melhor as suas aflições.

Elifaz o direciona sobre como se comportar sob aflição (v.8): "Eu buscaria Deus; certamente eu o faria" (assim está no original). Devemos, pela oração, buscar misericórdia e graça de Deus, buscá-lo como Pai e amigo, como o único capaz de nos apoiar e socorrer, embora Ele contenda conosco. Seu favor devemos buscar quando tivermos perdido tudo o que temos no mundo; para Ele devemos nos dirigir como a fonte e o Pai de todo o bem, de toda a consolação.

ANOTAÇÕES

....
....
....
....
....
....
....
....
....
....
....
....

ESTUDO 10

Período patriarcal

ESPERANÇA QUE AQUIETA O CORAÇÃO

Leitura bíblica: Jó 19

Porque eu sei que o meu Redentor vive e por fim se levantará sobre a terra. Depois, revestido este meu corpo da minha pele, em minha carne verei a Deus. JÓ 19:25-26

Em todos os diálogos entre Jó e seus amigos, não encontramos nenhuma fala mais importante e considerável do que essa; quem a esperaria? Há tanto sobre Cristo e o Céu nesses versículos; e aquele que falou tais coisas declarou claramente que buscava o melhor país, isto é, o celestial, assim como os patriarcas daquele tempo (Hb 11:14). Temos aqui o credo de Jó, ou sua confissão de fé. Sua crença em Deus Pai Todo-Poderoso, o Criador do Céu e da Terra, e os princípios da religião natural, que ele frequentemente professava. Todavia, aqui não o encontramos alheio à religião revelada. Embora a revelação da Semente prometida e a promessa da herança fossem então discernidas apenas como o alvorecer do dia, ainda assim Jó foi ensinado por Deus a crer em um Redentor vivo e a buscar a ressurreição dos mortos e a vida no mundo vindouro, pois é disso que, sem dúvida, devemos entender que ele fala. Essas eram as coisas com as quais ele se consolava; com a expectativa, e não com uma libertação de seus problemas ou um reavivamento de sua felicidade neste mundo, como alguns o entenderiam, pois, além disso, as expressões que ele usa aqui, do Redentor se levantado sobre a Terra nos últimos dias, de ver a Deus, e vê-lo por si mesmo, são perversamente forçadas se forem compreendidas como sendo acerca de algum livramento temporal. É muito evidente que ele não tinha qualquer expectativa de seu retornou à condição próspera neste mundo. Jó acabara de afirmar que seu caminho estava cercado (v.8), e sua esperança fora removida como uma árvore (v.10). Não apenas isso: depois, ele expressou sua desesperança em qualquer consolo nesta vida (23:8-9; 30:23). De forma que devemos, necessariamente, entender que é da redenção de sua alma do poder do túmulo e de sua recepção na glória que ele está falando (Sl 49:15). Temos razão para achar que Jó estava, nesse momento, sob um impulso extraordinário do bendito Espírito, que o ergueu acima de si mesmo, concedeu-lhe luz e deu-lhe essa afirmação, para surpresa do próprio Jó. E alguns observam que, depois disso, não encontramos nos discursos de Jó reclamações tão impetuosas, petulantes e inconvenientes contra Deus e Sua providência quanto tínhamos visto antes. Essa esperança acalmou seu espírito, apaziguou a tempestade e, tendo aqui lançado a âncora para dentro do véu, sua mente foi guardada firme desse momento para frente.

ANOTAÇÕES

....
....
....
....
....
....
....
....
....
....
....
....
....
....

O TESOURO INESTIMÁVEL

ESTUDO 11

Período patriarcal

Leitura bíblica: Jó 28

*Mas de onde vem a sabedoria?
E em que lugar estará o entendimento?*

JÓ 28:20

Jó repete aqui a pergunta que fizera no versículo 12, pois ela é muito notável e importante para ser abandonada, até que avancemos no questionamento. Com relação a essa questão, devemos inquiri-la até que a encontremos, até que obtenhamos alguma explicação satisfatória. Por meio de uma investigação diligente, Jó nos leva, por fim, à conclusão de que existe uma sabedoria dupla: uma escondida em Deus — que é secreta e não nos pertence — e a outra que nos é dada a conhecer por Ele e revelada ao homem, que pertence a nós e nossos filhos.

(1) O conhecimento da vontade secreta de Deus, a vontade de Sua providência, está fora de nosso alcance e é algo que Deus reservou para si mesmo. Ele pertence ao Senhor nosso Deus. O conhecimento sobre o qual Jó fala aqui é o de saber as peculiaridades do que o Senhor fará daqui para diante, e os motivos para o que Ele está fazendo agora.

Esse conhecimento nos é oculto. É elevado, não podemos alcançá-lo (vv.21-22). Está encoberto aos olhos de todos os seres viventes, até mesmo dos filósofos, dos políticos e dos santos, e fechado às aves do céu que, embora voem alto e no firmamento aberto, mesmo que pareçam mais próximas daquele mundo superior onde está a fonte da sabedoria, embora seus olhos vejam longe (39:29), ainda assim elas não podem penetrar nos conselhos divinos. Jó e seus amigos estavam discutindo acerca dos métodos e das razões para as dispensações da Providência no governo do mundo. "Como somos tolos", diz Jó, "por assim lutar no escuro, por disputar sobre algo que não compreendemos!".

(2) O conhecimento da vontade revelada de Deus, a vontade de Seu preceito, e essa está dentro de nossa alçada. Ele é nivelado à nossa capacidade e nos fará bem: "E disse ao ser humano: 'Eis que o temor do SENHOR é a sabedoria...'" (v.28). Que jamais se diga que, quando Deus ocultou Seus conselhos dos homens e lhes proibiu aquela árvore do conhecimento, foi porque Ele reteve do homem qualquer coisa que contribuiria para sua alegria e satisfação. Não, Deus lhe permitiu saber tudo que lhe concernia quanto a seu dever e felicidade. Ao homem, será confiado o suficiente da mente soberana quanto for necessário e adequado para um súdito, mas ele não deve se achar apto para ser um conselheiro daquilo que é secreto.

ANOTAÇÕES

ESTUDO 12

Período patriarcal

TEMPERANÇA NAS CENSURAS

Leitura bíblica: Jó 31–33

Devo lhe dizer que nisto você não tem razão; porque Deus é maior do que o homem. Por que você discute com ele, afirmando que ele não presta contas de nenhum dos seus atos?

JÓ 33:12-13

Os pomposos prefácios, assim como as prolíficas montanhas, normalmente apresentam desempenhos ruins; porém, o discurso de Eliú aqui não decepciona a expectativa que seu prefácio tinha gerado. Ele é substancial, vívido e vai direto ao propósito. No capítulo anterior, Eliú havia dito o que devia aos três amigos de Jó, e agora ele se aproxima do próprio Jó e lhe dirige seu discurso.

(1) De modo muito particular, Eliú acusa Jó de ter proferido algumas expressões indecentes, ao refletir sobre a justiça e a bondade de Deus em Seu trato com o patriarca. Ele não fundamenta a acusação sobre um relato, mas era, ele mesmo, uma testemunha do que aqui reprova, pois: "Na verdade, você falou diante de mim; eu ouvi o som das suas palavras" (v.28).

(2) Esforça-se para convencer Jó de que ele falara de modo impróprio quando se expressara e que deveria se humilhar diante de Deus por isso e, por meio do arrependimento, desdizê-lo. "Devo lhe dizer que nisto você não tem razão" (v.12). Ou, como alguns interpretam: "Veja, nisso você está sem razão". Percebam a diferença entre a acusação de Eliú contra Jó e aquelas que seus outros amigos proferiram; eles não aceitavam, de qualquer maneira, que Jó era justo, mas Eliú apenas diz: "Nisso, nisso que você falou, você não tem razão". 1) "Você não tratou Deus com justiça." Ser justo é entregar tudo o que é devido. Nós não rendemos a Deus tudo que lhe pertence nem somos justos com Ele se não reconhecermos Sua equidade e bondade em todas as dispensações de Sua providência para conosco, que Ele é justo em todos os Seus caminhos e que, seja como for, Ele permanece bom. 2) "Você não fala como um homem justo. Não nego que você seja um justo, mas nisso você não o evidenciou." Muitos são justos e, ainda assim, em alguns casos em especial, não falam ou agem como eles mesmos. E, da mesma forma como, por um lado, não podemos falhar em dizer até mesmo ao homem bom no que ele comete erro e age inadequadamente nem o bajular em seus enganos e paixões, pois nisso não faremos o bem, por outro lado, não podemos traçar o caráter dos homens ou emitir um julgamento acerca deles a partir de apenas uma circunstância ou por algumas palavras mal colocadas, porque nisso não estaríamos sendo justos. Todos cometemos muitas ofensas; portanto, devemos ser imparciais em nossas reprimendas.

ANOTAÇÕES

A ARROGÂNCIA É CONFRONTADA

ESTUDO 13

Período patriarcal

Leitura bíblica: Jó 38–41

Então, do meio de um redemoinho, o S<small>ENHOR</small> respondeu a Jó e disse: Quem é este que obscurece os meus planos com palavras sem conhecimento? JÓ 38:1-2

Vamos observar aqui Quem fala: O Senhor, Iavé, não um anjo criado, mas o próprio Verbo eterno, a segunda pessoa da bendita Trindade, pois é por meio dele que os mundos foram formados e que não há outro além do Filho de Deus.

O prefácio é muito minucioso.

(1) Deus acusa Jó de ignorância e presunção no que ele havia dito: "Quem fala desse modo? É Jó? O quê?! Um homem? Essa criatura frágil, tola, desprezível — ele fingirá que me prescreve o que devo fazer, ou discutirá comigo pelo que eu fiz? É Jó? O quê?! Meu servo Jó, um homem perfeito e reto? Como ele pode se esquecer assim de si mesmo e agir tão diferentemente de si próprio? Quem é, onde está aquele que obscurece o conselho com palavras sem conhecimento? Que ele apareça, se tiver coragem, e defenda o que disse". Note, obscurecer os conselhos da sabedoria de Deus com nossa tolice é uma grande afronta e provocação a Deus. Com relação aos conselhos divinos, devemos admitir que não temos conhecimento. Eles são uma profundidade que não podemos sondar; estamos completamente fora de nossa matéria, fora de nosso propósito quando tentamos justificá-los. Mesmo assim, somos aptos demais para falar a seu respeito como se os compreendêssemos, com muito refinamento e muita ousadia. Contudo, infelizmente, nós apenas os obscurecemos em vez de os explicar. Confundimo-nos e nos desorientamos a nós mesmos e aos outros quando discutimos acerca da ordem dos decretos divinos, e Seus desígnios, Suas razões, Seus métodos e Suas operações de providência e graça. Uma fé humilde e sincera obediência verão mais e melhor os segredos do Senhor do que toda a filosofia das escolas e as chamadas pesquisas científicas.

(2) Deus desafia Jó a oferecer provas de seu conhecimento a fim de justificar seus questionamentos sobre os conselhos divinos: "Cinja os lombos como homem" (v.3). "Prepare-se para o encontro; Eu o questionarei, colocarei algumas perguntas, e você deve respondê-las, se puder, antes de eu responder às suas." Aqueles que convocam Deus para prestação de contas devem esperar ser instruídos e chamados para dar conta de si mesmos, para que se apercebam de sua ignorância e arrogância.

ANOTAÇÕES

....
....
....
....
....
....
....
....
....
....
....
....
....
....
....
....

ESTUDO 14

Período patriarcal

OLHOS DA ALMA ABERTOS

Leitura bíblica: Jó 42:1-6

*Eu te conhecia só de ouvir, mas agora
os meus olhos te veem. Por isso, me abomino
e me arrependo no pó e na cinza.*

JÓ 42:5-6

Jó observava Deus em seu arrependimento, tinha-o em alta consideração e partiu daí como o seu princípio (v.5): "Ouvi falar de ti muitas vezes por intermédio de meus professores quando eu era jovem, e de meus amigos ultimamente. Sei alguma coisa sobre Tua grandeza e poder e soberano domínio. No entanto, não fui levado a submeter-me a ti, como eu deveria, pelo que ouvi. As concepções que eu tinha acerca dessas coisas me serviam apenas para discursar sobre elas, mas elas não tiveram a devida influência sobre minha mente. Entretanto, Tu te manifestaste a mim, por revelação imediata, em Tua gloriosa majestade. Agora meus olhos te veem, agora sinto o poder daquelas verdades acerca das quais eu anteriormente tinha apenas noção e, portanto, agora me arrependo e retiro o que tolamente eu disse". Note: (1) É uma grande misericórdia ter uma boa educação e saber as coisas de Deus pela instrução da Sua Palavra e de Seus ministros. A fé vem pelo ouvir, e depois é mais provável que ela venha quando ouvimos atentamente e com nossos ouvidos abertos. (2) Quando o entendimento é iluminado pelo Espírito da graça, nosso conhecimento das coisas divinas excede em muito o que tínhamos antes, da mesma forma como aquilo que é demonstrado à vista supera aquilo que é conhecido por meio de relatos ou de fama comum. Por intermédio do ensino dos homens, Deus nos revela Seu Filho; mas, por meio dos ensinamentos do Espírito, Ele revela Seu Filho em nós (Gl 1:16) e, assim, nos transforma à Sua imagem (2Co 3:18). (3) Deus às vezes se agrada de se manifestar mais plenamente a Seu povo por meio das reprimendas de Sua Palavra e providência. "Agora que fui afligido, agora que me foi falado acerca de minhas faltas, agora meus olhos te veem". A vara e a repreensão dão sabedoria. Abençoado é o homem a quem castigas e ensinas.

Jó observava a si mesmo em seu arrependimento, pensava acerca de si mesmo com dureza e, assim, expressou seu pesar por seus pecados: "Por isso, me abomino e me arrependo no pó e na cinza" (v.6). Observe: É nossa parte humilhar-nos profundamente pelos pecados dos quais fomos convencidos e não nos apoiar em um leve e superficial descontentamento contra nós mesmos por causa deles. Até mesmo boas pessoas, que não têm coisas grandiosas de que se arrepender, devem ficar grandemente aflitas em sua alma por causa da operação e manifestação de orgulho, paixão, impertinência, insatisfação e por todos os discursos precipitados e imprudentes. Por eles, devemos ser compungidos no coração e sentir-nos pesarosos. Até que o inimigo tenha sido humilhado com eficácia, a paz será incerta.

ANOTAÇÕES

....
....
....
....
....
....
....
....

PERDÃO RECEBIDO E CONCEDIDO

ESTUDO 15

Período patriarcal

Leitura bíblica: Jó 42:7-17

Agora peguem sete novilhos e sete carneiros, e vão até o meu servo Jó, e ofereçam holocaustos em favor de vocês. O meu servo Jó orará por vocês, e eu aceitarei a intercessão dele, para que eu não os trate segundo a falta de juízo de vocês. JÓ 42:8

Aqueles a quem Deus lava de seus pecados, Ele os torna, para si mesmo, reis e sacerdotes. Os verdadeiros penitentes não apenas encontrarão favor como peticionários para si mesmos, mas serão aceitos como intercessores em favor de outros também. Foi uma grande honra que Deus, dessa forma, colocou sobre Jó quando o nomeou para oferecer sacrifício por seus amigos, como ele anteriormente fazia por seus próprios filhos (1:5).

A concordância dos amigos de Jó com esse julgamento (v.9). Eles eram homens bons e, assim que entenderam qual era a mente de Deus, fizeram como Ele lhes ordenou e com rapidez e sem contestação, embora fosse contra a natureza da carne buscar desse modo aquele a quem haviam condenado. Note: aqueles que desejam se reconciliar com Deus devem usar cuidadosamente os meios e métodos prescritos para a reconciliação. A paz com Deus é obtida apenas da forma como Ele determina e em Seus próprios termos, e estes jamais parecerão difíceis para os que sabem como valorizar o privilégio, mas se alegrarão com quaisquer termos, embora sejam humilhantes. Os amigos de Jó haviam se unido para o acusar e agora se uniam para implorar seu perdão. Aqueles que pecaram juntos devem se arrepender juntos. Aqueles que apelam a Deus, como Jó e seus amigos fizeram, devem decidir suportar Sua recompensa, quer ela lhes seja agradável ou não. E quem conscienciosamente observa os mandamentos de Deus não precisa duvidar de Seu favor. O Senhor também aceitou Jó, e seus amigos, em resposta à oração dele. Não está dito que Ele os aceitou (embora isso esteja implícito), mas que Deus aceitou Jó em favor deles. Do mesmo modo, Ele nos tornou aceitos no Amado (Ef 1:6; Mt 3:17). Jó não insultou seus amigos por causa do testemunho que Deus dera a seu respeito e da submissão a que eles foram forçados a lhe demonstrar. Porém, estando Deus graciosamente reconciliado com ele, Jó facilmente se reconciliou com seus amigos; e, então, Deus o aceitou. É isto que deveríamos almejar em todas as nossas orações e serviços: ser aceitos pelo Senhor. O auge de nossa ambição deve ser este: não ter o louvor dos homens, mas agradar a Deus.

ANOTAÇÕES

ESTUDO 16

Período patriarcal

PROMESSAS À OBEDIÊNCIA

Leitura bíblica: Gênesis 12

O Senhor disse a Abrão: Saia da sua terra, da sua parentela e da casa do seu pai e vá para a terra que lhe mostrarei. Farei de você uma grande nação, e o abençoarei, e engrandecerei o seu nome. Seja uma bênção! Abençoarei aqueles que o abençoarem e amaldiçoarei aquele que o amaldiçoar. Em você serão benditas todas as famílias da terra.

GÊNESIS 12:1-3

Todos os preceitos divinos são acompanhados com promessas aos obedientes. Quando Deus se revela também como um recompensador, se obedecermos aos mandamentos, Ele não deixará de cumprir a promessa. Aqui estão seis promessas:

(1) "Farei de você uma grande nação". Quando Deus tirou Abrão do meio de seu próprio povo, Ele prometeu fazer dele o cabeça de outro povo. O Senhor o cortou da condição de galho de uma oliveira brava para fazer dele a raiz de uma boa oliveira.

(2) "…e o abençoarei", particularmente, com a bênção da frutificação e crescimento, como havia abençoado Adão e Noé, ou, em geral: "Eu o abençoarei com toda sorte de bênçãos tanto das fontes superiores quanto inferiores. Saia da casa de seu pai, Eu lhe darei a bênção de ser pai, melhor do que aquela dos seus progenitores". Os cristãos obedientes certamente herdarão a bênção.

(3) "…engrandecerei o seu nome". Ao abandonar seu país, ele perdeu seu nome lá. "Não se preocupe com isso", diz Deus, "mas confie em mim, e Eu lhe darei um nome melhor do que o que poderia ter lá".

(4) "Seja uma bênção!", isto é: "sua vida será uma bênção nos lugares onde habitar". Bons homens são a bênção de seu próprio país; é, para eles, honra e felicidade indizível serem feitos assim.

(5) "Abençoarei aqueles que o abençoarem e amaldiçoarei aquele que o amaldiçoar." Esse foi um tipo de associação, ofensiva e defensiva, entre Deus e Abrão. Este abraçou de coração a causa divina, e aqui Deus promete se envolver na causa de Abrão.

(6) "Em você serão benditas todas as famílias da terra." Essa foi a promessa que coroou todas as demais, visto que ela aponta para o Messias, em quem todas as promessas têm o "sim e o amém" (2Co 1:20). É uma grande honra ser aparentado com Cristo. Isto fez o nome de Abrão engrandecido: o Messias descenderia dele, muito mais do que o fato de ele ser feito pai de muitas nações. Abrão foi honrado em ser Seu pai pela natureza. Será nossa honra sermos Seus irmãos pela graça (Mt 12:50).

ANOTAÇÕES

....
....
....
....
....
....
....
....
....
....
....
....
....
....
....

A ALIANÇA ABENÇOADORA AOS FIÉIS

ESTUDO 17

Período patriarcal

Leitura bíblica: Gênesis 15

Ao pôr do sol, um profundo sono caiu sobre Abrão, e grande pavor e densas trevas tomaram conta dele. [...] Naquele mesmo dia, o Senhor fez aliança com Abrão, dizendo: À sua descendência dei esta terra, desde o rio do Egito até o grande rio Eufrates. GÊNESIS 15:12,18

Temos aqui uma revelação completa e especial feita a Abrão acerca dos propósitos divinos concernentes à sua semente. Observe:

(1) O tempo quando Deus veio a ele com esta revelação: quando o Sol estava se pondo, ou declinando, por volta da hora do sacrifício da tarde (1Rs 18:36; Dn 9:21). Cedo de manhã, antes do amanhecer, enquanto as estrelas ainda podiam ser vistas, Deus lhe deu ordens quanto aos sacrifícios (v.5), e podemos supor que foi seu trabalho da manhã prepará-los e colocá-los em ordem. Quando ele terminou, ficou perto deles, orando e aguardando o fim da tarde. Perceba que Deus muitas vezes mantém Seu povo em longa espera pelos benefícios que Ele deseja conceder-lhe, visando à confirmação da sua fé. Embora as respostas de oração e a realização das promessas venham devagar, certamente elas chegam. "...depois de anoitecer ainda será dia claro" (Zc 14:7).

(2) Os preparativos para essa revelação. 1) Um sono profundo caiu sobre Abrão, não um sono comum devido ao cansaço ou displicência, mas um êxtase divino, como aquele que o Senhor Deus fez cair sobre Adão (Gn 2:21), para que, desse modo, sendo afastado completamente da visão das coisas que podem ser sentidas, ele pudesse estar totalmente dominado pela contemplação das coisas espirituais. As portas do corpo estavam trancadas, a fim de que a alma pudesse estar em privacidade e afastada para poder agir mais livremente como si mesma. 2) Com esse sono, o pavor de densas trevas caiu sobre ele. Que mudança súbita! Pouco antes, ele se reconfortava no consolo da aliança com Deus e na comunhão com Ele; mas aqui o pavor de densas trevas caiu sobre ele. Os filhos da luz nem sempre andam na luz; às vezes, são rodeados por nuvens e escuridão. Essas grandes trevas, que trouxeram consigo o pavor, foram designadas para trazer temor sobre o espírito de Abrão e para o possuírem com santa reverência, a fim de que a familiaridade com que Deus se agradara de o admitir não gerasse desrespeito. O temor santo prepara a alma para a alegria santa. O espírito de escravidão abre caminho para o espírito de adoção. Deus primeiramente fere e depois cura; primeiro humilha e, então, exalta (Is 6:5-6).

ANOTAÇÕES

....
....
....
....
....

ESTUDO 18

Período patriarcal

PRÍNCIPES COM DEUS

Leitura bíblica: Gênesis 32

*Jacó respondeu: Não o deixarei
ir se você não me abençoar.*

GÊNESIS 32:26

Jacó não queria lutar a noite toda por nada, mas humildemente decidiu que obteria a bênção, e antes todo os ossos de seu corpo fossem desconjuntados do que ele partir sem ela. O crédito para a conquista não lhe traria qualquer benefício sem o consolo da bênção. Ao implorar por ela, ele admitiu sua inferioridade, embora parecesse ter o controle da luta, pois o inferior é abençoado pelo superior. Observe que aqueles que desejam obter a bênção de Cristo devem estar em boa determinação e ser insistentes, como aqueles que decidem que não receberão o "não" como resposta. É a oração fervorosa que é eficaz. O anjo coloca uma marca perpétua de honra sobre ele ao mudar seu nome (vv.27-28): "Você é um combatente corajoso", diz o anjo, "um homem de decisão heroica; qual o seu nome?". "Jacó", responde ele, um suplantador, pois é isso que significa Jacó. "Bem", replica o anjo, "você nunca mais será chamado assim; daqui para frente, será celebrado, não por sua astúcia ou atuação habilidosa, mas por verdadeiro valor; será chamado Israel, um príncipe de Deus, um nome maior do que aqueles dos maiores homens da Terra". Sem dúvida, ele é um príncipe, isto é, um príncipe de Deus. São verdadeiramente honrados aqueles que são poderosos em oração, Israel, israelitas de fato. Aqui Jacó é condecorado no campo, por assim dizer, e recebe um título de honra que lhe é concedido por Aquele que é a fonte de honra, que permanecerá, para seu louvor, até o fim dos tempos. Mas isso não é tudo; depois de prevalecer com Deus, ele prevalecerá com os homens também. Depois de prevalecer por uma bênção celestial, sem dúvida, ele prevalecerá no favor de Esaú. Note: quaisquer que sejam nossos inimigos, se pudermos fazer de Deus nosso amigo, estamos bem. Aqueles que, pela fé, têm poder com o Céu, terão, assim, tanto poder sobre a Terra quanto tiverem ocasião.

Jacó renomeia o local. Ele o chama de Peniel, a face de Deus (v.30), porque lá ele viu a aparição de Deus e obteve Seu favor. O nome dado ao local preserva e perpetua não a honra de seu valor ou coragem, mas apenas a honra da graça gratuita de Deus. Ele não diz: "Neste lugar, eu lutei com Deus e prevaleci", mas: "Neste lugar, vi Deus face a face e minha vida foi preservada". Não: "Foi para meu louvor que saí como vencedor", mas: "Foi pela misericórdia de Deus que escapei com vida". Note: aqueles a quem Deus honra assumem a vergonha sobre si mesmos e admiram as condescendências da Sua graça a eles.

ANOTAÇÕES

....
....
....
....
....
....
....
....
....
....
....
....

TRANSFORMANDO O MAL EM BEM

ESTUDO 19

Período patriarcal

Leitura bíblica: Gênesis 42–45

Deus me enviou adiante de vocês, para que fosse conservado para vocês um remanescente na terra e para que a vida de vocês fosse salva por meio de um grande livramento. GÊNESIS 45:7

José se esforça para amenizar o sofrimento [de seus irmãos] pela dor que eles lhe causaram ao mostrar-lhes que, independentemente do que eles haviam feito, Deus tornou isso em bem e Ele tirou disso muito proveito: "Agora, pois, não fiquem tristes nem irritados contra vocês mesmos" (v.5). Os pecadores devem se entristecer e se irar contra si mesmos por seus pecados, sim, embora Deus, por Seu poder, faça com que haja o bem a partir deles, pois nenhum agradecimento lhes é devido por isso. Todavia, os verdadeiros penitentes serão grandemente afetados quando virem Deus assim fazendo com que o bem surja a partir do mal, a carne a partir do carnívoro. Embora, com essa consideração, não devamos atenuar nossos próprios pecados e assim afastar a espada de nosso arrependimento, ainda assim pode ser bom, desse modo, mitigar o pecado de outros de forma a remover a espada de nossos irados ressentimentos. É isso que José faz aqui; seus irmãos não precisavam temer que ele se vingaria deles infligindo-lhes o sofrimento que a providência divina transformara tanto para seu benefício como para o de sua família. Veja em que prisma favorável ele colocou o sofrimento que eles lhe haviam causado: "Deus me enviou adiante de vocês" (vv.5,7). O Israel de Deus está sob o cuidado especial da providência divina. José reconheceu que sua promoção não se destinava nem tanto para salvar todo o reino dos egípcios, mas para preservar uma pequena família de israelitas, pois a porção do Senhor é Seu povo. Independentemente do que acontecer com os outros, o povo de Deus estará seguro.

A providência olha muito adiante e tem um longo alcance. Muito antes dos anos de fartura, a Providência estava preparando o suprimento da casa de Jacó nos anos de fome. Por isso, o salmista louva a Deus: "Adiante deles enviou um homem, José" (Sl 105:17). Deus vê Sua obra do início ao fim; nós não a vemos (Ec 3:11). Como são admiráveis os projetos da providência! Quão longínquas as suas inclinações! Portanto, que não julguemos nada antes do tempo. Deus deve ter toda a glória das oportunas defesas de Seu povo, por qualquer meio que elas sejam realizadas. "Não foram vocês que me enviaram para cá, e sim Deus" (v.8). Por um lado, eles não deveriam se inquietar por isso, porque tudo acabou muito bem; por outro lado, não deviam se orgulhar, porque era ação de Deus, e não deles. Eles planejaram, ao vender José para o Egito, derrotar os sonhos dele, mas Deus planejou torná-los realidade ao cumpri-los.

ANOTAÇÕES

....
....
....
....
....
....
....
....
....
....

ESTUDO 20

Período patriarcal

BÊNÇÃO PROFETIZADA

Leitura bíblica: Gênesis 49

*O cetro não se afastará de Judá,
nem o bastão sairá de entre os seus pés, até que
venha Siló; e a ele obedecerão os povos.*

GÊNESIS 49:10

Jacó está aqui fazendo seu testamento em seu leito de morte. Ele o postergou até esse momento porque as palavras de um moribundo provocam profundas impressões e são lembradas por muito tempo. O que ele disse aqui não poderia ter dito quando desejava, mas quando o Espírito que lhe desse o discurso e escolhesse o tempo, para que a força divina pudesse se aperfeiçoar em sua fraqueza. Os doze filhos de Jacó eram, naqueles dias, homens de renome, mas as doze tribos de Israel, que descendiam deles e receberam seus nomes, foram ainda mais célebres. Encontramos seus nomes nos portões da Nova Jerusalém (Ap 21:12). Na expectativa disso, seu pai, próximo à morte, diz algo memorável acerca de cada filho, ou da tribo que levou seu nome.

Coisas gloriosas são ditas a respeito de Judá. A menção dos crimes dos três filhos mais velhos não havia afetado tanto o humor do patriarca, uma vez que ele tinha uma bênção pronta para Judá, a quem pertenciam bênçãos. O nome de Judá significa louvor, em alusão ao que ele diz: "os seus irmãos o louvarão" (v.8).

Muito daquilo que é dito acerca de Judá deve ser aplicado ao nosso Senhor Jesus. (1) Ele é o governante de todos os filhos de Seu Pai e o vencedor sobre todos os inimigos de Seu Pai; e Ele é o louvor de todos os santos. (2) Ele é o leão da tribo de Judá, como é chamado em referência a essa profecia (Ap 5:5), que, depois de despojar principados e potestades, ascendeu vitorioso e, quando se assentou à destra do Pai, acomodou-se de modo que ninguém pudesse movê-lo. (3) A Ele pertence o cetro; Ele é o legislador e para Ele será a reunião das pessoas, como "as coisas preciosas de todas as nações" (Ag 2:7), Aquele que, tendo sido erguido da Terra, atrairá para si todos os homens (Jo 12:32) e em quem os filhos de Deus, que estão dispersos, serão reunidos no centro de sua unidade (Jo 11:52). (4) Nele há abundância de tudo o que nutre e refrigera a alma e que mantém e anima a vida divina nela. Nele temos o vinho e o leite, as riquezas da tribo de Judá, sem dinheiro e sem preço (Is 55:1).

ANOTAÇÕES

....
....
....
....
....
....
....
....
....
....
....
....
....
....
....
....
....
....

DA HONRA À ESCRAVIDÃO

ESTUDO 21

Escravidão e marcha no deserto

Leitura bíblica: Êxodo 1

Eis que o povo dos filhos de Israel é mais numeroso e mais forte do que nós. Vejam! Precisamos usar de astúcia para com esse povo, para que não se multiplique, e para evitar que, em caso de guerra, ele se alie aos nossos inimigos, lute contra nós e saia da terra.

ÊXODO 1:9

A terra do Egito aqui tornou-se, por muito tempo, a casa da servidão, embora, até o momento, tivesse sido um abrigo e uma residência para eles. Percebam: o local de nossa satisfação pode logo se tornar o local de nossa aflição, e aquilo de que dissemos "Isso nos consolará" pode se provar a maior das cruzes. Aqueles cujos pais foram nossos fiéis amigos podem se tornar nossos inimigos declarados. Mais que isso, as mesmas pessoas que nos amavam podem, possivelmente, vir a nos odiar. Portanto, não se fie no homem e não diga, acerca de qualquer lugar deste lado do Céu: "Este será para sempre o meu repouso". Observe aqui:

Os israelitas são apresentados como mais numerosos e poderosos do que os egípcios; certamente eles não eram, mas o rei do Egito, quando resolveu oprimi-los, fez com que pensassem assim e fossem vistos como um grupo muito forte. Consequentemente, infere-se que, se não fossem tomadas providências para os manter subjugados, os israelitas se tornariam ameaça ao governo e, em tempos de guerra, se aliariam com os inimigos e se rebelariam contra sua aliança à coroa egípcia. É política dos perseguidores representar o Israel de Deus como um povo perigoso, nocivo aos reis e às províncias, não merecedor de confiança, nem mesmo apto para ser tolerado, a fim de que tenham alguma desculpa para o tratamento bárbaro que planejam contra o povo de Deus (Ed 4:12-23; Et 3:8). Observe: o que eles temiam era que eles fossem tirados da terra, provavelmente por tê-los ouvido falar da promessa feita a seus pais de que se estabeleceriam em Canaã. A estratégia dos adversários da Igreja objetiva derrotar as promessas do Deus da Igreja, mas em vão, pois os propósitos divinos permanecerão. Assim sendo, é proposto que algo seja feito para impedir seu aumento: "Vamos tratar deles com sagacidade para que não se multipliquem". Note: (1) O crescimento de Israel é a tragédia do Egito e aquilo contra o que os poderes e os estratagemas do inferno são dirigidos. (2) Quando os homens agem com perversidade, é-lhes comum imaginar que estão agindo com sabedoria; mas a tolice do pecado será, por fim, manifesta a todos os homens.

ANOTAÇÕES

ESTUDO 22

Escravidão e marcha no deserto

O DEUS DA PROMESSA

Leitura bíblica: Êxodo 2–4

*Deus disse a Moisés: Eu Sou o Que Sou.
Disse mais: Assim você dirá aos filhos de Israel:
Eu Sou me enviou a vocês.*

ÊXODO 3:14

Moisés supõe que os filhos de Israel lhe perguntariam: "Qual o nome dele?" Eles o questionariam para: (1) confundir Moisés: ele previu dificuldade não apenas ao tratar com o Faraó, para o tornar disposto a despedir-se deles, mas ao tratar com o próprio povo, para o tornar disposto a partir. Eles seriam escrupulosos e aptos a contestar, pediriam que ele mostrasse a sua comissão e, provavelmente, esta seria a provação: "Ele sabe o nome de Deus? Ele tem a senha?". Ou, (2) para a própria informação deles. Pode-se temer que a ignorância deles tivesse aumentado no Egito pela dureza da servidão, falta de mestres e pela perda dos sábados, de modo que precisariam ser ensinados nos primeiros princípios dos oráculos de Deus.

Deus seria conhecido por dois nomes:

1) Um nome que denota que Ele existe por si mesmo: "Eu Sou o Que Sou" (v.14). Isso explica seu nome Iavé e significa: a) Que Ele é autoexistente; Seu ser vem de si mesmo e não depende de qualquer outro. O maior e melhor homem do mundo deve dizer: "pela graça de Deus, sou o que sou" (1Co 15:10); porém Deus diz "Eu Sou o Que Sou", de forma absoluta — e isso é mais do que qualquer criatura, homem ou anjo possam dizer. Por ser autoexistente, Ele só poderia ser autossuficiente e, portanto, todo-suficiente, e uma fonte inextinguível de vida e alegria. b) Que Ele é eterno, imutável e sempre o mesmo, ontem, hoje e para sempre; Ele será o que será e o que é (veja Ap 1:8). c) Que, por meio da busca, nós não podemos encontrá-lo. Nós perguntamos o que é Deus? Que nos baste saber que Ele é o que é, o que sempre foi e sempre será. Quão pouco ouvimos acerca dele (Jó 26:14)! d) Que Ele é fiel e verdadeiro a tudo o que promete, imutável em Sua palavra bem como em Sua natureza e não é homem para que minta. Que Israel saiba disto: "Eu Sou me enviou a vocês" (Êx 3:14).

2) Um nome que denota o que Ele é para Seu povo. Para que esse nome "Eu Sou" não os fizesse rir e trouxesse perplexidade, Moisés é dirigido a fazer uso de outro nome de Deus, mais familiar e inteligível: "O Senhor, o Deus dos seus pais me enviou a vocês" (v.15). Assim Deus se revelou a ele (v.6) e, do mesmo modo, ele deve fazê-lo conhecido ao povo: a) para que pudesse reviver entre eles a religião dos patriarcas, que, temo eu, estava muito decadente e quase perdida. Isso era necessário para prepará-los para a libertação (Sl 80:19). b) Para que Moisés pudesse elevar suas expectativas da iminente concretização das promessas feitas a seus pais.

ANOTAÇÕES

....
....
....
....
....
....
....
....
....

QUEM É IAVÉ?

ESTUDO 23

Escravidão e marcha no deserto

Leitura bíblica: Êxodo 5

Faraó respondeu: Quem é o Senhor para que eu ouça a sua voz e deixe Israel ir? Não conheço o Senhor e não deixarei Israel ir.

ÊXODO 5:2

Após terem entregado sua mensagem aos líderes de Israel, de quem receberam aceitação, Moisés e Arão agora deviam tratar com o Faraó, a quem chegariam arriscando suas vidas — especialmente Moisés, que provavelmente foi incriminado pelo assassinato de um egípcio 40 anos antes, de forma que, se algum dos antigos cortesãos se lembrasse desse fato contra ele, isso agora poderia custar sua cabeça. A mensagem deles, em si, era desagradável e tocava Faraó tanto em sua honra quanto em seus lucros, dois pontos sensíveis. No entanto, esses fiéis embaixadores a entregaram ousadamente, quer Faraó os ouvisse, quer ele os reprimisse.

(1) A exigência deles era piedosamente ousada: "Assim diz o Senhor, Deus de Israel: "Deixe o meu povo ir" (v.1). Moisés, ao tratar com os anciãos de Israel, é orientado a chamar Deus de "Deus de seus pais", mas ao tratar com o Faraó, eles o chamam de Deus de Israel, e é a primeira vez que nós o vemos tratado dessa forma nas Escrituras. Ele é chamado Deus de Israel, o indivíduo (Gn 33:20), porém aqui é Israel, o povo. Eles estão apenas começando a ser transformados em um povo quando Deus é chamado de seu Deus.

(2) A resposta de Faraó é ímpia e ousada: "Quem é o Senhor para que eu ouça a sua voz?" (v.2). Ao ser convocado a se render, ele levanta a bandeira do desafio, ameaça Moisés e o Deus que o enviara e se recusa peremptoriamente a permitir que Israel parta. Ele não tratará desse assunto, muito menos suportará sua menção. Observe: 1) quão zombeteiramente ele fala do Deus de Israel: "Quem é Iavé? Não o conheço e não me importo com ele, tampouco o prezo ou o temo". Israel era agora um povo desprezado e oprimido, visto como a cauda da nação, e, pela imagem que tinham, o Faraó faz sua estimativa do Deus deles e conclui que Ele não tinha uma presença melhor entre os deuses do que Seu povo tinha entre as nações. Perceba que os perseguidores endurecidos são mais maliciosos contra o próprio Deus do que são contra Seu povo. 2) Quão orgulhosamente ele fala de si mesmo: "para que eu ouça a sua voz"; "Eu, o rei do Egito, um grande povo, obedecer ao Deus de Israel, um pobre povo escravizado? Deveria eu, que governo sobre o Israel de Deus, obedecer ao Deus de Israel? Não, está abaixo de mim; desprezo até responder às Suas convocações". Os homens orgulhosos pensam bem demais de si mesmos para se curvar até mesmo a Deus e jamais admitiram estar sob controle (Jr 43:2). Aqui está o âmago da controvérsia: Deus deve governar, mas o homem não deseja ser governado. "Minha vontade será feita", diz o Senhor. "Mas eu vou fazer a minha própria vontade", diz o pecador.

ANOTAÇÕES

....
....
....
....
....
....
....
....

ESTUDO 24

Escravidão e marcha no deserto

LIVRAMENTO PASSADO E PRESENTE

Leitura bíblica: Êxodo 12

O cordeiro será sem defeito, macho de um ano, podendo também ser um cabrito. Vocês guardarão o cordeiro até o décimo quarto dia deste mês, e todo o ajuntamento da congregação de Israel o matará no crepúsculo da tarde. ÊXODO 12:5-6

O Cordeiro pascal era um tipo. Cristo é nossa Páscoa (1Co 5:7). (1) Devia ser um cordeiro; e Cristo é o Cordeiro de Deus (Jo 1:29), frequentemente chamado de Cordeiro em Apocalipse, manso e inocente como um cordeiro, mudo diante de seus tosquiadores, diante de seus algozes. (2) Devia ser um macho com um ano de idade (v.5), em seu melhor; Cristo se ofereceu em meio aos Seus dias, não na infância com os bebês de Belém. Isso denota a força e a suficiência do Senhor Jesus, sobre quem está nosso auxílio. (3) Devia ser sem defeito (v.5), denotando a pureza do Senhor Jesus, um Cordeiro sem mancha (1Pe 1:19). O juiz que o condenou (como se Seu julgamento fosse apenas o escrutínio realizado para os sacrifícios, para saber se eles tinham ou não defeito) o declarou inocente. (4) Deveria ser separado quatro dias antes (vv.3,6), significando a designação do Senhor Jesus para ser o Salvador, tanto no propósito e como na promessa. É evidente que, como Cristo foi crucificado na Páscoa, assim Ele entrou solenemente em Jerusalém quatro dias antes, no mesmo dia em que o cordeiro pascal era separado. (5) Deveria ser imolado e assado com fogo (vv.6-9), demonstrando o intenso sofrimento do Senhor Jesus até a morte, e morte de cruz. A ira de Deus é como fogo, e Cristo foi tornado maldito por nós. (6) Deveria ser morto por toda a congregação entre duas tardes, isto é, entre as 15 e as 18 horas. Cristo sofreu no fim dos tempos (Hb 9:26), pela mão dos judeus, toda a multidão deles (Lc 23:18) e pelo bem de todo o Seu Israel espiritual. (7) Nem sequer um osso dele deveria ser quebrado (v.46), o que é expressamente dito que se cumpriu em Cristo (Jo 19:33,36), denotando a inquebrável força do Senhor Jesus.

ANOTAÇÕES

OS PERFEITOS CAMINHOS DE DEUS

ESTUDO 25

Escravidão e marcha no deserto

Leitura bíblica: Êxodo 13–14

Deus fez o povo rodear pelo caminho do deserto perto do mar Vermelho. Os filhos de Israel saíram do Egito organizados como um exército. ÊXODO 13:18

Havia dois caminhos do Egito até Canaã. Um deles era um atalho saindo do norte do Egito para o sul de Canaã, talvez uma jornada de cinco dias. O outro era muito maior, no meio do deserto, e esse foi o caminho que Deus escolheu para conduzir Seu povo, Israel (v.18). (1) Havia muitas razões por que Deus os dirigiu pelo caminho do deserto do mar Vermelho. Os egípcios deveriam se afogar no mar Vermelho. Os israelitas deveriam ser humilhados e provados no deserto (Dt 8:2). Antes de eles entrarem em alistamento contra seus inimigos, algumas questões precisariam ser estabelecidas entre eles e Deus, leis precisariam ser entregues; ordenanças, instituídas; alianças, seladas; e o contrato original, ratificado. E, para fazer isso, era necessário que se retirassem para a solidão de um deserto, o único aposento para tal multidão; a estrada ao norte não seria um local adequado para essas movimentações. Diz-se que Ele os liderou dando a volta, uma volta de algumas centenas de quilômetros (Dt 32:10), e, mesmo assim, conduziu-os pelo caminho certo (Sl 107:7). O caminho de Deus é o correto, embora pareça dar voltas. Se acharmos que Ele não guia Seu povo pela trilha mais próxima, podemos ter certeza de que Ele os conduz pelo melhor trajeto, e assim parecerá quando chegarmos ao final de nossa jornada. Não julguem nada antes do tempo. (2) Havia uma razão por que Deus não os liderou pelo caminho mais próximo, que os teria levado, após alguns dias de marcha, à terra dos filisteus (pois era essa parte de Canaã que era mais perto do Egito), a saber: porque eles ainda não estavam preparados para a guerra, muito menos para a guerra contra os filisteus (v.17). O espírito deles estava prostrado pela escravidão; não seria fácil para eles repentinamente trocarem a colher de pedreiro pela espada em suas mãos. Os filisteus eram inimigos formidáveis, ferozes demais para serem confrontados por meros recrutas. Era mais adequado que eles começassem com os amalequitas e fossem preparados para as guerras de Canaã ao provar as dificuldades do deserto. Note, Deus dá a Seu povo provações proporcionais à sua força e não permitirá que eles sejam tentados além do que podem suportar (1Co 10:13). A promessa, se comparada com os versículos anteriores, parece se referir a esse evento como um exemplo a ela. Deus conhece nossa estrutura e considera nossas fraquezas e timidez e nos preparará para as maiores provações usando as menores. É afirmado que Deus trouxe Israel para fora do Egito como a águia que traz seus filhotes (Dt 32:11), ensinando-lhes, aos poucos, a voar.

ESTUDO 26

Escravidão e marcha no deserto

DESESPERO CEGO

Leitura bíblica: Êxodo 16

Os filhos de Israel disseram a Moisés e Arão: Quem nos dera tivéssemos morrido pela mão do Senhor na terra do Egito, quando estávamos sentados junto às panelas de carne e comíamos pão à vontade! Pois vocês nos trouxeram a este deserto a fim de matarem de fome toda esta multidão.

ÊXODO 16:3

Toda a congregação, a maior parte dela, uniu-se nesse motim; não era diretamente contra Deus que murmuravam, mas (o que é equivalente) contra Moisés e Arão, os vice-regentes de Deus entre eles. (1) Eles contavam que seriam mortos no deserto — nada menos do que isso — na primeira aparição de um desastre. Se agradasse ao Senhor matá-los, Ele o teria feito facilmente no mar Vermelho; contudo, mesmo lá, Ele os preservou e agora poderia prover para eles com facilidade. Isso evidencia uma grande falta de confiança em Deus, em Seu poder e Sua bondade, em cada sofrimento e surgimento do perigo de desesperar da própria vida e falar de nada mais senão de serem rapidamente mortos. (2) Eles injustamente acusam Moisés de ter o propósito de matá-los de fome quando os tirou do Egito; ao passo que ele havia feito isso por ordem divina e com o desígnio de promover o bem-estar deles. (3) Eles desprezavam tanto a sua libertação que desejavam ter morrido no Egito; não apenas isso, mas também ter morrido pelas mãos do Senhor, isto é, por alguma das pragas que eliminaram os egípcios, como se não fosse a mão de Deus, mas apenas a de Moisés, que os trouxera para esse deserto voraz. Que loucura estupenda! Eles preferiam morrer ao lado das panelas de carne do Egito, onde se viam providos, a viver sob a orientação da coluna celestial em um deserto, sendo providos pela mão divina! Eles declararam que seria melhor ter caído na destruição dos adversários de Deus do que suportar a disciplina paternal a Seus filhos! Não podemos supor que eles tivessem qualquer grande fartura no Egito, não importa o quanto falassem agora sobre as panelas de carne; tampouco eles poderiam temer morrer pela escassez no deserto enquanto tinham seus rebanhos e manadas consigo. Entretanto, o descontentamento amplia aquilo que é passado e deprecia o que é presente, sem consideração pela verdade ou pela razão. Ninguém fala mais absurdamente do que os murmuradores. Sua impaciência, ingratidão e desconfiança de Deus eram muito piores pelo fato de eles terem, ultimamente, recebido tantos favores miraculosos e provas convincentes, tanto de que Deus poderia socorrê-los nas maiores necessidades quanto de que Ele realmente possuía um estoque de misericórdias para eles. Veja quão rapidamente eles esqueceram Suas obras e o provocaram diante do mar, mesmo diante do mar Vermelho (Sl 106:7-13). Observe que as experiências das misericórdias divinas pioram muito nossa desconfiança e murmuração.

ANOTAÇÕES

....
....
....
....
....
....
....
....
....
....

SENHOR POR DIREITO

ESTUDO 27

Escravidão e marcha no deserto

Leitura bíblica: Êxodo 19–20

*Eu sou o Senhor, seu Deus,
que o tirei da terra do Egito,
da casa da servidão.*

ÊXODO 20:2

O *prefácio do Legislador*: "Eu sou o Senhor, seu Deus…" (v.2). Aqui, (1) Deus afirma Sua própria autoridade para decretar essa lei em geral: "Eu sou o Senhor que lhe ordena tudo o que se segue". (2) O Senhor se apresenta como o único alvo da adoração sagrada que é prescrita nos primeiros quatro mandamentos. O povo é aqui ligado à obediência por um cordão de três dobras, que, como se pode pensar, não pode ser facilmente rompido. 1) Porque Deus é o Senhor — Iavé, autoexistente, independente, eterno e a fonte de todo ser e poder; portanto tem direito incontestável de nos dar ordens. Aquele que dá a vida deve determinar a lei; e, portanto, Ele é capaz de nos corroborar em nossa obediência e recompensá-la e punir nossa desobediência. 2) O Senhor era o Deus deles, um Deus em aliança com eles, seu Deus por próprio consentimento deles; e, se eles não guardassem Seus mandamentos, quem os guardaria? Deus se colocou sob obrigações com eles pela promessa e, assim sendo, pode, com justiça, colocar Suas obrigações sobre eles, por meio do preceito. Embora aquela aliança de peculiaridade não seja mais válida, ainda há outra, por virtude da qual todos os que são batizados são levados ao relacionamento com Ele como seu Deus e são, portanto, injustos, infiéis e muito ingratos se não lhe obedecerem. 3) Deus os trouxera da terra do Egito; por isso, eles estavam obrigados a obedecer-lhe em gratidão, porque Ele lhes dispensara tão grande bondade, libertando-os de uma terrível escravidão para uma gloriosa liberdade. O próprio povo fora testemunha ocular das grandes coisas que Deus havia feito para sua libertação e não poderia deixar de observar que cada circunstância aumentava a obrigação deles. Agora desfrutavam os benditos frutos de sua libertação e estavam em expectativa de um rápido assentamento em Canaã. Poderiam eles considerar que qualquer coisa fosse demais para fazer por Aquele que fizera tanto por eles? Não apenas isso, ao redimi-los, Deus adquiriu um direito a mais de governá-los; eles deviam serviço Àquele a quem deviam sua liberdade e a quem pertenciam por direito de compra. E, assim, Cristo, tendo-nos resgatado da servidão do pecado, tem direito ao melhor serviço que possamos prestar-lhe (Lc 1:74). Tendo quebrado as correntes que nos prendiam, Ele nos constrangeu a obedecer-lhe (Sl 116:16).

ANOTAÇÕES

ESTUDO 28

Escravidão e marcha no deserto

CORROMPENDO A ADORAÇÃO

Leitura bíblica: Êxodo 32

Então o Senhor disse a Moisés: Vá, desça; porque o seu povo, o povo que você tirou do Egito, se corrompeu e depressa se desviou do caminho que eu lhe havia ordenado; fez para si um bezerro de metal fundido, o adorou e lhe ofereceu sacrifícios.

ÊXODO 32:7-8

Este povo não havia, uns dias antes, nesse mesmo lugar, ouvido a voz do Senhor Deus falando a eles do meio do fogo: "Não faça para você imagem de escultura" (Êx 20:4)? Não haviam ouvido o trovão, visto os relâmpagos e sentido o terremoto, com a espantosa pompa com que essa lei lhes foi dada? Não haviam sido especialmente avisados para não fazer deuses de ouro (Êx 20:23)? Além disso, não haviam eles mesmos entrado em aliança solene com Deus e prometido que fariam tudo o que Ele lhes dissera e que seriam obedientes (24:7)? E mesmo assim, antes que fossem movidos do lugar onde essa aliança foi solenemente ratificada e antes que a nuvem saísse do topo do monte Sinai, eles, então, quebraram o mandamento expresso em desafio a uma ameaça expressa de que essa iniquidade seria visitada sobre eles e seus filhos. O que pensar sobre isso? É uma indicação clara de que a Lei não era apta para santificar ou justificar; por ela, há o conhecimento do pecado, mas não a cura para ele. Isso é sugerido pela ênfase do local onde esse pecado foi cometido (Sl 106:19). Eles fizeram um bezerro no Horebe, o mesmo lugar onde a Lei foi dada. Foi o contrário daquilo que aconteceu com os que receberam o evangelho: eles imediatamente se afastaram dos ídolos (1Ts 1:9). Além disso, foi especialmente estranho que Arão estivesse tão profundamente implicado nesse pecado a ponto de fazer o bezerro e proclamar a celebração! É esse Arão, o santo do Senhor, o irmão do profeta Moisés, que podia falar tão bem (Êx 4:14), e, mesmo assim, ele não profere uma única palavra contra essa idolatria? É esse que não apenas vira, mas que também estivera envolvido na convocação das pragas do Egito e nos julgamentos executados contra os deuses egípcios? O quê?! E, ainda assim, ele copia as rejeitadas idolatrias do Egito? É esse Arão que estivera com Moisés no monte (Êx 19:24; 24:9) e sabia que não havia semelhança para ser vista ali, pela qual pudesse fazer essa imagem? É esse Arão a quem foi confiado o cuidado do povo na ausência de Moisés? Ele está ajudando e sendo cúmplice dessa rebelião contra o Senhor? Como era possível que ele pudesse fazer algo tão pecaminoso? Ou ele foi estranhamente surpreendido por isso, e o fez quando estava semiacordado, ou foi intimidado pelos ultrajes da turba. E Deus o deixou a seu próprio encargo, para nos ensinar o que os melhores homens são capazes de fazer quando são assim deixados, para que não confiemos no homem e para que aquele que pensa estar de pé possa cuidar para não cair (1Co 10:12).

ANOTAÇÕES

....
....
....
....
....
....
....
....
....
....

CHEIOS PELO ESPÍRITO PARA O TRABALHO

ESTUDO 29

Escravidão e marcha no deserto

Leitura bíblica: Êxodo 35

O Espírito de Deus o encheu de habilidade, inteligência e conhecimento em todo artifício, para elaborar desenhos e trabalhar em ouro, em prata, em bronze, para lapidação de pedras de engaste, para entalho de madeira e para todo tipo de trabalho artesanal. ÊXODO 35:31-33

Aqui é observado o bom trabalho das mulheres para Deus, assim como o de Bezalel e Aoliabe. A menor mão, usada para a honra de Deus, terá uma recompensa honrosa. A unção de Maria sobre a cabeça de Cristo também será contada como memorial (Mt 26:13); e é mantido um registro das mulheres que trabalhavam no tabernáculo do evangelho (Fl 4:3), assim como das ajudadoras de Paulo em Cristo Jesus (Rm 16:3). É parte do caráter da mulher virtuosa estender sua mão ao fuso (Pv 31:19). Esse empreendimento foi aqui transformado em um uso sagrado, como ainda pode ser (embora não precisemos tecer cortinas para o tabernáculo) pela imitação da caridade de Dorcas, que fazia casacos e vestimentas para as pobres viúvas (At 9:39). Mesmo aqueles que não têm a possibilidade de doar para a caridade podem trabalhar por ela.

"Eis que o Senhor chamou por nome Bezalel, filho de Uri, filho de Hur, da tribo de Judá" (v.30). Aqui está uma indicação divina do mestre de obra, para que não houvesse contenda pelo ofício e para que todos os que estavam envolvidos no trabalho pudessem ter direcionamento e prestar contas a esses inspetores, pois Deus é um Deus de ordem e não de confusão. Observe: (1) Aqueles que Deus chamou pelo nome para esse serviço foram cheios com o Espírito de Deus para os qualificar para ele (vv.30-31). Habilidades em empreendimentos seculares é um dom de Deus e vem do alto (Tg 1:17). Tanto o conhecimento quanto o aperfeiçoamento vêm de Deus. Portanto, todo o conhecimento deve ser dedicado ao Senhor, e devemos nos dedicar a entender como o servirmos com ele. (2) Eles foram nomeados não apenas para criar, mas para trabalhar (v.32), e trabalhar em toda forma de trabalho (v.35). Aqueles que têm dons eminentes, que são capazes de direcionar os outros, não devem pensar que isso servirá de desculpa para sua preguiça. Muitos são engenhosos em separar trabalho para as outras pessoas e podem dizer o que cada homem deve fazer, mas atam somente a outros os fardos que eles mesmos não tocarão com nenhum de seus dedos. Esses cairão sob a categoria dos servos negligentes. (3) Eles não deviam apenas criar e trabalhar, mas também ensinar aos outros (v.34). Bezalel não apenas tinha o poder de dar ordens, mas deveria assumir o peso de instruir. Aqueles que dominam devem ensinar e aqueles a quem Deus deu conhecimento devem estar dispostos a comunicá-lo para o benefício de outros, não ambicionando monopolizá-lo.

ANOTAÇÕES

Tabernáculo

ESTUDO 30

Escravidão e marcha no deserto

UM SERVIÇO DIGNO

Leitura bíblica: Êxodo 39

*Fizeram também de pano azul, púrpura e carmesim as vestes, finamente tecidas, para ministrar no santuário, e também fizeram as vestes sagradas para Arão, como o S*ENHOR *havia ordenado a Moisés.*

ÊXODO 39:1

Neste registro da confecção das vestimentas sacerdotais, de acordo com as instruções que foram dadas (Êx 28), podemos observar: (1) Que as vestes dos sacerdotes são chamadas de roupas "para ministrar" (v.1). Aqueles que usam a túnica de honra devem percebê-la como roupa de serviço, visto que se espera serviço daqueles sobre quem a honra é colocada. Diz-se acerca daqueles que estão adornados de vestes brancas que eles estão diante do trono de Deus e o servem dia e noite em Seu templo (Ap 7:13,15). As vestimentas sagradas não são feitas para o homem dormir com elas ou para se empavonar, mas para servir; então, elas serão realmente para glória e beleza. O próprio Filho do homem não veio para ser servido, mas para servir. (2) Todos os seis parágrafos aqui, que fornecem um registro distinto da confecção dessas vestes santas, são concluídos com as palavras: "segundo o S*ENHOR* havia ordenado a Moisés" (Êx 39:5,7,21,26,29,31). Não há nada semelhante nos relatos anteriores, como se neles, mais do que em qualquer outro pertence do tabernáculo, houvesse um cuidado especial sobre as recomendações divinas, tanto para garantia quanto para direcionamento. Todos os ministros do Senhor são intimados a fazer da Palavra de Deus sua regra, em todas as suas ministrações, e a agir em observância e obediência ao mandamento divino.

(3) Todas [as ordenanças] eram sombras das coisas boas que estavam por vir, mas a substância é Cristo e a graça do evangelho. Portanto, diante da vinda da substância, é tolice ser encontrado na sombra. 1) Cristo é nosso Sumo sacerdote; quando Ele assumiu a obra de nossa redenção, Ele se vestiu com a túnica do serviço — adornou-se com os dons e graças do Espírito, que Ele recebeu sem medida —, cingiu-se com o curioso cinto da resolução a fim de suportar este empreendimento: encarregou-se de todo Israel espiritual de Deus, carregou-o sobre Seus ombros, sobre Seu peito, colocou-o perto de Seu coração, gravou-o nas palmas de Suas mãos e o apresentou no peitoral do julgamento a Seu Pai. E, por fim, Cristo coroou-se a si mesmo com a santidade ao Senhor, consagrando toda a Sua obra para a honra da santidade de Seu Pai. Agora, considerem quão excelso é esse homem. 2) Os verdadeiros cristãos são sacerdotes espirituais. O linho puro com o qual toda a sua veste deveria ser feita são "os atos de justiça" dos santos (Ap 19:8), e a Santidade ao Senhor deve, assim, estar escrita em suas testas para que todos que interagem com eles possam vê-la e dizer que eles carregam a imagem da santidade divina e são consagrados ao louvor dela.

ANOTAÇÕES

....
....
....
....
....
....
....
....
....

UM HOLOCAUSTO AO SENHOR

ESTUDO 31

Escravidão e marcha no deserto

Leitura bíblica: Levítico 1

Ele o trará à porta da tenda do encontro, para que o homem seja aceito diante do Senhor. Porá a mão sobre a cabeça do holocausto, para que seja aceito a favor dele, para a sua expiação. LEVÍTICO 1:3-4

O sacrifício devia ser oferecido à porta do Tabernáculo, onde ficava o altar do holocausto que santificava a oferta, e não em outro lugar. Deviam oferecê-lo à porta, como indignos de entrar e reconhecendo que não há admissão para um pecador na aliança e comunhão com Deus, senão pelo sacrifício. Contudo, deveriam oferecê-lo no tabernáculo da congregação, como sinal de sua comunhão com toda a comunidade de Israel, até mesmo em seu culto pessoal.

O ofertante devia colocar a mão sobre a cabeça de sua oferta (v.4). "Ele deve colocar ambas as mãos", dizem os estudiosos judeus, "com toda a sua força, entre os chifres do animal", significando assim: (1) A transferência de todos os seus direitos e interesses sobre o animal, de fato, para Deus e, por entrega manual, com a renúncia a Seu serviço. (2) Um reconhecimento de que ele merecia morrer e estaria disposto a morrer, se Deus o requeresse, para o serviço de Sua honra e a obtenção de Seu favor. (3) Uma dependência do sacrifício, como um tipo instituído do grande sacrifício sobre o qual seria lançada a iniquidade de todos nós. Alguns pensam que o significado místico dos sacrifícios, especialmente deste rito, era o que o escritor de Hebreus queria dizer com a doutrina da imposição de mãos (Hb 6:2), que tipificava a fé evangélica. A imposição das mãos do ofertante sobre a cabeça da oferta significava seu desejo e esperança de que ela fosse aceita como sua oferta para fazer expiação por ele. Embora o holocausto não se relacionasse a qualquer pecado em particular, como acontecia com a oferta pelo pecado, ainda assim ele servia para fazer expiação pelo pecado em geral. E aquele que colocava a sua mão sobre a cabeça do holocausto devia confessar que deixara de fazer aquilo que devia ter feito e que havia feito aquilo que não devia, e orar para que, ainda que ele mesmo devesse morrer, a morte de seu sacrifício fosse aceita para expiar sua culpa.

O sacrifício devia ser morto pelos sacerdotes levitas, diante do Senhor, isto é, de modo devoto e religioso e objetivando Deus e Sua honra. Isso significava que nosso Senhor Jesus devia fazer de Sua alma, ou vida, uma oferta pelo pecado. O príncipe Messias devia ser imolado como um sacrifício, porém não por si próprio (Dn 9:26). Isso também queria dizer que nós cristãos, que são sacrifícios vivos, a parte brutal deve ser mortificada ou morta, a carne crucificada com todas as suas afeições corruptas e luxúrias, bem como todos os apetites da mera natureza animal.

ANOTAÇÕES

....
....
....
....
....
....
....
....
....
....

ESTUDO 32

Escravidão e marcha no deserto

NASCIDOS EM PECADO

Leitura bíblica: Levítico 12

Diga aos filhos de Israel: Se uma mulher conceber e tiver um menino, ficará impura durante sete dias; como nos dias da sua menstruação, ficará impura. E, no oitavo dia, o menino será circuncidado.

LEVÍTICO 12:2-3

A impureza cerimonial que a Lei colocava sobre a mulher após o parto era para significar a contaminação do pecado no qual todos somos concebidos e nascemos (Sl 51:5), pois, se a raiz é impura, os ramos também são. "Quem poderá tirar coisa pura daquilo que é impuro?" (Jó 14:4). Se o pecado não houvesse entrado, nada senão a pureza e a honra acompanhariam todo o produto daquela grande bênção "Sejam fecundos, multipliquem-se" (Gn 1:28). Contudo, agora que a natureza do homem está degenerada, a propagação dessa natureza é colocada sob essas marcas da desgraça por causa do pecado e da corrupção, que são propagados com ela, e, em lembrança da maldição sobre a mulher, que estava no princípio na transgressão, de que entre dores (ao que adiciono "em vergonha") ela deveria dar à luz filhos. E a exclusão da mulher por tantos dias do santuário e de toda a participação em coisas sagradas significava que nossa corrupção original (esse pecado que trouxemos ao mundo conosco) teria nos excluído para sempre de desfrutar de Deus e de Seus favores se Ele não houvesse, tão graciosamente, providenciado nossa purificação.

De acordo com essa lei [que a mãe deveria apresentar ofertas de sacrifício, após a concepção], encontramos a mãe de nosso bendito Senhor, embora Ele não tivesse sido concebido em pecado como nós, completando os dias de sua purificação e, depois, apresentando seu Filho ao Senhor, sendo Ele um primogênito, trazendo sua própria oferta: um par de rolinhas (Lc 2:22-24). Os pais de Jesus eram tão pobres que não puderam trazer um cordeiro para o holocausto. Desse modo, tão cedo em Sua vida, Cristo foi colocado sob a Lei, para redimir aqueles que estavam sob ela.

ANOTAÇÕES

O SACRIFICADOR E O SACRIFÍCIO

ESTUDO 33

Escravidão e marcha no deserto

Leitura bíblica: Levítico 16

Assim, aquele bode levará sobre si todas as iniquidades deles para terra solitária; e o homem soltará o bode no deserto.

LEVÍTICO 16:22

O próprio Cristo é o autor e o objeto da expiação, pois Ele é: (1) o Sacerdote, o Sumo sacerdote, que faz a "propiciação pelos pecados do povo" (Hb 2:17). O banhar-se frequente dos sacerdotes nesse dia [de Expiação] e a execução do serviço com as vestes de linho fino e branco significava a santidade do Senhor Jesus, Sua perfeita liberdade de todo pecado e o ser embelezado e adornado com toda a graça. Ninguém deveria estar com o sumo sacerdote quando ele realizava a expiação (Lv 16:17), visto que nosso Senhor Jesus devia pisar o lagar sozinho, e ninguém dentre os presentes deveria estar com Ele (Is 63:3); assim sendo, quando Cristo entrou em Seus sofrimentos, todos os Seus discípulos o abandonaram e fugiram. E observe que a extensão da expiação era aquela que o sumo sacerdote realizava: era por todo o sagrado santuário, pelo Tabernáculo, pelo altar, pelos sacerdotes e por todo o povo (Lv 16:33). A satisfação que Cristo é a que expia os pecados, tanto dos ministros quanto do povo, e as iniquidades de nossas coisas sagradas (e não sagradas). O direito que temos de todos os privilégios das ordenanças, nosso consolo nelas e o benefícios que elas trazem são todos devidos à expiação realizada por Cristo. E nisto Cristo também superou Arão: este precisava oferecer sacrifício primeiramente por seu próprio pecado, acerca do qual ele deveria confessar sobre a cabeça da oferta pelo pecado, mas nosso Senhor Jesus não tinha pecados pelos quais responder.

(2) Da mesma forma que Ele é o Sumo Sacerdote, Ele é o sacrifício com o qual se faz a expiação, uma vez que Ele é tudo em todos em nossa reconciliação com Deus. Assim, Cristo era prefigurado por dois bodes, que formavam uma só oferta: o cordeiro imolado era um tipo de Cristo morrendo por nossos pecados, o bode expiatório era uma figura de Cristo ressuscitando para nossa justificação. A distinção era feita por sorteio, a escolha de qual deveria ser morto era do Senhor, pois Cristo foi entregue pelo conselho e presciência determinados de Deus. Primeiramente, diz-se que a expiação é completa ao se colocar os pecados de Israel sobre a cabeça do bode. Eles mereciam ter sido abandonados e enviados a uma terra esquecida, mas essa punição foi aqui transferida ao bode que carregava seus pecados. Com referência a isso é que se diz que Deus colocou sobre nosso Senhor Jesus (a substância de todas essas sombras) a iniquidade de todos nós (Is 53:6), e afirma-se que Ele carregou nossos pecados e a punição por eles em Seu próprio corpo sobre o madeiro (1Pe 2:24).

ANOTAÇÕES

....
....
....
....
....
....
....
....
....
....

ESTUDO 34

Escravidão e marcha no deserto

SEU DEUS, QUE O GOVERNA

Leitura bíblica: Levítico 18

O Senhor disse a Moisés: Fale aos filhos de Israel e diga-lhes: Eu sou o Senhor, o Deus de vocês. Não façam como se faz na terra do Egito, onde vocês moraram, nem façam como se faz na terra de Canaã, para onde eu os estou levando. Não andem segundo os estatutos desses povos. LEVÍTICO 18:1-3

Após diversas instituições cerimoniais, Deus retorna à aplicação dos preceitos morais. As cerimônias ainda estão em vigor para nós como figuras, os preceitos morais ainda são válidos como leis. Temos aqui: (1) a autoridade sagrada pela qual essas leis são promulgadas: "Eu sou o Senhor, o Deus de vocês" (vv.1,4,30), e "Eu sou o Senhor" (vv.5,6,21). "O Senhor que tem o direito de governar sobre tudo; seu Deus, que tem um direito em especial de governar sobre vocês". Iavé é a fonte do ser, e, portanto, a fonte do poder, a quem pertencemos, a quem devemos servir e Aquele que pode punir toda desobediência. "Seu Deus, com quem vocês consentiram, em quem são felizes, a quem estão [submetidos] sob as maiores obrigações imagináveis e a quem devem prestar contas." (2) Uma rígida advertência sobre acautelar-se de reter as relíquias das idolatrias do Egito, onde haviam habitado, e sobre serem contaminados com as idolatrias de Canaã, para onde estavam indo (v.3). Agora que Deus estava, por intermédio de Moisés, ensinando-lhes Suas ordenanças, havia *aliquid dediscendum* — algo não aprendido, que eles haviam sugado juntamente com o leite no Egito, um país notório por idolatria: "Não façam como se faz na terra do Egito". Seria o maior absurdo, em si, reter afeição pela casa da servidão e ser governados, em suas devoções, pelos costumes dela; e seria, também, a maior ingratidão a Deus, que tão maravilhosa e graciosamente os libertara. Não apenas isso! Como se governados por um espírito de contradição, eles estariam em perigo de admitir os costumes perversos dos canaanitas e de herdar seus vícios juntamente com sua terra, mesmo depois de receber essas ordenanças de Deus. É desse perigo que são aqui advertidos: "Não andem segundo os estatutos desses povos". Os costumes são tão tiranos que as práticas deles foram chamadas de estatutos, tornando-se rivais até mesmo dos estatutos divinos, e o povo que confessava ser de Deus estava em perigo de receber leis deles. (3) Uma incumbência solene para que eles guardassem os julgamentos, estatutos e ordenanças de Deus (vv.4-5). Observe aqui: a) A grande regra de nossa obediência — os estatutos e julgamentos de Deus. Neles devemos nos manter caminhando. Devemos mantê-los em nossos livros e em nossas mãos, para que possamos praticá-los em nosso coração e vida. Lembre-se dos mandamentos de Deus para os cumprir (Sl 103:18). Devemos cumpri-los em nossas jornadas, guardá-los como nossa regra de trabalho, como nosso tesouro, como a menina de nossos olhos, com o maior cuidado e valor. b) A grande vantagem de nossa obediência [aos mandamentos]: "Aquele que os cumprir, por eles viverá" (Lv 18:5), isto é, será feliz aqui e no porvir.

ANOTAÇÕES

....
....
....
....
....
....
....

É TEMPO DE ALEGRIA

ESTUDO 35

Escravidão e marcha no deserto

Leitura bíblica: Levítico 23

O Senhor disse a Moisés: 'Fale aos filhos de Israel e diga-lhes: As festas fixas do Senhor, que vocês proclamarão, serão santas convocações; são estas as minhas festas.

Levítico 23:1-2

Aqui, novamente, as festas são chamadas de festas do Senhor porque Ele as estabeleceu. O festival de Jeroboão, que ele mesmo instituiu por conta própria (1Rs 12:23), foi uma afronta a Deus e uma reprovação sobre o povo. Essas festas deviam ser proclamadas em seus tempos determinados (Lv 23:4), e o tempo que Deus escolheu para elas foi em março, maio e setembro (de acordo com nosso sistema atual), não durante o inverno, pois, quando os dias fossem mais curtos e os caminhos estivessem lamacentos, a viagem se tornaria desconfortável; não no meio do verão porque, naqueles países, eles fazem a colheita e a vindima e seriam afastados de seu trabalho no campo. Assim, de forma graciosa, Deus considera nosso conforto naquilo que estabelece, obrigando-nos a considerar religiosamente a Sua glória na observância deles e sem reclamar como se fossem um fardo. As solenidades aqui estabelecidas foram: (1) muitas e ocorrendo com frequência, o que pretendia preservar neles um senso profundo de Deus e da religião e prevenir sua inclinação às superstições dos pagãos. Deus os manteve completamente envolvidos nesse serviço, para que eles não tivessem tempo de ouvir as tentações da vizinhança idólatra onde viviam. (2) A maioria delas era tempo de alegria e regozijo. O *shabbat* semanal é assim, e todas as solenidades anuais, com exceção do Dia da Expiação. Dessa forma, Deus lhes ensinaria que os caminhos da sabedoria são prazerosos e os envolveria em Seu serviço ao encorajá-los a serem alegres neles e a cantar durante sua execução. Sete dias eram dias de descanso estrito e de convocações santas: o primeiro dia e o sétimo da Festa do pão sem fermento, o dia de Pentecoste, o dia da Festa das Trombetas, o primeiro dia e o oitavo da festa dos Tabernáculos, e o Dia da Expiação: aqui são seis dias para alegria santa e apenas um para lamento santo. Somos ordenados a nos regozijar sempre, mas não a chorar sempre.

ANOTAÇÕES

ESTUDO 36

Escravidão e marcha no deserto

O ANO DO JUBILEU E DO JÚBILO

Leitura bíblica: Levítico 25

A terra dará o seu fruto, e vocês terão comida à vontade e nela habitarão em segurança.

LEVÍTICO 25:19

O Ano do Jubileu devia ser proclamado com o som da trombeta, em todas as partes do país (v.9), tanto para notificar acerca dele para todos, como para expressar sua alegria e triunfo nele. A trombeta era tocada no fim do Dia da Expiação; então o Jubileu começava, e muito adequadamente, depois de eles terem se humilhado e afligido sua alma pelo pecado, quando seriam levados a ouvir essa voz de júbilo e alegria (Sl 51:8). Quando a paz havia sido feita com Deus, então a liberdade era proclamada, pois a remoção da culpa é necessária para abrir caminho para a entrada de todo o verdadeiro consolo (Rm 5:1-2). Em alusão a essa solene proclamação do Jubileu, foi predito, com relação a nosso Senhor Jesus, que Ele pregaria o "ano aceitável do Senhor" (Is 61:2). Ele enviou Seus apóstolos para o proclamar com a trombeta do evangelho eterno, que eles deviam pregar a toda criatura. E ainda permanece previsto que, no último dia, a trombeta soará para libertar os mortos da escravidão da sepultura e nos restaurar à nossa posse.

Foi dada ao povo a segurança de que eles não teriam perdas, mas grandes ganhos ao observar esse ano de descanso. Foi-lhes prometido: (1) Que estariam seguros: "vocês habitarão seguros na terra" (Lv 25:18, também no v.19). O termo engloba tanto segurança externa quanto interna e confiança de espírito de que se aquietariam tanto do mal quando do temor do mal. (2) Que seriam ricos. "Vocês terão comida à vontade" (v.19). Note, se formos cuidadosos em cumprir nossos deveres, podemos confiar alegremente em Deus quanto a nosso conforto. (3) Que eles não teriam falta de comida conveniente naquele ano no qual não semeariam ou colheriam: "eu lhes darei a minha bênção no sexto ano, para que a terra produza o suficiente para três anos" (v.21). Isso era: 1) Um milagre durável, pois, enquanto em outros tempos, um ano devia trazer o que serviria ao seguinte, a produção do sexto ano serviria para prover até o nono. A bênção de Deus sobre nossa provisão fará com que o pouco dure bastante tempo e satisfará até mesmo ao pobre com o pão (Sl 132:15). 2) Um memorial eterno do maná, que lhes era dado em dobro no sexto dia, para dois dias. 3) Para ser um encorajamento para todo o povo de Deus, em todas as Eras, para que confiem nele enquanto cumprem seu dever e para lançar sobre Ele todo o seu cuidado. Não há nada perdido pela fé e pela autonegação em nossa obediência.

ANOTAÇÕES

....
....
....
....
....
....
....
....
....
....
....
....
....

A OBEDIÊNCIA E AS BÊNÇÃOS

ESTUDO 37

Escravidão e marcha no deserto

Leitura bíblica: Levítico 26

*Se andarem nos meus estatutos, guardarem os meus mandamentos
e os cumprirem, então eu lhes darei as chuvas na época certa, a terra produzirá
a sua colheita e a árvore do campo dará o seu fruto.*

LEVÍTICO 26:3-4

Os governos humanos aplicam suas leis com penalidades a serem infringidas pela quebra delas, mas Deus será conhecido como o recompensador daqueles que o buscam e o servem. Vamos dar uma olhada nessas grandes e preciosas promessas que, embora se relacionem principalmente à vida presente e aos assuntos nacionais públicos daquele povo, eram típicas das bênçãos espirituais implicadas pela aliança da graça sobre todos os que creem em Cristo. Fartura e abundância de frutos da terra. Eles deveriam ter chuva oportuna, nem a menos ou a mais, mas o que era necessário para a sua terra, que era regada com o orvalho do céu (Dt 11:10-11) para que pudesse "[produzir] a sua colheita" (v.4). A dependência que a frutificação da terra abaixo tem sob a influência do céu acima dela é uma indicação prática para nós de que todo dom bom e perfeito deve ser esperado do alto, do Pai das luzes. É prometido que a terra produziria seus frutos em tamanha abundância que eles estariam completamente envolvidos, durante a colheita e a vindima, em reuni-los (v.5). Antes de eles colherem seu cereal e o debulhar, a vindima estaria pronta; e, antes que tivessem terminado a vindima, seria o tempo exato para começar a semeadura. Colheitas longas para nós são normalmente consequência de clima ruim, mas para Israel seriam o efeito de um grande incremento. Isso significava a abundância da graça que seria derramada nos tempos do evangelho, quando o lavrador viria logo após aquele que colhe (Am 9:13), e uma grande colheita de almas seria reunida em Cristo. A fartura seria tanta que o que é antigo seria trazido para ser distribuído entre os pobres por causa do que é novo, para fazer espaço para ele nos celeiros que não seriam demolidos para que se construíssem maiores, como aquele rico tolo (Lc 12:18), pois Deus lhes deu essa abundância para que fosse gasta, não entesourada de um ano para o outro. "O povo amaldiçoa quem retém o trigo" (Pv 11:26). Aquela promessa: "derramar sobre vocês bênção sem medida" (Ml 3:10), de modo que não haverá espaço suficiente para a receber, explica isso (Lv 26:10). E o que coroa essa bênção da fartura é: "Vocês comerão o seu pão à vontade" (v.5), o que indica que eles teriam não apenas abundância, mas contentamento e satisfação nela. Teriam o suficiente e saberiam quando já lhes bastava. Assim, "Os pobres comerão até ficarem satisfeitos" (Sl 22:26 NVI).

ANOTAÇÕES

....
....
....
....
....
....
....
....
....
....
....
....
....
....

ESTUDO 38
Escravidão e marcha no deserto

LIVRES, PORÉM LIGADOS À LEI

Leitura bíblica: Levítico 27

São estes os mandamentos que o SENHOR ordenou a Moisés, para os filhos de Israel, no monte Sinai.

LEVÍTICO 27:34

Este é o último versículo para fazer referência a todo este livro, do qual a conclusão é: "São estes os mandamentos que o SENHOR ordenou a Moisés, para os filhos de Israel" (v.34). Muitos desses mandamentos são morais e de obrigação perpétua; outros, que eram cerimoniais e peculiares à organização judaica, têm, a despeito disso, significado espiritual e são instrutivos para nós, a quem foi dada uma chave para nos permitir entrar nos mistérios neles contidos, pois, para nós, por meio dessas instituições, o evangelho é pregado, bem como era para eles (Hb 4:2). Com respeito a toda essa questão, podemos ver motivos para bendizer a Deus por não termos chegado ao Monte Sinai (Hb 12:18). (1) Por não estarmos sob as obscuras sombras da Lei, mas desfrutamos da luz clara do evangelho, que nos mostra Cristo, o fim da Lei para a justiça (Rm 10:4). A doutrina de nossa reconciliação com Deus por um Mediador não é anuviada com a fumaça de sacrifícios queimados, mas aclarada pelo conhecimento de Cristo, e dele crucificado. (2) Por não estar sob o pesado fardo da Lei e das suas "ordenanças da carne", conforme o apóstolo as chama em Hebreus 9:10, impostas até o tempo da reforma, um fardo que nem eles ou seus pais foram capazes de suportar (At 15:10), mas sob as doces e leves instituições do evangelho, que pronuncia como verdadeiros adoradores aqueles que adoram o Pai em espírito e em verdade, apenas por intermédio de Cristo, e em Seu nome, daquele que é nosso Sacerdote, templo, altar, sacrifício, purificação e tudo mais. Portanto, que nós não pensemos que por não estarmos ligados às purificações cerimoniais, às festas e às oblações, um cuidado, tempo e custo mínimos servirão para honrar nosso Deus. Não, pelo contrário, nosso coração se alarga ainda mais pelas ofertas voluntárias a Seu louvor, mais inflamado com o amor e a alegria sagrados, e mais envolvidos na seriedade de pensamento e sinceridade de intenção. "Tendo ousadia para entrar no Santuário, pelo sangue de Jesus [...] aproximemo-nos com um coração sincero, em plena certeza de fé (Hb 10:19,22), louvando a Deus com muito mais alegria e humilde confiança, ainda afirmando: "Bendito seja Deus por Jesus Cristo!".

ANOTAÇÕES

MUITO MAIS DO QUE NÚMEROS

ESTUDO 39

Escravidão e marcha no deserto

Leitura bíblica: Números 1–2

Levantem o censo de toda a congregação dos filhos de Israel, segundo as suas famílias, segundo a casa de seus pais, contando todos os homens, nominalmente, cabeça por cabeça. NÚMEROS 1:2

Por que foi ordenado que esse registro fosse levantado e guardado? Por muitas razões. (1) Para provar o cumprimento da promessa feita a Abraão de que Deus em muito multiplicaria sua descendência, uma promessa renovada a Jacó: "A sua descendência será como o pó da terra…" (Gn 28:14). Parece que não faltou nem mesmo um til dessa boa promessa, que foi um encorajamento para que eles esperassem que a outra promessa, da terra de Canaã como herança, fosse cumprida em seu tempo. […] (2) Para indicar o cuidado especial que o próprio Deus teria com o Seu Israel, e que se esperava que Moisés e os governantes inferiores tivessem com eles. Deus é chamado de o "pastor de Israel" (Sl 80:1). Ora, os pastores sempre contavam seus rebanhos e os entregavam numerados a seus assistentes, para que soubessem se alguma [ovelha] estava faltando. De modo semelhante, Deus conta Seu rebanho, para que não perca um sequer de todos os que Ele levou a Seu aprisco, a não ser, sob cuidadosa consideração, até mesmo daqueles que foram sacrificados para a Sua justiça. (3) Para estabelecer uma diferenciação entre os nascidos israelitas e a multidão mista que estava entre eles. Ninguém foi contado a não ser os israelitas: o mundo inteiro é apenas serragem quando comparado com essas joias. Pouca consideração é dada aos demais, mas dos santos Deus tem uma propriedade e cuidado especiais. "O Senhor conhece os que lhe pertencem" (2Tm 2:19), conhece-os pelo nome (Fl 4:3). Os cabelos de sua cabeça são contados. Contudo, Ele dirá aos demais: "Não os conheço, nunca os contei". (4) Para que fossem organizados em vários distritos, com o objetivo de uma administração mais fácil de justiça, e para uma marcha mais regular pelo deserto. Aqueles que não são reunidos e colocados em ordem são uma multidão e uma turba, não um exército.

ANOTAÇÕES

....
....
....
....
....
....
....
....
....
....

Tribos acampadas ao redor do tabernáculo.

ESTUDO 40

Escravidão e marcha no deserto

A GLÓRIA DO SERVIÇO COMPARTILHADO

Leitura bíblica: Número 3–4

Mande chamar a tribo de Levi e coloque-a diante de Arão, o sacerdote, para que o sirvam e cumpram seus deveres para com ele e para com todo o povo, diante da tenda do encontro, para ministrarem no tabernáculo. NÚMEROS 3:6-7

Com relação a cada uma das três classes dos levitas (v.17), temos um relato: (1) *de sua quantidade*. Os gersonitas eram 7500. Os coatitas eram 8600. Os meraritas eram 6200. [...] (2) *De sua localização ao redor do Tabernáculo, no qual assistiam*. Os gersonitas foram colocados atrás do Tabernáculo, na direção oeste (v.23); os coatitas, do lado direito, para o sul (v.29); os meraritas, à esquerda, em direção ao norte (v.35). E, para completar o quadrado, Moisés e Arão, com os sacerdotes, acampavam na frente, para a direção leste (v.38). O Tabernáculo estava cercado com seus guardas, e "O anjo do SENHOR [acampava-se] ao redor dos que o temem" (Sl 34:7), dos templos vivos. Todos conheciam seu lugar e deveriam assim permanecer com Deus. (3) *Sobre seus líderes ou cabeças*. Da mesma forma como cada classe tinha seu lugar, cada uma tinha seu príncipe. O comandante dos gersonitas era Eliasafe (Nm 3:24); dos coatitas, Elisafã (v.30), sobre quem lemos que era um dos carregadores no funeral de Nadabe e Abiú (Lv 10:4); dos meraritas, Zuriel (Nm 3:35). (4) *Sobre sua incumbência quando o acampamento se movia*. Cada classe sabia sua própria obrigação; era requisito que eles atuassem, pois, aquilo que é obrigação de todos normalmente se prova obrigação de ninguém. Os gersonitas eram encarregados com a custódia e o transporte de todas as cortinas, presilhas e coberturas do Tabernáculo e do átrio (vv.25-26); os coatitas de toda a mobília do Tabernáculo — a arca, o altar, a mesa etc. (vv.31-32); os meraritas, da pesada carruagem, tábuas, estacas, colunas etc. (vv.36-37).

Aqui podemos observar: 1) que os coatitas, embora estivessem na segunda família, ainda assim foram preferidos ao mais velho, os gersonitas. Além disso, Arão e os sacerdotes eram dessa família [dos coatitas], eles eram numerosos e seu posto e encargo eram mais honrosos, o que, provavelmente, foi ordenado para colocar honra sobre Moisés, que também era dessa família. 2) A posteridade de Moisés não foi dignificada ou privilegiada, de forma alguma, mas logo estava no mesmo nível que os demais levitas, para que pudesse ficar evidente que ele não buscava a promoção de sua própria família, tampouco vincular qualquer honra sobre ela, quer na comunidade ou no estado. Aquele que tinha honra suficiente em si mesmo não cobiçava ter seu nome brilhando por essa luz emprestada, mas, pelo contrário, ter os levitas emprestando a honra de seu nome.

ANOTAÇÕES

....
....
....
....
....
....
....
....
....
....

O DEVER DA RESTITUIÇÃO

ESTUDO 41

Escravidão e marcha no deserto

Leitura bíblica: Números 5

Quando um homem ou uma mulher cometer algum dos pecados que as pessoas cometem, ofendendo ao Senhor, tal pessoa é culpada. Confessará o pecado que cometer e, pela culpa, fará plena restituição.

NÚMEROS 5:6-7

Uma lei relacionada à restituição no caso de um mal praticado contra o próximo. É chamado de "pecados que as pessoas cometem" (v.6) porque é comum entre os humanos; um pecado da pessoa, isto é, um pecado contra a pessoa, assim pensa-se que ele deveria ser traduzido e compreendido. Se um homem enganar ou defraudar seu irmão em qualquer questão, isso deve ser visto como uma transgressão contra o Senhor, que é o protetor do justo, Aquele que pune o erro e que nos responsabiliza e ordena estritamente a que façamos o que é reto. Agora, o que deveria ser feito quando a mente consciente de uma pessoa a acusasse de culpa desse tipo e trouxesse à sua lembrança algo que tivesse sido praticado há muito tempo? (1) Ela deveria confessar seu pecado: confessá-lo a Deus, confessá-lo a seu próximo e assumir a culpa. Se a houvesse negado anteriormente, deveria admitir a mentira, mesmo que fosse contra a natureza fazê-lo; ela a negara porque seu coração estava endurecido, portanto não havia outro modo de evidenciar que seu coração fora enternecido senão por meio da confissão. (2) Deveria levar um sacrifício, um carneiro expiatório (v.8). Deveria ser efetuada uma satisfação pela ofensa praticada contra Deus, cuja lei fora quebrada, bem como pela perda que o próximo sofrera. A restituição, nesse caso, não era suficiente sem que houvesse fé e arrependimento. (3) No entanto, os sacrifícios não seriam aceitos até que fosse feita a plena restituição à parte prejudicada; não apenas o principal, mas uma quinta parte deveria ser acrescentada (v.7). É certo que, quando é sabidamente retido nas mãos aquilo que foi adquirido por meios injustos, a culpa da injustiça permanece sobre a consciência e não é purgada por sacrifícios ou ofertas, orações nem lágrimas, uma vez que é ato contínuo de persistência no pecado. Já tivemos essa lei antes em Levítico 6:4, e aqui é acrescentado que, se a parte prejudicada tivesse morrido e não possuísse parente próximo que tivesse direito ao débito ou, se, de alguma maneira, não estivesse claro quanto a quem a restituição deve ser feita, isso não servia de desculpa para reter aquilo que foi injustamente adquirido. A quem quer que pertencesse, certamente não era de quem a conseguiu injustamente e, assim sendo, deveria ser entregue ao sacerdote (v.8). Se houvesse qualquer pessoa que pudesse recebê-lo, não deveria ser dado ao sacerdote (Deus detesta que o produto de roubo se torne holocausto); mas, se não houvesse, então deveria ser dado ao grande Senhor (*ob defectum sanguinis* — por falta de descendente), e os sacerdotes eram Seus receptáculos. Note, é obra de piedade e caridade que alguma necessária justiça seja feita em favor daqueles que têm consciência de que praticaram um mal e não sabem como fazer a restituição. Aquilo que não é de sua propriedade jamais deve lhe trazer lucro.

ANOTAÇÕES

....
....
....
....
....

ESTUDO 42

Escravidão e marcha no deserto

A INCREDULIDADE DESAFIA A PROMESSA

Leitura bíblica: Números 13

O Senhor disse a Moisés: Envie alguns homens que espiem a terra de Canaã, que eu vou dar aos filhos de Israel. Enviem um homem de cada tribo de seus pais, sendo cada qual chefe entre eles. NÚMEROS 13:1-2

Aqui é dito que Deus ordenou a Moisés que enviasse os espias (vv.1-2), mas, aparentemente, conforme a repetição da história mais tarde, a moção veio originalmente do povo. Eles foram a Moisés e disseram: "Vamos mandar alguns homens adiante de nós..." (Dt 1:22), e isso era fruto da incredulidade. Eles não aceitaram a palavra de Deus de que a terra era boa e de que Ele os colocaria, sem falhar, em posse dela. Não podiam crer na coluna de nuvem e fogo que lhes mostrara o caminho até ela, mas tinham uma opinião melhor acerca da sua própria política do que da sabedoria divina. Como foi absurdo que eles espiassem a terra que o próprio Deus espiara por eles, que questionassem o caminho para entrar nela quando o próprio Senhor se comprometera a mostrá-lo a eles! Porém, semelhantemente, nós nos prejudicamos ao darmos mais crédito a relatórios e a representações dos sentidos do que à revelação divina. Andamos pelo que vemos, não pela fé; ao passo que "Se aceitamos o testemunho dos homens, o testemunho de Deus é maior..." (1Jo 5:9). Quando o povo fez essa moção a Moisés, ele (provavelmente inconsciente da incredulidade que havia no fundo) consultou a Deus no caso, que lhe ordenou que os satisfizesse nessa questão e enviasse espias diante deles: "Permita-lhes andar em seu próprio conselho". Contudo, Deus não se associou a eles no pecado que veio a seguir, pois enviar esses espias estava muito longe de ser a causa do pecado, uma vez que, se os espias tivessem feito seu trabalho e o povo, o deles, poderia ter sido a confirmação da sua fé e algo bom para eles.

É surpreendente como o povo de Israel teve paciência de esperar 40 dias pelo retorno dos espias, quando eles estavam prontos para entrar em Canaã, com todas as garantias de sucesso que poderiam ter do poder divino e da constante série de milagres que os acompanhara até então. Mas eles não confiaram no poder e na promessa de Deus e estavam dispostos a ficarem presos a seus próprios conselhos, em vez de levados à garantia por meio da aliança com Deus. Quantas vezes permanecemos em nossa própria condição por causa de nossa incredulidade!

ANOTAÇÕES

A JUSTA IRA DIVINA

ESTUDO 43

Escravidão e marcha no deserto

Leitura bíblica: Números 14

O Senhor é tardio em irar-se e rico em bondade; ele perdoa a iniquidade e a transgressão, mas não inocenta o culpado, e visita a iniquidade dos pais nos filhos até a terceira e a quarta geração.

NÚMEROS 14:18

O que acontecia entre Deus e Israel passava pelas mãos de Moisés: quando eles ficavam insatisfeitos com Deus, falavam a Moisés (v.2). Quando Deus se desagradava deles, Ele também o dizia a Moisés, revelando Seu segredo a Seu servo profeta (Am 3:7). No verso 11, Deus reclama, com justiça, de duas coisas com Seu servo: (1) O pecado do povo. "Eles me provocaram", ou, como o termo significa, "eles me rejeitaram, difamaram e desprezaram por não crerem em mim". Essa era a raiz amarga que trazia o fel e o absinto. Foi a incredulidade deles que tornou aquela a "provocação, no dia da tentação no deserto" (Hb 3:8 ARA). Percebam, a falta de confiança em Deus, em Seu poder e Sua promessa é, em si, uma grade provocação e está intrínseca a muitas provocações. A incredulidade é um pecado grave (1Jo 5:10) e uma raiz de pecado (Hb 3:12). (2) A continuidade deles no pecado: "Até quando vão fazer assim?". O Deus do Céu mantém em conta por quanto tempo os pecadores persistem em suas provocações, e, quanto mais eles persistirem, mais Ele se desagrada. Os agravantes do pecado deles eram: 1) Seu relacionamento com Deus. Esse povo, um povo peculiar, um povo que confessava o Senhor. Quanto mais próximo a Deus alguém é, por nome ou profissão de fé, mais Ele se sente ultrajado por seus pecados, especialmente a incredulidade. 2) A experiência que tiveram do poder e da bondade de Deus em todos os sinais que Ele realizou entre eles, pelos quais, alguém poderia pensar, o Senhor efetivamente lhes obrigava a confiar nele e a segui-lo. Quanto mais Deus faz por nós, maior é o ultraje se não crermos nele.

O Senhor mostrou a Moisés qual a sentença de justiça que lhes daria: "O que me impede agora de exterminá-los completamente? Logo isso será feito. 'Vou feri-lo com pestilência e deserdá-lo' (v.12); não deixarei sequer um deles vivos, mas apagarei totalmente seu nome e sua raça e os deserdarei; não mais me perturbarei com eles. Ah, vou me livrar de meus adversários. É isso que eles desejam, e eu os deixarei morrer, sem que fique qualquer raiz ou galho deles. Filhos tão rebeldes merecem ser deserdados". E, se for questionado: "O que então acontecerá com a aliança de Deus com Abraão?", aqui está uma resposta: "Serei preservado na família de Moisés, farei de você uma nação maior". Assim Deus quis testar Moisés para ver se ele continuava em afeição a Israel, que ele anteriormente havia expressado em ocasião semelhante, ao preferir o interesse deles antes da promoção de sua própria família. E ficou provado que Moisés ainda tinha o mesmo espírito público e não poderia suportar o pensamento de erguer seu próprio nome à ruína do nome de Israel.

ANOTAÇÕES

....
....
....
....
....
....
....
....

ESTUDO 44

Escravidão e marcha no deserto

IMPLORANDO POR MISERICÓRDIA

Leitura bíblica: Salmo 90

Volta-te, Senhor! Até quando estarás indignado? Tem compaixão dos teus servos.

SALMO 90:13

Este salmo foi escrito por Moisés (como parece pelo título), o escritor mais antigo dos escritos sagrados. Temos registradas, da autoria dele, uma canção de louvor, em Êx 15, que é aludida em Ap 15:3, e uma canção de instrução (Dt 32). Contudo, esta tem natureza diferente de ambas, pois é chamada de oração. Supõe-se que este salmo tenha sido escrito numa ocasião de uma sentença proferida sobre Israel no deserto — por sua incredulidade, murmuração e rebelião — de que suas carcaças cairiam no deserto, que definhariam por uma série de infortúnios por 38 anos seguidos e de que nenhum dos que eram maiores de idade entraria em Canaã. Este salmo foi concebido para suas peregrinações no deserto, da mesma forma que a outra canção de Moisés (Dt 31:19,21) provavelmente se referia a seu assentamento em Canaã. Temos a história à qual o salmo se refere em Números 14. Provavelmente Moisés escreveu esta oração para ser usada diariamente, quer pelo povo em suas tendas ou, no mínimo, pelos sacerdotes no serviço do tabernáculo, durante sua tediosa fadiga no deserto. Nela, (1) Moisés se consola e a seu povo com a eternidade de Deus e pelo que eles ganhavam com Ele (Sl 90:1-2). (2) Moisés se humilha e a seu povo ao considerar a fragilidade do homem (vv.3-6). (3) Ele submete a si e a seu povo à justa sentença promulgada por Deus sobre eles (vv.7-11). (4) Compromete a si e a seu povo a Deus em oração pelas misericórdias e graça divinas e pelo retorno do favor de Deus (vv.12-17). Embora o salmo pareça ter sido escrito nessa ocasião em particular, ele ainda é muito aplicável à fragilidade da vida humana, em geral, e, ao cantá-lo, podemos facilmente aplicá-lo aos anos de nossa passagem pelo deserto deste mundo. Ele também nos provê com meditações e orações muito adequadas para a solenidade de um funeral.

ANOTAÇÕES

REBELDIA CONTRA DEUS PUNIDA

ESTUDO 45

Escravidão e marcha no deserto

Leitura bíblica: Números 16

E aconteceu que, assim que Moisés acabou de dizer todas estas palavras, a terra debaixo deles se fendeu, abriu a sua boca e os engoliu com as famílias deles, com todos os que eram partidários de Corá e com todos os bens deles. NÚMEROS 16:31-32

A data da história contida neste capítulo é incerta. Provavelmente, esses motins aconteceram depois que eles saíram de Cades-Barneia, quando estavam decididos (se posso assim dizer) a vagar pelo deserto e começaram a ver aquele lugar como seu assentamento.

Aqui temos um relato dos rebeldes, quem eram e o que eram; não como antes, uma multidão mista e a escória do povo que, portanto, nunca tiveram seus nomes mencionados. Aqui eram homens distintos e de qualidade, o que trouxe uma figura. Corá era o cabeça: ele formou e liderou a facção; assim é chamado de "revolta de Corá" (Jd 11).

Aparentemente, Datã e Abirão haviam armado uma habitação espaçosa no meio das tendas das famílias, onde mantinham uma corte, reuniam-se em conselho e armaram sua bandeira de desafio contra Moisés. Neste texto, é chamado de habitação de Corá, Datã e Abirão (Nm 16:24,27). Lá, como um local de encontro, ficaram Datã e Abirão enquanto Corá e seus amigos foram ao tabernáculo do Senhor, aguardando seu julgamento. Mas aqui nos é contado como eles trataram seus negócios, antes que o julgamento terminasse, pois Deus adota o método que melhor lhe agradam em Seus juízos.

Assim que Moisés falou, Deus agiu: "a terra debaixo deles se fendeu, abriu a sua boca e os engoliu com as famílias deles" (vv.31-32) e depois se fechou sobre eles (v.33). Esse julgamento não tem paralelo. Nele, Deus criou algo que jamais fizera antes, uma vez que Ele dispõe de muitas flechas em Sua aljava, e há diversidade de ações de ira, bem como de misericórdia. Deus tem todas as criaturas sob Seu comando e pode fazer de qualquer uma delas instrumento de Sua justiça quando lhe apraz; nem uma delas será nossa amiga se Ele for nosso inimigo. Agora Deus confirmava a Israel aquilo que Moisés recentemente lhes ensinara em sua oração do Salmo 90: "Quem conhece o poder da tua ira?" (v.11). Quando lhe apraz, Deus tem "desgraça para os que praticam a maldade" (Jó 31:3). Assim sendo, que concluamos: quem pode permanecer diante desse Senhor Deus santo? Eles "Abrem a boca para falar contra os céus..." (Sl 73:9) e "a garganta deles é sepulcro aberto..." (Sl 5:9), pouco antes de a terra se abrir e os engolir. Eles criaram uma ruptura na congregação; assim, com justiça, a terra se abriu debaixo deles. Pecadores presunçosos, que odeiam ser corrigidos, são um fardo para a Terra, toda a criação geme sob eles. Significa, nesse caso, que a terra afundou sob esses rebeldes, como se estivesse exausta de os suportar e estar sob seus pés.

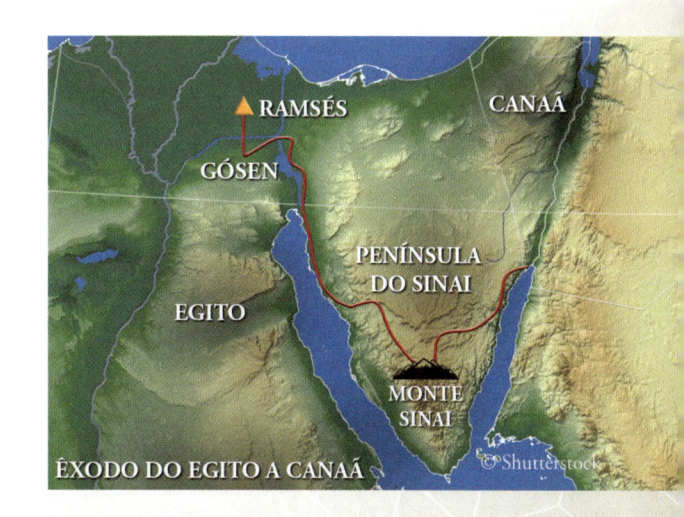

ÊXODO DO EGITO A CANAÃ

ESTUDO 46

Escravidão e marcha no deserto

AS PRIMEIRAS CONQUISTAS

Leitura bíblica: Números 21

*O Senhor disse a Moisés: Não tenha medo dele, porque eu
o entreguei na sua mão, junto com todo o povo e a terra dele. E você fará com ele
como fez com Seom, rei dos amorreus, que habitava em Hesbom.*

NÚMEROS 21:34

Israel enviou uma mensagem de paz a Seom, rei dos amorreus (Números 21:21), mas recebeu uma resposta não pacífica, pior do que a mensagem dos edomitas em réplica a um comunicado semelhante (20:18,20). Os edomitas apenas lhes recusaram passagem e armaram suas defesas para os manter fora [de seu território], mas Seom saiu com seus exércitos contra Israel no deserto, fora de suas próprias fronteiras sem que tivesse havido qualquer provocação (21:23) e, assim, apressou-se para sua ruína. Seu exército foi derrotado e, não somente, mas todo o seu país entrou para a posse de Israel (vv.24-25).

Ogue, o rei de Basã, em vez de ser alertado pelo destino de seus vizinhos a fazer paz com Israel, foi instigado por isso a entrar em guerra contra eles, o que se provou, de modo parecido, ser a sua destruição. Ogue também era amorreu e, portanto, talvez se achasse mais hábil para lidar com Israel do que os seus vizinhos foram e mais provável de prevalecer por causa de sua força e estatura gigantescas, algo que Moisés registrou em Dt 3:11, onde forneceu um registro mais completo dessa história. Aqui, observe: (1) que os amorreus iniciaram a guerra (v.33). Ele saiu à batalha contra Israel. Seu país era muito rico e agradável. Basã era famosa por possuir a melhor madeira (como testemunham os carvalhos de Basã) e a melhor raça de gado (os touros, as vacas de Basã, os cordeiros e os carneiros servindo de prova), o que é celebrado em Deuteronômio 32:14. Os homens maus fazem seu máximo para se garantir e às suas posses contra os juízos de Deus, mas tudo isso é em vão, quando chega seu dia, no qual devem cair. (2) Que Deus se interessa pessoalmente na causa, ordena que Israel não tema essa força ameaçadora e promete vitória completa: "eu o entreguei na sua mão" (v.34); "a questão já está tão decidida quanto se já houvesse sido executada, tudo é de vocês: entrem e tomem posse". Os gigantes são apenas vermes diante do poder de Deus. (3) Que Israel é mais que vencedor, não apenas derrota os exércitos inimigos, mas conquista o seu território, que, mais tarde, fez parte da herança das duas tribos e meia que primeiramente se assentaram no lado leste do Jordão. Deus concedeu esses sucessos a Israel enquanto Moisés ainda estava com eles, tanto para o consolo dele (para que pudesse ver o começo dessa obra maravilhosa, cuja conclusão ele não viveria para testemunhar) e para o encorajamento do povo na guerra de Canaã, sob a liderança de Josué. Embora isso tenha sido para eles, em comparação, apenas como "o dia dos humildes começos" (Zc 4:10), era também o penhor de coisas grandiosas.

ANOTAÇÕES

....
....
....
....
....
....
....
....

O INIMIGO PRESO NA COLEIRA DE DEUS

ESTUDO 47

Escravidão e marcha no deserto

Leitura bíblica: Números 22–24

De noite o Senhor veio a Balaão e lhe disse: Como aqueles homens vieram chamá-lo, levante-se e vá com eles; mas faça apenas o que eu lhe disser.

NÚMEROS 22:20

Deus veio a Balaão, provavelmente em ira, e lhe disse que ele poderia, se quisesse, ir com os mensageiros de Balaque. Assim, Deus o entregou ao desejo de seu próprio coração. "Uma vez que você está determinado a ir, vá. No entanto, saiba que a jornada que fará não será para a sua honra, pois, embora tenha permissão para ir, não obterá permissão para amaldiçoar, como você espera, visto que a palavra que eu lhe disser, essa você dirá." Perceba que Deus tem os perversos mantidos sob correntes. Até ali poderão ir com Sua permissão, mas não para além do que Ele lhes permite. Desse modo, o Senhor faz que a ira dos homens o louve enquanto, ao mesmo tempo, restringe o restante dela. Foi em ira que Deus disse a Balaão: "vá com eles", e temos motivo para pensar que o próprio Balaão o entendeu assim, pois não o encontramos apelando a essa concessão quando Deus o reprovara por ir. Da mesma maneira que Deus algumas vezes nega as orações de Seu povo, em amor, assim às vezes Ele concede o desejo dos maus em ira.

Sua partida em viagem (v.21): Deus lhe deu permissão para ir se os homens o chamassem, mas Balaão estava tão inclinado à viagem, que não o encontramos calmo aguardando o chamado deles, mas ele mesmo se levantou de manhã, preparou tudo com rapidez e partiu com os príncipes de Moabe, que ficaram muito orgulhosos por terem conseguido seu objetivo. O apóstolo descreve o pecado de Balaão aqui como sendo que ele se apressou em ganância em direção a um erro em busca de recompensa (Jd 11). "...o amor ao dinheiro é a raiz de todos os males..." (1Tm 6:10).

Aqui está o desagrado de Deus contra Balaão por ele ter partido nessa viagem: A ira de Deus se acendeu porque ele foi (Nm 22:22). Note: (1) O pecado dos pecadores não deve ser considerado menos ofensivo a Deus porque Ele o permite. Não devemos pensar que, porque Deus não exerce Sua providência em restringir o homem do pecado, portanto Ele o aprova, ou que o pecado não seja odioso ao Senhor. Deus permite o pecado, entretanto, fica irado contra ele. (2) Nada é mais desagradável a Deus do que desígnios malignos contra Seu povo; aquele que os tocar toca a menina de Seus olhos.

O modo como Deus agiu para fazer que Balaão soubesse de Sua desaprovação a ele: um anjo postou-se no caminho como um adversário. Agora Deus cumpria Sua promessa a Israel: "serei inimigo dos que são inimigos de vocês" (Êx 23:22). Que consolo isso é para todos os que desejam o bem ao Israel de Deus que Ele jamais permite homens perversos atentarem contra eles sem que envie Seus santos anjos para impedir a tentativa e proteger Seus pequeninos!

ANOTAÇÕES

....
....
....
....
....
....
....
....

ESTUDO 48

Escravidão e marcha no deserto

REFÚGIO PARA O PECADOR

Leitura bíblica: Números 35

Quando passarem o Jordão para entrar na terra de Canaã, escolham para vocês algumas cidades que lhes sirvam de refúgio, para que, nelas, se acolha o homicida que matar alguém involuntariamente.

NÚMEROS 35:10-11

Com relação às cidades de refúgio a lei era que: [...] (1) caso se descobrisse que o [assassinato] tivesse sido por erro ou acidente e que o golpe fora dado sem o propósito contra a vida da pessoa morta, ou de qualquer outro, o assassino deveria continuar a salvo na cidade de refúgio, e o vingador de sangue não poderia intervir contra ele (v.25). Pela preservação da vida do assassino, Deus nos ensinaria que o homem não deve sofrer por aquilo que é antes um infortúnio do que um crime, um ato da Providência, antes de seu próprio ato, pois "Deus permitiu que ele caísse em suas mãos..." (Êx 21:13). (2) Pelo banimento do assassino de sua própria cidade e seu confinamento na cidade de refúgio, onde seria um tipo de prisioneiro, Deus nos ensina a: conceber como coisa terrível e um horror a culpa de sangue, a sermos muito cuidadosos com a vida e sempre temer para que não ocasionemos a morte de qualquer um, quer por descuido ou negligência. (3) Pela limitação do tempo do banimento do ofensor, até à morte do sacerdote, foi colocada honra sobre esse ofício sagrado. O sumo sacerdote deveria ser visto como uma bênção tão grande para seu país, que, quando ele morresse, o pesar do povo sobre essa ocasião deveria tragar todos os demais ressentimentos. Sendo as cidades de refúgio todas cidades de levitas, o sumo sacerdote sendo o cabeça dessa tribo e, consequentemente, tendo um domínio peculiar sobre ela, aqueles que lá estavam confinados poderiam ser adequadamente vistos como prisioneiros, e assim a morte do sumo sacerdote deveria ser a absolvição deles. Era, por assim dizer, por causa de seu processo que o culpado era preso e, portanto, com a sua morte o processo se encerrava. *Actio moritur cum persona* — o processo morre com o acusado. Ainsworth [N.T.: (1571–1622) clérigo não-conformista inglês] tem outra percepção quanto a isso: que os sumos sacerdotes, enquanto viviam, por executarem seu serviço e o sacrifício, faziam expiação pelo pecado, nisso prefigurando a satisfação provida por Cristo. Assim, na morte deles, eram libertados os que haviam sido exilados por assassinado acidental, o que tipificava a redenção em Israel. (4) Pelo abandono do prisioneiro às mãos do vingador de sangue, no caso de ele, em qualquer momento, sair dos limites da cidade de refúgio, eles foram ensinados a concordar com os métodos que a Sabedoria Infinita prescreveu para sua segurança. A observância tão estrita a uma lei reparadora servia para dar a ela honra. Não podemos esperar ser salvos se negligenciarmos a salvação, que é, sem dúvida, uma grande salvação!

ANOTAÇÕES

A PROMESSA COMEÇA A SE CONCRETIZAR

ESTUDO 49

Escravidão e marcha no deserto

Leitura bíblica: Deuteronômio 1

Eis aqui a terra que eu pus diante de vocês; entrem e tomem posse da terra que o Senhor, com juramento, deu a seus pais, a Abraão, Isaque e Jacó, a eles e à sua descendência depois deles. DEUTERONÔMIO 1:8

O local em que eles estavam agora acampados era na planície, na terra de Moabe (vv.1,5), onde estavam prontos para entrar na terra de Canaã e se envolver na guerra contra os cananeus. No entanto, Moisés não discursa acerca de questões militares, as artes e estratagemas da guerra, mas com respeito ao dever deles com Deus, pois, se eles se mantivessem em Seu temor e favor, Ele lhes asseguraria a conquista da terra — sua religião seria sua melhor política. O tempo estava próximo ao final do quadragésimo ano desde que haviam saído do Egito. Por tanto tempo, Deus suportara o comportamento deles, e eles suportaram sua própria iniquidade (Nm 14:34), e agora que um cenário novo e melhor estava para ser introduzido, como um sinal de bem, Moisés repete a Lei para eles.

Em geral, Moisés falou-lhes tudo o que o Senhor lhes dera em mandamento (Dt 1:3); isso sugere que não apenas o que ele agora pregava era, em substância, o mesmo que aquilo que anteriormente lhes fora ordenado, mas que era o que Deus agora lhe ordenava a repetir. Moisés lhes entregou repetição e exortação puramente por direção divina; Deus o designou para deixar esse legado à comunidade. Ele começa sua narrativa com a saída deles do monte Sinai (v.6) e aqui relata: (1) As ordens que Deus lhes deu para desarmar acampamento e proceder em sua marcha (vv.6-7): "Vocês já ficaram bastante tempo neste monte" (v.6). Este era o monte que incandescera com o fogo (Hb 12:18) e gerava para a escravidão (Gl 4:23-24). Deus os levara para lá para os humilhar e, por meio dos terrores da Lei, prepará-los para a terra da promessa. Lá, Ele os manteve por cerca de um ano e lhes disse que já haviam ficado por muito tempo naquele local e deveriam prosseguir. Embora Deus leve Seu povo à dificuldade e à aflição, à agitação espiritual e à aflição de mente, Ele sabe quando ele já permaneceu por muito tempo nessa situação e, certamente, encontrará o momento mais adequado para o libertar dos terrores do espírito de adoção (veja Rm 8:15). (2) A perspectiva que Ele lhes deu de um feliz e célere assentamento em Canaã: "Vão para a terra dos cananeus" (Dt 1:7); entrem e tomem posse, tudo lhes pertence. "Eis aqui a terra que eu pus diante de vocês" (v.8). Quando Deus nos ordena a irmos adiante em nossa jornada cristã, Ele coloca diante de nós a Canaã celestial para nosso encorajamento.

ANOTAÇÕES

....
....
....
....
....
....
....
....
....
....
....
....
....
....
....

ESTUDO 50

Escravidão e marcha no deserto

RECORDANDO E SEGUINDO EM FRENTE

Leitura bíblica: Deuteronômio 2

Pois o Senhor, seu Deus, os abençoou em tudo o que vocês fizeram. Ele sabe que vocês estão andando por este grande deserto. Durante estes quarenta anos o Senhor, seu Deus, esteve com vocês; coisa nenhuma lhes faltou. DEUTERONÔMIO 2:7

Por cerca de 38 anos, eles vagaram nos desertos de Seir; provavelmente ficaram por muitos anos em algumas de suas paragens, e não se moveram. Por esse meio, Deus não apenas os castigou por sua murmuração e sua incredulidade, mas: (1) Preparou-os para Canaã, ao humilhá-los pelo pecado, ensinando-lhes a mortificar suas paixões, a seguir a Deus e a se consolar nele. É uma obra de tempo preparar as almas para o Céu e deve ser realizada por meio de uma longa série de exercícios. (2) Deus preparou os cananeus para a destruição. Por todo esse tempo, a medida da iniquidade deles estava subindo; e, embora isso pudesse ser aproveitado por eles como espaço para arrependimento, eles abusaram ao endurecer seu coração. Agora que o exército de Israel fora, por um tempo, rejeitado, e depois disso vagara em círculos e aparentemente perdido no deserto, os cananeus se sentiam seguros e pensavam que o perigo vindo daquele canto acabara, o que faria a próxima tentativa de Israel sobre eles mais terrível.

As ordens que lhes foram dadas para se voltarem a Canaã. Embora Deus contenda por muito tempo, Ele não contenderá para sempre. Embora Israel possa ter sido mantido esperando por longo tempo por livramento ou expansão, ele chegará por fim: "Porque a visão ainda está para se cumprir no tempo determinado; ela se apressa para o fim e não falhará. Mesmo que pareça demorar, espere, porque certamente virá; não tardará" (Hc 2:3).

Uma incumbência dada para que não incomodassem os edomitas. Israel não deveria oferecer qualquer hostilidade a eles como inimigos: "Não entrem em conflito com eles" (Dt 2:5). 1) Eles não deveriam ampliar a vantagem que tinham sobre os edomitas, pelo medo que provocariam por sua aproximação: "Eles os temerão, sabendo de sua força e seus números, e do poder de Deus a favor de vocês. Contudo, não pensem que, por causa de seus temores, eles se tornarão presa fácil, e vocês poderão se lançar sobre eles. Não! Acautelem-se". Há necessidade de grande cuidado e um domínio rígido sobre nosso próprio espírito, para nos preservar de ferir aqueles sobre quem temos vantagem. Ou: esse alerta foi dado aos líderes; eles não deviam apenas não entrar em conflitos com os edomitas, como não deviam permitir que os soldados conflitassem com eles. 2) Israel não devia se vingar dos edomitas pela afronta que eles lhes fizeram ao recusar-lhes passagem através de seu país (Nm 20:21). Assim, antes de Deus trazer Israel para destruir seus inimigos em Canaã, Ele lhes ensinou a perdoar seus inimigos em Edom.

ANOTAÇÕES

....
....
....
....
....
....
....
....
....

OUVIR E PRATICAR

ESTUDO 51

Escravidão e marcha no deserto

Leitura bíblica: Deuteronômio 4

Agora, pois, ó Israel, ouça os estatutos e os juízos que eu lhes ensino, para que vocês os cumpram, para que vivam, entrem e tomem posse da terra que o Senhor, o Deus de seus pais, está dando a vocês.

DEUTERONÔMIO 4:1

Vejam como Moisés cobra dos israelitas, ordena e lhes mostra o que é bom e o que o Senhor requer deles.

(1) Ele exige sua atenção diligente à Palavra de Deus e aos estatutos e juízos que lhes foram ensinados: "Agora, pois, ó Israel, ouça". Moisés quer dizer que eles não devem lhe dar ouvidos apenas agora, mas que, sempre que o Livro da Lei for lido para eles, ou lido por eles, devem estar atentos. "Ouça os estatutos, como contendo os grandes mandamentos de Deus e o grande interesse em sua própria alma e, portanto, demandando sua máxima atenção." No Horebe, Deus os fez ouvir as Suas palavras (v.10), ouvi-las com um testemunho; a atenção que foi, então, forçada pelas circunstâncias da entrega deve ser para sempre ligada à excelência das próprias coisas. O que Deus falou uma vez, devemos ouvir duas, ouvir várias vezes.

(2) Moisés os encarrega de preservar a Lei divina pura e integral entre eles (v.2). Mantenham-na pura e não acrescentem nada a ela; mantenham-na inteira e não diminuam dela. Não em prática (assim interpretam alguns): "Não acrescentem ao cometer o mal que a Lei proíbe, nem diminuam omitindo o bem que a Lei requer". Não em perspectiva (assim pensam outros): "Vocês não acrescentarão suas próprias invenções, como se as instituições divinas fossem defeituosas, nem introduzirão — muito menos imporão — qualquer rito de adoração religiosa além daquilo que Deus ordenou. Tampouco diminuirão ou colocarão de lado, como inútil ou supérflua, qualquer coisa que foi determinada". A obra de Deus é perfeita, nada pode ser acrescentado a ela, nem tirado dela sem que ela seja feita pior (veja Ec 3:14).

(3) Ele os encarrega de guardar os mandamentos de Deus (Dt 4:2), de praticá-los (vv.5,14), de os guardar e cumprir (v.5), de praticar a aliança (v.13). O ouvir deve ser para praticar, o conhecimento para efetuar; eles devem se autogovernar pelos preceitos morais, realizar sua devoção de acordo com o ritual divino e administrar a justiça de acordo com a lei judicial. Moisés conclui seu discurso com esta ordem repetida: "guardem os seus estatutos e os seus mandamentos que hoje lhes ordeno" (v.40). Para que servem as leis senão para ser observadas e obedecidas?

(4) Ele os encarrega de serem muito rigorosos e cuidadosos na sua observância da Lei: "Tão somente tenham cuidado e guardem bem a sua alma" (v.9); e "Guardem bem a sua alma" (v.15); e, novamente: "Tenham o cuidado" (v.23). Aqueles que são religiosos devem ser muito cautelosos e andar ponderadamente. Considerando por quantas tentações estamos cercados e quantas inclinações corruptas temos em nosso peito, temos grande necessidade de cuidar de nós mesmos e guardar nosso coração com toda a diligência. Quem anda descuidadamente e aventurando-se em tudo não pode andar corretamente.

ANOTAÇÕES

....
....
....

ESTUDO 52

Escravidão e marcha no deserto

APEGO À PALAVRA DE DEUS

Leitura bíblica: Deuteronômio 6

Estas palavras que hoje lhe ordeno estarão no seu coração. Você as inculcará a seus filhos, e delas falará quando estiver sentado em sua casa, andando pelo caminho, ao deitar-se e ao levantar-se.

DEUTERONÔMIO 6:6-7

Aqui são prescritos meios para manter e guardar a religião em nosso coração e lares, para que ela não murche ou entre em decadência. E são estes: (1) A meditação: "Estas palavras que hoje lhe ordeno estarão no seu coração" (v.6). Embora as palavras, por si só, sem as demais coisas, não serão de proveito, ainda assim estamos em perigo de perder todo o restante se negligenciarmos as palavras pelas quais os habituais luz e poder divinos são transmitidos ao coração. As palavras de Deus devem ser gravadas em nosso coração para que nossos pensamentos possam estar diariamente familiarizados com elas e nelas empregados e, assim, toda a alma possa ser levada a permanecer e agir sob a influência e impressão delas. Isso segue imediatamente após o amor a Deus de todo o coração, pois aqueles que o amam gravam Sua Palavra em seu coração, tanto como uma evidência e efeito desse amor quanto como um meio de preservá-lo e gerar seu crescimento. Aquele que ama a Deus ama a Sua Bíblia. (2) A educação religiosa dos filhos: "Você as inculcará a seus filhos, […] ao deitar-se e ao levantar-se" (v.7). Aqueles que amam o Senhor Deus devem fazer o que puderem para despertar as afeições de seus filhos para Deus e assim impedir que a herança da religião em suas famílias seja eliminada. Você a afiará diligentemente sobre seus filhos (assim entendem alguns); repitam frequentemente essas coisas para eles, sempre tentem meios de instilá-las em sua mente e fazer que elas penetrem em seu coração. Como, ao afiar uma faca, faz-se primeiro de um lado, depois do outro. "Sejam cautelosos e precisos em ensinar a seus filhos e procurem, assim como ao afiar, deixar-lhes afiados. Ensinem-nas a seus filhos, não apenas aos filhos de sangue", dizem os judeus, "mas a todos que, de alguma forma, estiverem sob seus cuidados e ensino". […] (3) Um discurso piedoso: "Vocês falarão dessas coisas, com a devida reverência e seriedade, para o benefício não apenas de seus filhos, mas de seus subordinados, de seus amigos e companheiros, enquanto se assentam em sua casa, ao trabalhar, ao descansar, ou recebendo visitas e quando andarem pelo caminho para diversão, ou para conversar, em viagens, quando, à noite estiverem se retirando de sua família para se deitar e dormir e quando, pela manhã, se levantarem e retornarem à sua família novamente. Aproveitem de todas as ocasiões com os que o cercam para falar das coisas divinas; não de mistérios não revelados, ou questões de duvidosa disputa, mas de verdades claras e das leis de Deus, e das coisas que pertencem à sua paz".

ANOTAÇÕES

....
....
....
....
....
....
....
....
....

SERVIR AO SENHOR COM ALEGRIA

ESTUDO 53

Escravidão e marcha no deserto

Leitura bíblica: Deuteronômio 12

Ali, vocês comerão diante do Senhor, seu Deus, e se alegrarão em tudo o que fizerem, vocês e as suas famílias, no que o Senhor, seu Deus, os tiver abençoado.

DEUTERONÔMIO 12:7

Os israelitas são ordenados a celebrar, com alegria santa, suas coisas sagradas diante do Senhor. Devem não apenas trazer ao altar os sacrifícios que deviam ser oferecidos a Deus, mas trazer ao local do altar tudo aquilo que eram ordenados pela Lei a comer e beber, para a honra de Deus, em sinal de sua comunhão com Ele (v.6). Seus dízimos e ofertas alçadas de suas mãos, isto é, as primícias, seus votos e ofertas voluntárias e as primeiras crias de seus animais, todas essas coisas, que deviam ter seu uso religioso feito por eles ou pelos sacerdotes e levitas, deviam ser trazidas ao lugar que Deus escolheria, do mesmo modo que todas as receitas da coroa, de todas as partes do reino, são trazidas para o tesouro. "Ali, vocês comerão diante do Senhor, seu Deus, e se alegrarão em tudo o que fizerem" (v.7); e, novamente, "E vocês se alegrarão diante do Senhor, seu Deus, vocês, os seus filhos, as suas filhas" (v.12). Observe aqui: (1) Que aquilo que fazemos em serviço a Deus e para a Sua glória redunda para nosso benefício, se não for em favor de nossa própria culpa. Aqueles que sacrificam a Deus são bem-vindos para comer diante dele e para celebrar sobre seus sacrifícios; Ele ceia conosco, e nós com Ele (Ap 3:20). Se glorificarmos a Deus, edificaremos a nós mesmos e cultivaremos nossa mente, pela graça de Deus, por meio do crescimento de nosso conhecimento e fé, pelo avivar de devotas afeições e pela confirmação de hábitos e decisões graciosos — assim a alma é nutrida. (2) Que o trabalho para Deus deve ser feito com santa alegria e júbilo. Vocês comerão e se alegrarão (v.7), que é novamente repetido em v.12 e v.18. 1) Enquanto eles estivessem diante do Senhor deveriam se alegrar (v.12). É vontade de Deus que o sirvamos com alegria; ninguém o entristece mais do que aqueles que cobrem Seu altar de lágrimas (Ml 2:13). Veja que bom Mestre nós servimos, que fez do cantar durante nosso serviço parte de nosso dever. Até mesmo os filhos e servos deviam se alegrar com eles diante de Deus, para que os serviços da religião fossem um prazer para eles e não uma tarefa ou uma labuta. 2) Eles deviam levar consigo aquele prazer grato desse deleite que encontravam na comunhão com Deus; deviam se regozijar em tudo em que pusessem as mãos (v.7). Uma parte do consolo que deviam levar consigo aos seus empreendimentos ordinários, e, estando assim fortalecidos na alma, o que quer que fizessem deviam fazer de todo o coração e com alegria. E essa alegria santa e piedosa em Deus e em Sua bondade, com a qual devíamos nos alegrar mais e mais, seria o melhor protetor contra o pecado e contra o laço do júbilo vão e carnal e um alívio contra as tristezas do mundo.

ESTUDO 54

Escravidão e marcha no deserto

DÍZIMO E GENEROSIDADE

Leitura bíblica: Deuteronômio 14

*Certamente vocês devem dar
o dízimo de todo o fruto das suas sementes,
que ano após ano se recolher do campo.*

DEUTERONÔMIO 14:22

Eles deviam trazer [os dízimos], quer em produto ou no valor completo dele, ao local do santuário e lá gastá-lo em celebração santa diante do Senhor. Se pudessem trazer o produto em si, de forma conveniente, deveriam fazê-lo (v.23); porém, se não conseguissem, podiam transformá-lo em dinheiro (vv.24-25), e esse dinheiro seria usado em algo para celebrar diante do Senhor. O uso agradável e alegre do que Deus nos concedeu, com temperança e sobriedade, é realmente um modo de honrar ao Senhor com o que temos. O contentamento, a alegria santa e a gratidão tornam cada refeição uma celebração religiosa. Temos o objetivo dessa lei: "para que aprendam a temer o Senhor, seu Deus, todos os dias" (v.23); era para mantê-los corretos e firmes em sua religião, (1) ao familiarizá-los com o santuário, com as coisas sagradas e com os serviços solenes que lá eram realizados. Note: será uma boa influência em nossa constância em religião nunca esquecer de nos congregar (Hb 10:25). Por meio do consolo da comunhão dos santos, podemos ser mantidos em nossa comunhão com Deus. (2) Ao empregá-los nos mais prazerosos e agradáveis serviços da religião. Que se regozijem diante do Senhor aqueles que aprendem a temê-lo sempre. Quanto mais prazer encontramos nos caminhos da religião, mais provavelmente perseveraremos nesses caminhos.

A cada três anos esses dízimos deveriam ficar disponíveis em suas próprias cidades para obras de caridade (vv.28-29): recolham-nos dentro de seus próprios portões e que sejam dados para os pobres, que, sabendo da provisão que esta lei fazia para eles, sem dúvida, viriam procurá-la; e, para que os pobres lhe fossem conhecidos e sua companhia não desdenhada, eles eram aqui dirigidos a acolhê-los aos seus lares. "Que eles entre ali, comam e sejam satisfeitos." Nessa distribuição caridosa do segundo dízimo, eles deveriam ter um olhar para os ministros empobrecidos e aumentar seu encorajamento a eles ao acolhê-los; depois, aos estrangeiros pobres (não apenas para o suprimento de suas necessidades, mas para colocar respeito sobre eles e, assim, convidá-los a se tornarem prosélitos), depois aos órfãos e viúvas, que, embora talvez tivessem um suporte adequado deixado para eles, ainda assim não se poderia supor que vivessem com tanta plenitude e conforto quanto tiveram nos tempos passados e, portanto, os israelitas deveriam ser bondosos para com eles e os aliviar convidando-os para essa hospitalidade. Deus tem um cuidado especial com as viúvas e com os órfãos e Ele requer que nós também o tenhamos. É honra para Ele, e será nossa honra, ajudar os desamparados. E, se assim servimos a Deus e fazemos o bem com o que temos, é prometido aqui que o Senhor nosso Deus nos abençoará em toda obra de nossa mão. Note: (1) A bênção de Deus é tudo em nossa prosperidade externa e, sem essa bênção, a obra de nossa mão não promoverá avanço. (2) O caminho para obter essa bênção é ser diligente e caridoso.

ANOTAÇÕES

....
....
....
....

LEIS DIVINAS ACERCA DA JUSTIÇA HUMANA

ESTUDO 55

Escravidão e marcha no deserto

Leitura bíblica: Deuteronômio 16

Nomeiem juízes e oficiais em todas as cidades que o Senhor, seu Deus, lhes der entre as suas tribos, para que julguem o povo com justiça.

DEUTERONÔMIO 16:18

Aqui está tomado o cuidado pela devida administração da justiça entre eles, para que fossem determinadas as controvérsias, as questões em desacordo fossem ajustadas, o ferido fosse reparado e o que cometeu a injúria, punido. Enquanto eles estavam acampados no deserto, possuíam juízes e oficiais de acordo com o seu número, líderes de milhares e de centenas (Êx 18:25). Quando chegaram a Canaã, deveriam tê-los em todos os portões de seus vilarejos e cidades, pois as cortes de julgamento se reuniam nos portões das cidades. Bem, (1) temos aqui uma comissão dada e esses magistrados inferiores: "Nomeiem juízes para julgar e dar a sentença e oficiais, para executar essas sentenças". Independentemente de como as pessoas fossem escolhidas, quer por nomeação de seu soberano ou pela eleição do povo, o poder foi ordenado por Deus (Rm 13:1). E era uma grande misericórdia para o povo ter assim a justiça trazida às suas portas, a fim de que fosse mais célere e menos dispendiosa, a uma bênção que nós, desta nação, devemos ser muito gratos. Nos termos dessa lei, além do grande sinédrio — que se reunia no santuário e consistia em 70 anciãos e um presidente —, havia, nas maiores cidades (que tivessem mais de 120 famílias como habitantes) uma corte de 23 juízes, e, nas cidades menores, uma corte de três juízes. Veja, em 2 Crônicas 19:5-8, essa lei revigorada por Josafá. (2) Aqui havia uma ordem dada a esses magistrados de fazer justiça na execução da confiança que foi colocada sobre eles. É melhor não julgar do que julgar sem o correto juízo, de acordo com a lei e a evidência do fato. 1) Os juízes são alertados a não prejudicar ninguém (Dt 16:19), bem como a não aceitar donativos, o que os tentaria a cometer erros. Essa lei havia sido promulgada anteriormente (Êx 23:8). 2) Eles são encarregados de fazer justiça a todos: "'Sigam a justiça, somente a justiça' (Dt 16:20). Sejam fiéis aos princípios da justiça, ajam pelas regras da justiça, admitam as demandas da justiça, imitem os padrões de justiça e busquem, decididamente, aquilo que parece ser o justo. 'Sigam a justiça, somente a justiça'". É isso que os magistrados devem ter diante de si, devem ser intencionais na justiça e, por isto todos suas questões pessoais devem ser sacrificadas: fazer o que é certo a todos e não prejudicar ninguém.

ANOTAÇÕES

ESTUDO 56

Escravidão e marcha no deserto

IDENTIFICANDO FALSOS PROFETAS

Leitura bíblica: Deuteronômio 18

Porém o profeta que tiver a presunção de falar alguma palavra em meu nome, algo que eu não mandei que falasse, ou o que falar em nome de outros deuses, esse profeta deve ser morto. DEUTERONÔMIO 18:20

Aqui está um aviso contra os falsos profetas, (1) Na forma de ameaça contra os próprios dissimulados (v.20). Aquele que se levanta como profeta e não apresenta uma comissão do próprio Deus será considerado e julgado culpado de alta traição contra a coroa e contra a dignidade do Rei dos reis, e esse traidor deverá ser morto (v.20), isto é, pelo julgamento do grande sinédrio que, com o tempo, assentou-se em Jerusalém. Assim, nosso Salvador diz que um profeta não poderia perecer a não ser em Jerusalém e coloca o sangue dos profetas à porta dessa cidade (Lc 13:33-34), a quem o próprio Deus puniria. No entanto, os falsos profetas eram suportados. (2) Na forma de orientação ao povo, para que não fossem enganados pelos dissimuladores, que, conforme parece, eram muitos (Jr 23:25; Ez 13:6; 1Rs 22:6). Como poderemos saber a palavra que o Senhor não falou, uma vez que é um grande dever ouvir aos verdadeiros profetas e havia grande perigo de ser enganado pelos falsos profetas? Por meio de quais marcas podemos descobrir um enganador? É nosso dever ter um critério correto com o qual julgar a palavra que ouvimos, a fim de que reconheçamos aquela que o Senhor não falou. Tudo aquilo que é repugnante à razão, à luz e à lei da natureza e ao claro significado da palavra escrita, podemos ter certeza de não foi dito por Deus. Tampouco aquilo que traz permissão e incentivo ao pecado ou tenha uma tendência manifesta à destruição da piedade ou da caridade. Longe de Deus o contradizer-se a si próprio. A regra aqui revelada em resposta a essa questão foi adaptada àquela condição (Dt 18:22). Se houvesse qualquer motivo para que eles suspeitassem da sinceridade de um profeta, que eles observassem se ele lhes dava algum sinal ou previa algo por vir, e, se o evento não ocorresse de acordo com a sua previsão, eles podiam ter certeza de que tal profeta não fora enviado por Deus. Por fim, o povo foi direcionado a não temer o falso profeta; isto é, não temer os juízos que essa pessoa pudesse denunciar para os preocupar e trazer sobre eles o terror. Nem deveriam temer cumprir a lei sobre ele quando, após um escrutínio estrito e imparcial, lhes parecesse que ele era falso profeta. Esse mandamento de não temer um falso profeta implica que um verdadeiro profeta, que provou sua comissão por meio de provas evidentes e inegáveis, deveria ser temido e representaria perigo para eles se lhe ocasionassem qualquer tipo de violência ou lhe demonstrassem qualquer desrespeito.

ANOTAÇÕES

BÊNÇÃO OU MALDIÇÃO?

ESTUDO 57

Escravidão e marcha no deserto

Leitura bíblica: Deuteronômio 27-28

Portanto, obedeçam à voz do Senhor, seu Deus, e cumpram os mandamentos e os estatutos que hoje lhes ordeno.

Deuteronômio 27:10

No geral, algo precisa ser observado com relação à esta solenidade, que deveria ser praticada apenas uma vez e nunca mais repetida, mas que seria mencionada à posteridade. (1) Deus indicou quais tribos deveriam ficar sobre o monte Gerizim e quais, sobre o monte Ebal (vv.12-13), a fim de evitar as disputas que poderiam sobrevir se fosse deixado para eles decidirem. As seis tribos que foram nomeadas para a bênção eram todos filhos de mulheres livres, pois a tais pertencem as promessas (Gl 4:31). Levi foi aqui colocado entre as restantes para ensinar os ministros a aplicarem sobre si a bênção e a maldição que pregam aos outros e, pela fé, para colocar o Amém deles sobre elas. (2) Dessas tribos que deveriam dizer o Amém para as bênçãos, diz-se que elas se levantaram para abençoar o povo, mas, acerca das demais, elas se levantaram para amaldiçoar sem mencionar o povo, como se relutando em imaginar que qualquer um desses, que Deus havia tomado para si, pudesse se colocar sob a maldição. Ou, talvez, o modo diferente de expressar denotasse que deveria haver apenas uma bênção pronunciada no geral sobre o povo de Israel, como um povo feliz e que deveria ser sempre assim se eles fossem obedientes; e a essa bênção, as tribos do monte Gerizim deveriam dizer Amém — "Você é bem-aventurado, ó Israel, e que seja sempre assim". Contudo, as maldições viriam, então, como exceções da regra geral, e sabemos que *exceptio firmat regulam* — a exceção confirma a regra. Israel é um povo bendito, mas, se houver alguma pessoa em particular, mesmo entre eles, que faça as coisas que são mencionadas, que ela saiba que não tem parte ou porção na bênção, mas está debaixo de maldição. Isso demonstra o quanto Deus está pronto para conceder a bênção; se alguém cair sob a maldição, que agradeça a si mesmo pelo que traz sobre sua cabeça. (3) Os levitas ou sacerdotes, que foram nomeados para esse propósito, deveriam pronunciar tanto as bênçãos quanto as maldições. Eles foram ordenados para abençoar (Dt 10:8), os sacerdotes o faziam diariamente (Nm 6:23). Porém, deveriam fazer separação entre o que era precioso e o que era vil; não deveriam dar essa bênção indiscriminadamente, mas declarar a quem ela não pertencia, para que aqueles que não possuíam direito a ela não pensassem que compartilhavam dela por estar em meio à multidão. Perceba isto: os ministros devem pregar os terrores da Lei bem como o consolo do evangelho; devem não apenas atrair as pessoas ao seu dever com as promessas da bênção, mas intimidá-las com as ameaças de uma maldição. (4) As maldições são aqui expressas, mas não as bênçãos, pois todos quantos estavam debaixo da Lei estavam sob a maldição. Abençoar-nos era uma honra reservada a Cristo e, assim, fazer por nós aquilo que a Lei não podia fazer, pois era fraca. No sermão de Cristo sobre o monte, que foi sobre o verdadeiro monte Gerizim, temos apenas as bênçãos (Mt 5:3-12).

ANOTAÇÕES

ESTUDO 58

Escravidão e marcha no deserto

LIVRE DO MEDO

Leitura bíblica: Salmo 91

Você não terá medo do terror noturno, nem da flecha que voa de dia, nem da peste que se propaga nas trevas, nem da mortandade que assola ao meio-dia.

SALMO 91:5-6

Deus não apenas os guardará do mal, mas do temor do mal (vv.5-6). Aqui vemos: (1) Um grande perigo suposto: a menção dele é suficiente para nos aterrorizar; dia e noite, nós estamos expostos, e aqueles que tem tendência a serem temerosos não se considerarão seguros em nenhum desses dois tempos. Quando nos retiramos para nosso quarto, nossa cama, e fizemos tudo para tornar tudo ao nosso redor tão seguro quanto possível, ainda assim há o terror da noite, desde assaltantes a ladrões, ventos e tempestades, além daquelas criaturas de nossa fantasia e imaginação, que normalmente são as mais aterrorizantes. Lemos acerca do temor noturno em Cântico dos Cânticos 3:8. Há, também, uma pestilência que se propaga nas trevas, como aquela que matou os primogênitos do Egito e o exército dos assírios. Não há cadeados ou ferrolhos que possam manter as doenças do lado de fora, enquanto carregamos em nosso corpo as sementes delas. Mas, certamente, durante o dia, quando podemos olhar em volta, não corremos tanto perigo. Sim, há uma flecha que voa de dia também, embora voe sem ser vista. Há uma mortandade que se propaga ao meio-dia, quando estamos despertos e temos todos os nossos amigos nos cercando; até mesmo aí não podemos nos manter seguros ou eles nos proteger. Foi durante o dia que a pestilência levou aquilo que foi enviado para castigar Davi por contabilizar o povo, ocasião na qual alguns imaginam que esse salmo foi escrito. Todavia, (2) aqui há uma grande segurança prometida aos crentes em meio a esse perigo: "Você não terá medo. Deus, por Sua graça, o preservará do inquietante temor desconfiado (aquele temor que traz tormento) em meio aos maiores perigos. A sabedoria o guardará de ficar atemorizado sem motivo, e a fé o preservará de ficar excessivamente medroso. Você não terá medo da flecha, sabendo que ela pode até o atingir, mas não pode o machucar; se ela levar a vida natural, ainda assim estará longe de causar qualquer prejuízo à vida espiritual que será a sua perfeição". Quem crê não precisa ter medo, e, portanto, não temerá qualquer flecha, porque sua ponta não existe e seu veneno foi extraído. "Onde está, ó morte, o seu aguilhão?" (1Co 15:55). Também está sob a direção divina e atingirá onde Deus indicar e não em outro lugar. Cada projétil tem sua missão. Seja o que for feito, a vontade de nosso Pai celestial é feita, e nós não temos motivo para ter medo.

ANOTAÇÕES

....
....
....
....
....
....
....
....
....
....
....

VENDO DE LONGE A PROMESSA

ESTUDO 59

Escravidão e marcha no deserto

Leitura bíblica: Deuteronômio 34

Então Moisés subiu das campinas de Moabe ao monte Nebo, ao alto do monte Pisga, que está em frente de Jericó. E o Senhor lhe mostrou toda a terra.

DEUTERONÔMIO 34:1

Aqui Moisés está olhando novamente em direção a esta Terra, para ver a Canaã terrena, na qual ele jamais entraria, mas, pela fé, olhando adiante para a Canaã celestial na qual ele entraria imediatamente. Deus o ameaçara de que ele não entraria na posse de Canaã, e a ameaça é cumprida. Porém, Ele também havia prometido que Moisés teria uma vista dela, e aqui a promessa é realizada: o Senhor mostrou-lhe toda aquela boa terra (v.1). (1) Se ele subiu sozinho ao topo do Pisga, ainda assim não estava sozinho, pois o Pai estava com ele (Jo 16:32). Se um homem tem amigos, ele os quererá por perto quando estiver em seu leito de morte. Mas, se, quer pela providência divina ou pela crueldade deles, acontecer de ele estar então sozinho, não devemos temer o mal caso o grande e bom Pastor estiver conosco (Sl 23:4). (2) Embora a sua vista fosse boa e Moisés tivesse toda a vantagem de um terreno elevado que ele desejava para ter a visão, ainda assim ele poderia não ter visto o que agora contemplava, toda Canaã, de um extremo a outro (cerca de 80 a 100 quilômetros), caso sua visão não tivesse sido milagrosamente auxiliada e ampliada, porquanto é dito que "o Senhor lhe mostrou toda a terra" (Dt 34:1). Observe: todos as perspectivas prazerosas que temos de uma pátria melhor devemos à graça de Deus; é Ele que concede a sabedoria bem como o espírito de revelação, tanto a visão quanto o objeto. Essa visão de Canaã que Deus aqui deu a Moisés, o diabo, provavelmente, planejou imitar e fingiu superar quando, em uma aparência ilusória, mostrou todos os reinos do mundo e a sua glória — não gradualmente, como foi com Moisés, primeiro um país, depois outro, mas todos ao mesmo tempo — a nosso Salvador, a quem levara, como Moisés, ao topo de uma montanha muito alta. (3) Moisés a viu à distância. Visão semelhante os santos do Antigo Testamento tiveram do reino do Messias: eles o viram à distância. Assim, Abraão, muito antes disso, viu o dia de Cristo e, estando completamente persuadido acerca dele, abraçou a promessa, deixando para que outros a abraçassem em seu cumprimento (Hb 11:13). Os que creem têm agora, pela graça, a mesma visão da alegria e da glória de seu estado futuro. A Palavra e as ordenanças são para eles o que o monte Pisga foi para Moisés; a partir delas, eles têm a confortável perspectiva da glória a ser revelada e se alegram na esperança dela.

ANOTAÇÕES

....
....
....
....
....
....
....
....
....
....
....
....
....
....

ESTUDO 60

Posse de Canaã

O COMPROMISSO COM A LEI

Leitura bíblica: Josué 1

Não cesse de falar deste Livro da Lei; pelo contrário, medite nele dia e noite, para que você tenha o cuidado de fazer segundo tudo o que nele está escrito; então você prosperará e será bem-sucedido.

JOSUÉ 1:8

Deus, por assim dizer, coloca o Livro da Lei nas mãos de Josué. E, com relação a este livro, ele é encarregado de: (1) meditar nele de dia e de noite, para que possa compreendê-lo e tê-lo pronto em todas as ocasiões. Se alguma vez o trabalho de um homem poderia tê-lo dispensado da meditação, e da prática de outros atos de devoção, poderia se pensar que seria o de Josué naquele tempo. Uma grande confiança foi depositada em suas mãos; o cuidado com ele era suficiente para ocupá-lo mesmo se tivesse dez almas, mas, mesmo assim, ele devia encontrar tempo e pensamentos para meditar. Seja qual for o assunto deste mundo que tenhamos em mente, não devemos negligenciar a única coisa necessária (Lc 10:42). (2) Não cessar de falar dela; isto é, todas as suas ordens para o povo e seus julgamentos sobre os apelos que lhe eram feitos deviam estar consoantes a Lei de Deus. Ele deveria falar de acordo com essa regra em todas as ocasiões (Is 8:20). Josué devia manter e levar adiante o trabalho que Moisés começara e, portanto, não devia apenas completar a salvação que Moisés havia forjado para eles, mas assegurar a religião que ele havia estabelecido entre o povo. Não havia ocasião para criar leis, mas aquela boa coisa que lhe foi confiada, ele devia guardar cuidadosa e fielmente (2Tm 1:14). (3) Ele devia cuidar de fazer tudo de acordo com essa lei. Para esse fim, devia meditar nela, não apenas para contemplação, ou para encher sua mente de ideias, ou para que pudesse encontrar algo com o que confundir os sacerdotes, mas para que pudesse, tanto como homem quanto como magistrado, cuidar de fazer de acordo com o que nela estava escrito. E lá havia muitas coisas escritas que tinham referência particular ao trabalho que ele agora tinha diante de si, como as leis acerca das guerras, a destruição dos cananeus, a divisão de Canaã etc. Ele devia observar tais coisas religiosamente. Josué era um homem de grande poder e autoridade, no entanto, devia ele mesmo estar sob o mandamento e fazer como lhe era ordenado. Nenhuma dignidade ou domínio do homem, por maior que seja, o coloca acima da Lei de Deus. Josué não apenas devia ser governado por meio da Lei e cuidar que o povo observasse a Lei, mas ele mesmo devia observá-la e assim, por seu próprio exemplo, manter a honra e o poder dela. Primeiramente devia fazer o que estava escrito. Não é suficiente ouvir e ler a Palavra, ou a elogiar e admirar, conhecê-la e lembrar dela, falar e discursar acerca dela, mas devemos praticá-la. Segundo, Josué devia fazer de acordo com o que estava escrito, observando a Lei com exatidão como sua transcrição e, fazendo, não apenas o que era requerido, mas, em todas as circunstâncias, de acordo com o que era designado. Terceiro, devia fazer conforme tudo que estava escrito sem exceção e reserva, tendo respeito a todos os mandamentos de Deus, mesmo aqueles que fossem mais desagradáveis ao ser humano. Aqueles que fazem da Palavra de Deus sua regra e conscientemente andam conforme ela prosperarão e serão bem-sucedidos; ela lhes trará os melhores provérbios com os quais ordenar sua conversa (Sl 111:10); e lhes dará direito às melhores bênçãos: Deus lhes concederá o desejo de seu coração.

FÉ QUE INTERFERE NA HISTÓRIA

ESTUDO 61

Posse de Canaã

Leitura bíblica: Josué 2

*Porque o Senhor, o Deus de vocês,
é Deus em cima nos céus e embaixo na terra.*

JOSUÉ 2:11

Os responsáveis por hospedarias devem cuidar de todos os que vêm a eles e se sentem obrigados a ser corteses com todos os seus hóspedes. Contudo, Raabe demonstrou mais do que mera cortesia e colocou em prática um princípio incomum naquilo que fez: foi pela fé que recebeu, em paz, os espias contra quem seu rei e seu país haviam declarado guerra (Hb 11:31). (1) Ela os recebeu calorosamente em sua casa, eles se hospedaram lá, embora pareça, pelo que ela lhes disse, que sabia de onde eles vinham e qual era o propósito deles ali. (2) Percebendo que eles foram observados entrando na cidade e que isso havia levantado suspeita, Raabe os escondeu no terraço da casa, que era plano, e os cobriu com as canas de linho (Js 2:6), de modo que, mesmo que os guardas viessem ali para procurar por eles, os espias permaneceriam sem serem descobertos. Por essas canas de linho, que ela havia colocado em ordem para secar ao sol no terraço a fim de batê-las e prepará-las para o fuso, parece que ela tinha uma das características da mulher virtuosa — mesmo que fosse deficiente nas demais —, pois "[buscava] lá e linho e de bom grado [trabalhava] com as mãos" (Pv 31:13). Por esse exemplo de seu trabalho honesto, poderia se esperar que, independentemente do que ela tivesse sido antes, ela não era mais uma prostituta. (3) Quando foi interrogada com relação a eles, Raabe negou que estivessem em sua casa, despediu-se dos guardas, que tinham um mandado de busca pelos impostores, e assim os protegeu. Não surpreende que o rei de Jericó os enviou para inquirir acerca dos espias (Js 2:2-3); ele tinha razão para temer enquanto o inimigo estava às suas portas, e seu temor fez que suspeitasse e se ressentisse de todos os estrangeiros. Tinha motivo para exigir que Raabe trouxesse os homens para que fossem tratados como espias, porém ela não apenas negou que os conhecesse, ou que soubesse onde estavam, mas, para evitar que houvesse mais buscas na cidade, disse aos perseguidores que eles haviam partido e que, muito provavelmente, poderiam ser alcançados (vv.4-5). Temos certeza de que essa foi uma boa obra, uma vez que foi canonizada pelo apóstolo (Tiago 2:25), onde se diz que ela foi justificada pelas obras, que foram especificadas, quando ela recebeu os mensageiros e os enviou por outro caminho, fazendo-o pela fé, uma fé que a colocou acima do temor aos homens, até mesmo da ira do rei. Ela creu, baseada no testemunho que ouvira acerca das maravilhas feitas para Israel, de que o Deus deles era o único Deus verdadeiro, e que, portanto, o desígnio declarado deles sobre Canaã teria indubitavelmente efeito e, nessa fé, ela se aliou a eles, protegendo-os e solicitando seu favor. Se Raabe tivesse dito: "Creio que Deus seja de vocês e que Canaã seja sua, mas não ouso lhes mostrar qualquer bondade", sua fé teria sido morta e inativa e não a teria justificado. Entretanto, por suas ações, sua fé pareceu estar viva e vigorosa, pelo fato de ela haver se exposto ao maior perigo, até mesmo perigo de morte, em obediência à fé.

ANOTAÇÕES

....
....
....

ESTUDO 62
Posse de Canaã

MEMORIAIS ETERNOS

Leitura bíblica: Josué 4

Passem adiante da arca do Senhor, seu Deus, até o meio do Jordão. Cada um levante sobre o ombro uma pedra, segundo o número das tribos dos filhos de Israel, para que isto seja por sinal entre vocês.

JOSUÉ 4:5-6

Podemos bem imaginar o quanto Josué e todos os homens de guerra estavam ocupados enquanto atravessavam o Jordão. Além de sua própria marcha para o país do inimigo, e estando diante desse inimigo — o que só poderia lhes causar muitas preocupações —, eles tinham suas esposas, filhos e famílias, seu gado, suas tendas, todos os seus pertences, malas e bagagens, para transportar por esse caminho inexplorado, o qual, podemos supor, era muito lamacento ou pedregoso — difícil para os fracos e temível para os apreensivos —, descendo ao fundo do rio e subindo sua íngreme margem, de modo que cada homem devia ter sua mente cheia de inquietações e suas mãos ocupadíssimas de trabalho; Josué acima de todos eles. E, mesmo assim, em meio a toda essa pressa, deveria haver o cuidado de perpetuar o memorial dessa maravilhosa obra divina, algo que não poderia ser adiado para o tempo de descanso. Percebam isto: por mais que tenhamos de cuidar de nosso trabalho, em prol de nós mesmos ou de nossa família, não devemos negligenciar ou omitir o que temos de fazer para a glória de Deus e para o serviço de Sua honra, pois essa é a nossa melhor ocupação.

Bem, Deus lhes deu ordens para a preparação desse memorial. Se Josué o tivesse feito sem as orientações divinas, poderia parecer ter o propósito de perpetuar seu próprio nome e sua honra, tampouco haveria um respeito tão sagrado e venerável ordenado à posteridade como quando o próprio Deus o ordenou. As obras maravilhosas de Deus devem ser guardadas em lembrança eterna, e meios devem ser desenvolvidos para a preservação do memorial delas. Alguns israelitas que passaram pelo Jordão talvez fossem tão ineptos e tão pouco tocados quanto a esse grande favor de Deus a eles, que não se preocuparam em lembrar-se dele; ao passo que outros ficaram tão tocados com ele e tiveram impressões tão profundas, que não acharam necessário erguer nenhum memorial, pois o coração e os lábios de todos os israelitas, em todas as Eras, seriam como um monumento vivo e duradouro dele. Contudo Deus, conhecendo a estrutura deles e como eram aptos a logo esquecer-se de Suas obras, ordenou um expediente como manutenção da lembrança disso para todas as gerações, a fim de que todos os que não pudessem, ou não quisessem, ler o registro disso na história sagrada, pudessem chegar ao seu conhecimento por intermédio do monumento erguido em lembrança dessas obras, das quais a tradição comum do país seria uma explicação. Semelhantemente, o memorial serviria para corroborar a prova do fato e permaneceria como uma evidência permanente dele àqueles que, nas gerações vindouras, poderiam questionar sua veracidade.

ANOTAÇÕES

INVADINDO O DIREITO DE DEUS

ESTUDO 63

Posse de Canaã

Leitura bíblica: Josué 7

Assim diz o Senhor, Deus de Israel: Há coisas condenadas no meio de vocês, ó Israel. Vocês não poderão resistir aos seus inimigos enquanto não eliminarem do meio de vocês as coisas condenadas. JOSUÉ 7:13

Josué devia trazer todos eles sob o escrutínio do sorteio (v.14); a tribo à qual pertencesse o culpado deveria primeiro ser descoberta por sorteio, depois seria a família, em seguida a casa e, por último, a pessoa em si. Assim sendo, a convicção vinha gradualmente sobre ela para que lhe fosse dado espaço para vir e se render, pois Deus não "[quer] que ninguém pereça, mas que todos cheguem ao arrependimento" (1Pe 3:9). Observe que é dito que o Senhor determinaria a tribo, a família e a casa sobre as quais cairiam a sorte porque a disposição do sorteio é do Senhor e, por mais que pareça casual, o sorteio está sob a direção da infinita sabedoria e justiça; e para mostrar que Deus deve ser reconhecido como o causador de quando o pecado dos pecadores os encontra. Ele é quem os captura e os apreende em Seu nome. "Deus descobriu a nossa culpa" (Gn 44:16). Isso também implica com que julgamento certeiro e inerrante o Deus justo distingue e distinguirá entre o inocente e o culpado, de forma que, embora por um tempo eles pareçam incluídos na mesma condenação, como aconteceu com toda a tribo quando foi sorteada, ainda assim Aquele que tem o fole na mão efetivamente trará a separação do precioso daquilo que é vil. Assim, mesmo que os justos pertencessem à mesma tribo, família e casa do ímpio, eles jamais seriam tratados como ele (Gn 18:25).

Quando o criminoso fosse descoberto, ele devia ser condenado à morte "sem misericórdia" (Hb 10:28) e com toda a expressão de santa repulsa (v.15). Ele e tudo o que pegara deveriam ser queimados no fogo para que não houvesse restos da coisa condenada entre eles. A razão apresentada para essa sentença severa era porque o criminoso: (1) havia afrontado grandemente a Deus. Havia transgredido a aliança do Senhor, que era especialmente zeloso pela honra da santa aliança. (2) Ele havia causado grande prejuízo à congregação de Deus. Cometera loucura em Israel, havia envergonhado a nação que era vista por todos os seus vizinhos como um povo sábio e entendido, havia infectado a nação santificada a Deus e perturbado o povo cujo protetor é o Senhor. Sendo esses crimes tão hediondos em sua natureza e com consequências e exemplos tão perniciosos, a execução, que de outra forma seria considerada de muita crueldade, deveria ser aplaudida como uma ação de justiça necessária. [O pecado de Acã] foi um sacrilégio, invadiu os direitos divinos, alienando Sua propriedade e convertendo a um uso privado aquilo que era consagrado à Sua glória e apropriado ao serviço de Seu santuário — esse era o crime que deveria ser assim tão severamente punido, como um aviso a todo o povo, em todas as eras, para que se acautelasse de não roubar a Deus.

ANOTAÇÕES

....
....
....
....
....
....
....
....

ESTUDO 64
Posse de Canaã

EXCESSO DE AUTOCONFIANÇA

Leitura bíblica: Josué 9

Então os israelitas aceitaram os alimentos deles e não pediram conselho ao Senhor.

JOSUÉ 9:14

O tratado com os gibeonitas (v.15) não foi feito com muita formalidade, mas com rapidez. (1) Os israelitas concordaram em permitir que eles vivessem, e os gibeonitas não pediram por mais do que isso. Em uma guerra comum, isso seria apenas uma pequena questão a ser concedida; porém nas guerras de Canaã, que deveriam causar uma destruição geral, era um grande favor permitir a um cananeu que sua vida lhe fosse dada "como despojo" (Jr 45:5). (2) Esse acordo não foi feito apenas por Josué, mas pelos príncipes da congregação em conjunto com ele. Embora Josué tivesse um chamado extraordinário para governar e qualificações extraordinárias para isso, ainda assim ele não agiria em um assunto dessa natureza sem o conselho e a concordância dos príncipes, que não eram mantidos afastados das informações ou sob controle, mas tratados por ele como participantes no governo. (3) Foi ratificado por um juramento; os israelitas juraram aos gibeonitas não pelos deuses de Canaã, mas apenas pelo Deus de Israel (v.19). Aqueles que agem honestamente não se furtam a fornecer garantias, mas satisfazem aqueles com quem fazem tratados e glorificam a Deus convocando-o para testemunhar a sinceridade de suas intenções. (4) Aparentemente não havia nada de errado em tudo isso, a não ser que foi feito às pressas. Eles pegaram as provisões dos gibeonitas, pelas quais se convenceram de que realmente eram velhas e secas, mas não consideraram que isso não era prova de que eles as haviam trazido frescas de casa. Desse modo, usando apenas seus sentidos, e não sua razão, aceitaram os homens por causa de suas provisões (v.14), talvez percebendo pela aparência e gosto de seu pão que não apenas agora estava velho, mas que inicialmente estivera muito bom, do que inferiram que aquelas eram pessoas de qualidade e, portanto, a amizade de seu país não deveria ser desprezada. Contudo, eles "não pediram conselho da boca do Senhor" (v.14). Tinham o Urim e o Tumim consigo, que poderiam ter-lhes aconselhado nesse caso difícil, não lhes mentiriam e não os conduziriam ao erro, mas apoiaram-se tanto em sua própria política, que acharam desnecessário levar a questão ao oráculo. O próprio Josué não foi totalmente isento de culpa nisso. Note: geramos mais urgência do que sucesso em qualquer empreendimento quando não decidimos levar Deus conosco e não o consultamos pela Palavra e pela oração. Muitas vezes vemos razões para refletir, com arrependimento, de que tal e tal assunto tenha fracassado porque não pedimos conselho da boca do Senhor. Se o reconhecêssemos em todos os nossos caminhos, nós descobriríamos que eles seriam mais seguros, fáceis e bem-sucedidos.

ANOTAÇÕES

....
....
....
....
....
....
....

HERANÇA AINDA NÃO CONQUISTADA

ESTUDO 65

Posse de Canaã

Leitura bíblica: Josué 13

*Eu os expulsarei de diante dos filhos de Israel;
reparta, pois, a terra por herança a Israel, como ordenei a você.*

JOSUÉ 13:6

Aqui temos as ordens dadas a Josué para distribuir a cada tribo a sua porção de terra, incluindo aquelas que ainda não estavam subjugadas, mas que deveriam ser incluídas no sorteio em uma confiança de fé de que seriam conquistadas quando Israel se multiplicasse assim que houvesse ocasião para isso. "Distribua, agora, a terra" (v.7). Josué achava que tudo devia ser conquistado antes que fosse dividido. "Não", diz Deus, "há o suficiente conquistado para servir a vocês no presente; divida-as, façam o melhor uso delas e aguardem pelo restante no futuro". Note: devemos obter consolo naquilo que possuímos, embora não possamos incluir tudo o que gostaríamos de ter. Observe que a terra devia ser dividida como herança, embora a tenham possuído por conquista. (1) A promessa dela veio a eles como uma herança de seus pais; a terra da promessa pertencia aos filhos da promessa, que eram assim amados por causa de seus pais e em cumprimento à aliança com eles. (2) A posse dela era para ser transmitida por eles como herança a seus filhos.

Veja também que Josué não devia dividi-la de acordo com sua própria vontade. Embora ele fosse um homem muito sábio, justo e bom, não cabia a ele distribuir o que quisesse a cada tribo, mas deveria fazê-lo por sorteio, o que lançava a questão totalmente a Deus e à Sua determinação, pois Ele é o que determina as fronteiras de nossa habitação, e todo o julgamento dos homens deve proceder dele. Porém Josué devia presidir essa questão, devia administrar esse apelo solene à Providência e observar para que o sorteio fosse realizado com justiça e sem fraude, e que todas as tribos aquiescessem a ele. Sem dúvida, o sorteio colocava "fim às rixas" (Pv 18:18). Entretanto, se surgisse qualquer controvérsia em relação a esse sorteio, Josué devia, por sua sabedoria e autoridade, determinar e impedir qualquer má consequência por causa dela. Josué devia ter a honra de dividir a terra: (1) Porque havia suportado a fatiga para conquistá-la. E quando, por meio de suas mãos, cada tribo recebeu sua porção, elas deveriam ser mais sensíveis às suas obrigações para com ele. E que prazer deve ser para um homem público, como Josué, ver o povo que lhe era tão estimado comendo do trabalho das mãos dele! (2) Para que assim pudesse ser um tipo de Cristo, que não apenas derrotou para nós os portões do inferno, mas nos abriu os portões do Céu e, tendo comprado a herança eterna para todos os que creem, no tempo certo, colocará todos eles na posse dessa herança.

ESTUDO 66

Posse de Canaã

EXEMPLAR NA ESPERANÇA

Leitura bíblica: Josué 14

Dê-me agora este monte de que o Senhor falou naquele dia, pois, naquele dia, você ouviu que lá estavam os anaquins, morando em cidades grandes e fortificadas. Se o Senhor Deus estiver comigo, poderei expulsá-los, como ele mesmo prometeu. JOSUÉ 14:12

Aqui, Calebe apresenta a sua petição, ou melhor, faz sua exigência: obter "este monte" (v.12), o Hebrom, que lhe fora designado por posse e não o ter no sorteio com as demais partes do país. Para justificar sua demanda, ele mostra que Deus havia prometido a ele essa montanha há muito tempo, por meio de Moisés. Assim, tendo a mente de Deus sido já revelada nessa questão, seria vão e desnecessário consultá-la, mais uma vez, lançando sorte, pela qual devia-se apelar a Deus apenas nos casos que não podiam ser decididos, e não em situações como esta, que já estavam determinadas.

Calebe foi um dos doze que foram enviados "para espiar a terra" (v.7), e agora reflete sobre isso com tranquilidade e o menciona, não com orgulho, mas como algo que, sendo parte da consideração da concessão, deveria ser incluído no apelo que ele apresentou o relatório conforme estava em seu coração, isto é, falou o que pensava quando se pronunciou tão honrosamente acerca da terra de Canaã, tão confiantemente no poder de Deus de colocá-los em posse dela e tão contrariamente à oposição que os cananeus, até mesmo os anaquins, poderiam lhes apresentar, conforme encontramos em Números 13:30; Josué 14:7-9.

A promessa que Moisés havia feito a Calebe em nome de Deus, de que ele seria o dono daquela montanha (Js 14:9), é sua principal alegação e aquela na qual ele se apoia. Conforme a vemos, a promessa é geral: "eu o farei entrar na terra que espiou, e a sua descendência a possuirá" (Nm 14:24); mas parece que era mais particular, e Josué sabia disso; ambos sabiam que essa montanha, que Calebe agora requeria, era a pretendida. Era o local a partir do qual, mais do que todos os outros, os espias formaram seu relatório, uma vez que ali encontraram os filhos de Anaque (Nm 13:22) cuja visão muito os impressionou (v.3). Podemos supor que Calebe, observando a ênfase que eles haviam colocado sobre a dificuldade de conquistar Hebrom, uma cidade guarnecida por gigantes, opondo-se à sugestão deles e a fim de convencer o povo de que ele falara o que realmente pensava da situação, desejou corajosamente possuir aquela cidade que haviam chamado de invencível, e que lhe fora designada como sua propriedade: "Vou me comprometer com possuir esse lugar e, se não o conseguir como minha herança, ficarei sem herança". "Bem", disse Moisés, "então ele será seu, conquiste-o e desfrute dele". Calebe tinha um espírito tão nobre e heroico, e tão desejoso estava de inspirar seus irmãos com ele, que escolheu esse lugar apenas porque era o mais difícil de ser conquistado. E, visando a demonstrar que sua alma não havia enfraquecido mais do que seu corpo, agora, 45 anos depois, ele se apega à sua escolha e mantém a mesma mentalidade.

ANOTAÇÕES

....
....
....
....
....
....

FIDELIDADE AO DEUS DA HISTÓRIA

ESTUDO 67

Posse de Canaã

Leitura bíblica: Josué 23–24

Assim, naquele dia, Josué fez aliança com o povo e lhes deu estatutos e juízos em Siquém. Josué escreveu estas palavras no Livro da Lei de Deus. Pegou uma grande pedra e a erigiu ali debaixo do carvalho que estava junto ao santuário do Senhor. JOSUÉ 24:25-26

O sermão de Josué consiste em doutrina e aplicação.

A parte doutrinária é a história das grandes coisas que Deus havia feito por Seu povo, e por seus pais antes deles. Deus, por intermédio de Josué, conta as maravilhas antigas: "Eu fiz isso e isso". Eles deviam saber e considerar, não apenas que tais coisas foram realizadas, mas que Deus as realizara. É uma série de maravilhas que aqui é registrada, e talvez muitas mais foram mencionadas por Josué, que, para ser breve, aqui omitirei.

A aplicação dessa história das misericórdias de Deus a eles é, em forma de exortação, para que temam e sirvam a Deus em gratidão por Seu favor, e para que esse favor pudesse ser continuado para eles (v.14). Portanto, agora, em consideração a tudo isso: (1) "'[temam] o Senhor e a sua bondade' (Os 3:5 ARC). Reverenciem o Deus de tal poder infinito, temam ofendê-lo e perder a Sua bondade, mantenham um temor de Sua majestade, uma deferência por Sua autoridade, um pavor por desagradá-lo e uma consideração contínua por Seus olhos, que tudo vêm, sobre vocês". (2) "Que sua prática seja conforme esse princípio, sirvam-no tanto por atos externos de adoração religiosa como em cada exemplo de obediência em todas as suas conversas, e isso em sinceridade e verdade, com um olhar fixo e coração reto, e por meio de impressões interiores como resposta às expressões externas." Essa é "a verdade no íntimo", que Deus requer (Sl 51:6). Pois, que bem há para nós em dissimular com um Deus que sonda os corações? (3) Afastem os deuses estrangeiros, tantos os ídolos caldeus como os egípcios, pois a eles, os israelitas corriam mais perigo de se voltar. Parece que, por essa ordem, repetida no versículo 23, havia alguns entre eles que secretamente mantinham em seus armários as imagens ou quadros dessas divindades imprestáveis, que chegaram às suas mãos por seus ancestrais, como herança de suas famílias, embora pudesse ser que eles não as adorassem. Josué veementemente insta a que eles as lancem fora: "Desfigurem-nas, destruam-nas, para que não sejam tentados a servir-lhes". Jacó impeliu sua casa de fazer isso nesse mesmo local; uma vez que, quando eles lhe entregaram as pequenas imagens que possuíam, Jacó as enterrou sob o carvalho que estava perto de Siquém (Gn 35:2,4). Talvez o carvalho aqui mencionado (Js 24:26) era o mesmo, ou outro no mesmo lugar, que podem ser bem chamados de carvalho de reforma, já que era carvalhos idólatras.

ANOTAÇÕES

....
....
....
....
....
....
....
....
....
....
....

ESTUDO 68

Período dos juízes

O CICLO DE PECADO E MALDIÇÃO

Leitura bíblica: Juízes 1–2

Então o Senhor suscitou juízes, que os livraram das mãos dos que os atacavam e roubavam. Mas eles não obedeceram aos seus juízes; pelo contrário, se prostituíram com outros deuses e os adoraram. JUÍZES 2:16-17

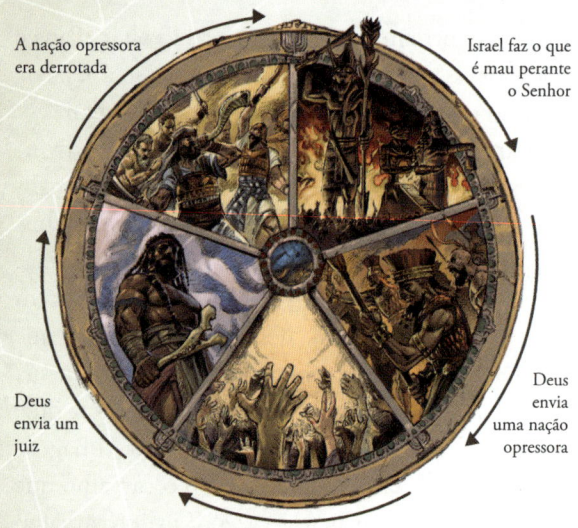

A nação opressora era derrotada

Israel faz o que é mau perante o Senhor

Deus envia uma nação opressora

Israel clama a Deus

Deus envia um juiz

Deus vem nos dar uma ideia geral da série de coisas que aconteciam em Israel durante o tempo dos juízes — tudo se repetia na mesma ordem.

(1) O povo de Israel abandonava o Deus de Israel e entregava essa adoração e honra, que eram devidas somente a Ele, aos deuses inúteis dos cananeus. "Espantem-se, ó céus, diante desse horror, ó Terra! Houve alguma nação, uma nação como esta, tão bem alimentada, tão bem ensinada, que tivesse trocado seu Deus, um Deus como este — Deus de poder infinito, pureza imaculada, bondade inextinguível e tão zeloso contra concorrentes —, por paus e pedras que não podem fazer o bem ou o mal?" (veja Jeremias 2:11-12). Jamais houve tal exemplo de tolice, ingratidão e traição.

(2) Assim, o Deus de Israel era provocado à ira e os entregava nas mãos de seus inimigos (vv.14-15). Ele ficava indignado com eles, pois é um Deus zeloso e fiel à honra de Seu próprio nome. O modo que Ele escolhia para os punir por sua apostasia era tornar em seus opressores aqueles a quem eles cediam como seus tentadores.

(3) O Deus de misericórdia infinita tinha compaixão deles em seu sofrimento, embora eles mesmos tivessem se colocado nessa situação por seu pecado e insensatez, e forjava a libertação para eles. Deus não enviava anjos do Céu para os resgatar, nem trazia algum poderio estrangeiro em seu auxílio, mas levantava juízes do meio deles, conforme a ocasião exigia, homens a quem Deus dava qualificações extraordinárias, e chamados, para o serviço especial ao qual eram designados, corrigir e libertar Israel, e cujas grandes investidas Deus coroava com sucesso: O Senhor estava com os juízes quando Ele os levantava, e assim eles se tornavam salvadores.

(4) Os degenerados israelitas não eram eficaz e completamente corrigidos. Não, não por seus juízes (vv.17-19). Mesmo enquanto seus juízes estavam com eles, e ativos em seu trabalho de reforma, havia aqueles que não ouviam seus juízes e iam, naquele mesmo tempo, se prostituir após os deuses — tão obstinados eram por seus ídolos — desse modo, persistentemente se inclinavam ao desvio.

(5) Com isso, a decisão divina era continuar a discipliná-los com a vara. Da mesma forma, os homens acalentam e saciam seus apetites e paixões corruptos e, em vez de os mortificar, encontram brechas para eles. Deus, portanto, com justiça os abandona a si mesmos sob o poder de seus pecados, que será a ruína deles. Dessa maneira, serão amaldiçoados, pois eles mesmos decidiram que seria assim.

COOPERAÇÃO QUE DESTRÓI O INIMIGO

ESTUDO 69

Período dos juízes

Leitura bíblica: Juízes 4–5

Desperte, Débora, desperte! Desperte, acorde, entoe um cântico! Levante-se, Baraque, filho de Abinoão, e leve presos os que o prenderam.

JUÍZES 5:12

O nome *Débora* significa abelha; e ela correspondia ao nome por meio de seu trabalho árduo, sagacidade e grande utilidade ao público, sua doçura com seus amigos e sua pungência com seus inimigos. Diz-se que ela era esposa de Lapidote; porém, esse termo não é comumente ligado ao nome de um homem, então alguns interpretam como sendo o nome de um lugar: ela era uma mulher de Lapidote. Com relação a ela, há o relato: (1) Que era íntima de Deus; era uma profetiza, alguém que era instruída no conhecimento divino pela inspiração imediata do Espírito de Deus e possuía dons de sabedoria, os quais ela obtinha não de forma comum: ela ouvia as palavras de Deus e provavelmente tinha visões do Altíssimo. (2) Que era completamente dedicada ao serviço de Israel. Ela julgava Israel no tempo em que Jabim os oprimia; e, talvez, por ser mulher, ela foi mais facilmente autorizada pelo opressor a fazê-lo. Afirma-se que Débora habitava, ou, conforme leem alguns, assentava-se sob uma palmeira, chamada, dali para frente, de a palmeira de Débora. Ou ela tinha sua casa sob essa árvore, uma habitação simples que poderia ser colocada sob a palmeira, ou tinha seu assento de juíza a céu aberto, sob a sombra de uma árvore, um emblema da justiça que ela ali assentava para administrar, que prosperará e crescerá contra a oposição, como as palmeiras sob pressão.

Quando os filhos de Israel vinham para serem julgados por ela, nela encontravam a salvação. Da mesma forma, aqueles que buscam a Deus para obter graça terão graça e paz, graça e consolo, graça e glória. A própria Débora não era apta para comandar um exército pessoalmente, por ser mulher; mas indicou alguém que seria adequado: Baraque, de Naftali, que, provavelmente, já havia se distinguido em alguns confrontos com os exércitos do opressor por viver perto dele (Hazor e Harosete-Hagoim ficavam dentro do território de Naftali) e, portanto, conquistara reputação e interesse entre seu povo. Podemos supor o que esse homem corajoso já havia tentado fazer na direção de livrar-se do jugo, mas não pôde levá-lo a cabo até que recebesse a comissão e as instruções de Débora. Ele não poderia fazer nada sem a liderança dela, nem ela sem as mãos dele. Contudo, juntos formavam um libertador completo e efetuaram uma libertação completa. As maiores e melhores pessoas nunca são autossuficientes, mas reconhecem que precisam umas das outras.

ANOTAÇÕES

....
....
....
....
....
....
....
....
....
....
....

ESTUDO 70

Período dos juízes

A PRESENÇA CAPACITADORA

Leitura bíblica: Juízes 6–8

Então o Anjo do Senhor lhe apareceu e lhe disse: O Senhor está com você, homem valente.

JUÍZES 6:12

Esta pessoa divina apareceu aqui a Gideão, e é observável como ela o encontrou. (1) Retirado — completamente sozinho. Deus muitas vezes se manifesta a Seu povo quando ele está longe do barulho e da urgência deste mundo. O silêncio e a solidão favorecem nossa comunhão com Deus. (2) Envolvido com malhar o trigo, com o cajado ou a vara (é isso que significa a palavra), como a que usavam para malhar o endro ou o cominho (Is 28:27), mas agora usada para o trigo, provavelmente porque Gideão tinha pouco a debulhar, portanto não precisava de um boi para o fazer. Ele não considerava empregar suas mãos nesse trabalho de lavrador como uma indignidade para si mesmo, embora fosse uma pessoa de posses e um homem valente. Gideão possuía muitos servos (v.27), e ainda assim não vivia em ociosidade. Colocamo-nos na posição de receber visitas divinas quando nos aplicamos a trabalhos honestos. A notícia do nascimento de Cristo foi levada aos pastores enquanto eles cuidavam dos rebanhos. O trabalho no qual Gideão estava envolvido era um emblema do grande trabalho para o qual agora era chamado, assim como a pesca foi para os discípulos. De malhar os cereais, ele é retirado para malhar os midianitas (Is 41:15). (3) Angustiado; Gideão estava malhando seu trigo, não na eira, o lugar adequado, mas no lagar, em um canto secreto e não suspeito, por receio dos midianitas. Ele compartilhava da calamidade comum a todos, e agora o Anjo veio para o animar contra Midiã quando o próprio Gideão podia falar com tanto sentimento sobre o peso de seu jugo. O dia da grande aflição é o tempo de Deus aparecer para o alívio de Seu povo.

O Anjo o abordou com respeito e assegurou-lhe da presença de Deus com ele (v.12). Chamou-o de "homem valente" talvez porque observou como ele malhava seus grãos com toda força: "Você está vendo alguém que é habilidoso naquilo que faz? Ele será posto diante de reis…" (Pv 22:29). Aquele que é fiel no pouco dominará sobre o muito. Gideão era um homem de espírito corajoso e ativo, mas que estava enterrado vivo na obscuridade por causa da iniquidade de seu tempo. Contudo, aqui ele é animado a assumir algo grandioso, como ele mesmo, com esta palavra: "O Senhor está com você", ou, conforme se lê no aramaico, a "Palavra do Senhor é tua ajuda". Era certeza que o Senhor estava com Gideão quando este anjo estava com ele. Por essa palavra, o Anjo lhe dá a sua comissão. Se temos a presença de Deus conosco, ela nos justificará e nos dará apoio em nossos empreendimentos. Gideão era um homem valente e, mesmo assim, não podia fazer nada acontecer sem a presença de Deus, e essa presença é suficiente para fazer de qualquer homem um valente e lhe dar coragem em qualquer tempo.

ANOTAÇÕES

....
....
....
....
....
....
....
....

SUBMISSÃO A DEUS, E NÃO AO POVO

ESTUDO 71

Período dos juízes

Leitura bíblica: Juízes 11

*Então Jefté foi com os anciãos de Gileade, e o povo o pôs por cabeça e chefe sobre si. E Jefté proferiu todas as suas palavras diante do S*ENHOR*, em Mispa.* JUÍZES 11:11

Jefté lhes apresentou uma pergunta justa (v.9). Ele não falou com excesso de confiança em seu sucesso, sabendo que Deus, com justiça, poderia permitir aos amonitas prevalecerem para punir ainda mais Israel, mas apresentou um "se" em seu questionamento. Igualmente não falou com qualquer autoconfiança: se ele for bem-sucedido, terá sido o Senhor que os entregou em sua mão, assim pretendendo lembrar a seus compatriotas a olharem para Deus como o árbitro da controvérsia e o doador da vitória, pois Ele é quem o realiza. "Agora, se, por meio da bênção de Deus, eu retornar vitorioso, digam-me francamente, serei o seu líder? Se eu os libertar, com a ajuda de Deus e sob Ele, serei quem os reformará?"

Vemos o piedoso reconhecimento de Deus da parte de Jefté neste grande empreendimento. Ele "proferiu todas as suas palavras diante do S*ENHOR* em Mispa" (v.11), isto é, após sua elevação, ele se retirou imediatamente para suas devoções e, em oração, apresentou toda a questão diante de Deus, tanto a sua escolha para o ofício como sua execução dele, como alguém que tinha seu olhar fixo no Senhor e não faria qualquer coisa sem Ele, que não se apoiava em seu próprio entendimento ou coragem, mas dependia de Deus e de Seu favor. Diante de Deus, ele afirma todas as suas considerações e preocupações nesse assunto, pois Deus nos dá permissão para sermos livres diante dele. (1) "Senhor, o povo me tornou líder deles. Tu confirmarás essa escolha e me permitirás ser o líder de Teu povo sob Teu comando e para Ti?" Deus reclama com justiça contra Israel de que eles estabeleceram reis, mas não por orientação dele (Os 8:4). "Senhor", disse Jefté, "não serei o líder deles por obra deles sem ti. Não aceitarei o governo a menos que me dês permissão". Se Abimeleque houvesse feito assim, ele poderia ter prosperado (Jz 8:30–9:54). (2) "Senhor, eles me tornaram seu capitão, para ir à frente deles nesta guerra contra os amonitas; terei eu a Tua presença? Irás adiante de mim? Senão, não me leves até lá. Senhor, satisfaz-me na justiça dessa causa. Certifica-me do sucesso nessa empreitada". Esse é um exemplo raro a ser imitado por todos, especialmente pelos importantes. Que reconheçamos o Senhor em todos os nossos caminhos, que busquemos o Seu favor, peçamos o conselho de Sua boca e o levemos conosco; assim faremos prósperos os nossos caminhos. Desse modo, Jefté abriu a campanha militar em oração. Provavelmente terminaria de forma gloriosa aquilo que começou tão piedosamente.

ANOTAÇÕES

ESTUDO 72

Período dos juízes

"DO FORTE SAIU DOÇURA"

Leitura bíblica: Juízes 14

Então o Espírito do SENHOR de tal maneira se apossou de Sansão, que ele rasgou o leão como quem rasga um cabrito, sem nada ter nas mãos. Sansão, no entanto, não contou nem a seu pai nem a sua mãe o que havia feito.

JUÍZES 14:6

O encontro de Sansão com o leão foi perigoso. Era um leão jovem, um dos tipos mais ferozes, que se lançou sobre ele, rugindo por sua presa e olhando especialmente na direção dele. O leão rugiu ao avistá-lo, conforme diz o texto (v.5). Sansão estava completamente sozinho na vinha, por onde andava afastado de seu pai e sua mãe (que se mantiveram na estrada), provavelmente para comer uvas. Os filhos não consideram o quanto se expõem ao leão rugidor que busca devorá-los quando, por causa de um tolo apego à liberdade, eles se afastam do olhar e das asas de seus pais prudentes e piedosos. Tampouco os jovens consideram quais leões espreitam pelos vinhedos, os vinhedos de vinho tinto, tão ameaçadores quanto as serpentes na relva verde. Se Sansão tivesse se encontrado com esse leão no caminho, poderia ter mais razão para esperar ajuda tanto de Deus quanto dos homens, do que aqui, nas solitárias vinhas, longe da estrada. Porém, havia uma providência especial nisso e, quanto mais perigoso era o encontro, muito mais ilustre era a vitória. Foi obtida sem qualquer dificuldade: ele estrangulou o leão e rasgou sua garganta tão facilmente quanto se tivesse estrangulado um cabrito, mas sem qualquer instrumento, não apenas nenhuma espada ou arco, mas sem mesmo uma vara ou uma faca; Sansão não tinha nada em suas mãos. Cristo encarou o leão rugidor e o venceu no começo de Seu ministério público (Mt 4:1-11) e, depois disso, despojou os principados e potestades, triunfando sobre eles (Cl 2:15) somente em si mesmo, como alguns entendem, e não por meio de qualquer instrumento. Ele foi exaltado em sua própria força. O que acrescentou muita glória ao triunfo de Sansão sobre o leão foi o fato de que quando ele havia realizado essa grande façanha, não se vangloriou dela, nem mesmo contou a seu pai e sua mãe aquilo que muitos logo tornariam público por todo o país. A modéstia e a humildade formam a mais reluzente das coroas das grandes realizações.

Quando Sansão veio a próxima vez para a solenidade de suas núpcias, e seus pais o acompanharam, ele teve a curiosidade de ir para o vinhedo onde havia matado o leão. Lá encontrou a carcaça do animal; os pássaros (aves de rapina) haviam, provavelmente, comido sua carne e, no esqueleto, um enxame de abelhas se uniu para fazer uma colmeia, e não foram ociosas, pois haviam estocado uma boa quantidade de mel, um dos produtos básicos de Canaã; lá havia tanto dele, que se diz que a terra fluía leite e mel. Sansão, tendo mais direito que qualquer um à colmeia, recolheu o mel em suas mãos. Deu-o a seus pais, e eles o comeram; ele não comeu tudo sozinho. "Você encontrou mel? Coma apenas o suficiente" (Pv 25:16). Ele permitiu que seus pais compartilhassem com ele. Os filhos deveriam ser gratos a seus pais com os frutos de seu próprio trabalho e assim demonstrar piedade no lar (1Tm 5:4). Que todos aqueles que encontraram, pela graça de Deus, doçura na religião comuniquem sua experiência a seus amigos e familiares, e os convidem a vir e compartilhar com eles.

ANOTAÇÕES

....
....
....

O JULGAMENTO DA IMPIEDADE

ESTUDO 73

Período dos juízes

Leitura bíblica: Juízes 19–20

Todos os que viram isso diziam: "Nunca se fez uma coisa dessas, nem se viu nada semelhante desde o dia em que os filhos de Israel saíram da terra do Egito até o dia de hoje". JUÍZES 19:30

Os três capítulos finais do livro de Juízes contêm a história mais trágica da maldade dos homens de Gibeá, amparada pela tribo de Benjamim, pela qual ela foi severamente castigada e quase completamente eliminada dentre o restante das tribos. Parece que isso foi feito não muito depois da morte de Josué, pois foi quando não havia rei ou juiz em Israel (v.1 e 21:25), e Fineias era o então sumo sacerdote (20:28). Essas iniquidades em particular, a idolatria dos danitas e a imoralidade dos benjamitas, encaixam-se naquela apostasia geral (3:7). O abuso da concubina do levita é aqui relatado de modo muito peculiar.

Jamais alguém conseguiria imaginar que o coração de homens que possuíam as faculdades da razão, como os israelitas que tinham o benefício da revelação divina, poderia ser tão perverso. Os pecadores são aqui chamados de filhos de Belial, isto é, homens sem governo, homens que não suportariam o jugo, filhos do diabo (pois ele é Belial), assemelhando-se a ele e unindo-se a ele em rebelião contra Deus e Seu governo.

Eles tramaram, da forma mais imunda e abominável (que não pode ser considerada sem que haja horror e repulsa) abusar do levita, sobre quem, provavelmente observaram ser jovem e atraente: "Tira para fora o homem que entrou em tua casa, para que o conheçamos" (19:22 ARC). Poderíamos certamente concluir que eles queriam apenas perguntar de onde ele viera e conhecer seu caráter, mas o dono da casa, que sabia bem o que eles queriam dizer, por sua resposta, revela-nos que eles pretendiam a gratificação da pior e mais antinatural luxúria bestial, expressamente proibida pela Lei de Moisés e chamada de abominação (Lv 18:22). Aqueles que são culpados dela são listados no Novo Testamento entre os piores e mais vis pecadores (1Tm 1:10), e os tais não herdarão o reino de Deus (1Co 6:9).

Veja e admire-se, neste exemplo, da paciência de Deus. Por que esses filhos de Belial não foram atingidos de cegueira, como os sodomitas? Por que não houve fogo e enxofre vindos do céu sobre sua cidade? Porque Deus queria deixar para Israel puni-los pela espada e reservaria Sua própria punição a eles para o estado futuro, no qual aqueles que adotaram práticas contrárias à natureza sofrerão a vingança do fogo eterno (Jd 7).

ANOTAÇÕES

....
....
....
....
....
....
....
....
....
....
....
....
....
....
....

ESTUDO 74

Período dos juízes

A "CASUALIDADE" DA PROVIDÊNCIA

Leitura bíblica: Rute 1–2

Ela se foi, chegou ao campo e apanhava espigas atrás dos ceifeiros. Por casualidade entrou na parte do campo que pertencia a Boaz, que era da família de Elimeleque. RUTE 2:3

Diante de um caso tão lamentável [N.T.: referência à pobreza e ao luto de Rute e Noemi], que Rute seja lembrada como um grande exemplo de: (1) Humildade. Quando a Providência a tornou pobre, ela não disse: "Tenho vergonha de apanhar espigas, que na verdade é mendigar", mas alegremente se inclinou à pequenez de sua circunstância e se acomodou à sua sorte. Espíritos altivos mais facilmente morrerão de fome do que se inclinarão; Rute não era desses. Ela não disse à sua sogra que não fora criada para viver de migalhas. Embora não tivesse sido criada para isso, ela se rebaixou a esse nível e não se sentiu incomodada. Não! A resolução foi dela mesma, não uma imposição de sua sogra. A humildade é um dos mais reluzentes ornamentos da juventude e um dos melhores prenúncios. Antes da honra de Rute, houve humildade. (2) Trabalho. Ela não diz à sua sogra: "Deixe-me ir visitar as mulheres da cidade, ou fazer uma caminhada nos campos para tomar ar fresco e me alegrar. Não posso me sentar o dia inteiro lamentando com a senhora". Não, seu coração não estava no lazer, mas no trabalho: "Permita-me ir recolher as espigas de milho, que se transformarão em algo bom". Ela era uma daquelas mulheres virtuosas que não amam comer o pão da preguiça, mas amam se esforçar. Esse é um exemplo para os jovens. Que eles logo aprendam a trabalhar e, aquilo que encontrarem para fazer, façam com toda a sua força. Uma disposição à diligência traz bons prelúdios para este mundo e para o mundo porvir. (3) Consideração por sua sogra. Embora fosse apenas sua sogra, e mesmo que estivesse livre da lei por causa da morte de seu marido, ela poderia se supor livre da lei concernente à mãe de seu marido, mas Rute obedientemente cuidou dela. Não sairia sem informá-la e sem pedir permissão. Esse respeito, os jovens devem demonstrar por seus pais e governantes; é parte da honra devida a eles. (4) Dependência da Providência, evidenciada em que ela foi colher espigas na terra de quem encontrasse graça. Ela não sabia para onde ir, e por quem perguntar, mas confiou na Providência para levantar algum amigo ou outra pessoa que fosse bondosa com ela. Que sempre mantenhamos bons pensamentos acerca da providência divina e creiamos que, enquanto estivermos fazendo o bem, ela nos trará o bem. E ela trouxe o bem para Rute, pois quando ela saiu sozinha, sem guia ou companhia, para recolher espigas, o acaso a levou ao campo de Boaz (v.3). Para ela, isso pareceu casual. Não sabia de quem era aquele campo, tampouco tinha qualquer motivo para ir para lá mais do que para qualquer outro campo e, portanto, diz-se que foi sua casualidade. Contudo, a Providência dirigiu seus passos a esse campo. Note, Deus ordenará sabiamente os pequenos acontecimentos; e aqueles que parecem totalmente acidentais servem à Sua glória e ao bem de Seu povo. Muitos grandes eventos são gerados por uma pequena reviravolta que nos parecia fortuita, mas foi dirigida pela Providência com propósito.

ANOTAÇÕES

....
....

HONRA IMERECIDA

ESTUDO 75

Período dos juízes

Leitura bíblica: Rute 3–4

Que o Senhor faça a esta mulher, que está entrando na sua família, como fez a Raquel e Lia, que edificaram a casa de Israel. E que você, Boaz, seja um homem poderoso em Efrata, e que o seu nome se torne famoso em Belém.

RUTE 4:11

Com relação a este casamento, parece que ele foi solenizado, ou pelo menos realizado publicamente, diante de muitas testemunhas. "Vocês são testemunhas" (vv.9-10): (1) "de que comprei esta propriedade. Seja quem for que a possua, ou tenha parte nela, que ela seja empenhada a ele, e que ele venha a mim para receber seu pagamento de acordo com o valor da terra", que era calculado pelo número de anos que faltavam para o Ano do Jubileu (Lv 25:15), quando a terra retornaria à família de Elimeleque. Quanto mais públicas as transações de propriedades, melhor elas estão preservadas contra a fraude. (2) "De que também adquiri a viúva para ser minha esposa". Boaz não tinha direito a ela. O dote que ela possuía era oneroso, e Boaz não poderia obtê-lo sem pagar por ele o quanto valia. Portanto, ele podia dizer, com justiça, que havia comprado Rute, e, mesmo assim, sendo ela uma mulher virtuosa, Boaz reconheceu que tinha feito um bom negócio. Ao se casar com Rute, ele pretendia preservar a memória do falecido, para que o nome de Malom, embora não tivesse deixado um filho para a resguardar, pudesse não ser eliminada do portão de sua propriedade e, por esse meio, pudesse ser preservada a fim de que fosse incluído no registro público de que Boaz se casou com Rute, a viúva de Malom, filho de Elimeleque, cuja posteridade, sempre que precisasse consultar o registro, poderia observar seu nome. E essa história, sendo resguardada por esse casamento e os filhos resultantes dele, provou-se um meio eficaz de perpetuar o nome de Malom além até mesmo do que Boaz pensava ou pretendia, até o fim do mundo. Observe que, porque Boaz fez essa honra ao falecido bem como demonstrou bondade aos vivos, Deus lhe trouxe a honra de o incluir na genealogia do Messias, pelo qual a sua família foi mais dignificada do que todas as famílias de Israel; ao passo que, o outro parente, que tinha tanto receio de diminuir suas propriedades e combinar a sua herança ao se unir à viúva, tem o seu nome, família e herança sepultados em esquecimento e desgraça. Uma preocupação compassiva e generosa pela honra dos mortos e pelo consolo das pobres viúvas e estrangeiros, os quais não podem retribuir a bondade (Lc 14:14), terá certamente a aprovação de Deus e Sua recompensa. Nosso Senhor Jesus é nosso *Goel*, nosso Resgatador, nosso eterno Redentor. Assim como Boaz, Ele olhou com compaixão para o estado deplorável do homem decaído. Por um preço muito alto, Ele resgatou a herança celestial para nós, cujo preço estava vinculado ao pecado, e estava confiscada pelas mãos da justiça divina, à qual jamais teríamos a capacidade de redimir. Semelhantemente, Ele comprou um povo peculiar com quem se esposaria, embora fossem estrangeiros, pobres e desprezados, como Rute, para que o nome daquela raça morta e sepultada pudesse não ser eliminada para sempre. Ele correu o risco de combinar a Sua herança para realizar essa obra, pois, embora fosse rico, por amor a nós, Ele se tornou pobre. Contudo, foi abundantemente recompensado por Seu Pai que o exaltou sublimemente e lhe deu o nome que está acima de todo nome por Ele ter assim se humilhado.

ANOTAÇÕES

....
....

ESTUDO 76

Monarquia unida

FEITO VOZ DE DEUS

Leitura bíblica: 1 Samuel 3

Então o Senhor veio e ali esteve, e chamou como das outras vezes: Samuel, Samuel!. Este respondeu: Fala, porque o teu servo ouve.

1 SAMUEL 3:10

Parece que, na quarta vez, Deus falou de uma forma diferente das demais, embora o chamado tenha sido pelo seu nome, como as outras, mas agora "veio e ali esteve, e chamou" (v.10), o que indica que havia algum tipo de aparição visível da glória divina a Samuel, uma visão que estava de pé diante dele, como aquela diante de Elifaz, embora ele não tivesse conseguido discernir a sua forma (Jó 4:16). Isso o convenceu de que não era Eli que o chamava, uma vez que agora ele via a voz que lhe falava (Ap 1:12). Dessa vez, o chamado também foi duplo "Samuel, Samuel", como se Deus tivesse prazer em mencionar seu nome ou para evidenciar que ele deveria entender quem lhe falava. "Uma vez Deus falou, duas vezes ouvi" (Sl 62:11). Era uma honra para Samuel que Deus tivesse prazer em conhecê-lo por seu nome (Êx 33:12); então, seu chamado foi poderoso e eficaz, ao chamá-lo nominalmente, e realizado de modo particular, como "Saulo, Saulo" (At 9:4). Foi assim que Deus chamou Abraão por seu nome (Gn 22:1-3).

Samuel respondeu, conforme foi ensinado: "Fala, porque o teu servo ouve". As boas palavras deveriam ser colocadas na boca das crianças logo cedo, bem como as expressões de afeições piedosas e devotas, pelas quais os pequeninos podem estar preparados para uma maior familiaridade com as coisas divinas e serem treinados para uma interação santa com elas. Ensinem os jovens o que devem dizer, pois eles não podem colocar ordem em sua fala por ainda estarem na escuridão. Dessa vez, Samuel não se levantou e correu, como antes quando pensava que era Eli chamando-o, mas continuou deitado e ouvindo. Quanto mais tranquilo e sereno estiver nosso espírito, melhor ele estará preparado para descobertas espirituais. Que todos os pensamentos e sentimentos tumultuosos sejam mantidos sob controle e tudo fique sereno e quieto na alma, então estaremos aptos para ouvir de Deus. Tudo deve ser silenciado quando Ele fala. Contudo, observe: Samuel omitiu uma palavra. Ele não disse "Fala, Senhor", mas apenas "Fala, porque o teu servo ouve"; assim foi aberto o caminho para a mensagem que receberia. Samuel passou a conhecer as palavras de Deus e as visões do Altíssimo, e isso antes que a lâmpada de Deus se apagasse no santuário do Senhor (1Sm 3:3), ao que alguns escritores judeus atribuem um sentido místico: antes da queda de Eli e do eclipsar do Urim e do Tumim, dali a algum tempo, Deus chamou Samuel e fez dele um oráculo. Os doutores entre os judeus fazem a observação de que "O sol se levanta, e o sol se põe" (Ec 1:5), com isso querem dizer que, antes que Deus faça o sol de um justo se pôr, Ele faz o sol de outro justo nascer.

ANOTAÇÕES

....
....
....
....
....
....
....

REBAIXANDO SUA CONDIÇÃO

ESTUDO 77

Monarquia unida

Leitura bíblica: 1 Samuel 8

*Então Samuel orou ao SENHOR. E o SENHOR disse a Samuel:
—Atenda à voz do povo em tudo o que lhe pedem. Porque não foi a você
que rejeitaram, mas a mim, para que eu não reine sobre eles.*

1 SAMUEL 8:6-7

Rei	Período de governo	Tribo
Saul	1030–1010 a.C.	Benjamim
Davi	1010–970 a.C.	Judá
Salomão	970–931 a.C.	Judá

Aqueles que buscam a Deus quando estão aflitos o encontrarão próximo de si e pronto a direcioná-los. Deus lhes fala o que traria alívio ao seu descontentamento. Samuel estava muito perturbado com a proposta: incomodava-o grandemente ver seu ofício profético menosprezado dessa forma e todo o bem que fizera a Israel ser retribuído de forma ingrata; porém Deus lhe diz que não considere isso duro ou estranho. (1) Ele não deve achar ruim que eles o tenham menosprezado, pois, nisso, eles estavam menosprezando o próprio Deus: "Porque não foi a você que rejeitaram, mas a mim, para que eu não reine sobre eles" (v.7). Se Deus se interessa pelas indignidades feitas a nós e no desdém a nós atribuído, podemos bem suportá-los pacientemente. Tampouco necessitamos pensar o pior acerca de nós mesmos se, por amor a Ele, suportamos a afronta (Sl 69:7); em vez disso, devemos nos alegrar e considerar isso uma honra (Cl 1:24). Samuel não deveria reclamar que eles estavam cansados de seu governo, embora fosse justo e gentil, uma vez que eles estavam, na realidade, cansados do reinado divino. Este era o desprazer deles: rejeitaram a Deus, para que Ela não reinasse sobre eles (1Sm 8:7). Deus reina sobre os pagãos (Sl 47:8), sobre todo o mundo, mas o governo de Israel havia sido até então, de modo mais peculiar do que qualquer outro governo existente, uma teocracia, um governo divino. Seus juízes tinham seu chamado e comissão vindos diretamente de Deus, os assuntos de sua nação estavam sob Sua direção especial. Tanto a sua constituição como a administração de seu governo era por "Assim diz o SENHOR". Desse método, eles haviam se cansado, embora lhes fosse uma honra e uma segurança, acima de tudo, enquanto se mantivessem com Deus. Sem dúvida, estariam muito mais expostos a calamidades se provocassem Deus à ira por meio do pecado, e descobriram que não poderiam transgredir de maneira tão barata como as outras nações, o que, talvez, era o verdadeiro motivo por que desejavam estar nos mesmos termos com Deus quanto as demais nações. (2) Samuel não deveria achar a demanda deles estranha, nem se admirar com a questão, visto que eles estavam fazendo como sempre haviam feito: "Segundo todas as obras que fizeram desde o dia em que os tirei do Egito até hoje […] assim também estão fazendo com você" (1Sm 8:8). Eles haviam sido inicialmente tão respeitosos e obsequiosos com Samuel, que ele começou a ter esperança de que haviam sido curados de sua antiga disposição teimosa, mas agora ele se via enganado por eles e não devia se surpreender com isso.

ANOTAÇÕES

....
....
....
....

ESTUDO 78

Monarquia unida

REI E MORDOMO

Leitura bíblica: 1 Samuel 9–10

Samuel pegou um vaso de azeite e o derramou sobre a cabeça de Saul. Então ele o beijou e disse: O Senhor está ungindo você como príncipe sobre a sua herança, o povo de Israel.

1 SAMUEL 10:1

Samuel está aqui executando o ofício de um profeta, dando a Saul a plena segurança de Deus de que ele deveria ser rei, como acabou sendo, de acordo com essas profecias que o precederam.

Ele o ungiu e o beijou (v.1). Isso não foi feito em uma assembleia solene, mas por divina orientação, o que compensou pela falta de todas as solenidades exteriores. Mas não foi menos válido por ter sido efetuado em privado, sob uma cerca viva ou, como dizem os judeus, perto de uma fonte. As instituições divinas são grandes e honrosas, mesmo que as circunstâncias de sua administração sejam tão simples e desprezadas. (1) Ao ungir Saul, Samuel o assegurou de que era um ato divino fazer dele rei: "O Senhor está ungindo você" (v.1). E, como sinal disso, o sumo sacerdote era ungido para a sua função, para significar a concessão a ele dos dons que eram requisito para o desempenho de seus deveres, e o mesmo acontece na unção dos reis, pois aqueles a quem Deus chama Ele qualifica, e as qualificações adequadas fornecem uma boa prova de uma comissão. Essas unções sagradas, usadas naquela época, apontavam para o grande Messias, ou ungido, o Rei da Igreja e o Sumo Sacerdote de nossa confissão, que foi ungido com o óleo do Espírito, não "por medida" (Jo 3:34), mas sem medida, e acima de todos os sacerdotes e príncipes da congregação judaica. (2) Ao beijar Saul, Samuel lhe garantiu sua própria aprovação para essa escolha, não apenas seu consentimento, mas sua complacência, embora ela diminuísse seu poder e eclipsasse sua glória e a glória de sua família. "Deus o ungiu para ser rei", disse Samuel, "e estou satisfeito e contente. Como penhor disso, dou-lhe este beijo". Também era um beijo de honraria e aliança, pelo qual ele não apenas o reconheceu como rei, mas como seu rei; nesse sentido, somos ordenados a beijar o Filho (Sl 2:12). Deus o ungiu e, portanto, devemos assim reconhecê-lo e honrá-lo. Na explicação que Samuel dá a respeito da cerimônia, ele lembra Saul: 1) Da natureza do governo ao qual foi chamado. Ele fora ungido para ser um capitão, um comandante de fato, o que indica honra e poder, e um comandante de guerra, o que denota cuidado, labuta e perigo. 2) Da origem desse governo: Deus o ungira. Por meio de Deus, ele governaria e, portanto, devia governar para Ele, em dependência dele, sempre visando à glória de Deus. 3) Do objeto desse governo: era sobre a Sua herança, para cuidar dela, protegê-la e ordenar todos os assuntos dela para o melhor, como um mordomo a quem um grande homem coloca sobre suas propriedades, para que as administre para seu serviço e para lhe prestar contas acerca dela.

ANOTAÇÕES

....
....
....
....
....
....
....

UM REI USURPADOR

ESTUDO 79

Monarquia unida

Leitura bíblica: 1 Samuel 13

*Samuel perguntou:
O que foi que você fez?*

1 SAMUEL 13:11

Esta foi a ofensa de Saul, e o que a tornou mais grave foi que: (1) ao que parece, ele não enviou qualquer mensageiro a Samuel, para saber o que ele pensava, para apresentar-lhe o caso e para receber novas orientações dele, embora Saul tivesse perto de si homens que eram de pés ligeiros naquele momento. (2) Quando Samuel chegou, Saul parecia se vangloriar do que havia feito, em vez de se arrepender, pois adiantou-se para saudá-lo, como seu companheiro de sacrifícios, e parecia feliz com a oportunidade de informar Samuel de que ele não precisava mais dele e poderia se virar bem sem ele. (3) Ele acusou Samuel de quebrar uma promessa: "você não vinha no prazo combinado" (v.11) e, portanto, se alguma coisa estava errada, Samuel devia levar a culpa, aquele que era o ministro de Deus, embora ele tivesse chegado de acordo com a sua palavra, antes que expirassem os sete dias. Dessa maneira, os zombadores dos últimos dias pensam que a promessa de Cristo foi quebrada porque Ele não vem no tempo que eles querem, embora seja garantido que Ele voltará no tempo determinado. (4) Quando Saul foi acusado de desobediência, ele se justificou naquilo que havia feito e não lhe deu qualquer sinal de arrependimento. O que arruína um homem não é pecar, mas pecar e não se arrepender, cair e não se levantar novamente. Veja as desculpas que ele deu nos versículos 11 e 12. Ele queria que seu ato de desobediência fosse desculpado 1) como um exemplo de sua prudência. O povo estava, em sua maioria, dispersando-se dele, e ele não tinha outro meio de manter consigo aqueles que permaneciam a fim de prevenir que eles também desertassem. Se Samuel negligenciava os interesses públicos, ele não negligenciaria. 2) Como modelo de sua piedade. Ele seria considerado muito consagrado e prudente ao não se envolver com os filisteus até que tivesse atraído Deus para seu lado por meio de orações e sacrifícios: "Os filisteus", dizia ele, "virão sobre mim antes que eu tenha feito minhas súplicas ao Senhor, e, assim, serei derrotado. O quê?! Ir para a guerra antes de ter recitado minhas orações?". Desse modo ele cobriu sua desobediência às ordens divinas com uma pretensa preocupação com o favor divino. Os hipócritas colocam muita ênfase nas ações exteriores de religião, pensando assim desculpar sua negligência nas questões mais importantes da Lei. E, por fim, Saul admite que foi contra sua própria consciência ao fazê-lo: "forçado pelas circunstâncias, ofereci holocaustos" (v.12), talvez gabando-se de que havia rompido com suas convicções e extraído o melhor delas, ou pelo menos que isso atenuava a sua culpa, de que sabia que não devia ter feito o que fez, mas o fez com relutância. Que homem tolo! Pensou que Deus se agradaria dos sacrifícios oferecidos em oposição direta tanto ao Seu mandamento geral quanto ao particular.

ANOTAÇÕES

....
....
....
....
....

ESTUDO 80

Monarquia unida

O HUMILDE EXALTADO

Leitura bíblica: 1 Samuel 16

O Senhor não vê como o ser humano vê.
O ser humano vê o exterior, porém o Senhor vê o coração.

1 SAMUEL 16:7

Davi era o mais novo de todos os filhos de Jessé; seu nome significa amado, pois ele era um tipo do Filho amado. Observe como ele estava nos campos, "apascentando as ovelhas" (v.11) e foi deixado lá, embora houvesse um sacrifício e uma celebração na casa de seu pai. Os mais novos são, normalmente, os mais queridos da família, mas parece que Davi era o último de todos os filhos de Jessé. Eles não discerniam ou não valorizavam devidamente o espírito excelente que ele tinha. Muitos grandes gênios permanecem enterrados na obscuridade e no menosprezo, e Deus exalta aqueles a quem os homens desprezam e dá honra abundante para aqueles que receberam menos atenção. O Filho de Davi foi aquele que os homens desprezaram e a pedra que os construtores negaram e, mesmo assim, Ele tem um nome acima de todo nome. Davi foi tirado "do cuidado das ovelhas e suas crias, para ser o pastor de Jacó, seu povo" (Sl 78:71), assim como Moisés, de cuidar dos rebanhos de Jetro, um exemplo de sua humildade e dedicação, duas pessoas que Deus se deleitou em honrar. Nós pensaríamos numa vida militar, mas Deus viu uma vida pastoral (que traz a vantagem da contemplação e da comunhão com o Céu), a melhor preparação para o poder da realeza, pelo menos para aquelas graças do Espírito que são necessárias ao devido cumprimento daquela confiança que o acompanha.

O Senhor falou ao ouvido de Samuel (como já tinha feito, 1 Samuel 9:15) que aquele era a quem ele devia ungir (16:12). Samuel não contesta sequer a sua pouca instrução, sua juventude ou o pouco respeito que tinha em sua própria família, mas, em obediência à ordem divina, pegou seu chifre com azeite e o ungiu (v.13). Com isso denotava (1) uma designação divina ao governo, após a morte de Saul, da qual Samuel lhe deu plena garantia. Não que naquele momento ele estivesse investido com o poder real, mas que este estava vinculado a ele para o tempo devido. (2) Uma comunicação divina dos dons e graças para torná-lo apto para o governo, o que fazia dele um tipo do que viria a ser o Messias, o Ungido, que receberia o Espírito não por medida, mas sem medida. "A partir daquele dia, o Espírito do Senhor veio poderosamente sobre Davi..." (v.13). A sua unção não foi uma cerimônia vazia, mas um poder divino acompanhou aquele sinal instituído, e Davi se viu interiormente acrescentado de sabedoria, coragem e preocupação com o povo, com todas as qualificações de um príncipe, embora não estivesse completamente desenvolvido em suas circunstâncias exteriores. Isso o satisfaria plenamente de que sua eleição era efetuada por Deus. A melhor evidência de sermos predestinados ao reino da glória é sermos selados com o Espírito da promessa e experimentarmos uma obra da graça em nosso próprio coração. Alguns acham que a coragem de Davi, pela qual ele matou o leão e o urso, e suas habilidades extraordinárias com a música eram efeito e evidências da vinda do Espírito sobre ele. No entanto, isso fez dele "o amado salmista de Israel" (2Sm 23:1).

ANOTAÇÕES

....
....

O ORGULHOSO HUMILHADO

ESTUDO 81

Monarquia unida

Leitura bíblica: 1 Samuel 17

Davi, porém, disse ao filisteu: Você vem contra mim com espada, com lança e com escudo. Eu, porém, vou contra você em nome do Senhor dos Exércitos, o Deus dos exércitos de Israel, a quem você afrontou.

1 SAMUEL 17:45

O filisteu avançou para este combate com muita seriedade e cerimônia; mesmo que ele fosse se encontrar com um pigmeu, ainda assim seria na magnificência de um gigante e de um nobre. Isso fica claro na maneira como é expresso: ele se levantou, veio, aproximou-se, como uma montanha perseguidora, coberto de bronze e ferro, para se encontrar com Davi. Este avançou com não menos vigor e ânimo, como alguém que mais visava a executar do que impressionar: ele se apressou, correu, por estar levemente vestido, para se encontrar com o filisteu. Podemos imaginar com que ternura e compaixão os israelitas observavam um jovem como esse lançando-se na boca da destruição; mas Davi sabia em quem cria e por quem agia.

A queda de Golias nesse combate. Ele não tinha pressa porque não temia, mas estava confiante de que logo, com um golpe apenas, partiria a cabeça de seu adversário. Porém, enquanto ele se preparava para o fazer solenemente, Davi realizou seu empreendimento com eficácia, sem qualquer pompa: lançou uma pedra que o atingiu na testa e, num piscar de olhos, lançou-o no chão (v.49). Golias sabia que havia atiradores de funda em Israel (Jz 20:16); no entanto, foi muito negligente ou presunçoso, quando adiantou-se com a viseira de seu capacete aberta; assim, para a única parte exposta — não tanto a perícia de Davi, mas a providência divina —, a pedra foi dirigida e com tal força que se enterrou em sua cabeça, apesar do atrevimento com o qual sua testa estava enfeitada. Veja como a vida é tão frágil e incerta, mesmo quando se pensa que ela está bem fortalecida, e quão rápida e facilmente, até mesmo por coisas pequenas, a passagem pode ser aberta para que a vida se vá e a morte entre. O próprio Golias não tinha "domínio sobre o espírito para o reter" (Ec 8:8). Que o forte não se glorie na sua força, nem o homem armado, em sua armadura. Veja como Deus resiste ao soberbo e desdenha os que desafiam a Ele e a Seu povo. Ninguém jamais endureceu o coração contra Deus e prosperou. Para completar a execução, Davi desembainhou a espada de Golias — para Davi, uma arma a ser empunhada com as duas mãos —, "cortando com ela a cabeça dele..." (1Sm 17:51). Que necessidade tinha Davi de ter sua própria espada? A espada do inimigo lhe serviria para esse propósito, quando houvesse ocasião para isso. Deus é grandemente glorificado quando Seus orgulhosos inimigos são eliminados com suas próprias espadas, e Ele faz com que a própria língua se volte contra eles (Sl 64:8). A vitória de Davi sobre Golias era típica dos triunfos do Filho de Davi sobre Satanás e todos os poderes das trevas, os quais Ele despojou e "publicamente os expôs ao desprezo" (Cl 2:15); e nós, por meio dele, somos mais do que vencedores.

ANOTAÇÕES

....
....
....
....
....
....

ESTUDO 82

Monarquia unida

O ESCUDO AO REDOR DO JUSTO

Leitura bíblica: 1 Samuel 18–19

Então Jônatas falou bem de Davi a Saul, seu pai, e lhe disse: Que o rei não peque contra o seu servo Davi, porque ele não pecou contra você. Pelo contrário, o que ele tem feito é muito bom para você. 1 SAMUEL 19:4

Davi continua prestando seus bons serviços a seu rei e seu país. Embora Saul lhe tivesse retribuído o bem com o mal, e sua própria serventia era a razão por que Saul o invejava, ainda assim ele não se afastou com má vontade e se recusou ao serviço público. Aqueles que recebem má retribuição por terem feito o bem não devem se cansar de fazer o bem, lembrando-se de como nosso Pai celestial é um benfeitor generoso, até mesmo aos obstinados e ingratos.

Saul dá sequência à sua maldade contra Davi. Aquele que há apenas alguns dias havia jurado por seu Criador que Davi não seria morto agora empreende em matá-lo com suas próprias mãos. A inimizade da serpente contra a semente da mulher é assim tão implacável e tão incurável, tão enganoso e desesperadoramente mau é o coração humano sem a graça divina (Jr 17:9). As recentes honras que Davi havia conquistado naquela última guerra contra os filisteus, em vez de extinguir a má vontade de Saul para com ele e confirmar a sua reconciliação, reviveu seus ciúmes e o exasperou ainda mais. E, quando Saul se entregou a esse sentimento perverso, não surpreende que o espírito maligno tenha vindo sobre ele (1Sm 17:9), uma vez que, quando deixamos o sol se pôr sobre a nossa ira, damos ocasião ao diabo (Ef 4:26-27), cedemos espaço a ele e o convidamos. A perturbação mental, embora promovida pela atuação de Satanás, normalmente deve a sua origem aos próprios pecados e tolices dos homens. O temor e a inveja de Saul fizeram dele um tormento para si mesmo, de modo que ele não podia se sentar em sua casa sem uma lança em sua mão, fingindo que era para sua proteção, mas tendo o propósito de destruir Davi, pois ele pretendia cravar seu guerreiro na parede, correndo em sua direção com tanta violência que enterrou a lança na parede (1Sm 17:10), tão robusto era o demônio nele e tão forte sua própria cólera. Talvez ele tenha pensado que, se matasse Davi agora, seria desculpável diante de Deus e do homem, como estando *non compos mentis* — não em seu estado mental normal, e que isso seria imputado à sua loucura. Contudo, Deus não pode ser enganado por dissimulações, sejam elas quais forem.

Deus continua com Seu cuidado sobre Davi e ainda o vigia para lhe fazer o bem. Saul não acertou seu tiro. Davi foi rápido demais para ele e fugiu. Por bendita providência, escapou naquela noite. Davi com frequência se refere a esse livramento, e a outros, em seus salmos quando fala de Deus sendo seu escudo e seu broquel, sua rocha e sua fortaleza, e livrando sua alma da morte.

ANOTAÇÕES

....
....
....
....
....
....
....
....
....
....

LIVRAMENTO DA DIFAMAÇÃO

ESTUDO 83

Monarquia unida

Leitura bíblica: Salmo 59

Livra-me, Deus meu, dos meus inimigos;
põe-me fora do alcance dos meus adversários.

SALMO 59:1

O título deste salmo nos informa particularmente a ocasião na qual ele foi escrito: quando Saul enviou uma companhia de seus guardas para cercar a casa de Davi durante à noite, para que pudesse capturá-lo e o matar; temos essa história em 1 Samuel 19:11. Foi quando suas hostilidades contra Davi haviam recém-começado, e ele havia escapado por pouco da lança de Saul. Essas primeiras erupções das intenções malignas de Saul só poderiam colocar Davi em perturbação e ficando tanto em sofrimento quanto aterrorizado, mas, ainda assim, ele manteve sua comunhão com Deus e tal serenidade de espírito que nunca o deixou inapto para a oração e para o louvor.

Davi pleiteia por livramento. Nosso Deus nos concede liberdade para não apenas orar, mas para pleitear com Ele, para apresentar nosso caso diante dele e encher nossa boca de argumentos, não para o colocar em ação, mas para colocar a nós mesmos ativos. E Davi o faz aqui.

(1) Ele argumenta sobre o mau caráter de seus inimigos. Eles são obreiros da iniquidade e, portanto, não apenas seus inimigos, mas adversários de Deus. São sanguinários e, assim sendo, não apenas seus oponentes, mas de toda a humanidade.

(2) Argumenta sobre suas más intenções com ele e sobre o perigo iminente em que ele se encontrava por causa deles (v.3). "Grande é seu rancor; eles visam à minha alma, minha vida, ao melhor de mim. São sutis e muito prudentes: permanecem na espera, aproveitando a oportunidade para me fazer mal. São todos poderosos, homens de valor e ricos, e têm interesse na corte e no país". Desse modo, os inimigos de Davi, quando foram capturá-lo, ergueram um forte clamor contra ele como um rebelde, um traidor, um homem que não era digno de permanecer vivo. Com esse clamor, cercaram a cidade a fim de trazer má reputação sobre Davi e, se possível, instigar a multidão contra ele.

(3) Argumenta acerca de sua inocência, não para com Deus (Davi nunca se recusou a admitir a própria culpa diante dele), mas para com seus perseguidores. Do que o acusavam era uma grande falsidade, ele jamais dissera ou fizera qualquer coisa para merecer tal tratamento deles (v.3). Percebam: 1) A inocência dos piedosos não os protegerá contra a maldade dos perversos. Aqueles que são inofensivos como as pombas, ainda assim, por causa de seu amor a Cristo, são odiados de todos os homens como se fossem ameaçadores como as serpentes e, portanto, detestáveis. 2) Embora a nossa inocência não nos proteja de problemas, mesmo assim ela grandemente nos apoiará e nos trará consolo quando estivermos sob sofrimento. O testemunho de nossa consciência a nós mesmos de que temos nos comportado bem para com aqueles que agem com maldade contra nós será nosso regozijo no dia mal. 3) Se temos consciência de nossa inocência, podemos, com humilde confiança, apelar a Deus e implorar para que Ele pleiteie nossa causa injustiçada, o que Ele fará no devido tempo.

ANOTAÇÕES

....
....
....

ESTUDO 84

Monarquia unida

TOMADO PELO MEDO

Leitura bíblica: 1 Samuel 21

*Davi guardou essas palavras
no coração e teve muito medo.*

1 SAMUEL 21:12

Embora Davi fosse o rei eleito, aqui ele está exilado — destinado a ser o dono de vastos tesouros, mas agora implorando por seu pão — ungido para a coroa e aqui forçado a fugir de seu país. Assim as providências de Deus algumas vezes parecem correr contra as Suas promessas para a provação da fé do Seu povo e para a glória de Seu nome no cumprimento de Seus conselhos, a despeito das dificuldades que estão no caminho. Aqui está: (1) A fuga de Davi para a terra dos filisteus, onde ele esperava permanecer escondido e não descoberto na corte ou no acampamento de Aquis, rei de Gate (v.10). O amado de Israel precisava sair da terra de Israel e aquele que era o grande inimigo dos filisteus vai buscar abrigo entre eles (não sei sob quais estímulos ele o fez). (2) A indignação que os servos de Aquis demonstraram com a presença dele lá e sua reclamação a esse rei: "Este não é Davi? Não é ele que triunfou sobre os filisteus? Testemunha desse fardo é aquela canção tantas vezes entoada de que Saul havia matado mil, mas Davi, este homem aí, matou dez mil. Ademais, não é ele que (se nosso conhecimento a respeito da terra de Israel for verdadeiro) é, ou será, rei da terra?". (3) O pavor que isso trouxe a Davi. Embora ele tivesse alguma razão para confiar em Aquis, quando percebeu que os servos dele tinham inveja dele, Davi começou a temer que Aquis seria obrigado a entregá-lo a eles, e ficou terrivelmente amedrontado (v.12). Talvez tenha ficado mais apreensivo quanto ao perigo que corria, quando foi descoberto, porque portava a espada de Golias que, podemos supor, era bem conhecida em Gate e era aquela com a qual Davi tinha motivos para esperar que cortariam sua cabeça, uma vez que ele cortara a de Golias com ela. (4) A alternativa que ele viu para escapar das mãos deles: fingiu ser louco (v.13). Usou os gestos e modos de um tolo, ou de alguém que perdera a cabeça, supondo que eles estariam dispostos a crer que a desgraça na qual caíra e os problemas que agora enfrentavam o haviam enlouquecido. Aquis faz piada com a questão quando pergunta: "Está faltando doidos para mim? Esse tolo entrará em minha casa? Não vou lhe demonstrar bondade, mas vocês não o ferirão porque, se ele está louco, devemos ter dó dele". Assim, o rei o expulsou, conforme está no título do Salmo 34, escrito por Davi nessa ocasião, que é um salmo excelente porque demonstra como ele não alterou seu espírito quando mudou seu comportamento, mas, até mesmo nas maiores dificuldades e inquietações seu coração estava firme, confiando no Senhor.

ANOTAÇÕES

....
....
....
....
....
....
....
....
....
....

LIVRAMENTO PRESENTE

ESTUDO 85

Monarquia unida

Leitura bíblica: Salmo 34

*A minha alma se gloriará no Senhor;
os humildes ouvirão isso e se alegrarão.*

SALMO 34:2

O título deste salmo nos informa tanto quem o escreveu como a ocasião em que foi composto. Davi, sendo forçado a fugir de seu país que se tornara extremamente perigoso para ele pela fúria de Saul, buscou abrigo tão perto quanto pôde, na terra dos filisteus. Lá, logo se descobriu quem ele era e foi levado diante do rei que, na narrativa, é chamado de Aquis (seu nome de fato) e aqui Abimeleque (seu título). Mesmo quando ele estava naquele pavor, ou melhor, naquela situação de perigo, seu coração estava tão firme, confiando em Deus, que até escreveu este excelente salmo, que tem em si muito das marcas de um espírito calmo e tranquilo quanto qualquer salmo em todo o livro. Há algo de curioso também na composição, uma vez que é chamado de salmo alfabético, isto é, um salmo no qual cada versículo começa com cada letra hebraica na ordem em que aparecem no alfabeto. Felizes são aqueles que assim conseguem manter sua serenidade e graças em prática, mesmo quando são tentados a alterar seu comportamento. Nesta primeira parte do salmo:

Davi se empenhou e se estimulou a louvar a Deus. Embora fosse por culpa dele que tivesse mudado seu comportamento, ainda assim foi pela misericórdia de Deus que escapou, e a misericórdia foi muito maior por Deus não ter tratado com ele de acordo com o que merecia a sua dissimulação, e devemos dar graças em tudo. Davi decide: (1) Que louvará a Deus constantemente: "Bendirei o Senhor em todo o tempo…" (v.1), em todas as ocasiões. Resolveu seguir os prazos determinados para esse dever, aproveitar todas as oportunidades para bendizer o Senhor e renovar seus louvores a cada acontecimento que lhe fornecesse motivo. Se esperamos passar nossa eternidade louvando a Deus, é adequado que empreendamos tanto de nosso tempo quanto possível nessa atividade. (2) Que o louvará abertamente: "…o seu louvor estará sempre nos meus lábios" (v.1). Assim evidenciaria que deveria cumprir suas obrigações à misericórdia de Deus e o quanto estava desejoso de também fazer os outros sensíveis às obrigações deles. (3) Que o louvará de coração: "A minha glória se gloriará no Senhor" (v.2), em minha relação com Ele, meu interesse nele e minha expectativa dele. Gloriar-se no Senhor não é vanglória.

ANOTAÇÕES

....
....
....
....
....
....
....
....
....
....
....
....
....
....
....
....

ESTUDO 86

Monarquia unida

OS HUMILDES COMEÇOS

Leitura bíblica: 1 Samuel 22

Ajuntaram-se a ele todos os homens que estavam em dificuldades, os que tinham dívidas, e todos os amargurados de espírito, e Davi se tornou o chefe deles. E havia com ele uns quatrocentos homens.

1 SAMUEL 22:2

Aqui Davi se esconde na caverna de Adulão (v.1). Se ela era uma fortaleza natural, não nos é dito; é provável que o acesso a ela fosse tão difícil que Davi achou que seria capaz, tendo a espada de Golias, de se preservar contra os exércitos de Saul e, portanto, enterrou-se vivo nela, enquanto esperava para ver (como ele diz no v.3) o que Deus faria com ele. A promessa do reino implicava uma promessa de preservação para ele, mas, ainda assim, Davi usou os meios adequados para sua própria segurança, pois, de outro modo, teria tentado a Deus. Não fez qualquer coisa que visasse a destruir Saul, mas apenas a proteger a si mesmo.

Para esse lugar, seus amigos afluíram ao seu encontro, seus irmãos e toda a casa de seu pai, para serem protegidos por ele, para o auxiliar e obter sua porção com ele. Na adversidade, nascem os irmãos.

Nesse local, ele começou a erguer um exército para sua própria defesa (v.2). Davi descobriu, pelos últimos experimentos que havia feito, que não poderia se salvar por meio da fuga e, assim, precisava fazê-lo por meio da força; todavia, jamais atuou ofensivamente, nunca ofereceu qualquer tipo de violência a seu príncipe ou causou qualquer perturbação à paz no reino; apenas usou seu exército como uma guarda para si próprio. Contudo, seja qual for o tipo de defesa que seus soldados lhe proporcionavam, eles não lhe traziam grande crédito, pois esse regimento não era formado por homens grandiosos, ou ricos, ou corpulentos. Não, nem mesmo por bons homens, mas por aflitos, endividados e insatisfeitos, homens de destino sofrido e espíritos inquietos, que foram colocados em seus turnos e não sabiam bem o que fazer. Quando Davi havia fixado seu quartel general na caverna de Adulão, eles vieram se alistar sob seu comando, num total de cerca de 400 homens. Veja que instrumentos frágeis Deus às vezes usa para cumprir Seus propósitos.

Davi tinha o conselho e a assistência do profeta Gade, que provavelmente era um dos filhos dos profetas treinados por Samuel, e foi por ele recomendado a Davi como capelão ou guia espiritual. Sendo profeta, Gade oraria por ele e o instruiria na mente de Deus; e Davi, embora fosse ele mesmo um profeta, ficou feliz com esse auxílio. Gade o aconselhou a ir para a terra de Judá (v.5) como alguém que confiava em sua própria inocência e estava seguro da proteção divina e desejoso, mesmo nas atuais difíceis circunstâncias, a prestar algum serviço à sua tribo e ao seu país. Que ele não se envergonhe de sua própria causa ou rejeite o socorro que lhe é oferecido. Animado por essa palavra, Davi se determinou a aparecer publicamente. Esses são os passos de um bom homem orientado pelo Senhor.

ANOTAÇÕES

....
....
....
....
....
....
....

CERTEZA DA SALVAÇÃO

Estudo 87

Monarquia unida

Leitura bíblica: Salmo 57

*Dos céus ele me envia o seu auxílio e me livra;
cobre de vergonha os que procuram me destruir. Envia
a sua misericórdia e a sua fidelidade.*

SALMO 57:3

Aqui Davi nos conta, quando estava na caverna em perigo iminente, quais eram as ações de seu coração com relação a Deus; e felizes são aqueles que têm tais bons pensamentos enquanto estão em perigo!

Ele se apoia com fé e esperança em Deus, e ora a Ele (vv.1-2). Vendo-se cercado pelos inimigos, eleva seus olhos a Deus com uma oração propícia: "Tem misericórdia de mim, ó Deus...", que ele repete, e não é uma vã repetição: "...tem misericórdia". Essa foi a oração do publicano em Lucas 18:13. A fim de se recomendar à misericórdia de Deus, ele aqui professa:

(1) Que toda a sua dependência está em Deus. "Em ti a minha alma se refugia" (v.1). Ele não apenas professa confiar em Deus, mas que sua alma de fato se apoiava apenas em Deus com devoção sincera e autodedicação, e com completa complacência e satisfação. Davi vai para Deus e, no escabelo do trono de Sua graça, humildemente professa sua confiança nele: "à sombra das tuas asas me abrigo", como os pintinhos se abrigam sob as asas da galinha quando as aves de rapina estão prontas a atacá-los, até que essas calamidades tenham passado.

(2) Que todo o seu desejo é direcionado a Deus. "Clamarei ao Deus Altíssimo" (v.2) por socorro e alívio; Àquele que é o mais exaltado, erguerei meus olhos e orarei com fervor ao Deus "que por mim tudo executa". Note: em tudo que recai sobre nós, devemos buscar e nos apropriar da mão divina; tudo o que é feito é Sua atuação; em Seu conselho, é realizado, e as Escrituras se cumprem.

(3) Que toda a sua expectativa advém de Deus: "Dos céus ele me envia o seu auxílio e me livra..." (v.3). Aqueles que fazem de Deus seu único refúgio e se dirigem a Ele pela fé e em oração podem ter certeza da salvação a Seu modo e em Seu tempo. Observe aqui: 1) De onde ele espera a salvação — do Céu. Procure ele onde quiser, nesta Terra, o refúgio falha, nenhuma ajuda surge; mas ele o busca no Céu. Aqueles que erguem seu coração às coisas de cima podem assim esperar todo o bem. 2) Qual a salvação que ele espera. Davi confia que Deus o salvará da censura dos que desejam tragá-lo, que objetivam arruiná-lo e, nesse ínterim, fazem tudo o que podem para o aborrecer. 3) A que ele atribui a sua salvação: "...Envia a sua misericórdia e a sua fidelidade" (v.3). Deus é bom em si mesmo e fiel a cada palavra que falou, assim Ele a faz aparecer quando opera a libertação por Seu povo. Não precisamos de nada mais para nos fazer felizes do que ter o benefício da misericórdia e da verdade de Deus.

ANOTAÇÕES

....
....
....
....
....
....
....
....
....
....

ESTUDO 88

Monarquia unida

UM ENCONTRO DIABÓLICO

Leitura bíblica: 1 Samuel 28

*Saul consultou o S*ENHOR*, porém o S*ENHOR *não lhe respondeu, nem por sonhos, nem por Urim, nem por profetas.*

1 SAMUEL 28:6

Temos aqui a conversa entre Saul e Satanás. Saul chegou disfarçado (v.8), porém Satanás logo o descobriu (v.12). Satanás apareceu disfarçado com o manto de Samuel, e Saul não o reconheceu. A nossa desvantagem, quando lutamos contra os dominadores deste mundo tenebroso, é que eles nos conhecem, ao passo que nós ignoramos suas artimanhas e artifícios.

(1) O espectro, ou aparição, passando-se por Samuel, pergunta por que foi convocado: "Por que você foi me perturbar, fazendo-me subir?" (v.15). Isso nos revela que era um espírito maligno fingindo ser Samuel, pois, conforme observa o bispo Patrick [ministro inglês (1691–1707)], não estava no poder da feiticeira perturbar o descanso dos bons homens e trazê-los ao mundo sempre que quisesse. Tampouco o verdadeiro Samuel reconheceria tal poder nas artes mágicas; mas, para Saul, esse foi um artifício oportuno de Satanás para atrair a sua veneração, para dominá-lo com uma opinião do poder das adivinhações e, assim, amarrá-lo aos interesses diabólicos.

(2) Saul faz sua reclamação para esse falso Samuel, confundindo-o com o verdadeiro; e é uma queixa lúgubre: "'estou muito angustiado…' e não sei o que fazer porque os filisteus guerreiam contra mim. Sei que eu me sairia bem se tivesse apenas as evidências da presença de Deus comigo, mas, infelizmente, '…Deus se afastou de mim' (v.15)". Ele não reclamou do afastamento divino até que tivesse caído em sofrimento, até que os filisteus guerreassem contra ele, e só então começou a lamentar que Deus o abandonara. Aquele que não buscava a Deus em sua prosperidade, em sua adversidade, achou duro que o Senhor não o respondesse, não desse atenção às suas buscas, quer por sonhos quer por profetas, nem lhe desse respostas imediatas ou as enviasse por meio de quaisquer de Seus mensageiros. Ele não admite a justiça de Deus nisso, como seria adequado a qualquer penitente; mas, como alguém enfurecido, se ira contra Deus, como se Ele não fosse bom, e foge dele: "Por isso eu o chamei" (v.15); como se Samuel, como servo de Deus, fosse favorecer aqueles a quem Deus desaprovou, ou como se um profeta morto pudesse lhe ser muito mais útil do que os vivos. Alguém poderia pensar, a partir disso, que Saul realmente queria se encontrar com o diabo e não esperava outra coisa (embora sob a cobertura do nome de Samuel), visto que desejava conselhos diferentes dos divinos e, portanto, do diabo, que é um rival de Deus. "Deus me nega, assim venho a você: *Flectere si nequeo superos, Acheronta movebo*" (Se não posso fazer com que o Céu se dobre, moverei o inferno).

(3) O consolo que esse espírito maligno trouxe a Saul, embora disfarçado de Samuel, era frio e manifestadamente pretendia levá-lo ao desespero e ao suicídio. Se fosse o verdadeiro Samuel, quando Saul desejava que lhe fosse dito o que fazer, ele lhe diria para se arrepender, fazer as pazes com Deus e chamar Davi de seu exílio. Depois lhe diria que, dessa forma, poderia esperar a misericórdia divina. Entretanto, em vez disso, ele demonstra o caso como perdido e sem esperança, servindo-o, como fez com Judas, para quem primeiramente foi um tentador e depois um atormentador, persuadindo-o a vender seu Mestre e depois a se enforcar.

A HORA DA COLHEITA

ESTUDO 89

Monarquia unida

Leitura bíblica: 1 Samuel 30–31

E aconteceu que no dia seguinte, quando os filisteus foram tirar os despojos dos mortos, encontraram Saul e os seus três filhos caídos no monte Gilboa.

1 SAMUEL 31:8

Em 1 Samuel 30, temos Davi vencendo, sim, mais do que vencedor. No capítulo 31, temos Saul sendo vencido e pior do que um cativo. A Providência ordenou que ambas as coisas acontecessem ao mesmo tempo. Talvez exatamente no mesmo dia em que Davi triunfava sobre os amalequitas, os filisteus triunfavam sobre Saul. Um é contrastado com o outro para que possamos ver o que obtemos quando confiamos em Deus e quando o abandonamos.

Chegara o dia de Saul cair, conforme previsto por Davi, quando ele desceria à batalha e pereceria (1Sm 26:10). Venha e veja os justos julgamentos divinos:

(1) Ele vê seus soldados caindo ao seu redor (1Sm 31:1). Não nos é dito se os filisteus eram mais numerosos, se estavam mais bem posicionados, se eram melhor liderados ou qualquer vantagem que tivessem. Mas parece que eram mais vigorosos, uma vez que eles empreenderam o ataque; lutaram contra Israel, e os israelitas fugiam e morriam.

(2) Ele vê seus filhos caindo diante de si. Os vitoriosos filisteus pressionaram com mais força sobre o rei de Israel e sobre os que o acompanhavam. É provável que seus três filhos estivessem perto dele, e os três foram mortos diante de seus olhos, para seu pesar (pois eram a esperança para sua família) e para seu grande horror, visto que eles eram, naquele momento, a guarda pessoal dele. Saul concluiu que logo chegaria a sua vez.

(3) Ele mesmo é gravemente ferido pelos filisteus e, depois, mata a si mesmo. Os arqueiros o atingem (v.3), de modo que não poderia mais lutar ou fugir, e, portanto, deveria inevitavelmente ficar nas mãos deles. Assim sendo, para o deixar ainda mais arrasado, a destruição vem sobre ele gradualmente, e ele morre pelas mãos de seu próprio servo em vez de pelas mãos dos filisteus, a fim de que eles não maltratassem Saul como haviam maltratado Sansão.

(4) Seu escudeiro, que se recusara a matá-lo, também se recusou a não morrer com ele, e, semelhantemente, se lançou sobre a sua espada (v.5). Essa foi uma circunstância agravante da morte de Saul, que, pelo exemplo de sua maldade ao se suicidar, atraiu seu servo para a culpa da mesma perversidade e não pereceu sozinho em sua iniquidade.

(5) O país ficou tão conturbado pela derrota do exército de Saul, que os habitantes das cidades vizinhas (daquele lado do Jordão, como se pode ler) as abandonaram, e os filisteus tomaram posse desses locais por algum tempo. [Os israelitas] tinham agido perversamente (podemos recear) tanto quanto [Saul], e assim pereceram, eles e seu rei, de acordo com o que o profeta dissera a seu respeito em 1 Samuel 12:25. E a esse evento o profeta referenciou muito tempo depois: "Onde está, agora, o seu rei, para que o salve em todas as suas cidades? E os seus juízes, dos quais você disse: 'Dê-me um rei e príncipes'? Eu lhe dei um rei na minha ira, e o tirei de você no meu furor" (Os 13:10-11).

ANOTAÇÕES

....
....
....
....

ESTUDO 90

Monarquia unida

"AME O SENHOR, SEU DEUS"

Leitura bíblica: Salmo 18

*Eu te amo,
ó Senhor, força minha.*

SALMO 18:1

Encontramos este salmo anteriormente, durante a história da vida de Davi, em 2 Samuel 22. Aquela foi a primeira edição dele; aqui o temos revivido, um tanto modificado e adequado ao culto. É a ação de graças de Davi pelos muitos livramentos que Deus realizara por ele. Davi sempre desejava mantê-los frescos em sua memória e que o conhecimento deles fosse difundido e assegurado.

As composições particulares dos bons homens, destinadas ao uso deles mesmos, podem ser úteis ao público, para que outros possam não apenas emprestar a luz de suas velas, mas o calor de seu fogo. Os exemplos às vezes ensinam melhor do que as regras. Davi é aqui chamado de o servo do Senhor, como Moisés, não apenas como todos os bons homens são servos de Deus, mas porque, com seu cetro, sua espada e sua pena, ele promoveu grandemente os interesses do reino de Deus em Israel. Era-lhe mais honroso ser um servo do Senhor do que ser rei de um grande reino; e era assim que ele o considerava: "Senhor, eu sou de fato teu servo" (Sl 116:16).

Nesses versículos, ele exulta em Deus e em seu relacionamento com Ele. As primeiras palavras deste salmo, "Eu te amo, ó Senhor, força minha" (v.1), são aqui prefixadas como o escopo e o conteúdo da totalidade dele. Amar a Deus é o primeiro e grande mandamento da Lei porque é o princípio de nosso louvor e obediência aceitáveis; essa prática deveríamos fazer de todas as misericórdias que Deus nos confere; nosso coração deve ser expandido em amor a Ele. Isso Deus requer e aceitará; e seremos muito ingratos se lhe rendermos uma pobre retribuição. O interesse na pessoa amada é o deleite de quem ama; portanto, essa nota Davi toca e sobre ela entoa a sua harpa com muito prazer no versículo 2, "O Senhor Iavé é meu Deus; e Ele é a minha rocha, minha fortaleza e tudo o que eu desejo em meu sofrimento presente". "Ele é a minha rocha, e força e fortaleza", isto é: (1) Descobri que Ele é assim durante os maiores perigos e dificuldades. (2) Escolhi que Ele seja isso, rejeitando todos os outros e dependendo apenas dele para me proteger. Aqueles que realmente amam a Deus podem assim exultar no Senhor como sendo deles e podem confiantemente clamar a Ele (v.3). Deveríamos aproveitar nossos livramentos não apenas amar mais a Deus, mas também para amar mais a oração — invocá-lo enquanto vivermos, especialmente em tempos de tristeza, com a certeza de que seremos salvos, pois assim está escrito: "todo aquele que invocar o nome do Senhor será salvo" (At 2:21).

ANOTAÇÕES

TUDO NO TEMPO DE DEUS

ESTUDO 91

Monarquia unida

Leitura bíblica: 2 Samuel 2

Depois disto, Davi consultou o Senhor, dizendo: —Devo ir a alguma das cidades de Judá?. E o Senhor respondeu: —Vá, sim.

2 SAMUEL 2:1

Após a morte de Saul e Jônatas, embora Davi soubesse que era o ungido e agora tivesse seu caminho livre, ele não enviou mensageiros imediatamente por todos os cantos de Israel para convocar todas as pessoas para vir e lhe jurar aliança, sob pena de morte, mas procedeu lentamente. Aquele que crê não se apressa, mas espera pelo tempo de Deus para que as Suas promessas sejam cumpridas. Muitos chegaram, de várias tribos, para o auxiliar enquanto ele permanecia em Ziclague, conforme vemos em 1 Crônicas 12:1-22, e com tal exército ele poderia se impor pela conquista. Contudo, quem deseja governar com mansidão não se levanta com violência.

De acordo com o preceito, Davi reconheceu Deus em seu caminho. Ele consultou o Senhor por intermédio do peitoral do julgamento que Abiatar lhe trouxera. Devemos buscar a Deus não apenas em meio ao sofrimento, porém até mesmo quando o mundo sorri para nós e causas secundárias operam em nosso favor. Conforme prometera, Deus lhe dirigiu o caminho, disse-lhe que subisse, disse-lhe aonde ir, para Hebrom, uma cidade sacerdotal que servia como cidade de refúgio, e isso ela foi para Davi bem como uma indicação de que o próprio Deus lhe seria como um pequeno santuário. Os sepulcros dos patriarcas, que ficavam nas imediações de Hebrom, lembrariam a Davi da antiga promessa na qual Deus lhe fizera esperar. Deus não o enviou a Belém, cidade de onde ele provinha, porque ela era "pequena entre milhares de Judá" (Mq 5:2 ARC), mas a Hebrom, um lugar mais considerável e que, aparentemente, era um centro administrativo daquela tribo.

Os homens de Judá o ungiram rei sobre a casa de Judá (v.4). A tribo de Judá várias vezes se mostrou independente, mais do que qualquer outra tribo. No tempo de Saul, ela se destacava como um conjunto distinto (1Sm 15:4) e os membros dessa tribo costumavam agir separadamente. Eles o fizeram agora, mas apenas por si mesmos, não tentaram ungir Davi como rei sobre todo Israel (conforme Jz 9:22), porém apenas sobre Judá. O restante das tribos podia fazer como quisesse, mas quanto à casa de Judá, esta seria governada por aquele a quem Deus havia escolhido. Veja como Davi ascendeu gradualmente: primeiramente foi ungido rei como cláusula de reversão, depois na posse de apenas uma tribo e, por fim, de todas as tribos. Seu reinado inicialmente apenas sobre sua própria tribo era uma tácita indicação da Providência de que seu reino seria, em pouco tempo, reduzido a isso novamente, como foi quando as dez tribos se revoltaram contra seu neto (1Rs 12:1-15); e seria um encorajamento aos reis piedosos de Judá de que o próprio Davi, no início, tivesse reinado apenas sobre Judá.

ANOTAÇÕES

....
....
....
....
....
....
....
....

ESTUDO 92

Monarquia unida

SEGURANÇA CONTRA OS INIMIGOS

Leitura bíblica: Salmo 21

O rei confia no Senhor e pela misericórdia do Altíssimo jamais vacilará. A mão dele alcançará todos os seus inimigos, a sua mão direita apanhará os que o odeiam. SALMO 21:7-8

Depois de ensinar seu povo a olhar para trás com alegria e louvor para o que Deus fizera por ele e por eles, o salmista aqui lhes ensina a olhar para diante com fé, esperança e oração para aquilo que o Senhor ainda faria por eles. Em Deus, "O rei se alegra" (v.1) e, portanto, seremos agradecidos; "o rei confia no Senhor" (v.7), por isso, seremos encorajados. A alegria e a confiança de Cristo, nosso Rei, é o fundamento de toda a nossa alegria e confiança.

O povo está confiante na estabilidade do reino de Davi. Por meio da misericórdia do Altíssimo, e não por seu próprio mérito ou força, ele não será abalado. Sua posição próspera não será perturbada (v.7); sua fé e esperança em Deus, esteio de seu espírito, não serão abaladas. A misericórdia do Altíssimo (a bondade, o poder e o domínio divinos) é suficiente para assegurar a nossa felicidade e, portanto, nossa confiança nessa misericórdia deve bastar para silenciar nossos temores. Por Deus ter estado à direita de Cristo durante o Seu sofrimento (Sl 16:8), e Cristo estar à direita do Pai em Sua glória, podemos ter certeza de que Ele não pode e não será abalado, mas permanecerá eternamente.

O povo está confiante na destruição de todos os impenitentes e implacáveis inimigos do reinado de Davi. O sucesso com o qual Deus abençoara Davi até aqui era um penhor do descanso que Deus lhe daria de todos os inimigos ao redor e um tipo da derrota completa de todos os inimigos de Cristo, que não desejam que Ele reine sobre eles. Observe: (1) A descrição de seus inimigos. Eles são tais que o odeiam (21 8). Odiavam Davi porque Deus o separara para si mesmo, odiavam Cristo, pois detestavam a luz; entretanto, ambos foram odiados sem motivo justo e, em ambos, Deus também foi odiado (Jo 15:23,25). (2) Os desígnios de seus inimigos: "se contra ti planejarem o mal e armarem ciladas" (Sl 21:11); eles fingiam lutar apenas contra Davi, mas sua inimizade era contra o próprio Deus. Aqueles que objetivavam destronar Davi almejavam, de fato, desfazer a divindade de Iavé. Aquilo que é planejado e desenvolvido contra a religião e contra os instrumentos que Deus levanta para a apoiar e promover é muito mal e perverso, e Deus o considera como planejado e desenvolvido contra Ele próprio, e o computará como tal. (3) A decepção dos inimigos: eles maquinam aquilo que não podem realizar (v.11). Sua maldade é impotente e "imaginam coisas vãs" (Sl 2:1). (4) A descoberta deles (21:8): "A Tua mão os encontrará. Embora estejam tão artisticamente disfarçados por sua dissimulação e confissão de amizade, ainda que misturados aos súditos fiéis deste reino e dificilmente distinguidos deles, mesmo que fujam da justiça e escapem para seus lugares fechados, ainda assim a Tua mão os encontrará onde quer que estejam". Os inimigos do reino de Deus, em todas as Eras, cairão sobre a mesma maldição e toda a sua geração será, por fim, desarraigada e todo governo opositor, principados e potestades serão derrubados.

ANOTAÇÕES

....

....

....

O INIMIGO JUSTIÇADO

ESTUDO 93

Monarquia unida

Leitura bíblica: 2 Samuel 3–4

Homens perversos mataram um homem justo em sua casa, deitado no seu leito, será que eu não requereria o sangue dele das mãos de vocês e não os exterminaria da face da terra?

2 SAMUEL 4:11

Recabe e Baaná (vv.2-3) eram irmãos, como Simeão e Levi, e parceiros na iniquidade. Eles eram, ou haviam sido, os servos de Isbosete, empregados sob ele, e foi muito mais baixo e traiçoeiro da parte deles lhe fazerem uma perversidade. Ambos eram benjamitas, mesma tribo de Isbosete. Eram naturais de Beerote; por alguma razão que não importa aqui, foi tomado o cuidado de nos informar (como por parênteses) que essa cidade pertencia à porção de Benjamim, conforme vemos em Josué 18:25, mas que seus habitantes, por um motivo ou outro, quem sabe na ocasião da morte de Saul, haviam fugido para Gitaim, outra cidade não distante da mesma tribo e mais bem fortificada por natureza por estar localizada entre dois penhascos, Bozez e Sené (1Sm 14:4).

Isbosete estava em sua cama ao meio-dia. Não parece que o país fosse, em qualquer época do ano, tão quente a ponto de obrigar seus habitantes a descansar ao meio-dia, mas Isbosete era indolente, amava o sossego e detestava trabalhar. Na atual situação crítica, quando ele deveria estar liderando seus exércitos no campo de batalha, ou seus conselheiros em um tratado com Davi, Isbosete descansava sua cabeça em sua cama e dormia, pois suas mãos estavam desfalecidas (2Sm 4:1) e assim ficaram também sua mente e coração. Quando permitimos que aquelas dificuldades que deveriam nos avigorar e aguçar nossos esforços nos desanimem, traímos tanto nossa coroa quanto nossa vida. Não ame o sono, para que você não chegue à pobreza e ruína (Pv 20:13). A alma preguiçosa é uma presa fácil para o destruidor.

A traição de Baaná e Recabe. Eles entraram na casa com a desculpa de buscar o trigo para abastecer seus regimentos; e a simplicidade daquele tempo era tanta que a câmara de grãos do rei e seu quarto eram próximos, o que deu aos irmãos uma oportunidade, enquanto recolhiam o trigo, para matar o rei durante seu sono. Os soldados de Isbosete, que deviam ter protegido a sua vida, tiraram-na. Depois, como se houvessem realizado uma ação gloriosa, e como se o fato de ela ter sido feita em favor de Davi fosse suficiente, não apenas para a justificar, mas também a santificar, eles presenteiam Davi com a cabeça de Isbosete (2Sm 4:8).

Observe como Davi agrava o crime (v.11). Isbosete era um justo, não lhes havia feito mal, nem intentava fazê-lo. Com relação a si mesmo, Davi estava satisfeito de que a oposição que ele lhe oferecia não era por maldade, mas por engano, de uma noção sua acerca de seu direito à coroa e da influência de outros sobre ele, que o instaram a se impor. Note: a caridade nos ensina a fazer o melhor não apenas por nossos amigos, mas também por nossos inimigos, e a considerar que podem ser justos aqueles que ainda nos fazem o mal, em alguns casos. Não devo julgar um homem como mau apenas porque eu o considero mau para mim.

ANOTAÇÕES

....
....
....
....

ESTUDO 94

Monarquia unida

PROMESSA CUMPRIDA

Leitura bíblica: 1 Crônicas 11

*Também o S*ENHOR*, seu Deus, lhe disse: Você apascentará o meu povo de Israel e será príncipe sobre o meu povo de Israel.*

1 CRÔNICAS 11:2

Davi é aqui levado à posse:

(1) Do trono de Israel, após ter reinado sete anos em Hebrom, apenas sobre Judá. Em consideração a seu relacionamento com eles (v.1), seus bons serviços anteriores e especialmente a designação divina (v.2), as tribos o ungiram como seu rei. Davi jurou protegê-los, e eles em manter a fé e uma aliança verdadeira com ele (v.3). Observe: 1) Os conselhos de Deus por fim se cumprirão, quaisquer que sejam as dificuldades no caminho. Se Deus havia dito que Davi reinaria, era vão se opor a isso. 2) Espera-se que os homens que por muito tempo permaneceram sob seus próprios conselhos, após terem se cansado de suas pretensas vaidades, compreendam as coisas que pertencem à sua paz e retornem às suas próprias misericórdias. 3) Havia, entre o rei e o povo, um contrato original, que ambos deviam observar religiosamente. Se alguma vez um príncipe poderia ter reivindicado um poder absoluto e despótico, seria Davi, que poderia fazê-lo com tanta segurança quanto qualquer um a quem esse poder tivesse sido confiado. Contudo, mesmo assim, ele fez uma aliança com o povo e realizou o juramento da coroação de que governaria conforme a Lei.

(2) Da fortaleza de Sião, que era mantida pelos jebuseus até os dias de Davi. Quer ele tivesse um interesse particular nela como um local adequado para uma cidade real, ou quer tivesse uma promessa de Deus, parece que uma de suas primeiras façanhas foi se tornar o senhor desse forte; e quando a possuiu, chamou-a de cidade de Davi (v.7). A isso se refere o Salmo 2:6: "Eu constituí o meu Rei sobre o meu santo monte Sião". Veja aqui o que desperta e empenha a resolução em grandes empreendimentos: 1) Oposição. Quando os jebuseus desafiaram Davi dizendo "Você não entrará aqui" (1Cr 11:5), ele resolveu forçá-la, independentemente do quanto lhe custasse. 2) Perspectiva de privilégios. Quando Davi propôs dar o posto de general àquele que liderasse o ataque ao castelo de Sião, Joabe foi inflamado pela proposta e para lá subiu, tornando-se o líder. Diz-se: "Afaste a honra do olhar de um soldado e você terá eliminado as esporas de seus calcanhares".

ANOTAÇÕES

....
....
....
....
....
....
....
....
....
....
....
....
....
....
....
....
....
....
....

CORRIGINDO ERROS PASSADOS

ESTUDO 95
Monarquia unida

Leitura bíblica: 1 Crônicas 13,15

Ninguém pode levar a arca de Deus, a não ser os levitas, porque o Senhor os escolheu para levarem a arca do Senhor e o servirem para sempre. 1 CRÔNICAS 15:2

Aqui é feita a preparação para trazer a arca da casa de Obede-Edom para a cidade de Davi. Nessa ocasião é admitido que a tentativa anterior (1Cr 13), embora tenha sido uma obra muito boa e nela eles buscassem a Deus, não fora feita segundo lhes tinha sido ordenado (v.13): "Não realizamos nosso trabalho com consideração; por isso nos apressamos tão indevidamente". Percebam que não basta que façamos o que é bom, mas devemos fazê-lo bem. Não é suficiente que busquemos a Deus na devida ordenança; devemos buscá-lo conforme a ordem que foi dada. Veja também que, quando sofremos por causa de nossas irregularidades, devemos aprender com isso a sermos mais ordeiros; assim respondemos à finalidade dos castigos. Vejamos como essa questão foi restaurada: (1) Agora Davi havia preparado um local para a recepção da arca. Antes ele a trouxera para si, dessa vez, ele buscou conforme havia sido ordenado. Não teve tempo de construir uma casa, mas "lhe armou uma tenda" (v.1), provavelmente de acordo com o padrão mostrado a Moisés no monte, feita de cortinas e tábuas, ou tão perto disso quanto possível. Observe: quando ele edificou casas para si mesmo, na cidade de Davi, ele preparou um lugar para a arca. Sempre que construirmos para nós, devemos nos assegurar de criar um espaço para a arca de Deus, para uma igreja em nosso lar. (2) Davi ordenou que os levitas ou sacerdotes deveriam carregar a arca sobre seus ombros (v.2). Agora ele se lembrava daquilo que não deveria deixar de saber de antemão: ninguém deveria carregar a arca senão os levitas. Os coatitas a carregavam em suas marchas normais e, portanto, não possuíam carroças designadas a eles, pois seu trabalho era carregá-la sobre os ombros (Nm 7:9). Porém, em ocasiões extraordinárias, como quando atravessaram o rio Jordão e cercaram Jericó, os sacerdotes a levaram. Essa era uma ordem expressa, contudo Davi se esqueceu dela e colocou a arca em uma carroça. Veja que até aqueles que conhecem bem a Palavra de Deus nem sempre estão tão prontos quanto se esperaria quando precisam usá-la. Homens sábios e bons podem ser culpados de descuidos, os quais corrigirão, assim que eles tiverem tomado ciência. Davi não ficou justificando o que havia sido feito erradamente, tampouco lançou a culpa sobre outros, mas assumiu-se culpado, juntamente com outros, de não buscar a Deus conforme a ordem devida e agora cuidara não apenas de convocar os levitas à solenidade, mas todo Israel (1Cr 15:3), como fizera anteriormente (13:2), para garantir que eles fossem reunidos, especialmente os filhos de Arão (15:11). A eles Davi dá uma responsabilidade solene: "Vocês são os chefes dos pais dos levitas, portanto, levem a arca do Senhor" (conforme v.12). Espera-se daqueles que estão à frente dos demais em dignidade que os precedam também nos deveres. Quando aqueles que sofrem por fazer o mal aprendem a agir melhor, a correção é bem aplicada.

ANOTAÇÕES

....
....
....

ESTUDO 96

Monarquia unida

O REI ETERNO PROMETIDO

Leitura bíblica: 2 Samuel 7

Quanto a você, a sua casa e o seu reino serão firmados para sempre diante de mim; o seu trono será estabelecido para sempre.

2 SAMUEL 7:16

Davi tinha o propósito de construir uma casa para Deus e, como recompensa, Deus lhe promete construir-lhe uma casa (v.11). Tudo o que fizermos para Deus, ou sinceramente desejarmos fazer, embora a Providência possa impedir que o façamos, a nossa recompensa de modo algum será perdida. Deus lhe prometera engradecer seu nome (v.9); aqui Ele promete fazer-lhe uma casa que levará esse nome.

Algumas dessas promessas dizem respeito a Salomão, seu sucessor imediato, e à linhagem real de Judá. (1) Que Deus o levaria ao trono. As palavras "Quando os seus dias se completarem e você descansar com os seus pais" (v.12) indicam que Davi seria sepultado em paz; e "então farei surgir depois de você o seu descendente". (2) Que Deus o estabeleceria no trono: "estabelecerei o seu reino" (v.12), "o trono do seu reino" (v.13). Sua titularidade será clara e incontestada, seu interesse será confirmado e a sua administração, firme. (3) Que Deus o empregaria na boa obra de construir um templo, algo que Davi só teve a satisfação de projetar: "Este edificará um templo ao meu nome" (v.13). O trabalho seria realizado, embora não fosse Davi que o faria. (4) Que Deus o traria à aliança de adoção: "Eu lhe serei por pai, e ele me será por filho" (vv.14-15). Se Deus for um Pai cuidadoso, terno e generoso conosco, devemos ser filhos obedientes, tratáveis e fiéis a Ele.

Outras dizem respeito a Cristo, que frequentemente é chamado de Davi e Filho de Davi, aquele Filho de Davi para quem essas promessas apontavam e em quem elas tiveram seu pleno cumprimento. Ele era a descendência de Davi (At 13:23). A Ele, Deus deu o trono de seu pai Davi (Lc 1:32), todo o poder, tanto no Céu quanto na Terra, e autoridade para executar o julgamento. Ele deveria construir o templo do evangelho, uma casa ao nome de Deus (Zc 6:12-13). Aquela promessa "Eu lhe serei por pai, e ele me será por filho" é expressamente aplicada a Cristo pelo autor de Hebreus 1:5. Contudo, o estabelecimento de Sua casa, Seu trono e Seu reino para sempre (2 Samuel 13 e, novamente, duas vezes no versículo 16) não pode ser aplicado a qualquer outro além de Cristo e Seu reino. A casa e o reino de Davi terminaram há muito tempo; é apenas o reino do Messias que é eterno, e do aumento de Seu reino e da paz não haverá fim (Is 9:7).

Deus cumpriu essas promessas a Davi e à sua descendência no tempo certo. Embora Davi não pudesse concretizar seu bom propósito de construir uma casa a Deus, ainda assim Deus não falhou em cumprir Sua promessa de lhe construir uma casa. Esse é o teor da aliança sob a qual vivemos; embora haja muitas falhas nas nossas ações, não há qualquer falha naquilo que Deus faz.

ANOTAÇÕES

....
....
....
....
....
....
....

A GLÓRIA DEVIDA AO REI

ESTUDO 97

Monarquia unida

Leitura bíblica: Salmo 29

*Deem ao Senhor a glória
devida ao seu nome, adorem o Senhor
na beleza da sua santidade.*

SALMO 29:2

Neste salmo, temos a exigência da prestação de honra dos grandes homens da Terra ao grandioso Deus. Davi interpretava cada estrondo do trovão como um chamado pessoal a ele e a outros príncipes para que dessem glória ao grande Deus. Observe: (1) Quem são os chamados a esse dever: "'ó, filhos dos poderosos' (v.1 ARC), vocês que detêm o poder e sobre quem esse poder é transferido por sucessão e herança, que têm sangue real correndo em suas veias!". É para a honra do grandioso Deus que os homens deste mundo devem prestar homenagem a Ele; e eles são obrigados a fazê-lo, não apenas porque, por mais elevados que sejam, Ele está infinitamente acima deles; assim sendo, eles devem se curvar diante do Senhor, mas porque eles obtiveram seu poder de Deus e devem usá-lo para Ele. Esse tributo de reconhecimento, os poderosos lhe devem. (2) A frequência com que esse chamado é repetido: "Deem ao Senhor", depois mais uma segunda e uma terceira vez, "Deem ao Senhor". Isso indica que os poderosos são lentos nesse dever e a ele são persuadidos com dificuldade, mas é de grande consequência para os interesses do reino de Deus entre os homens que os príncipes o apoiem de coração. Jerusalém brilha quando "os reis da terra lhe trazem a sua glória" (Ap 21:24). O que eles são chamados a fazer? A dar ao Senhor, não como se Ele precisasse de alguma coisa ou pudesse se beneficiar de qualquer presente nosso, tampouco como se tivéssemos algo para lhe dar que já não lhe pertencesse — "…quem primeiro deu alguma coisa a Deus…?" (Rm 11:35) —, mas como reconhecimento de Sua glória e de Seu domínio sobre nós. Ele se agrada em interpretar tal ação como um presente: "Deem ao Senhor, primeiramente, vocês mesmos e, depois, seus serviços. Deem ao Senhor glória e força; reconheçam Seu glorioso poder e deem-lhe louvor como o Deus de majestade infinita e poder supremo. Seja qual for a glória ou a força que Ele lhes tenha confiado, por Sua providência, ofereçam-na a Ele, para ser usada para Sua glória e em Seu serviço. Entreguem-lhe as suas coroas, que elas sejam depositadas a Seus pés; deem-lhe seus cetros, suas espadas, suas chaves, coloquem tudo em Suas mãos, para que vocês, no uso do que lhes foi confiado, possam exaltar o Seu nome e lhe dar louvor". Os príncipes se valorizam por sua glória e força; eles devem atribuí-las a Deus, reconhecendo-o como infinitamente mais glorioso e poderoso do que eles. Essa exigência de honra por parte dos poderosos pode ser vista tanto como dirigida aos nobres do reino de Davi, aos lordes do reino, aos príncipes das tribos (e serviu para os instigar a uma frequência mais diligente e constante nos altares de Deus, nos quais Ele os via muito faltantes), ou aos reis vizinhos a quem ele, por meio de sua espada, havia tornado tributários a Israel e agora os persuadiria a se tornar tributários ao Deus de Israel. As cabeças coroadas devem se inclinar diante do Rei dos reis. Aquilo que aqui é dito aos poderosos é dito a todos: adorem a Deus, pois isso é a totalidade e a substância do evangelho eterno (Ap 14:6-7).

ANOTAÇÕES

....
....

ESTUDO 98

Monarquia unida

AMIZADE LEAL E GENEROSA

Leitura bíblica: 2 Samuel 9

Um dia Davi perguntou: —Será que resta ainda alguém da família de Saul, para que eu use de bondade para com ele, por causa de Jônatas?

2 SAMUEL 9:1

Isso aconteceu muito depois da ascensão de Davi ao trono, uma vez que parece que Mefibosete, que tinha apenas cinco anos quando Saul morreu, tinha agora um filho que lhe nascera (v.12). Davi havia esquecido, há muito tempo, suas obrigações com Jônatas, mas agora, por fim, elas lhe veem à mente. É bom às vezes refletirmos se temos alguma promessa ou compromisso de fazer o bem que temos negligenciado; é melhor fazê-lo tarde do que nunca.

Mefibosete se apresentou a Davi com todo o respeito que era devido a ele. Mesmo sendo coxo, prostrou-se com o rosto no chão para lhe prestar honra (v.6). Davi fizera o mesmo como honra ao pai de Mefibosete, Jônatas, quando ele estava próximo do trono (prostrou-se diante dele três vezes, 1Sm 20:41); agora Mefibosete, de modo semelhante, dirige-se a ele em situação completamente oposta. Aqueles que, quando estão em relação inferior, demonstram respeito, assim que forem promovidos, terão respeito demonstrado a si.

Davi o recebeu com toda bondade possível. (1) Falou-lhe como alguém surpreso, mas feliz em vê-lo. "Mefibosete! Ora, há tal homem vivo?". Ele se lembrou de seu nome, visto que é provável que ele tivesse nascido pelo tempo da proximidade entre Davi e Jônatas. (2) Ele lhe ordenou que não temesse: "não tenha medo" (v.7). É possível que a visão de Davi tenha causado alguma confusão a Mefibosete. A fim de o livrar disso, Davi lhe assegura que ele mandara buscá-lo, não por qualquer inveja que tivesse, nem com qualquer propósito ruim acerca dele, mas para lhe demonstrar bondade. Os grandes homens não devem demonstrar prazer nas aproximações temerosas de seus inferiores (pois o grande Deus não o faz), mas devem encorajá-los. (3) Davi lhe dá, como concessão da coroa, toda a terra de seu pai, Saul, isto é, suas propriedades paternas, que foram confiscadas pela rebelião de Isbosete e acrescentadas à receita do próprio Davi. Esse foi um favor real, mais do que lhe dar apenas uma boa palavra. A verdadeira amizade será generosa. (4) Embora lhe tivesse dado boas propriedades, suficientes para o sustentar, ainda assim, por amor a Jônatas (cuja semelhança ele pode ter visto no rosto de Mefibosete), Davi o assumiu como convidado permanente em sua própria mesa, onde seria não apenas confortavelmente alimentado, mas teria a companhia e o serviço adequado à sua honra por nascimento e qualidade.

ANOTAÇÕES

....
....
....
....
....
....
....
....
....
....
....

CEGO PELA COBIÇA

Leitura bíblica: 2 Samuel 11

Uma tarde, Davi se levantou do seu leito e andava passeando no terraço do palácio real. Dali viu uma mulher que estava tomando banho; ela era muito bonita.

2 SAMUEL 11:2

ESTUDO 99

Monarquia unida

Observem *as ocasiões que levaram a esse pecado*. (1) Negligência do dever. Quando deveria estar fora do país com seu exército no campo, lutando as batalhas do Senhor, Davi delegou o cuidado a outros e se deteve em Jerusalém (v.1). Davi foi pessoalmente à guerra contra os sírios (10:17). Se estivesse agora na posição de liderança dos seus exércitos, ficaria fora do caminho desta tentação. Quando estamos desencaminhados quanto a nossos deveres, estamos no caminho da tentação. (2) Amor à indolência e a indulgência de uma índole preguiçosa: Davi saiu de sua cama à tarde (2Sm 11:2). Lá, havia cochilado toda a tarde em ociosidade, quando deveria tê-la aproveitado em algum exercício de seu próprio aperfeiçoamento para o bem dos outros. Ele costumava orar não apenas pela manhã e à noite, mas ao meio-dia, no tempo da tribulação. Pode-se temer que, naquela tarde, ele deixara de o fazer. A ociosidade traz grande vantagem ao tentador. Águas paradas acumulam sujeira. A cama da preguiça frequentemente prova ser a cama da luxúria. (3) Um olhar errante: Davi viu uma mulher se banhando, provavelmente por alguma impureza cerimonial de acordo com a Lei. O pecado veio pelo olhar, como foi com Eva. Talvez ele buscasse vê-la, pelo menos não estava pondo em prática sua própria oração: "Desvia os meus olhos, para que não vejam a vaidade" (Sl 119:37); e o alerta de seu filho em casos semelhantes era: "Não olhe para o vinho, quando se mostra vermelho" (Pv 23:31). Ou Davi não havia feito uma aliança com seus olhos (Jó 31:1), ou, neste momento, ele a esquecera.

Os passos em direção ao pecado. Quando Davi a viu, a concupiscência imediatamente concebeu e (1) ele perguntou quem era ela (2Sm 11:3), talvez apenas pretendendo que, se ela fosse solteira, pudesse tomá-la como esposa, uma vez que já havia tomado várias, mas, caso ela fosse casada, não teria qualquer objetivo com ela. (2) O desejo corrupto aumentou violentamente e, embora tenha lhe sido dito que era casada e de quem era esposa, ainda assim enviou mensageiros para a casa dela e, depois, talvez pretendesse apenas se agradar com a sua companhia e com a conversa com ela. Porém, (3) quando ela chegou, Davi deitou-se com ela, com o consentimento fácil dela, pelo fato de ele ser um grande homem e famoso por sua bondade. Talvez ela tenha pensado que não poderia ser pecado com um homem como Davi sendo o causador dele. Veja como o caminho do pecado é ladeira abaixo. Quando os homens começam a fazer o mal, não conseguem mais parar. O começo da luxúria, bem como o da contenda, é como o despejar de água. Portanto, é sábio abandoná-lo do que se envolver com ele. A tola mosca agita suas asas e tolamente põe um fim à sua vida ao brincar perto da chama.

ANOTAÇÕES

....
....
....
....
....
....

ESTUDO 100

Monarquia unida

ASSUMINDO TODA A CULPA

Leitura bíblica: 2 Samuel 12

Por que, então, você desprezou a palavra do Senhor, fazendo o que era mau aos olhos dele?

2 SAMUEL 12:9

Parece que havia passado um bom tempo depois de Davi ser culpado de adultério com Bate-Seba antes de ele ser trazido ao arrependimento por esse ato. Quando Natã foi enviado a ele, a criança já havia nascido (v.14), de modo que fazia pelo menos nove meses que Davi repousava sob a culpa daquele pecado e, conforme parece, permanecia sem se arrepender. O que devemos pensar do estado de Davi durante todo esse tempo? Podemos imaginar que seu coração nunca o castigara por isso, ou que ele jamais lamentara em segredo diante de Deus? Eu gostaria muito que ele o tivesse feito e que Natã lhe tivesse sido enviado imediatamente após o nascimento da criança quando a coisa, por esse meio, tornou-se de conhecimento público e foi comentada, a fim de extrair dele uma confissão aberta de pecado, para a glória de Deus, para admoestação de outros e para que ele recebesse, por intermédio de Natã, absolvição com certas limitações.

As últimas palavras de 2 Samuel 11 dizem que o que Davi fizera desagradara ao Senhor, acerca do que, poderia se pensar, deveria seguir-se que o Senhor enviaria inimigos para invadi-lo, terrores para se apoderar dele e o mensageiro da morte para o apreender. Não, Deus lhe enviou um profeta — Natã, seu amigo fiel e confidente, para o instruir e aconselhar (v.1). Davi não mandou chamar Natã (embora ele jamais tivesse tanta ocasião quanto agora para seu confessor), mas Deus enviou Natã a Davi. Note que, embora Deus possa permitir que Seu povo caia em pecado, Ele não permitirá que eles permaneçam nele. Davi seguiu adiante obstinadamente nos caminhos de seu coração e, se fosse abandonado a si mesmo, teria vagado permanentemente. Porém, o Senhor diz: "Tenho visto os caminhos do meu povo, mas vou curá-lo" (Is 57:18). Deus manda nos buscar antes que nós o busquemos; do contrário, estaríamos certamente perdidos. Natã foi o profeta por meio de quem Deus enviou o aviso de Suas boas intenções para com ele (2Sm 7:4) e agora, por intermédio da mesma mão, Ele lhe envia a mensagem de ira. A palavra de Deus na boca de Seus ministros deve ser recebida, quer ela fale de horrores, quer de consolo. Natã foi obediente à visão celestial e foi cumprir sua tarefa dada por Deus para com Davi. Ele não falou: "Davi pecou, não vou me aproximar dele!". Não, "não o [trate] como inimigo, mas [admoeste-o] como irmão" (2Ts 3:15). Ele não disse: "Davi é um rei, não ousarei repreendê-lo". Não, se Deus o enviou, ele faz seu rosto como uma pedra (Is 50:7).

A confissão penitente de Davi nesse momento. Ele não diz uma palavra para se desculpar ou atenuar seu pecado, mas livremente o admite: "Pequei contra o Senhor" (v.13). É provável que tenha dito mais a esse respeito, mas isso é o suficiente para demonstrar o quanto ele ficou humilhado pelo que Natã dissera e se submeteu à convicção. Ele assume sua culpa — pequei — e ainda a agrava — foi contra o Senhor. Nesta nota, ele toca o salmo que compôs nessa ocasião: "Pequei contra ti, contra ti somente" (Sl 51:4).

ANOTAÇÕES

....
....
....

O REI SE HUMILHA DIANTE DE DEUS

ESTUDO 101

Monarquia unida

Leitura bíblica: Salmo 51

Pequei contra ti, contra ti somente, e fiz o que é mau aos teus olhos, de maneira que serás tido por justo no teu falar e puro no teu julgar. SALMO 51:4

A *humilde petição de Davi* (vv.1-2). Sua oração é a mesma que o Salvador põe na boca do publicano penitente da parábola: "Ó Deus, tem pena de mim, que sou pecador!" (Lc 18:13). Davi era, conforme muitos relatos, um homem de grande mérito; ele não apenas havia feito muito, mas sofrido bastante na causa de Deus. E, mesmo assim, quando é convencido do pecado, não sugere equilibrar suas obras más com as boas, nem pode imaginar que seus serviços farão expiação por suas ofensas, mas corre para a infinita misericórdia de Deus e depende apenas dela para obter perdão e paz: "Compadece-te de mim, ó Deus" (Sl 51:1). Admite ser ofensor da justiça divina e, assim, lança-se à Sua misericórdia. É certeiro que o melhor homem do mundo será destruído se Deus não tiver misericórdia dele.

As confissões penitentes de Davi (vv.3-5):

(1) Ele teve a liberdade de assumir sua culpa diante de Deus: "eu conheço as minhas transgressões" (v.3). Ele havia descoberto anteriormente que esse era o único caminho para aliviar a sua consciência (Sl 32:4-5). Natã lhe disse: "Esse homem é você"; e Davi respondeu: "Pequei" (2Sm 12:7,13).

(2) Davi tinha um senso tão profundo do pecado que pensava continuamente acerca dele com tristeza e vergonha. Sua contrição pelo pecado não foi um leve impulso repentino, mas um pesar constante: "'meu pecado está sempre diante de mim' (Sl 51:3) para me humilhar e me mortificar e para me fazer ruborescer e tremer continuamente. Ele está sempre contra mim (assim interpretam alguns); vejo-o diante de mim como um inimigo, acusando-me e me ameaçando". Em todas as ocasiões, Davi tinha em mente o seu pecado e estava desejoso de que assim o fosse para sua maior humilhação. Nunca mais andou no terraço de sua casa sem uma reflexão penitente em seu andar entristecido nesse local de onde avistou Bate-Seba; jamais deitou-se para dormir sem um pensamento taciturno acerca do leito de sua impureza, nunca se assentou para jantar, enviou um servo em uma tarefa ou tomou sua pena em mãos, sem que tivesse em sua mente o embebedar de Urias, a mensagem traiçoeira que enviou por intermédio dele e o alerta fatal que escreveu e assinou para a sua execução. Percebam que os atos de arrependimento, até pelo mesmo pecado, devem ser frequentemente repetidos. Será útil para nós termos nosso pecado sempre diante de nós, para que, pela lembrança de nossas transgressões passadas, possamos ser mantidos humildes, permanecer armados contra a tentação, vivificados para o dever e tornados pacientes sob a cruz.

ANOTAÇÕES

....
....
....
....
....
....
....
....

ESTUDO 102

Monarquia unida

A HORA DA COLHEITA

Leitura bíblica: 2 Samuel 15–16

Diante disto, Davi disse a todos os servos que estavam com ele em Jerusalém: —Levantem-se, e vamos fugir, porque não poderemos nos salvar de Absalão.

2 SAMUEL 15:14

O nome de Absalão significa "a paz de seu pai", mas ele provou ser sua maior perturbação. Muitas vezes nos decepcionamos em nossas expectativas quanto às criaturas. A espada vinculada à casa de Davi (2Sm 12:10) até agora estivera entre seus filhos, mas agora começa a ser desembainhada contra ele mesmo.

O aviso trazido a Davi acerca da rebelião de Absalão (v.13). A questão já era muito ruim e, mesmo assim, parece ter ficado pior para ele (como normalmente acontece) do que realmente estava, pois lhe foi dito que o coração dos homens de Israel (isto é, o geral deles, pelo menos dos líderes) apoiava Absalão. Contudo, Davi foi capaz de crer nisso porque agora trazia à mente os artifícios que seu filho usara para os seduzir e talvez refletiu acerca disso com arrependimento por não ter feito mais para se opor a ele e assegurar seus próprios interesses, sobre os quais fora excessivamente confiante.

O temor que isso trouxe a Davi e as decisões que ele tomou. Podemos bem imaginá-lo estupefato quando ouviu que o filho que ele amava tão carinhosamente, e com quem fora tão indulgente, estava em guerra contra ele de modo tão antinatural e ingrato. Ele bem poderia dizer, como César: "*Kai su teknon?*" (Até tu, meu filho?). Que os pais não alimentem muitas esperanças com relação a seus filhos para que não sejam decepcionados. Davi não convocou o conselho, mas, consultando apenas a Deus em seu coração, determinou-se a abandonar Jerusalém imediatamente (v.14). Ele assumiu sua estranha decisão, tão contrária a seu caráter de homem corajoso, quer (1) como um penitente, submetendo-se à vara, e se prostrando diante da mão corretora de Deus. A consciência agora lhe relembrava de seu pecado na questão de Urias e da sentença sob a qual ele estava, que dizia que o mal se levantaria contra ele de dentro de sua própria casa. "Agora", pensava, "a palavra de Deus começa a se cumprir, e não cabe a mim contender com ela ou lutar contra ela. Deus é justo, e eu me submeto". Davi poderia se justificar e se levantar diante do injusto Absalão, porém, diante do Deus justo, ele deveria se autocondenar e se dobrar a Seus julgamentos. Assim, aceita a punição por sua iniquidade. Quer (2) como um político. Jerusalém era uma cidade muito grande, mas não defensável. Parece, pela oração de Davi (Sl 51:18), que as suas muralhas não estavam erguidas, muito menos que a cidade estivesse regularmente fortificada. Era extensa demais para ser guarnecida por um exército tão pequeno quanto o que Davi tinha naquele momento consigo, e ele tinha razões para temer que os habitantes, no geral, estivessem afeiçoados a Absalão para lhe serem fiéis. Se ele se isolasse ali, poderia perder o país no qual ele esperava ter amigos entre os que se afastavam da interferência de Absalão. E ele tinha tanta benevolência com Jerusalém que relutava em transformá-la em um local de guerra e expô-la às calamidades de um cerco. Preferiria deixá-la resignadamente para os rebeldes. Grandes homens, quando eles mesmos sofrem, não se importam se são poucos os envolvidos com eles nesses sofrimentos.

ANOTAÇÕES

....
....

CONFIANÇA DIANTE DA PERSEGUIÇÃO

ESTUDO 103

Monarquia unida

Leitura bíblica: Salmo 3

Eu me deito e pego no sono; acordo, porque o Senhor me sustenta. Não tenho medo dos milhares que tomam posição contra mim de todos os lados. SALMO 3:5-6

O título deste salmo, e muitos outros, é como uma chave pendurada, pronta para abrir a porta e nos permitir entrar em seu deleite. Quando conhecemos a ocasião em que o salmo foi escrito, sabemos melhor como o expor. Este foi composto, ou pelo menos o conteúdo dele foi meditado e digerido por Davi, e oferecido a Deus, enquanto Davi fugia de Absalão, seu filho, que formava uma conspiração contra ele a fim de tomar não apenas a sua coroa, mas a sua vida. A história está registrada em 2 Samuel 15–18. Davi estava então em pesar. Quando em fuga, ele subiu o monte das Oliveiras e chorou muito, com sua cabeça coberta e marchando descalço, e mesmo assim compôs este salmo de consolo. Ele chorava e orava, pranteava e cantava, chorava e cria; isso era semear entre lágrimas. Está alguém aflito? Deixe-o orar; ou melhor, que cante salmos, que cante este salmo. Alguém está aflito com um filho desobediente e desrespeitoso? Davi estava; mas isso não impediu a sua alegria em Deus, nem o colocou fora de tom para canções santas. Ele estava agora sofrendo por seu pecado na questão de Urias; esse era o mal que, causado por aquele pecado, Deus ameaçara fazer "com que de sua própria casa [viesse] o mal sobre" ele (2Sm 12:11), o que, sem dúvida, Davi observou e aproveitou-se da ocasião para renovar seu arrependimento por ele. No entanto, não descartou sua confiança no poder e bondade divinos, nem ficou sem esperança de socorro. Mesmo nossa tristeza pelo pecado não deve impedir nosso júbilo em Deus ou a nossa esperança nele. Se, nos piores momentos, o povo de Deus pode levantar sua cabeça com alegria, sabendo que tudo cooperará para o seu bem, eles reconhecerão que Deus é quem levanta a cabeça deles e lhes dá tanto causa para se regozijar como o coração para isso.

Ao cantar e orar essa canção, devemos nos precaver com apreensão do perigo que corremos, vindo da grande multidão e da maldade de nossos inimigos espirituais, que buscam a ruína de nossa alma ao nos afastar de nosso Deus. Também devemos nos preocupar com os sofrimentos e perigos da Igreja, que é alvo de críticas e é muito combatida em todos os lugares. Entretanto, com relação a essas duas coisas, devemos nos encorajar em nosso Deus, a quem pertencemos e que é o nosso protetor; no devido tempo, Ele coroará Seus interesses no mundo bem como no coração de Seu povo.

ANOTAÇÕES

ESTUDO 104

Monarquia unida

DA HONRA À DESGRAÇA FINAL

Leitura bíblica: 2 Samuel 17

O conselho que Aitofel dava, naqueles dias, era como resposta de Deus a uma consulta; tanto Davi como Absalão seguiam os conselhos de Aitofel. 2 SAMUEL 16:23

Aitofel morreu por suas próprias mãos, *felo de se* (um suicídio). Ele se enforcou por se sentir contrariado por seu conselho não ter sido seguido; pois, por esse fato (1) ele se sentiu menosprezado e que uma calúnia intolerável fora lançada sobre sua reputação de sabedoria. Seu julgamento sempre influenciava no conselho, mas agora a opinião de outro foi considerada mais sábia e melhor do que a dele. Seu coração orgulhoso não conseguiu suportar a afronta. Esse orgulho se eleva e aumenta, e quanto mais Aitofel pensa sobre o assunto, mais violento se torna o seu ressentimento, até que ele seja levado, por fim, a essa decisão desesperada de não viver para ver outra pessoa mais estimada do que ele. Todos os homens o consideravam sábio, mas ele se achava o único sábio e, assim, para se vingar da humanidade que não concordava com ele, decide morrer, para que a sabedoria morra com ele. O mundo não era digno de um oráculo como ele, por isso ele lhes fará conhecer a falta que faz. Veja como são inimigos de si mesmos aqueles que pensam bem demais a seu próprio respeito, e que perversidades comentem aqueles que são impacientes com o desprezo. Aquilo que parte o coração orgulhoso de um homem não interrompe o sono dos humildes. (2) Ele considerava estar em perigo e que sua vida fora exposta. Conclui que, pelo fato de seu conselho não ter sido seguido, a causa de Absalão certamente fracassaria e deduziu que, depois, independentemente de quem achasse a misericórdia de Davi, ele, que era o maior dos criminosos e tinha particularmente aconselhado Absalão a se deitar com as concubinas de seu pai, deveria ser sacrificado à justiça. Desse modo, para prevenir a vergonha e o terror de uma execução pública e solene, ele mesmo aplicaria a justiça a si mesmo e, conforme sua reputação de sabedoria, por este último ato põe sobre si uma desgraça ainda maior do que os conselheiros de Absalão haviam colocado e vem a corresponder a seu nome, Aitofel, cujo significado quer dizer "irmão de um tolo". Nada indica tanta loucura quanto o suicídio. Observe como ele o fez deliberada e premeditadamente contra si próprio; não no calor do momento, mas foi para a sua cidade, para sua casa a fim de o fazer. E o que é estranho, ele tomou tempo para refletir a respeito, mas ainda assim o realizou. Para se provar *compos mentis* (no uso de sua razão) quando o fez, primeiramente colocou em ordem a sua casa, escreveu seu testamento como alguém de memória e entendimento sãos, cuidou de suas propriedades, de seus negócios, mas, mesmo tendo o senso e a prudência de fazer essas coisas, não teve consideração suficiente para revogar a sentença que seu orgulho e impulsos haviam decretado sobre si, tampouco de suspender a execução dela até que visse o evento da rebelião de Absalão. Aqui podemos ver o desprezo derramado sobre a sabedoria humana. Aquele que era mais renomado por suas políticas do que qualquer outro bancou o tolo contra si próprio de modo mais excessivo.

ANOTAÇÕES

....
....

AMOR E GRAÇA

ESTUDO 105

Monarquia unida

Leitura bíblica: 2 Samuel 18

E o rei deu ordem a Joabe, a Abisai e a Itai, dizendo: —Por amor a mim, tratem com brandura o jovem Absalão.

2 SAMUEL 18:5

Quando o exército estava a postos, enfileirado e alinhado, diz Josefo [N.T.: historiador judeu do século 1], Davi os encorajou e orou por eles, mas não sem primeiro ordenar que tomassem o cuidado de não causar qualquer mal a Absalão. Como ele retribui o mal com o bem! Absalão queria ver Davi morto. Davi queria que Absalão fosse poupado. Que contraste eles são um para o outro! Jamais houve um ódio mais antinatural e forte pelo pai do que o de Absalão; nem jamais houve uma afeição natural mais forte do que a de Davi para com um filho. Cada um deles fez seu máximo e demonstrou o que um homem é capaz, quão mau é possível um filho ser para o melhor dos pais e quão bom é possível um pai ser para o pior dos filhos, como se fosse concebido para ser uma semelhança da maldade do homem para com Deus e da misericórdia de Deus para com o homem, das quais é difícil dizer qual delas é a mais surpreendente. "Tratem o jovem com gentileza", disse Davi, "a qualquer custo, Absalão mesmo, por minha causa. Ele é jovem, imprudente e impetuoso e a sua idade é uma desculpa. Ele é meu filho a quem amo; se vocês me amam, não sejam severos com ele". Essa incumbência supõe a forte expectativa de sucesso da parte de Davi. Por ter uma boa causa e um bom Deus, ele não duvida de que Absalão seria alvo da misericórdia deles e, assim, ordena que o tratem gentilmente, poupem sua vida e reservem seu julgamento a seu pai.

Joseph Hall [bispo inglês (1574–1656)] discorre sobre o assunto: "O que significa esse amor desorientado? Essa misericórdia injusta? Tratar gentilmente um traidor? Dentre todos os traidores, um filho? Dentre todos os filhos, com um Absalão? Esse ímpio querido por um pai tão bom? E tudo isso por amor a ti, cuja coroa e sangue ele caça? Por amor a quem ele deve ser perseguido se é perdoado por ti? Essa desavença deve ser o motivo da misericórdia? Até mesmos nos pais mais santos, a natureza pode ser considerada culpada de uma ternura injuriosa, de uma indulgência sangrenta. Todavia isso não foi feito como um tipo daquela misericórdia imensurável do verdadeiro Rei e Redentor de Israel, que orou por Seus perseguidores, por Seus assassinos, 'Pai, perdoa-lhes'; trata-os com gentileza por amor a mim"? Quando Deus envia a aflição para corrigir Seus filhos, é com essa incumbência: "Por amor a mim, tratem-nos com brandura", uma vez que Ele conhece a nossa estrutura.

ANOTAÇÕES

ESTUDO 106

Monarquia unida

ESPERANÇA DO PASSADO PARA O FUTURO

Leitura bíblica: Salmo 61

*Pois ouviste, ó Deus, os meus votos
e me deste a herança dos que temem o teu nome.*

SALMO 61:5

Com que prazer Davi olha para trás para aquilo que Deus fizera por ele anteriormente: "ouviste, ó Deus, os meus votos" (v.5). Ou seja, (1) "os votos que fiz e com os quais comprometi a minha alma: Tu os viste, Tu os aceitaste, pois foram feitos em sinceridade, e tens te agradado com eles; tens atentado a eles e me lembraste deles". Deus lembrou Jacó de seus votos (Gn 31:13, 35:1). Deus é testemunha de todos os nossos votos, todos os nossos bons propósitos e todas as nossas promessas solenes de obediência renovada. Ele mantém registro deles, o que deveria ser uma boa razão para nós, como foi aqui para Davi, para que os cumpramos (Sl 61:8). Pois, Aquele que ouve os votos que fazemos nos fará ouvir acerca deles caso eles não forem cumpridos. (2) "As orações que acompanharam tais votos, a estas tens graciosamente ouvido e respondido", o que o encorajou a orar "Ouve, ó Deus, a minha súplica" (v.1). Aquele que jamais disse à semente de Jacó "vocês me procuram em vão" não começará agora a dizê-lo. "Tu 'ouviste os meus votos' e deste resposta verdadeira a eles, pois 'me deste a herança dos que temem o teu nome' (v.5)". Note: Há um povo peculiar no mundo que teme o nome de Deus, que com santo temor e reverência aceita e se acomoda a todas as descobertas do que agrada a Deus revelar aos filhos dos homens. Há também uma herança peculiar para esse povo, consolos presentes, garantias de sua futura alegria. O próprio Deus é sua herança e porção eterna.

Com que certeza ele olha adiante para a continuação de sua vida: "Dias sobre dias acrescentas ao rei" (v.6). Isso pode ser entendido em relação a ele mesmo. Se o salmo foi escrito antes de ele ser coroado, ainda assim, ao ser ungido por Samuel e sabendo o que Deus havia falado em Sua santidade, Davi poderia, pela fé, chamar-se de rei, embora agora fosse perseguido como um criminoso; ou talvez tenha sido composto enquanto Absalão buscava tirá-lo do trono e forçá-lo ao exílio. Havia aqueles que queriam encurtar sua vida, mas ele confiava que Deus a prolongaria — o que ele experimentou à idade do homem, estabelecida por Moisés (a saber: 70 anos; veja Sl 90:10). Esta vida, tendo sido empreendida no serviço à sua geração, de acordo com a vontade de Deus (At 13:36), poderia ser considerada como os anos que "duram gerações após gerações" (Sl 61:6), pois a "longevidade" [N.T.: Sl 21:4] seria melhor para ele. Sua decisão era habitar no tabernáculo de Deus para sempre (Sl 61:4), como um meio de serviço; e agora sua esperança é de permanecer diante de Deus, como um meio de consolo (v.7). Permanecem em um bom propósito neste mundo aqueles que permanecem diante de Deus, que o servem e andam em Seu temor; e aqueles que o fazem habitarão diante dele para sempre.

ANOTAÇÕES

....
....
....
....
....
....

OS VARIADOS MEIOS DIVINOS DE JULGAMENTO

ESTUDO 107

Monarquia unida

Leitura bíblica: 1 Crônicas 21

Então Davi disse a Gade: Estou muito angustiado. Porém é preferível que eu caia nas mãos do Senhor, porque muitas são as suas misericórdias; não quero cair nas mãos dos homens. 1 CRÔNICAS 21:13

Pode-se pensar que contar o povo não é algo ruim. Por que o pastor não deveria saber a quantidade de ovelhas no rebanho? Mas Deus não vê como o homem vê. É evidente que era errado Davi fazê-lo, e uma grande ofensa a Deus, pois ele o realizou pelo orgulho de seu coração. Não há pecado que tenha em si mais contradição e, portanto, mais ofensa a Deus do que o orgulho. O pecado era de Davi; apenas ele devia levar a culpa pelo ato. Porém aqui se diz:

Quão ativa estava a sua disposição nisto (v.1). Satanás se levantou contra Israel e provocou Davi a fazê-lo. Também é dito que "a ira do Senhor se acendeu contra os israelitas, e ele incitou Davi contra eles" (2Sm 24:1). Os justos julgamentos de Deus devem ser observados e reconhecidos até mesmo no pecado e na injustiça dos homens. Temos certeza de que Deus não é o autor do pecado — "ele mesmo não tenta ninguém" (Tg 1:13); assim sendo, quando se diz que Ele moveu Davi a fazê-lo, deve-se explicar pelo que está implícito aqui, que, visando a fins sábios e santos, Deus permitiu ao diabo mover Davi. Aqui traçamos essa correnteza de sujeira até a sua fonte. Que Satanás, o inimigo de Deus e de todo o bem, devesse se levantar contra Israel não é estranho; era isto que ele almejava: enfraquecer o exército, diminuir os números e eclipsar a glória do Deus de Israel, contra quem ele é Satanás, um adversário jurado. Porém, que tivesse influenciado Davi, o homem segundo o próprio coração de Deus, a fazer algo errado é algo que deve ser questionado. Alguém poderia achar que Davi fosse um daqueles a quem o perverso não pode tocar. Não, até mesmo o melhor dos santos, até que chegue ao Céu, nunca deve se considerar fora do alcance das tentações satânicas. Ora, quando Satanás intentou fazer o mal a Israel, qual o caminho que ele tomou? Ele não moveu Deus contra eles para os destruir (como fez no caso de Jó 2:3), mas provocou Davi, o melhor amigo que o povo tinha, para os contar e assim ofender a Deus, instigando-o contra eles. Note: (1) O diabo nos causa mais mal ao nos tentar a pecar contra Deus do que faz ao nos acusar diante de nosso Senhor. Ele não destrói a ninguém com as suas próprias mãos. (2) A grande malignidade que pode fazer à Igreja é tentar os líderes dela ao orgulho, pois ninguém consegue conceber a consequência fatal desse pecado em todos, especialmente nos governantes da Igreja. "Mas vocês não são assim" (Lc 22:26).

Diante do arrependimento de Davi, é feita sua paz com Deus. "…ainda que te iraste contra mim, a tua ira se retirou" (Is 12:1). (1) Foi interrompido o progresso de execução (v.15). Quando Davi se arrependeu do pecado, Deus interrompeu o julgamento e ordenou ao anjo destruidor que detivesse sua mão e embainhasse sua espada (v.27). (2) Davi foi orientado a edificar um altar na eira de Ornã (v.18). O anjo ordenou ao profeta Gade que desse essa instrução a Davi. O mesmo anjo que, em nome de Deus, havia conduzido a guerra, está à espera para dar início ao tratado de paz.

ANOTAÇÕES

....
....

ESTUDO 108

Monarquia unida

EXPIAÇÃO E ADORAÇÃO

Leitura bíblica: 1 Crônicas 21:28–22:1

*Davi disse: Aqui se levantará
a Casa do S*ENHOR *Deus e o altar
do holocausto para Israel.*

1 CRÔNICAS 22:1

O altar de bronze que Moisés havia feito estava em Gibeão (1Cr 21:29); lá, eram oferecidos todos os sacrifícios de Israel; mas Davi ficou tão assustado diante da visão da espada do anjo, que não conseguia ir para aquele local (1Cr 21:30). Quando a praga começa, é uma questão de urgência. Arão devia ir rapidamente, ou melhor, devia correr, para realizar a expiação (Nm 16:46-47). E o caso aqui não era menos urgente; de modo que Davi não tinha tempo de ir a Gibeão, tampouco ousaria deixar o anjo com sua espada desembainhada sobre Jerusalém, para que o golpe fatal não fosse dado antes de ele voltar. Assim, Deus, em Sua ternura com ele, ordenou-lhe que construísse um altar naquele lugar, dispensando Sua própria Lei com relação a haver apenas um altar por causa do sofrimento presente e aceitando os sacrifícios oferecidos neste novo altar, que não foi edificado em oposição ao primeiro, mas em cooperação com ele. Os símbolos da unidade não foram tão frisados quanto a própria unidade. Na realidade, quando o problema atual havia terminado (como parece), Davi sacrificou ali enquanto viveu, embora o altar de Gibeão ainda fosse mantido, visto que Deus havia se apropriado dos sacrifícios que eram oferecidos e havia testificado de Sua aceitação deles (1Cr 21:28). "Aqui o Senhor graciosamente me encontrou, portanto ainda esperarei encontrar-me com Ele".

O local fixado para a construção do templo (1Cr 22:1): Então Davi disse, por inspiração divina e como uma declaração de seu pensamento, "Aqui se levantará a Casa do S*ENHOR* Deus". Se um templo devia ser construído para Deus, é adequado que fosse deixado para Ele escolher o local, pois toda a Terra é Sua. E este é o local escolhido — uma terra que pertencia a um jebuseu, e talvez não havia um único ponto de terra além desse, dentro ou ao redor de Jerusalém, que pertencesse a um estrangeiro — um presságio feliz do estabelecimento do templo do evangelho entre os gentios (veja At 15:16-17).

ANOTAÇÕES

....
....
....
....
....
....
....
....
....
....
....
....
....
....
....
....
....
....

PREPARAÇÃO PARA O TRABALHO

ESTUDO 109

Monarquia unida

Leitura bíblica: 1 Crônicas 22:2-19

Agora, meu filho, que o Senhor esteja com você, a fim de que você prospere e possa edificar a Casa do Senhor, seu Deus, como ele disse a seu respeito. 1 CRÔNICAS 22:11

Davi não devia construir o templo, mas faria tudo o que pudesse para que ele fosse edificado: preparou muita coisa antes de sua morte (v.5). Isso indica que a consideração de sua idade e aumento em suas enfermidades, que mostravam a aproximação de sua morte, despertaram-no, nessa última parte de sua vida, a ser muito diligente em fazer essa preparação. Aqui nos é dito:

(1) O que o induziu a fazer tais preparações. Ele levou em conta duas coisas: 1) Que Salomão era jovem e imaturo, e não muito provável de aplicar nenhum grande vigor para realizar essa obra inicialmente; de modo que, a menos que encontrasse as rodas em movimento, ele corria o perigo de perder muito tempo no início, porque, sendo jovem, seria tentado a adiar a construção. Ao passo que, se ele encontrasse os materiais prontos em suas mãos, a parte mais difícil do trabalho estaria terminada e isso o incitaria e o encorajaria a se empenhar no começo de seu reinado. Aqueles que têm mais idade e experiência devem considerar os jovens e imaturos para lhes prover a ajuda que puderem, de modo que tornem a obra de Deus tão fácil quanto possível para eles. 2) Para que a casa fosse magnífica, muito imponente e suntuosa, forte e bela, tudo nela deveria ser do melhor e por uma boa razão, uma vez que se pretendia a honra do grandioso Deus, o Senhor de toda a Terra, e era para ser um tipo de Cristo, em quem habita toda a plenitude e em quem se escondem todos os tesouros. Então, os homens deveriam ser ensinados por métodos sensatos. A grandiosidade da casa ajudaria a impactar os adoradores com temor e reverência a Deus e convidaria os estrangeiros a virem vê-la, e maravilharia o mundo, que assim conheceria o verdadeiro Deus. Portanto, aqui é concebido para ter fama e glória entre todos os países.

(2) Quais preparações ele realizou. Em geral, ele preparou muita coisa, conforme veremos mais tarde; cedro e pedra, ferro e bronze são aqui especificados (vv.2-4). O cedro, ele obteve de Tiro e de Sidom: "A filha de Tiro virá trazendo presentes" (Sl 45:12). Ele também reuniu trabalhadores dentre os estrangeiros que habitavam na terra de Israel.

Davi dá a Salomão a razão por que ele lhe impôs essa tarefa: porque ele teria descanso e oportunidade de o fazer. Ele seria um homem de tranquilidade, assim não deveria empregar seu tempo, pensamentos ou riqueza se desviando de seu trabalho. Teria descanso de seus inimigos estrangeiros (nenhum deles invadiria Israel ou o ameaçaria, ou sequer o provocaria). Desse modo, ele teria paz e quietude em seu território: portanto, deveria construir a casa. Note: quando Deus nos dá descanso, Ele espera trabalho.

ANOTAÇÕES

ESTUDO 110

Monarquia unida

OS LEVITAS E SEUS MINISTÉRIOS

Leitura bíblica: 1 Crônicas 23

O Senhor, Deus de Israel, deu paz ao seu povo e habitará em Jerusalém para sempre. Assim, os levitas já não precisarão levar o tabernáculo e nenhum dos utensílios para o seu ministério. 1 CRÔNICAS 23:25

Os levitas foram contados de acordo com a regra dos tempos de Moisés, ou seja, de 30 até os 50 anos (Nm 4:2-3). De acordo com essa regra, a quantidade deles na época de Moisés era 8.580 (Nm 4:47-48); porém agora haviam crescido cerca de quatro vezes, muito mais em proporção do que as demais tribo. Joabe não havia contado os levitas (1Cr 21:6), mas Davi o faz agora, não por orgulho, mas para um bom propósito; então, não precisava temer a ira divina.

Os levitas foram distribuídos em seus respectivos postos (1Cr 23: 4-5), para que todas as mãos estivessem ocupadas (pois, dentre todos os homens, um levita ocioso é o pior), e para que todo o serviço fosse cuidadosamente realizado. Era para a honra de Deus que um número tão grande de servos estivesse presente em Sua casa e participasse dos trabalhos dela. Muito da grandeza dos homens consiste na grandeza de seu séquito. Veja quantos serviçais Deus tinha enquanto teve Sua casa em Israel, e todos bem alimentados e instruídos. Mas o que eram eles quando comparados aos servos do trono celestial, e à inumerável companhia dos anjos? A alegria de Israel era ter entre eles um grupo tão considerável de homens que, por seu ofício, eram obrigados a promover e sustentar a religião entre eles. Se a adoração em Israel entrasse em decadência, não se poderia dizer que foi por falta da devida provisão de sustento para ela, mas que aqueles que deveriam fazê-lo foram descuidados e falsos. O trabalho atribuído aos levitas era quádruplo: (1) Alguns, na verdade a maior parte, deviam promover o trabalho na casa do Senhor: 24.000, quase dois terços, foram designados para esse serviço, para auxiliar os sacerdotes em imolar os sacrifícios, tirar-lhes as entranhas, lavá-los, cortá-los, queimá-los e ter as ofertas animais e de bebidas prontas, para levar a sujeira para fora e manter os vasos e utensílios do templo limpos e tudo em seu lugar, para que o culto fosse realizado com rapidez e exatidão. Mil deles serviam a cada semana, em 24 turnos. (2) Outros eram oficiais e juízes, não nas questões do templo e nas controvérsias que lá surgissem (pois ali, supomos, que quem presidia eram os sacerdotes), mas no país. Eram magistrados, que mantinham as leis de Deus no comando, para resolver as dificuldades e para determinar controvérsias que surgiam entre eles. Desses, havia 6.000, em várias partes do reino, que auxiliavam os príncipes e os anciãos de cada tribo na administração da justiça. (3) Outros eram porteiros, para vigiar todos os caminhos da casa de Deus, para examinar os que desejavam entrar e para resistir aos que forçassem a entrada. Esses eram os guardas do templo e provavelmente eram armados adequadamente. (4) Outros eram cantores e instrumentistas, cujo trabalho era manter essa parte do serviço. Esse era um ofício novo.

ANOTAÇÕES

....
....
....
....
....

PROFETAS CANTORES

ESTUDO 111

Monarquia unida

Leitura bíblica: 1 Crônicas 25

Davi, juntamente com os chefes do serviço, separou para o ministério os filhos de Asafe, de Hemã e de Jedutum, para profetizarem com harpas, liras e címbalos.

1 CRÔNICAS 25:1

Cantar louvores a Deus é aqui chamado de profetizar (vv.1-3), não que todos os que estivessem envolvidos nesse serviço fossem honrados com as visões de Deus ou pudessem predizer as coisas por vir. Na verdade, é dito que Hemã era o vidente do rei segundo as promessas de Deus (v.5); mas os salmos que eles cantavam eram compostos pelos profetas e muitos deles eram proféticos. Nisso, pretendia-se a edificação da comunidade de Israel, bem como a glória de Deus. No tempo de Samuel, cantar louvores a Deus recebia a denominação de profetizar (1Sm 10:5; 19:20) e talvez era isso que Paulo queria dizer com "profetizar" em 1 Coríntios 11:4; 14:24.

Aqui, é chamado de ministério, e as pessoas que o exercem são chamadas de chefes do serviço (1Cr 25:1). Ser dedicado ao louvor a Deus não é a maior liberdade e o maior prazer? O que é o Céu, senão isso? Contudo, isso significa que é nosso dever fazer do louvor nossa ocupação e estimular tudo o que há em nós nele; isso não será realizado como deveria sem que haja esforço e lutas, levando em consideração nosso atual estado de corrupção e enfermidade. Devemos empenhar nosso coração para o trazer e manter nessa obra e para envolver tudo o que há dentro de nós.

Nessa música do templo, fosse ela vocal ou instrumental, pretendia-se principalmente a glória e a honra de Deus. Os cantores ocupavam-se de render graças e louvar a Deus (v.3). Eles foram instruídos nas canções do Senhor (v.7), isto é, "para dirigir o canto na Casa do SENHOR" (v.6). Isso está em concordância com a intenção de perpetuar a salmodia na Igreja, que é compor melodias com o coração, em conjunto com a voz, ao Senhor (Ef 5:19).

Os pais presidiam esse serviço (Asafe, Hemã e Jedutum, v.1), e seus filhos estavam sob sua direção (vv.2-3,6). Esse é um bom exemplo aos pais para que treinem seus filhos, e certamente a todos os mais velhos, para que treinem seus jovens no serviço a Deus e, mais particularmente, em o louvar, pois não há em nosso trabalho parte mais necessária ou mais digna de ser transmitida às gerações futuras. Também traz um exemplo aos mais jovens de se submeter aos mais velhos (cuja experiência e observação os tornam aptos para orientar) e, tanto quanto possível, de realizar o que fazem sob a direção deles. Essa excelente obra de cantar louvores a Deus foi revivida e colocada em prática por Samuel, que não viveu o suficiente para vê-la levada à perfeição como foi aqui. Salomão aperfeiçoou o que Davi começou, e Davi aperfeiçoou o que Samuel inaugurara. Que todos façam, em seu tempo, o que puderem para Deus e Sua Igreja, embora possam não conseguir levá-lo até onde desejavam. Quando tiverem partido, Deus poderá levantar outros, a partir de pedras, para construir sobre o fundamento que eles lançaram e levar a edificação até a última pedra.

ANOTAÇÕES

ESTUDO 112

Monarquia unida

O MELHOR SACRIFÍCIO

Leitura bíblica: Salmo 50

Ofereça a Deus sacrifício de ações de graças e cumpra os seus votos para com o Altíssimo.

SALMO 50:14

Deus tinha uma controvérsia com os israelitas; mas qual era o fundamento dela? Não era a negligência deles às instituições cerimoniais. Não, não lhes faltava a observância delas, seus holocaustos estavam continuamente diante de Deus; porém eles se orgulhavam disso, esperando, por suas ofertas, obter uma dispensa para suas luxúrias, como a mulher adúltera de Provérbios 7:14. Eles achavam que seus sacrifícios constantes iriam tanto expiar quanto desculpar suas negligências de questões mais importantes da Lei. Na verdade, se eles tivessem negligenciado, em algum grau, essas instituições, ainda assim essa não seria a causa da queixa de Deus contra eles, visto que seria apenas uma pequena ofensa em comparação com a imoralidade da sua conversa. Pensavam que Deus estava poderosamente obrigado a eles por causa dos muitos sacrifícios que traziam ao Seu altar e que o haviam tornado um grande devedor a eles por meio de suas ofertas, como se Deus não pudesse sustentar Sua numerosa família de sacerdotes sem as contribuições do povo. Contudo, aqui Deus lhes mostra o contrário: (1) Que Ele não necessitava de seus sacrifícios. Qual carência poderia ter de bois e bodes Aquele que governa sobre "todos os animais do bosque e o gado aos milhares sobre as montanhas" (v.10, veja também v.9), que tem propriedade incontestável e domínio sobre eles, que os tem todos sob Sua vista e dentro de Seu alcance, e que pode usá-los como bem lhe aprouver? Todos eles esperam nele e estão à Sua disposição (Sl 104:27-29). Podemos nós acrescentar alguma coisa ao depósito daquele que possui todas as aves e animais selvagens (50:11-12)? A infinita autossuficiência divina prova nossa completa insuficiência de lhe acrescentar seja o que for. (2) Que Ele não se beneficiava dos sacrifícios deles. A bondade deles, nesse quesito, não poderia se estender a Ele, nem se eles fossem justos nessa questão, pois Ele é melhor: "Acaso como eu carne de touros?" (v.13). É tão absurdo pensar que os sacrifícios deles poderiam, por si mesmos ou por qualquer virtude de alguma excelência inata deles, adicionar qualquer prazer de louvor a Deus, quanto é imaginar que um Espírito infinito pudesse ser sustentado por carnes e bebidas, como são os nossos corpos. Diz-se dos demônios que os gentios adoravam que eles "comiam a gordura de seus sacrifícios e bebiam o vinho de suas libações" (Dt 32:38); eles se regalavam na honra que roubavam do Deus verdadeiro. Porém, o grande Jeová seria assim festejado? Não, obedecer é melhor do que sacrificar e amar a Deus e nosso próximo é melhor do que holocaustos. Tão melhor que Deus frequentemente lhes dizia por meio dos profetas que seus sacrifícios não eram apenas não aceitáveis, mas abomináveis a Ele enquanto eles vivessem em pecado. Em vez de o agradar, Deus os via como zombaria e, portanto, como uma afronta e provocação a Ele (Pv 15:8; Is 1:11-17; 66:3; Jr 6:20; Am 5:21). Assim, eles são avisados a não se apoiar nessas ações, mas a se dirigir a Deus, em todas as circunstâncias, como seu Deus.

ANOTAÇÕES

....
....
....

PASSANDO O CETRO ADIANTE

ESTUDO 113

Monarquia unida

Leitura bíblica: 1 Crônicas 28

*Então Davi disse a Salomão, seu filho: —Seja forte e corajoso e mãos à obra! Não tenha medo, nem fique assustado, porque o S*ENHOR *Deus, meu Deus, estará com você. Ele não o deixará, nem o abandonará, até que você termine todas as obras para o serviço da Casa do S*ENHOR.

1 CRÔNICAS 28:20

Quanto ao encargo geral que Davi deu a seu filho de buscar a Deus e servi-lo, o Livro da Lei era sua única lei para este fim, e não havia necessidade de outro. Contudo, para construir o templo, Davi agora lhe deixava três coisas: (1) Um modelo de edifício porque devia ser um prédio tal que nem ele ou seus arquitetos teriam visto. Moisés recebeu um padrão para o tabernáculo que lhe foi mostrado no monte (Hb 8:5); da mesma forma, Davi tinha um modelo do templo, que lhe foi dado pelas próprias mãos de Deus (1Cr 28:19). Foi-lhe dado por escrito, provavelmente pelo ministério de um anjo, ou tão clara e exatamente representado em sua mente, como se tivesse sido escrito. Entretanto, o versículo 12 afirma que "o Espírito lhe havia posto no coração" essa planta (v.12 NVI). A inventividade quer da devoção de Davi, quer da sabedoria de Salomão não deveria ser confiável em um assunto desta natureza. O templo deve ser sagrado e um tipo de Cristo; nele, deveria haver não apenas conveniência e decência, mas significado: ele era um tipo de sacramento e, assim, não deveria ser confiado à criação humana ou aos artifícios da invenção, mas ser estruturado por divina instituição. Cristo, o templo verdadeiro; a Igreja, o templo do evangelho, e o Céu, o templo eterno, são todos estruturados conforme o conselho divino e o plano estabelecido na sabedoria de Deus, ordenados antes do mundo para a glória do Senhor e nossa. Essa planta, Davi deu a Salomão para que ele soubesse o que prover e pudesse se conduzir por uma regra determinada (2) Materiais para os utensílios mais caros do templo. Para que não fossem feitos inferiores ao modelo, Davi pesou a quantidade exata para cada vaso, tanto de ouro quanto de prata (v.14). No tabernáculo, havia apenas um candelabro de ouro; no templo, havia dez (1Rs 7:49), além dos de prata que, supõe-se serem candelabros portáteis (1Cr 28:15). No tabernáculo, havia apenas uma mesa; no templo, além daquela onde os pães asmos eram colocados, havia outras dez para outros usos (2Cr 4:8), além de mesas de prata, visto que essa casa, sendo muito maior do que o tabernáculo, pareceria vazia se não tivesse mobília proporcional. É descrito que o altar do incenso era "de ouro refinado" (1Cr 28:18), mais puro do que todo o restante, pois era um tipo para a intercessão de Cristo, incomparavelmente mais pura e perfeita do que qualquer coisa. (3) Orientações para onde recorrer por ajuda nesse grande empreendimento. Deus o ajudará, e você deve buscar a Ele antes de tudo. "O Senhor, meu Deus, a quem escolhi e tenho servido, que tem estado sempre presente comigo e me feito prosperar, e a quem lhe recomendo, a partir de minha própria experiência de Seu poder e bondade, Ele estará com você para o dirigir, fortalecer e prosperar; Ele não falhará com você nem o abandonará" (conforme 1Cr 28:20). Veja, podemos ter certeza de que o Deus que cuidou de nossos pais e os conduziu através dos serviços de seus dias, de modo semelhante, caso lhe sejamos fiéis, irá nos acompanhar em nosso tempo e jamais nos deixará enquanto tiver qualquer trabalho que deseje fazer em nós ou por nosso intermédio. A mesma coisa que foi dita para o encorajamento de Josué (Js 1:5-6) e Salomão é repetida a todos os crentes (Hb 13:5).

ESTUDO 114
Monarquia unida

A USURPAÇÃO DESFEITA

Leitura bíblica: 1 Reis 1

Tão certo como vive o SENHOR, que remiu a minha alma de toda a angústia, farei no dia de hoje como jurei a você pelo SENHOR, Deus de Israel, dizendo: O seu filho Salomão reinará depois de mim e se assentará no meu trono, em meu lugar.

1 REIS 1:29-30

Temos aqui o cuidado especial que Davi tomou para assegurar o direito de Salomão e para preservar a paz pública ao desmantelar o projeto de Adonias pela raiz. Observe:

As ordens expressas que ele deu para a proclamação de Salomão. As pessoas a quem ele confiou essa grande tarefa foram Zadoque, Natã e Benaia, homens de poder e respeito em quem Davi sempre depositou confiança e viu lhe serem fiéis e a quem Adonias havia omitido em seu convite (v.10). Davi ordenou que eles proclamassem Salomão imediatamente e com toda a solenidade possível. Deviam levar consigo os servos de seu senhor, os guardas e todos os servos do palácio, e colocar Salomão sobre a mula que o rei costumava montar, pois ele não mantinha estábulos de cavalos como seu filho fez mais tarde. Davi lhes ordenou aonde ir (vv.33-35) e o que fazer. (1) Zadoque e Natã, os dois personagens clérigos, deviam ungi-lo rei em nome de Deus; visto que, embora ele não fosse o primeiro de sua família, como Saul e Davi, ainda sendo um filho mais novo, foi elevado ao reinado por indicação divina e seu título estava sendo contestado, o que tornou necessário que ele fosse, por esse meio, estabelecido. Essa unção era típica da designação e qualificação do Messias, ou Cristo, o ungido, sobre quem o Espírito, esse óleo de alegria, foi derramado sem medida (Hb 1:9; Sl 89:20). E todos os cristãos, como herdeiros do reino (Tg 2:5), recebem dele a unção (1Jo 2:27). (2) Os grandes oficiais, civis e militares, foram ordenados a dar aviso público dessa ação e a expressar alegria pública com o som da trombeta nessa ocasião, pela qual a Lei de Moisés orientava a honra das grandes solenidades; a isso deveriam ser acrescentadas as aclamações do povo: "Viva o rei Salomão, que ele prospere, que seu reino seja estabelecido e perpetuado e que ele permaneça muito muito tempo desfrutando disso", conforme lhe fora prometido no Salmo 72:15. (3) Eles deviam trazê-lo com cerimônia para dentro da cidade de Davi, e ele devia se assentar no trono de seu pai, como seu substituto agora, ou um vice-rei, para despachar os assuntos públicos durante a fraqueza de seu pai e ser seu sucessor após sua morte: "é ele quem reinará em meu lugar" (1Rs 1:35).

A execução imediata dessas ordens (vv.38-40). Não se perdeu tempo: Salomão foi trazido com cerimônias ao local indicado e lá Zadoque (que, embora ainda não fosse sumo sacerdote, era, podemos supor, o sufragâneo, ou o segundo sacerdote) o ungiu, conforme a orientação de Natã, o profeta, e de Davi, o rei (v.39). No tabernáculo, onde agora a arca estava colocada, era mantido, entre outros objetos sagrados, o óleo santo para muitos serviços religiosos, de onde Zadoque pegou um chifre com óleo, o que denota tanto poder quanto abundância, e com ele ungiu Salomão. Não vemos Abiatar tentando ungir Adonias: ele foi proclamado rei por um banquete, não por unção. A quem Deus chama, Ele capacita, o que era demonstrado pela unção, e os usurpadores não a têm.

ANOTAÇÕES

....
....
....

A ORAÇÃO PREVALENTE

Leitura bíblica: 1 Reis 3

E Deus lhe disse: —Já que você pediu isso e não me pediu longevidade, nem riquezas, nem a morte de seus inimigos, mas pediu entendimento, para discernir o que é justo, eis que farei como você pediu.

1 REIS 3:11

Por Salomão ter feito uma escolha inteligente como esta enquanto dormia, momento em que os poderes da razão estão menos ativos, é demonstrado que ela veio puramente da graça de Deus, que forjou nele tais desejos. Se seu coração assim o ensinava durante a noite, ele devia agradecer ao Senhor que o aconselhava (Sl 16:7). Nesta oração, Salomão:

(1) Reconhece a grande bondade de Deus com seu pai, Davi (v.6). Fala honrosamente da piedade de seu pai, que ele andara diante de Deus de coração reto, colocando um véu sobre suas falhas. Espera-se que aqueles que elogiam seus pais piedosos os imitem. Porém, fala mais honrosamente da bondade divina a seu pai, da misericórdia que lhe fora demonstrada enquanto ele viveu, ao conceder-lhe ser sinceramente religioso e, então, ao recompensar sua sinceridade e grande bondade que Deus lhe demonstrara, outorgando-a à sua família depois da sua morte, ao dar-lhe um filho para se assentar no trono.

(2) Assume sua própria insuficiência para o cumprimento daquela grande responsabilidade à qual ele fora chamado (vv.7-8). E aqui há uma súplica dupla para reforçar sua petição por sabedoria: 1) que sua posição o exigia, uma vez que ele era sucessor de Davi: "Fizeste-me rei no lugar de meu pai Davi, que era um homem muito sábio e bom. Senhor, dá-me sabedoria para que eu mantenha o trabalho dele e dê continuidade ao que ele começou". 2) Que ele tinha falta dela. Como alguém que tinha um senso humilde de sua própria deficiência, ele implora: "Senhor, não passo de uma criança (assim ele se chamava, uma criança em entendimento, embora seu pai o chamara de sábio, 1Rs 2:9); não sei sair ou entrar como deveria, tampouco fazer o que é parte do cotidiano dos negócios de um governo, menos ainda o que fazer numa situação crítica". Percebam: aqueles que estão envolvidos em posições públicas devem ser sensíveis ao peso e à importância de seu trabalho e de sua própria insuficiência para ele, e assim, estarão qualificados para receber a instrução divina.

(3) Implora que Deus lhe dê sabedoria: "Dá, pois, ao teu servo coração compreensivo" (3:9). Chama a si próprio de servo de Deus, feliz com esse relacionamento com Ele (Sl 116:16) e suplicando-lhe: "Sou devotado a ti e trabalho por ti; dá-me aquilo que é requisito aos serviços nos quais estou envolvido".

(4) A resposta favorável que Deus deu à sua súplica. Foi uma oração agradável (1Rs 3:10): O discurso agradou ao Senhor. Deus se agrada por Sua obra em Seu povo, os desejos que Ele mesmo acende, as orações compostas por ação de Seu Espírito. Por essa escolha, Salomão transpareceu que desejava mais ser bom do que ser grande, e de servir à honra de Deus mais do que promover a sua própria. Deus aceita aqueles que preferem as bênçãos espirituais às temporais, e são mais solícitos em serem encontrados no caminho de seu dever do que de sua promoção.

ANOTAÇÕES

....
....

ESTUDO 116

Monarquia unida

O AMADO E SUA NOIVA

Leitura bíblica: Cântico dos Cânticos 1

Diga-me, ó amado de minha alma: Onde você apascenta o seu rebanho? Onde você o faz repousar ao meio-dia? Diga, para que eu não ande vagando junto ao rebanho dos seus companheiros.

CÂNTICO DOS CÂNTICOS 1:7

Neste capítulo, depois do título do livro (v.1), temos Cristo e Sua igreja, Cristo e um crente, expressando sua estima mútua.

Temos aqui o título deste livro, mostrando: (1) Sua natureza. É uma canção, para que ele possa responder melhor à intenção, que é despertar as afeições para as aquecer, algo para o que a poesia é de muita serventia. O assunto é agradável e, portanto, adequado para ser tratado em uma música, ao cantar podemos compor melodias ao Senhor com o nosso coração. É evangélico, e a Era do evangelho deve ser um tempo de alegria, pois a graça que provém do evangelho coloca um novo cântico em nossos lábios (Sl 98:1). (2) A sua dignidade. Este é o cântico dos cânticos, a canção mais excelente, não apenas acima de qualquer composição humana, ou acima de qualquer outra canção que Salomão escreveu, mas acima inclusive de quaisquer outras canções das Escrituras por ter mais em si de Cristo. (3) Seu autor. É de Salomão. Não é uma música de tolos, como as demais canções de amor, mas a canção dos homens mais sábios, pois ninguém pode dar uma prova melhor de sua sabedoria do que celebrando o amor de Deus pela humanidade e incitando seu próprio amor por Deus e, com isso, também o amor dos outros. Salomão escreveu 1.005 canções (1Rs 4:32); aquelas que tinham outro assunto foram perdidas, mas essas, do amor seráfico, permanecem e permanecerão até o fim dos tempos. Assim como seu pai, Salomão era devotado à poesia e, onde quer que esteja a genialidade de uma pessoa, ela deve se empenhar em honrar a Deus e edificar a Igreja com seu dom. Um dos nomes de Salomão era Jedidias — amado do Senhor (2Sm 12:25); e ninguém era mais apto a escrever acerca do amor de Deus do que aquele que grandemente se beneficiava dele; nenhum dos apóstolos escreveu tanto a respeito do amor quanto aquele que era o discípulo amado e se recostou no peito de Cristo. Salomão, como rei, tinha grandes responsabilidades em sua mente e sob sua administração, o que lhe tomava muito do raciocínio e tempo. No entanto, ele encontrou disposição e tempo para este e outros exercícios religiosos. Aqueles que trabalham devem ser devotos e não achar que seu trabalho os dispensará daquilo que é seu maior compromisso: manter comunhão com Deus.

ANOTAÇÕES

....
....
....
....
....
....
....
....
....
....
....
....

RECONHECENDO A PROVIDÊNCIA

ESTUDO 117

Monarquia unida

Leitura bíblica: Provérbios 3

Confie no Senhor de todo o seu coração e não se apoie no seu próprio entendimento.

PROVÉRBIOS 3:5

Devemos ponderar continuamente na providência divina, devemos reconhecê-la e depender dela em tudo o que fazemos, tanto pela fé quanto pela oração. (1) Pela fé. Devemos depositar inteira confiança na sabedoria, poder e bondade de Deus, assegurando-nos da extensão de Sua providência a todas as criaturas e a todas as suas ações. Portanto, devemos confiar no Senhor com todo o nosso coração (v.5); devemos crer que Ele é capaz de fazer o que desejar, é sábio para fazer o que é melhor, e bom, de acordo com Sua promessa, para realizar o melhor para nós, se nós o amarmos e o servirmos. Devemos depender dele, com inteira submissão e satisfação, para realizar tudo a nosso favor e não nos apoiar em nosso próprio entendimento, como se pudéssemos, por qualquer previsão nossa, sem Deus, nos ajudar e trazer nossas questões a bom termo. Aqueles que se conhecem não podem senão achar que seu entendimento não passa de uma cana quebrada, na qual, se eles nele se debruçarem, certamente se quebrará. Em toda a nossa conduta, devemos desconfiar de nosso próprio julgamento e confiar na sabedoria, poder e bondade de Deus e assim seguir a Providência e não a forçar. Normalmente, prova ser melhor aquilo em que há menos de nossa ação. (2) Pela oração. "Reconheça o Senhor em todos os seus caminhos" (v.6). Em nosso julgamento, não devemos apenas crer que há a mão dominante de Deus ordenando e dispondo de nós em todos os nossos assuntos, mas devemos reconhecê-lo solenemente e nos dirigir a Ele em conformidade. Devemos pedir a Sua permissão e não planejar qualquer coisa, senão aquilo que temos certeza de que é lícito. Devemos pedir o Seu conselho e implorar por Sua direção, não apenas quando o caso é difícil (quando não sabemos o que fazer, não graças a nós que temos nossos olhos nele), mas em todos os casos, mesmo que sejam simples, devemos pedir-lhe sucesso, como aqueles que sabem que "os mais rápidos nem sempre ganham a corrida" (Ec 9:11). Devemos nos referir a Ele como Aquele de quem procede o nosso julgamento e, pacientemente, com santa imparcialidade, aguardar por Sua recompensa. Em todos os nossos caminhos que se provem retos, justos e agradáveis, nos quais alcançamos nosso ponto de vista para nossa satisfação, devemos reconhecer Deus com gratidão. Em todos os caminhos que se provem cruzados, desconfortáveis e cercados por espinhos, devemos reconhecê-lo com submissão. Para nos encorajar a fazê-lo, está prometido: "ele endireitará as suas veredas (v.6), de modo que seu caminho será seguro, bom e a questão terá um final feliz". Note, aqueles que se colocam sob a orientação divina sempre obterão o benefício dela. Quem segue fielmente a coluna de nuvem e fogo descobrirá que, embora ela possa o guiar em voltas, ela o guiará no caminho correto e, por fim, o levará a Canaã.

ANOTAÇÕES

....
....
....
....
....

ESTUDO 118

Monarquia unida

ABSTENDO-SE DA IMORALIDADE SEXUAL

Leitura bíblica: Provérbios 5

Porque os lábios da mulher imoral destilam mel, e as suas palavras são mais suaves do que o azeite; mas o seu fim é amargo como fel, e cortante como uma espada de dois gumes. PROVÉRBIOS 5:3-4

Salomão se dirige, desta feita, a seu filho, isto é, a todos os jovens como a seus filhos, por quem tinha afeição e sobre quem tinha influência. Para ter sua atenção, ele insta: (1) para a excelência de seu discurso: "É a 'minha sabedoria [...] minha inteligência' (v.1). Se eu me ocupar de lhe ensinar sabedoria, não posso prescrever nada mais adequadamente denominado. A filosofia moral é a minha filosofia e aquilo que será aprendido em minha escola". (2) A utilidade dela: "Dê atenção ao que eu digo", 1) "para que possa agir sabiamente — 'para que você conserve o discernimento' (v.2)". Os sermões de Salomão não foram planejados para encher nossa mente com ideias, com questões de boa especulação ou disputa duvidosa, mas para nos guiar no autogoverno, para que possamos agir prudentemente, segundo aquilo que nos convém e para nosso verdadeiro benefício. 2) "Para que você fale sabiamente — 'para que seus lábios guardem o conhecimento' (v.2) e você possa tê-lo em prontidão na ponta de sua língua (como dizemos), para o benefício daqueles com quem você conversa". Foi dito que "os lábios do sacerdote [deveriam] guardar o conhecimento" (Ml 2:7); porém aqueles que estão preparados e são poderosos nas Escrituras poderão ser sacerdotes espirituais não apenas em suas devoções, como também naquilo que falam.

A advertência em si, que é de se abster das concupiscências da carne, do adultério, da fornicação e todas as impurezas. Aqui, Salomão, como um vigia fiel, dá um alerta justo a todos a terem pavor desse pecado, enquanto consideram sua vida e seus confortos, pois ele certamente será sua ruína. Somos advertidos a nos acautelar, (1) de não dar ouvidos aos encantos desse pecado. É verdade que os lábios de uma mulher desconhecida destilam mel (Pv 5:3); os prazeres da luxúria são muito tentadores (como o vinho que traz sua cor ao copo e se move com precisão), os seus lábios, os seus beijos, as palavras de sua boca são mais suaves do que o azeite, do que aquela pílula que pode descer com maciez e não levantar suspeita do perigo que contém. Porém, considere: *Como serão fatais as consequências.* Qual fruto o pecador terá desse mel e desse azeite quando o fim será 1) Os terrores da consciência: "o seu fim é amargo como fel" (v.4). O que era doce na boca desce ao estômago e lá se torna amargo; quando se reflete acerca disso, é cortante como uma espada de dois gumes; de qualquer modo que você a pegar, ela o ferirá. Salomão podia falar com experiência (Ec 7:26). 2) Os tormentos do inferno. Alguém pode ser culpado desse pecado, ter se arrependido e sido salvo, no entanto, a tendência direta do pecado é a destruição do corpo e da alma; os pés do pecador descerão à morte, não apenas isso, eles conduzem ao inferno, para o forçar ao pecador, como se as maldições dormissem por muito tempo (v.5). Aqueles que foram enredados nesse pecado devem ser lembrados que há apenas um passo entre eles e o inferno, e que estão prontos para cair nele.

ANOTAÇÕES

....
....
....

O APELO DA SABEDORIA

ESTUDO 119

Monarquia unida

Leitura bíblica: Provérbios 8

*O temor do Senhor consiste em odiar o mal.
Eu odeio a soberba, a arrogância, o mau caminho
e a boca que fala coisas perversas.*

PROVÉRBIOS 8:13

Aqui, a sabedoria é Cristo, "em quem estão ocultos todos os tesouros da sabedoria e do conhecimento" (Cl 2:3); é Cristo na Palavra, e Cristo no coração, não apenas Cristo revelado a nós, mas Cristo revelado em nós. É a Palavra de Deus, tudo o que envolve a revelação divina; é Deus, o Verbo, em quem se centraliza toda a revelação; é a alma formada pela palavra; é Cristo formado na alma; é a religião na pureza e no poder dela. Coisas gloriosas são aqui mencionadas acerca dessa Pessoa excelente, dessa coisa excelente.

A sabedoria divina concede aos homens uma boa mente (Pv 8:12): "Eu, a Sabedoria, moro com a prudência", não com a sagacidade carnal (a sabedoria do alto é contrária a ela, 2Co 1:12), mas com a verdadeira prudência, que serve para ordenar corretamente a conversa, aquela sabedoria do prudente, que é para entender seus caminhos e é aproveitável para orientar em todos os casos, a sabedoria da serpente, não apenas para proteger do mal, mas para guiar na prática do bem. A sabedoria habita com a prudência, pois a prudência é produto da religião e um ornamento a ela. Há mais descobertas inteligentes encontradas com a ajuda das Escrituras, tanto para a correta compreensão das providências divinas quanto para o combate dos ardis satânicos, como para fazer o bem em nossa geração, do que jamais foi descoberto pelo aprendizado dos filósofos e pela política dos estadistas. Podemos aplicar isso ao próprio Cristo; Ele habita com o entendimento, pois toda a Sua obra é "a sabedoria de Deus em mistério" (1Co 2:7), e nele Deus abunda "sobre nós em toda a sabedoria e entendimento" (Ef 1:8). Cristo descobriu o conhecimento daquela grande inovação — e ela lhe foi custosa —, a salvação do homem, por Sua satisfação, um recurso admirável. Nós havíamos descoberto muitas inovações para nossa ruína; Ele descobriu uma para nossa recuperação. A aliança da graça é tão bem ordenada em todas as coisas, que devemos concluir que Aquele que a ordenou habita com a prudência.

Tal sabedoria também dá ao homem coragem (Pv 8:13). A verdadeira religião, que consiste no temor do Senhor, que é a sabedoria recomendada anteriormente, ensina ao homem: (1) A odiar todo pecado, como desagradável a Deus e destrutivo à alma. O temor do Senhor é odiar o mal, o caminho mal; é odiar o pecado como pecado e, portanto, odiar todo caminho falso. Sempre que houver a reverência a Deus, haverá pavor do pecado, como um mal, como apenas mal. (2) A odiar especialmente o orgulho e a paixão, esses dois pecados comuns e perigosos. A presunção acerca de nós mesmos, o orgulho e a arrogância são pecados que Cristo e todos os que têm o Espírito de Cristo odeiam. Todos odiamos esses pecados nos outros, mas devemos odiá-los em nós mesmos.

ANOTAÇÕES

....
....
....
....
....
....

ESTUDO 120
Monarquia unida

INIMIGOS DEVASTADORES

Leitura bíblica: Cântico dos Cânticos 2

Peguem as raposas, as raposinhas, que devastam os vinhedos, porque as nossas vinhas estão em flor.
CÂNTICO DOS CÂNTICOS 2:15

Aqui temos: (1) O encorajador convite que Cristo dá à Igreja e a cada alma que crê para entrar em comunhão com Ele (v.14). O amor dele é agora Sua pombinha; Davi chamava a igreja do Senhor de andorinha (Sl 84:3), e assim ela é chamada em nossa passagem bíblica; uma pomba por sua beleza, suas asas "cobertas de prata" (Sl 68:13), por sua inocência e inofensividade; um espírito gracioso é semelhante à pomba, inofensivo, que ama a solitude e a pureza, é fiel a Cristo, como a pomba é a seu parceiro. O Espírito desceu como uma pomba sobre Cristo, e assim o faz sobre todos os cristãos, transformando-os em um espírito manso e tranquilo. Ela é a pombinha de Cristo, pois Ele a possui e se deleita nela; ela não encontra descanso senão nele e em Sua arca e, portanto, ela retorna para ele como o seu Noé.

(2) A incumbência que Cristo dá a Seus servos para se opor e suprimir aquilo que é o terror à Sua igreja e a afasta, como uma pomba assustada, para as fendas das rochas, e que é uma obstrução e um prejuízo aos interesses de Seu reino no mundo e nos corações: "Peguem as raposas" (Ct 2:15) — apanhem-nas para nós, pois esse é um bom serviço para Cristo e para a Sua igreja —, as raposinhas, que rastejam imperceptivelmente, uma vez que, embora sejam pequenas, elas causam grandes danos, arruínam as videiras, o que não lhes deve ser permitido fazer em momento algum, especialmente agora que nossas videiras brotam em tenras uvas que devem ser preservadas, ou a vindima será perdida. Os crentes são como videiras, plantas frágeis, mas úteis; seus frutos são como uma safra sensível inicialmente, que precisam de tempo para amadurecer. Esse dever de apanhar as raposas é: 1) uma incumbência para alguns crentes em especial, a fim de que mortifiquem suas próprias corrupções, seus apetites e paixões pecaminosos, que são como raposas, raposinhas, que destroem suas graças e comodidades, anulam seus bons movimentos, esmagam seus bons começos e impedem seu aperfeiçoamento. Prendam as raposinhas, os primeiros levantes de pecado, os filhos da Babilônia (Sl 137:9), aqueles pecados que parecem pequenos, pois, muitas vezes, eles se provam danosos. Sempre que encontrarmos um empecilho para aquilo que é bom, devemos afastá-lo. 2) Uma responsabilidade para todos a se opor e prevenir a difusão de todas as opiniões e práticas que tendem a corromper o juízo do homem, a depravar a sua consciência, causar perplexidade em sua mente e desencorajar sua inclinação à virtude e à piedade. Os perseguidores são raposas (Lc 13:32); os falsos profetas também (Ez 13:4). Aqueles que semeiam o joio da heresia e da discórdia e, assim como Diótrefes (3Jo 1:9-10), perturbam a paz da Igreja e obstruem o progresso do evangelho são as raposas, as raposinhas, que não devem ser atingidas na cabeça (Cristo não veio para destruir a vida dos homens), mas apreendidas para que possam ser domadas, ou impedidas de causar danos.

ANOTAÇÕES

....
....
....
....

IRA DESCONTROLADA

ESTUDO 121

Monarquia unida

Leitura bíblica: Provérbios 12

O insensato mostra logo a sua ira, mas o prudente ignora os insultos.

PROVÉRBIOS 12:16

Note: (1) Cólera é insensatez. Um tolo é reconhecido por sua ira (alguns entendem assim o versículo). Não quer dizer que um sábio não possa se irar quando há uma causa justa para isso; nesse caso, sua ira está sob restrição e direção, pois ele a controla. Pelo contrário, a ira do tolo o domina. Aquele que, quando provocado, irrompe em expressões impróprias, em palavras ou comportamento, cuja cólera altera sua fisionomia, torna-se ofensivo e é levado a se esquecer de si mesmo. Certamente, "Nabal é o seu nome, e a tolice o acompanha" (1Sm 25:24). A indignação de um tolo é conhecida de pronto; ele a proclama abertamente, em qualquer companhia que esteja, ou é notória no dia em que é provocado; ele não consegue adiar a demonstração de seu ressentimento. Aqueles que se irritam rapidamente, que são logo incendiados pela menor fagulha, não possuem o domínio que deveriam ter sobre seu próprio espírito. (2) Mansidão é sabedoria, "mas o prudente ignora os insultos". 1) Ele encobre a cólera que está em seu peito. Quando seu espírito é incitado e seu coração se inflama, ele mantém sua boca com um freio e suprime seus ressentimentos sufocando-os e abafando-os. A ira é vergonhosa e, embora o sábio não esteja perfeitamente livre dela, ainda assim se envergonha dela, repreende-a e não permite que o mau espírito tenha voz. 2) Ele acoberta a provocação que lhe é oferecida, a indignidade que lhe é feita; fecha os olhos a ela e cobre-a tanto quanto possível de si mesmo, a fim de não prolongar seu ressentimento. Faz-nos bem e contribui para o repouso de nossa alma atenuar e desculpar as injúrias e afrontas que recebemos, em vez de as exasperar e extrair o pior delas, como somos propensos a fazer.

ANOTAÇÕES

....
....
....
....
....
....
....
....
....
....
....
....
....
....
....
....
....
....
....
....
....
....
....
....

ESTUDO 122

Monarquia unida

A PRÁTICA DA ACEPÇÃO DE PESSOAS

Leitura bíblica: Provérbios 19

*Ao generoso, muitos o adulam, e todos são amigos de quem dá presentes.
Se os irmãos do pobre o detestam, quanto mais se afastarão dele os seus amigos!
Corre atrás deles com súplicas, mas não os alcança.* PROVÉRBIOS 19:6-7

Estes dois versículos são comentários acerca do versículo 4 e mostram: (1) Como os que são ricos são procurados e adulados e têm admiradores e servos em abundância. O príncipe que tem o poder em suas mãos e favorecimentos ao seu dispor, tem seu portão e sua antecâmara repletos de pedintes prontos para o adorar em troca do que podem obter. "Muitos o adulam" (v.6), suplicando seu favor e se contentando nele. Até mesmo os grandiosos são humildes suplicantes aos príncipes. Quão ávidos então deveríamos ser pelo favor de Deus, que está muito acima de qualquer príncipe terreno! Mas aparentemente a liberalidade vai além da majestade na conquista do respeito, pois há muitos que cortejam o príncipe, porém "todos são amigos de quem dá presentes" (v.6). Não apenas aqueles que receberam, ou esperam, presentes dessa pessoa estarão prontos, como amigos, a servir-lhe, mas também outros falarão bem dele como amigos. Os pródigos que são tolamente liberais com o que possuem terão muitos parasitas implorando-lhes enquanto sua riqueza durar, mas que partirão assim que ela tiver terminado. Aqueles que são prudentemente generosos se beneficiam daquilo que pode lhes ser de bom serviço; os que são considerados benfeitores exercem uma autoridade que pode lhes dar a oportunidade de fazer o bem (Lc 22:25). (2) Como os pobres e humildes são desrespeitados e menosprezados. Se quiserem, os homens podem adular o príncipe e os que detêm o poder, mas não podem pisotear o pobre e olhar para ele com desdém. No entanto, frequentemente é isto que acontece: todos "os irmãos do pobre o detestam" (v.7). Até mesmo seus próprios parentes têm vergonha dele, porque ele é necessitado, suplicante e espera algo deles; também pelo fato de o verem como uma mancha em sua família. Assim, não espanta se aqueles que não lhe forem aparentados se afastem dele ou de seu caminho. Ele os procura com palavras (v.7), esperando prevalecer com eles por meio da importunação, para que lhe sejam bondosos; mas é tudo em vão: eles não têm nada para lhe dar. Ou, como alguns interpretam, eles correm atrás dele com palavras a fim de se justificar por não lhe dar qualquer coisa; dizem-lhe que é ocioso e impertinente, que levou a si mesmo à pobreza e, portanto, não merece ser aliviado. Como disse Nabal aos mensageiros de Davi: "Há muitos servos atualmente que fogem de seus senhores; e como saberei se Davi não é um deles?" (conforme 1Sm 25:10). Portanto, que os pobres façam de Deus seu amigo, busquem-no com suas orações, e Ele não lhes deixará faltar nada.

ANOTAÇÕES

AMOR QUE NÃO SE APAGA

ESTUDO 123

Monarquia unida

Leitura bíblica: Cântico dos Cânticos 8

As muitas águas não poderiam apagar o amor, nem os rios, afogá-lo. Ainda que alguém oferecesse todos os bens da sua casa para comprar o amor, receberia em troca apenas desprezo.

CÂNTICO DOS CÂNTICOS 8:7

O amor é um sentimento valente e vitorioso. O amor sagrado é assim; o amor de Deus, reinante na alma, é constante e firme e não será afastado dele quer por meios justos ou injustos, pela vida ou pela morte (Rm 8:38). (1) A morte e todos os seus terrores não atemorizarão um crente de amar a Cristo. As muitas águas, embora apaguem o fogo, não podem apagar esse amor; não, nem as inundações, afogá-lo (v.7). O rumor das águas não desencadeará terror a ele; que elas façam o pior que puderem, Cristo ainda será amado. O transbordar delas não sufocará o amor, mas capacitará o homem a se regozijar na tribulação. Ainda que Ele me mate, eu o amarei e confiarei nele (conforme Jó 13:15). As águas não podem apagar o amor de Cristo por nós, nem qualquer inundação, afogá-lo. Ele vagou por entre grandes dificuldades, inclusive mares de sangue. O amor prevaleceu sobre as enchentes; então, que nada abata nosso amor por Ele. (2) A vida e todos os seus confortos não seduzirão um crente a não amar a Cristo. Se alguém pudesse recrutá-lo com todos os bens de sua casa para que deixasse de amar a Cristo e voltasse a amar o mundo e a carne, ele rejeitaria a proposta com o maior desdém, do mesmo modo que Cristo, quando os reinos deste mundo e a glória deles lhe foram oferecidos para o subornar a abandonar Sua missão, disse: "Vá embora, Satanás" (Mt 4:10). Seria de todo desprezado. Ofereçam tais coisas àqueles que são ignorantes. O amor nos capacitará a repelir e triunfar sobre as tentações dos sorrisos deste mundo, tanto quanto de seu cenho franzido. Alguns interpretam desta maneira: Se um homem der todos os bens de sua casa a Cristo, em substituição ao amor, para o justificar, isso seria rejeitado. Ele não busca o que nos pertence, mas a nós mesmos; o coração, e não as riquezas. Se eu der todos os meus bens para alimentar os pobres, e não tiver amor, nada serei (1Co 13:1). Assim, os crentes permanecem inclinados a Cristo: as dádivas de Sua providência não podem satisfazê-los sem a garantia de Seu amor.

ANOTAÇÕES

ESTUDO 124

Monarquia unida

SEGUINDO AS DETERMINAÇÕES DE DEUS

Leitura bíblica: 2 Crônicas 3

Salomão começou a edificar a Casa do Senhor em Jerusalém, no monte Moriá, onde o Senhor havia aparecido a Davi, seu pai, lugar que Davi tinha designado na eira de Orná, o jebuseu. 2 CRÔNICAS 3:1

Aqui temos: (1) O local onde o templo foi construído. Salomão não tinha a liberdade de escolher ou incertezas quanto ao local onde fixar o templo. O assunto fora determinado de antemão (1Cr 22:1), o que foi um descanso para a sua mente. 1) Devia ser em Jerusalém, pois lá era o lugar que Deus escolhera para colocar Seu nome. A cidade real devia ser a cidade santa. Devia ser o testemunho de Israel, uma vez que "Lá estão os tronos de justiça" (Sl 122:5; veja vv.3-5). 2) Devia ser no monte Moriá, o qual, pensam alguns, era o mesmo local na terra de Moriá em que Abraão oferecera Isaque (Gn 22:2). Assim diz expressamente o Targum [N.T.: tradução do Antigo Testamento do hebraico para o aramaico.], acrescentando: "Mas ele foi salvo pela palavra do Senhor e Deus proveu um cabrito em seu lugar". Esse era um tipo do próprio sacrifício de Cristo; portanto, também era adequado que o templo fosse ali construído, por ser, igualmente, um tipo dele. 3) Devia ser onde o Senhor apareceu a Davi e lhe respondeu com fogo (1Cr 21:18,26). A expiação foi feita uma vez nesse local e, assim, em memória disso, ali devia ser feita a expiação continuamente. Espera-se que onde Deus me encontrou uma vez, Ele ainda se manifestará. 4) Devia ser o local que Davi preparou, não apenas que comprou com seu dinheiro, mas que havia escolhido por direção divina. Foi sábio da parte de Salomão não perguntar por um lugar mais conveniente, mas aquiescer à indicação de Deus, independentemente do que pudesse ser objetado contrariamente a ela. 5) Devia ser na eira de Orná, que, sendo jebuseu, se ele traz encorajamento aos gentios, nos obriga a ver a obra do templo como algo que requer o empenho da mente, tanto quanto o trabalho de debulha requer do corpo.

(2) O tempo em que a construção começou: não antes do quarto ano de reinado de Salomão (2Cr 3:2). Não que os primeiros três anos tivessem sido desperdiçados, ou passados em deliberação sobre se deviam ou não construir o templo, mas foram empregados na necessária preparação para a edificação, em que três anos passaram rapidamente, considerando quantas mãos se uniram e iniciaram o trabalho. Alguns conjecturam que esse era um ano sabático, ou ano de libertação e descanso para a terra, em que o povo, dispensado de seu trabalho manual, poderia facilmente emprestar sua mão-de-obra ao início dessa construção, e então o ano do término seria outro ano sabático, quando todos igualmente teriam tempo livre para comparecer à solenidade de dedicação do prédio.

(3) As dimensões do templo, conforme instruído a Salomão (v.3), bem como em outras questões, por seu pai. Pode-se interpretar que esse fora o alicerce que ele lançou para a casa. Era a regra que ele seguiu: tantos côvados de comprimento e de largura, conforme a primeira medida, isto é, de acordo com a medida fixada inicialmente, a qual não havia qualquer razão para ser alterada após o trabalho ter sido completado, visto que as dimensões foram dadas por sabedoria divina, e "o que Deus faz [dura] eternamente, sem que nada possa ser acrescentado nem tirado" (Ec 3:14). A primeira medida que Ele determina será igual à última.

TEMPO DE EDIFICAR

ESTUDO 125

Monarquia unida

Leitura bíblica: 1 Reis 7

Assim, o rei Salomão excedeu a todos os reis do mundo, tanto em riqueza como em sabedoria.

1 REIS 10:23

Da mesma forma como, na história de Davi, um capítulo de guerra e vitória segue o outro, na vida de Salomão, um capítulo acerca das suas construções é seguido por outro.

Ninguém antes tivera o espírito de construtor como o de Salomão, nem para melhor propósito. Ele começou com o templo, construiu primeiro para Deus e, depois, todos os seus outros prédios eram confortáveis. Os alicerces mais seguros da prosperidade duradoura são aqueles lançados durante a piedade juvenil (Mt 6:33). (1) Salomão construiu uma casa para si (1Rs 7:1), onde ele habitou (v.8). Seu pai construíra uma boa casa, mas não estava nos planos de seu pai que ele construísse uma melhor, na proporção da propriedade com a qual Deus o abençoara. Muito do conforto desta vida está ligado a uma casa agradável. Ele empreendeu 13 anos construindo esta casa, ao passo que o templo foi construído em pouco mais de sete anos. Não que ele tivesse sido mais preciso ao construir sua casa do que a de Deus, mas menos ávido e zeloso. Não tinha pressa quanto a seu palácio, mas ficou impaciente até que o templo tivesse sido concluído e fosse adequado para o uso. Assim, devemos preferir a honra a Deus antes de nosso conforto e satisfação. (2) Ele construiu a Casa do Bosque do Líbano (v.2), que se supõe ser uma casa de campo próxima a Jerusalém, assim chamada pelo encanto de sua localização e das árvores que a cercavam. Não parece que o trono dele (v.7) estava na casa do Bosque do Líbano, e não era inadequado colocar seus escudos ali, como em um paiol. É expressamente reportado acerca de suas construções não apenas em Jerusalém, mas no Líbano (9:19) e lemos acerca da "torre do Líbano, voltada para Damasco" (Ct 7:4), que era provavelmente parte dessa casa. (3) Construiu o Salão das Colunas, quer em sua casa em Jerusalém quer no Líbano, que era muito famoso — um átrio cercado de colunas (1Rs 7:6), talvez para câmbio, ou como local para a guarda, ou como lugar de espera até que se conseguisse uma audiência, para aqueles que vinham vê-lo visando a negociações. Ele mesmo fala da Sabedoria edificando uma casa para si e esculpindo sete colunas (Pv 9:1) para abrigo daqueles que, três versículos antes (Pv 8:34), vigiam diariamente seus portões e esperam na entrada de sua casa. (4) Na casa em que habitava, em Jerusalém, ele construiu um grande salão, ou pórtico de julgamento, onde ficava o trono, ou o banco do rei, para o julgamento de causas, no qual apelava-se a ele (*placita coram ipso rege tenenda* — a causas deviam ser resolvidas na presença do rei), revestido ricamente de cedro desde o chão até o teto (v.7). Ali ele também tinha outra corte, dentro do pátio, mais perto de sua casa, de aparência semelhante, para que os que ali viessem pudessem entrar (v.8). (5) Também construiu uma casa para sua esposa, onde ela tinha a sua corte (v.8).

ANOTAÇÕES

....
....
....
....
....

ESTUDO 126

Monarquia unida

A HABITAÇÃO DE DEUS

Leitura bíblica: 2 Crônicas 6–7

Mas será que, de fato, Deus poderia habitar com os homens na terra? Eis que os céus e até o céu dos céus não te podem conter.

2 CRÔNICAS 6:18

Nos versículos 1 a 11, Salomão havia assinado e selado, por assim dizer, a escritura de dedicação pela qual o templo foi empossado para a honra e serviço de Deus. Aqui, ele faz a oração de consagração, por meio da qual, o templo foi tornado figura de Cristo, o grande Mediador, por intermédio de quem todos devemos oferecer nossas orações e esperar o favor divino, e para quem devemos voltar o olhar em tudo que fizermos para Deus. Agora extrairemos apenas algumas passagens que serão bons objetos de nossa meditação.

Temos aqui algumas verdades doutrinárias ocasionalmente mencionadas, tais como: (1) Que o Deus de Israel é um ser de incomparável perfeição. Não podemos descrevê-lo, mas isto sabemos: não há ninguém como Ele na Terra ou no Céu (v.14). Todas as criaturas têm seus pares, mas o Criador não tem semelhante. Ele está infinitamente acima de tudo e de todos, Deus bendito para sempre. (2) Que Ele é, e será, fiel a cada palavra que proferiu; e que todos que o servem em sinceridade certamente descobrirão que Ele é fiel e bondoso. Aqueles que têm Deus sempre diante de si e andam diante dele com todo o coração descobrirão que Ele é tão bom, ou melhor, quanto dissera ser; Ele tanto manterá a aliança com eles quanto lhes demonstrará misericórdia (v.14). (3) Que Deus é um ser infinito e imenso, a quem o céu e o céu dos céus não podem conter e a cuja felicidade nada pode ser acrescentado pelo melhor que possamos fazer em Seu serviço (v.18). Ele está infinitamente além dos limites da criação e acima dos louvores de todas as criaturas racionais. (4) Que Ele, e apenas Ele, é "conhecedor do coração dos filhos dos homens" (v.30). Todos os pensamentos, objetivos e afeições dos homens estão desnudos e abertos diante dele; embora as imaginações e intenções de nosso coração possam estar escondidas dos homens, de anjos e de demônios, elas não podem ser ocultadas de Deus, que conhece não apenas o que está no coração, mas o próprio coração e sua pulsação. (5) Que não existe a perfeição impecável nesta vida: "não há homem que não peque…" (v.36); e, em concordância com essa afirmação de Salomão, "Não há nenhum justo sobre a terra que faça o bem e que não peque" (Ec 7:20).

ANOTAÇÕES

ANELO PELA PRESENÇA DE DEUS

ESTUDO 127

Monarquia unida

Leitura bíblica: Salmo 84

*A minha alma suspira e desfalece pelos átrios do S*ENHOR*; o meu coração e a minha carne exultam pelo Deus vivo!* SALMO 84:2

O salmista aqui, sendo forçosamente impedido de esperar em Deus nas ordenanças públicas, é levado pela ausência delas, mais do que nunca, a uma convicção mais sensível do valor que elas têm. Observe:

(1) A maravilhosa beleza que ele via nas sagradas instituições: "Quão amáveis são os teus tabernáculos, SENHOR dos Exércitos!" (v.1). Alguns acham que ele aqui chama Deus de "SENHOR dos Exércitos" (isto é, de modo especial dos anjos, o exército celestial) por causa da presença de anjos no santuário divino. Eles participavam da *Shekinah* e eram representados (pensam alguns) pelo querubim. Deus é o Senhor desses Exércitos, e o tabernáculo lhe pertence: é dito que são mais que um ("teus tabernáculos"), uma vez que havia vários pátios nos quais o povo comparecia e porque o próprio tabernáculo consistia em um Lugar Santo e um Santo dos Santos. Quão amáveis são eles! Como é agradável o santuário aos olhos de todos os que são verdadeiramente santificados! Almas cheias da graça veem uma beleza maravilhosa e inexprimível na santidade e na obra sagrada. Um tabernáculo era uma habitação simples, mas a desvantagem nas circunstâncias externas não torna as ordenanças sagradas menos agradáveis, uma vez que a beleza da santidade é espiritual, e sua glória está no interior.

(2) O anelo que ele tinha para voltar a desfrutar da prática das ordenanças públicas, ou melhor, de Deus presente nelas (v.2). Era um anseio por completo — corpo, alma e espírito cooperavam nisso. Ele não estava consciente de qualquer pensamento que se levantasse em contrário. Era um anelo intenso; como o desejo do ambicioso, ou do cobiçoso ou do voluptuoso. Ele almejava, desfalecia, clamava, importunava para ser restaurado a seu lugar nos átrios de Deus e quase se impacientava com a demora. Ainda assim não era tanto o átrio do Senhor pelo que ele ansiava, mas clamava em oração pelo próprio Deus vivo. "Que eu possa conhecê-lo e ser novamente levado à comunhão com Ele!" (conforme 1Jo 1:3). As ordenanças são vazias se não encontrarmos com Deus nelas.

ANOTAÇÕES

....
....
....
....
....
....
....
....
....
....
....
....
....
....
....
....
....
....
....
....
....

ESTUDO 128

Monarquia unida

AS RESPONSABILIDADES DA ALIANÇA

Leitura bíblica: 1 Reis 9

Porém, se vocês ou os seus filhos se afastarem de mim e não guardarem os meus mandamentos e os meus estatutos, que eu lhes prescrevi, [...] lançarei para longe da minha presença este templo, que santifiquei ao meu nome. 1 REIS 9:6-7

O propósito da resposta de Deus. (1) Ele garante a Salomão a Sua presença especial no templo, que lhe fora construído, em resposta à oração do rei: "Consagrei esse templo" (v.3). Salomão o havia dedicado, mas era prerrogativa divina santificá-lo — santificar ou consagrar. Os homens não podem tornar um local santo; no entanto, aquilo que em sinceridade devotamos a Deus, podemos esperar que Ele o aceite graciosamente como Seu; e Seus olhos e coração estarão sobre o objeto da consagração (v.4). Apliquem isso a pessoas, os templos vivos. Aqueles a quem Deus santifica, que separa para si mesmo, obtêm perpetuamente Seu olhar, Seu coração e Seu cuidado. (2) Deus mostra a Salomão os deveres dele e de seu povo quanto ao futuro de seu comportamento. Que eles não se sentissem seguros como se pudessem viver como desejassem naquela época em que tinham o templo do Senhor em seu meio (Jr 7:4). Não, essa casa era designada para os proteger em sua aliança com Deus, mas não em sua rebelião ou desobediência. O Senhor lida claramente conosco, coloca diante de nós o bem e o mal, a bênção e a maldição, e nos faz conhecer aquilo no que devemos confiar. Aqui, Deus diz a Salomão: 1) Que o estabelecimento de seu reino dependeria da constância de sua obediência: "'Se você andar diante de mim como fez o seu pai Davi', que lhe deixou um bom exemplo e encorajamento suficiente para o seguir (e vantagens pelas quais você será responsabilizado se não as aperfeiçoar); se andar como ele, 'com integridade de coração e com sinceridade' (pois este é o principal — não há religião sem sinceridade), 'também confirmarei o trono de seu reino', e não de outro modo" (conforme vv.4-5), visto que a promessa foi feita sob essa condição (Sl 132:12). 2) Que a ruína de seu reino seria certamente em virtude de sua apostasia de Deus, ou da de seus filhos: "Saiba, porém, você, e informe sua família e seu reino, e que todos sejam admoestados de que, se juntamente se afastarem de mim" (conforme alguns pensam que deveria ser compreendido o versículo 6), se abandonarem meu culto, desertarem de meu altar e servirem outros deuses (pois esse era o pecado que quebrava a aliança), se você ou seus filhos romperem comigo, esta casa não os salvará. O templo, embora seja uma casa santa, santificada pelo próprio Deus, por amor ao Seu nome, será abandonado e ficará desolado (vv.8-9), esta casa que é excelsa. Eles se orgulhavam da imponência e magnificência da estrutura, mas deveriam saber que ela não era tão elevada a ponto de ficar fora do alcance dos julgamentos divinos caso fosse vilipendiada pela troca dela por bosques e templos para ídolos, e, ainda assim, ao mesmo tempo, enaltecerem-na de modo a pensar que ela lhes asseguraria o favor de Deus, mesmo que eles se corrompessem. Se vocês abandonarem a Deus, a queda dessa casa será ainda mais surpreendente, e os que passarem por ela se espantarão com a sua ruína. O pecado deles será lido em sua punição. Eles abandonaram o templo e, como consequência, Deus o abandonou; eles o profanaram com seus pecados e o depreciaram; portanto, Deus o profanou e o descartou.

O GOVERNANTE E OS GOVERNANTES

ESTUDO 129

Monarquia unida

Leitura bíblica: Provérbios 25

A glória de Deus é encobrir as coisas, mas a glória dos reis é investigá-las.

PROVÉRBIOS 25:2

Aqui está: (1) Um exemplo dado acerca da honra de Deus: é Sua glória encobrir as coisas. Ele não precisa analisar nada porque sabe perfeitamente tudo de uma ótica clara e certa e nada pode lhe ser escondido; porém, "o [Seu] caminho foi pelo mar; as [Suas] veredas passaram pelas grandes águas" (Sl 77:19). Há uma profundeza insondável em Seus conselhos (Rm 11:33). Contudo, isso é apenas uma pequena porção do que se sabe dele. "Nuvens e escuridão o rodeiam..." (Sl 97:2). Vemos o que Ele realiza, mas desconhecemos Suas razões. Alguns atribuem isso ao pecado do homem; é Sua glória perdoar pecados, o que é o mesmo que os cobrir, não se lembrar deles, não os mencionar; Sua paciência, exercida com os pecadores, é semelhante à Sua honra, na qual Ele parece guardar silêncio e não notar a questão. (2) Um exemplo duplo da honra dos reis: 1) É glória de Deus que Ele não precise investigar um assunto, pois Ele o conhece sem precisar de investigação. Contudo, é a glória dos reis — aplicando toda a sua mente e utilizando-se de todos os métodos de averiguação — investigar as questões que lhe são trazidas, empenhar-se no exame aos ofensores, a fim de que possam descobrir os desígnios deles e trazer à luz as obras ocultas das trevas e, assim, não proceder julgamento precipitado ou até que tenham pesado as coisas, tampouco de deixar completamente para que outros apurem os fatos, mas que os examinem com seus próprios olhos. 2) É glória de Deus que Ele não possa ser descoberto por meios de pesquisas. Parte dessa honra é concedida aos reis, aos reis sábios, que investigam as questões. O coração deles é insondável, assim como o peso do céu ou a profundidade da Terra, que podemos imaginar, mas não medir. Os príncipes têm seu *arcana imperii* — segredos de estado, desígnios que são mantidos reservados, e motivações estatais, as quais as pessoas não têm competência para julgar e, portanto, não devem bisbilhotar. Os príncipes sábios, quando apuram um assunto, têm alcance que os outros desconhecem, como Salomão, quando ele pediu uma espada para repartir um bebê vivo, objetivando com isso descobrir a mãe verdadeira.

ANOTAÇÕES

ESTUDO 130

Monarquia unida

EM BUSCA DE SABEDORIA

Leitura bíblica: 1 Reis 10

Bendito seja o Senhor, seu Deus, que se agradou de você e o colocou no trono de Israel. O Senhor ama Israel para sempre e, por isso, ele o constituiu rei, para que você execute o juízo e a justiça.

1 REIS 10:9

Aqui temos o relato da visita da rainha de Sabá a Salomão, ocorrida, sem dúvida, quando ele estava no auge de sua piedade e prosperidade. Nosso Salvador a chama de "rainha do Sul" (Mt 12:42), pois Sabá ficava ao sul de Canaã. A opinião geral é de que seja na África; e os cristãos da Etiópia até hoje têm certeza de que ela provinha de seu país e de que Candace, mencionada em Atos 8:27, era sucessora dela. Contudo, é mais provável que essa ditosa viesse do sul da Arábia. Aparentemente, ela era uma rainha regente, soberana sobre seu país. Muitos países seriam privados de grandes bênçãos se uma lei sálica [N.T.: que impede a coroação de herdeiras ao trono] fosse admitida em sua constituição. Observe:

Em que missão veio a rainha de Sabá — não para tratados de comércio, para ajustar os limites de seu domínio, para solicitar uma aliança para reforço mútuo ou por seu auxílio contra algum inimigo comum, que normalmente é o motivo para a reunião das cabeças coroadas e suas conversações. Mas ela veio: (1) Para satisfazer sua curiosidade. Havia ouvido falar da fama de Salomão, especialmente de sua sabedoria, e veio para o testar, para ver se ele era tão grande quanto se falava (v.1). A frota de Salomão navegava por perto da costa do país dela e, provavelmente, aportava ali em busca de água potável. Talvez tenha sido assim que ela ouvira da fama de Salomão, que ele excedia em sabedoria a todos os filhos do Oriente, e nada lhe bastaria senão ir, ela mesma, investigar a veracidade do comentário. (2) Para receber instrução dele. Viera ouvir a sabedoria dele e, assim, aumentar a dela mesma (Mt 12:42), para que pudesse estar mais bem capacitada para governar seu país pelos axiomas de política dele. Aqueles a quem Deus chama para qualquer serviço público, particularmente a magistratura e o ministério, deveriam, por todos os meios possíveis, aperfeiçoar-se continuamente no conhecimento que os qualificará cada vez mais para ele e os capacitará a melhor dispensar sua confiança. Entretanto, parece que o que ela mais almejava era ser instruída nas coisas de Deus. Ela tinha inclinação religiosa e não ouvira apenas da fama de Salomão, mas acerca do nome do Senhor (1Rs 10:1), o grande nome daquele Deus a quem Salomão adorava e de quem recebera sabedoria, e ela desejava conhecê-lo melhor. Desse modo, nosso Salvador menciona as perguntas dela a Deus, feitas por intermédio de [pessoas como] Salomão, como um agravante à insensatez daqueles que não buscam a Deus por intermédio do nosso Senhor Jesus Cristo, embora Ele, por ter se reclinado sobre o peito do Pai, seja infinitamente mais capaz de os instruir.

ANOTAÇÕES

....
....
....
....
....
....
....
....
....

JOIA DE VALOR INESTIMÁVEL

ESTUDO 131

Monarquia unida

Leitura bíblica: Provérbios 31

Mulher virtuosa, quem a achará?
O seu valor muito excede o de finas joias.

PROVÉRBIOS 31:10

Alguns pensam que este capítulo foi acrescentado aos provérbios de Salomão porque ele seria o mesmo autor, supondo que o rei Lemuel seria Salomão. Outros pensam que é apenas porque o provérbio tem a mesma natureza, embora deixado, de forma escrita, por outro autor chamado Lemuel. Seja como for, é uma profecia; portanto, dada por inspiração e direção de Deus, sob a qual Lemuel estava, ao registrá-la e colocá-la nesse formato, à medida que sua mãe o aconselhava nesse assunto.

Esta descrição da mulher virtuosa tem o objetivo de mostrar que tipo de esposas as mulheres deveriam ser e qual o tipo de esposa os homens deveriam escolher. Há nele 22 versículos, cada um deles começando com uma letra do alfabeto hebraico em ordem, como alguns salmos. Isso leva alguns a pensar que ele não era parte da lição que a mãe de Lemuel lhe dava, mas um poema em si, escrito por outro autor e talvez comumente repetido entre os judeus piedosos, feito de forma alfabética para facilitar esse processo.

(1) A pessoa por quem se pergunta é a mulher virtuosa — uma mulher de força (conforme a palavra original), embora um vaso mais frágil, ainda assim fortalecida pela sabedoria, pela graça e pelo temor de Deus. Esse é o mesmo termo usado para falar do caráter de bons juízes (Êx 18:21), descrevendo-os como homens capacitados, qualificados para a função à qual foram chamados, homens de verdade, tementes a Deus. Assim, o que se segue, uma mulher virtuosa é uma mulher espiritual, que tem o controle de seu próprio espírito e sabe como gerenciar outras pessoas, ela é piedosa e trabalhadora e uma auxiliadora para o homem. Em oposição a essa força, lemos acerca da fraqueza do coração "de uma prostituta descarada" (Ez 16:30). A mulher virtuosa é uma mulher de resolução que, tendo adotado bons princípios, é firme e constante a eles e não será atemorizada, quanto a seu dever, por ventos ou nuvens vindos de qualquer parte. (2) A dificuldade de encontrá-la: "quem a achará?" (v.10). Isso indica que são poucas as boas mulheres; muitas que parecem sê-lo, na verdade, não são. Aquele que pensava ter encontrado uma mulher virtuosa foi enganado: "Ao amanhecer, Jacó viu que era Lia" (Gn 29:25), e não Raquel, que ele esperava. Porém, aquele que deseja se casar, precisa procurar diligentemente por tal mulher; ter isso como princípio para seus olhos, em todas as buscas, e atentar para não ser influenciado pela beleza ou temperamento alegre; riqueza ou parentesco; por se vestir bem ou dançar bem, visto que tudo isso pode ser visto e, ainda assim, a mulher não ser virtuosa. Entretanto, há muitas mulheres verdadeiramente virtuosas que não são reconhecidas por essas vantagens. (3) O valor incalculável dessa mulher e o valor que aquele que a tem deve lhe dar, demonstrando-o por sua gratidão a Deus e por sua bondade e respeito por ela, a quem ele jamais pode achar que está fazendo demais. "O seu valor muito excede o de finas joias" (Pv 31:1) e todos os ornamentos com que as mulheres vãs se adornam. Quanto mais raras são essas boas esposas, mais elas devem ser valorizadas.

ESTUDO 132

Monarquia unida

UMA HISTÓRIA COM TRISTE FINAL

Leitura bíblica: 1 Reis 11

O Senhor se indignou contra Salomão, por ter desviado o seu coração do Senhor, Deus de Israel, que lhe havia aparecido duas vezes. 1 REIS 11:9

Salomão, que era a beleza de Israel e uma bênção tão grande para a sua geração, cairia? Sim, isso é bem verdade, e as Escrituras são fiéis ao relatá-lo e ao referir a essa queda muito tempo depois: "Entre muitas nações não havia rei semelhante a ele. Era amado por seu Deus, e Deus o colocou como rei sobre todo o Israel. Mas as mulheres estrangeiras o fizeram cair no pecado" (Ne 13:26). Este é o resumo de sua apostasia: foram as mulheres que o enganaram e foram elas as primeiras na transgressão.

Ele deu dotes por mulheres estrangeiras, muitas delas. Aqui começou a rebelião dele. (1) Entregou-se às mulheres, algo contra o que sua mãe o alertara: "Não dê às mulheres a sua força" (Pv 31:3 — talvez aludindo a Sansão, que perdeu sua força ao dar a informação acerca dela a uma mulher), pois é isso, tanto quanto qualquer coisa, que destrói reis. A queda de seu pai, Davi, começara com a cobiça da carne, pela qual ele deveria ter sido alertado. O amor das mulheres já deixou muitos feridos (Pv 7:26) e muitos (de acordo com o bispo Hall) tiveram suas cabeças quebradas por suas próprias costelas. (2) Ele teve muitas mulheres, tantas que, por fim, totalizaram 700 esposas e 300 concubinas, 1.000 ao todo, e não havia uma boa mulher entre elas, como ele mesmo admite em seu sermão penitencial (Ec 7:28), pois nenhuma mulher de firme virtude se manteria em tal grupo. Por Sua Lei, Deus havia proibido particularmente aos reis que multiplicassem cavalos ou mulheres (Dt 17:16-17). Lemos em 1 Reis 10:29, como ele já havia quebrado a primeira lei, ao multiplicar cavalos trazendo-os também do Egito (o que era expressamente proibido naquela lei) e, aqui, é-nos dito que ele violou a última lei (com consequência mais fatal), ao multiplicar esposas. Note, pecados menores, quando trazem lucro, abrem a porta para pecados maiores.

Salomão foi atraído à adoração de deuses estrangeiros por meio delas, assim como Israel foi atraído a Baal-Peor pelas filhas de Moabe. Essa foi a má consequência de sua multiplicação de esposas. Temos razões para crer que isso debilitou a saúde dele e apressou o declínio da velhice; exauriu-o de seu tesouro, que, embora vasto, seria considerado insuficiente para sustentar o orgulho e a vaidade de todas essas mulheres. Talvez isso tenha lhe ocasionado, perto de seu fim, a negligência de sua função, pela qual perdera seus suprimentos de países estrangeiros, forçando-o a sobrecarregar seus súditos, a fim de manter sua grandiosidade, com os impostos sobre o qual eles reclamaram (12:4). No entanto, nenhuma consequência foi pior do que esta: suas esposas afastaram seu coração para outros deuses (11:3-4). (1) Ele esfriou e ficou indiferente em sua própria religião e negligente no serviço ao Deus de Israel. Seu coração não era perfeito para com o Senhor seu Deus (v.4), nem o seguia completamente (v.6), como Davi, seu pai. Não podemos supor que ele extinguiu a adoração a Deus, muito menos que a tenha restringido ou impedido (o serviço no templo prosseguiu como sempre), mas ele era menos frequente e menos empenhado quando ascendia à casa do Senhor e em seu comparecimento a Seu altar. Salomão abandonara o primeiro amor, perdera seu zelo por Deus e não perseverou até o fim, como tinha feito no começo.

O SEGREDO DA FELICIDADE

ESTUDO 133

Monarquia unida

Leitura bíblica: Eclesiastes 1

*Vaidade de vaidades,
diz o Pregador. Vaidade de vaidades!
Tudo é vaidade.*

ECLESIASTES 1:2

O relato que temos da apostasia de Salomão de Deus, ao final de seu reinado (1Rs 11:1), é a parte trágica de sua história. Podemos supor que ele proferiu seus Provérbios no começo do seu tempo, enquanto mantinha-se na integridade, mas pregou Eclesiastes depois de envelhecer (pois fala de maneira sentida do peso e decadência da velhice no capítulo 12) e havia se recuperado, pela graça de Deus, de seu desvio. Lá, ele ditava suas observações; aqui, escreve sobre suas experiências. Isso é o que os dias dizem e o que a multidão dos anos ensina. O título do livro e seu autor são apresentados no primeiro versículo. Observemos o seguinte:

(1) Que é um sermão, um sermão impresso; o texto é: "Vaidade de vaidades, diz o Pregador", e essa também é a doutrina, provada por muitos argumentos e uma indução de detalhes, em que diversas objeções são respondidas. No encerramento, temos a utilidade e a aplicação de tudo, por meio de uma exortação para se lembrar do Criador, para temê-lo e para guardar Seus mandamentos. De fato, há muitas coisas neste livro que são obscuras e difíceis de entender, e algumas coisas que homens de mente corrupta combatem, para a sua própria destruição, por não distinguirem entre os argumentos de Salomão e as objeções dos ateístas e epicureus. Mas há muitas coisas fáceis e claras para nos convencer (se admitirmos a convicção) acerca da vaidade do mundo, da sua total insuficiência para nos tornar felizes, da vileza do pecado e de sua assegurada tendência em nos tornar miseráveis, além da sabedoria de ser religioso e do consolo e satisfação sólidos que se obtém ao cumprirmos nossos deveres tanto com Deus quanto com o homem. (2) Que é um sermão penitencial, como alguns salmos de Davi; é um sermão de retratação, no qual o pregador lamenta, com tristeza, sua tolice e erros ao prometer a si próprio a satisfação nas coisas do mundo, incluindo os proibidos prazeres dos sentidos, que agora ele descobre serem mais amargos do que a morte. Sua queda é prova da fraqueza da natureza humana: "Não se glorie o sábio na sua sabedoria" (Jr 9:23), nem tampouco diga: "jamais serei tolo para fazer isso e aquilo", quando o próprio Salomão, o homem mais sábio, bancou o tolo tão flagrantemente; "nem o rico se glorie em suas riquezas", visto que as riquezas de Salomão foram armadilhas tão grandes para ele e lhe trouxeram muito mais sofrimento do que a pobreza de Jó. A sua recuperação é uma prova do poder da graça divina em trazer de volta para Deus aqueles que muito se afastaram dele; é uma prova da riqueza da misericórdia divina em aceitá-lo, apesar dos muitos agravantes de seu pecado, nos termos da promessa feita a Davi de que, se seus filhos cometessem iniquidade, seriam corrigidos, mas não abandonados ou deserdados (2Sm 7:14-15). Que aquele que pensa estar em pé, então, cuide para não cair; e que aquele que caiu se levante rapidamente e não se desespere com o auxílio ou a aceitação. (3) Que é um sermão prático e benéfico. O erro fundamental, e que está na base de nosso afastamento de Deus, é o mesmo de nossos primeiros pais: desejar ser como deuses, entretendo-se com o que parece ser um alimento bom, aprazível e desejável para nos tornar sábios. Neste livro, Salomão nos assegura que temer a Deus e guardar Seus mandamentos é a nossa finalidade.

ESTUDO 134

Monarquia unida

AS MUDANÇAS DA VIDA E O DEUS IMUTÁVEL

Leitura bíblica: Eclesiastes 3

Tudo tem o seu tempo determinado, e há tempo para todo propósito debaixo do céu.

ECLESIASTES 3:1

O escopo destes versículos é para demonstrar que vivemos em um mundo em mudança, que os variados eventos do tempo e as condições da vida humana são grandemente diferentes uns dos outros e, ainda assim, ocorrem de modo indiscriminado, e que estamos continuamente passando e repassando por entre eles, como as revoluções de cada dia e ano. Em "toda a carreira da natureza" (Tg 3:6), o que alguém fala é o máximo e, pouco a pouco, é o contrário; há um constante fluxo e refluxo, um crescimento e o minguamento; de um extremo ao outro, a forma do mundo muda, sempre mudou e sempre mudará. Demonstra também que cada mudança relacionada a nós, com seu tempo e estação, é inalteradamente fixada e determinada pelo poder supremo; e que devemos aceitar as coisas conforme elas vêm, pois não está em nosso poder mudar o que nos foi estabelecido. E isso está aqui como a razão por que, quando estamos em prosperidade, devemos aproveitar, mas não nos sentir seguros — não estar seguros porque vivemos em um mundo de mudanças e, portanto, não temos motivo para dizer: "Amanhã será como hoje" (os vales mais profundos se unem às montanhas mais altas), e ainda assim descansar e, como disse ele (Ec 2:24), desfrutar do produto de nosso trabalho em uma humilde dependência de Deus e de Sua providência, nem exaltados em esperança, ou derrubados por temores, mas em calmaria mental esperando cada evento. Aqui temos:

Uma proposição geral lançada: "Tudo tem seu tempo determinado" (3:1). (1) Aquilo que parece ser mais contrário ao anterior terá, na revolução dos acontecimentos, sua vez e entrará em ação. O dia dará lugar à noite; a noite, ao dia novamente. É verão? Logo será inverno. É inverno? Fique mais um tempinho e logo será verão. Cada propósito tem seu tempo. O céu mais claro ficará anuviado, *Post gaudia luctus* — a alegria sucede a tristeza; e o céu mais nublado ficará limpo, *Post nubila Phoebus* — o sol irromperá detrás das nuvens. (2) Aquelas coisas que parecem mais casuais e contingentes são, no conselho e presciência divinos, determinadas pontualmente, e seu momento é fixado e não pode ser antecipado ou adiado, por um momento que seja.

A prova e a demonstração desse princípio pela indução de detalhes, 28 no total, de acordo com os dias das revoluções da lua, que está sempre aumentando e diminuindo entre a sua plenitude e mudanças. Algumas dessas transformações são puramente ato de Deus; outras dependem mais da vontade do homem, mas todas são determinadas pelo conselho divino. Cada coisa *sob o sol* é assim mutável, mas no Céu há um estado imutável, e um conselho imutável concernente a elas.

ANOTAÇÕES

....
....
....
....
....
....
....

CORRENDO ATRÁS DO VENTO

ESTUDO 135

Monarquia unida

Leitura bíblica: Eclesiastes 6

Todo trabalho do ser humano é para a sua boca; contudo, o seu apetite nunca se satisfaz.

ECLESIASTES 6:7

O pregador aqui demonstra a vaidade e a tolice de amontoar a riqueza do mundo e esperar que a felicidade venha dela.

Por mais que labutemos no mundo e dele tiremos proveito, podemos apenas ter para nós não mais do que um sustento (v.7): "A fome do trabalhador o faz trabalhar, porque a sua boca o incita a isso" (Pv 16:26); é apenas alimento e vestimenta (1Tm 6:8); o que é a mais, outros o têm, nós não; tudo é para a boca. A comida é para o ventre, e o ventre para a comida; não há nada para a cabeça ou para o coração, nada para nutrir ou enriquecer a alma. Um bocado será suficiente para nos sustentar confortavelmente e não podemos fazer muito mais.

Aqueles que têm muito ainda estão cobiçando; que o homem trabalhe o suficiente para a sua boca, e ainda assim seu apetite não será satisfeito. (1) Os desejos naturais ainda retornam, ainda pressionam; um homem pode ser banqueteado hoje e ainda estar faminto amanhã. (2) Os desejos pecaminosos do mundo são insaciáveis (Ec 5:10). A riqueza para um mundano é como a bebida para alguém que sofre de edema, algo que só aumenta a sede. Alguns interpretam o versículo completo assim: Ainda que o trabalho de um homem corresponda ao que ele tem em mente (*ori ejus obveniat* — correspondendo ao seu ponto de vista), exatamente como ele gostaria, mesmo assim seu desejo não é satisfeito, ainda deseja algo mais. (3) Os desejos da alma não encontram nada na riqueza do mundo para trazer-lhes qualquer satisfação. A alma não é preenchida, conforme diz o termo no original. Quando Deus "satisfez o desejo de Israel, "fez definhar a sua alma" (Sl 106:15 ARC). Foi um tolo aquele que, quando seus celeiros estavam cheios, disse: "Alma, descanse" (Lc 12:19).

Desfrutar o que temos só pode ser reconhecido como mais racional do que uma avidez por mais (v.9): é melhor o que os olhos veem, aproveitando o máximo do que é presente, do que tê-los vagando atrás de desejos, a agitada caminhada da alma após coisas distantes e a comoção da variedade de satisfações imaginárias. É muito mais feliz aquele que está sempre satisfeito, embora tenha pouco, do que aquele que sempre cobiça, mesmo que tenha muito. Não podemos dizer que é melhor o que veem os olhos do que o colocar os desejos sobre Deus e descansar nele. É melhor viver pela fé nas coisas por vir do que viver pelos sentidos, que se apoiam apenas nas coisas presentes. Contudo, é melhor o que os olhos veem do que o desejo errante pelo mundo e as coisas dele, do qual nada é mais incerto e mais insatisfatório, quando muito. Esse vagar do desejo é vaidade e enfado para o espírito. É vaidade; se o que é desejado, for obtido, ele não prova aquilo que nos prometemos vindo dele, mas normalmente o desejo errante é aflição e decepção, e assim se torna enfado de espírito.

ANOTAÇÕES

....
....
....
....
....

ESTUDO 136

Monarquia unida

A ECONOMIA DA GENEROSIDADE

Leitura bíblica: Eclesiastes 11

Lance o seu pão sobre as águas, porque depois de muitos dias você o achará.

ECLESIASTES 11:1

Neste livro, Salomão muitas vezes estimula os ricos a se contentarem com suas riquezas; aqui ele os encoraja a fazer o bem aos outros com elas e a ser abundantes em sua liberalidade com o pobre, que, em outro tempo, abundará na conta deles. Observe: (1) Como o dever nos é recomendado: "Lance o seu pão sobre as águas" (v.1), o teu pão de cereal nos locais humildes (assim interpretam alguns), aludindo ao agricultor, que vai carregando a preciosa semente, poupando o cereal de sua família para sementes, sabendo que, sem isso, não terá colheita no ano seguinte. Desse modo, o caridoso tira de seu pão de cereal para a semente, reduz do que é seu para suprir o pobre, para que possa semear junto a todas as águas (Is 32:20), porque colherá aquilo que plantou (Gl 6:7). Lemos acerca da colheita do rio (Is 23:3). Nas Escrituras, águas significa multidões (Ap 16:5), e há multidões de pobres (não nos falta a quem dirigir a caridade); águas também pode significar lamentadores: os pobres são homens de dores. Precisamos dar pão, o suporte necessário à vida, não apenas boas palavras, mas coisas boas (Is 58:7). O pão precisa ser seu, aquilo que foi honestamente adquirido; não é caridade, mas injúria, dar o que não lhe pertence para ser distribuído. Primeiramente, aja com justiça, depois ame a misericórdia. Que o pobre tenha uma parte do pão que você designou para você mesmo, como acontecia com Jó (31:17). Doe liberalmente ao pobre, como aquilo que é lançado sobre as águas. Envie-o em uma jornada, como um empreendimento, como mercadores que negociam por meio marítimo. Confie-o sobre as águas; ele não afundará.

(2) *As razões por que somos estimulados a isso*. Consideremos: nossa recompensa por fazer o bem é certa. "Embora você o lance sobre as águas e pareça que foi perdido, embora pense que deu sua boa palavra juntamente com ele e talvez nunca mais ouvirá a seu respeito, você o encontrará depois de muitos dias, como o agricultor, que encontra sua semente novamente em uma colheita abundante, e como o mercador encontra seu investimento em um rico retorno. Não estará perdido, mas bem aplicado; ele trará juros plenos por meio das presentes dádivas da providência divina, e das graças e consolos de Seu Espírito. E o principal é certo: ele foi lançado no Céu, pois foi '[emprestado] ao Senhor' (Pv 19:17)".

ANOTAÇÕES

LEMBRAR-SE DO MAIS IMPORTANTE

ESTUDO 137

Monarquia unida

Leitura bíblica: Eclesiastes 12

*Lembre-se do seu Criador nos dias da sua mocidade,
antes que venham os dias maus, e cheguem os anos em que você dirá:
Não tenho neles prazer.* ECLESIASTES 12:1

"Lembre-se do seu Criador nos dias da sua mocidade". Isto é: (1) A aplicação, pelo pregador, de seu sermão a respeito da vaidade do mundo e de tudo nele. "Vocês que são jovens se deleitam com as expectativas de grandes coisas dele, mas creiam naqueles que já o tentaram. Ele não traz satisfação sólida à alma; assim, que vocês não sejam enganados por essa vaidade nem se perturbem por ela. Lembrem-se de seu Criador e assim se preservem contra as perversidades que surgem da vaidade da criatura". (2) Esse é o antídoto do médico real contra as enfermidades características da juventude: o amor à alegria, a indulgência aos prazeres sensuais, a vaidade a que estão sujeitas a infância e a juventude. A fim de preveni-las e curá-las, lembrem-se de seu Criador. Aqui está: 1) Um grande dever compelido sobre nós: lembrar de Deus como nosso Criador; não apenas nos lembrar de que Deus é nosso Criador, que Ele nos vez, que nós não nos fizemos e que Ele é nosso Senhor e proprietário por direito, mas devemos nos comprometer com Ele com as considerações, sob as quais estamos, de que Ele é nosso Criador e devemos lhe prestar honra e cumprir os deveres que lhe devemos como nosso Criador. "Lembrem-se de seus Criadores", a palavra está no plural, como em Jó 35:10. "Onde está Deus, meus Criadores? Pois Deus disse: 'Façamos o homem; nós, Pai, Filho e Espírito Santo'". 2) O tempo adequado para esse dever — nos dias da sua mocidade, os dias da sua excelência (conforme interpretam alguns), seus dias excelentes. Comecem no início de seus dias a lembrar-se daquele por meio de quem têm sua existência e prossigam de acordo com esse bom começo. Tragam-no à mente enquanto são jovens e mantenham-no no pensamento por todos os dias da sua juventude e nunca o esqueçam. Assim, guardem-se contra as tentações da juventude e, então, ampliem a vantagem dela.

Façam-no logo. (1) Antes que a enfermidade e a morte cheguem. Façam-no enquanto estão vivos, pois será tarde demais para o fazer quando a morte houver removido vocês de seu estado de provação para aquele de recompensa e retribuição. (2) Antes que a velhice chegue, que, caso a morte não impeça, virá, e aqueles serão anos dos quais diremos: "não tenho prazer neles" — quando não saborearemos os deleites dos sentidos, como Barzilai (2Sm 19:35) — quando teremos nos separado de nossos relacionamentos, e de todos os nossos velhos amigos, ou estaremos aflitos neles e os veremos cansados de nós; quando nos sentiremos morrendo aos poucos.

ANOTAÇÕES

....
....
....
....
....
....
....
....

ESTUDO 138

Monarquia unida

CONTRA A PARCIALIDADE DA JUSTIÇA

Leitura bíblica: Salmo 82

*Até quando julgarão injustamente
e tomarão partido pela causa dos ímpios?*

SALMO 82:2

Uma acusação contra os maus magistrados, que negligenciam seu dever e abusam de seu poder, esquecendo-se de que Deus está entre eles (vv.2,5). Observe: (1) De que pecado eles estão sendo acusados, ao julgarem de modo injusto, contrário às leis de equidade e ao que dita a sua consciência, dando sentenças contra aqueles que têm o direito do seu lado, por maldade ou má vontade, ou a favor daqueles que têm causa injusta, por proteção e afeição parcial. Agir injustamente é ruim, mas julgar com injustiça é muito pior porque é fazer o mal sob a égide de bem. Contra esses atos de injustiça, há menos salvaguarda para o prejudicado; por meio deles, há o encorajamento dos que prejudicam. Era um grande mal, como qualquer outro, quando Salomão observou, debaixo do Sol, que havia injustiça no lugar do julgamento (Ec 3:16; Is 5:7). Eles não apenas admitiam os ricos por eles serem ricos, embora isso já seja ruim o suficiente, mas (o que é muito pior) admitiam pessoas maldosas por elas serem más; não apenas as toleravam em sua perversidade, mas as amavam ainda mais por isso e se apaixonavam por seus interesses. Ai de você, ó terra, quando os seus juízes são assim! (2) Qual era a causa desse pecado. Foi-lhes dito claramente que era seu ofício e dever proteger e libertar o pobre; muitas vezes lhes foi dado o poder, mas eles julgaram injustamente, pois dele "nada sabem, nem entendem" (Sl 82:5). Não cuidam de ouvir acerca de seu dever; não se esforçam para se dedicar a ele; não têm o desejo de fazer as coisas corretamente, mas são governados por interesses, não pela razão ou pela justiça. Um presente dado às escondidas cega seus olhos. Eles não tomam conhecimento porque não querem compreender. Ninguém é tão cego quanto aqueles que se recusam a ver. Confundiram sua própria consciência e assim andam em trevas, sem saber ou se importar aonde vão. Aqueles que andam na escuridão estão a caminho das trevas eternas. (3) Quais as consequências desse pecado: todos os fundamentos da terra vacilam. Que bem pode ser esperado quando a justiça é pervertida? A terra e todos os seus habitantes são assim dissolvidos, conforme o salmista fala em um caso semelhante (Sl 75:3). Os erros de pessoas públicas são prejuízos públicos.

ANOTAÇÕES

....
....
....
....
....
....
....
....
....
....
....
....
....
....
....
....

DESPREZANDO A SABEDORIA

ESTUDO 139

Monarquia unida

Leitura bíblica: 1 Reis 12

*O rei deu uma resposta dura ao povo,
porque havia desprezado o conselho dos anciãos.*

1 REIS 12:13

Roboão respondeu ao povo de acordo com o conselho dos jovens (vv.14-15). Ele assumiu que era altivo e imperioso e achou que poderia conduzir tudo que tinha diante de si com a mão erguida; assim preferiu correr o risco de os perder do que de negar a si mesmo e lhes dar uma palavra favorável. Note: muitos se arruínam ao consultar seu humor mais do que seu interesse.

Temos aqui o rasgar de dez das tribos do reino da casa de Davi (11:30-31), para cujo efeito o povo estava firme e resoluto em sua revolta. Eles ressentiram-se grandemente com a provocação que Roboão lhes fizera, enfureceram-se com suas ameaças, concluíram que o governo que começava dessa forma tão arrogante seria intoleravelmente doloroso e, portanto, imediatamente todos chegaram à decisão: "Que parte temos nós em Davi?" (v.16). Falaram de modo muito impróprio de Davi, o grande benfeitor de sua nação, chamando-o de "filho de Jessé", um homem nada mais importante do que seus vizinhos. Como são rapidamente esquecidos os homens bons e seus bons serviços! A precipitada decisão deles também teve muita culpa. Com o tempo, e com uma conduta prudente, eles poderiam ter firmado o contrato original com Roboão para satisfação mútua. Se tivessem perguntado quem dera tal conselho a Roboão e tomado ação para afastar esses maus conselheiros de perto dele, a ruptura poderia ter sido evitada. Ou, do contrário, a sua solicitude por sua liberdade e propriedade foi conveniente para aquele povo livre. "Por acaso Israel é escravo ou servo nascido em casa? Por que, então, veio a ser presa de outros?" (Jr 2:14). Desejam ser governados, e não usados como montaria. A proteção atrai a aliança, mas a destruição não consegue fazê-lo. Não espanta que Israel se separe da casa de Davi (1Rs 12:19) se a casa de Davi se afasta do grande objetivo de seu crescimento, aqueles que deveriam ser ministros de Deus para o bem deles. Contudo, rebelar-se dessa forma contra a semente de Davi, a quem Deus havia promovido ao reino (vinculando-o à sua semente), e estabelecer outro rei em oposição à sua família foi um grande pecado (2Cr 13:5-8). A isso Deus se refere em Oseias 8:4: "Eles estabeleceram reis, mas não da minha parte". E aqui é mencionado, como elogio à tribo de Judá, que eles seguiram a casa de Davi (1Rs 12:17,20) e, pelo que parece, descobriram que Roboão era melhor do que as palavras dele, e que ele não governava com o rigor com o qual ameaçara inicialmente.

ANOTAÇÕES

....
....
....
....
....
....
....
....
....
....
....
....
....

REFÚGIO ONDE BUSCAR A DEUS

ESTUDO 140
Reino dividido

Leitura bíblica: 2 Crônicas 11

Os levitas abandonaram os arredores das suas cidades e as suas propriedades e vieram para Judá e para Jerusalém, porque Jeroboão e seus filhos os expulsaram, para que não ministrassem ao SENHOR. 2 CRÔNICAS 11:14

Vejam aqui como Roboão foi fortalecido pela vinda até ele de sacerdotes e levitas, bem como de todos os israelitas piedosos e devotos, até mesmo de todos os que eram fiéis a Deus e à sua religião.

(1) Jeroboão os expulsou, isto é, inaugurou uma forma de adoração que eles sabiam, em sua consciência, que não poderiam cumprir, a qual os obrigava a se afastar do altar [que ele havia erigido] e, ao mesmo tempo, não lhes permitia ir a Jerusalém para adorar no altar que lá estava. Dessa forma, ele os afastou completamente de executar o ofício sacerdotal (v.14). Jeroboão estava muito desejoso de que eles se afastassem de suas funções, para que pudesse haver espaço para aquelas pessoas maldosas e escandalosas que ele ordenara como sacerdotes para os lugares altos (v.15, compare com 1Rs 12:31). Não surpreende que aquele que expulsara Deus expulsasse também Seus ministros. Eles não serviam ao seu propósito, não fariam tudo o que lhes ordenasse, não serviriam aos seus deuses, nem adorariam a imagem de ouro que ele fundira.

(2) Por isso, eles "abandonaram os arredores de suas cidades e suas propriedades" (v.14). Os levitas possuíam terras dentre as porções que cada tribo lhes destinou, onde confortavelmente recebiam provisões e tinham oportunidade de fazer o bem. Mas agora foram retirados de todas as suas cidades, exceto as que ficavam em Judá e Benjamim. Alguém poderia achar que o sustento deles estava bem garantido, mas eles o perderam. Trazia-lhes consolo de que a Lei frequentemente lhes relembrava de que o Senhor era a sua herança, assim, eles o encontrariam quando perdessem suas casas e bens.

(3) Eles vieram a Judá e a Jerusalém (v.14) e se apresentaram a Roboão (v.13). Onde deveriam estar os sacerdotes e levitas de Deus senão no local onde estava Seu altar? Eles foram até lá porque tinham obrigações perante o Senhor. Observe: 1) Era uma evidência de que eles amavam mais seu trabalho do que seu sustento quando eles deixaram os arredores de suas casas e suas propriedades no país (onde viveriam comodamente por si próprios) por terem sido impedidos de servir a Deus lá e se lançaram à providência divina e à caridade de seus irmãos ao irem para um lugar em que gozariam livremente das ordenanças divinas, de acordo com Sua instituição. É preferível a pobreza no exercício do dever à abundância no caminho do pecado. É melhor viver de esmolas, ou morrer na prisão, tendo uma boa consciência do que rolar na riqueza e no prazer tendo-a prostituída. 2) Foi sábio e louvável de Roboão e de seu povo terem os acolhido, embora talvez tiveram que se amontoar, para criar espaço para eles. Refugiados diligentes trarão consigo uma bênção aos países que os recebem, ao mesmo tempo em que deixam uma maldição para aqueles que os expulsam. Abram os portões para que a nação justa, que guarda a verdade, possa entrar; essa será uma boa política (veja Is 26:1-2).

ANOTAÇÕES

....
....

DE VOLTA AO CAMINHO CERTO

ESTUDO 141

Reino dividido

Leitura bíblica: 1 Reis 15

*Asa fez o que era reto aos olhos do S*ENHOR*, como Davi, seu pai.*

1 REIS 15:11

Os exemplos especiais da piedade de Asa. O tempo de seu governo foi um período de reformas. Pois:

(1) Ele removeu o que era mau. A reforma começou, e suas mãos descobriram que havia muito para fazer nesse sentido; embora tivessem se passado apenas 20 anos da morte de Salomão quando ele começou a reinar, ainda assim uma corrupção explícita havia se espalhado e se arraigado. Ele primeiramente venceu a imoralidade ao afastar os sodomitas da terra, proibindo os prostíbulos, pois como poderiam o príncipe e seu povo prosperar enquanto fosse permitida a continuidade dessas gaiolas de pássaros imundos, mais perigosos do que os abrigos de epidemias? Depois ele prosseguiu contra a idolatria: removeu todos os ídolos, até mesmo os fabricados por seu pai (v.12). Por terem sido feitos por seu pai, Asa foi ainda mais cuidadoso para os remover, de modo a romper com a herança da maldição e impedir a visitação dessa iniquidade sobre ele e sobre os seus. Além disso (o que redunda em grande honra para ele e demonstra que seu coração era íntegro perante Deus), quando descobriu a idolatria na corte, arrancou-a dali (v.13). Quando se evidenciou que Maaca, sua mãe (ou melhor, sua avó, mas chamada de *mãe* porque o educara durante a infância), tinha um poste ídolo, embora ela fosse como sua mãe, e possivelmente tivesse um apreço especial por esse deus; embora fosse idosa e não fosse viver muito para o patrocinar; embora o mantivesse apenas em sua casa, ainda assim Asa não seria conivente com a idolatria dela. A reforma precisa começar em casa. Práticas ruins jamais serão suprimidas do país enquanto forem apoiadas na corte. Em tudo o mais, Asa honrou e respeitou sua mãe; ele a amava, mas amava mais a Deus e (assim como o levita de Deuteronômio 33:9), prontamente, colocava seus relacionamentos em segundo plano, quando eles entravam em competição com seu dever. São felizes aqueles que, tendo o poder, fazem bom uso dele de coração.

(2) Asa restabeleceu o que era bom (v.15). Ele trouxe para a casa de Deus as coisas consagradas que ele mesmo havia dedicado dentre o despojo dos etíopes, a quem havia vencido, as quais haviam sido prometidas por seu pai, que não vivera bastante para cumprir seu voto. Devemos não apenas cessar de fazer o mal, mas aprender a fazer o bem; não apenas descartar os ídolos de nossa iniquidade, mas dedicar a nós mesmos e tudo o que nos pertence para a glória e honra de Deus.

ANOTAÇÕES

ESTUDO 142

Reino dividido

ABENÇOANDO A SUA GERAÇÃO

Leitura bíblica: 2 Crônicas 17

O Senhor esteve com Josafá, porque ele andou nos primeiros caminhos de Davi, seu pai, e não buscou os baalins.

2 CRÔNICAS 17:3

Que homem útil ele era Josafá. Não apenas um bom homem, mas um bom rei; não apenas bom, mas fez o bem em sua geração, muito bem. (1) Ele retirou a "mestra de mentiras", pois assim a imagem é chamada em Habacuque 2:18, os "lugares altos e os postes da deusa Aserá…" (2Cr 17:6). É uma referência aos lugares onde eram adorados os ídolos, uma vez que aqueles dedicados ao Deus verdadeiro não foram removidos (2Cr 20:33). Josafá aboliu tão somente a idolatria. Nada pervertia mais a nação do que aqueles postes ou imagens que ele jogou fora. (2) Convocou mestres da verdade. Quando inquiriu acerca do estado da religião em seu reino, descobriu que o povo era, no geral, muito ignorante: não sabiam que faziam o mal. Até mesmo no último bom reinado, pouco cuidado foi tomado para instruir o povo em seu dever. Assim, Josafá resolveu começar seu trabalho pelo lado certo: tratou-os como criaturas racionais, por isso não os guiou como se estivessem de olhos vendados; não, não a uma reforma, mas dedicou-se em ensiná-los bem, sabendo que essa era a maneira de curá-los. Nessa boa obra, ele empregou: 1) Seus príncipes. Enviou os que o cercavam; aqueles que estavam no campo foram enviados a ensinar nas cidades de Judá (v.7). Ele lhes ordenou que, na administração da justiça, não apenas corrigissem o povo quando fizessem o mal, mas que lhes ensinassem a fazer melhor e a lhes dar a razão do porquê o faziam: para que o povo fosse informado sobre a diferença entre o bem e o mal. Os príncipes ou juízes, em seus assentos, tinham uma grande oportunidade de ensinar ao povo o seu dever para com Deus e para com os homens, e isso não estava fora de sua alçada, pois as leis de Deus deviam ser vistas como as leis do país. 2) Os levitas e sacerdotes foram com os príncipes e ensinaram em Judá, tendo consigo o Livro da Lei (vv.8-9). Eles eram mestres por seu ofício (Dt 33:10). Ensinar era parte do trabalho pelo que recebiam seu sustento. Os sacerdotes e os levitas tinham pouco a fazer. Contudo, ao que parece, eles o haviam negligenciado, provavelmente dissimulando que não conseguiam convencer o povo a ouvi-los. "Bem", disse Josafá, "vocês acompanharão os príncipes, e eles, com sua autoridade, obrigarão o povo a vir ouvi-los; e, então, se não forem bem instruídos, a culpa será de vocês". Que abundância de bem pode ser realizado quando Moisés e Arão unem as mãos para o fazer; quando os príncipes, exercendo seu poder, e os sacerdotes e levitas, com sua instrução nas Escrituras, concordam em ensinar o povo sobre o bom conhecimento de Deus e de seu dever! Juntos, esses juízes e mestres itinerantes eram instrumentos para difundir a bendita luz por todas as cidades de Judá. Mas é dito que eles tinham o Livro da Lei de Moisés consigo. Note que os ministros, quando vão ensinar o povo, devem ter consigo as suas Bíblias.

ANOTAÇÕES

....
....
....
....

ALTAR RESTAURADO, DEUS REVELADO

ESTUDO 143

Reino dividido

Leitura bíblica: 1 Reis 18

Elias restaurou o altar do Senhor, que estava em ruínas.

1 REIS 18:30

Elias ergueu um altar. Ele não usaria o dos profetas idólatras, que tinha sido profanado por suas orações a Baal, mas, descobrindo a ruína de um altar que ali anteriormente fora usado no serviço ao Senhor, escolheu repará-lo (v.30), para lhes indicar que não estava para introduzir uma nova religião, mas para reviver a fé e a adoração de seus pais a Deus e para trazê-los ao primeiro amor, às suas primeiras obras. Não poderia levá-los ao altar em Jerusalém, a menos que pudesse reunificar os reinos de novo (o que, para a correção de ambos, Deus determinou que não deveria ser feito). Assim sendo, por sua autoridade profética, construiu um altar no monte Carmelo e se apropriou de um que fora previamente edificado lá. Quando não podemos implementar uma reforma tal qual desejamos, devemos fazer o possível, inclusive admitindo algumas corrupções, em vez de deixar de fazer o máximo para extirpar Baal. Ele reformou esse altar com 12 pedras, de acordo com o número das 12 tribos (v.31). Embora dez delas houvessem se convertido a Baal, Elias ainda as via como pertencentes a Deus, pela virtude da antiga aliança com seus pais.

Após construir seu altar em nome do Senhor (v.32), por direção dele e com o olhar fixo nele, e não para sua própria honra, Elias preparou o sacrifício (v.33). Eis aqui o touro e a lenha; mas onde está o fogo? Deus proverá para si mesmo o fogo (veja Gn 22:7-8). Se, em sinceridade, oferecermos nosso coração a Deus, Ele, por Sua graça, acenderá nele um fogo santo. Elias não era sacerdote, tampouco seus ajudantes eram levitas. O Carmelo não tinha um tabernáculo ou um templo; estava distante da arca do testemunho e do local que Deus escolhera; este não era o altar da oferta santificada; mas nunca um sacrifício foi mais aceitável a Deus do que este.

Elias se dirigiu solenemente a Deus pela oração diante de Seu altar, suplicando humildemente que transformasse esse holocausto em cinzas (conforme a expressão, Sl 20:3) e testificasse de Sua aceitação dele. Sua oração não foi longa, pois não usou vãs repetições, nem considerou que seria ouvido pelo muito falar. Porém, foi muito séria e resoluta, demonstrando que sua mente estava calma e serena, longe do calor e da agitação dos profetas de Baal (vv.36-37).

Deus imediatamente lhe respondeu pelo fogo (1Rs 18:38). O Deus de Elias não estava conversando ou caçando, não precisava ser despertado ou vivificado. Enquanto ele falava, o fogo do Senhor caiu, e não apenas, como em outras vezes (Lv 9:24; 1Cr 21:26; 2Cr 7:1), consumiu o sacrifício e a lenha, como sinal da aceitação divina da oferta, mas secou toda a água da vala, evaporando-a e a secando, como em vapores, visando a chuva pretendida, que seria o fruto desse sacrifício e oração, mais do que produto de causas naturais. Porém, isso não foi tudo; para completar o milagre, o fogo consumiu as pedras do altar e o próprio pó, para mostrar que não era um fogo comum, e talvez para indicar que, embora Deus aceitasse esse sacrifício ocasional neste altar, ainda assim no futuro, eles deveriam demolir todos os altares em seus lugares altos e usar apenas o de Jerusalém para seus sacrifícios constantes. Os altares de Moisés e Salomão foram consagrados pelo fogo do Céu; mas este foi destruído para nunca mais ser usado.

ESTUDO 144

Reino dividido

O ANTIGO REFÚGIO

Leitura bíblica: 1 Reis 19

*Ali entrou numa caverna, onde passou a noite.
E eis que a palavra do Senhor veio a ele e lhe disse:
— O que você está fazendo aqui, Elias?*

1 REIS 19:9

Aqui está: Elias abrigado em uma caverna no monte Horebe, que é chamado de monte de Deus, porque sobre ele Deus havia manifestado anteriormente a Sua glória. E talvez essa fosse a mesma caverna, ou fenda de rocha, na qual Moisés ficou escondido quando o Senhor passou diante dele e proclamou Seu nome (Êx 33:22). O que Elias pretendia para si mesmo ao vir se abrigar ali, não consigo entender, a menos que fosse para ceder à sua melancolia, ou para satisfazer a sua curiosidade e auxiliar sua fé e sua devoção com a visão daquele famoso local onde a Lei fora dada e onde muitas coisas grandiosas foram feitas, e na esperança de encontrar Deus ali, onde Moisés o encontrara.

A visita que Deus lhe fez ali e a pergunta proposta acerca dele: a palavra do Senhor veio a Elias. Não há aonde possamos ir que esteja fora do alcance dos olhos de Deus, de Seus braços e de Suas palavras. "Para onde me ausentarei do teu Espírito?" (Sl 139:7). Deus cuidará de Seus proscritos; e aqueles que, por amor a Ele, forem afastados dentre os homens, Ele encontrará, tomará para si e cercará com eterna bondade. João teve as visões do Altíssimo enquanto estava banido na ilha de Patmos (Ap 1:9). *A pergunta que Deus faz ao profeta*: "O que você está fazendo aqui, Elias?" (1Rs 19:9,13). Essa é uma reprimenda: (1) Por sua fuga para lá. "O que traz você para tão longe de casa? Está fugindo de Jezabel? Não conseguiu confiar no poder excelso para a sua proteção?". A ênfase está no pronome "você". "O quê? Você, um homem tão grandioso, um profeta tão grande, tão famoso por sua firmeza — você foge de seu país, assim abandona sua vivacidade?". Essa covardia seria mais desculpável em outra pessoa, e não seria um exemplo tão ruim. "Você acha que um homem como eu fugiria?" (Ne 6:11). Chorem, ciprestes, se os cedros são assim abalados (parafraseando Zc 11:2). (2) Por sua permanência lá. "O que você está fazendo aqui, nesta caverna? Esse é um lugar para que o profeta de Deus se abrigue? É o tempo para tal homem recuar, quando o público tanto precisa dele?" No retiro para o qual Deus enviara Elias, ele fora uma bênção para uma viúva pobre em Sarepta (1Rs 17), mas aqui não havia oportunidade de fazer o bem. Observe: é nossa parte perguntar com frequência se estamos no lugar certo e no caminho do serviço. "Estou onde eu deveria estar, para onde Deus me chamou, onde está meu trabalho e onde posso ser útil?"

ANOTAÇÕES

....
....
....
....
....
....
....
....
....
....
....

PROFETAS MENTIROSOS

ESTUDO 145

Reino dividido

Leitura bíblica: 1 Reis 22

*Então um espírito saiu, se apresentou diante do Senhor e disse:
"Eu o enganarei". O Senhor perguntou: "Como?". Ele respondeu: "Sairei e serei
um espírito mentiroso na boca de todos os profetas do rei".*

1 REIS 22:21

Essa questão é aqui apresentada dentro do entendimento humano. Não devemos imaginar que Deus seja colocado sobre novos conselhos ou que tenha falta de meios com os quais efetuar Seus propósitos, nem que precise consultar anjos ou qualquer criatura acerca dos métodos que deve tomar; tampouco que seja o autor do pecado ou o causador de alguém dizer ou crer em uma mentira. Contudo, além daquilo que era pretendido com relação a Acabe, esse texto nos ensina: (1) Que Deus é um grande Rei acima de todos os reis e tem um trono acima de todos os tronos dos príncipes terrenos. "Vocês têm seus tronos", disse Micaías aos dois reis, "e pensam que podem fazer o que quiserem, e que todos devemos falar conforme vocês ordenam. Entretanto, 'vi o Senhor assentado no seu trono' (v.19) e que o julgamento de todos os homens procede dele. Assim sendo, devo falar conforme Ele falou: Ele não é homem, como vocês o são". (2) Que Ele é continuamente atendido e servido por uma companhia inumerável de anjos, aqueles exércitos celestiais, que estão ao Seu lado, prontos para ir aonde Ele os enviar e fazer o que Ele lhes ordenar, mensageiros da misericórdia à Sua destra, e da ira, à Sua esquerda. (3) Que Ele não apenas conhece, mas preside acima de todos os assuntos desse mundo inferior, e os domina de acordo com o conselho de Sua própria vontade. A ascensão e queda de reis, a deflagração de guerras e todos as grandes questões do Estado, que são objeto de consultas dos sábios e homens importantes, não estão mais acima da direção divina do que as menores preocupações dos mais humildes casebres estão sob Seu escrutínio. (4) Que Deus tem muitas formas de implementar Seus conselhos, especialmente com relação à queda de pecadores quando estão maduros para sua ruína; Ele o pode fazer de um modo ou de outro. (5) Que há espíritos maliciosos e mentirosos que estão continuamente buscando a quem devorar; para o fazer, buscam artifícios e colocam especialmente mentiras na boca dos profetas para seduzir, por elas, muitos à própria destruição. (6) Que não é sem a permissão divina que o diabo engana os homens, e, mesmo por esse meio, Deus serve a Seu próprio propósito. "Com ele estão a força e a sabedoria; a ele pertencem o enganado e o enganador" (Jó 12:16). Quando lhe apraz, para a punição daqueles que não recebem a verdade por amor a ela, Ele não apenas libera Satanás para os enganar (Ap 20:7-8), mas entrega os homens a fortes delírios a fim de que acreditem nele (2Ts 2:11-12). (7) Aqueles que assim são rejeitados são manifestadamente marcados para a ruína. Deus certamente declarou o mal em relação àqueles que Ele deixou para serem enganados por profetas mentirosos. Assim, Micaías deu um justo alerta a Acabe, não apenas pelo perigo de prosseguir com essa guerra, mas pelo risco de acreditar naqueles que o encorajavam a continuar. Do mesmo modo, somos alertados para nos acautelar dos falsos profetas e para provar os espíritos; o espírito de mentira nunca é mais fatalmente enganador do que quando está na boca dos profetas.

ANOTAÇÕES

....
....

ESTUDO 146

Reino dividido

UM EXÉRCITO DE ADORADORES

Leitura bíblica: 2 Crônicas 20

Ao saírem, Josafá se pôs em pé e disse: Escutem, povo de Judá e moradores de Jerusalém! Creiam no Senhor, seu Deus, e vocês estarão seguros; creiam nos profetas do Senhor e vocês serão bem-sucedidos. 2 CRÔNICAS 20:20

Em 2 Crônicas 19, temos a oração respondida e a promessa cumprida, na derrota completa dos exércitos inimigos e no triunfo (pois foi mais do que uma vitória) das tropas de Josafá sobre eles.

Nunca um exército fora levado ao campo de batalha como o de Josafá. Ele tinha "homens armados para a guerra" (17:18), mas aqui não há relato de seu equipamento militar, de suas espadas ou lanças, seus escudos ou arcos. Contudo, Josafá cuidou para: (1) Que a fé fosse a armadura deles. À medida que prosseguiam, em vez de convocá-los a portar suas armas e firmar-se com elas, para manter posição, observar ordens e lutar valentemente, ele lhes ordenou que confiassem no Senhor Deus e dessem crédito à Sua palavra na boca dos profetas, e lhes assegurou de que prosperariam e seriam estabelecidos (20:20). Essa é a verdadeira coragem com a qual a fé inspira os homens. Tampouco qualquer outra coisa contribuirá mais para firmar o coração em tempos de estremecimento do que a crença firme no poder, na misericórdia e na promessa de Deus. Está firme o coração que assim confia no Senhor e é mantido em perfeita paz. Em nossos conflitos espirituais, essa é a vitória, essa é a prosperidade, essa é até mesmo nossa fé. (2) Que o louvor e a ação de graças deveria ser a vanguarda (v.21). Josafá convocou um conselho de guerra, e ficou resolvido nomear cantores para ir diante do exército, para atacar na dianteira, que não tinham outra obrigação a não ser louvar a Deus, a Sua santidade, que é a Sua beleza, para o louvar como faziam no templo (na beleza da santidade), com aquela antiga e boa doxologia, que a própria eternidade não usará como farrapo: "Louvado seja Deus, pois a Sua misericórdia dura para sempre". Com esse avanço estranho para o campo de batalha, Josafá pretendia expressar sua firme confiança na palavra de Deus (que o capacitou a triunfar na batalha), animar seus soldados, confundir o inimigo e trazer Deus para seu lado, uma vez que o louvor agrada mais a Deus do que todos os holocaustos e sacrifícios.

Nunca um exército foi mais inexplicavelmente destruído do que o do inimigo; não por trovões, ou granizo, ou espada de anjo, nem pelo golpe da espada, ou pela força do braço, ou algum susto surpreendente, como aquele que Gideão dera aos midianitas. Mas o Senhor armou ciladas contra eles, quer exércitos de anjos, ou, como pensam alguns, as próprias armadilhas daqueles a quem Deus golpeou com tal confusão, que eles se lançaram contra seus próprios amigos, como se fossem inimigos, e cada um ajudou a destruir o outro, de modo que ninguém escapou. Deus fez isso "no momento em que eles [Seu povo] começaram a cantar e a dar louvores" (v.22), pois Ele tem prazer em fornecer, àqueles que têm o coração disposto, motivos para louvar.

ANOTAÇÕES

....
....
....
....
....
....

O DEUS QUE PROTEGE

ESTUDO 147

Reino dividido

Leitura bíblica: Salmo 48

Este é Deus, o nosso Deus para todo o sempre; ele será nosso guia até a morte.

SALMO 48:14

Os príncipes vizinhos estavam confederados contra Jerusalém; as cabeças e as trombetas deles, suas estratégias e poderes, estavam combinados para a ruína da cidade sagrada. Estavam reunidos com todos os seus exércitos; passaram, avançaram, marcharam juntamente, sem duvidar de que logo se tornariam os donos daquela cidade que deveria ser a alegria de toda a Terra, mas era por todos invejada. Deus fez que seus inimigos a temessem. A mera visão de Jerusalém os levou a uma consternação e pôs um freio em sua fúria, assim como a visão das tendas de Jacó atemorizaram Balaão em seu propósito de amaldiçoar Israel (Nm 24:2). "Quando viram, se espantaram; ficaram com medo e fugiram apressados" (Sl 48:5). Não foi Veni, vidi, vici — vim, vi e venci; pelo contrário, Veni, vidi, victus sum — vim, vi e vencido fui. Não que houvesse algo para ser visto em Jerusalém que fosse tão formidável; mas a vista dela trouxe à mente deles o que haviam ouvido com relação à presença especial de Deus naquela cidade e à proteção divina sob a qual ela estava, e Deus imprimiu tal terror na mente deles, fazendo-os recuar em precipitação. Embora fossem reis e estivessem confederados em muitos, ainda assim se reconheciam como não páreo para a Onipotência e, portanto, o temor e a dor lhes sobrevieram (v.6). Observe: Deus pode consternar o mais poderoso dos inimigos da igreja e logo colocar sob dores aqueles que vivem regaladamente. O terror que eles sentiram diante da visão de Jerusalém é aqui comparado às dores de uma mulher em trabalho de parto, agudas e atrozes, que, às vezes, vêm repentinamente (1Ts 5:3), que não podem ser evitadas e que são efeito do pecado e da maldição. A derrota aqui dada aos propósitos deles acerca de Jerusalém é comparada à terrível ação que uma violenta tempestade tem sobre uma frota de navios, quando alguns podem se partir, outros podem ser despedaçados e todos são dispersos: "Com vento leste destruíste as naus de Társis" (Sl 48:7); os efeitos causados pelo mar são assim expostos. Os terrores de Deus são comparados ao vento leste (Jó 27:20-21); eles colocarão os inimigos em confusão e desfarão todos os seus planos. Quem conhece o poder da ira de Deus?

ANOTAÇÕES

ESTUDO 149

Reino dividido

O PIOR INIMIGO

Leitura bíblica: 1 Reis 5

Por acaso não são Abana e Farfar, rios de Damasco, melhores do que todas as águas de Israel? Será que eu não poderia me lavar neles e ficar limpo? Deu meia-volta e foi embora muito irritado.

1 REIS 5:12

Naamã achou irritante ter sido enviado ao rio Jordão, um rio em Israel, quando ele considerava as águas do Abana e do Farfar, rios de Damasco, melhores do que todas as águas de Israel. Com que magnificência ele fala desses dois rios que banhavam Damasco, que logo se tornaram um, chamado pelos geógrafos de Chrysoroas — o ribeiro dourado! [N.T.: Atualmente, é chamado de rio Barada.]. Com que zombaria fala de todas as águas de Israel, embora Deus chamasse a terra de Israel de a glória de todas as terras, e especialmente por seus ribeiros (Dt 8:7). É muito comum que Deus e o homem divirjam em seus entendimentos. Quão desdenhosamente fala das orientações do profeta! "Será que eu não poderia me lavar neles e ficar limpo?" (2Re 5:12). Ele poderia se lavar neles e ficar limpo da sujeira, mas não se banhar neles e ficar limpo da lepra. Naamã ficou irritado porque o profeta lhe ordenou que se lavasse e ficasse limpo; achava que o profeta deveria fazer tudo e não se agradou de que lhe fosse ordenado fazer algo —, ou ele achou que era uma coisa muito básica, muito simples, muito comum para que um grande homem pudesse ser curado por isso —, ou não creu, de modo algum, que teria algum efeito de cura, ou, se tivesse, que virtude medicinal havia a mais no Jordão do que nos rios de Damasco? Contudo, ele não considerou: (1) Que o Jordão pertencia ao Deus de Israel, de quem ele esperava a cura, e não dos deuses de Damasco; ele banhava a terra do Senhor, a terra santa e, em uma cura milagrosa, a relação a Deus era muito mais considerável do que a profundidade de um canal ou a beleza de um riacho. (2) Que o Jordão havia obedecido às ordens da onipotência mais de uma vez antes dessa. No passado, ele havia aberto passagem a Israel e, ultimamente, a Elias e Eliseu, sendo, portanto, mais adequado para tal propósito do que aqueles rios que haviam simplesmente observado as leis comuns da criação e jamais haviam se distinguido dessa forma. Mas, acima de tudo, (3) o Jordão foi o rio indicado e, se ele esperava a cura pelo poder divino, deveria aquiescer à vontade divina, sem perguntar o motivo ou a razão. Observe: é comum àqueles que se autovaliam como sábios olhar com menosprezo para o que dita e prescreve a sabedoria divina e preferir seus próprios raciocínios a ela. Aqueles que buscam estabelecer a sua própria justiça não se sujeitam à justiça de Deus (Rm 10:3). Naamã convenceu-se com tanta raiva (como homens passionais normalmente fazem), que se virou e foi embora irado da porta do profeta, pronto para jurar que jamais falaria com Eliseu. Quem então sairia perdendo? Aqueles que observam as enganosas vaidades abandonam suas próprias misericórdias (Jn 2:8). Os orgulhosos são os piores inimigos de si mesmos e renunciam à sua própria redenção.

ANOTAÇÕES

....
....
....
....
....

ESTUDO 150
Reino dividido

O IMPOSSÍVEL FEITO POSSÍVEL

Leitura bíblica: 2 Reis 7

Então o povo saiu e saqueou o arraial dos sírios. E assim uma medida da melhor farinha era vendida por uma moeda de prata, e duas medidas de cevada, por uma moeda de prata, segundo a palavra do Senhor. 2 REIS 7:16

Aqui temos: (1) A apreensão do rei quanto a um estratagema no recuo dos sírios (v.12). Ele temia que eles tivessem se retirado formando uma cilada para atrair os sitiados para fora, para que pudessem se lançar contra eles com mais vantagem. O rei sabia que não tinha motivo para esperar que Deus aparecesse desse modo maravilhoso para ele, depois de ter perdido Seu favor por sua incredulidade e impaciência. Não sabia de qualquer razão para os sírios fugirem, pois não parece que ele ou qualquer de seus auxiliares tivesse ouvido o barulho das carruagens que assustaram os sírios. Que aqueles que são como ele, instáveis em seu caminho, não pensem que receberão algo do Senhor; ademais, uma consciência culpada teme o pior e torna os homens desconfiados.

(2) O comportamento adotado para sua satisfação e para impedir de cair em uma armadilha. Enviaram espias para ver o que acontecera aos sírios e descobriram que todos haviam fugido de verdade, tanto comandantes quanto soldados comuns. Podiam rastreá-los por suas vestes, que eles tiraram e deixaram pelo caminho, a fim de serem mais rápidos (v.15). Aquele que deu esse conselho parece ter sido sensível à condição deplorável na qual o povo estava (v.13); pois, falando dos cavalos, muitos deles haviam morrido e o restante estava a ponto de perecer de fome, ele o diz e repete: "Eles estão como a multidão de Israel. Israel costumava se gloriar na multidão deles, mas agora diminuíram e são escassos". Aconselhara que fossem enviados cinco cavaleiros, mas havia apenas dois cavalos para serem enviados, e eram cavalos puxadores de carruagens (v.14). O Senhor se compadeceu de Seus servos, quando viu que a força deles tinha acabado (Dt 32:36).

(3) A abundância que houve em Samaria, a partir do saque ao campo dos sírios (v.16). Se os sírios fossem governados pelas modernas políticas de guerra, quando não pudessem levar sua bagagem e suas tendas consigo, teriam preferido queimá-las (como é comum fazer com a pilhagem de um país) do que deixar que caíssem nas mãos dos inimigos. Todavia, Deus determinou que o cerco a Samaria, que pretendia a sua ruína, deveria se tornar para benefício dela, e que Israel seria enriquecido com os espólios dos sírios, como acontecera anteriormente com os egípcios. Veja aqui: 1) A riqueza do pecador deixada para o justo (Jó 27:16-17) e os espoliadores sendo espoliados (Is 33:1). 2) As necessidades de Israel foram supridas de maneira que eles nem desconfiavam, o que deveria nos encorajar a depender do poder e da bondade de Deus em nossos apertos. 3) A palavra de Eliseu cumprida literalmente: uma medida de trigo foi vendida por uma moeda de prata. Aqueles que pilharam o campo não tiveram apenas suficiente para suprir a si mesmos, mas um excesso para vender a preço baixo para o benefício de outros. Assim, até mesmo os que se detiveram em casa compartilharam do espólio (Sl 68:12; Is 33:23). Podemos confiar com segurança na promessa de Deus, pois nenhuma palavra Sua cairá por terra.

ANOTAÇÕES

ESTUDO 151

Reino dividido

PRÓDIGOS QUE NÃO RETORNAM

Leitura bíblica: 2 Crônicas 23–24

Por que vocês estão transgredindo os mandamentos do Senhor? Vocês não vão prosperar! Por terem abandonado o Senhor, também ele os abandonará. 2 CRÔNICAS 24:20

Quando Joás fez o que era certo, não foi com um coração íntegro. Ele jamais foi sincero, nunca agiu por princípios, mas em obediência a Joiada, que o ajudara a chegar à coroa e porque fora protegido no templo e criado entre as ruínas da idolatria. Portanto, quando o vento mudou, ele mudou junto com o vento. (1) Seu bom conselheiro o deixou, sendo retirado de seu lado pela morte. Foi misericórdia para Joás e seu reino que Joiada tivesse vivido por longos 130 anos (v.15), dando a entender que nascera no tempo de Salomão e experimentara seis reinados inteiros antes de falecer. Foi um encorajamento para ele prosseguir no bom caminho no qual fora treinado por Joiada e ver a honra que lhe foi prestada em sua morte: foi sepultado entre os reis, com o honroso elogio (talvez parte de seu epitáfio) de que "ele tinha feito o bem em Israel" (v.16). Percebam: faz o maior bem a seu país a pessoa que usa de sua função para promover a religião. Bem, Joiada terminou sua jornada com honrarias; mas a parca religião que Joás tinha foi enterrada no sepulcro dele e, após sua morte, tanto o rei quanto o reino degeneraram. Veja o quanto um líder pode suster, e que grande julgamento é a qualquer príncipe ou povo a morte dos homens piedosos, zelosos e úteis. Como diz nosso Salvador, veja o quanto é necessário que tenhamos sal em nós mesmos (Mc 9:50); que, em nossa religião, atuemos por princípios internos, que nos susterão através de todas as mudanças. Então, a perda de um dos pais, de um pastor, de um amigo não implicará em perda de nossa religião. (2) Maus conselheiros o cercaram, conquistaram sua simpatia, lisonjearam-no, bajularam-no, "se prostraram diante do rei" (2Cr 24:17) e, em vez de oferecer-lhe condolências pela morte de seu antigo tutor, parabenizaram-no por ter ficado livre da disciplina sob a qual estivera por tanto tempo, algo indigno de um homem, de um rei. Disseram-lhe que não deveria mais ser dirigido por sacerdotes. Agora estava livre das lições solenes e das restrições; poderia fazer o que desejasse. E (quem imaginaria?) os príncipes de Judá foram aqueles que, de forma tão determinada, o depravaram (v.17). Reverenciaram-no e o estimularam a uma opinião de que possuía poder absoluto; prometeram ficar ao seu lado para tornar a sua vontade real e os seus prazeres aprovados como leis, independentemente de qualquer preceito ou instituição divina em contrário. E Joás os ouviu, o discurso deles o agradou e foi mais aprazível do que os ditames de Joiada costumavam ser. Príncipes e pessoas comuns já foram muitas vezes assim bajulados, para sua ruína, por pessoas que lhes prometeram liberdade e dignidade, mas que, na realidade, levaram-nos a grande servidão e desgraça.

ANOTAÇÕES

....
....
....
....
....
....
....

ADULTÉRIO ESPIRITUAL

ESTUDO 152

Reino dividido

Leitura bíblica: Oseias 1

Quando, pela primeira vez, o Senhor falou por meio de Oseias, o Senhor lhe disse: Vá e case com uma prostituta, e tenha com ela filhos de uma prostituta. Porque a terra se prostituiu, desviando-se do Senhor.

OSEIAS 1:2

CRONOLOGIA DOS PROFETAS

Temos, diante de nós, a profecia de Oseias, que foi o primeiro de todos os profetas escritores, sendo levantado pouco antes do tempo de Isaías. Dizem os antigos que ele era de Bete-Semes, e da tribo de Issacar. Foi profeta por muito tempo; os judeus reconhecem que ele profetizou por cerca de 90 anos. Assim, conforme observa Jerônimo, Oseias profetizou sobre a destruição do reino das dez tribos quando ela ainda estava distante. Ele viveu para vê-la, lamentá-la e fazer o melhor quando ela estava concretizada, avisando ao seu reino irmão, Judá.

O profeta deveria mostrar-lhes o pecado deles, como por um espelho, e mostrá-lo como excessivamente pecaminoso e odioso. Oseias foi ordenado a tomar para si uma esposa dentre as prostitutas, tendo com ela filhos de prostituição (v.2). Ele o fez (v.3). Casou-se com uma mulher de má fama, Gômer, filha de Diblaim, não uma mulher que fora casada e adulterara, senão ela teria sido condenada à morte, mas uma que vivia escandalosamente em sua solteirice. Casar-se com alguém assim não seria *malum in se* (mau em si), mas apenas *malum per accidens* (incidentalmente, um mal), não prudente, decente ou conveniente; portanto, proibido aos sacerdotes, e que, se realmente efetuado, seria uma aflição ao profeta (Em Amós, 7:17, Amazias recebeu a maldição de que a esposa dele se prostituiria). No entanto, não é pecado quando ordenado por Deus para um fim santo; na realidade, se ordenado, era seu dever e ele deveria confiar a Deus a sua reputação. Contudo, a maioria dos comentaristas pensa que isso teria ocorrido em visão ou não seria mais do que uma parábola, e que seria um método de ensino normalmente usado entre os antigos, especialmente entre os profetas: o que eles queriam dizer aos outros, aplicavam a si mesmos figurativamente, como Paulo fala em 1 Coríntios 4:6. Ele devia tomar uma esposa da prostituição e ter filhos com ela que levassem todos a suspeitar que, embora nascidos no casamento, fossem filhos de adultério, pois é comum àqueles que viveram de modo lascivo quando solteiros que não vivam melhor depois de casados. "Agora", disse Deus, "Oseias, este povo é para mim tal desonra e enfado quanto uma esposa prostituta e filhos nascidos da prostituição seriam para você". Eles se afastaram do Senhor em todos os tipos de perversidade; mas sua idolatria é especialmente classificada como prostituição, e eles aqui são acusados dela. Dar a qualquer criatura a glória devida somente a Deus é uma afronta a Deus, tal como uma esposa se acolher no peito de outro homem, que não seu marido. É especialmente assim para aqueles que professaram a religião e foram levados à aliança com Deus; é o rompimento do vínculo do casamento; é um pecado hediondo e, tanto quanto qualquer coisa, obceca a mente e arrebata o coração. A terra de Israel era como Gômer, filha de Diblaim. Gômer significa "corrupção", Diblaim significa "dois bolos" ou "dois pedaços de figo"; isso denota que Israel estava próximo à ruína por causa da luxúria e da sensualidade. Eram como os figos bravos, que não podem ser ingeridos, tão maus eram eles. Isso implica que o pecado é o filho da abundância, e que a destruição é a filha do abuso da abundância. Alguns dão este sentido à ordem aqui dada ao profeta: "Vá, e escolha para si uma prostituta por esposa, pois, se fosse procurar uma mulher honesta e modesta, não a encontraria, visto que toda a terra e todo o povo dela estão entregues à prostituição, que normalmente acompanha a idolatria".

ANOTAÇÕES

AMOR RESGATADOR

ESTUDO 153

Reino dividido

Leitura bíblica: Oseias 3

*O Senhor ama os filhos de Israel,
embora eles olhem para outros deuses e amem bolos de passas.*

OSEIAS 3:1

Nesta parábola, podemos observar: *o método encontrado para reunir um Deus tão bom e um povo tão mau novamente.* Esse é o objetivo; e aquilo que Deus tem como objetivo, Ele alcançará. Para nossa grande surpresa, encontramos uma brecha, tão ampla quanto o mar, sendo curada; os milagres não cessam enquanto a misericórdia divina não cessar. Observe aqui o caminho que Deus tomou para os humilhar e os levar ao autoconhecimento: "comprei-a por quinze peças de prata e cento e cinquenta quilos de cevada" (v.2); isto é, eu a busquei para a reconciliar, para abandonar seus maus caminhos e retornar a seu primeiro marido (conforme 2:14). Eu a atraí e falei carinhosamente com ela; como o levita que foi atrás de sua concubina — que agira como prostituta com ele e fugira para outro homem — e "[tentou] convencê-la a voltar" (Jz 19:3). Entretanto, o presente que o profeta lhe trouxe para comprar o favor dela é observado como muito irrisório, mas era todo o necessário para o sustento dela; e nisso, ela fica reduzida a uma pequena porção que, para a humilhar, é colocada como tão escassa. Quando Sansão foi se reconciliar com sua esposa que o havia ofendido, ele a visitou com um cabrito (Jz 15:1), que era uma fina provisão. Porém, o profeta aqui visita sua esposa com 15 peças de prata, uma pequena soma, com a qual ela deveria se contentar em viver por muito tempo, tanto quanto seu marido achasse adequado para a restaurar ao seu primeiro estado. Também terá 50 quilos de cevada, para fazer pão, e isso era tudo o que poderia ter até que se humilhasse o suficiente e, por um adequado tempo de provação, fossem dadas provas satisfatórias de que estava de fato restaurada. Que ela seja sensibilizada que não é por mérito próprio que seu marido a buscou; o preço pelo qual ele a avaliou era irrisório. O preço de um escravo era 370 gramas de prata (Êx 21:32). Aqui era apenas metade disso; mas, que ela saiba que era mais do que ela valia. Deus dera o Egito pelo resgate de Israel, tão preciosos eram eles em Sua vista e tão honráveis (Is 43:3-4). Mas agora que eles haviam se afastado dele pela prostituição, Ele não dará mais do que 15 peças de prata por eles, tal foi a sua desvalorização por sua iniquidade. Note: àqueles a quem Deus destina honra e bem-estar, Ele primeiramente torna sensíveis à sua própria indignidade e os leva ao reconhecimento, como o filho pródigo, de que não são mais dignos de serem chamados Seus filhos (Lc 15:19). Houve um tempo em que Israel era alimentado com o melhor trigo; porém, eles se tornaram libertinos e amavam jarras de vinho. Assim sendo, a fim de que se humilhassem e se reduzissem, eles deveriam ser levados à terra de seu cativeiro para comer pão de cevada, em medida limitada, e serem gratos por terem-no, ao passo que antes costumavam ter fartura.

ANOTAÇÕES

....
....
....
....
....
....

ESTUDO 154

Reino dividido

FIRMES COMO AS NUVENS

Leitura bíblica: Oseias 6–7

*O amor de vocês é como a névoa da manhã
e como o orvalho da madrugada, que logo desaparece.*

OSEIAS 6:4

Eles não eram firmes em suas convicções; pelo contrário, eram vacilantes e instáveis como a água (vv.4-5). "Que farei com você, Efraim? Que farei com você, Judá?" Essa é uma expressão estranha. Pode a Sabedoria infinita ficar sem saber o que fazer? Pode ela ficar perplexa ou sobrecarregada ao tomar novas medidas? De modo algum! Mas Deus falou como os homens a fim de mostrar o quão absurdos e insensatos eles eram e como eram justos os Seus procedimentos contra eles. Eles não deveriam reclamar da dureza e severidade do Senhor ao quebrá-los e feri-los como Ele estava fazendo, pois o que mais Deus poderia fazer? Qual outro curso de ação poderia tomar com eles? Deus havia tentado vários métodos com esses povos: "Que mais se podia fazer à minha vinha, que eu não lhe tenha feito?" (Is 5:4), e hesitara em permitir que as coisas chegassem ao extremo. Deus argumenta consigo mesmo, como em Oseias 11:8: "Como poderia eu abandoná-lo, Efraim?". O Senhor desejava fazer-lhes o bem, mas eles não estavam qualificados para isso: "O que farei com vocês? O que mais além de os rejeitar quando não posso salvá-los de modo honroso?". Note: Deus jamais destrói pecadores, a menos que veja que não há outro meio. Veja qual era a conduta deles com Deus: o amor deles, ou bondade, era como a névoa da manhã. Alguns interpretam como se fosse a bondade deles consigo mesmos e com sua alma, em seu arrependimento. De fato, é misericórdia conosco mesmos arrepender-nos de nossos pecados; mas eles logo retiraram essa bondade para si mesmos, desfizeram-na novamente e enganaram sua própria alma tanto quanto podiam. Todavia, é melhor ser tomada como sua piedade e religião; o bem que surgia, vez por outra neles, rapidamente se esvaía e desaparecia de novo, como a névoa da manhã e o orvalho matutino. Assim era a bondade de Israel, no tempo de Jeú, e de Judá, no tempo de Ezequias e Josias; ela logo desapareceu. Em tempos de seca, a névoa matutina prenuncia chuva, e o orvalho é um refresco presente para a terra. Porém, a nuvem se dispersa — e os hipócritas são comparados a "nuvens sem água" (Jd 12) —, mas o orvalho não umedece o solo: é evaporado ao ar, e a terra permanece seca. O que Ele fará com esses povos? Aceitará o seu amor? Não, pois ele desaparece; e *factum non dicitur quod non perseverat* — aquilo que não tem continuidade dificilmente pode ser considerado como feito. Veja: o amor que é como a névoa da manhã ou o orvalho matutino não será agradável a Deus ou proveitoso para nós mesmos.

ANOTAÇÕES

....
....
....
....
....
....
....
....
....
....

CUIDADOS PELA PROVIDÊNCIA

ESTUDO 155

Reino dividido

Leitura bíblica: Oseias 11

*Atraí-os com cordas humanas, com laços de amor;
fui para eles como quem alivia o jugo de sobre o pescoço
e me inclinei para dar-lhes de comer.* OSEIAS 11:4

Eles eram um povo por quem Deus fizera mais do que para qualquer outro debaixo do céu, e a quem dera mais; por isso, eles são aqui, eu não diria cobrados (pois Deus dá e não cobra), mas relembrados como um agravamento para seus pecados e como um encorajamento para o arrependimento. (1) Ele lhes foi bondoso quando eles eram jovens: "Quando Israel era menino, eu o amei" (v.1); quando começaram a se multiplicar na nação do Egito, Deus colocou sobre eles o Seu amor e os escolheu porque os amava, porque desejava amá-los (Dt 7:7-8). (2) Deus os libertou da casa da servidão: "do Egito chamei o meu filho" (Os 11:1), pois era um filho e um filho amado. Quando Deus exigiu que Faraó libertasse Israel, Ele o chamou de Seu filho, seu primogênito. Aqueles que Deus ama Ele chama para fora da servidão e de Satanás para a gloriosa liberdade de Seus filhos. Essas palavras foram cumpridas em Cristo, quando, após a morte de Herodes, Ele e Seus pais foram chamados do Egito (Mt 2:15), de forma que elas têm um aspecto duplo: historicamente falando do chamado de Israel para sair do Egito e, profeticamente, da vinda de Cristo de lá. O primeiro era um tipo do último, era uma promessa e um penhor dos muitos grandes favores que Deus tinha reservado para aquele povo, especialmente o envio de Seu Filho ao mundo e o trazê-lo de volta à terra de Israel, quando eles haviam tão maldosamente o expulsado, podendo Ele, com justiça, jamais ter retornado. O chamado de Cristo para fora do Egito era uma figura do chamado de todos os que lhe pertencem, por meio dele, para fora da escravidão espiritual. (3) Ele os instruiu bem, cuidou deles, condoeu-se com eles, não como um pai ou um tutor, mas como uma mãe ou uma ama, tal é a condescendência divina. "Fui eu que ensinei Efraim a andar" (Os 11:3), como se ensina uma criança ao conduzi-la. Quando estavam no deserto, Deus os guiou por uma coluna de nuvem e de fogo, mostrou-lhes o caminho por onde ir, carregou-os, levando-os pelos braços. Ensinou-os a andar no caminho de Seus mandamentos, pelas instituições da lei cerimonial, que eram como tutores e governantes para aquele povo juvenil. Levou-os pelos braços para os guiar, para que não se desviassem, e para lhes dar suporte a fim de que não tropeçassem e caíssem. O Israel espiritual de Deus é deste modo cuidado: "tu me seguras pela minha mão direita" (Sl 73:23). (4) Quando algo não estava bem com eles, ou estavam incapacitados, Ele foi seu médico: "'Curei-os' (Os 11:3); não apenas cuidei carinhosamente deles (um amigo pode fazê-lo), mas operei cura verdadeira"; somente Deus pode fazer isso. "'Eu sou o SENHOR, aquele que cura vocês' (Êx 15:26), que repara todas as suas injustiças". (5) Ele os trouxe ao Seu serviço com métodos brandos e gentis: "Atraí-os com cordas humanas, com laços de amor" (Os 11:4). É obra de Deus atrair as pobres almas a si mesmo; e ninguém pode vir a Ele, se não for por Ele trazido (Jo 6:44).

ANOTAÇÕES

....
....
....

ESTUDO 156

Reino dividido

CONVITE A RASGAR O CORAÇÃO

Leitura bíblica: Joel 1–3

*Ainda assim, agora mesmo, diz o Senhor:
"Convertam-se a mim de todo o coração; com jejuns,
com choro e com pranto".* JOEL 2:12

CRONOLOGIA DOS PROFETAS

Temos total incerteza quanto ao tempo em que esse profeta atuou. É provável que tenha sido no mesmo período de Amós, não pela razão dada pelos rabinos: "Porque Amós começa a sua profecia no ponto em que Joel conclui a sua: 'O Senhor rugirá de Sião'", mas pelo motivo que o Dr. Lightfoot fornece: "Porque ele fala dos mesmos julgamentos de gafanhotos, seca e fogo, que são lamentados por Amós, o que é evidência de que ambos apareceram no mesmo tempo: Amós, em Israel, e Joel, em Judá".

Observem ao que somos aqui convocados: àquilo que nos ensinará o que é arrepender-se, pois Deus requer o mesmo de nós, tendo nós realizado obras de arrependimento. (1) Devemos nos humilhar por nossos pecados, lamentar termos ofendido a Deus pelo pecado e nos envergonhar de que tenhamos nos prejudicado ao pecar, prejudicado tanto nosso juízo quando nossos interesses. Deve haver expressões externas de tristeza e vergonha: jejum, choro e pranto; lágrimas pelo pecado que o provocou. Mas, que proveito haverá nas expressões externas se as impressões internas não forem coerentes com elas, não apenas as acompanhando, mas sendo a raiz e a fonte delas e fazendo-as brotar? Portanto, a seguir vem "Rasguem o coração, e não as suas roupas" (v.13). Não apenas isso; de acordo com o costume da época era apropriado que eles rasgassem suas vestes em sinal de seu grande luto por seu pecado e de uma indignação santa contra si mesmos por sua tolice. Todavia, "não descansem ao fazê-lo, como se fosse suficiente; mas tenha mais cuidado em harmonizar seu espírito do que as suas roupas ao dia do jejum e humilhação. Não rasguem, de modo algum, suas vestimentas, a menos que rasguem seu coração, pois os sinais desacompanhados de significado são apenas galhofa e zombaria, uma afronta a Deus". Rasgar o coração é o que Deus procura e requer: "coração quebrantado e contrito, não o desprezarás, ó Deus" (Sl 51:17). Quando lamentarmos profundamente nosso pecado, de modo que até nos fira o coração pensar em como, por causa dele, desonramos a Deus e nos rebaixamos; quando sentirmos aversão pelo pecado, desejarmos e nos esforçarmos ardentemente para sermos livres de seus princípios e jamais retornarmos à sua prática, então teremos rasgado o coração pelo pecado, e Deus fenderá o céu e descerá até nós em misericórdia. (2) Precisamos ser totalmente convertidos ao nosso Deus e voltar para Ele quando caímos em pecado. "Convertam-se a mim", diz o Senhor (v.12) e novamente: "Convertam-se ao Senhor, seu Deus" (v.13). Nosso jejum e pranto serão sem valor se não nos voltarmos a Deus como nosso Deus por meio deles. Quando estamos plenamente convictos de que é nosso dever e interesse nos manter com Ele e, de coração, por meio de uma decisão firme e fixa, arrependemo-nos de termos nos afastado dele, tornamos a Sua glória a nossa finalidade; a Sua vontade, nossa regra; o Seu favor, nossa felicidade. Então teremos retornado ao Senhor nosso Deus, algo que todos somos ordenados e convidados a fazer, e a fazê-lo rapidamente.

ANOTAÇÕES

ESTUDO 157

Reino dividido

HONRA USURPADA

Leitura bíblica: 2 Crônicas 26

*Mas, depois que Uzias se tornou poderoso,
o coração dele se exaltou para a sua própria ruína.*

2 CRÔNICAS 26:16

Aqui está a única mácula que encontramos no nome do rei Uzias, e é tal que não é vista em qualquer outro rei. O caráter dos reis maus incluía prostituição, assassinato, opressão, perseguição e, especialmente, idolatria, o que também maculou alguns dos bons reis. O próprio Davi não é exceção, que o diga a questão de Urias. Porém, não encontramos Uzias acusado de qualquer um desses pecados. Mesmo assim, ele transgrediu contra o Senhor seu Deus e, como consequência, caiu sob as marcas de Seu desprazer, não como outros reis, em guerras constrangedoras ou em rebeliões, mas em uma enfermidade incurável.

Seu pecado foi invadir o ofício sacerdotal. Há apenas um caminho bom, mas muitos atalhos. A transgressão de seus antecessores foi abandonar o templo do Senhor, ausentar-se dele (24:18) e queimar incenso em altares idólatras (25:14). O dele foi intrometer-se no templo de Deus, indo mais longe do que lhe era permitido e tentando, ele mesmo, queimar incenso no altar de Deus, pelo qual, é provável, ele simulava zelo e afeições extraordinários. Veja como é difícil evitar um extremo e não se apressar ao outro!

O orgulho do coração era o que estava no fundo de seu pecado; uma cobiça que arruína mais do que qualquer outra (v.16). Quando ele estava muito fortalecido (e fora maravilhosamente auxiliado pela boa providência divina até chegar a esse ponto, v.15); quando se tornara grandioso e considerável em riqueza, lucro e poder, em vez de exaltar o nome de Deus em gratidão àquele que fizera tanto por ele, seu coração se engrandeceu para a sua destruição. Assim, a prosperidade dos tolos, ao inflá-los com o orgulho, os destrói. Agora que ele realizara tantas obras, ganhara tanta honra, começou a achar que nenhuma função ou honra fosse grande demais ou boa demais para ele. Não, nem aquela do sacerdócio. Quando os homens fingem um conhecimento proibido e se exercitam em coisas que são elevadas demais para eles, é devido ao orgulho de seu coração e à mente carnal com que estão vaidosamente inflados.

ANOTAÇÕES

....
....
....
....
....
....
....
....
....
....
....
....
....
....
....
....

RELIGIOSIDADE FINGIDA

ESTUDO 158

Reino dividido

Leitura bíblica: Isaías 1

*O Senhor diz: De que me serve
a multidão dos sacrifícios que vocês oferecem?*

ISAÍAS 1:11

CRONOLOGIA DOS PROFETAS

Isaías profetizou nos dias de Uzias, Jotão, Acaz e Ezequias. Mas parece que ele atuou por mais tempo, especialmente se (como afirmam os judeus) ele foi, por fim, sentenciado à morte por Manassés, a uma morte cruel, sendo cerrado ao meio, ao que alguns supõe se referir Hebreus 11:37. Desde o ano da morte de Uzias (Is 6:1) até a enfermidade e recuperação de Ezequias, passaram-se 47 anos. Por quanto tempo antes e depois ele profetizou não é certo; alguns sugerem 60 anos; outros 80, ao todo.

Há muitos que são alheios; na verdade, inimigos, do poder da religião e, mesmo assim, parecem muito zelosos pelas demonstrações, sombras e formas dela. Essa nação pecaminosa, essa semente de malfeitores, esses governantes de Sodoma e povo de Gomorra, traziam, não aos altares dos falsos deuses (não foram acusados disso), mas ao altar do Deus de Israel, sacrifícios, uma multidão deles, tantos quantos a Lei requeria e mais — não apenas ofertas de paz, na qual tinham uma parte, mas holocaustos, que eram totalmente consumidos para a honra de Deus. Tampouco traziam animais despedaçados, imperfeitos e doentes, mas animais gordos, e a gordura deles era do melhor tipo. Não enviavam outros a oferecer seus sacrifícios em seu lugar, mas vinham eles mesmos diante de Deus. Observavam os lugares instituídos (não os lugares altos ou os bosques, mas os átrios de Deus) e os tempos instituídos — as luas novas, os sábados e as festas estabelecidas; nenhum deles era omitido. Na verdade, parece que convocavam assembleias extraordinárias e tinham reuniões solenes para a adoração religiosa, além daquelas que Deus prescrevera. Ainda assim, isso não era tudo: eram diligentes com Deus, não apenas em suas observâncias cerimoniais, mas com os exercícios de sua devoção. Oravam, oravam com frequência, faziam preces achando que seriam ouvidos pelo muito falar. Não somente isso, mas também eram fervorosos e importunos em oração; erguiam suas mãos como homens anelantes. Nós os teríamos achado, e, sem dúvida, eles mesmos se achavam, um povo piedosamente religioso, mas estavam longe de o ser, pois (1) seu coração estava vazio da verdadeira devoção. Compareciam diante de Deus (v.12) para serem vistos (assim interpretam alguns); apoiavam-se no exterior de seus deveres; não buscavam mais do que visibilidade e não iam além disso. (2) Suas mãos estavam cheias de sangue. Eram culpados de assassinato, de rapinagem e opressão sob o disfarce de lei e justiça. O povo derramava sangue, e os governantes não o puniam por isso; os governantes derramavam sangue, e o povo os ajudava e encorajava, como os anciãos de Jezreel foram quando Jezabel derramou o sangue de Nabote. A maldade é assassinato aos olhos de Deus; aquele que odeia seu irmão em seu coração tem, com efeito, suas mãos cheias de sangue.

Quando os pecadores estão sob o juízo de Deus, mais facilmente deixam suas atividades devocionais, em vez de abandonarem seu pecado e corrigirem sua vida. O país deles estava agora desolado e suas cidades queimadas (v.7), o que os despertou a trazer seus sacrifícios e ofertas a Deus com mais constância do que haviam feito, como se pudessem subornar o Deus Todo-Poderoso a remover o castigo e lhes dar autorização para pecar. Quando Ele os matava, eles o buscavam (Sl 78:34). "Senhor, na angústia te buscaram" (Is 26:16). Muitos que prontamente se afastarem de seus sacrifícios não serão persuadidos a se desvencilhar de seus pecados.

ANOTAÇÕES

A CONSTRANGEDORA SANTIDADE DIVINA

ESTUDO 159

Reino dividido

Leitura bíblica: Isaías 6

Ai de mim! Estou perdido! Porque sou homem de lábios impuros, e habito no meio de um povo de lábios impuros; e os meus olhos viram o Rei, o Senhor dos Exércitos! ISAÍAS 6:5

Todos temos razões para lamentar diante do Senhor. (1) Temos lábios impuros; nossos lábios não são consagrados a Deus; Ele não obteve as primícias de nossos lábios (Hb 13:15) e, portanto, somos considerados comuns e impuros, como alguém "incircunciso de lábios" (Êx 6:30 ARC). Na verdade, eles foram contaminados pelo pecado. Temos falado a linguagem de um coração impuro, aquelas más conversações que corrompem os bons costumes (1Co 15:33 ARA), e por ela muitos foram contaminados. Somos indignos e inaptos para tomar o nome de Deus em nossos lábios. Com que lábios puros os anjos louvaram a Deus! "Mas", diz o profeta, "não posso louvá-lo dessa maneira, pois sou homem de lábios impuros". Os melhores homens do mundo têm razão para se envergonhar até do melhor de seu serviço quando se comparam com os santos anjos. Os seres angelicais celebravam a pureza e a santidade de Deus. Assim, o profeta, quando reflete acerca do pecado, chama-o de impureza, pois a pecaminosidade do pecado é sua contrariedade à santa natureza divina e sob essa perspectiva ele deveria parecer especialmente odioso e assustador a nós. A impureza de nossos lábios deve ser o pesar de nossa alma, visto que, por nossas palavras, seremos justificados ou condenados. (2) Habitamos entre outros que são como nós. Temos razão para lamentar não apenas que estejamos contaminados, mas que a natureza e a raça da humanidade também estão. Essa doença é hereditária e epidêmica, o que está tão longe de abrandar nossa culpa que deveria, em vez disso, aumentar nosso pesar.

O que trouxe ocasião para essas tristes reflexões nesse tempo? "...os meus olhos viram o Rei, o Senhor dos Exércitos!" (v.5). Isaías viu que a soberania de Deus é incontestável — Ele é o Rei, e Seu poder é irresistível — Ele é o Senhor dos Exércitos. Essas são verdades consoladoras ao povo de Deus; ainda assim, elas devem nos causar temor. Observe: uma visão crédula da gloriosa majestade divina deve nos afetar com reverência e temor. Todos temos razão para nos sentir humilhados no sentido dessa infinita distância que há entre nós e Deus, e nossa própria pecaminosidade e vileza diante dele, e temer desagradá-lo. Estaríamos perdidos se não fosse pelo Mediador entre nós e esse Deus santo (1Sm 6:20). Isaías foi assim humilhado, para que fosse preparado para a honra de agora ser chamado como profeta. Os mais adequados para serem empregados no serviço de Deus são os que têm uma visão humilde de si mesmos e se tornam profundamente sensíveis acerca de sua fraqueza e indignidade.

Um dos serafins logo voou em sua direção, para o purificar e assim o pacificar. Deus tem grandes consolações preparadas para os santos lamentadores. Aqueles que se humilham em vergonha penitencial e temor logo serão encorajados e exaltados. Aqueles que são atingidos com as visões da glória de Deus logo serão erguidos novamente com as visitações de Sua graça. O Deus que despedaça cura.

ANOTAÇÕES

....
....

ESTUDO 160
Reino dividido

SOCORRO AOS INFIÉIS

Leitura bíblica: 2 Reis 14

*Porque o S*ENHOR *viu que a aflição de Israel era muito amarga, porque não havia nem escravo, nem livre, nem quem socorresse Israel.*

2 REIS 14:26

Aqui está o relato do reinado de Jeroboão II. (1) Seu reinado foi longo, o mais extenso dos reinados dos reis de Israel: reinou por 41 anos, e seu contemporâneo, Azarias, rei de Judá, reinou por ainda mais tempo, 52 anos. Esse Jeroboão reinou tanto quanto Asa (1Rs 15:10), porém, um fez o que era bom, e o outro, o que era mal. Não podemos mensurar o caráter dos homens pela duração de sua vida ou por sua prosperidade externa: "o mesmo acontece com o justo e com o ímpio" (Ec 9:2).

(2) Seu caráter era igual ao dos demais reis: "fez o que era mau" (v.24), pois não se afastou dos pecados de Jeroboão I; manteve-se adorando os bezerros e jamais os abandonou, achando que não havia perigo nisso porque fora o proceder de todos os seus ancestrais e antecessores. Mas um pecado nunca é menos maligno diante de Deus, independentemente do que nos pareça, por ser uma prática antiga. Quando argumentamos que estamos acostumados ao mal, estamos dando uma justificativa frívola por não fazermos o bem.

(3) No entanto, ele prosperou mais do que os outros reis. Embora tenha feito que era mau aos olhos do Senhor, é provável que houvesse algum bem nele, em alguns aspectos, e assim Deus o reconheceu. 1) Por meio da profecia. Deus levantou Jonas, filho de Amitai, um galileu (estavam muito errados aqueles que afirmavam que da Galileia não saía profeta algum, Jo 7:52), e, por meio dele, ficou implícito o propósito de Seu favor a Israel, apesar de suas provocações, encorajando a ele e a seu reino a se armar a fim de recuperar suas antigas propriedades e lhes garantindo a vitória, algo que contribuiu não pouco para seu sucesso. 2) Pela providência. O evento aconteceu conforme a palavra do Senhor: seu exército foi bem-sucedido; ele restaurou a planície costeira de Israel, recuperou as cidades fronteiriças e os campos que estavam em Hamate, no norte do mar da planície ao sul (isto é, o mar de Sodoma), tudo que havia sido tomado pelos sírios (v.25). Duas razões são dadas para Deus os abençoar com essas vitórias: 1. Porque era grande o sofrimento do povo, o que os tornou objeto de Sua compaixão (v.26). Embora Deus não visse nenhum sinal de arrependimento e ordem, Ele viu sua aflição, que era muito amarga. 2. Porque ainda não havia o decreto de sua destruição total; Ele ainda não havia dito que apagaria o nome de Israel (v.27), e como não o havia dito, Ele não o faria.

ANOTAÇÕES

COMPAIXÃO POR UMA GRANDE CIDADE

ESTUDO 161

Reino dividido

Leitura bíblica: Jonas 1

Levante-se, vá à grande cidade de Nínive e pregue contra ela, porque a sua maldade subiu até a minha presença. JONAS 1:2

CRONOLOGIA DOS PROFETAS

Provavelmente, o próprio Jonas foi o autor deste livro, e ele, assim como Moisés e outros escritores inspirados, registra suas falhas. Isso evidencia que, nesses escritos, eles objetivavam a glória de Deus, e não a sua própria. Lemos acerca do mesmo profeta, em 2 Reis 14:25, onde vemos que era de Gate-Hefer, na Galileia, uma cidade pertencente à tribo de Zebulom, um canto remoto da terra de Israel. O Espírito, assim como o vento, sopra onde quer; facilmente, Ele encontrou Jonas na Galileia bem como Isaías em Jerusalém. Também descobrimos que ele foi um mensageiro da misericórdia a Israel, durante o reinado de Jeroboão II, em favor do sucesso de seu exército. Essas profecias não foram registradas, mas esta, contra Nínive, foi.

A honra que Deus colocou sobre Jonas ao comissioná-lo para ir e profetizar contra Nínive. Veio a ele a palavra do Senhor — mostrou-se para ele (assim diz o original), uma vez que a palavra de Deus é real. As palavras dos homens são vento, mas a palavra de Deus é firme. Jonas anteriormente já estivera familiarizado com a palavra de Deus e diferenciava a Sua voz da voz de um estranho. A ordem que agora lhe era dada foi: "Levante-se, vá à grande cidade de Nínive" (Jn 1:2). Nesse tempo, Nínive era a metrópole da monarquia assíria, uma cidade eminente (Gn 10:11), uma grande cidade com cerca de 76 quilômetros de extensão (alguns acreditam que ainda maior), grandiosa em quantidade de habitantes, como parece indicar a multidão de crianças nela encontrada (4:11), grande em riqueza (não havia fim em seus tesouros, Naum 2:9), grande em poder e domínio. Ela era a cidade que, durante algum tempo, "[dominou] sobre os reis da terra" (Ap 17:18). Contudo, as cidades importantes, assim como os homens importantes, estão sob o governo e o julgamento divinos. Nínive era uma cidade importante, porém pagã, sem o conhecimento do Deus verdadeiro e sem adoração a Ele. Quantas cidades e nações grandiosas há que moram nas trevas e no vale da sombra da morte! Essa metrópole era perversa: "a sua maldade subiu até a minha presença" (Jn 1:2) — alguns traduzem "malícia". A maldade deles era presunçosa, pecavam com arrogância. É triste pensar que muito pecado é cometido em grandes cidades, onde há muitos pecadores, que não são apenas pecadores, mas levam uns aos outros a pecar. A maldade deles subiu, isto é, chegou a um grau elevado, até o ponto máximo. Sua medida chegou até à borda; sua maldade aumentou como a de Sodoma (Gn 18:20-21). Ela "subiu até a minha presença" — até a minha face (conforme diz o original). Era uma afronta, ousada e aberta, contra Deus; era pecar contra Ele, à Sua vista; portanto Jonas devia clamar contra ela. Devia testemunhar contra sua grande perversidade e avisá-los acerca da destruição que viria sobre eles. Deus estava vindo contra ela e enviou Jonas primeiro, a fim de proclamar a guerra e ressoar o alarme. "Grite a plenos pulmões, não se detenha!" (Is 58:1). Ele não devia sussurrar sua mensagem em uma esquina, mas torná-la pública nas ruas de Nínive; que aquele que tivesse ouvido ouvisse o que Deus tinha a dizer por meio de Seu profeta contra aquela cidade perversa. Quando o clamor do pecado sobe diante de Deus, o clamor da vingança vem contra o pecador. Jonas devia ir a Nínive e lá clamar contra a maldade dela. Foi ordenado a outros profetas que enviassem mensagens às nações vizinhas, e a profecia de Naum é particularmente a opressão de Nínive. Mas Jonas devia ir e levar ele mesmo a mensagem: "Levante-se rapidamente; aplique-se ao trabalho com celeridade e coragem, e com a resolução que caracteriza um profeta; levante-se e vá para Nínive".

ANOTAÇÕES

MISERICÓRDIA AOS PAGÃOS

ESTUDO 162

Reino dividido

Leitura bíblica: Jonas 4

E você não acha que eu deveria ter muito mais compaixão da grande cidade de Nínive, em que há mais de cento e vinte mil pessoas, que não sabem distinguir entre a mão direita e a mão esquerda, e também muitos animais?

JONAS 4:11

Vejamos como Deus argumentou com Jonas, de acordo com os versículos 10 e 11: "Você tem pena da planta, poupou-a (conforme original hebraico), fez tudo o que pôde e mais para a manter viva e disse: 'Que pena que a planta tivesse que murchar!'. Não deveria eu então poupar Nínive? Não deveria ter mais compaixão dela do que a que você demonstrou pela planta, e proibir o terremoto que a destruiria, como você teria evitado o verme que matou a planta?". Considerem: *a planta com a qual Jonas se preocupava não lhe pertencia*. Ele não trabalhara por ela e não a fizera crescer; mas as pessoas em Nínive, de quem Deus tinha compaixão, eram todas obras de Suas mãos, cuja existência se devia à Sua autoria, de cujas vidas Ele era o preservador, a quem Ele plantara e fizera crescer; Deus as criara, e elas lhe pertenciam. Assim sendo, o Senhor tinha muito mais razão para ter compaixão delas, uma vez que não pode desprezar a obra de Suas próprias mãos (Jó 10:3). Nestes termos, Jó argumenta com Deus: "As tuas mãos me plasmaram e me fizeram, porém, agora, queres destruir-me. Lembra-te de que me formaste como em barro. E, agora, queres reduzir-me a pó?" (vv.8-9). E assim Deus argumenta consigo mesmo. *A planta pela qual Jonas tivera compaixão era de crescimento súbito*, e, portanto, tinha menor valor; crescera à noite, era uma filha da noite (conforme original hebraico). Contudo, Nínive era uma cidade antiga, que permanecia há muito tempo e, desta forma, não se poderia desistir dela assim tão facilmente. "As pessoas que eu poupei têm crescido há muito tempo, não se ergueram rapidamente como a planta; e não deveria eu ter compaixão daqueles que, por tantos anos, têm sido alvo de minha providência, que são há tanto tempo meus inquilinos?" *A planta pela qual Jonas se condoera pereceu em uma noite*; ela murchou e chegou ao seu fim. No entanto, as preciosas almas em Nínive, das quais Deus tinha compaixão, não eram de breve existência; eram imortais e, sendo assim, precisavam ser consideradas com cuidado e gentileza. Uma alma vale mais do que todo o mundo; ganhar o mundo não compensará a perda dela. Então, certamente, uma alma vale mais do que muitas plantas, do que muitos pardais. É assim que Deus considera, e nós também deveríamos fazê-lo, tendo maior preocupação com os filhos dos homens do que com qualquer criatura inferior, e mais por nossa própria alma preciosa, e a dos outros, do que por qualquer riqueza e prazeres deste mundo.

ANOTAÇÕES

....
....
....
....
....
....
....
....
....
....
....

ESTUDO 163

Reino dividido

COMUNHÃO IMPOSSÍVEL

Leitura bíblica: Amós 3

*De todas as famílias da terra,
somente a vocês eu escolhi; portanto, eu os punirei
por todas as suas iniquidades.*

AMÓS 3:2

CRONOLOGIA DOS PROFETAS

Embora esse profeta tenha aparecido pouco antes de Isaías, ele não era o Amós, pai de Isaías (Is 1:1), conforme confundem alguns, pois no hebraico o nome deles é muito diferente. Suas famílias também são de linhagem diversas: Isaías era parte da corte; Amós era um agricultor. Alguns pensam que o estilo de Amós lembra mais sua origem, sendo mais direto e rústico do que o de alguns outros profetas. Não vejo assim; mas fica óbvio que o seu tema estava em concordância com o de Oseias, seu contemporâneo, a fim de que, pela boca dessas duas testemunhas, a palavra fosse estabelecida.

Deus os conhecia, isto é, Ele os escolheu, fez aliança com eles e se relacionavam como conhecidos. Alguém poderia pensar que o que seguiria agora seria: "portanto, eu os pouparei, serei conivente com suas falhas e os perdoarei". Mas não; o que vem é: "portanto, eu os punirei por todas as suas iniquidades". Os distintos favores divinos a nós, se não servirem para nos impedir de pecar, não nos isentarão da punição. Na realidade, quanto mais próximo de Deus for alguém em suas confissões de fé, e quanto mais bondosa for a Sua percepção dessa pessoa, mais certa, rápida e severamente Deus o avaliará. Igualmente ocorrerá se o caráter for profanado pelo caminho de pecados voluntários, se o relacionamento com Ele for desonrado, se violar seus compromissos e menosprezar os favores e honras com os quais foi distinguido. Portanto, os israelitas serão punidos porque seus pecados o desonram, o afrontam e o entristecem mais do que os pecados dos outros e porque é necessário que Deus vindique Sua honra ao transparecer que Ele odeia o pecado, e o odeia ainda mais naqueles que lhe são mais próximos. Se eles fossem apenas tão maus quanto os demais, seriam punidos de maneira pior, pois é esperado, com justiça, que sejam melhores do que eles. O julgamento começa pela casa de Deus, começa no santuário; pois Deus será santificado por, ou sobre, aqueles que dele se aproximam (Lv 10:3).

Que eles saibam que não podem esperar qualquer comunhão com Deus, a menos que primeiro façam as pazes com Ele: "Será que dois andarão juntos, se não estiverem de acordo?" (Am 3:3). Não! Como poderiam? Onde não há amizade não pode haver comunhão; se duas pessoas estão em desacordo, primeiro elas precisam acomodar a diferença entre si antes que possa haver algum intercâmbio de bons serviços. Israel havia afrontado a Deus, quebrado sua aliança com Ele e correspondido mal Seus favores; ainda assim, esperavam que Deus continuasse a andar com eles, que tomasse seu partido, agisse por eles e lhes desse garantias de Sua presença, embora eles não cuidassem de, por meio do arrependimento e da correção, entrar em acordo com seu adversário e desviar Sua ira. "Como pode ser isto?", diz o Senhor. "Enquanto vocês continuam a andar contrariamente a Deus, não podem esperar qualquer coisa senão que Ele ande contrariamente a vocês" (conforme Lv 26:23-24). Veja, não podemos esperar que Deus esteja presente conosco, ou que aja em nosso favor, a menos que nos reconciliemos com Ele. A não ser que concordemos com Deus em nossa finalidade, que é a Sua glória, não podemos andar com Ele pelo caminho.

ANOTAÇÕES

ESTUDO 164

Reino dividido

OPRESSORES JULGADOS

Leitura bíblica: Amós 4

O Senhor Deus jurou pela sua santidade que virão dias em que vocês serão arrastadas com ganchos; até as últimas de vocês serão levadas com anzóis de pesca.

AMÓS 4:2

Os que oprimiam os pobres foram comparados às vacas de Basã, que eram uma raça muito grande e forte de gado, especialmente se, embora criadas lá, fossem alimentadas nos montes de Samaria, onde os pastos eram extraordinariamente gordos. Amós era um boiadeiro e falava no dialeto de sua profissão, comparando os homens ricos e grandiosos, que viviam no luxo e na libertinagem, às vacas de Basã, que eram teimosas, desgovernadas e não se mantinham confinadas nos limites de seu próprio pasto, mas rompiam as barreiras, quebravam todas as cercas e ultrapassavam para o solo vizinho. Além disso, empurravam e chifravam o gado menor, que não era páreo para elas. Aqueles que tinham suas casas de verão sobre os montes de Samaria, quando iam para lá em busca de ar fresco, eram maldosos como as vacas sobre os montes de Basã e tão nocivos quanto elas para os que os cercavam. (1) Oprimiam os pobres e necessitados; esmagavam-nos, para espremer deles algo para si próprios. Tiravam vantagem de sua pobreza, necessidade e inabilidade de se autoajudarem para os tornar ainda mais pobres e mais necessitados do que já eram. Faziam uso de seu poder como juízes e magistrados para invadir os direitos e propriedades dos homens, e os pobres não eram exceção; pois não lhes afetava a consciência roubar sequer os que ofereciam hospitalidade. (2) Associavam-se a outros para o fazer. Diziam a seus senhores (aos senhores dos pobres, que abusavam deles e violentamente lhes tiravam do que tinham, quando deveriam socorrê-los): "'Tragam vinho e vamos beber' (v.1); vamos banquetear com vocês sobre os ganhos de nossa opressão e depois o protegeremos, ficaremos ao seu lado e rejeitaremos os apelos dos pobres contra vocês". Percebam que aquilo que é adquirido pela extorsão normalmente é usado como provisão para a carnalidade, para suprir as concupiscências. Assim, os homens se tornam tiranos dos pobres porque eles mesmos são escravos de seus próprios apetites. "Tragam vinho e vamos beber" é a linguagem daqueles que esmagam os necessitados, como se as lágrimas dos oprimidos, misturadas a seu vinho, tornassem a bebida ainda melhor. E por suas associações para beber e se divertir, e o excesso de rebelião, eles fortaleciam suas combinações para perseguição e opressão e endureciam o coração um do outro.

Deus os arrastará com ganchos, e a posteridade deles com anzóis; enviará o exército assírio contra eles, que fará deles presas; não apenas cercará o território da nação em sua rede, mas alvejará indivíduos em especial e os levará prisioneiros e cativos como se por ganchos ou anzóis, arrastando-os para fora de sua terra como o peixe é puxado para fora da água, que é seu elemento vital. Os filhos seriam arrastados com eles, ou, no seu próprio tempo, eles seriam arrastados por um inimigo vitorioso; a sua posteridade, no tempo dela, por outro. Assim, eles seriam totalmente extirpados por uma sucessão de julgamentos destruidores. Aquelas vacas de Basã, embora, assim como o Leviatã (Jó 41:1-2), não pudessem ser arrastadas com ganchos ou cordas, Deus as faria saber que Ele tem um anzol para seu nariz e um freio para a sua boca (Is 37:29). O inimigo os levaria para longe com tanta facilidade quanto um pescador puxa o peixinho e faria deles seu divertimento e sua recreação.

PROFETA CALUNIADO

ESTUDO 165
Reino dividido

Leitura bíblica: Amós 7

*Depois Amazias disse a Amós:
Saia daqui, vidente!*

AMÓS 7:12

Poder-se-ia esperar: (1) Que aquilo que lemos no começo do capítulo 7 de Amós despertaria o povo ao arrependimento, tendo em vista que receberam um indulto para que tivessem espaço para se arrepender e para que não obtivessem perdão até que se arrependessem. (2) Que isso faria com que estimassem Amós, que não apenas lhes demonstrara boa-vontade ao orar contra os julgamentos que os invadiram, mas havia prevalecido em afastar tais julgamentos, o que, se eles tivessem qualquer senso de gratidão, teria conquistado para o profeta a afeição deles. Porém, aconteceu o contrário: eles continuaram impenitentes, e a próxima notícia que ouvimos de Amós é que ele foi perseguido. Note que, da mesma forma que é louvável os santos orar por seus inimigos, é vergonhoso que muitos grandes pecadores sejam inimigos daqueles que intercedem por eles (Sl 35:13,15; 109:4). Aqui temos:

A informação maldosa levada ao rei contra o profeta Amós (Am 7:10-11). O informante foi Amazias, o sacerdote de Betel, o sumo sacerdote que ministrava ao bezerro de ouro lá, o presidente de Betel (como alguns entendem), que tinha a proeminência nos negócios locais. Ele reclamou contra Amós, não apenas porque ele profetizara sem a sua licença, mas porque profetizara contra os seus altares, que logo ficariam desertos e seriam demolidos, caso a pregação de Amós conseguisse ganhar crédito. Do mesmo modo, os fazedores de ídolos de Éfeso odiavam Paulo, porque sua pregação tendia a prejudicar os negócios deles. Os grandes hipócritas da santidade são normalmente os piores inimigos daqueles que são realmente santificados. Os sacerdotes têm sido os piores perseguidores. Amazias traz uma informação contra Amós a Jeroboão. O crime com que é acusado é nada menos que traição: "Amós conspira contra você, para o depor e assassinar; ele visa a sucedê-lo e, portanto, está tomando o caminho mais eficaz para o enfraquecer. Ele semeia a sedição no coração dos bons súditos do rei, e os torna insatisfeitos com ele e com seu governo, para que possa afastá-los aos poucos de sua lealdade. Por isso a terra não consegue suportar as palavras de Amós". É maldosamente insinuado ao rei que o país estava exasperado contra ele, e é dito como se eles sentissem que a pregação de Amós era intolerável, de tal forma que ninguém a poderia suportar, como se aquele tempo não a aguentasse, isto é, os homens daquele tempo não a suportavam. Tanto a insolência de sua suposta traição quanto a má influência que ela teria sobre o país são insinuadas naquela parte da acusação pela qual ele conspirava contra o rei no meio da casa de Israel. Veja, não é novidade para os acusadores dos irmãos que distorçam sua representação deles como inimigos do rei e do reino, como traidores de seu príncipe e perturbadores da terra, quando eles, na realidade, são os melhores amigos de ambos.

ANOTAÇÕES

....
....
....
....

ESTUDO 166

Reino dividido

REJEITANDO OS SEUS PROFETAS

Leitura bíblica: Miqueias 2

De fato, as minhas palavras fazem o bem ao que anda retamente.

MIQUEIAS 2:7

> ## CRONOLOGIA DOS PROFETAS
>
> Sendo contemporâneo do profeta Isaías (Miqueias começou a profetizar pouco depois), há uma semelhança entre as profecias de ambos; e há uma predição do avanço e do estabelecimento da Igreja, a qual os dois previram, quase nas mesmas palavras, para que da boca de duas testemunhas uma palavra tão grandiosa fosse estabelecida. Compare Isaías 2:2-3 com Miqueias 4:1-2. Diz-se que a profecia de Isaías era sobre Judá e Jerusalém, mas a de Miqueias se referia a Samaria e Jerusalém. Embora essa profecia seja datada apenas a partir dos reis de Judá, ela se refere ao reino de Israel, cuja ruína se aproximava: o cativeiro das dez tribos, o qual ele prediz claramente e lamenta com tristeza.

Aqui está a acusação de dois pecados sobre o povo de Israel e os julgamentos denunciados contra eles, julgamentos que correspondem exatamente ao pecado: perseguir os profetas de Deus e oprimir os pobres.

Perseguir os profetas de Deus, reprimi-los e os silenciar é um pecado que ofende a Deus tanto quanto qualquer outro, pois não apenas cospe na face de Sua autoridade sobre nós, mas desdenha de Suas entranhadas misericórdias conosco, visto que, ao nos enviar Seus profetas, Ele nos dá um sinal garantido e valioso de Sua boa-vontade. Agora, observe aqui qual foi a obstrução e a oposição que este povo apresentou aos profetas: diziam àqueles que profetizavam que parassem de profetizar (Is 30:10). Diziam aos videntes: "Não vejam mais, não nos incomodem com os relatos do que viram nem nos tragam mensagens assustadoras". Eles não deviam profetizar de modo algum ou profetizar somente o que era agradável. A palavra para profecia aqui significa "gotejar", pois as palavras dos profetas gotejavam do Céu como orvalho. Aqueles que não gostam de ser corrigidos detestam ser reprovados e fazem tudo o que podem para silenciar os ministros fiéis. Amós foi proibido de profetizar (Am 7:10-16). Os perseguidores interrompem o respirar deles porque não têm outro meio de impedir que falem, pois, se os profetas viverem, pregarão e atormentarão aqueles que habitam a Terra, como fizeram as duas testemunhas (Ap 11:10). Alguns entendem que o texto diz: "Não profetizem; que aqueles outros profetizem". Que não falem aqueles que denunciam nossas faltas e nos ameaçam, mas que profetizem aqueles que nos bajulam em nossos pecados e invocam a paz sobre nós. Não dizem que não necessitam de nenhum ministro, mas que terão aqueles que lhes dizem apenas o que eles querem e seguirão seu caminho.

Oprimir os pobres de Deus é outro pecado com o qual são acusados, aqui como anteriormente (vv.1-2), uma vez que é um pecado duplamente odioso e ofensivo a Deus. Observe como o pecado é descrito nos versículos 8 e 9. Quando eles desprezaram os profetas de Deus e se opuseram a eles, irromperam em outras maldades. Que tipo de amarras segurará aqueles que não têm reverência pela Palavra de Deus? Aqueles que, no passado, levantaram-se contra os inimigos da nação, em defesa de seu próprio país e assim se comportaram com bravura, no presente se erguem como inimigos da nação e, em vez de a defender, destroem-na e fazem a ela mais perversidades (como é normal às víboras que estão nas entranhas do Estado) do que um adversário estrangeiro poderia. Fazem de homens, mulheres e crianças as suas presas.

ANOTAÇÕES

ESTUDO 167

Reino dividido

O JULGAMENTO DOS GOVERNANTES

Leitura bíblica: Miqueias 3

Eu disse: Escutem agora, governantes de Jacó e chefes da casa de Israel: Por acaso não é a vocês que compete conhecer a justiça? MIQUEIAS 3:1

Que os príncipes ouçam sua acusação e sua ruína. Os líderes de Jacó e os príncipes da casa de Israel são chamados a ouvir o que o profeta tem a lhes dizer (v.1). A Palavra de Deus tem repreendas para os homens mais importantes, as quais os ministros dessa palavra devem aplicar quando houver ocasião. Aqui, o profeta tem o consolo ao refletir a respeito disso. Independentemente do sucesso ou não, ele havia cumprido fielmente o que lhe fora encarregado: "Eu disse: Escutem agora, governantes". Ele tinha o testemunho de sua consciência de que não se encolhera diante de seu dever por temor da face dos homens. Diz-lhes:

(1) O que se esperava deles: "Por acaso não é a vocês que compete conhecer a justiça?". Queria dizer fazer julgamento, do contrário, o conhecimento não traz proveito. "Não é sua parte administrar a justiça imparcialmente, não conhecer os rostos (conforme diz a expressão hebraica para parcialidade e respeito às pessoas), mas conhecer a justiça e os méritos de cada causa?"

(2) Quão perversamente eles haviam transgredido as regras da justiça, embora soubessem quais elas eram. O princípio e a disposição deles são maus: Eles odeiam o bem e amam o mal; odeiam o bem nos outros e detestam que ele possa ter alguma influência sobre eles; odeiam fazer o bem; odeiam que se faça o bem e odeiam aqueles que são bons e praticam o bem; amam o mal e se deleitam na injúria. Sendo esse seu princípio, a prática deles anda em conformidade com isso; são muito cruéis e severos com aqueles que estão sob seu poder e qualquer um que dependa da sua misericórdia descobrirá que eles não têm nenhuma. De modo bárbaro, devoram aqueles que deveriam proteger e, como pastores infiéis, tosam as ovelhas que deveriam alimentar. De fato, ao invés de as alimentar, eles se alimentam delas (Ez 34:2). É justo que aquele que alimenta o rebanho, do seu leite se alimente (1Co 9:7), mas isso não lhes bastava: "Vocês comem a carne do meu povo" (v.3). É justo que se vistam da lã delas, mas isso não era suficiente: "lhes arrancam a pele".

(3) Como eles poderiam esperar que Deus tratasse com eles, uma vez que eram assim cruéis com Seus súditos. A regra está estabelecida: haverá julgamento sem misericórdia sobre aqueles que não demonstraram misericórdia. "Eles clamarão ao Senhor, mas Ele não os ouvirá no dia de seu sofrimento, do mesmo modo que os pobres clamaram a eles, enquanto estavam na prosperidade, e eles não os ouviram" (conforme v.4). Chegará um tempo em que os pecadores mais orgulhosos e zombadores clamarão a Deus, e demandarão judicialmente aquela misericórdia que antes não valorizavam ou imitavam. Porém será em vão; Deus esconderá deles a Sua face naquele tempo, no tempo em que precisarão do Seu favor e se verão sem ele.

ANOTAÇÕES

....
....
....
....
....
....

A GRANDEZA E A HUMILDADE DO REI

ESTUDO 168

Reino dividido

Leitura bíblica: Miqueias 5

E você, Belém-Efrata, que é pequena demais para figurar como grupo de milhares de Judá, de você me sairá aquele que há de reinar em Israel, e cujas origens são desde os tempos antigos, desde os dias da eternidade. MIQUEIAS 5:2

Vejamos *como o Messias é aqui descrito*. Ele é o governante de Israel, cujas origens vão desde os tempos antigos, da eternidade, conforme o original hebraico. Aqui temos: (1) Sua existência eterna, como Deus. Suas origens, ou emanações, como o emanar dos raios de Sol são antigas, desde a eternidade, que, conforme o Dr. Pocock [N.T.: Edward Pocock (1604-91), professor de hebraico e árabe na Universidade de Oxford.], é uma descrição tão clara da geração eterna de Cristo ou das Suas origens com o Filho de Deus, primogênito do Pai antes de todos os mundos, que essa profecia só pode se referir a Ele e jamais poderia ser verificada em qualquer outro. (2) Seu ofício como Mediador. Ele deveria ser o governante em Israel, Rei da Sua Igreja; deveria reinar sobre a casa de Jacó para sempre (Lc 1:32-33). Os judeus argumentam que nosso Senhor Jesus não poderia ser o Messias, pois Ele estava tão longe de ser o governante de Israel, que Israel o dominou, entregando-o à morte e não desejava que Ele governasse sobre eles. Mas o próprio Jesus respondeu a essa objeção quando disse: "O meu Reino não é deste mundo" (Jo 18:36). É sobre o Israel espiritual que Ele governa, os filhos da promessa, todos os seguidores de Abraão, que creu, e de Jacó, que orou. No coração desses, Ele reina por Seu Espírito e graça, e na comunidade deles, por meio de Sua Palavra e ordenanças. Não governou sobre Israel Aquele a quem o vento e o mar lhe obedeceram, a quem legiões de demônios foram forçadas a se submeter; que deu ordens a enfermidades para que saíssem dos doentes e que os mortos saíssem de seus sepulcros? Ninguém, senão Aquele cujas origens são antigas, desde a eternidade, era mais capacitado a ser governante em Israel, e para ser o Cabeça da Igreja, e sobre todas as coisas da Igreja.

Vejamos também *o que aqui é predito acerca dele*: que Belém seria o local de Seu nascimento (v.2). Essa foi a passagem consultada pelos escribas quando, com grande segurança, disseram a Herodes onde o Cristo nasceria (Mt 2:6). Assim, era universalmente sabido entre os judeus que Cristo viria da cidade de Belém, de onde era Davi (Jo 7:42). Belém significa "a casa do pão", o lugar mais adequado para que nascesse Aquele que é o Pão da vida. E, por ela ser a cidade de Davi, foi ordenado por uma providência especial que o Filho de Davi lá nascesse, como seu herdeiro e sucessor para sempre. É chamada de Belém-Efrata, ambos nomes da mesma cidade, como aparece em Gênesis 35:19. Ela era pequena entre milhares de Judá, não considerável sequer pelo número de habitantes ou pelo quanto representava. Não havia nela nada digno de ter essa honra sobre si, mas nesse, como em outros exemplos, Deus escolheu exaltar os humildes (Lc 1:52). Cristo traria honra ao local de Seu nascimento, e não receberia dele honra. "Embora você seja pequena, será feita grande", e, conforme disse Mateus, "'de modo nenhum é a menor entre as principais de Judá' (Mt 2:6), mas por causa desse evento será realmente honrada acima de todas elas". Um relacionamento com Cristo exaltará aqueles que são pequenos no mundo.

ANOTAÇÕES

....
....

ESTUDO 169

Reino dividido

AUTORIDADE ESPIRITUAL PROSTITUÍDA

Leitura bíblica: 2 Reis 16

E o sacerdote Urias fez tudo como o rei Acaz lhe havia ordenado.

2 REIS 16:16

Este Urias provavelmente era o sumo sacerdote que, naquele tempo, presidia o serviço do templo. A ele, Acaz enviou uma indicação de algo que tinha em mente (pois não lemos qualquer ordem expressa que ele tenha dado), de fazer um altar segundo aquele padrão. Sem qualquer discussão ou objeção, Urias o colocou em ação imediatamente, talvez por ser tão admirador quanto era do rei e desejoso de alcançar seu favor. Possivelmente ele tivesse esta justificativa para gratificar desse modo o rei: por esse meio, poderia mantê-lo no templo em Jerusalém e impediria sua deserção total dele para os lugares altos e para os bosques. "Que assim possamos o compelir", pensava Urias, "e assim ele trará seus sacrifícios a nós, pois, por esse método, temos nosso sustento". Porém, qualquer que fosse a sua dissimulação, fazer esse altar era a maldade mais básica para ele, que era um sacerdote, um sumo sacerdote, em obediência a um príncipe idólatra, pois por isso: (1) Ele prostituiu a sua autoridade e profanou a coroa de seu sacerdócio, fazendo de si mesmo um servo da cobiça dos homens. Não há desgraça maior ao ministério do que a subserviência a tais ordens vis. (2) Traiu sua confiança. Como sacerdote, ele tinha a obrigação de manter e defender as instituições divinas e de se opor e testemunhar contra todas as inovações. Assistir e servir o rei em edificar um altar para confrontar o altar no qual, por ordens divinas, ele fora consagrado para ministrar, era tal traição e perfídia que poderia tê-lo considerado como infame por toda a posteridade. Se ele tivesse apenas sido conivente para edificá-lo — caso estivesse atemorizado pelas ameaças —, se tivesse se empenhado em dissuadir o rei de o construir, ou, atrasado a obra até que voltasse para casa, para que primeiro pudesse falar com o rei a respeito, não seria tão mau. Mas andar com tanta disposição segundo a ordem do rei, como se estivesse alegre com a oportunidade de o favorecer, foi uma afronta tão grande ao Deus que ele servia, que era indesculpável.

A dedicação do altar. Urias, percebendo que o coração do rei estava determinado, cuidou para o ter pronto quando ele viesse, e o colocou perto do altar de bronze, mas, de certa forma, em nível mais baixo e mais distante da porta do templo. O rei ficou muito satisfeito com o altar, aproximou-se dele com toda a veneração possível e ali ofereceu seu holocausto (vv.12-13). Seus sacrifícios não foram oferecidos ao Deus de Israel, mas aos deuses de Damasco (como encontramos em 2 Crônicas 28:23), e uma vez que copiara o altar sírio, não surpreende que adotasse seus deuses. Por outro lado, Naamã, o sírio, adotou o Deus de Israel quando pegou do pó da terra de Israel para fazer dele um altar.

ANOTAÇÕES

....
....
....
....
....
....
....

A MENSAGEM AO REI INCRÉDULO

ESTUDO 170

Reino dividido

Leitura bíblica: Isaías 7

*Diga-lhe o seguinte: Tenha cuidado e fique calmo.
Não tenha medo nem fique desanimado.*

ISAÍAS 7:4

As ordens e orientações dadas a Isaías para encorajar Acaz em sua angústia; não por causa do próprio Acaz (ele merecia ouvir de Deus apenas palavras de terror, que poderiam acrescentar aflição ao seu pesar), mas por ele ser um filho de Davi e rei de Judá. Deus tinha benevolência com ele por causa de seu pai, que não devia ser esquecido, e de seu povo, que não devia ser abandonado, mas seria encorajado e Acaz o fosse. Observe:

(1) Deus ordenou que o profeta encontrasse com Acaz, embora não o tivesse enviado para falar com ele, nem desejava que Isaías inquirisse o Senhor a favor dele: "vá encontrar-se com Acaz" (v.3). Note: Deus frequentemente é encontrado por aqueles que não o procuram; muito mais ainda será Ele encontrado por aqueles que o buscam diligentemente. Ele fala de consolo a muitos que não são apenas indignos dele, mas que sequer o solicitam.

(2) Deus ordenou que Isaías levasse seu filhinho consigo, visto que ele carregava uma profecia em seu nome: Sear-Jasube (um remanescente retornará). Às vezes, os profetas registravam o que pregavam no significado dos nomes de seus filhos (como em Os 1:4,6,9); assim sendo, os filhos de Isaías são chamados de sinais (Is 8:18). Esse filho foi assim chamado para o encorajamento daqueles do povo de Deus que foram levados cativos, assegurando-lhes que eles retornariam, pelo menos um remanescente deles, o que já é mais do que eles poderiam pretender desejar. No entanto, nessa ocasião, Deus foi melhor do que a Sua palavra, pois Ele cuidou que não apenas um restante voltasse, mas todos os que haviam sido levados prisioneiros dos confederados da Síria e Israel (2Cr 28:15).

(3) Deus o dirigiu acerca de onde encontrar Acaz. Deveria encontrar-se com ele não no templo, ou na sinagoga, ou na capela real, mas na outra extremidade do aqueduto do tanque superior, onde ele estava, provavelmente com muitos de seus servos ao seu redor, planejando como ordenar os trabalhos a fim de assegurar água para a cidade e privar o inimigo de seus benefícios (Is 22:9-11; 2Cr 32:3-4), ou dando-lhes alguma ordem para fortalecer a cidade tanto quanto pudessem. Talvez, descobrindo que tudo estava em más condições ou defesa, o aqueduto sem reparação bem como outras coisas arruinadas, seus temores aumentaram e agora estava em maior perplexidade do que nunca. Sendo assim, "vá encontrá-lo lá!". Percebam que Deus, por vezes, envia consolo a Seu povo em tempo muito oportuno e, no tempo em que estão mais temerosos, Ele os encoraja a confiar nele.

(4) Deus coloca as palavras na boca de Isaías; do contrário, o profeta não saberia como levar uma mensagem de bem a tal homem vil, um pecador em Sião, que devia estar com medo; porém Deus pretendia que essa mensagem fosse de apoio aos israelitas fiéis.

ANOTAÇÕES

....
....
....
....

ESTUDO 171

Reino dividido

O GOVERNANTE ETERNO

Leitura bíblica: Isaías 9

Porque um menino nos nasceu, um filho se nos deu. O governo está sobre os seus ombros, e o seu nome será: Maravilhoso Conselheiro, Deus Forte, Pai da Eternidade, Príncipe da Paz.

ISAÍAS 9:6

Esse menino, esse Filho, esse Filho de Deus, que nos foi dado, tem capacidade de nos fazer muito bem, pois Ele é investido com os mais elevados poder e honra, de modo que não há como sermos senão felizes por Ele ser nosso Amigo.

Veja a dignidade a que Ele e o Seu nome, que está acima de todo nome, foram promovidos. Ele será chamado — sendo assim, temos a certeza de que Ele é e será — Maravilho, Conselheiro, o Deus Forte, o Pai da Eternidade, o Príncipe da Paz. Seu povo o conhecerá e o adorará por esses nomes; e, como Alguém que corresponde exatamente aos nomes que tem, eles se lhe submeterão e dependerão dele. (1) Ele é Maravilhoso, Conselheiro. Ele é chamado de Maravilhoso com justiça, pois é tanto Deus quanto Homem. Seu amor é o maravilhamento dos anjos e dos santos glorificados; em Seu nascimento, vida, morte, ressurreição e ascensão, Ele foi maravilhoso. Uma série constante de maravilhas o cercavam e, sem qualquer controvérsia, grande foi o mistério da piedade relativo a Ele (1Tm 3:16). Ele é o Conselheiro, visto que era intimamente familiarizado com os conselhos de Deus desde a eternidade e dá conselho aos filhos dos homens, nos quais busca nosso bem-estar. É por meio dele que Deus nos dá conselho (Sl 16:7; Ap 3:18). Ele é a sabedoria do Pai e, da parte do Pai, se tornou sabedoria por nós (1Co 1:30). Alguns unem esses dois predicativos: Maravilhoso Conselheiro, um conselheiro estupendo ou miraculoso; nisso, e em outras coisas, Ele tem proeminência; ninguém ensina como Ele. (2) Ele é o Deus Forte — Deus, o Todo-Poderoso. Assim como Ele tem sabedoria, tem, também, força para suportar Sua missão: pode salvar completamente; e essa é a obra do Mediador que nenhum poder inferior do que aquele do Deus Forte poderia realizar. (3) Ele é o Pai da Eternidade, ou Pai Eterno. É Deus, um com o Pai, que é de eternidade a eternidade. É o autor da vida eterna e da felicidade para eles; então é o Pai de uma bendita eternidade para eles. É o Pai do mundo que há de vir (assim traduz a Septuaginta), o Pai do Estado das boas-novas, que está sujeito a Ele, e não aos anjos (Hb 2:5). Ele era, desde a eternidade, Pai da grande obra da redenção: Seu coração estava nela; ela foi produto de Sua sabedoria e de Seu conselho, de Seu amor como o Pai eterno. (4) Ele é o Príncipe da Paz. Como Rei, Ele preserva a paz, ordena a paz; na verdade, cria a paz em Seu reino. Ele é nossa paz, e é a Sua paz que guarda o coração de Seu povo e governa sobre ele. Ele não é apenas um príncipe pacífico com um reino pacífico, mas é o autor e doador de todo o bem, toda a paz que é a alegria presente e futura de Seus súditos.

ANOTAÇÕES

....
....
....
....
....
....
....
....
....
....

EMBRIAGADOS PELO ORGULHO

ESTUDO 172

Reino dividido

Leitura bíblica: Isaías 28

*Ai de Samaria, a orgulhosa coroa dos bêbados de Efraim,
a flor murcha da gloriosa formosura que se encontra nos altos do fertilíssimo
vale dos que são vencidos pelo vinho!* ISAÍAS 28:1

Aqui o profeta avisa o reino das dez tribos acerca dos julgamentos que estavam vindo sobre eles por causa de seus pecados. Esses julgamentos foram em seguida executados pelo rei da Assíria, que destruiu completamente o país deles e levou o povo para o cativeiro. Efraim tinha fama por sua frutificação pelo fato de seu solo ser fértil e os seus produtos serem abundantes e da melhor qualidade. Eles tinham muitos vales fartos (vv.1,4), e Samaria, que ficava sobre um monte, encabeçava, por assim dizer, esses vales. Seu país era rico e agradável e, como o jardim do Senhor, era a glória de Canaã, e como tal, a glória de todas as terras. A colheita e a vindima deles eram as gloriosas belezas no topo dos vales cobertos com grãos e vinhedos. Agora observe:

(1) O mau uso que eles fizeram da abundância. O que Deus lhes dera para que o servissem eles perverteram e usaram mal ao torná-lo alimento e combustível para sua cobiça. 1) Eram inflados de orgulho pela abundância. A bondade com a qual Deus coroara seus anos, que deveria ser uma coroa de louvor, foi para eles uma coroa de orgulho. Aqueles que são ricos no mundo estão aptos a serem orgulhosos (1Tm 6:16). [...] Mas ai daqueles que assim se exaltam, pois serão abatidos; seu orgulho é o prenúncio de sua destruição. 2) Eles se permitiam à sensualidade. Efraim era notório por sua embriaguez e sua devassidão excessiva; Samaria, que estava acima dos fartos vales, estava lotada daqueles que abusavam do vinho, que se arruinavam com ele. Veja como agem tolamente os embriagados, e não surpreende que, no ato do pecado, eles bancassem os ineptos e se tornassem brutos. Haviam se rendido: a) A serem vencidos pelo pecado; ele os vence e os aprisiona (2Pe 2:19); são levados cativos por ele, e o cativeiro é ainda mais vergonhoso e inglório porque é voluntário. Alguns desses miseráveis escravos admitem que não há pior escravidão no mundo do que o excesso de bebida. São vencidos não pelo vinho, mas pelo amor a ele. b) A serem arruinados pelo pecado. São arrasados pelo vinho. Sua constituição é prejudicada por ele, bem como sua saúde. Ficam arruinados em sua vocação e em suas propriedades, e a sua alma está em perigo de estar eternamente perdida. Tudo isso pela gratificação de uma concupiscência baixa. Ai dos bêbados de Efraim! Os ministros de Deus devem trazer as palavras de advertência a lugares e pessoas em particular. Devemos dizer: "Ai disso ou dessa pessoa", se ela for dada à bebedice. Há um "ai" em especial para os bêbados de Efraim, pois eles eram parte do povo que confessava Deus, e isso os fazia piores do que qualquer outro, pois tinham conhecimento, portanto, deveriam dar o exemplo. [...]

(2) A justiça de Deus em retirar deles a abundância, a qual eles haviam usado mal. A sua gloriosa beleza, a abundância da qual se orgulhavam, era apenas uma flor que murcha, comida que perece. Os maiores frutos, caso Deus lhes desfira um golpe, são apenas flor murcha.

ANOTAÇÕES

....
....

ESTUDO 173

Reino dividido

O BOM CONSELHO REJEITADO

Leitura bíblica: Isaías 30

*Porque assim diz o S*ENHOR *Deus, o Santo de Israel:
Na conversão e no descanso está a salvação de vocês; na tranquilidade
e na confiança reside a força de vocês. Mas vocês não quiseram.*

ISAÍAS 30:15

O povo israelita menosprezara a graciosa orientação que Deus lhe dera, não apenas sobre como se preservar e se manter a salvo, mas sobre como se recompor e descansar. Pelo contrário, os israelitas queriam fazer do jeito deles (vv.15-17). Observe aqui:

(1) O método que Deus orientou para a salvação e para a força deles. O Deus que os conhecia, que sabia o que era melhor para eles e desejava seu bem-estar, deu-lhes esta prescrição, e ela é recomendada a todos nós. 1) Seríamos salvos do mal de cada calamidade, preservados da tentação e protegidos de sua maldição, que são as únicas coisas ruins na calamidade? É necessário se converter e descansar; voltar-nos para Deus e repousar nele como nosso descanso. Que nos convertamos de nossos maus caminhos, nos quais nos desviamos, e descansemos e sosseguemos no caminho de Deus e do dever — esse é o caminho para ser salvo. "Abandonem esse plano de descer ao Egito e repousem satisfeitos na vontade de Deus, então poderão confiar a Ele a sua segurança. Ao abandonar (por meio da correção de seu coração e vida) e descansar (em inteira submissão de sua alma a Deus e em complacência nele), vocês serão salvos". 2) Seríamos fortalecidos para fazer o que é requerido de nós e para suportar o que é colocado sobre nós? Deve ser na quietude e na confiança; devemos manter nosso espírito calmo e tranquilo por meio da contínua dependência de Deus, de Seu poder e de Sua bondade. Devemos nos retirar para dentro de nós mesmos em santa quietude, reprimindo todos os sentimentos turbulentos e tumultuosos, e em manter a paz em nossa mente. E devemos nos apoiar em Deus com santa confiança de que Ele pode fazer o que quiser e fará o melhor para Seu povo. E esta será a nossa força: ela nos inspirará com sagrada fortaleza, que nos levará com tranquilidade e coragem através de todas as dificuldades que possamos encontrar.

(2) O desprezo que eles demonstraram nessa prescrição. Eles não aceitaram o conselho de Deus, embora fosse para o bem deles. E, com justiça, morrerão de enfermidade aqueles que não aceitam Deus como seu médico. Certamente seremos inimigos de nós mesmos se não nos sujeitarmos a Ele. Não desejavam sequer tentar o método prescrito: "Mas vocês disseram 'Não! Não nos recomporemos, fugiremos sobre cavalos e cavalgaremos com rapidez; nos apressaremos para cá e para lá para conseguir ajuda estrangeira'" (conforme v.16). Eles se achavam mais sábios do que Deus e conhecedores do que seria melhor para si mesmos, melhor do que o Deus que realmente sabe. Quando Senaqueribe tomou todas as cidades fortificadas de Judá, aqueles filhos rebeldes não quiseram ser persuadidos a descansar e pacientemente esperar que Deus viesse em seu favor — como Ele acabou fazendo —, mas se deslocaram buscando segurança e assim se expuseram a um perigo muito maior.

ANOTAÇÕES

....
....
....
....

PRESA FÁCIL PARA O INIMIGO

ESTUDO 174

Queda de Samaria

Leitura bíblica: 2 Reis 17

Isso aconteceu porque os filhos de Israel pecaram contra o SENHOR, seu Deus, que os tirou da terra do Egito e os livrou do poder de Faraó, rei do Egito; e temeram outros deuses.

2 REIS 17:7

O rei de Israel foi feito prisioneiro. Ele foi encarcerado e preso em correntes ao ser provavelmente pego de surpresa antes do cerco a Samaria. *A terra de Israel tornou-se uma presa*. O exército do rei da Assíria veio cruzando toda a terra, tornando-se o dono dela (v.5) e tratava o povo como traidor que devia ser punido pela espada da justiça, ao invés de como inimigo direto. *A cidade real de Israel foi sitiada e completamente tomada*. Ela resistira por três anos após o país ter sido conquistado e, sem dúvida, tiveram de suportar muito sofrimento durante esse tempo, algo que não está especialmente registrado no texto. Contudo, a brevidade da história e a forma superficial como é tratada essa questão parecem indicar que eles foram abandonados por Deus, e Ele não atentou à aflição de Israel, como fizera vezes anteriores. *O povo de Israel foi levado cativo para a Assíria* (v.6). O povo em geral e aqueles de alguma proeminência foram levados à força ao país do conquistador para ser escravos e mendicantes lá. (1) Desse modo, o imperador se agradava em exercer domínio sobre eles e de mostrar que eles estavam completamente à sua disposição. (2) Ao privá-los de suas posses e propriedades, reais e pessoais, e ao expô-los a todas as dificuldades e à vergonha de uma transferência para um país estrangeiro, sob o poder de um exército imperial, ele os castigava por sua rebelião e pela tentativa de se libertar do jugo por ele imposto. (3) Assim ele prevenia efetivamente todas as tentativas futuras e assegurava seu controle sobre esse país. (4) O imperador foi beneficiado pelo serviço deles em seu próprio país, como o Faraó fizera com seus ancestrais. Sendo assim, esse povo se perdia da mesma forma como havia sido encontrado, e terminava como havia começado: em servidão e sob opressão. Dessa maneira, o rei assírio criava espaço para os seus compatriotas que possuíam pouco e tinham pouco a fazer em seu próprio país, para que se estabelecessem em uma terra boa, que manava leite e mel. Em tudo isso, ele tirou proveito próprio por meio desse cativeiro das dez tribos. Somos informados sobre quais locais de seu reino ele os colocou: "em Hala, junto a Habor, rio de Gozã, e nas cidades dos medos" (v.6), locais que podemos supor serem distantes uns dos outros, a fim de que eles não mantivessem contato, se unissem e se tornassem formidáveis. Lá, temos razões para crer, depois de algum tempo, eles se misturaram tanto com as demais nações, que se perderam, e o nome de Israel não era mais lembrado. Aqueles que se esqueceram de Deus foram, eles mesmos, esquecidos; aqueles que se empenharam para ser como as nações foram sepultados entre elas; e os que não desejavam servir a Deus em sua própria terra foram levados a servir seus inimigos em uma terra estrangeira. É provável que os cativos fossem homens de honra e de posses, e aqueles menos notáveis foram deixados na terra, muitos de cada tribo, que, ou se mudaram para Judá ou se tornaram súditos das colônias assírias, sendo os galileus e os samaritanos os seus descendentes. Assim Israel deixava de existir como nação; agora se tornaram Lo-Ami — não meu povo — e Lo-Ruamá — a que não recebeu compaixão (Os 1:6,9). Agora Canaã os vomitava. Quando lemos o registro de Oseias, filho de Num, quem imaginaria que sua saída da terra seria tal como essa sob o governo de Oseias, filho de Elá?

195

ESTUDO 175

Reino dividido

FÉ E AÇÃO EM TEMPOS CRÍTICOS

Leitura bíblica: 2 Crônicas 32

Com ele está o braço de carne, mas conosco está o Senhor, nosso Deus, para nos ajudar e para guerrear as nossas guerras.

2 CRÔNICAS 32:8

Ezequias reuniu o povo em uma rua larga e aberta e lhes falou de modo encorajador (v.6). Ele mesmo estava destemido, confiante de que a questão da invasão terminaria bem. Não era como seu pai, que tinha tanta culpa para o aterrorizar e nenhuma fé para o encorajar que, em tempo de perigo público, seu coração estremeceu como as árvores do bosque são movidas pelo vento; por isso, não surpreende que o coração do povo também ficasse agitado (Is 7:2). Com o que disse, Ezequias trouxe vivacidade a seu povo, especialmente aos seus capitães, e falou ao coração deles (conforme o original hebraico). (1) Ele se esforçou para minimizar seus temores: "Sejam fortes e corajosos! Não pensem em render a cidade ou em capitular, mas decidam guardá-la até o último homem; não imaginem perder a cidade ou cair nas mãos do inimigo; não há perigo. Que os soldados sejam ousados e corajosos, guardem bem seus postos, fiquem firmes com suas armas e lutem com hombridade; que os cidadãos os encorajem a isso. Não sejam atemorizados ou consternados pelo rei da Assíria". Desta maneira, o profeta encorajou o povo: "não temam os assírios" (Is 10:24); e aqui o rei repete as suas palavras. Agora os pecadores de Sião estavam temerosos (Is 33:14), mas os justos habitavam nas alturas (Is 33:15-16) e refletiam sobre o terror de modo a vencê-lo. Veja Isaías 33:18, que se refere a essa história. (2) Ezequias se determinou a manter a fé do povo, para silenciar e suprimir seus temores. "Senaqueribe tem uma multidão consigo, mas há mais conosco do que com eles, pois temos Deus conosco, e por quantos vocês consideram que Ele vale? Com o nosso inimigo está um braço de carne, no qual ele confia. Porém, conosco está o Senhor, cujo poder é irresistível, nosso Deus, cuja promessa é inviolável, um Deus em aliança conosco, para nos ajudar e lutar nossas batalhas, não apenas para nos ajudar a lutar contra eles, mas para batalhar em nosso lugar, se Ele quiser". E ele conseguiu seu intento. Note: uma confiança, em fé, em Deus nos erguerá acima do prevalecente temor dos homens. Aquele que teme a fúria do opressor se esquece do Senhor, seu Criador (Is 51:12-13). É provável que Ezequias tenha dito mais com esse propósito, e que o povo tenha descansado com o que ele falou, não apenas em sua palavra, mas nas coisas que disse com relação à presença de Deus com eles e Seu poder para os aliviar, uma confiança que os levou a descansar. Que os bons súditos e soldados de Jesus Cristo descansem sob Sua palavra e digam ousadamente: "Se Deus é por nós, quem será contra nós?" (Rm 8:31).

ANOTAÇÕES

....
....
....
....
....
....
....
....

ORAÇÃO PREVALENTE

ESTUDO 176

Reino dividido

Leitura bíblica: Isaías 37

*Porque eu defenderei esta cidade, para a livrar,
por amor de mim e por amor do meu servo Davi.*

ISAÍAS 37:35

Aqui podemos observar que aqueles que recebem a mensagem de terror dos homens com paciência, e enviam mensagens de fé a Deus, por meio da oração, podem esperar mensagens de graça e paz da parte de Deus para seu consolo, mesmo quando estiverem abatidos. Isaías enviou, em nome de Deus, uma carta longa em resposta à oração de Ezequias, enviou-a por escrito (pois era muito extensa para ser enviada oralmente), e a enviou como resposta de sua oração, cuja relação a ela encontramos assim: "'Visto que você fez uma oração' (v.21), saiba, para seu consolo, que sua oração foi ouvida". Isaías deve tê-lo relembrado das profecias que havia entregado (especialmente no capítulo 10) e lhe ordenou que escolhesse uma resposta a partir dela; mas, a fim de que tivesse consolo abundante, uma mensagem lhe foi enviada de propósito. A correspondência entre Terra e Céu jamais é diminuída da parte de Deus.

Deus é o benfeitor generoso de Seu povo, bem como seu protetor poderoso; é tanto sol quanto escudo para aqueles que nele confiam (Sl 84:11). Jerusalém será defendida (v.35), os sitiantes não entrarão nela, não, nem chegarão diante dela com algum ataque, mas serão desbaratados antes que comecem o cerco (v.33). Entretanto, isso não é tudo; Deus voltará em misericórdia a Seu povo e lhes fará bem. A terra deles será mais frutífera do que o normal, de modo que suas perdas serão abundantemente compensadas; não sentirão qualquer dos maus efeitos da devastação, quer da destruição do país pelos inimigos, quer da sua própria privação da atividade agrícola. Inicialmente, a terra produzirá por si mesma, e eles viverão em abundância dessa produção espontânea. A bênção do Senhor pode, quando lhe apraz, criar riqueza sem o trabalho do diligente.

Não há como permanecer diante dos julgamentos de Deus quando eles vêm por Seu mandato. (1) A multidão de homens não pode lhes resistir. Um anjo apenas abate um vasto exército de homens no local destinado, quando Deus lhe ordena (v.36). Ali estavam 185.000 valentes soldados que, em um instante, foram transformados em muitos cadáveres. Muitos creem que o salmo 76 tenha sido escrito na ocasião dessa derrota, em que, por meio do despojar do valente e de seu envio ao longo sono (v.5), infere-se que Deus é mais glorioso e excelente do que os montes eternos (v.4), e que Ele deve ser temido (v.7). Os anjos são empregados, mais do que nós podemos imaginar, como ministros da justiça divina, a fim de punir o orgulho e romper o poder dos perversos. (2) Os mais importantes dentre os homens não podem lhe resistir. O grande rei da Assíria parece pequeníssimo quando é forçado a retornar, não apenas envergonhado por não poder cumprir o que havia planejado com tanta certeza, mas em terror e medo, para que o anjo que havia destruído seu exército não o destruísse também. No entanto, ele é ainda mais diminuído quando seus próprios filhos, que deveriam protegê-lo, sacrificaram-no ao ídolo dele, cuja proteção ele buscava (vv.37-38).

ANOTAÇÕES

....

....

ESTUDO 177

Reino dividido

QUANDO DEUS SE LEVANTA PARA JULGAR

Leitura bíblica: Salmo 76

*Ante a tua repreensão, ó Deus de Jacó,
carros de guerra e cavalos foram lançados num sono profundo.*

SALMO 76:6

Este salmo parece ter sido escrito durante a ocasião de uma grande vitória obtida pela Igreja da antiga aliança sobre algum inimigo ameaçador, e destinado a agraciar o triunfo. A Septuaginta o chama de "uma canção sobre os assírios", de onde muitos bons intérpretes conjecturaram que teria sido composto quando o exército de Senaqueribe, que sitiava Jerusalém, foi totalmente eliminado por um anjo destruidor no tempo de Ezequias. Muitas passagens neste salmo são muito aplicáveis a essa obra maravilhosa, mas houve um triunfo religioso no evento de outra vitória, no tempo de Josafá, que também pode ser o assunto deste salmo (2Cr 20:28), e poderia ser chamado de "uma canção de Asafe" porque foi entoada pelos filhos de Asafe. Ou poderia ainda ter sido escrito por Asafe, que viveu no tempo de Davi, acerca da ocasião de um dos muitos triunfos com os quais Deus se agradou de honrar aquele reinado.

"Tu, sim Tu, deves ser temido; Tua majestade deve ser reverenciada, à Tua soberania deve-se se submeter e a Tua justiça deve ser temida por aqueles que te ofenderam" (parafraseando os vv.7-9). Que todo o mundo aprenda, por meio deste evento, a permanecer em reverência diante do grande Deus. Que todos temam a Sua ira contra a ousada impiedade dos pecadores: quem pode permanecer diante de ti a partir do momento em que estás irado? Se Deus é um fogo consumidor, como a palha e o restolho podem permanecer diante dele, ainda que Sua ira se acenda minimamente (Sl 2:12)? Que todos temam o Seu zelo pela causa da inocência do oprimido e do ferido dentre Seu povo: "Desde os céus fizeste ouvir o teu juízo; quando Deus se levantou para julgar e salvar todos os humildes da terra" (76:8-9); então "a terra tremeu e se aquietou", aguardando quais seriam as consequências dessas gloriosas aparições. Percebam que: (1) O povo de Deus são os humildes da terra (Zc 2:3), os pacíficos da terra (Sl 35:20), que podem suportar qualquer mal, mas não cometer mal algum. (2) Embora os humildes da Terra sejam, por sua mansidão, expostos a injúrias, Deus aparecerá, cedo ou tarde, para a sua salvação e defenderá a sua causa. (3) Quando Deus vem para salvar todos os humildes da terra, Ele faz Seus julgamentos serem ouvidos do Céu. Ele faz o mundo saber que está irado com os opressores de Seu povo e considera aquilo que é feito contra eles como se feito contra Ele. O Deus justo parece manter silêncio por muito tempo; porém, uma hora ou outra, Ele faz Seu julgamento ser ouvido. (4) Quando Deus está pronunciando Seus julgamentos do Céu, é tempo de a Terra se recompor em um silêncio respeitoso e reverente. "A terra tremeu e se aquietou", como o silêncio que é proclamado quando a corte se assenta. "Aquietem-se e saibam que eu sou Deus" (Sl 46:10). "Calem-se todos diante do Senhor, porque ele se levantou" para o julgamento (Zc 2:13).

ANOTAÇÕES

....
....
....
....

CONFIANÇA MAL-ORIENTADA

ESTUDO 178
Reino dividido

Leitura bíblica: Isaías 39

Ezequias se agradou disso e mostrou aos mensageiros a casa do seu tesouro, a prata, o ouro, as especiarias, os óleos finos, todo o seu arsenal e tudo o que havia nos seus tesouros.

ISAÍAS 39:2

Se Deus nos ama, Ele nos disciplinará e encontrará um meio ou outro de humilhar nosso espírito quando estivermos inflados além da medida. Uma mensagem mortificadora é enviada a Ezequias, a fim de que ele fosse humilhado pelo orgulho de seu coração e convencido de sua tolice, pois, embora Deus possa permitir que Seu povo caia em pecado — como Ezequias aqui —, com a finalidade de o provar e conhecer o que vai em seu coração, ainda assim Ele não permitirá que eles permaneçam no pecado. *É justo que Deus nos prive daquilo que é o objeto do orgulho de nosso coração e sobre o que construímos uma confiança carnal.* Quando Davi se orgulhou da quantidade de seu povo, Deus deu um jeito de os diminuir; e quando Ezequias se vangloriou em seus tesouros, olhando para eles com excessiva complacência, foi-lhe dito que agira como um viajante tolo que mostra seu dinheiro e ouro àquele que é ladrão e que fica, portanto, tentado a assaltá-lo. *Se pudéssemos ver as coisas que acontecerão, ficaríamos envergonhados de nosso pensamento acerca de como elas estão.* Se Ezequias soubesse que a semente e os sucessores desse rei da Babilônia seriam, mais tarde, a ruína de sua família e reino, jamais teria elogiado seus embaixadores como fez; e quando o profeta lhe disse que isso aconteceria, podemos bem imaginar o quanto ele se sentiu envergonhado de si mesmo pelo que havia feito. Não podemos prever com certeza o futuro, mas nos foi dito que, no geral, *tudo é vaidade*. Assim sendo, é vaidade ficarmos satisfeitos conosco mesmos e depositarmos confiança em qualquer coisa que se apresente dessa forma. *Aqueles que se inclinam a um relacionamento ou aliança com homens ímpios, mais cedo ou mais tarde, estarão cansados dele e terão motivos para se arrepender.* Ezequias se considerou muito afortunado por sua amizade com a Babilônia, mesmo que ela fosse a mãe das prostituições e idolatrias. Contudo, a Babilônia, que agora cortejava Jerusalém, com o tempo, conquistou-a e levou-a cativa. Aliar-se a pecadores e ao pecado terminará desse modo. Assim, é sábio manter distância deles. Aqueles que verdadeiramente se arrependem de seu pecado aceitarão de boa vontade o serem reprovados por eles e se disporão a ouvir acerca de suas falhas. Ezequias reconheceu que foi boa a palavra do Senhor que lhe descobriu o seu pecado e o tornou sensível que havia agido erroneamente, algo que ele não tinha ciência anteriormente. A palavra dos verdadeiros penitentes é: "Fira-me o justo, e isso será um favor" (Sl 141:5); e a Lei é, portanto, boa, visto que, sendo espiritual, nela o pecado é revelado e excessivamente pecaminoso.

ANOTAÇÕES

ESTUDO 179

Reino dividido

A LUZ PARA OS GENTIOS

Leitura bíblica: Isaías 42

*Eu, o Senhor, chamei você em justiça;
eu o tomarei pela mão, o guardarei, e farei de você mediador
da aliança com o povo e luz para os gentios.*

ISAÍAS 42:6

Aqui está a aliança que Deus fez com o Messias e a comissão que lhe foi dada (vv.5-7), que são uma expressão do versículo 1: "Eis aqui o meu servo, a quem sustenho…".

Os títulos reais pelos quais o grande Deus se faz aqui conhecido — e que o distinguem de todos os dissimuladores — falam muito da Sua glória (v.5): "Assim diz Deus, o Senhor". E quem és tu, Senhor? Ora, Ele é a fonte de todo ser e, assim sendo, a fonte de todo poder. Ele é a fonte de todo ser: (1) No mundo acima, pois criou os céus e os estendeu (Is 40:22) e sustenta a vasta expansão sobre a qual ele se estende. (2) No mundo abaixo, pois estendeu a terra e a fez com a capacidade de ser habitada, e aquilo que sai dela é produzido por Seu poder. (3) No mundo da humanidade, pois Ele dá fôlego às pessoas que nele habitam, não apenas o ar para respirar, mas o próprio fôlego da vida e os órgãos com os quais respirar. Na verdade, Ele concede o espírito, os poderes e faculdades de uma alma racional, para aqueles que andam neste mundo.

As garantias que Ele dá ao Messias de Sua presença com Ele em tudo o que fizer nos termos de Sua missão comunicam-lhe muito encorajamento (v.6). (1) Deus admite que o Messias não assumiu para si mesmo a honra de ser Mediador, mas foi chamado por Deus, não sendo, portanto, um intruso ou usurpador, mas, com justiça, levado a isso (Hb 5:4): "chamei você em justiça". Deus não apenas não lhe fez mal ao chamá-lo para esse difícil serviço, tendo o próprio Messias voluntariamente se oferecido para o fazer, mas lhe fez o que era correto ao prover para Sua honra e cumprir a palavra que lhe havia falado. (2) Promete estar ao Seu lado e o fortalecer nela, segurar Sua mão, não apenas por Seu trabalho, mas neste segurar Sua mão, para que ela não trema, não falhe, e para assim o sustentar. Essa promessa foi cumprida quando um anjo foi enviado do Céu para o fortalecer em Suas agonias e quando o próprio Pai estava com Ele. Note: aqueles a quem Deus chama Ele assume e ajuda, e segurará suas mãos.

As grandes intenções desta comissão falam abundantemente de consolo aos filhos dos homens. Ele foi dado como aliança com o povo, como mediador, ou garantia, da aliança da graça, aliança que se resume toda nele. Deus, aos nos dar Cristo, deu-nos com Ele gratuitamente todas as bênçãos da nova aliança. No evangelho, Cristo traz consigo duas gloriosas bênçãos ao mundo gentílico: luz e liberdade. Ele é dado como luz aos gentios, não apenas para lhes revelar o que lhes é devido saber, e que, de outra forma, não saberiam, mas para abrir seus olhos cegos, para que possam vir a saber. Por Seu Espírito na Palavra, Ele apresenta o objeto da revelação; por Seu Espírito no coração, Ele preparou os olhos. Quando o evangelho chegou, a luz chegou, uma grande luz, para aqueles que estavam em trevas (Mt 4:16; Jo 3:19). E Paulo foi enviado aos gentios para lhes abrir os olhos (At 26:18). Cristo é a luz do mundo.

ANOTAÇÕES

....
....

A SOBERANIA ELEGE SEUS INSTRUMENTOS

ESTUDO 180

Reino dividido

Leitura bíblica: Isaías 44–45

Eu irei adiante de você, endireitarei os caminhos tortuosos, quebrarei os portões de bronze e despedaçarei as trancas de ferro.

ISAÍAS 45:2

Ciro foi nomeado, no capítulo 44, para ser o pastor da parte de Deus. Neste capítulo, são ditas mais coisas sobre ele, não apenas porque ele seria o instrumento na grande libertação dos judeus do cativeiro, mas porque seria, assim, um tipo do grande Redentor, e essa libertação por ele realizada seria típica da grande redenção do pecado e da morte, visto que essa era a salvação da qual testificaram todos os profetas.

Ciro era da Média, descendente (dizem alguns) de Astíages, rei dos medos. Os escritores pagãos não concordam quanto à sua origem. Alguns nos dizem que, em sua infância, ele era um pária, abandonado, e que foi salvo de perecer pela esposa de um pastor. No entanto, todos concordam que, sendo um homem de genialidade ativa, ele logo se tornou muito notável, especialmente quando Creso, rei de Lídia, lançou-se sobre seu país, o que Ciro não apenas repeliu, mas também vingou, exercendo as vantagens que conseguira contra Creso com tal vigor, que em pouco tempo ele tomou Sardes e se tornou o chefe do abastado reino da Lídia e das muitas províncias que pertenciam a ela. Isso o tornou muito importante (visto que Creso era proverbialmente rico) e o habilitou a buscar suas vitórias em muitos países. Contudo, foi aproximadamente dez anos depois disso que, em aliança com seu tio, Dario, e com os exércitos da Pérsia, ele fez esse famoso ataque à Babilônia, que Isaías prediz aqui, e que temos na história de Daniel 5.

Aqui, 210 anos antes de isso acontecer, as grandes coisas que Deus faria por ele são ditas a nós, a fim de que ele pudesse usar seu poder para libertar o povo de Deus. Para isso, Ciro deveria ser um poderoso conquistador e um rico monarca; as nações se tornariam suas tributárias e o ajudariam tanto com homens quanto com dinheiro. Aquilo que Deus aqui promete fazer por Ciro, Ele poderia ter feito por Zorobabel, ou algum dos judeus. Todavia, Deus dificilmente considera que seja apropriado que a riqueza e o poder deste mundo sejam confiados em profusão ao Seu povo, tantas são as armadilhas e tentações que as acompanham. Contudo, se aqui era a ocasião de o Deus da igreja fazer uso deles, Ele preferiu colocá-los nas mãos de outros para serem empregados em favor de Seu povo, do que arriscar pô-las nas mãos deles. Ciro aqui é chamado de ungido de Deus, uma vez que ele fora tanto designado quanto qualificado para esse grande serviço pelo conselho divino e, assim, seria um tipo de Messias.

ANOTAÇÕES

....
....
....
....
....
....
....
....
....
....
....

ESTUDO 181

Reino dividido

A RAIZ DE UMA TERRA SECA

Leitura bíblica: Isaías 53

*Quem creu em nossa pregação? E a quem foi revelado o braço do S*ENHOR*? Porque foi subindo como um renovo diante dele e como raiz de uma terra seca.*

ISAÍAS 53:1-2

Os dois maiores fatos que o Espírito de Cristo testificou por meio dos profetas no Antigo Testamento foram os sofrimentos de Cristo e a glória que os seguiriam (1Pe 1:11). E o que o próprio Cristo, enquanto expunha Moisés e todos os profetas, demonstrou ser o objetivo e o escopo de todos eles era que Cristo devia sofrer e então entrar em Sua glória (Lc 24:26-27). Contudo, em nenhum outro lugar, em todo o Antigo Testamento, esses dois fatos são tão aberta e completamente profetizados quanto aqui neste capítulo, do qual várias passagens do Novo Testamento são citadas com aplicação a Cristo. Este capítulo é tão repleto com as insondáveis riquezas de Cristo, que ele pode ser chamado mais de o evangelho do evangelista Isaías, do que de a profecia do profeta Isaías.

Observe aqui a modesta situação a que Cristo se submeteu e o quanto Ele se humilhou e se esvaziou. Sua entrada no mundo e o caráter com que se revestiu neste ato não estavam de acordo com as ideias que os judeus haviam formado do Messias e com as expectativas deles quanto a Ele, mas eram o contrário. (1) Era esperado que Sua origem seria grandiosa e nobre. Ele devia ser o Filho de Davi, da família que tinha um nome "como só os grandes têm na terra" (2Sm 7:9). Mas Ele brotou de sua família real e ilustre quando ela estava rebaixada e abatida, e José, aquele filho de Davi, que era seu suposto pai, era apenas um pobre carpinteiro, talvez um carpinteiro naval, uma vez que a maioria dos seus relacionamentos era com pescadores. Aqui isso se relaciona a Ele ser a raiz de uma terra seca, por ter nascido de uma família pobre e desprezada, no norte, na Galileia, de uma família de onde, como um solo seco e desértico, nada viçoso, nada grandioso se esperava, em um vilarejo com tão pouca reputação que se pensava que nada de bom poderia vir de lá. Sua mãe, sendo virgem, era também uma terra seca; no entanto, dela brotou Aquele que não é apenas um fruto, mas a raiz. A semente lançada no terreno pedregoso não tinha raiz; porém, embora Cristo tenha crescido de uma terra seca, Ele é tanto a raiz quanto o descendente de Davi, a raiz da boa oliveira. (2) Esperava-se que Ele viesse publicamente, em pompa e notado. Todavia, em vez disso, Ele cresceu diante de Deus e não diante dos homens. Deus tinha Seus olhos sobre Ele, mas os homens não o consideravam. Cristo cresceu como uma planta tenra, silenciosa e imperceptivelmente, e sem qualquer barulho; como o cereal, essa planta vicejante, cresceu sem que saibamos como (Mc 4:27). Cristo cresceu como uma planta viçosa que poderia ser facilmente esmagada, conforme pensariam alguns, ou arrancada em uma noite gelada. O evangelho de Cristo, em seu começo, era como um grão de mostarda, aparentemente muito insignificante (Mt 13:31-32).

ANOTAÇÕES

....
....
....
....
....
....

O PERVERSO PERVERSOR

ESTUDO 182

Reino dividido

Leitura bíblica: 2 Reis 21

*Manassés de tal modo os levou a andar errantes, que fizeram pior do que as nações que o S*ENHOR *tinha destruído de diante dos filhos de Israel.*

2 REIS 21:9

Três coisas são aqui mencionadas como agravamentos à idolatria de Manassés: (1) Que ele colocou suas imagens e altares na casa do Senhor (v.4), nos dois átrios do templo (v.5), na mesma casa da qual Deus dissera a Salomão: "Neste templo [...] porei o meu nome" (v.7). Assim desafiou Deus e vergonhosamente o afrontou com Seus rivais debaixo de Suas vistas, como alguém que jamais temera a ira de Deus ou se envergonhara de sua própria tolice e maldade. Assim, profanou aquilo que fora consagrado a Deus e, com efeito, afastou Deus de Sua própria casa, colocando rebeldes em posse dela. Desse modo, quando os fiéis adoradores de Deus vinham ao lugar que Ele indicara para o cumprimento do dever deles para com Ele, encontravam, para seu grande pesar e terror, outros deuses prontos para receber suas ofertas. Deus disse que ali Ele colocaria o Seu nome, que ali o colocaria para sempre, e ali seria adequadamente preservado, enquanto os altares idólatras eram mantidos afastados. Manassés, porém, ao trazê-los para dentro da casa de Deus, fez o que pôde para alterar a propriedade e para fazer que o nome do Deus de Israel não fosse mais lembrado. (2) Que, dessa forma, ele colocou um grande menosprezo à Palavra de Deus e à Sua aliança com Israel. Observe o favor que o Senhor demonstrara àquele povo ao pôr entre eles o Seu nome — a bondade que pretendia para eles, de jamais afastá-los daquela boa terra —, e a razoabilidade de Sua expectativa quanto a eles, se eles apenas observassem para fazer de acordo com tudo o que Ele lhes havia ordenado (vv.7-8). Sob esses bons termos, Israel permanecia com Deus e tinha uma justa perspectiva de ser tão feliz quanto qualquer povo; contudo, eles não o ouviram (v.9). Não desejavam ser mantidos perto de Deus, quer por Seus preceitos, quer por Suas promessas, e assim descartaram os dois. (3) Que, por esse método, ele seduziu o povo de Deus, perverteu-os e os atraiu à idolatria (v.9). Levou Judá a pecar (v.11), como Jeroboão levara Israel a pecar. Seu exemplo, por si só, era suficiente para corromper a maioria das pessoas irracionais do povo, que fariam o mesmo que seu rei, tanto o certo quanto o errado. Todos que visavam ao favorecimento se comportariam de modo semelhante ao da corte; outros achavam mais seguro consentir, por temor de tornar o rei seu inimigo. Então, de uma maneira ou de outra, a cidade santa se tornou prostituta, e Manassés a fez assim. Aqueles que não são apenas maus, mas ajudam outros a se tornarem maus, terão muito por que responder.

ANOTAÇÕES

....
....
....
....
....
....
....
....
....
....

ESTUDO 183
Reino dividido

RETRIBUIÇÃO PELA VIOLÊNCIA

Leitura bíblica: Naum 2

*Porque o S*ENHOR *restaurará a glória de Jacó,
como a glória de Israel; porque saqueadores os saquearam
e destruíram os seus ramos.*

NAUM 2:2

CRONOLOGIA DOS PROFETAS

Não é muito certo em que tempo Naum viveu e profetizou. É mais provável que tenha vivido no tempo de Ezequias e profetizado contra Nínive, depois do cativeiro de Israel pelo rei da Assíria, que ocorreu no nono ano de Ezequias, e antes da invasão de Judá por Senaqueribe, ocorrida no décimo quarto ano de Ezequias. É supostamente a essa tentativa e a sua derrota que o capítulo 1 se refere. É provável que a profecia tenha sido entregue pouco antes disso, para o encorajamento do povo de Deus naqueles dias de pisoteamento e perplexidade. Huetius, o erudito [francês (1630–1721)] sugere que os outros dois capítulos deste livro tenham sido entregues por Naum alguns anos depois, talvez após o reinado de Manassés. As cronologias judaicas normalmente o encaixam nesse reinado, de alguma forma perto do tempo em que Nínive foi conquistada e a monarquia assíria, abatida por Ciaxares e Nabucodonosor algum tempo antes do primeiro cativeiro de Judá.

Aqui temos: (1) Um alerta de guerra enviado a Nínive (v.1). O profeta fala dela como iminente, pois não era duvidosa ou estava distante: "Olhe ao seu redor e veja, aquele que reduz ao pó vem adiante de você. Nabucodonosor, que é notável por reduzir as nações ao pó, e será ainda mais, começará com você e o dissipará e dispersará", conforme alguns traduzem a palavra. A Babilônia é chamada de "o martelo de toda a terra" (Jr 50:23). O ataque de Nabucodonosor sobre Nínive é público, ousado e audaz: "Ele vem contra você, declarando seu propósito de arruiná-la; portanto, prepare suas armas, ó Nínive! Garanta munição, salvaguarde as suas torres e seus armazéns, vigie os caminhos, coloque guardas em todas as avenidas para a cidade; fortaleça seus lombos, encoraje seus soldados, anime-se a você mesma e a eles; fortifique o seu exército poderoso, como fazem as cidades quando um inimigo está avançando contra elas (isso é dito ironicamente); faça o máximo que puder. Ainda assim, não conseguirá afastar o golpe do julgamento, pois não existe conselho ou força contra o Senhor".

(2) Um manifesto é publicado mostrando os motivos para a guerra: "o S*ENHOR* restaurará a glória de Jacó, como a glória de Israel" (v.2). Isto é: 1) Os assírios haviam sido hostis com Jacó, as duas tribos (humilharam-nas e as mortificaram); e com Israel, as dez tribos, esvaziaram-nas e danificaram suas vinhas. Por isso, Deus acertará contas com eles; embora realizado há muito tempo, será julgado agora contra aquele reino e contra Nínive, sua cidade-sede. A disputa de Deus contra eles é pela violência imposta a Jacó. Ou 2) Deus, por intermédio de Nabucodonosor, está agora para afastar o orgulho de Jacó, por meio do cativeiro, como fizera com o orgulho de Israel. Ele determinou fazer isto, trazer saqueadores contra eles — e

o inimigo que o fará deve começar por Nínive — reduzindo-a primeiro e humilhando seu orgulho. Deus está olhando para cidades orgulhosas e as humilhando, até mesmo aquelas que lhe são queridas. Samaria foi humilhada, e Jerusalém também deve ser humilhada, e o orgulho delas, rebaixado. E Nínive, aquela cidade arrogante, também não deve ser destruída? Saqueadores esvaziaram a cidade e destruíram os seus ramos nas terras de Jacó e Israel, e não devia a magnificência de Nínive, da qual ela tanto se orgulha, ser também afastada?

ANOTAÇÕES

ESTUDO 184

Reino dividido

FÉ EM MEIO ÀS PIORES CIRCUNSTÂNCIAS

Leitura bíblica: Habacuque 3

*Eu me alegro no SENHOR,
e exulto no Deus da minha salvação.*

HABACUQUE 3:18

CRONOLOGIA DOS PROFETAS

É uma fantasia muito tola de alguns dos rabinos judeus afirmar que esse profeta fosse filho da sunamita, que primeiramente lhe foi concedido e depois ressuscitado por Eliseu (2Rs 4:8-37), da mesma forma como dizem que Jonas era filho da viúva de Sarepta, que Elias ressuscitara. A conjetura mais provável de seus modernos cronologistas é que ele tenha vivido e profetizado durante o reinado de Manassés, quando abundava a perversidade, e a destruição se apressava, a destruição por meio dos caldeus, a quem esse profeta menciona como instrumentos dos julgamentos divinos. O próprio Manassés foi levado para a Babilônia, como um penhor do que viria mais tarde.

Dentro do escopo de Habacuque 3:16-19, temos o profeta no mais alto nível de tremor e de triunfo, e essas são as variedades de estado e de espírito do povo de Deus neste mundo. No Céu, não haverá mais tremor, apenas triunfos eternos.

O profeta previra a prevalência dos inimigos do povo de Deus e a prolongada continuação de seus problemas; e essa visão o levou a tremer (v.16). Aqui ele prossegue com o que havia dito: "Ouvi o que disseste e temi. Quando ouvi acerca dos tempos tristes que virão sobre Teu povo, meu ventre estremeceu, meus lábios tremeram à Tua voz; as notícias causaram-me impressão tal, que me trouxeram tremendo mal-estar" (parafraseando o v.2). O sangue correu para o coração para o socorrer quando ele estava prestes a desfalecer, as partes extremas de seu corpo foram deixadas destituídas de seu espírito, de modo que seus lábios tremeram.

Ele observara as experiências do povo de Deus em tempos passados, e observara as grandes coisas que Deus fizera por eles, assim se recuperou de seu pavor e não apenas restaurou seu ânimo, mas caiu em um êxtase de santo júbilo, com um expresso "ainda que" — independentemente das calamidades que previra a caminho, e isso não apenas por si mesmo, mas em nome de cada israelita fiel.

O profeta supõe a ruína de todos os consolos e alegrias, não apenas dos prazeres desta vida, mas até dos necessários mantenedores dela (v.17). A fome é um dos efeitos comuns da guerra, e sentem-na primeira e mais gravemente aqueles que se assentam e se aquietam; o profeta e seus amigos piedosos serão saqueados de tudo o que possuem quando os exércitos caldeus chegarem.

Habacuque decide se alegrar e triunfar em Deus apesar de tudo; quando tudo se for, seu Deus permanecerá: "mesmo assim eu me alegro no SENHOR" (v.18), terei Ele em quem me alegrar e me alegrarei nele". Destruam as videiras e as figueiras, e façam cessar toda a alegria de um coração carnal (Os 2:11-12), mas aqueles que, quando têm abundância, desfrutam de Deus em tudo, quando forem esvaziados e empobrecidos podem desfrutar de tudo em Deus, podem sentar-se num melancólico montão de ruínas de todos os seus confortos e, mesmo ali, cantar para o louvor e glória de Deus, como o Deus da sua salvação. Este é o principal fundamento de nossa alegria no Senhor: que Ele é o Deus da nossa salvação, nossa salvação eterna, a salvação da alma. E, se Ele for isso, podemos nos regozijar nele como tal em nossos sofrimentos, uma vez que nossa salvação não pode ser impedida por eles, mas pode ser até por meio deles promovida.

ANOTAÇÕES

ESTUDO 185

Reino dividido

O ABENÇOADO ABENÇOADOR

Leitura bíblica: 2 Crônicas 34–35

O rei subiu à Casa do Senhor, e com ele foram todos os homens de Judá, os moradores de Jerusalém, os sacerdotes, os levitas e todo o povo, desde o maior até o menor. E o rei leu diante deles todas as palavras do Livro da Aliança que havia sido encontrado na Casa do Senhor.

2 CRÔNICAS 34:30

Temos aqui um registro de mais avanços que Josias fez na direção de corrigir seu reino depois de ouvir a Lei lida e receber a mensagem de Deus enviada a ele por meio da profetisa. Feliz o povo que teve tal rei, pois vemos que: (1) Eles foram bem ensinados. Ele não os forçou aos seus deveres, até que tivesse primeiramente os instruído neles. Convocou todo o povo, grandes e pequenos, jovens e idosos, ricos e pobres, de alto ou baixo escalão. Aquele que tem ouvidos ouça o livro da aliança, pois ela está em todas aquelas palavras. Para honrar o serviço e para conquistar mais atenção, o próprio rei leu o livro ao povo (v.30), embora houvesse levitas e sacerdotes presentes; e ele o leu, sem dúvida, de forma tal a demonstrar que estava ele mesmo interessado por ele, o que seria um meio de afetar os ouvintes. (2) Eles foram bem corrigidos. Tendo lido os artigos do acordo entre Deus e os israelitas, para que inteligentemente fizessem aliança com Deus, tanto o rei quanto o povo fizeram conforme instruíam os artigos. De sua parte, o rei concordou em guardar os mandamentos de Deus, com todo o seu coração e alma, em cumprimento ao que estava escrito no livro (v.31); igualmente, estimulou o povo a declarar seu consentimento a essa aliança e prometer solenemente que fariam, cumpririam e guardariam tudo o que era sua parte fazer, de acordo com essa aliança. Eles o fizeram, pois, por vergonha, não poderiam fazer do contrário. (3) Eles foram bem cuidados, eram honestos e com boa supervisão. Em todo o tempo de Josias, eles não se afastaram do Senhor; ele os preservou, com muita diligência, de se apressar à idolatria novamente. Todos os seus dias foram dias de restrições sobre eles; mas isso indica que havia neles uma tendência a se desviar, uma grande inclinação à idolatria. Muitos deles não queriam outra coisa senão ver o rei fora do caminho e, assim, teriam seus lugares altos e suas imagens de novo. Sendo assim, descobrimos que, no tempo de Josias, Deus acusou a traiçoeira Judá de não ter retornado a Ele com todo o seu coração, mas fingidamente (Jr 3:6,10). Na realidade, ela bancava a prostituta (v.8) e, desse modo, havia até mesmo justificado a decaída Israel (v.11). No vigésimo terceiro ano de seu reinado, quatro ou cinco anos após isso, eles haviam prosseguido em provocar Deus à ira com as obras de suas mãos (Jr 25:3-7). E, o que é muito observável, é que, desde o começo da reforma de Josias, em seu décimo segundo ou décimo terceiro ano, aconteceu a iniquidade de Judá, que lhes trouxe a ruína. Isso foi testemunhado pelo profeta Ezequiel, que teve de suportar 40 dias deitado sobre seu lado direito (veja Ez 4:6), pois desse tempo até a destruição de Jerusalém passaram-se 40 anos. Josias foi sincero no que fez, mas o povo em geral era avesso a isso e ainda ansiava pelos ídolos, de modo que a reforma, ainda que bem desenvolvida e perseguida pelo líder, teve pouco ou nenhum efeito sobre o povo.

ANOTAÇÕES

....
....
....

MAIS FORTE DO QUE AS MONTANHAS

ESTUDO 186

Reino dividido

Leitura bíblica: Salmo 121

O meu socorro vem do Senhor, que fez o céu e a terra.

SALMO 121:2

Este salmo nos ensina a permanecermos em Deus como um Deus de poder e todo-suficiente para nós. Davi assim fez e descobriu o seu benefício. (1) Não devemos nos confiar nas criaturas, nos homens ou nos meios, instrumentos ou causas secundárias, nem fazer da carne a nossa arma. Alguns entendem como: "Devo erguer meus olhos aos montes? Meu socorro virá de lá? Devo depender dos poderes da terra, da força dos montes, de príncipes e homens poderosos, que, como as montanhas, enchem a terra e erguem sua cabeça para o céu? 'Na verdade, não passa de ilusão o que vem das colinas, o barulho que vem das montanhas. Na verdade, a salvação de Israel está no Senhor, nosso Deus' (Jr 3:23). Jamais espero que delas me venha auxílio". Outros entendem que devemos erguer nossos olhos para acima dos montes; devemos olhar para além dos instrumentos, em direção a Deus, que os criou e os fez ser o que são para nós. (2) Devemos ver todo o nosso auxílio depositado em Deus, em Seu poder e bondade, em Sua providência e Sua graça; e de Deus devemos esperar que nos venha a ajuda: "Meu socorro vem do Senhor; a ajuda que desejo é aquela que Ele envia e dele a espero, em Seu próprio modo e tempo. Se Ele não me socorrer, nenhuma criatura poderá fazê-lo; se Ele o fizer, nenhuma criatura o poderá impedir, ou me ferir". (3) Devemos buscar o socorro de Deus, pela fé em Suas promessas e com a devida consideração a todas as Suas instituições: "Elevo os meus olhos para os montes" (provavelmente o salmista se referia aos montes sobre os quais o templo estava construído, o monte Moriá e a sagrada montanha de Sião, onde a arca da aliança, o oráculo e os altares estavam); "manterei o olhar na presença especial de Deus em Sua igreja, e com o Seu povo (Sua presença prometida) e não apenas para Sua presença comum". Quando o salmista estava a determinada distância, ele podia olhar na direção do santuário (Sl 28:2; 42:6); de lá vem nosso socorro, da Palavra e da oração, do secreto de Seu tabernáculo. "O meu socorro vem do Senhor" (v.2). "Isso", diz o Dr. Hammond [N.T.: Henry Hammond (1605–60), teólogo inglês.], "pode se referir ao Cristo encarnado, cuja humanidade, inseparavelmente unida à divindade, tinha Deus sempre presente consigo e, por meio dele, presente conosco, por quem Ele constantemente intercede estando assentado à destra de Deus". Cristo é chamado de o "Anjo da Sua presença", que salvara Seu povo (Is 63:9). (4) Devemos fortalecer nossa confiança em Deus pelo fato de Ele ter criado o céu e a Terra, e Aquele que os criou pode fazer tudo. Ele criou o mundo a partir do nada, por si só, ao pronunciar Sua palavra, em pouco tempo, e tudo muito bom, muito excelente e belo. Assim sendo, por maior que sejam nossos problemas e dificuldades, Ele tem poder suficiente para nos socorrer e aliviar. Aquele que criou o céu e a Terra é Senhor soberano de todos os exércitos, tanto do Céu quanto da Terra, e pode usá-los, quando lhe apraz, para socorrer Seu povo, e para os impedir de feri-lo quando quiser.

ANOTAÇÕES

....
....
....

ESTUDO 187

Reino dividido

ANTES QUE SEJA TARDE DEMAIS...

Leitura bíblica: Sofonias 2

Busquem o Senhor, todos vocês, os humildes da terra, que cumprem os seus mandamentos. Busquem a justiça, busquem a humildade. Talvez assim vocês sejam poupados no dia da ira do Senhor. SOFONIAS 2:3

CRONOLOGIA DOS PROFETAS

Sofonias profetizou nos dias de Josias, rei de Judá, que reinou bem e no décimo segundo ano de seu governo começou e levou adiante, com vigor, a obra da reforma, na qual destruiu os ídolos e a idolatria. No entanto, não dá para saber se Sofonias profetizou no começo de seu reinado. Se for isso, podemos supor que sua profecia teve grande e boa influência sobre essa reforma. Quando ele, como mensageiro de Deus, reprovou as idolatrias de Jerusalém, Josias, como vice-regente de Deus, removeu-as. O trabalho de reformar provavelmente prosseguirá e prosperará quando tanto magistrados quanto ministros fizerem sua parte em prol dele. Se foi na última parte de seu governo que Sofonias profetizou, vemos, com tristeza, como um povo corrupto recai em suas antigas enfermidades. Aparentemente as idolatrias que Josias havia abolido, retornaram no próprio tempo dele quando o calor da reforma começou a diminuir um pouco e a desaparecer.

Aqui vemos o que o profeta quis dizer naquela terrível descrição dos juízos vindouros no capítulo 1. Desde o começo, seu propósito não era levar o povo ao desespero, mas os conduzir a Deus e a seu dever; não os desesperar, mas os afastar, pelo temor, de seus pecados. Buscando isso, Sofonias aqui os chama ao arrependimento, arrependimento nacional, como o único meio de impedir a ruína nacional. Observe:

(1) As convocações que lhes são dadas para uma assembleia nacional: "Reúna-se e concentre-se, ó nação sem pudor" (2:1). Ele lhes havia dito, nas palavras finais do capítulo anterior, que Deus rapidamente se livraria de todos os que habitavam na terra, o que alguém poderia pensar que seria seguido de: "Dispersem-se e fujam para encontrar abrigo onde puderem". Quando o decreto da destruição final de Jerusalém pelos romanos fora promulgado, este foi o conselho dado: "os que estiverem na Judeia fujam para os montes" (Mt 24:16); mas aqui é o contrário. Deus avisa para que não precise ferir; ameaça, para que não golpeie e, portanto, convoca o povo a usar os meios de se desviarem de Sua ira.

(2) Os argumentos usados para pressioná-los à máxima seriedade e rapidez (v.2): "Façam-no com zelo; façam-no com toda a velocidade antes que seja tarde demais, antes que saia o decreto, antes que o dia acabe". O modo de falar aqui é vívido e incitador, com o propósito de os tornar apreensivos, como todos os pecadores deveriam ficar, uma vez que: 1) Grande é seu perigo, que tudo deles está em jogo, que é uma questão de vida ou morte, que, portanto, bem requer e merece a maior aplicação da mente possível. Não é algo frívolo, sendo assim, não é algo com que brincar. É a voraz ira do Senhor que está acesa contra eles. 2) É iminente: "Movam-se ligeiramente, antes que saia o decreto, então será tarde demais, a oportunidade estará perdida para

sempre e jamais será recuperada. O decreto está como que avançado na gestação, e dará à luz o dia, o terrível dia, que passará como a palha, que os levará depressa ao cativeiro como a palha é levada pelo vento". Note: é sábio que aqueles com quem Deus tem uma controvérsia entrem em acordo com Ele logo, enquanto estão no caminho, antes que Sua ira destruidora venha sobre eles, para que não sejam descartados. Em um caso dessa natureza, a protelação é altamente perigosa e pode ser fatal; e será assim se endurecerem seu coração.

ANOTAÇÕES

ESTUDO 188

Reino dividido

UMA TROCA ESCANDALOSA

Leitura bíblica: Jeremias 1–2

*Porque o meu povo cometeu dois males:
abandonaram a mim, a fonte de água viva, e cavaram cisternas,
cisternas rachadas, que não retêm as águas.*

JEREMIAS 2:13

CRONOLOGIA DOS PROFETAS

Temos a data geral das profecias de Jeremias, conhecimento necessário para que possamos compreendê-las. (1) Ele começou a profetizar no décimo terceiro ano do reinado de Josias (1:2). No décimo segundo ano de seu governo, Josias começou a obra de reforma, aplicando-se com toda a sinceridade para livrar Judá e Jerusalém dos lugares altos, dos bosques e das imagens (2Cr 34:3). (2) Ele continuou a profetizar durante os reinados de Jeoaquim e Zedequias, cada qual tendo reinado por 11 anos. Profetizou sobre Jerusalém ser levada cativa (1:3), o grande evento a respeito do qual falara tantas vezes. Continuou a profetizar depois que o evento ocorreu (40:1). Porém, a contagem de anos aqui é feita até ao cativeiro porque foi quando se concretizaram muitas de suas profecias. Então, desde o décimo terceiro ano de Josias até ao cativeiro decorreram apenas 40 anos.

Os vizinhos de Judá eram mais firmes e fiéis aos seus falsos deuses do que eles eram ao Deus verdadeiro. Eles tiveram a ambição de ser como as nações, e nisso, não foram como elas. Jeremias os desafia a fornecer um exemplo de qualquer nação que houvesse trocado seus deuses (vv.10-11), ou que estivesse disposta a fazê-lo. Que eles pesquisassem nos antigos registros ou no estado atual das ilhas de Chipre, da Grécia e das ilhas europeias, países que eram mais educados e instruídos, e de Quedar, que ficava a sudeste (as demais ficaram a noroeste deles) e era mais rude e bárbara, ainda assim não encontrariam um exemplo de uma nação que tivesse trocado de deuses, embora estes não lhes fizessem qualquer bem, nem poderiam fazer, pois não eram deuses de fato. Tal veneração tinham por seus deuses, uma consideração tão elevada a eles e tal respeito pela escolha de seus pais, que, embora eles fossem deuses de madeira e pedra, não seriam trocados por deuses de prata e ouro. Não, nem mesmo pelo Deus vivo e verdadeiro. Devemos elogiá-los por isso? Não os elogiaremos. Mas bem poderia ser instado, para a vergonha de Israel, que aqueles que eram o único povo que não tinha razão para trocar seu Deus foi exatamente o único que o fez. Note: dificilmente se consegue tirar um homem da religião na qual foi educado por seus pais, por mais absurda e evidentemente falsa que seja. O zelo e a constância dos idólatras deveriam envergonhar os cristãos por sua frieza e inconstância.

Ele lhes mostrou que agiam contrariamente ao que dita o senso comum, naquilo que não apenas trocaram (às vezes pode ser sábio fazer algumas trocas), mas em que trocaram para pior e fizeram um mau negócio para si mesmos. (1) Eles se afastaram do Deus que era a glória deles, que os tornou verdadeiramente gloriosos e, de todas as formas, colocou honra sobre eles; um Deus no qual poderiam, em humilde confiança, gloriar-se como sendo deles; que é Ele mesmo um Deus glorioso e a glória daqueles de quem é Deus. Ele era especialmente a glória de Seu povo, Israel, pois Sua glória aparecia com frequência no tabernáculo. (2) Eles adotaram deuses que não podiam lhes fazer bem, deuses que não traziam benefício a seus adoradores. Os idólatras mudam a glória de Deus em vergonha (Rm 1:23), e fazem o mesmo a si próprios. Ao desonrá-lo, desgraçam e rebaixam a si próprios e são inimigos de seu próprio interesse. Observe que, independentemente de para quem se voltem aqueles que abandonam a Deus, isso não lhes trará bem algum; poderá lisonjeá-los e os agradar, mas não os beneficiará.

ANOTAÇÕES

ESTUDO 189

Reino dividido

CONFIANDO EM MENTIRAS

Leitura bíblica: Jeremias 7

Será que este templo que se chama pelo meu nome é um covil de salteadores aos olhos de vocês? Eis que eu, eu mesmo, vi isso, diz o Senhor.

JEREMIAS 7:11

Jeremias alerta o povo acerca do autoengano: "'Não confiem em palavras falsas' (v.4). Dizemlhes de que forma, sob quais termos, vocês podem ficar seguros e felizes; não se vangloriem com a opinião de que poderão se salvar em quaisquer outros termos, ou formas". E essas mentiras eram: "'Templo do Senhor! Templo do Senhor! Este é o templo do Senhor' (v.4). Estes prédios, estes átrios, o Lugar Santo e o Santo dos Santos são o templo do Senhor, construído por Sua indicação, para a Sua glória; aqui Ele reside, aqui é louvado, aqui nos reunimos três vezes por ano para prestar-lhe honra como nosso Rei em Seu palácio". Eles achavam que isso era segurança suficiente para impedir que Deus e Seus favores os abandonassem, de que Deus e Seus julgamentos irrompessem sobre eles. Quando os profetas lhes diziam o quanto eram pecaminosos e o quão miseráveis provavelmente ficariam, o povo ainda apelava ao templo: "Como poderá ser assim, enquanto tivermos aquele lugar santo e ditoso entre nós?" Os privilégios de uma aparência de piedade são, normalmente, o orgulho e a confiança daqueles que são alheios e inimigos do poder dela (2Tm 3:5). É comum àqueles que estão mais distantes de Deus se gabarem de estar mais próximos à igreja. São arrogantes por causa do monte santo (Sf 3:11), como se a misericórdia divina estivesse tão ligada a eles, que eles pudessem desafiar a Sua justiça. Agora, para os convencer de como era frívolo esse apelo e do pouco proveito que ele lhes traria:

(1) Ele lhes mostra o enorme absurdo disso. Se eles soubessem qualquer coisa acerca do templo do Senhor ou do Senhor do templo, deviam achar que argumentar isso para justificar seu pecado contra Deus ou para impedir o julgamento de Deus contra eles era a coisa mais ridícula e irracional que existia.

(2) Mostra-lhes a insuficiência desse argumento pelo caso de Siló, há muito julgado. É certo que Siló estava destruída, embora tivesse o santuário de Deus, quando esse santuário foi profanado pela maldade deles: "vão agora ao meu lugar que estava em Siló" (v.12). É provável que as ruínas dessa anteriormente próspera cidade ainda estivessem lá; eles poderiam, no mínimo, ler a história dela, que os chocaria como se houvessem visto o local. Lá Deus colocara Seu nome inicialmente, lá foi montado o tabernáculo quando Israel tomou posse de Canaã (Js 18:1), e para lá iam as tribos. No entanto, aqueles que desempenhavam o culto no tabernáculo corromperam tanto a si próprios quanto aos outros, e deles surgiu a iniquidade de Seu povo, Israel. Aquela fonte foi envenenada e enviada para correntezas malignas, e qual foi o resultado disso? Deus a abandonou (Sl 78:60), enviou Sua arca para o cativeiro, eliminou a casa de Eli, que lá presidia, e é muito provável que a cidade tenha sido destruída, pois nunca mais ouvimos dela, senão como um monumento da vingança divina sobre os lugares sagrados quando eles abrigam pessoas perversas.

ANOTAÇÕES

....
....
....

UMA ORAÇÃO REJEITADA

ESTUDO 190

Reino dividido

Leitura bíblica: Jeremias 14

*O Senhor me disse ainda:
Não interceda por este povo para o bem dele.*

JEREMIAS 14:11

Este capítulo foi escrito na ocasião de uma grande seca por falta de chuva. Este julgamento começou no final do reinado de Josias, mas parece que continuou até começo do governo de Jeoaquim, pois julgamentos menores são enviados para alertar quanto aos maiores por vir, caso não sejam impedidos pelo arrependimento. Esta calamidade fora mencionada muitas vezes antes, mas aqui, neste capítulo, é feito mais plenamente.

Deus anula o pedido que Jeremias havia oferecido em favor deles e lhe mostra que ele não se sustentaria. "Assim diz o Senhor a respeito *deste povo*" (v.10). Deus não diz, "a respeito de meu povo", pois Ele os repudia porque eles haviam quebrado a aliança com o Senhor. É verdade que eram chamados pelo Seu nome e tinham sinais da Sua presença em seu meio, mas haviam pecado e provocado Deus a se retirar. Isso o profeta admitira e esperava receber misericórdia para eles, apesar disso, pela intercessão e pelo sacrifício; por isso, Deus aqui lhe diz: (1) Que eles não estavam devidamente qualificados para o perdão. O profeta reconhecera que eram muitas as suas recaídas (v.7); e, mesmo que fosse assim, havia esperança para eles se eles retornassem. Porém esse povo não demonstrava qualquer disposição de retornar; estavam vagando e "[gostavam] de andar errantes" (v.10); seu desvio, que devia ser sua vergonha e sofrimento, era escolha sua e seu prazer e, assim, seria a causa de sua ruína. Foi-lhes dito até onde essas suas peregrinações chegariam, que um pecado os levaria a se apressar a outro, e todos, à ruína; mas eles não aceitaram o alerta e não controlaram seus pés. Estavam tão distantes de retornar para seu Deus que sequer Seus profetas ou Seus julgamentos poderiam prevalecer com eles para os levar a, pelo menos, restringirem-se em suas buscas pecaminosas. É por isso que Deus está acertando as contas com eles. Quando Ele lhes nega a chuva do céu, está lhes relembrando de sua iniquidade e visitando seu pecado, que é a razão por que sua terra frutífera se tornou em tal aridez. (2) Que eles não tinham motivo para esperar que o Deus a quem rejeitaram deveria aceitá-los; não, nem que eles começassem a jejuar e orar e se colocassem à custa de holocaustos e sacrifícios. "O Senhor não se agrada deles" (v.10), pois que prazer pode o Deus santo ter naqueles que se agradam de Seus rivais, em qualquer culto, em qualquer companhia, menos a dele? "'Quando jejuarem' (v.12), que é uma expressão adequada de arrependimento e mudança — quando oferecem um holocausto e uma oblação, que têm o objetivo de ser expressão de fé em um Mediador —, embora reforcem suas orações e as ofereçam por intermédio daqueles meios que costumavam ser aceitáveis, ainda assim, por elas não procederem de um coração humilde, penitente e renovado, mas ainda apaixonado por vagar, eu não ouvirei suas súplicas, mesmo que sejam em voz alta, nem as aceitarei ou aceitarei as pessoas e suas performances".

ANOTAÇÕES

....
....
....
....

ESTUDO 191

Reino dividido

O OLEIRO E O BARRO

Leitura bíblica: Jeremias 18

Eis que, como o barro na mão do oleiro, assim são vocês na minha mão, ó casa de Israel.

JEREMIAS 18:6

Enquanto Jeremias observava cuidadosamente o trabalho do oleiro, Deus imprime em sua mente essas duas grandes verdades, que ele deveria pregar à casa de Israel: (1) Que Deus tem tanto autoridade incontestável quanto habilidade irresistível para formar e moldar reinos e nações conforme a Sua vontade, de modo a servir aos Seus propósitos: "será que não posso fazer com vocês como fez esse oleiro? — diz o Senhor" (v.6). Não tenho eu poder absoluto sobre vocês com relação tanto à força quanto ao direito?". Na realidade, Deus possui direito mais evidente a ter domínio sobre nós do que o oleiro sobre o barro, pois o oleiro apenas lhe dá a sua forma, ao passo que nossa matéria e nossa forma provêm de Deus. Assim como o barro está nas mãos do oleiro para ser moldado e formado como lhe aprouver, assim vocês estão em minhas mãos. Isso sugere: 1) Que Deus tem uma soberania incontestável sobre nós, não nos é devedor, pode dispor de nós conforme Ele achar melhor e não tem de nos prestar contas. Desse modo, é absurdo que discutamos acerca dessas coisas, da mesma forma como é para o barro discutir com o oleiro. 2) Que é muito fácil Deus fazer o uso que desejar de nós, bem como realizar em nós as mudanças que lhe aprouver, e nós não podemos resistir a Ele. Um movimento da mão, um giro da roda, altera significativamente o formato da argila, faz dela um vaso, desmonta-o, faz de novo. Assim estão as estações de nossa vida nas mãos de Deus, e não nas nossas, e é inútil tentar lutar contra Ele.

(2) Que, no exercício dessa autoridade e habilidade, Ele sempre segue regras fixas de equidade e bondade. De fato, Deus dispensa favor por Sua soberania, porém jamais pune por poder arbitrário. Sua mão direita está levantada; no entanto, Ele jamais rege com arrogância, mas, conforme fala a Escritura, a justiça e o direito são o alicerce do Seu trono (Sl 89:13-14). Deus reivindica Seu poder absoluto e nos diz o que Ele pode fazer; contudo, assegura-nos, ao mesmo tempo, que agirá como um Juiz justo e misericordioso. 1) Quando Deus se volta contra nós por julgamentos, podemos ter certeza de que é por nossos pecados, o que fica claro pela afirmação de que o arrependimento nacional impedirá o progresso dos julgamentos (Jr 18:7-8). 2) Quando Deus vem a nós com a Sua misericórdia, se houver algum impedimento ao progresso dessa misericórdia, será apenas pelo pecado que isso ocorrerá (vv.9-10). Note: o pecado é o grande causador de ofensa entre Deus e o povo; ele confisca o benefício de Suas promessas e prejudica o sucesso da oração deles. O pecado destrói seus consolos, prolonga seus sofrimentos, coloca-os em dificuldade e retarda sua libertação (Is 59:1-2).

ANOTAÇÕES

....
....
....
....
....
....
....
....

A DIVERSIDADE DOS INSTRUMENTOS DIVINOS

ESTUDO 192

Reino dividido

Leitura bíblica: Jeremias 25

Também sempre de novo o Senhor enviou os seus servos, os profetas, mas vocês não escutaram nem inclinaram os ouvidos para ouvir.

JEREMIAS 25:4

Aqui está a sentença fundamentada na acusação anterior (vv.3-7): "'Visto que vocês não escutaram as minhas palavras', devo tomar outro curso de ação com vocês" (v.8). Note, quando os homens não levam em consideração os julgamentos pronunciados pela boca de Deus, eles podem esperar sentir o julgamento de Suas mãos, ouvir a vara, uma vez que não ouvem a palavra, pois o pecador deve se afastar de seu pecado ou morrer nele. A ira vem sem remédio apenas contra aqueles que pecam sem arrependimento. Não é tanto o desviar-se que destrói o homem, é não tomar o caminho de volta.

(1) Aqui é decretada a ruína da terra de Judá pelos exércitos do rei da Babilônia (v.9). Deus lhes enviou Seus profetas, e eles não lhes deram atenção; portanto, Deus enviou Seu servo, o rei da Babilônia, de quem eles não poderão zombar, desprezar e perseguir como haviam feito com Seus servos, os profetas. Os mensageiros da ira divina serão enviados contra aqueles que não recebem os mensageiros de Sua misericórdia. De uma forma ou de outra, Deus receberá atenção e fará que os homens saibam que Ele é o Senhor. Portanto, é com justiça que Deus aqui se chama de Senhor dos Exércitos (v.8), visto que aqui está um exemplo de Seu domínio soberano não apenas sobre os habitantes da Terra, mas sobre seus exércitos, os quais Ele usa conforme Sua vontade. Ele os tem todos sob Seu comando. Os monarcas mais poderosos e absolutos são todos Seus servos. A destruição sumária de toda essa terra e de seus vizinhos é aqui descrita (vv.9-11). Ela será completa: "Toda esta terra virá a ser uma ruína" (v.11), não apenas desolada, mas a própria desolação em si; tanto a cidade quanto os campos serão derrubados, e toda a riqueza de ambos se tornará uma presa. Haverá desolação eterna, até perpétua; ambos ficarão por tanto tempo arruinados e, após longa espera, haverá tão pouco prospecto de alívio, que todos a chamarão de perpétua. E, por fim, eles serão privados de sua liberdade: aquelas nações servirão ao rei da Babilônia por 70 anos. O tempo fixo, durante o qual durará o cativeiro, será de grande utilidade não apenas para a confirmação da profecia, quando o evento (que, nesse caso especial, não poderia ser previsto pela sagacidade humana) correspondesse exatamente à predição, mas para o consolo do povo de Deus em sua calamidade e para o encorajamento da fé e da oração.

(2) Por fim, a ruína da Babilônia também é aqui predita (vv.12-14), conforme fora, há muito tempo, predita por Isaías. Os destruidores devem, eles mesmos, ser destruídos e a vara lançada no fogo quando a obra de correção tiver terminado. Isso ocorreria quando os 70 anos se cumprissem, visto que a destruição da Babilônia deve dar lugar à libertação dos cativos.

ANOTAÇÕES

....
....
....
....
....

ESTUDO 193
Reino dividido

A BEM-AVENTURANÇA DA DISCIPLINA

Leitura bíblica: Salmo 94

Bem-aventurado, Senhor, é aquele a quem tu repreendes, a quem ensinas a tua lei.
SALMO 94:12

Neste ponto, o salmista, após haver denunciado tribulação para aqueles que perturbam o povo de Deus, garante o descanso àqueles que foram inquietados (veja 2Ts 1:6-7). Fala, aos santos que sofrem, acerca do consolo advindo das promessas divinas, que são tais que não apenas os salvam de suas misérias, mas lhes garantem felicidade: "Bem-aventurado, Senhor, é aquele a quem tu repreendes" (Sl 94:12). Aqui o autor olha acima dos instrumentos de opressão e vislumbra a mão de Deus, que dá ao sofrimento outro nome e lhe traz novas cores. Os inimigos esmagam o povo de Deus (v.5); eles não desejam nada menos do que isso; porém a verdade é que Deus, por meio deles, castiga Seu povo, como um pai ao filho a quem ama. Os perseguidores são apenas as varas que Ele usa. "Ai da Assíria, cetro da minha ira! Ela, porém, assim não pensa, o seu coração não entende assim…" (Is 10:5-7). Aqui é prometido:

(1) Que o povo de Deus obterá o bem por meio de seus sofrimentos. Quando Ele os castiga, Ele lhes ensina, e bem-aventurado é o homem que é assim levado à disciplina divina, visto que ninguém ensina como Deus. Note: 1) As aflições dos santos são castigos paternais, designados para a instrução, correção e melhoria deles. 2) Quando os ensinamentos da Palavra e do Espírito acompanham a repreensão da Providência, eles manifestam, então, que o homem é bem-aventurado e o ajudam a ser assim, uma vez que são marcas da adoção e meios de santificação. Quando somos disciplinados, devemos orar para aprender e olhar para a Lei como o melhor expositor da Providência. Não é o castigo em si que faz o bem, mas o ensinamento que o acompanha e que é a exposição dele.

(2) Que eles enxergarão para além de seus sofrimentos: "para lhe dares descanso dos dias maus" (Sl 94:13). Veja: 1) que há um descanso restante para o povo de Deus após os dias de sua adversidade, que, embora possam ser muitos e longos, serão contabilizados e finalizados no tempo oportuno, não durando para sempre. Aquele que envia a tribulação enviará o descanso, para que possa consolá-los na proporção do tempo durante o qual os afligiu. 2) Assim, Deus ensina a Seu povo por meio dos sofrimentos deles, para que possa prepará-los para a libertação e assim lhes dar descanso de suas aflições, a fim de que, depois de corrigidos, eles possam ser aliviados e de que a aflição, depois de ter realizado seu trabalho, possa ser removida.

(3) Que eles verão a ruína daqueles que são os instrumentos de seus sofrimentos, que é o assunto da promessa, não para gratificar qualquer sentimento deles, mas como redundando para a glória de Deus. Até que a cova seja cavada (ou melhor, enquanto a cova está sendo cavada) para o ímpio, Deus está ordenando a paz para Seu povo, ao mesmo tempo em que ordena Suas flechas contra os perseguidores.

ANOTAÇÕES

....
....
....
....

O ACERTO DE CONTAS

ESTUDO 194

Queda de Judá

Leitura bíblica: 2 Reis 24:1-17

Joaquim fez o que era mau aos olhos do SENHOR, como o seu pai havia feito antes dele.

2 REIS 24:9

Esta deveria ser a história do reinado de Joaquim, porém, infelizmente, é apenas o registro de seu cativeiro, como é chamado em Ezequiel 1:2. Ele chegou à coroa, não para ter a honra de usá-la, mas a vergonha de perdê-la. *Ideo tantum venerat, ut exiret* — Entrou apenas para sair.

As calamidades que sobrevieram sobre ele, sua família e seu povo no começo de seu governo foram muito severas. (1) Jerusalém foi sitiada pelo rei da Babilônia (vv.10-11). Ele enviara seus exércitos para devastar o país (v.2). Agora veio ele mesmo, e cercou a cidade. A palavra de Deus se cumpriu: "'O SENHOR fará vir contra vocês uma nação de longe, que virá da extremidade da terra', uma nação de semblante feroz, que primeiramente comerá do fruto de sua terra e depois sitiará todos os seus portões" (Dt 28:49-57). (2) Joaquim se entregou voluntariamente. Tão logo ouviu que o rei da Babilônia viera em pessoa contra a cidade, tendo o nome dele se tornado muito formidável por esse tempo, Joaquim foi até ele em negociação (2Rs 24:12). Se ele tivesse feito paz com Deus e seguido o método que Ezequias usou em caso semelhante, ele não precisaria temer o rei da Babilônia, mas se mantido com coragem, honra e sucesso (um só perseguiria mil, Dt 32:30); contudo, faltando-lhe a fé e a piedade de um israelita, ele não tinha a determinação de um homem, de um soldado, de um príncipe. Joaquim e sua família real, sua mãe e esposas, seus servos e príncipes, se entregaram como prisioneiros de guerra. Essa era a consequência de eles serem servos do pecado.

Note: quando aqueles a quem é confiado os conselhos de uma nação agem de modo tolo e contrário ao seu verdadeiro interesse, devemos perceber o desprezar de Deus em tal ação. É pelo pecado de uma nação que Deus "deixa os conselheiros sem palavras e tira o entendimento dos anciãos" (Jó 12:20) e oculta dos olhos deles as coisas envolvidas na paz pública. Deus torna loucos aqueles a quem quer destruir.

ANOTAÇÕES

....
....
....
....
....

Invasão	Ano	Ocorrido
Primeira	606 a.C.	Toda a elite de Judá foi levada cativa para a Babilônia. Daniel estava entre os presos (2Rs 24:1-2; Dn 1:1-6)
Segunda	598 a.C.	O rei Joaquim e toda a casa real foram deportados para a Babilônia. Ezequiel estava entre esses deportados (2Rs 24:10-16; Ez 1:1-2)
Terceira	587 a.C.	Depois de sitiar Jerusalém por três anos, Nabucodonosor invade a cidade, queima-a inteiramente, destrói o Templo e rouba suas riquezas (2Rs 25; 2Cr 36:17-21)

ESTUDO 195
Exílio babilônico

FIDELIDADE RECOMPENSADA

Leitura bíblica: Daniel 1

Ora, a estes quatro jovens Deus deu o conhecimento e a inteligência em toda cultura e sabedoria. Mas a Daniel deu inteligência para interpretar todo tipo de visões e sonhos.
DANIEL 1:17

CRONOLOGIA DOS PROFETAS

Com relação a este profeta, seu nome hebraico era Daniel, que significa "o julgamento de Deus"; seu nome caldeu era Beltesazar. Ele pertencia à tribo de Judá e, conforme parece, à família real. Desde cedo, era eminente por sua sabedoria e piedade. Seu contemporâneo muito mais velho, Ezequiel, fala dele como um oráculo quando repreende o rei de Tiro por seu elevado conceito acerca de si próprio: "você pensa que é mais sábio do que Daniel" (Ez 28:3). Semelhantemente, Daniel é celebrado por seu sucesso em oração, no mesmo livro, quando Noé, Daniel e Jó são reconhecidos como três homens que tinham mais prevalência no Céu do que qualquer um (Ez 14:14).

Com relação a Daniel e seus companheiros, temos aqui:

Sua grande realização em conhecimento (v.17). Eles eram muito sóbrios e diligentes, e estudavam muito. Assim, podemos supor que seus tutores, descobrindo sua capacidade incomum, dedicavam-se mais a eles, porém, no final das contas, as conquistas desses rapazes eram atribuídas somente a Deus. Foi Ele quem lhes concedeu conhecimento e habilidades em todo a cultura e sabedoria, pois toda dádiva e dom perfeito vêm do alto, do Pai das luzes (Tg 1:17). É o Senhor, nosso Deus, que dá ao homem o poder de conquistar essa riqueza; a mente é moldada apenas por Aquele que a formou. A grande inteligência que Deus dera a esses quatro filhos Seus foi: (1) uma compensação por suas perdas. Eles haviam sido privados das honras e prazeres que acompanhavam sua linhagem nobre por causa da iniquidade de seus pais. Contudo, a fim de trazer compensação por isso, Deus, aos lhes conceder entendimento, deu-lhes mais honras e prazeres do que aqueles dos quais foram privados. (2) Uma recompensa por sua integridade. Eles se apegaram à sua religião, mesmo nos pormenores dela, e não aceitaram se contaminar com as iguarias e com o vinho do rei, tornando-se verdadeiramente nazireus. E agora Deus os recompensava por isso dando-lhes eminência em conhecimento; visto que "Deus dá sabedoria, conhecimento e prazer à pessoa que lhe agrada" (Ec 2:26). Para Daniel, Deus deu porção dobrada, pois ele tinha entendimento de visões e sonhos, sabia como interpretar sonhos, assim como José, não por regras dessa ciência (como aquelas que os intérpretes de sonhos fingiam dar), mas por uma sagacidade e sabedoria divinas, que Deus lhe concedera. Além disso, a ele foi dado o espírito profético, pelo qual foi capacitado a conversar com Deus e a receber os anúncios de coisas espirituais em sonhos e visões (Nm 12:6). De acordo com esse dom concedido a Daniel, nós o encontramos, no livro que leva o seu nome, sempre envolvido com sonhos e visões, interpretando-os ou ele mesmo experimentando-os, visto que, assim como todos que recebem dons, ele também deveria ter a oportunidade e o desejo de usá-los no ministério (1Pe 4:10).

EXTRAINDO O MELHOR DO PIOR

ESTUDO 196

Queda de Judá

Leitura bíblica: Jeremias 29:1-23

Assim diz o Senhor dos Exércitos, o Deus de Israel, a todos os exilados que eu deportei de Jerusalém para a Babilônia: "Construam casas e morem nelas; plantem pomares e comam o seu fruto. […] Aumentem em número e não diminuam aí na Babilônia!". JEREMIAS 29:4-6

Aqui nos é dito o que Jeremias escreveu aos cativos na Babilônia em nome do Senhor. Ele lhes ordena a não pensar em nada, senão em se estabelecer lá, e que assim resolvessem tirar o melhor dessa experiência (vv.5-6): "Construam casas e morem nelas" etc. Por meio disso, é insinuado de que eles não deveriam se alimentar de esperanças de um retorno rápido de seu cativeiro, pois isso os manteria transtornados e, consequentemente, inquietos. Não se aplicariam a trabalhos, não aceitariam o consolo, mas estariam sempre cansando a si próprios e provocando seus conquistadores com a expectativa da libertação; e sua decepção, por fim, os afundaria em desespero e tornaria sua condição muito mais miserável do que seria. Que eles, portanto, contassem com a continuidade lá e se acomodassem a ela o melhor que pudessem. Que construíssem, plantassem, se casassem e tivessem seus filhos lá como se estivessem em seu país. Que tivessem prazer em ver suas famílias edificadas e multiplicadas, pois, embora devessem esperar morrer em cativeiro, seus filhos poderiam viver para ver dias melhores. Se vivessem em temor a Deus, o que os impediria de viver confortavelmente na Babilônia? Algumas vezes, não poderiam evitar de chorar ao se recordar de Sião. Porém, que o choro não os impedisse de semear; que não se entristecessem como aqueles que não têm esperança ou alegria, pois tinham ambos. Percebam que, em todas as condições de vida, é sábio, e nosso dever, tirar o melhor da situação presente e não descartar o consolo do que poderíamos ter por não termos tudo o que gostaríamos. Se as coisas não estão como deveriam, em vez de nos irritar com isso, deveríamos viver em esperança de que elas um dia estarão melhores do que estão no momento. *Non si male nunc, et olim sic erit* — embora agora soframos, não sofreremos sempre.

ANOTAÇÕES

ESTUDO 197

Queda de Judá

PROMESSAS EM MEIO À DESTRUIÇÃO

Leitura bíblica: Jeremias 32

Eu lhes darei um só coração e um só caminho, para que me temam todos os dias, para o seu próprio bem e o bem de seus filhos. JEREMIAS 32:39

Temos aqui a oração de Jeremias por ocasião das revelações que Deus lhe fizera acerca de Seus propósitos com relação a essa nação — de derrubá-la e, no decorrer do tempo, edificá-la novamente —, o que intrigou o próprio profeta que, embora entregasse fielmente as Suas mensagens, ainda assim, ao refletir acerca delas, ficou confuso sobre como reconciliá-las. Nessa perplexidade, ele derramou sua alma diante de Deus em oração e assim se acalmou. O que o perturbou não foi o mau negócio que aparentemente fez ao comprar para si um campo do qual não tiraria proveito, mas o caso do seu povo, por quem ele ainda era um intercessor bondoso e fiel. Sua esperança era que, se Deus tinha tanta misericórdia reservada para eles no futuro quanto prometera, Ele não procederia com tanta severidade contra eles agora quanto os tinha ameaçado. Antes de Jeremias ir orar, ele entregou a escritura concernente à sua nova aquisição a Baruque, o que nos ensina que, quando vamos adorar a Deus, devemos limpar nossa mente, tanto quanto possível, dos cuidados e encargos deste mundo. Jeremias estava na prisão, em sofrimento, na escuridão acerca do significado das providências divinas, e então ele ora. Veja que a oração é um bálsamo para todo tipo de ferida. Seja o que for que nos sobrecarregue, podemos, pela oração, lançá-lo diante do Senhor e então descansar.

Neste ponto, temos a resposta de Deus à oração de Jeremias, destinada a aquietar a mente dele e tranquilizá-lo. E é uma revelação completa dos propósitos da ira divina contra a presente geração e de Sua graça concernente às futuras gerações. Jeremias não sabia como cantar "a respeito da bondade e da justiça…" (Sl 101:1), mas Deus aqui lhe ensina a cantar acerca de ambos. Quando não sabemos como reconciliar uma palavra de Deus com outra, ainda assim podemos ter certeza de que ambas são verdadeiras, puras e serão tornadas boas, nem um i ou um til dela cairão. Quando foi ordenado que Jeremias comprasse um campo em Anatote, ele esperava que Deus estivesse prestes a revogar a sentença de Sua ira e ordenar que os caldeus levantassem o cerco. "Não", diz o Senhor, "a execução da sentença prosseguirá; Jerusalém será lançada em ruínas". Veja: as garantias de misericórdia futura não devem ser interpretadas como segurança de problemas presentes. Porém, para que Jeremias não pensasse que a ordem para comprar esse campo indicava que toda a misericórdia que Deus tinha reservada para Seu povo, depois do retorno deles, era apenas de que teriam de volta a posse de sua terra, Deus lhe informa que aquilo era apenas um tipo e figura daquelas bênçãos espirituais que seriam, então, abundantemente concedidas a eles, indizivelmente mais valiosas do que campos ou vinhedos. De modo que nessa palavra do Senhor, que veio a Jeremias, temos primeiramente ameaças tão terríveis e depois promessas tão preciosas quanto, talvez, qualquer outra em todo o Antigo Testamento. A vida e a morte, o bem e o mal, são aqui colocados diante de nós. Que ponderemos e escolhamos sabiamente.

ANOTAÇÕES

....
....

ALEGRIA TORNADA EM TRISTEZA

ESTUDO 198

Queda de Judá

Leitura bíblica: Lamentações 1

Como jaz solitária a cidade outrora populosa! Tornou-se como viúva a que foi grande entre as nações! Princesa entre as províncias, ficou sujeita a trabalhos forçados! LAMENTAÇÕES 1:1

CRONOLOGIA DOS PROFETAS

A ocasião destas Lamentações foi a destruição de Judá e Jerusalém pelo exército caldeu e a consequente dissolução do Estado judaico, nas áreas civil e religiosa. Alguns rabinos afirmam que essas são as Lamentações que Jeremias compôs por ocasião da morte de Josias, mencionada em 2 Crônicas 35:25. Embora seja verdade que esse fato tenha aberto a porta para todas as calamidades seguintes, ainda assim este livro parece ter sido escrito enquanto ele era testemunha ocular daquelas calamidades, e não como previsão delas — quando elas haviam chegado, não quando estavam distantes. E não há nada acerca de Josias nelas, ou de louvores a ele, como sem dúvida houve nas lamentações por ele. Não, a elegia é sobre o funeral de Jerusalém. Outros estudiosos afirmam que essas Lamentações estariam contidas no rolo de Baruque, escrito por ditado de Jeremias e queimado por Jeoaquim (Jr 32), e sugerem que, inicialmente seriam apenas os capítulos 1, 2 e 4, mas os capítulos 3 e 5 foram palavras em tom semelhante que foram acrescentadas posteriormente. Todavia isso é uma fantasia sem embasamento. Em Jeremias 36:2, é dito que este rolo [escrito por Baruque] é uma repetição e um resumo dos sermões do profeta.

Poder-se-ia pensar que qualquer pessoa que tenha a disposição de chorar com os que choram dificilmente conseguiria reprimir as lágrimas ao ler estes versículos, tão comoventes são as lamentações aqui. O tormento de Jerusalém é lamentado como sendo muito iminente e, devido a várias circunstâncias, muito agravado.

Com relação ao estado civilizatório deles. (1) Uma cidade populosa estava agora despovoada (v.1). Fala-se disso com tom de espanto: "Quem imaginaria que isso aconteceria?"; ou por meio de questionamento: "O que nos trouxe até isso?"; ou por lamentação: "Ai, ai! (como em Ap 18:10,16,19) como está solitária a cidade que era populosa! Ela era habitada com seu próprio povo, que a enchia, e lotada de pessoas de outras nações que recorriam a ela, com quem ela mantinha negócios lucrativos e interações agradáveis. Porém, agora seu próprio povo é levado cativo, e estranhos não lhe prestam respeito: está solitária. Os principais lugares da cidade não são agora, como costumavam ser, locais de confluência onde a sabedoria clamava (Pv 1:20, 21); e foram deixados abandonados porque os clamores da sabedoria não foram ouvidos". Note: àqueles a quem muito é dado, Deus pode, em breve, desprover. Como ela se tornou viúva! Seu rei, que era, ou deveria ser, como um marido para ela, é eliminado e já não existe. Seu Deus a abandonou e lhe deu a carta de divórcio; seus filhos lhe são tomados, ela está solitária e pesarosa como uma viúva. Que nenhuma família, nem estado, nem Jerusalém, nem a própria Babilônia sinta-se segura e diga: "Assento-me como uma rainha e jamais ficarei viúva" (como em Is 47:8; Ap 18:7). (2) Uma cidade que exercia domínio agora estava sujeitada. Fora grande entre as nações, grandemente amada por muitos e temida por outros, muito celebrada e obedecida por ambos. Alguns lhe traziam presentes, outros lhe pagavam impostos, de modo que ela era realmente uma princesa entre as províncias; e todos os feixes se dobravam ao dela (Gn 37:6-7); até mesmo os príncipes das províncias imploravam o seu favor. Contudo, agora as mesas estão reviradas; ela não apenas perdeu seus amigos e está solitária, mas perdeu sua liberdade também e tornou-se tributária; pagava tributo ao Egito, primeiramente, e agora à Babilônia. Veja: o pecado leva as pessoas não apenas à solidão, mas à escravidão.

ANOTAÇÕES

AS RODAS DA PROVIDÊNCIA

ESTUDO 199

Exílio babilônico

Leitura bíblica: Ezequiel 1

Para onde o espírito queria ir, eles iam, pois o espírito os impelia; e as rodas se elevavam do chão juntamente com eles, porque nelas estava o espírito dos seres viventes.

EZEQUIEL 1:20

CRONOLOGIA DOS PROFETAS

O cenário é a Babilônia, onde estava a casa da servidão para o Israel de Deus; lá as profecias de Ezequiel foram pregadas e escritas, quando o próprio profeta e o povo, para quem ele profetizava, eram lá cativos. Ezequiel e Daniel são os únicos profetas escritores do Antigo Testamento que viveram e profetizaram em outro lugar que não a terra de Israel, com exceção de Jonas, enviado a Nínive para profetizar. Ezequiel profetizou no começo do cativeiro, Daniel mais para o fim dele. Foi no trigésimo ano (v.1). Alguns consideram que tenha sido quando o profeta tinha 30 anos. Por ser um sacerdote, ele estava na idade certa para entrar em plena execução do ofício sacerdotal, mas estava impedido de o fazer por causa da iniquidade e da calamidade daquele tempo. Agora que não havia mais templo ou altar, Deus o chamou para a dignidade de um profeta nesta idade. Outros afirmam que era o trigésimo ano do reinado de Nabopolassar, o pai de Nabucodonosor, a partir de quando os caldeus começaram uma nova forma de computar o tempo, como haviam feito 123 anos antes com Nabonassar.

A glória de Deus aparece não apenas no esplendor de Sua comitiva do mundo superior, mas na firmeza de Seu governo aqui, neste mundo inferior. Depois de vermos como Deus age de acordo com a Sua vontade nos exércitos do Céu, vamos agora ver como Ele age segundo ela entre os habitantes da Terra, pois foi sobre a Terra que o profeta viu as rodas (v.15). Enquanto ele contemplava os seres viventes e a glória dessa visão, recebendo dela a instrução, esta outra visão se apresentou a ele. Note: aqueles que fazem bom uso das revelações com as quais Deus os favoreceu podem esperar receber ainda mais revelações, pois àquele que tem mais lhe será acrescentado (Mt 13:12). Às vezes, somos tentados a pensar que não há nada glorioso, senão o que está no mundo superior, ao passo que, se pudéssemos discernir, pelos olhos da fé, a beleza da Providência e a sabedoria, poder e bondade que reluzem na administração daquele reino, veríamos e diríamos: "Verdadeiramente Ele é um Deus que julga na Terra e age conforme Seu caráter". Há muitas coisas nessa visão que nos trazem alguma luz acerca da Providência divina. (1) As dispensações da Providência são comparadas a rodas, quer rodas de uma carruagem, na qual os conquistadores viajam em triunfo, ou nas rodas de um relógio, que contribuem juntamente para a movimentação regular do maquinário. Lemos sobre o curso da roda da natureza (Tg 3:6), que está colocado diante de nós como sob direção do Deus da natureza. Rodas, embora não se movam sozinhas, como o fazem os seres viventes, ainda assim são levadas à rotação e quase continuamente mantidas em ação. A Providência, representada por essas rodas, produz mudanças; às vezes um aro da roda está por cima e, às vezes, é outro. Contudo o movimento dela em seu próprio eixo, como aqueles dos corpos celestes, é muito regular e contínuo. O mover da roda é circular; pelas revoluções da Providência as coisas são trazidas ao mesmo local e passam àquele em que estavam anteriormente, visto que aquilo que é hoje já foi no passado, e não há nada de novo debaixo do Sol (Ec 1:9-10). (2) É dito que a roda está perto dos seres viventes, que tinham a função de dirigir o movimento dela, pois os anjos são empregados como ministros da providência divina e têm maior participação em dirigir a movimentação de coisas secundárias para servir ao propósito divino do que imaginamos. Há uma ligação tão próxima entre os seres viventes e as rodas que eles se movem e param juntos. Os anjos estavam ativamente sendo usados? Os homens também estariam ativamente sendo empregados nas mãos deles, quer para misericórdia ou julgamento, embora os próprios homens pudessem não ter ciência disso. Ou, estão os homens ativos em promover seus desígnios? Os anjos, ao mesmo tempo, estão em ação para os controlar e os sobrepujar.

Reconstrução do Portal de Ishtar, na Babilônia. Exposto no Museu de Pérgamo, em Berlim.
Fonte: commons.wikimedia.org

ANOTAÇÕES

A PROFANAÇÃO DO TEMPLO

ESTUDO 200

Exílio babilônico

Leitura bíblica: Ezequiel 8

*Ele me disse: Entre e veja
as terríveis abominações que eles fazem aqui.*

EZEQUIEL 8:9

Ezequiel estava agora na Babilônia, mas as mensagens de ira que ele havia entregado nos capítulos anteriores se relacionavam a Jerusalém, pois na paz ou no sofrimento dela, os cativos se viam tendo paz ou sofrimento. Portanto, aqui ele tem uma visão do que havia sido feito em Jerusalém, e essa visão continua até o encerramento do capítulo 11.

Em visão, Deus transportou Ezequiel até a porta do ático, o ático externo, cujas laterais eram cercadas de alojamentos para os sacerdotes. Deus poderia tê-lo levado, primeiramente, para dentro das câmaras da imaginação, mas o conduz até elas aos poucos, em parte para empregar a diligência dele em perscrutar esses mistérios da iniquidade e, em parte, para sensibilizá-lo ao tamanho cuidado e precaução com que esses idólatras escondiam suas idolatrias. Eles haviam erguido uma parede diante dos apartamentos dos sacerdotes, a fim de torná-los mais privativos, para evitar que ficassem abertos à observação daqueles que por ali passavam — um sinal evidente de que faziam algo de que tinham razão para se envergonhar. Aqueles que praticam o mal odeiam a luz. Eles não queriam que aqueles que os viam na casa de Deus pudessem vê-los em suas próprias casas, para que não os observassem se contradizendo e desfazendo, na privacidade, aquilo que faziam em público. Porém, veja, há um buraco na parede (v.7), um buraco para espiar, pelo qual poderia ver aquilo que dava razão para que eles fossem suspeitos. Quando os hipócritas se escondem atrás das paredes de profissões de fé exteriores e com elas disfarçam sua maldade dos olhos do mundo, prosseguindo em seus propósitos com mais sucesso, é difícil para eles fazê-lo com tanta arte e, por isso, sempre há um orifício ou outro na parede, algo que os entrega como não sendo o que fingem ser para aqueles que observam diligentemente. As orelhas do jumento apareciam debaixo da pele do leão [N.T.: da fábula *Um jumento em pele de leão*, de Esopo (escritor grego, ?–564 a.C.)]. Ezequiel ampliou o buraco na parede e viu uma porta (v.8). Por ela, ele entra no tesouro, ou em alguns dos alojamentos dos sacerdotes, e observa as terríveis abominações que eles praticavam lá (v.9). Percebam que aqueles que desejam descobrir o mistério da iniquidade nos outros, ou em si mesmos, devem realizar uma sondagem diligente, visto que Satanás tem artimanhas, profundidades e mecanismos, que não devemos ignorar, e pelo fato de o coração ser enganoso acima de todas as coisas. Ao examiná-lo, devemos ser muito criteriosos.

ANOTAÇÕES

....
....
....
....
....
....
....
....
....
....
....

ESTUDO 201

Exílio babilônico

A REMOÇÃO DA GLÓRIA DE DEUS DO TEMPLO

Leitura bíblica: Ezequiel 9–10

*Então a glória do Senhor saiu
da entrada do templo e parou sobre os querubins.*

EZEQUIEL 10:18

A glória do Senhor se levantou do querubim (conforme 9:3, para que as ordens daquele capítulo fossem dadas) e ficou na entrada da casa — uma imitação do que acontecia nas cortes judiciais, que eram mantidas às portas das cidades. O povo não queria ouvir os oráculos que Deus lhes enviara desde Seu santo Templo; assim sendo, naquele local seriam obrigados a ouvir sobre sua ruína.

Ezequiel vê a glória de Deus se retirando do santuário, o local onde a honra de Deus habitara por muito tempo, e essa visão era tão triste quanto a anterior era agradável. Era alegre saber que Deus não abandonara a Terra (como sugeriam os idólatras, 9:9), mas era triste vê-lo abandonando Seu santuário. A glória do Senhor ficou sobre a porta, de onde deu as ordens necessárias para a destruição da cidade, e repousou sobre os querubins, não aqueles do Santo dos Santos, mas os que Ezequiel agora contemplava em visão (10:18). Ela subiu àquela carruagem imponente, como um juiz, quando se retira da tribuna, entra em seu coche e parte. Os querubins imediatamente levantaram as suas asas (10:19), conforme lhes foi ordenado, e partiram da Terra, como pássaros com suas asas. Quando eles saíram, as rodas dessa carruagem não foram arrastadas, mas, por instinto, foram ao lado deles — pelo que parece que o Espírito dos seres viventes estava nas rodas (1:20). Assim, quando Deus está abandonando um povo em desaprovação, os anjos do alto e todos os eventos daqui debaixo cooperarão para promover a Sua partida. Contudo, observe aqui: nos pátios do Templo onde o povo de Israel havia desonrado seu Deus, onde lançaram Seu fardo e deste afastaram o ombro, os benditos anjos aparecem prontos a servir-lhe, a acompanhar Sua carruagem e ascender com ela. O Senhor havia mostrado ao profeta como a vontade de Deus era desobedecida pelos homens na Terra (capítulo 8); aqui Ele lhe mostra como ela é prontamente obedecida pelos anjos e criaturas inferiores. Conforta-nos saber que, quando lamentamos a maldade dos perversos, Seus anjos cumprem Suas ordens, ouvindo a voz de Sua palavra (Sl 103:20). Agora observemos essa carruagem na qual a glória de Israel viaja triunfantemente. Aquele que é o Deus de Israel é o Deus do Céu e da Terra e tem o domínio sobre todos os poderes em ambos. Que os israelitas fiéis se consolem com isto: que o Deus deles está acima dos querubins, este é o Redentor deles (1Pe 3:22) e única e soberanamente a Ele estão submissos todos os eventos; os seres viventes e as rodas concordam em servir-lhe. Desse modo Ele é o Cabeça sobre todas as coisas para a Igreja.

ANOTAÇÕES

O FIM DE UMA HISTÓRIA DE PROFANAÇÃO

ESTUDO 202

Queda de Judá

Leitura bíblica: Jeremias 39

Jerusalém foi tomada. Era o décimo mês do nono ano do reinado de Zedequias, rei de Judá, quando Nabucodonosor, rei da Babilônia, veio com todo o seu exército contra Jerusalém e a sitiou. JEREMIAS 39:1

A cidade é completamente tomada pela tempestade, pois como poderia ela resistir quando o próprio Deus lutava contra ela? O exército de Nabucodonosor se colocou diante dela no nono ano de Zedequias, no décimo mês (v.1), em inverno avançado. O próprio Nabucodonosor se retirou logo para descansar e deixou seus generais para dar continuidade ao cerco. Eles o interromperam por um tempo e depois o renovaram com força e vigor. Finalmente, no décimo primeiro ano, no quarto mês, em meio ao verão, eles entraram na cidade. Os soldados judeus, estando enfraquecidos pela fome e tendo todas as suas provisões esgotadas, não foram capazes de oferecer resistência (v.2). Jerusalém era um lugar tão fortificado que ninguém creria que o inimigo poderia entrar em seus portões (Lm 4:12).

Zedequias, depois de ter visto, talvez disfarçadamente, os príncipes do rei da Babilônia tomar posse de um dos portões da cidade, achou que já era hora de mudar para sua própria segurança. Carregado de culpa e temor, saiu da cidade sem qualquer proteção senão a da noite (v.4), que logo o abandonou, pois ele foi descoberto, perseguido e capturado. Embora ele tenha feito o seu melhor na fuga, não pôde evitar, não conseguiu prosseguir e caiu nas mãos de seus perseguidores nas campinas de Jericó (v.5). Assim, ele foi levado prisioneiro a Ribla, onde o rei da Babilônia deu-lhe a sentença de rebelde, não uma sentença de morte, mas, muitos dizem, quase algo pior ainda. Pois: (1) Nabucodonosor matou os filhos dele diante dos seus olhos, e todos deviam ser pequenos, alguns bebês, pois o próprio Zedequias tinha apenas 32 anos. Ordenou que Zedequias tivesse seus olhos vazados (v.7), condenando à escuridão até a morte aquele que cerrara os olhos à luz nítida da palavra de Deus, e que era um daqueles príncipes que não querem ter entendimento, mas vagueiam nas trevas (Sl 82:5). Amarrou-o com correntes de bronze, ou grilhões, para o levar à Babilônia, onde passaria o restante de seus dias em sofrimento. Toda essa triste história também está registrada em 2 Reis 25:1-7.

Algum tempo depois, a cidade foi incendiada, incluindo o templo, o palácio e tudo mais; e sua muralha foi derrubada (v.8). "Jerusalém, Jerusalém! Isso lhe sobreveio por ter matado os profetas e apedrejado aqueles que lhe foram enviados. Ó Zedequias, Zedequias! Você poderia ter evitado isso se apenas tivesse aceitado o conselho de Deus e se rendido a tempo."

ANOTAÇÕES

ESTUDO 203

Queda de Judá

ESPERANÇA RENOVADA EM MEIO AO CAOS

Leitura bíblica: Lamentações 3

Quero trazer à memória o que pode me dar esperança.

LAMENTAÇÕES 3:21

"Trago-o à memória, por isso tenho esperança e sou preservado do completo desespero." Vejamos o que Jeremias traz à sua memória.

(1) Que, por pior que estejam as coisas, é graças à misericórdia de Deus que elas não estão ainda piores. Somos afligidos pela vara da Sua ira, mas é por causa da misericórdia do Senhor que não somos consumidos (v.22). Quando estamos em sofrimento, deveríamos observar, para o encorajamento de nossa fé e esperança, o que está a nosso favor e o que está contra nós. As coisas estão ruins, porém poderiam estar piores e, portanto, há esperança de que melhorarão. Observe: 1) Jeremias reconhece o riacho da misericórdia: "não somos consumidos". 2) Esse riacho brota da fonte: são as misericórdias do Senhor. Aqui está "misericórdias", no plural, denotando a abundância e a variedade delas. Deus é uma fonte inextinguível de misericórdia, o Pai das misericórdias. Todos devemos à misericórdia divina, que nos poupa, o fato de não sermos consumidos.

(2) Que até mesmo no mais profundo de sua aflição, eles ainda têm esperança da benevolência da compaixão divina e da verdade da promessa divina. Muitas vezes eles haviam reclamado de que Deus não tinha compaixão (2:17,21), mas aqui se corrigem e admitem: 1) que a compaixão de Deus não falha; ela realmente não falha; não, nem mesmo quando irado Ele parece bloquear Suas ternas misericórdias. Esses rios de misericórdia correm plena e constantemente, mas jamais secam. Não, eles se renovam a cada manhã; cada manhã temos novos exemplos da compaixão de Deus para conosco; Ele nos visita com elas a cada manhã (Jó 7:18); "Manhã após manhã, ele traz o seu juízo à luz" (Sf 3:5). Quando nosso conforto falha, as compaixões divinas não falham. 2) Que grande é a Sua fidelidade. Embora a aliança parecesse estar quebrada, eles admitiam que ela continuava vigorando; e, embora Jerusalém estivesse em ruínas, a verdade do Senhor dura para sempre. Note que, por mais coisas difíceis que soframos, jamais devemos manter qualquer pensamento cruel acerca de Deus, mas devemos estar prontos para admitir que Ele é tanto bom quanto fiel.

(3) Que Deus é e sempre será a toda-suficiente felicidade de Seu povo, e eles o escolheram e dependem dele para que assim o seja: "'A minha porção é o Senhor', diz a minha alma" (v.24). 1) "Quando eu tiver perdido tudo o que possuo no mundo — a liberdade, o sustento e quase a própria vida — ainda assim não perderei meu interesse em Deus". A porção dessa Terra é perecível, mas Deus é a porção eterna. 2) "Enquanto eu tiver um interesse em Deus, terei o suficiente; tenho o bastante para contrabalançar todos os meus problemas e para compensar todas as minhas perdas". Tudo o que for furtado de nossa porção estará seguro. 3) "É disso que dependo e no que descanso satisfeito: 'portanto, esperarei nele'" (v.24). Firmar-me-ei nele e nele me encorajarei, quando todos os outros apoios e encorajamentos me faltarem". Note: é nosso dever fazer de Deus a porção de nossa alma e depois valer-nos dele como nossa porção e receber disso o consolo em meio às nossas lamentações.

ESPERANÇA EM MEIO À DESTRUIÇÃO

ESTUDO 204

Queda de Judá

Leitura bíblica: Salmo 74

Levanta-te, ó Deus, e defende a tua causa;
lembra-te de como o ímpio te afronta todos os dias.
SALMO 74:22

Este salmo descreve de forma muito particular a destruição de Jerusalém e do templo por Nabucodonosor e o exército dos caldeus, e pode ser tão mal aplicado a qualquer outro evento que encontrarmos na história dos judeus, que os intérpretes se inclinam a pensar que tenha sido escrito ou por Davi, ou por Asafe, no tempo de Davi, com uma referência profética a esse evento (o que não é muito provável). Outras possibilidades incluem que, talvez, tenha sido escrito por outro Asafe, que viveu no tempo do cativeiro, ou por Jeremias (uma vez que este salmo forma uma peça com as suas Lamentações), ou por algum profeta, e que, após o retorno do cativeiro tenha sido entregue aos filhos de Asafe, que tomavam o seu nome, para o culto público.

Este salmo é intitulado de *Masquil* — um salmo didático, pois foi composto no dia da aflição, que tem o objetivo de instruir. Essa instrução nos ensina, no geral, que, quando estivermos sob qualquer forma de perigo, é sábio de nossa parte, e nosso dever, recorrer a Deus por meio da oração fiel e fervorosa, e descobriremos que fazê-lo não é em vão. O povo de Deus aqui reclama de três coisas:

(1) A desaprovação divina por eles como sendo a causa e o amargor de todas as suas calamidades. Eles olham para além dos instrumentos de seus problemas, que, eles sabiam, não poderiam ter poder sobre eles a menos que esse poder viesse do alto, e mantiveram seu olhar em Deus, por cujo conselho determinado eles foram entregues nas mãos de homens perversos e irracionais.

(2) Queixam-se do ultraje e da crueldade de seus inimigos, nem tanto — ou melhor, de forma alguma —, pelo que eles haviam feito para o prejuízo de seus interesses seculares. Aqui não há reclamações do incêndio de suas cidades ou da pilhagem de seu país, mas apenas do que haviam feito contra o santuário e a sinagoga. A preocupação com a religião deveria estar próxima ao nosso coração e nos afetar mais do que qualquer preocupação mundana. A desolação da casa de Deus deveria nos entristecer mais do que a desolação de nossa própria casa, visto que a questão principal não é o que acontece a nós ou nossa família neste mundo, desde que o nome de Deus seja santificado, que Seu reino venha e que Sua vontade seja feita.

(3) O agravamento de todas essas calamidades estava em que eles não tinham qualquer perspectiva de libertação, tampouco podiam prever o fim delas: "Vemos os sinais de nosso inimigo firmados no santuário, mas 'já não vemos os nossos sinais' (v.9), nenhuma das evidências da presença de Deus, nenhuma indicação de uma libertação se aproximando. 'Já não há profeta' para nos dizer quanto tempo a provação durará e quando as coisas a nós concernentes terminarão, para que a esperança de conclusão pudesse nos suster durante nossas dificuldades". No cativeiro da Babilônia, eles tinham profetas e lhes fora dito quanto tempo duraria o cativeiro, mas era "dia de nuvens e densas trevas" (Ez 34:12), e ainda não haviam obtido o consolo dessas graciosas revelações.

ESTUDO 205

Queda de Judá

O LIVRAMENTO PREDITO

Leitura bíblica: Jeremias 50

*Naqueles dias, naquele tempo, diz o S*ENHOR*, os filhos de Israel voltarão, eles e os filhos de Judá juntamente; andando e chorando, virão e buscarão o S*ENHOR*, seu Deus.*

JEREMIAS 50:4

Note: (1) Aqui está uma palavra proferida contra a Babilônia por Aquele cujas obras todas estão em consonância com Sua palavra e nenhuma delas cairá. O rei da Babilônia havia sido gentil com Jeremias e, mesmo assim, ele deveria profetizar a ruína daquele reino, pois os profetas de Deus não devem ser governados por favores ou afeições. Quem quer que sejam nossos amigos, se eles, contudo, forem inimigos de Deus, não devemos ousar lhes falar de paz. Aqui se fala da destruição da Babilônia como algo concluído (v.2), que seja tornado público às nações como um artigo de noticiário, uma notícia verdadeira e excelente, e algo que afeta a todos. Que as nações ergam suas bandeiras, como é comum em dias de triunfo, para tornar o fato conhecido; que todo o mundo o saiba: a Babilônia foi derrotada. Que Deus tenha a honra por fazê-lo, que Seu povo obtenha disso o consolo e que, portanto, não o oculte.

(2) Aqui está também uma palavra ao povo de Deus, e para o consolo dele, tanto para os filhos de Israel quanto de Judá, porque muitos eram os das dez tribos que se uniram aos das duas tribos no seu regresso da Babilônia. É prometido que eles voltarão primeiro para o seu Deus e depois para sua própria terra; e a promessa de sua conversão e transformação é o que abre caminho para todas as demais promessas (vv.4-5). 1) Eles dirigirão lamentações ao Senhor (como toda a casa de Israel fez no tempo de Samuel, 1Sm 7:2); eles prantearão. Essas lágrimas fluem não da tristeza do mundo, como a daqueles levados para o cativeiro, mas de uma tristeza segundo Deus (2Co 7:9-10). São lágrimas de arrependimento pelo pecado, de alegria pela bondade de Deus no alvorecer de sua libertação, que, pelo que parece, realiza mais para levá-los a lamentar pelo pecado do que todas as calamidades de seu cativeiro; que prevalece em conduzi-los ao arrependimento quando as outras não triunfaram nesse quesito. Note: é um bom sinal que Deus venha em direção a um povo em misericórdia quando eles começam a ser afetados sob a Sua mão. 2) Eles buscarão o Senhor; não se afundarão em tristezas, mas se movimentarão para encontrar consolo onde ele deve ser obtido: "e chorando, virão e buscarão o S\ENHOR, seu Deus" (Jr 50:4). Buscarão o Senhor com o seu Deus e se afastarão dos ídolos. Quando ouvirem que os ídolos da Babilônia ficaram confundidos e despedaçados, será tempo de eles buscarem seu próprio Deus e retornarem para aquele que vive para sempre. Assim sendo, os homens são enganados nos falsos deuses para que possam depender unicamente do Deus verdadeiro. 3) Eles desejarão voltar a seu próprio país novamente, não pensarão nisso apenas como misericórdia, mas como um dever porque há apenas um monte sagrado de Sião, sobre o qual ficava a casa do Senhor seu Deus: "Perguntarão pelo caminho que leva a Sião, com o rosto voltado para lá" (v.5). Sião era a cidade das solenidades deles; eles frequentemente pensavam acerca dela no pesar de seu cativeiro (Sl 137:1), porém, agora que a ruína da Babilônia lhes trouxe esperança de libertação, eles não falam de nada mais a não ser de voltar a Sião. Primeiro, seu coração estava apegado a ela, e agora voltam seu rosto em sua direção.

A GLÓRIA TORNADA EM RUÍNA

ESTUDO 206

Queda de Judá

Leitura bíblica: Jeremias 52

*Ele queimou a Casa do Senhor e o palácio real,
bem como todas as casas de Jerusalém.*

JEREMIAS 52:13

Aqui temos o relato da terrível destruição que foi feita pelo exército dos caldeus um mês depois de a cidade ser tomada, sob o comando de Nebuzaradá, que era o capitão da guarda ou general do exército nesta ação. E: (1) Ele deixou o templo em cinzas, depois de saqueá-lo de tudo que tinha valor: "Ele queimou a Casa do Senhor", aquela casa sagrada e bela onde os ancestrais dos israelitas haviam louvado a Deus (Is 64:11). (2) Ele queimou o palácio, provavelmente aquele que Salomão havia construído depois de edificar o templo, que fora, desde então, a casa do rei. (3) Ele incendiou todas as casas em Jerusalém, isto é, todas as casas dos homens importantes, ou particularmente essas. Se sobrou alguma casa, foram apenas os lúgubres casebres para os pobres da terra. (4) Derrubou todas as muralhas de Jerusalém (Jr 52:14) para se vingar delas por permanecerem no caminho de seu exército por tanto tempo. Assim, de uma cidade fortificada, ela foi transformada em ruínas (Is 25:2). (5) Ele levou muitos para o cativeiro (Jr 52:15); levou alguns dos pobres entre o povo, isto é, dos habitantes da cidade, pois os pobres que moravam no interior ele deixou para cuidar dos vinhedos e serem lavradores. (6) Contudo, nada é relatado de modo mais especial e extenso do que a tomada dos pertences do templo. Tudo o que era de grande valor foi levado anteriormente, os objetos de prata e ouro, embora parte deles tenha ficado e era agora saqueado (v.19). Mas a maior parte do despojo do templo, que agora era tomado, era feito de bronze, que, por ter valor inferior, foram levados por último. Quando o ouro havia acabado, o bronze logo o seguiu, pois o povo não se arrependera de acordo com a predição de Jeremias (27:19-22). Quando as muralhas da cidade foram demolidas, os pilares do templo também foram derrubados e ambos eram sinal de que Deus, que era a força e o esteio tanto da vida civil quanto do governo religioso, partira dentre eles. Nenhuma muralha pode proteger, nem pilares sustentar, aqueles de quem Deus se afasta. Esses pilares do templo não eram para sustentação (pois não havia nada construído sobre eles), mas para decoração e significado. Eles se chamavam Jaquim ("Ele estabelecerá") e Boaz ("nele está a força", 1Rs 7:21), de forma que, a derrubada deles significava que Deus não mais estabeleceria Sua casa e tampouco a fortaleceria. Esses pilares foram aqui descritos de forma muito particular (Jr 52:21-23, 1Rs 7:15) para que a sua beleza e imponência nos impactem ainda mais diante de sua demolição. Todos os utensílios que pertenciam ao altar de bronze foram levados, pois a iniquidade de Jerusalém, assim como a da casa de Eli, não poderia ser expiada com sacrifícios ou ofertas (1Sm 3:14). O versículo 20 afirma que o bronze de todos esses utensílios não pôde ser pesado — assim como fora na sua fabricação (1Rs 7:47) acontecia agora em sua destruição, de forma que o peso do bronze jamais foi contabilizado (2Cr 4:18). Aqueles que conquistavam um grande espólio desses utensílios não se preocuparam em os pesar, como fazem os compradores, pois, independentemente do quanto fosse, tudo lhes pertencia.

ESTUDO 207

Exílio babilônico

O ORGULHOSO ABATIDO

Leitura bíblica: Ezequiel 12

Filho do homem, você mora no meio da casa rebelde, que tem olhos para ver e não vê, tem ouvidos para ouvir e não ouve, porque é casa rebelde.

EZEQUIEL 12:2

Nesses versículos, o profeta é dirigido por quais sinais e ações deveria expressar a aproximação do cativeiro de Zedequias, rei de Judá. Esse era o objeto da predição, e é pronunciada àqueles que já estavam no cativeiro, pois, enquanto Zedequias estivesse no trono, eles se congratulavam com esperanças de que ele faria um bom rompimento com o rei da Babilônia, cujo jugo ele agora projetava eliminar, o que levava esses pobres cativos a se prometerem grandes coisas. Pode ser que enquanto Zedequias fazia esse plano, ele tenha enviado a eles, de modo secreto, um encorajamento para que esperassem que ele os resgatasse em breve, ou negociaria sua liberdade trocando prisioneiros. Enquanto os cativos fossem alimentados com essas vãs esperanças, eles não poderiam se determinar, ou submeter-se, à sua aflição, ou extrair o bem dela. Sendo assim, era necessário, mas muito difícil, convencê-los de que Zedequias, em vez de ser seu libertador, em breve se juntaria ao sofrimento deles.

Seria de se supor que o povo perguntaria o significado do sinal (vv.3-6), ou que, pelo menos deveria fazê-lo: "'a casa de Israel, aquela casa rebelde, não lhe perguntou o que você estava fazendo?' (v.9). Sim, eu sei que eles perguntaram. Embora sejam casa rebelde, ainda assim tem curiosidade quanto a mente de Deus", como aqueles que buscavam a Deus diariamente (Is 58:2). Portanto, o profeta deveria fazer algo estranho e rude, a fim de que eles perguntassem sobre o significado. Assim, se poderia esperar que o povo entendesse o que lhes era dito e se beneficiassem disso, quando essa era a resposta aos seus questionamentos. Entretanto, alguns entendem o versículo como uma indicação de que eles não haviam inquirido: "'a casa de Israel, aquela casa rebelde, não lhe perguntou o que você estava fazendo?' Não, eles não o notaram, mas diga-lhes o que isso significa, embora não tenham perguntado".

O profeta deve lhes dizer o significado do sinal. Em geral, esse fardo diz respeito ao príncipe em Jerusalém; eles sabiam quem era ele e agora se gloriavam de que, como cativos, tivessem um príncipe em sua própria Jerusalém e de que a casa de Israel ainda estava completa lá, assim, não duvidavam de que, com o tempo, ficariam bem. "Porém, diga-lhes", diz Deus, "que nisto que você fez, eles podem ler o destino de seus amigos em Jerusalém. Diga-lhes: 'eu sou o seu sinal'" (conforme v.11). O príncipe em vão tentará escapar, uma vez que ele também virá ao cativeiro. Jeremias havia dito o mesmo a Zedequias: "Você não escapará das mãos dele; pelo contrário, será preso" (Jr 34:3). Aqui, Ezequiel o prediz àqueles que fizeram de Zedequias a sua confiança e prometiam a si mesmos a libertação vinda dele, de que ele mesmo carregaria os seus bens — ele traria sobre os ombros alguns de seus objetos mais valiosos. Percebam que os julgamentos de Deus podem tornar um príncipe em um carregador. Aquele que costumava ver suas insígnias carregadas diante de si e marchava pela cidade ao meio-dia agora carregará ele próprio seus bens sobre suas costas e sairá furtivamente da cidade durante o crepúsculo. Veja que mudanças o pecado traz aos homens!

O REINO QUE NÃO TEM FIM

ESTUDO 208

Exílio babilônico

Leitura bíblica: Daniel 2

O Deus do céu levantará um reino que jamais será destruído e que não passará a outro povo. Esse reino despedaçará e consumirá todos esses outros reinos, mas ele mesmo subsistirá para sempre.

DANIEL 2:44

Esta imagem representava os reinos da Terra que sucessivamente governariam entre as nações e teriam influência nos assuntos do povo judeu. As quatro monarquias não foram representadas por quatro estátuas distintas, mas por uma imagem, porque todas possuíam o mesmo espírito e habilidade, e todas estavam mais ou menos contra o povo de Deus. Era o mesmo poder, apenas abrigado em quatro nações diferentes, os dois primeiros estando a Leste da Judeia, os dois últimos, a Oeste. (1) A cabeça de ouro significava o império caldeu, que estava em vigor agora: "'O senhor, ó rei, que é (ou melhor, serás) rei de reis' (vv.37-38), um monarca universal a quem muitos reis e reinos se tornarão tributários". Mas que ele não atribua tal elevação a sua política ou fortaleza. Não, é o Deus do Céu que lhe deu um reino, poder, força e glória, um reino que exerce grande autoridade, permanece firme e brilha vividamente, age por meio de um poder pujante e com poder arbitrário. É chamado de cabeça por sua sabedoria, eminência e poder absoluto, uma cabeça de ouro por sua riqueza (Is 14:4); a Babilônia era uma cidade de ouro. (2) O peito de prata significava a monarquia dos Medos e dos Persas, sobre cujo rei não é dito nada mais do que isto: "se levantará outro reino, inferior ao seu" (Dn 2:39), não tão rico, poderoso ou vitorioso. Esse reino foi fundado por Dario, o medo, e Ciro, o persa, em aliança mútua, e, portanto, representado por dois braços, que se uniam ao peito. De seu lado, Ciro era persa, pela família de seu pai, e medo, por intermédio de sua mãe. Alguns consideram que essa monarquia tenha durado 130 anos, outros, 204 anos. A primeira contagem concorda mais com a cronologia das Escrituras. (3) O ventre e as coxas de bronze representavam a monarquia dos gregos, fundada por Alexandre, que venceu Dario Condomano [ou Dario III], o último dos imperadores persas. Esse é o terceiro reino, de bronze, inferior em riqueza e extensão de domínio em comparação ao império persa, mas em Alexandre terá, pelo poder da espada, domínio sobre toda a Terra, pois ele se vangloriava de que conquistara o mundo, e depois sentou-se e chorou porque não tinha outro mundo para conquistar. (4) As pernas e pés de ferro eram a monarquia romana. Alguns creem que signifique a última parte do reinado grego — os dois impérios da Síria e do Egito, o primeiro deles governado pela família dos Selêucidas, do general Seleuco, e o último, pelos Lágidas, do general Ptolomeu Lago. Esses teóricos fazem desses dois impérios as pernas e pés dessa imagem. Entre eles estão [Hugo] Grócio, [Francisco] Junius [o Velho], [Hugh] Broughton. Contudo, a posição mais aceita é que seja o Império Romano aqui representado, porque foi no tempo dessa monarquia e quando ela estava em seu auge, que o reino de Cristo foi estabelecido no mundo pela pregação do evangelho eterno. O reino romano era forte como o ferro (v.40), é o que testemunha a prevalência, por muitas eras, desse império contra todos que contendiam com ele. Esse reinado deixou aos pedaços o império grego e depois destruiu a nação dos judeus. Na última parte da monarquia romana, ela se enfraqueceu muito e se subdividiu em dez reinos, que são os dedos desses pés.

A pedra cortada sem auxílio de mãos humanas (v.34) representava o reino de Jesus Cristo, que deveria ser estabelecido no mundo no tempo do Império Romano, e sobre as ruínas do reinado de Satanás sobre os reinos do mundo. Essa é a pedra que se desprendeu da montanha, sem ser cortada por mãos humanas, pois não seria elevada ou apoiada pelo poder ou política humanos; nenhuma mão visível deveria agir em seu estabelecimento, mas deveria ser feito invisivelmente pelo Espírito do Senhor dos Exércitos. Esse é um reino que será vitorioso sobre toda a oposição. Ele despedaçará e consumirá todos os reinos, como a pedra cortada da montanha sem auxílio de mãos humanas destruiu a imagem (vv.44-45). O reino de Cristo destruirá todos os outros reinos, sobreviverá a todos eles e prosperará quando eles se afundarem sobre seu próprio peso e estiverem tão esfacelados que nem mesmo seu lugar os reconhece.

ANOTAÇÕES

CORAGEM APESAR DAS CIRCUNSTÂNCIAS

ESTUDO 209

Exílio babilônico

Leitura bíblica: Daniel 3

*Se o nosso Deus, a quem servimos, quiser livrar-nos,
ele nos livrará da fornalha de fogo ardente e das suas mãos, ó rei.*

DANIEL 3:17

Temos aqui um belo exemplo de fortaleza e grandeza que dificilmente pode encontrar paralelos. Nós chamamos esses três de meninos (e realmente eram jovens), mas, na verdade, deveríamos chamá-los de três campeões, os três primeiros dos dignitários do reino de Deus entre os homens. Eles não irromperam em qualquer ira imoderada ou raiva contra aqueles que adoravam a imagem de ouro, não os insultaram ou afrontaram; não se lançaram precipitadamente ao julgamento ou se esforçaram para cortejar o martírio. Todavia, quando foram devidamente convocados para o feroz julgamento, comportaram-se com bravura, com conduta e coragem de forma a se tornar sofredores por uma boa causa. Mantiveram a calma admiravelmente bem, não chamaram o rei de tirano ou de idólatra (a causa divina não precisa da ira humana), mas, com mansidão exemplar e serenidade mental, deram deliberadamente a sua resposta, na qual decidiram permanecer. Observe:

(1) Seu desprezo indulgente e generoso pela morte e a nobre negligência com a qual viram o dilema que lhes foi proposto: "Ó Nabucodonosor, quanto a isto não precisamos nem responder" (v.16). Não lhe negaram uma resposta em irritação, nem permaneceram mudos; mas lhe disseram que não estão preocupados quanto a isso. não precisavam de tempo para deliberar quanto à sua resposta, pois não hesitaram sequer um pouco sobre se deveriam ou não cumprir a ordem. Era uma questão de vida ou morte, e alguém poderia achar que eles deveriam ter ponderado antes de terem decidido; a vida é desejável, a morte é temível. Porém, quando o pecado e o dever que estavam no caso foram imediatamente determinados pelas palavras do segundo mandamento, e não era deixado espaço para discutir o que era certo, a vida e a morte que estavam nesse caso não deviam ser consideradas. Note: aqueles que evitam pecar não devem conversar com a tentação.

(2) A sua confiança de fé em Deus e sua dependência dele (v.17). Foi isto que os capacitou a olhar com tanto desprezo para a morte, a morte em pompa, em todo o seu terror: confiaram no Deus vivo, e por essa fé escolheram antes sofrer do que pecar; assim, não temeram a ira do rei, mas a suportaram porque, pela fé, mantinham os olhos no que é invisível (Hb 11:25,27): "Mas, se o Senhor não nos livrar da fornalha ardente, Ele nos livrará das suas mãos". Nabucodonosor pode apenas torturar e matar o corpo e, depois disso, não há mais que ele possa fazer; então, os rapazes estariam fora do alcance dele, libertos de suas mãos. Veja que os bons pensamentos acerca de Deus e a completa certeza de que Ele está conosco enquanto estivermos com Ele nos ajudarão muito a prosseguir durante o sofrimento. E, se Ele for por nós, não devemos temer o que o homem poderá nos fazer, mesmo que faça o pior. Deus nos livrará ou da morte, ou pela morte.

ANOTAÇÕES

....
....
....

ESTUDO 210

Exílio babilônico

PRAZER NO SOFRIMENTO ALHEIO

Leitura bíblica: Obadias 1

*Por causa da violência feita ao seu irmão Jacó,
você ficará coberto de vergonha e será exterminado para sempre.*

OBADIAS 1:10

CRONOLOGIA DOS PROFETAS

Este Obadias, provavelmente, viveu em um tempo mais tardio. Alguns pensam que era contemporâneo de Oseias, Joel e Amós; outros creem que viveu perto do tempo da destruição de Jerusalém, quando os filhos de Edom se alegraram tão barbaramente nessa destruição. No entanto, o que ele escreveu foi o que viu; foi sua visão. Possivelmente havia muito mais que ele foi inspirado a falar, mas isso é tudo que ele foi inspirado a escrever; e tudo o que escreve é concernente a Edom.

Quando lemos sobre o destino de Edom, que seria nada menos que sua ruína, é natural perguntar: Por quê? Que mal eles fizeram? Qual a base da controvérsia divina com eles? Muitas coisas estavam erradas em Edom, sem dúvida. Eles eram um povo pecaminoso, e carregado de iniquidade. Porém, um único crime é mencionado como acusação, como tendo enchido a sua medida e trazido a ruína sobre eles. Aquilo por que aqui são indiciados e por que são condenados é a injúria que haviam feito ao povo de Deus (conforme v.10): "'Por causa da violência feita ao seu irmão Jacó', por esse rancor antigo e hereditário que manteve contra o povo de Israel é que toda essa vergonha o cobrirá e você será exterminado para sempre". Note: as injúrias contra os homens são afrontas contra Deus, o Deus justo, que ama a retidão e odeia a maldade. E, como Juiz de toda a Terra, Ele trará reparação àqueles que sofrem o mal e se vingará daqueles que o praticaram. Toda a violência e toda a injustiça são pecado; mas é um grande agravamento à violência quando ela é praticada contra (1) alguém de seu próprio povo; é violência contra o seu irmão, seu parente próximo, para quem você deveria ser um *goel* — um resgatador, por quem é seu dever fazer o bem se outros lhe fizeram o mal. Como é perverso, então, se você o prejudicar! Você calunia e agride o próprio filho de sua mãe; isso torna o pecado grandemente pecaminoso (Sl 50:20). Ou (2) muito mais se for feito contra qualquer um do povo de Deus; "é seu irmão, Jacó, que está em aliança com Deus, e é querido dele. Quem toca Jacó toca a menina dos olhos do Deus de Jacó. De modo que é *crimen læsæ majestatis* — alta traição, pela qual Edom pode esperar uma punição desonrosa: "você ficará coberto de vergonha [e uma vergonha arruinadora] e será exterminado para sempre".

ANOTAÇÕES

....
....
....
....
....
....

A PROSTITUIÇÃO DO POVO DE DEUS

ESTUDO 211

Exílio babilônico

Leitura bíblica: Ezequiel 23

*Filho do homem, houve duas mulheres, filhas da mesma mãe.
Elas se prostituíram no Egito; tornaram-se prostitutas quando eram jovens.*

EZEQUIEL 23:2-3

As pecadoras que serão aqui expostas são duas mulheres, dois reinos, reinos irmãos: Israel e Judá, "filhas da mesma mãe", que, por muito tempo, foram um só povo. Observe: (1) O caráter delas quando estavam unidas: "Elas se prostituíram no Egito", uma vez que lá foram culpadas de idolatria, conforme 20:8. A representação desses pecados que são tão provocativos a Deus e destruidores a um povo pelo pecado de prostituição claramente indicam como a impureza é um pecado excessivamente perverso, como é ofensivo e destrutivo. (2) O nome delas quando se tornaram dois reinos (v.4). O Reino de Israel é chamado de irmã mais velha, porque foi o que primeiramente realizou a quebra e se separou da família tanto dos reis quanto dos sacerdotes que Deus havia comissionado — a irmã maior (como diz o termo no hebraico), pois dez tribos pertenciam àquele reino e somente duas ao outro. Deus diz de ambas, "Elas eram minhas" (v.4), visto que eram semente de Abraão, Seu amigo, e de Jacó, Seu escolhido; eles estavam em aliança com Deus e carregavam consigo o sinal da circuncisão, o selo da aliança. "Elas eram minhas"; e, portanto, sua apostasia foi a maior injustiça. (3) O traiçoeiro afastamento do Reino de Israel de Deus: "Oolá se prostituiu quando era minha" (v.5). Embora as dez tribos houvessem desertado da casa de Davi, ainda assim Deus detinha a posse delas. Ainda que Jeroboão tenha pecado ao estabelecer os bezerros de ouro, Ele não os descartou. Todavia, o caminho do pecado é ladeira abaixo. Oolá se prostituiu, levada à adoração a Baal (1Rs 16:31), estabeleceu outro deus, o deus do monturo, em competição com Jeová (1Rs 18:21), como uma vil adúltera se apaixona por seus amantes porque eles são bem-vestidos e têm boa aparência, porque são jovens e bonitos (Ez 23:6); ela admirava os ídolos deles e os adorou, admirava a pompa de suas cortes e seu poderio militar e cortejava as alianças com eles sob quaisquer termos, como se seu Deus não fosse suficiente para ser confiado.

Jerusalém, que havia sido uma cidade fiel, se tornou uma prostituta (Is 1:21). Também se afeiçoou aos assírios (Ez 23:12), aliou-se a eles, uniu-se a eles em adoração, apaixonou-se por seus capitães e governantes, e os chamava de mais cavalheiros do que qualquer um que a terra de Israel produzira. Assim, ela aumentou sua prostituição; apaixonou-se e tornou-se aliada dos caldeus. O próprio Ezequias era culpado disso quando teve orgulho da corte que o rei da Babilônia lhe enviou e felicitou seus embaixadores com a visão de todos os seus tesouros (Is 39:2). E a extravagância só aumentava (Ez 23:14); ela se apaixonou pelas figuras dos capitães babilônicos gravadas na parede (vv.15-16), uniu-se em aliança com aquele reino, convidou-os para ver e se estabelecer em Jerusalém, para que pudessem refinar o talento da nação judaica e torná-la mais polida. Além disso, mandaram buscar os padrões das imagens, dos altares e templos deles e os utilizaram em sua adoração. Desse modo, ela se contaminou com sua prostituição (v.17), e, assim, exibiu sua própria prostituição (v.18), sua forte inclinação à idolatria.

ESTUDO 212

Exílio babilônico

OS MAUS LÍDERES PUNIDOS

Leitura bíblica: Ezequiel 34

Filho do homem, profetize contra os pastores de Israel; profetize e diga-lhes: Assim diz o Senhor Deus: Ai dos pastores de Israel que apascentam a si mesmos! Será que os pastores não deveriam apascentar as ovelhas?

EZEQUIEL 34:2

A profecia deste capítulo não tem datação, tampouco as que se seguem até o capítulo 40. É mais provável que tenha sido entregue após a conclusão da destruição de Jerusalém, quando seria muito oportuno perguntar acerca das causas para tal evento.

(1) Deus ordena que o profeta profetize contra os pastores de Israel — seus príncipes e magistrados, os sacerdotes e levitas, o grande sinédrio e o conselho de Estado, ou quem quer que estivesse à frente dos assuntos públicos nas esferas mais altas ou mais baixas, especialmente os reis, pois havia dois deles cativos na Babilônia, que, assim como o povo, deviam ter suas transgressões lhe sendo mostradas, para que pudessem se arrepender, como Manassés em seu cativeiro (2Cr 33:10-13). Deus tem algo a dizer aos pastores, uma vez que são apenas sub-pastores, que devem prestar contas àquele que é o Pastor de Israel (Sl 80:1). E o que Ele diz é: "Ai dos pastores de Israel!". Embora eles sejam pastores, e pastores de Israel, Deus não deve poupá-los e nem os lisonjear. Se a dignidade e o poder dos homens não os impedem, como deveriam, de pecar, não servirão como isenção da reprimenda, para justificar seus pecados ou para os proteger dos julgamentos divinos, caso eles não se arrependam. Já tivemos um "ai dos pastores" em Jeremias 23:1. Deus lhes pedirá conta, de maneira especial, se eles não forem fiéis à sua confiança.

(2) Aqui o profeta é dirigido sobre com o que acusar os pastores, em nome de Deus, como a base da controvérsia divina com eles, pois essa não é uma disputa sem motivo. Eles são acusados com duas coisas: 1) Que toda a preocupação deles era em promover-se e se enriquecer e tornar-se grandiosos. A função deles era cuidar daqueles que foram confiados à sua responsabilidade: os pastores não deveriam alimentar os rebanhos? Sem dúvida que sim; eles trairiam a confiança das ovelhas se não o fizerem. Não que devessem colocar a refeição em sua boca, mas provê-la para elas e trazê-las a ela. Contudo, esses pastores fizeram desta a menor das suas preocupações; alimentavam-se a si mesmo, forjavam qualquer coisa para gratificar e saciar seu próprio apetite, e para se tornarem ricos e grandiosos, gordos e relapsos. Veja que há um "ai" para aqueles em funções públicas, mas que satisfazem apenas seus interesses particulares e são mais inquisitivos acerca dos benefícios do que a respeito do ofício, de quanto dinheiro se ganhará do que do bem a ser realizado. Essa é uma reclamação antiga: "Todos buscam o que é seu", e muitos muito mais do que é seu. 2) Que eles não se preocupavam com o benefício e bem-estar daqueles que lhes foram confiados: "Vocês não alimentam o rebanho". Eles não sabiam como fazê-lo, de tão ignorantes que eram, e nem se empenhavam para o fazer, de tão preguiçosos e indolentes que eram. Ademais, eles nunca o desejaram ou planejaram fazê-lo, tão traiçoeiros e infiéis que eram.

ANOTAÇÕES

....
....
....

VIDA PARA UM EXÉRCITO EXTERMINADO

ESTUDO 213

Exílio babilônico

Leitura bíblica: Ezequiel 37

*Então ele me disse: Profetize ao espírito. Profetize, filho do homem, e diga ao espírito: Assim diz o S*ENHOR *Deus: Venha dos quatro ventos, ó espírito, e sopre sobre estes mortos, para que vivam.* EZEQUIEL 37:9

Vejamos as particularidades desta visão:
(1) A condição deplorável daqueles ossos secos. O profeta foi levado: 1) a ter a visão exata deles. Por meio do um impulso profético e do poder divino ele foi levado, em visão, e colocado em meio a um vale, provavelmente aquele mencionado em 3:22, onde Deus lhe falara. E o vale estava repleto de ossos, de ossos de homens mortos, não empilhados, como em um jazigo, mas espalhados sobre a face do solo, como se alguma batalha sangrenta tivesse sido lutada ali, e os mortos tivessem ficado desenterrados até que toda a carne fosse devorada ou se putrefizesse. Nada restou, senão ossos, e estes desconjuntados uns dos outros e dispersos. Ezequiel circulou ao redor deles e observou não apenas que eram muitos (pois há multidões indo para a congregação dos mortos), mas que, eles estavam muito ressecados por terem ficado muito tempo expostos ao Sol e ao vento. Os ossos, que antes estavam hidratados pelo tutano (Jó 21:24), depois de mortos por algum tempo, perdem toda a hidratação e ficam secos como poeira. O corpo é agora guarnecido por ossos (Jó 10:11), porém depois os próprios ossos ficarão indefesos. Os judeus na Babilônia eram como aqueles ossos mortos e secos, improváveis de voltar a se reunir para ser apenas um esqueleto, menos ainda de serem formados novamente em um corpo, e muito menos de se tornar um corpo vivo.

(2) Os meios usados para reunir esses ossos dispersos e de trazer esses ossos mortos e secos à vida. Isso devia ser feito pela profecia. Ezequiel é ordenado a profetizar sobre esses ossos (v.4) e, mais uma vez, para profetizar ao espírito (v.9 ARC). Assim, ele fez conforme orientado (vv.7,10). 1) Ele devia pregar, e o fez; e os ossos mortos reviveram por um poder que saiu com a palavra de Deus que ele pregou. 2) Ele devia orar, e o fez; e os ossos mortos foram trazidos à vida pela palavra e pela oração, pois o espírito da vida entrou neles. Veja a eficácia da Palavra e da oração, e a necessidade de ambos para a ressuscitação de almas inanimadas. Deus ordena que Seus ministros profetizem sobre ossos secos. Que lhes digam: "Vivam!"; sim, digam-lhes que vivam e eles farão conforme lhes foi ordenado; clamando a eles repetidamente: "Ó vocês, ossos secos, ouçam a palavra do Senhor". Mas nós clamamos em vão, eles ainda permanecem mortos e muito secos; devemos, portanto, ser zelosos com Deus em oração para a operação do Espírito juntamente com a palavra: "Vem, ó fôlego, e sopra sobre eles!". A graça divina pode salvar almas sem que preguemos, mas nossa pregação não pode salvá-los sem a graça de Deus, e essa graça deve ser buscada em nossa oração.

ANOTAÇÕES

....
....
....
....
....
....
....
....

ESTUDO 214

Exílio babilônico

O TEMPLO RESTAURADO

Leitura bíblica: Ezequiel 40–42

O homem me disse: 'Filho do homem, veja com os próprios olhos, ouça com os próprios ouvidos e preste atenção em tudo o que eu lhe mostrar, porque para isso você foi trazido aqui. Anuncie à casa de Israel tudo o que você está vendo.

EZEQUIEL 40:4

Aqui temos uma visão contínua, começando neste capítulo até ao final do livro, o que é considerado, com justiça, como uma das porções mais difíceis das Escrituras em todo o livro de Deus. Creio que o escopo geral da visão é: (1) Garantir aos cativos que eles não apenas voltariam à sua terra e se estabeleceriam lá, o que fora frequentemente prometido nos capítulos anteriores, mas que também teriam outro templo, e, portanto, deveriam ser encorajados a construí-lo, pois Deus o possuiria e seria ali onde Ele os encontraria e os abençoaria, para que as ordenanças de adoração fossem revividas e o sagrado sacerdócio ali fosse exercido. E, embora eles não teriam um rei para viver no esplendor anterior, ainda assim teriam um príncipe ou governante (de quem se fala muito nessa visão), que aprovaria a adoração a Deus entre eles e seria, ele mesmo, um exemplo de comparecimento diligente a ela, e que príncipe, sacerdotes e o povo teriam um assentamento e subsistência muito confortáveis em sua própria terra. (2) Dirigi-los a olhar para adiante de tudo isso, e esperar a vinda do Messias, acerca de quem antes se profetizara sob o nome de Davi, pois ele foi o homem que projetou a construção do templo e que deveria estabelecer um templo espiritual, a Igreja do evangelho, cuja glória excederia em muito à do templo de Salomão e que permaneceria até o fim dos tempos. Pelo fato de as dimensões desses prédios visionários serem tão grandes (o novo templo sendo mais espaçoso do que toda a antiga Jerusalém, e a Nova Jerusalém sendo mais extensa do que toda a terra de Canaã), claramente indica, como observa o Dr. Lightfoot, que essas coisas não podem ser entendidas literalmente, mas espiritualmente. O templo do evangelho, erguido por Cristo e Seus apóstolos, era tão intimamente ligado ao segundo templo material e foi erguido de modo tão criterioso exatamente no tempo em que este entrou em decadência, para que pudesse estar pronto para receber suas glórias quando o templo material as renunciasse, que era adequado o suficiente que ambos fossem referidos em uma única visão. Sob o tipo e a figura de um templo e um altar, sacerdotes e sacrifícios, está prenunciada a adoração espiritual que seria realizada no tempo do evangelho, algo que está mais de acordo com a natureza tanto de Deus quanto do homem, e que, por fim, será aperfeiçoada no reino da glória, no qual essas visões provavelmente terão seu pleno cumprimento, embora alguns pensem que será em algum estado feliz e glorioso da igreja do evangelho deste lado do Céu nos últimos dias.

ANOTAÇÕES

....
....
....
....
....
....
....
....
....
....

A GLÓRIA DE DEUS RETORNA AO TEMPLO

ESTUDO 215

Exílio babilônico

Leitura bíblica: Ezequiel 43–46

A glória do S<small>ENHOR</small> entrou no templo pelo portão que dá para o leste.

EZEQUIEL 43:2

Depois que Ezequiel havia pacientemente observado o templo de Deus, a maior glória desta Terra, ele foi admitido a uma forma mais elevada das glórias do mundo superior e honrado com essa visão. Foi-lhe dito: Sobe para cá. Ele contemplou o templo e viu que ele era muito espaçoso e esplêndido, porém, até que a glória de Deus entre nele, é apenas como os corpos mortos que ele observara na visão (capítulo 37), que não tinham fôlego até que o Espírito de vida entrou neles. Aqui, portanto, ele vê a casa cheia da glória de Deus.

(1) Ele tem uma visão da glória de Deus (v.2), a glória do Deus de Israel, aquele que está em aliança com Israel e a quem eles servem e adoram. Os ídolos dos pagãos não possuem glória, senão a devida aos ourives ou aos pintores, mas essa é a glória do Deus de Israel. Essa glória veio da direção leste e, assim sendo, o profeta foi levado ao portão que está voltado ao oriente, a fim de aguardar a aparição e sua aproximação. A estrela de Cristo foi vista no Leste, esse é aquele anjo que ascende dessa direção (Ap 7:2), pois Ele é a Estrela da manhã, o Sol da justiça. Duas coisas ele observou nessa aparição da glória de Deus: 1) O poder de Sua palavra, que ele ouviu. "A sua voz era como o som de muitas águas" (Ez 43:2), voz que é ouvida de muito longe e causa impacto; o barulho de correntezas sussurrantes é agradável, mas o do rugido do mar é temível (Ap 1:15; 14:2). 2) O brilho da aparência que Ezequiel viu: "a terra resplandeceu por causa da sua glória", uma vez que Deus é luz, e ninguém pode deter o fulgor de Sua luz, ninguém jamais a viu ou poderá vê-la. Ezequiel percebeu que essa aparição da glória de Deus a ele era a mesma visão que ele teve quando inicialmente recebeu o seu comissionamento (1:4) perto do rio Quebar (v.3); porque Deus é o mesmo e Ele se agrada em se manifestar da mesma maneira, pois nele não há variação.

(2) Ele tem uma visão da entrada dessa glória no templo. Quando Ezequiel viu essa glória, ele caiu com o rosto em terra (v.3), como se não fosse capaz de suportar o brilho da glória divina, ou como alguém que desejava lhe dar a glória por meio de uma adoração humilde e reverente. No entanto, o Espírito o levantou (v.5) quando a glória do Senhor havia entrado na casa (v.4), para que ele pudesse ver como a casa foi cheia com ela. O profeta viu, para o seu pesar, como a glória do Senhor, com a mesma aparência, havia deixado o templo por ele ter sido profanado. Agora contemplará seu retorno ao templo, para sua grande satisfação (veja 10:18-19; 11:23). Note: embora Deus possa abandonar Seu povo por um curto tempo, Ele voltará com misericórdia eterna. A glória de Deus encheu a casa como havia enchido o tabernáculo montado por Moisés e o templo de Salomão (Êx 40:34; 1Rs 8:10).

ANOTAÇÕES

....
....
....
....
....
....

ESTUDO 216
Exílio babilônico

AS ÁGUAS QUE LEVAM VIDA

Leitura bíblica: Ezequiel 47

Depois disto, o homem me fez voltar à entrada do templo, e eis que água saía de debaixo do limiar do templo e corria na direção do leste. Porque a fachada do templo dava para o leste. A água vinha de debaixo do lado direito do templo, do lado sul do altar.

EZEQUIEL 47:1

A maioria dos intérpretes concorda que essas águas significam o evangelho de Cristo, que saía de Jerusalém e se espalhava pelos países ao redor, sendo acompanhado pelos dons e poderes do Espírito Santo e por cuja virtude ele se disseminou para longe e produziu efeitos singulares e benditos. Ezequiel havia andado ao redor da casa muitas vezes e, ainda assim, não havia notado essas águas até esse momento, pois Deus não dá a conhecer a Sua mente e vontade a Seu povo tudo de uma vez, mas aos poucos. Agora, observe o surgimento dessas águas. Ezequiel não é levado a acompanhar a correnteza até a sua fonte, porém a tem revelada a si: "água saía de debaixo do limiar do templo e corria na direção do leste. [...] A água vinha de debaixo do lado direito do templo, do lado sul do altar" (v.1). E, novamente, "a água borbulhava do lado direito" (v.2), o que significava que de Sião sairia a Lei; e a palavra do Senhor, de Jerusalém (Is 2:3). Foi lá que o Espírito foi derramado sobre os apóstolos e os dotou com o dom de línguas, para que pudessem levar essa água a todas as nações. Era inicialmente no templo que eles deviam estar e pregar as palavras dessa vida (At 5:20). Deviam pregar o evangelho a todas as nações, mas começando por Jerusalém (Lc 24:47). Porém, isso não é tudo: Cristo é o templo, Ele é a porta; é dele que essa água viva flui, de Seu lado perfurado. É a água que Ele nos dá que é a fonte da água a jorrar (Jo 4:14). Por crermos nele, recebemos dele os rios de água viva; com isso, Ele se referia ao Espírito (Jo 7:38-39). A origem dessas águas não era do piso superior, mas elas fluíam *de debaixo* do limiar, visto que a fonte da vida de um crente é um mistério; ela está escondida com Cristo em Deus (Cl 3:3). Alguns observam que elas vinham do lado direito da casa para indicar que as bênçãos do evangelho são bênçãos que vêm da destra. Também é um encorajamento para aqueles que frequentam os portões da Sabedoria, sob os batentes de suas portas, que estão dispostos a permanecer no limiar da casa de Deus, como Davi, para que pudessem ficar perto da nascente do consolo e da graça; até mesmo a entrada à palavra de Deus traz vida e luz (Sl 119:130). Davi fala o seguinte para o louvor de Sião: "Todas as minhas fontes estão em ti" (Sl 87:7). Elas provinham do lado do altar, uma vez que é em Jesus Cristo e por meio dele, o grande altar (que santifica nossas ofertas a Deus), que Deus tem nos abençoado com bênçãos espirituais nos santos lugares celestiais. Partindo de Deus, como a fonte, e em Cristo, como o canal, flui o rio que alegra a cidade de nosso Deus, o lugar sagrado dos tabernáculos do Altíssimo (Sl 46:4). Contudo, observe o quanto a bênção e a alegria dos santos glorificados no Céu excedem àquelas dos melhores e mais felizes santos sobre a Terra. Aqui o rio de nosso consolo provém de debaixo do limiar; lá, ele procederá do trono, do trono de Deus e do Cordeiro (Ap 22:1).

ANOTAÇÕES

....
....
....
....
....

RESTAURADO À HONRA

ESTUDO 217

Exílio babilônico

Leitura bíblica: 2 Reis 25

No trigésimo sétimo ano do cativeiro de Joaquim, rei de Judá, no dia vinte e sete do décimo segundo mês, Evil-Merodaque, rei da Babilônia, no ano em que começou a reinar, libertou do cárcere Joaquim, rei de Judá.

2 REIS 25:27

Não ouvimos mais falar de Zedequias depois que ele foi levado cego à Babilônia; é provável que ele não tenha vivido por muito tempo, mas, quando morreu, foi enterrado com algumas marcas de honra (Jr 34:5). Acerca de Joaquim, ou Jeconias, que se rendeu (24:12), aqui nos é dito que, assim que Evil-Merodaque chegou ao trono, depois da morte Nabucodonosor, ele o tirou da prisão (onde havia ficado por 37 anos; e então estava com 55 anos de idade), falou-lhe com gentileza, prestou-lhe mais respeito do que a qualquer outro rei que seu pai levara cativo (v.28); deu-lhe roupas dignas da realeza em vez de vestes de prisioneiro, manteve-o em seu próprio palácio (v.29); garantiu uma pensão para ele e sua família, que correspondia, até certo ponto, à sua linhagem, e uma ração diária para cada dia, enquanto ele vivesse. Considerem isso como: (1) Uma feliz mudança na condição de Joaquim. Ter honra e liberdade depois de tanto tempo em confinamento e desgraça; abundância e deleite de uma corte, após estar acostumado aos apertos e sofrimentos de uma prisão tão longa, era como o retorno da manhã depois de uma noite muito escura e tediosa. Que ninguém diga que jamais verá o bem novamente porque está há muito vendo o mal; os mais miseráveis não sabem que abençoada reviravolta a Providência pode ainda trazer às questões deles, tampouco que consolos lhes são reservados, de acordo com os dias em que foram afligidos (Sl 110:15). (2) Um ato muito generoso de Evil-Merodaque. Ele achou que seu pai havia tornado o jugo dos cativos muito pesado e, portanto, com a gentileza de um homem e a honra de um príncipe, ele o tornou mais leve. Aparentemente, todos os reis que estavam sob seu poder foram favorecidos, mas Joaquim foi mais do que todos; alguns acham que isso foi motivado pela antiguidade de sua família e a honra de seus renomados ancestrais, Davi e Salomão. Possivelmente, nenhum dos reis das nações descendiam de uma ancestralidade tão extensa de reis em uma sucessão direta, e por uma linhagem masculina, como o rei de Judá. (3) Uma dispensação bondosa da Providência, para o encorajamento dos judeus no cativeiro e para sustentar sua fé e esperança com relação ao engrandecimento no tempo devido. Isso ocorreu perto do auge de seu cativeiro. Dos 70 anos, 36 haviam passado e muitos ainda estavam por vir. Desse modo, ver agora seu rei assim promovido lhes seria uma confortável garantia da própria libertação deles no tempo determinado.

ANOTAÇÕES

ESTUDO 218

Exílio babilônico

SAUDADES DE SIÃO

Leitura bíblica: Salmo 137

*Às margens dos rios da Babilônia,
nós nos assentávamos e chorávamos,
lembrando-nos de Sião.*

SALMO 137:1

Há diversos salmos dos quais se pensa que foram compostos nos últimos dias da congregação judaica, quando a profecia estava quase no fim, e o cânon do Antigo Testamento, pronto para ser fechado; mas nenhum deles parece ser tão abertamente tardio quanto este, escrito quando o povo de Deus estava cativo na Babilônia e lá era insultado por esses orgulhosos opressores. Provavelmente foi perto do fim de seu cativeiro, pois agora eles viam a destruição da Babilônia se apressando (v.8), o que representaria a libertação deles.

Temos aqui a filha de Sião coberta com uma nuvem, e habitando com a filha da Babilônia; o povo de Deus em lágrimas, mas ainda assim semeando. Observe:

A postura pesarosa na qual eles estavam quanto à sua situação e ao seu ânimo. (1) Estavam próximos aos rios da Babilônia, uma terra estrangeira, muito distante do país deles, para onde foram levados como prisioneiros de guerra. A terra da Babilônia era então a casa da servidão para aquele povo, assim como o Egito fora no seu começo. Seus conquistadores os colocaram perto dos rios, com o propósito de os utilizar lá e de mantê-los trabalhando em suas galés; ou, quem sabe, esse local foi escolhido por ser melancólico, e, portanto, muito adequado para seu espírito tristonho. Se eles deviam construir casas (Jr 29:5), não deveria ser nas cidades, os lugares de confluência, mas às margens dos rios, locais de solitude, onde poderiam misturar suas lágrimas às águas dos regatos. Encontramos alguns deles perto do rio Quebar (Ez 1:3), outros, próximos ao rio Ulai (Dn 8:2). (2) Eles dependuravam seus instrumentos musicais: "Nos salgueiros que lá havia, pendurávamos as nossas harpas" (Sl 137:2). As harpas que usavam para distração e entretenimento, eles as colocaram de lado, porque acreditavam que era parte de seu julgamento que não deveriam tocá-las agora que Deus os chamara ao choro e ao pranto (Is 22:12), e pelo fato de o espírito deles estar tão entristecido que não tinham desejo de usá-las.

A paciência com que suportaram esses maus-tratos (v.4). Eles penduraram suas harpas e não as retomariam; não, não para se lisonjear com aqueles de cuja misericórdia dependiam; não responderiam àqueles tolos de acordo com a tolice deles. Os profanos escarnecedores não devem ser divertidos; tampouco pérolas, ser lançadas aos porcos. A razão que deram é muito amena e piedosa: "como poderíamos entoar um cântico ao Senhor em terra estranha?" (v.4). Eles não disseram: "Como cantaremos se estamos tão entristecidos?". Se isso fosse tudo, talvez eles pudessem se forçar a ponto de favorecer seus mestres com uma canção; mas "é a canção do Senhor; ela é sagrada, é peculiar ao culto no templo e, assim, não ousaremos cantá-la na terra do estrangeiro, entre os idólatras". Não devemos servir às alegrias comuns, menos ainda às alegrias profanas, com qualquer coisa que seja apropriada a Deus, que, por vezes, deve ser honrado com um silêncio piedoso bem como com discursos sagrados.

ANOTAÇÕES

....
....

O REINO ACIMA DE TODOS OS REINOS

ESTUDO 219

Exílio babilônico

Leitura bíblica: Daniel 7

*O seu reino será um reino eterno
e todos os domínios o servirão e lhe obedecerão.*

DANIEL 7:27

A data deste capítulo o coloca antes do capítulo 5, que ocorreu no último ano de Belsazar, e do capítulo 4, que foi o primeiro de Dario, visto que Daniel teve essas visões no primeiro ano de Belsazar, quando o cativeiro dos judeus na Babilônia se aproximava de seu ponto final.

Os judeus, não entendendo algumas profecias de Jeremias e Ezequiel, iludiam-se com esperanças de que, após seu retorno à sua terra, eles desfrutariam de tranquilidade completa e ininterrupta. Mas, para que não enganassem a si mesmos, e para que as suas calamidades não se tornassem duplamente pesarosas pela decepção, Deus, por meio deste profeta, fez com que soubessem que passariam por tribulações: aquelas promessas de sua prosperidade seriam concretizadas nas bênçãos espirituais do reino da graça; como Cristo dissera a Seus discípulos que eles deveriam esperar perseguição e que as promessas nas quais se apoiavam seriam realizadas na bem-aventurança eterna do reino da glória.

Foi dada a Daniel a chave para lhe permitir entender a visão que tivera. O anjo lhe disse, e lhe disse de modo tão direto, que o levou a compreender a interpretação das coisas; e, assim, tornou-a, de alguma maneira, mais fácil: "Estes grandes animais, que são quatro, são quatro reis que se levantarão da terra" (v.17). Eles são apenas *terræfilii* — provenientes da terra; têm o sabor da terra e seu alicerce está no pó; são do pó da terra e estão escritos na poeira, e para ele retornarão.

A Daniel é dada uma alegre perspectiva da prevalência do reino de Deus entre os homens e sua vitória final sobre toda a oposição. E é muito patente que, em meio às predições da força e fúria dos inimigos, isso é trazido abruptamente (vv.18,22), antes de chegar a ser interpretado, no decurso das visões (vv.26-27). Isso também se refere: (1) Aos dias de prosperidade da congregação judaica, após ela haver suportado a tempestade sob Antíoco, e o exército dos Macabeus ter obtido a vitória sobre seus inimigos. (2) Ao estabelecimento do reino do Messias no mundo pela pregação de Seu evangelho. Cristo veio ao mundo para julgamento, para governar por Seu Espírito e para tornar todos os Seus santos em reis e sacerdotes para Deus. (3) À segunda vinda de Jesus Cristo, quando os santos governarão o mundo, assentar-se-ão com Ele em Seu trono e triunfarão na queda completa do reino diabólico.

ANOTAÇÕES

ESTUDO 220

Exílio babilônico

O PRECISO RELÓGIO DIVINO

Leitura bíblica: Daniel 5

*Esta é a interpretação daquilo:
MENE: Deus contou os dias do seu reinado,
ó rei, e pôs um fim nele.*

DANIEL 5:26

A destruição do reino da Babilônia fora predita extensamente e com frequência quando ainda estava longe. Neste capítulo, nós a temos concretizada e a sua predição na mesma noite em que ocorreu. Belsazar agora reinava na Babilônia; alguns calculam que ele havia reinado por 17 anos; outros que estima que foi por apenas três. Aqui temos a história de sua saída e do período de seu reinado. Precisamos saber que, dois anos antes disso, Ciro, o rei da Pérsia, um monarca em ascensão, veio contra a Babilônia com um grande exército; Belsazar o encontrou, lutou contra ele e foi cercado por ele em uma batalha ferrenha. Belsazar e seu exército disperso se retiraram para dentro da cidade, onde Ciro os sitiou. Eles estavam muito seguros porque o rio Eufrates era seu baluarte, e eles tinham provisão suficiente para 20 anos. Contudo, no segundo ano do cerco, ela foi tomada conforme é aqui relatado.

Aqui está: (1) A morte de Belsazar. Ele tinha razão suficiente para tremer, visto que estava caindo nas mãos do rei dos terrores (v.30). Naquela noite, quando seu coração estava alegre pelo vinho, os sitiantes entraram na cidade em direção ao palácio. Lá encontraram o rei e lhe desferiram o golpe mortal. Ele não conseguiu encontrar nenhum lugar tão secreto onde se esconder, ou tão forte para se proteger. Escritores pagãos falam de Ciro tomando a Babilônia de surpresa, com o auxílio de dois desertores que lhe mostraram o melhor caminho para entrar na cidade. Foi predito que seria um grande terror para a corte (Jr 51:11,39). Note: a morte vem como armadilha sobre aqueles cujo coração está abastado com saciedade e bebedices. (2) A transferência do reino para outras mãos. Da cabeça de ouro, agora descemos para o peito e os braços de prata. Dario, o medo, tomou o reino em parceria com Ciro, que a havia conquistado, e com o consentimento dele (v.31). Eles eram parceiros na guerra e na conquista, assim, eram também em domínio (6:28). É dada atenção à idade de Dario, que tinha agora 62 anos, razão pela qual Ciro, que era seu sobrinho, deu-lhe preferência. Alguns observam que tendo agora, no último ano do cativeiro, essa idade, ele teria nascido no oitavo ano desse período e que este seria o ano em que Jeconias e todos os nobres foram levados cativos (veja 2Rs 24:13-15). Exatamente quando o golpe mais fatal foi desferido, nasceu um príncipe que, com o passar do tempo, se vingaria do que a Babilônia fizera a Jerusalém, e curaria a ferida então aberta. Os conselhos de Deus com relação a Seu povo são assim profundos, e desse modo bondosos são Seus propósitos para com eles.

ANOTAÇÕES

....
....
....
....
....
....
....
....

OS INSTRUMENTOS DO SOBERANO

ESTUDO 221

Pós-exílio

Leitura bíblica: Esdras 1

*Assim diz Ciro, rei da Pérsia: O S*ENHOR*, Deus dos céus, me deu todos os reinos da terra e me encarregou de lhe edificar um templo em Jerusalém, que fica em Judá.* ESDRAS 1:2

A medida dos pecados da Babilônia estava finalmente transbordando e a destruição foi trazida sobre eles por Dario, o medo, e Ciro, o persa, o que lemos em Daniel 5. Sendo Dario idoso, ele deixou o governo para Ciro, e este foi usado como um instrumento para a libertação dos judeus. Suas ordens foram expedidas tão logo ele se tornou o regente do reino da Babilônia, talvez em contradição a Nabucodonosor, cuja família ele havia eliminado, e porque teve prazer em desfazer o que o babilônio fizera, ou como política, para recomendar que seu domínio recém-adquirido fosse tão misericordioso e gentil, ou ainda (conforme pensam alguns) em uma piedosa consideração à profecia de Isaías, publicada 150 anos antes e bem conhecida, que talvez lhe tenha sido mostrada por aqueles que o cercavam, em que ele foi expressamente mencionado como o homem que faria isso para Deus e por meio de quem Deus faria grandes coisas (Is 44:28; 45:1). Alguns afirmam que seu nome na língua persa significa "sol", pois ele trouxe luz e cura para o povo de Deus e foi um tipo eminente de Cristo, o Sol da justiça. Outros dizem que seu nome quer dizer "pai", e Cristo é o Pai da eternidade.

O propósito dessa proclamação de liberdade. (1) O preâmbulo mostra as causas e considerações pelas quais ele foi influenciado (v.2). Parece que sua mente foi iluminada com o conhecimento de Iavé (pois assim Ciro o chama), o Deus de Israel, como o único Deus vivo e verdadeiro, o Deus do Céu, que é Senhor soberano e dispõe de todos os reinos da Terra. Dele, Ciro diz (v.3): "Ele é Deus, o único Deus, Deus acima de tudo". Embora ele não conhecesse a Deus por meio de ensinamento, Deus o levara a conhecer a Seu respeito até esse ponto, agora que ele prestou esse serviço tendo os olhos voltados para o Senhor.

(2) Ele liberta todos os judeus que estavam em seus domínios para irem a Jerusalém e para construírem o templo do Senhor lá (v.3). Sua consideração por Deus o levou a desconsiderar: 1) O interesse secular de seu governo. Seria política natural manter um número tão grande de serviçais em seus domínios e parecia imprudente deixá-los partir e se enraizar novamente em sua própria terra; porém, a piedade é a melhor política. 2) A honra da religião de seu país. Por que ele não lhes ordenou que construíssem um templo aos deuses da Babilônia ou da Pérsia? Ele cria que o Deus de Israel era o Deus do Céu e, portanto, obrigou Seu Israel a adorar somente a Ele. Que eles andem no nome do Senhor, seu Deus.

ANOTAÇÕES

....
....
....
....

Ano	Líder	Passagem bíblica
535 a.C.	Zorobabel e Josué (sacerdote)	Esdras 2
458 a.C.	Esdras	Esdras 7–8
445 a.C.	Neemias	Neemias 2

ESTUDO 222

Pós-exílio

O PRANTO TRANSFORMADO EM RISO

Leitura bíblica: Salmo 126

*Quando o Senhor restaurou a sorte de Sião, ficamos como quem sonha.
Então a nossa boca se encheu de riso, e a nossa língua, de júbilo.*

SALMO 126:1-2

Foi com referência a algum livramento grandioso e surpreendente do povo de Deus da escravidão e do sofrimento que este salmo foi escrito, muito provavelmente no retorno da Babilônia no tempo de Esdras. Embora a Babilônia não seja aqui mencionada (como o é no Salmo 137), ainda assim seu cativeiro foi o mais marcante em si mesmo e quanto ao retorno deles, que foi típico da redenção por meio de Cristo. Provavelmente este salmo foi escrito por Esdras, ou algum dos profetas que vieram com ele.

Enquanto o povo de Israel estava cativo na Babilônia, as harpas deles estavam penduradas nos salgueiros, pois, naquele tempo, Deus os chamara a chorar e prantear; então, Ele pranteava por eles, e eles lamentavam. Contudo, agora que seu cativeiro estava revogado, o povo retomava suas harpas; a Providência tocava gaita para eles, e eles dançavam. Assim, devemos nos acomodar a todas as dispensações da Providência e ser adequadamente impactados por elas. As harpas jamais são mais melodiosamente afinadas do que depois de um desuso tão melancólico.

A prolongada ausência das misericórdias adoça grandemente o retorno delas. Aqui está: (1) O livramento que Deus executou para eles. Ele restaurou os cativos de Sião. É possível que Sião estivesse em cativeiro como punição de sua degeneração; mas esse cativeiro será revogado quando o fim for satisfeito e a obra a que ele se destinava estiver concretizada. Ciro, por motivos estatais, proclamou a Liberdade dos cativos de Deus e, ainda assim, isso era obra de Deus de acordo com a Sua palavra muitos anos antes. Deus os enviou ao cativeiro, não como escória lançada ao fogo para ser consumida, mas como ouro a ser refinado. Observe que a libertação de Israel é chamada de restauração da sorte de Sião, a montanha sagrada onde ficava o tabernáculo de Deus e Seu local de habitação, pois a restauração de seus interesses sagrados e a revitalização do exercício público de sua religião eram as vantagens mais valiosas de seu retorno do cativeiro. (2) A agradável surpresa que isso foi para eles. Ficaram maravilhados diante do ocorrido; tudo veio tão repentinamente que, inicialmente, sentiram-se confusos, não sabendo o que fazer nem para onde isso levaria: "'ficamos como quem sonha'; achamos que a notícia era boa demais para ser verdade e começamos a questionar se estávamos acordados ou não, e se havia acontecido mesmo" (como acontecia algumas vezes com os profetas), "ele pensava que era uma visão" (At 12:9), como Pedro pensou, por um momento, acerca da sua libertação. Assim, algumas vezes Deus antecipa ao Seu povo as bênçãos de Sua bondade antes que eles tenham consciência delas.

ANOTAÇÕES

....
....
....
....
....
....
....

MEDO VENCIDO

ESTUDO 223

Pós-exílio

Leitura bíblica: Esdras 3

Firmaram o altar sobre as suas bases; e, apesar de estarem sob o terror dos povos de outras terras, ofereceram sobre ele holocaustos ao Senhor, de manhã e de tarde.

ESDRAS 3:3

Josué e seus irmãos, os sacerdotes, e Zorobabel e seus irmãos, os príncipes, construíram o altar do Deus de Israel (v.2), provavelmente no mesmo lugar onde estivera antes, sobre as mesmas bases (v.3). O bispo Patrick, observando que, antes da construção do tabernáculo, parece que havia um tabernáculo escolhido para o culto divino durante o tempo de Davi, não no monte Moriá, mas no monte Sião (1Cr 9:23), supõe que este altar tenha sido erigido ali para ser usado enquanto o templo era construído. Assim, que aprendamos: (1) A começar com Deus. Quanto mais difícil e carente for nosso caso, mas devemos atentar em levá-lo conosco em todos os nossos caminhos. Se esperamos ser dirigidos por Seus oráculos, que Ele seja honrado por nossas ofertas. (2) A fazer o que podemos na adoração a Deus quando não podemos fazer o que gostaríamos. Eles não podiam ter um templo imediatamente, mas não ficariam sem um altar. Onde quer que Abraão fosse, ele construía um altar; e para onde quer que nos dirijamos, embora talvez desejemos o benefício do candelabro da pregação e o pão asmo da eucaristia, ainda assim, se não trouxermos os sacrifícios da oração e do louvor, estaremos em falha em nosso dever, pois temos, sempre pronto, um altar que santifica a oferta.

Observe a razão pela qual eles apressaram a construir o altar: eles estavam com medo por causa do povo que habitava a terra. Estavam em meio a inimigos que desejavam o mal a eles e à sua religião, para quem os judeus não seriam páreo. Além disso: (1) *Embora* isso fosse verdade, ainda assim construíram o altar (conforme o entendimento de alguns); não se deixariam intimidar na prática de sua religião pela oposição que provavelmente enfrentariam. Nunca deixemos que o temor ao homem nos leve a essa armadilha. (2) *Porque* estavam ameaçados, eles edificaram o altar. A apreensão do perigo deveria nos estimular a nosso dever. Temos muitos inimigos? Então é bom que tenhamos Deus como nosso amigo e que nos mantenhamos em harmonia com Ele. Devemos fazer este bom uso de nossos temores: sermos levados a nos ajoelhar.

ANOTAÇÕES

ESTUDO 224

Pós-exílio

VENCIDOS PELA FRAUDE

Leitura bíblica: Esdras 4

Depois que a cópia da carta do rei Artaxerxes foi lida diante de Reum, de Sinsai, o escrivão, e dos seus companheiros, eles foram depressa a Jerusalém, aos judeus, e, de mão armada, os forçaram a parar a obra.

ESDRAS 4:23

Temos aqui o uso que os inimigos dos judeus fizeram das ordens obtidas tão fraudulentamente (Ed 4:1-22): ao recebê-las, eles se apressaram para Jerusalém (v.23). Os pés deles se apressaram para o mal (Pv 1:16). Os [samaritanos] estavam impacientes até que os construtores receberam essa proibição, que eles produziram como sua garantia para fazer cessar o trabalho pela força e pelo poder. Assim como afrontaram o rei ao obter sua ordem por meio de desinformações, também o afrontaram na execução dela, pois a ordem era apenas para impedir a construção das muralhas da cidade. Contudo, ao ter a força e o poder ao seu lado, os adversários a interpretaram como se estivesse relacionada ao templo, visto que era por isso que tinham animosidade e para o que eles precisavam de um pretexto para dificultar a construção. Havia, sem dúvida, uma cláusula geral na ordem, que tinha a ver com a construção dos muros, a fim de levar esses homens a parar; porém, eles a aplicaram à construção do templo. Veja como é necessário que oremos não apenas pelos reis, mas por todos os que exercem autoridade e pelos governantes que estes enviam, porque a "vida mansa e tranquila, com toda a piedade e respeito" (1Tm 2:2) depende muito da integridade e da sabedoria dos magistrados terrenos, bem como do Supremo Juiz. A consequência foi que a obra da casa de Deus foi interrompida por um tempo por causa do poder e da insolência de seus inimigos; e, depois, por causa da frieza e indiferença dos seus amigos, ela ficou assim até o segundo ano de Dario Hystaspes (para mim, parece claro, pelo decorrer dessa história sagrada, que este seja o Dario do versículo 24). Embora nesse tempo a obra tenha sido interrompida por causa da violência dos samaritanos, eles poderiam ter continuado logo a seguir por consentimento, se tivessem o devido apreço por esse trabalho. O que se depreende é que, antes de eles receberem um mandato expresso do rei para dar sequência à obra (capítulo 6), eles foram repreendidos pelos profetas por terem permanecido parados (compare 5:1 com Ag 1:1-11). Se tivessem tomado as devidas precauções de informar Cambises acerca da verdade deste caso, talvez ele teria revogado sua ordem. Contudo, pelo que me parece, alguns dos construtores estavam quase tão dispostos a interromper a obra quanto os próprios adversários. Em alguns períodos, a igreja sofreu mais pela frieza de seus amigos do que pelo ardor de seus inimigos, porém, esses dois combinados normalmente tornam o trabalho da igreja lento.

ANOTAÇÕES

....
....
....
....
....
....
....
....
....
....

INTERCEDENDO COM FERVOR

ESTUDO 225

Pós-exílio

Leitura bíblica: Daniel 9–10

*Naqueles dias, eu, Daniel,
fiquei de luto por três semanas.*

DANIEL 10:2

Um relato da mortificação pessoal de Daniel antes de ele ter essa visão; não como expectativa de a receber, tampouco após ele ter feito aquela oração solene do capítulo 9; parece que tinha alguma esperança da visão em resposta à súplica, mas que o tenha feito puramente a partir de um princípio de devoção e de uma piedosa empatia com o aflito povo de Deus. Ele lamentou por três semanas (v.2) por seus próprios pecados e pelos pecados de seu povo e por seu sofrimento. Alguns acham que a ocasião em particular para esse luto tenha sido a indolência e a indiferença de muitos dos judeus, que, embora tivessem liberdade de retornar à sua terra, ainda permaneciam na terra de seu cativeiro, sem saber como dar valor aos privilégios que lhes eram oferecidos. E talvez tenha lhe causado maior perturbação saber que aqueles que o faziam se justificavam pelo exemplo de Daniel, mesmo que não tivessem razão suficiente para ficar para trás, como ele tinha. Outros pensam que foi porque ele ouviu da obstrução dada à edificação do templo pelos inimigos dos judeus, que contrataram conselheiros contra o povo de Deus a fim de frustrar seus planos (Ed 4:4-5) durante todo o tempo de Ciro e venceram com seu argumento sobre seu filho, Cambises, ou Artaxerxes, que governou enquanto Ciro estava ausente na guerra contra os citas. Os bons homens não podem evitar lamentar ao ver o quanto a obra de Deus caminha lentamente no mundo, que oposição ela encontra, o quanto são fracos os seus amigos e ativos os seus inimigos. Durante os dias de tristeza de Daniel, ele não comeu qualquer manjar; não poderia viver sem refeições, mas comeu muito pouco e moderadamente, mortificando-se tanto na qualidade quanto na quantidade do que ingeria, o que pode ser tido como jejum e como um sinal de humilhação e pesar. Ele não comeu a comida agradável que estava acostumado, mas aquela que era comum e intragável, a qual ele não seria tentado a comer mais do que o necessário para dar suporte à vida. As iguarias e os ornamentos são muito impróprios ao dia da humilhação. Daniel não comeu carne ou bebeu vinho, sequer se perfumou durante o período daquelas três semanas (v.3). Ainda que ele agora fosse um homem bem idoso e pudesse argumentar que o declínio de sua natureza requeria o que era nutritivo, embora fosse um homem importante e pudesse afirmar que estava acostumado a refeições saborosas, que não poderia ficar sem elas ou prejudicaria sua saúde, mesmo assim, quando era tanto para testificar da sua devoção quanto para a auxiliar, ele conseguia negar a si mesmo desse modo. Que isso seja notado para a vergonha de muitos jovens de estirpe comum, que não conseguem persuadir a si próprios a esse tipo de abnegação.

ANOTAÇÕES

ESTUDO 226

Pós-exílio

É CHEGADO O TEMPO DE DEUS

Leitura bíblica: Ageu 1–2

Assim diz o Senhor dos Exércitos: Considerem o que tem acontecido com vocês. Vão até o monte, tragam madeira e reconstruam o templo. Dele me agradarei e serei glorificado, diz o Senhor. AGEU 1:7

CRONOLOGIA DOS PROFETAS

Ageu e Zacarias, filho de Ido, apareceram ao mesmo tempo, 18 anos após o retorno da Babilônia, quando a construção do templo estava atrasada por seus inimigos e negligenciada por seus amigos. Então, esses profetas ministraram em nome do Deus de Israel, aos judeus que estavam em Jerusalém (como lemos em Ed 5:1), a fim de reprová-los por sua negligência e para os encorajar a retomar aquela boa obra quando ela estava parada por algum tempo, e prosseguir vigorosamente, sem importar a oposição que encontrassem. Ageu começou dois meses antes de Zacarias. Todas as profecias registradas de Ageu foram entregues em quatro meses, durante o segundo ano de Dario, entre o começo do sexto mês e o final do nono.

Qual era o pecado dos judeus nesse tempo? Assim que saíram do cativeiro, construíram um altar para o sacrifício e, dentro de um ano, lançaram os alicerces do templo (Ed 3:10). Eles estavam aparentemente muito determinados e parecia que a obra seria concluída repentinamente. Porém, após receberem uma proibição da corte persa, algum tempo depois, e ordenados a não prosseguirem com a construção, não apenas cederam à força, quando estavam efetivamente sob ela, o que poderia ser uma justificativa, mas depois, quando a violência da oposição diminuíra, eles permaneceram muito indiferentes a esse trabalho e não tiveram ânimo ou coragem para retomá-lo, mas pareciam felizes em ter uma desculpa para mantê-lo parado. Embora aqueles que estão sendo instrumentos para Deus possam ser desviados de seu trabalho por uma tempestade, ainda assim devem retornar logo que ela terminar. Esses judeus não o fizeram, mas continuaram a protelar até que foram novamente lembrados de seu dever. E o que sugeriram um ao outro era: "Ainda não chegou o tempo, o tempo em que a Casa do Senhor deve ser reconstruída" (v.2); isto é: (1) "Não chegou nosso tempo de o fazer porque ainda não nos recuperamos depois de nosso cativeiro; nossas perdas não foram reparadas e ainda não nos estabelecemos no mundo. Essa é uma tarefa grande demais para pessoas que estão em um reinício, como nós. Deixe-nos primeiro levantar a nossa casa, antes de falarmos de construir igrejas e, nesse meio tempo, que esse mero altar nos sirva, como foi suficiente para nosso pai Abraão". Eles não disseram que não construiriam um templo, mas "ainda não; tudo no seu devido tempo". Note: muitas obras boas são atrasadas ao serem adiadas, como Félix, que adiou o avanço em suas convicções para um tempo mais conveniente. Eles não dizem que jamais se arrependerão, se corrigirão e serão religiosos, mas "ainda não". Assim, a grande obra para a qual fomos enviados ao mundo não é realizada sob a justificativa de esperar o melhor tempo para fazê-la. (2) "Não chegou o tempo de Deus para o fazer, pois", como eles dizem, "a restrição que nos foi imposta pela autoridade em formato legal não foi revogada; portanto, não devemos continuar, embora haja uma conspiração da autoridade". Veja que há em nós uma aptidão para interpretar erroneamente os desencorajamentos providenciais em nossos deveres, como se representassem uma dispensa de nossos deveres, quando, na verdade, eles têm a intenção de provar e exercitar nossa coragem e fé. É ruim negligenciar nosso dever, mas pior ainda é afirmar que a Providência é a patrocinadora de nossas negligências.

ANOTAÇÕES

ESTUDO 227

Pós-exílio

AMEAÇA E LIVRAMENTO PROPORCIONAL

Leitura bíblica: Zacarias 1

Aqueles são os chifres que dispersaram Judá, de maneira que ninguém pode levantar a cabeça. Mas estes ferreiros vieram para os amedrontar, para derrubar os chifres das nações que levantaram o seu poder contra a terra de Judá, para a espalhar. ZACARIAS 1:21

CRONOLOGIA DOS PROFETAS

Este profeta era colega do profeta Ageu e um cooperador com ele na promoção da construção do segundo templo (Ed 5:1), pois "melhor é serem dois do que um" (Ec 4:9). Cristo enviou Seus discípulos dois a dois. Zacarias começou a profetizar algum tempo depois de Ageu. Entretanto, ele continuou por mais tempo, galgou mais alto em visões e revelações, escreveu mais e profetizou mais particularmente acerca de Cristo do que Ageu.

Note: (1) Aqui temos os inimigos da igreja ousados, desafiadores e ameaçando-a com a morte, de eliminar o nome de Israel. Pouco tempo antes, o povo de Deus fora insultado, conforme o versículo 18: "Levantei os olhos e vi, e eis quatro chifres"; esses chifres são explicados no versículo 19. Eles haviam espalhado Judá, Israel e Jerusalém; isto é, os judeus tanto da cidade quanto do campo porque eles eram o Israel de Deus. Esses inimigos os arremessaram (como alguns entendem) como touros furiosos arremessam com seus chifres aquilo com o que estão enraivecidos. São quatro chifres, pois os judeus estão cercados por eles em todos os lados; quando conseguem evitar um deles, correm em direção ao outro. Os homens de Judá e os habitantes de Jerusalém, e muitos de Israel que se uniram a eles, começaram a construir o templo; mas os inimigos desse trabalho os arremessaram por todos os lados e os afastaram disso. Reum e Sinsai, com outros samaritanos que se opunham à edificação do templo eram esses chifres (Ed 4:8). Também o eram Sambalate e Tobias, e os amonitas e árabes, que se opunham à construção das muralhas (Ne 4:7).

Note: os inimigos da igreja têm chifres e os usam para deter toda boa obra.

(2) O profeta ergueu os olhos e viu os quatro chifres e os viu como tão formidáveis, que começou a se desesperar quanto à segurança dos bons homens e do sucesso da boa obra; porém o Senhor lhe mostrou quatro carpinteiros, ou ferreiros, que receberam poder para cortá-los (vv.20-21). Eram quatro ferreiros; tantos quantos eram os chifres eram as mãos para os cerrar. Independentemente do quanto a igreja for ameaçada com a maldade e a oposição for oferecida aos seus interesses, Deus pode descobrir caminhos e meios para reprimir a força, para restringir a ira e fazer tudo se tornar para Seu louvor. Alguns entendem que esses quatro ferreiros seriam Zorobabel e Josué, Esdras e Neemias, que levaram adiante a obra de Deus apesar da oposição que ela enfrentava. Esses animais com chifre entraram no vinhedo de Deus para o pisotear, mas os bons magistrados e ministros que Deus levantara, embora não tivessem o poder de cortar os chifres dos perversos (como Davi fizera, Sl 75:5,10), ainda assim os assustaram e os expulsaram. Percebam que, quando Deus tem um trabalho

a ser feito, Ele levanta uns para o fazer e outros para defender e proteger aqueles que estão envolvidos com a realização da obra.

ANOTAÇÕES

ESTUDO 228

Pós-exílio

LIVRAMENTO E PROVISÃO OPORTUNOS

Leitura bíblica: Esdras 6

Não interrompam a obra desta Casa de Deus, para que o governador dos judeus e os seus anciãos reedifiquem a Casa de Deus no seu antigo lugar.

ESDRAS 6:7

O decreto de Dario é muito explícito e satisfatório.

(1) Ele proíbe seus oficiais de fazer qualquer coisa em oposição à construção do templo. O modo de expressão indica que ele sabia o que eles tinham em mente para o impedir: "fiquem longe daquele lugar" (v.6); deixem em paz esse trabalho da casa de Deus (v.7). Assim, a ira do inimigo transformou-se em louvor a Deus e o restante dela Ele a restringiu.

(2) Dario lhes ordena auxiliar os construtores com dinheiro vindo dos tributos por eles devidos ao rei. 1) Para a continuação da construção (v.8). Desse modo ele segue o exemplo de Ciro (v.4). 2) Para a manutenção dos sacrifícios quanto ele estiver concluído (v.9). Dario ordenou que eles fossem supridos com tudo que precisassem tanto para o holocausto como para as ofertas de cereais. Ele estava satisfeito que isso fosse uma taxa paga dentre os tributos que lhe pertenciam e ordenou que fosse paga diariamente, e sem falta, para que eles pudessem oferecer sacrifícios e orações com elas (pois os patriarcas, quando ofereciam sacrifícios, invocavam o nome do Senhor. Isso foi feito por Samuel, Elias e outros) em favor da vida (isto é, da felicidade e prosperidade) do rei e de seus filhos (v.10).

(3) Ele faz cumprir seu decreto com uma penalidade: "Também estou decretando que, se alguém alterar este decreto, uma viga seja arrancada da sua casa, e que ele seja levantado [e pendurado diante de sua própria porta, como se dizia] e pendurado nela; e que a sua casa seja transformada num montão de entulho" (v.11).

Disso tudo, nós aprendemos que: (1) O coração dos reis está na mão de Deus, e Ele o volta a qualquer lado que o agradar; eles são aquilo que Deus os levou a ser, pois Ele é o Rei dos reis. (2) Quando chega o tempo de Deus para cumprir Seus graciosos propósitos com relação à Sua igreja, para os promover, Ele levanta instrumentos de quem o bom serviço não era esperado. A terra às vezes ajuda a mulher (Ap 12:16), e são úteis para a defesa da religião aqueles que, em si mesmos, têm pouca religiosidade. (3) Aquilo que é pretendido para o prejuízo da igreja frequentemente se torna de utilidade para ela pela dominante providência de Deus (Fl 1:12). Os inimigos dos judeus, ao apelar a Dario, esperavam receber uma ordem para reprimi-los, mas, ao invés disso, receberam comando para os suprir. Assim "Do que come saiu comida" (Jz 14:14).

ANOTAÇÕES

....
....
....
....
....
....
....
....
....
....
....
....
....
....

DEUS, JUIZ E ADVOGADO

ESTUDO 229

Pós-exílio

Leitura bíblica: Zacarias 3

*Deus me mostrou o sumo sacerdote Josué,
que estava diante do Anjo do S*ENHOR*; mostrou também Satanás,
que estava à direita de Josué, para o acusar.*

ZACARIAS 3:1

Houve um Josué que foi o principal agente no primeiro assentamento de Israel em Canaã. Aqui está outro com o mesmo nome, muito ativo em seu segundo estabelecimento, em Canaã, depois do cativeiro. Jesus é o mesmo nome e quer dizer Salvador; e ambos eram figuras daquele que viria, nosso Capitão e nosso Sumo Sacerdote. O anjo que falava com Zacarias lhe mostrou Josué, o sumo sacerdote; é provável que o profeta o visse com frequência, que falasse com ele e que houvesse intimidade entre os dois. Contudo, em suas visões normais, ele apenas via sua aparência diante dos homens; se devia saber como ele estava diante do Senhor, isso deveria lhe ser mostrado em visão, e assim o foi. Os homens são como eles são realmente diante de Deus, não como parecem diante dos olhos do mundo. Zacarias estava de pé diante do Anjo do Senhor, isto é, diante de Cristo, o Senhor dos anjos, a quem até mesmo os sumo sacerdotes, da ordem de Arão, deviam prestar contas. Ele ficou diante do Anjo do Senhor para executar seu ofício, para ministrar a Deus sob a inspeção dos anjos. Para consultar o oráculo em favor de Israel, por quem, como sumo sacerdote, era um representante. A culpa e a corrupção são nossos maiores desencorajamentos quando estamos diante de Deus. Pela culpa dos pecados cometidos por nós, tornamo-nos detestáveis à justiça divina; pelo poder do pecado que habita em nós, tornamo-nos odiosos à santidade de Deus. Todo Israel de Deus está em perigo por causa desses dois fatos. Josué era assim aqui, "Porque a lei constitui homens sujeitos a fraquezas como sumos sacerdotes…" (Hb 7:28). E temos libertação de ambos por meio de Jesus Cristo, que foi feito por Deus tanto justiça quanto santificação.

Josué foi acusado como um criminoso, mas justificado. (1) Uma violenta oposição foi feita a ele: "mostrou também Satanás, que estava à direita de Josué, para o acusar" (Zc 3:1), para ser Satanás para ele, um adversário na lei. Estava à mão direita de Josué como seu promotor, ou testemunha, à direita do prisioneiro. Note: O diabo é o acusador dos irmãos, que os acusa diante de Deus de dia e de noite (Ap 12:10). Alguns pensam que o sumo sacerdote tenha sido acusado pelo pecado dos muitos sacerdotes inferiores que se casaram com mulheres estrangeiras, algo de que eles eram muito culpados depois de seu retorno do cativeiro (Ed 9:1-2; Ne 13:28). Quando Deus está para restabelecer o sacerdócio, Satanás levanta objeções com os pecados encontrados entre os sacerdotes, tornando-os indignos da honra que lhes era destinada. É por nossa própria tolice que damos vantagem para Satanás contra nós e lhe fornecemos a matéria para a repreenda e acusação. E, se especialmente os sacerdotes estivessem em falta em qualquer coisa, Satanás se asseguraria de torná-la mais grave e pior. (2) Uma defesa vitoriosa é apresentada por Josué: "Que o Senhor [isto é, o Senhor Cristo] o repreenda, Satanás!" (v.2). Percebam que a felicidade dos santos é que o Juiz é seu amigo; mesmo para os que são acusados, Ele é o benfeitor e protetor, advogado para eles, e Ele se assegurará de os libertar.

ESTUDO 230

Pós-exílio

O REI PROMETIDO EM BREVE VIRÁ

Leitura bíblica: Zacarias 9

Alegre-se muito, ó filha de Sião! Exulte, ó filha de Jerusalém! Eis que o seu rei vem até você, justo e salvador, humilde, montado em jumento, num jumentinho, cria de jumenta. ZACARIAS 9:9

Aqui está uma descrição do Rei, o Messias prometido, que o retrata como uma pessoa muito agradável aos olhos de todos os Seus amorosos súditos, e a Sua vinda a eles como muito aceitável. (1) Ele é um governante justo; todos os Seus atos de governo serão exatamente de acordo com a regras de equidade, pois Ele é justo. (2) Ele é um poderoso protetor a todos que mantêm a fé e submissão a Ele, pois dele é a salvação; Ele a tem em Seu poder; tem-na para a conceder aos Seus súditos. Ele é o Deus da salvação; os tesouros dela estão nele. Ele é servatus — salva a si mesmo (conforme alguns o entendem), levantando-se do túmulo por Seu próprio poder e assim se qualificando para ser nosso Salvador. (3) Ele é um Pai manso, humilde e carinhoso a todos os Seus súditos, como Seus filhos; Ele é modesto, pobre e aflito (conforme o original), o que denota a pobreza de Sua condição. Tendo se esvaziado, foi desprezado e rejeitado pelos homens. Entretanto o evangelista traduz esse versículo para expressar a disposição de Seu espírito: Ele é manso, não se valendo de Sua posição, nem se ressentindo de injúrias, mas se humilhando desde o início até o fim, condescendendo ao pobre, compassivo com os miseráveis; esse era Seu caráter resplandecente e excelente como um profeta ("aprendam de mim, porque sou manso e humilde de coração", Mt 11:29), e nada menos do que como um Rei. Prova disso é que, quando Ele fez Sua entrada pública em Sua própria cidade (e esta foi a única passagem em Sua vida que teve qualquer coisa magnificente aos olhos do mundo), escolheu não montar um cavalo real, ou vir em uma carruagem, como os grandes homens faziam, mas sobre um jumento, um animal de serviço, um animal simples, tolo e teimoso, humilde e lento; naquele tempo, montado apenas pelo tipo mais desprovido de pessoas. Tampouco era um jumento adequado ao uso, pois era um filhote de jumento, uma coisinha difícil de manejar, que teria mais probabilidade de causar embaraço a quem o montava do que de lhe trazer algum crédito. O animal não lhe pertencia, e não foi adornado, como algumas vezes acontece a um pobre cavalo, por boa montaria, pois não tinha sela, abrigo, arreios, nenhum equipamento senão as roupas dos discípulos colocadas sobre seu lombo, visto que Cristo não tinha renome quando nos visitou em grande humildade.

ANOTAÇÕES

UM REINO DE SANTIDADE

ESTUDO 231

Pós-exílio

Leitura bíblica: Zacarias 14

Todos os que restarem de todas as nações que vieram contra Jerusalém subirão de ano em ano para adorar o Rei, o Senhor dos Exércitos, e para celebrar a Festa dos Tabernáculos.

ZACARIAS 14:16

Três coisas são preditas neste texto:

(1) Que sendo estabelecido na igreja um modo de adoração baseado no evangelho, haverá muita gente chegando a ele e dele participando. Aqueles que restarem dentre os inimigos da religião ficarão tão sensíveis à misericórdia de Deus para com eles por terem escapado por um triz, que se dedicarão à adoração do Deus de Israel e lhe prestarão honras (v.16). Os que não foram consumidos se converterão, o que torna a sua libertação, de fato, uma misericórdia, misericórdia dobrada.

(2) Que aqueles que negligenciarem os deveres da adoração baseada no evangelho serão reconhecidos por sua negligência. Deus os compelirá a vir e adorar diante dele, suspendendo Seus favores daqueles que não guardam as Suas ordenanças: "esse povo ficará sem chuva" (v.17). Alguns o entendem como sendo figurativo; a chuva da doutrina celestial será retida, bem como a da graça celeste, que acompanhará a da doutrina. Deus ordenará às nuvens que não derramem chuva sobre eles. Veja que é justo que Deus retenha as bênçãos da graça daqueles que não atentam aos meios da graça, que negue os pastos verdejantes àqueles que não comparecem às tendas do pastor. Ou podemos tomá-lo com literal: sobre eles, não haverá chuva para fazer seu solo frutífero. As dádivas da providência comum são negadas com justiça àqueles que negligenciam e desprezam as ordenanças instituídas. Quem negligencia a construção do templo é punido com ausência de chuva (Ag 2:17) e, da mesma forma, aqueles que negligenciam comparecer ao templo quando ele está construído.

(3) Que aqueles que cumprem os deveres da adoração centrada no evangelho terão graça para adornar sua profissão por meio de uma conversação também centrada no evangelho. Isso é prometido nos versículos 20 e 21, e é necessário para a complementação da beleza e felicidade da igreja. Será, em geral, santidade ao Senhor.

1) O nome e o caráter da santidade não serão tão confinados quanto antes. A santidade ao Senhor estivera escrita apenas na testa do sumo sacerdote, mas agora isso não será mais adequado. Todos os cristãos serão templos vivos e sacerdotes espirituais, dedicados à honra de Deus e empregados em Seu serviço.

2) A verdadeira santidade será mais difundida do que fora anteriormente porque haverá mais meios poderosos de santificação, regras mais excelentes, argumentos mais convincentes e padrões mais claros de santidade. Igualmente porque haverá um derramar maior do Espírito de santidade e santificação depois da ascensão de Cristo do que nunca.

ANOTAÇÕES

ESTUDO 232
Pós-exílio

A EXALTAÇÃO DO HUMILDE

Leitura bíblica: Ester 2:1-20

O rei amou Ester mais do que todas as mulheres, e ela alcançou diante dele favor e aprovação mais do que todas as virgens. E o rei pôs a coroa real na cabeça dela e a fez rainha em lugar de Vasti.

ESTER 2:17

Quem imaginaria que uma judia, uma cativa, uma órfã, nasceria para ser uma rainha, uma imperatriz! No entanto, assim foi. A Providência às vezes levanta o pobre da poeira, para o colocar entre os príncipes (1Sm 2:8). (1) O camareiro do rei a honrou (v.9) e estava pronto a servir-lhe. A sabedoria e a virtude ganharão respeito. Aqueles que querem garantir o favor divino encontrarão favor também com o homem, desde que isso lhes seja bom. Todos que viam Ester a admiravam (v.15) e concluíram que ela era a moça que ganharia o concurso, e ela realmente ganhou. (2) O próprio rei se apaixonou por ela, pois não era exigente como as outras moças para se enfeitar com beleza artificial; não exigiu nada além do que lhe era dedicado (v.15) e, mesmo assim, foi a mais aceitável. Quanto mais natural a beleza, mais agradável ela é. O rei amou Ester acima das demais (v.17). Agora não precisava mais fazer testes ou tirar tempo para deliberar. Logo determinou colocar a coroa real sobre a cabeça dela e fazê-la rainha (v.17). Isso foi feito no sétimo ano de seu governo (v.16), e o divórcio de Vasti ocorrera no terceiro (1:3); então haviam se passado quatro anos sem uma rainha. É dado atenção: (1) Às honras que o rei colocou sobre Ester. Ele agraciou a solenidade de sua coroação com um banquete real (v.18), no qual Ester, em submissão ao rei, fez aparição pública, algo que Vasti se recusara a fazer, para que tivesse o louvor da obediência no mesmo lugar onde a outra incorrera em franca desobediência. (2) Ao respeito que Ester continuou a demonstrar por seu antigo guardião. Ela ainda seguia as ordens de Mordecai como quando era educada por ele (v.20). Mordecai se assentava perto dos portões do rei; tal era o nível de sua precedência: ele era um dos porteiros ou guardas da corte. Não nos é dito se ele já ocupava essa posição ou se Ester a conquistou para ele, mas lá ele se assentava com alegria, e não almejava mais, mas Ester, que fora promovida ao trono, cuidava dele. Era evidência de uma disposição humilde e grata que ela tivesse uma consciência da antiga bondade e contínua sabedoria de Mordecai. É um grande ornamento àqueles que ocupam lugares elevados, e serve para seu louvor, que lembrem de seus benfeitores, retenham as impressões de sua boa educação, não confiem em si mesmos, estejam dispostos a tomar conselhos e a agradecer por eles.

ANOTAÇÕES

CALÚNIA RECOMPENSADA

ESTUDO 233

Pós-exílio

Leitura bíblica: Ester 3–4

As cartas foram enviadas por meio de mensageiros a todas as províncias do rei, com instruções para que num só dia, o dia treze do décimo segundo mês, que é o mês de adar, todos os judeus, tanto os jovens como os velhos, as mulheres e as crianças, fossem destruídos, mortos e aniquilados, e que os seus bens fossem saqueados.

ESTER 3:13

Hamã se valeu do pensamento ousado e audacioso de destruir os judeus, que ele imaginava ser sua grande disposição — uma tarefa digna de seu autor e que, conforme ele prometera a si mesmo, perpetuaria a sua memória. Ele não duvidava de que encontraria mãos violentas e sangrentas o suficiente para cortar a garganta dos judeus se o rei apenas lhe desse autorização. Como ele obteve a permissão e o comissionamento para fazê-lo é relatado aqui. Hamã conquistou a confiança do rei, que o deixou gerir o processo sozinho.

Ele conseguiu o que desejava: uma permissão completa para fazer o que quisesse com os judeus (vv.10-11). O rei estava tão desatento a essa atividade e tão fascinado por Hamã, que não separou tempo para examinar se eram verdadeiras as alegações dele, mas ficou tão disposto quanto Hamã desejava para crer no pior com relação aos judeus e, portanto, entregou-os em suas mãos, como ovelhas ao leão: "O povo é seu, 'faça com [ele] o que bem quiser'" (v.11).

Hamã então consultou seus videntes para descobrir um dia de sorte para o designado massacre (v.7). A decisão foi tomada no primeiro mês do décimo segundo ano do rei, quando Ester já era sua esposa há cinco anos. Um dia naquele ano deveria ser escolhido; e, como se não duvidasse de que os Céus favoreceriam seu plano e o promoveriam, ele deixou para a sorte, isto é, para a divina Providência, escolher o dia. Porém isso, em toda aquela decisão, provou-se ser mais um aliado aos judeus do que para ele, pois a sorte caiu sobre o décimo segundo mês, de modo que Mordecai e Ester tiveram 11 meses para agir e frustrar esse propósito, ou, se não pudessem derrotá-lo, deixaria espaço para que os judeus escapassem e se mudassem em segurança. Embora Hamã estivesse ansioso para eliminar os judeus, se submeteria às leis de sua superstição e não anteciparia o suposto dia de sorte, nem para satisfazer sua vingança impaciente. Provavelmente ele tinha algum receio de que os judeus se provassem muito difíceis para seus inimigos e, assim, não ousou se aventurar em empreendimento tão arriscado, senão sob o sorriso de um bom presságio. Isso pode nos envergonhar, por frequentemente não nos sujeitarmos às instruções e disposições da Providência quando elas se cruzam com nossos desejos e intenções. Aquele que crê na sorte, muito mais do que quem acredita na promessa, não se apressa. Todavia, veja como a sabedoria de Deus serve a seus próprios propósitos por meio da tolice dos homens. Hamã apelou à sorte, e pela sorte se guiou, o que, ao adiar a execução, trouxe juízo contra ele e desfez a sua trama.

ANOTAÇÕES

ESTUDO 234
Pós-exílio

A PERSEGUIÇÃO É PUNIDA

Leitura bíblica: Ester 6–7

Então a rainha Ester disse: "Se eu tiver obtido o seu favor, ó rei, e se for do agrado do rei, que a minha vida seja a resposta ao meu pedido e que, como desejo, eu possa ter o meu povo".

ESTER 7:3

O rei insistiu, pela terceira vez, que Ester lhe dissesse qual era o seu pedido, pois ele desejava saber e repetia a sua promessa de que lhe seria concedido (v.2). Se, por esse tempo, ele tivesse se esquecido que Ester tinha uma tarefa para ele e não tivesse perguntado qual era ela, Ester dificilmente saberia como renovar seu pedido. Mas o rei foi atencioso e agora estava comprometido pelo cordão triplo de uma promessa feita três vezes de a favorecer.

Por fim, Ester surpreende o rei com uma petição não por riqueza ou honra, ou algum favoritismo para algum de seus amigos a algum posto elevado, o que o rei esperaria, mas pela preservação dela mesma e de seus compatriotas da morte e da destruição (vv.3-4).

O rei fica perplexo pela denúncia e pergunta: "Quem é este, onde ele está, que dessa forma presume em seu coração fazer isso? O quê? Planejar a morte da rainha e de todos os seus amigos? Existe tal homem, ou melhor, monstro, na natureza?" (conforme v.5).

Ester acusa diretamente Hamã na frente dele mesmo: "Aqui está ele, que ele fale por si mesmo, pois por isso foi convidado. 'O adversário e inimigo é este malvado Hamã' (v.6); é ele que planejou nosso assassinato e, o que é pior, atraiu o rei, de modo vil, a ser *particeps criminis* — um partícipe de seu crime, ao concordar com ele sem saber".

O rei deu ordens para que Hamã fosse enforcado na forca que ele mesmo construíra, o que foi cumprido; nem sequer lhe perguntaram o que ele tinha a dizer; a sentença foi proferida; a execução, decretada. A sentença foi curta: enforquem-no; a execução, rápida: "E assim enforcaram Hamã na forca" (v.10). Veja aqui: (1) O orgulho abatido. Aquele que esperava que todos o honrassem é feito agora espetáculo vergonhoso para o mundo, e ele mesmo sacrificado em sua vingança. Deus resiste aos soberbos, e aqueles aos quais Ele resiste descobrirão que Ele é irresistível. (2) A perseguição é punida. Hamã era, de muitas formas, um perverso, mas a sua inimizade com o povo de Deus era seu crime mais provocador, e por esse crime o Deus a quem pertence a vingança aqui acerta as contas com ele. Embora seu plano tenha sido derrotado, pagou-lhe "segundo a maldade dos seus atos" (Sl 28:4). (3) A maldade é retribuída à própria pessoa que a planejara, o perverso enredado nas obras de suas próprias mãos (Sl 7:15-16; 9:15-16). Hamã foi enforcado com justiça na própria forca que havia preparado injustamente para Mordecai. Se ele não a tivesse armado, talvez o rei não tivesse pensado em ordenar que ele fosse enforcado. Porém, se ele erigiu uma forca para o homem a quem o rei tinha prazer em honrar, seria natural que se ordenasse que ele mesmo provasse dela e visse como ela lhe servia, para ver se ele gostaria dela. Os inimigos da Igreja do Senhor têm muitas vezes sido levados por sua própria engenhosidade. Pela manhã, Hamã planejava para si mesmo vestes de honra e para Mordecai, a forca. Mas a mesa foi virada: Mordecai recebeu a coroa e Hamã, a cruz. Deus é conhecido por tais juízos (veja Pv 11:8; 21:18).

DA HUMILHAÇÃO À HONRA

Leitura bíblica: Ester 8

*Para os judeus houve felicidade,
alegria, júbilo e honra.*
ESTER 8:16

ESTUDO 235

Pós-exílio

Apenas alguns antes, tínhamos Mordecai vestido em pano de sacos e todos os judeus lamentando; mas aqui temos uma abençoada mudança: Mordecai em vestes púrpura e todos os judeus em alegria (veja Sl 30:5,11,12). (1) Mordecai em púrpura (v.15). Depois de obter uma ordem para a libertação de todos os judeus, ele pôde relaxar, desfez-se de suas roupas de luto e vestiu-se de vestimentas reais, que, ou pertenciam à sua função ou que lhe foram designadas pelo rei como seu favorecido. Seu manto era caro, em azul-celeste e branco, de linho fino e púrpura, bem como sua coroa, que era de ouro. Essas coisas não merecem atenção, mas eram marcas do favor do rei e, por isso, um fruto do favor divino a Seu povo. É bom para um país quando as insígnias da dignidade são feitas de ornamento de séria piedade. A cidade de Susã estava sensível à sua vantagem no favorecimento de Mordecai e, portanto, regozijou-se e se alegrou, não apenas feliz com a promoção da virtude, no geral, mas prometendo-se, no particular, tempos melhores agora que foi confiado poder a um homem tão bom. Hamã foi enforcado; e quando os maus perecem, há celebração (Pv 11:10). Mordecai foi favorecido; e, quando os justos estão em autoridade, o povo se alegra. (2) Os judeus se regozijaram (vv.16-17). Os judeus, que pouco tempo antes estavam sob uma nuvem negra, abatidos e em desgraça, tinham agora luz e alegria, júbilo e honra, um banquete e uma boa cama. Se não tivessem sido ameaçados e em sofrimento, não teriam ocasião para essa alegria extraordinária. Desse modo, o povo de Deus, algumas vezes, é levado a semear entre lágrimas para ceifar com júbilo (veja Sl 136:5). Um dos bons efeitos desse livramento foi que muitos do povo da terra que eram ponderados, sóbrios e tinham boa inclinação se tornaram judeus, foram prosélitos da religião judaica, renunciaram à idolatria e adoraram apenas ao Deus verdadeiro. Hamã pensou em eliminar os judeus; mas, nesse caso, provou-se que seu número foi aumentado e muitos acrescentados à comunidade de fé. Observe que quando os judeus estavam jubilosos e alegres, então muitos nativos da terra se tornaram judeus. A alegria daqueles que professam a fé é um grande ornamento à sua profissão de fé e convidará e encorajará outros a serem fiéis. A razão de muitos se converterem nesse tempo é porque o temor aos judeus recaiu sobre eles. Quando observaram quão maravilhosamente a divina Providência os possuía e fizera por eles nessa conjuntura crítica: 1) Eles os consideraram grandes e consideraram que eram alegres os que estavam entre eles. Assim, foram até eles, como fora profetizado em Zacarias 8:23. 2) Consideraram-nos formidáveis, e miseráveis todos os que eram contra eles. Viram claramente no destino de Hamã que, se alguém causasse injúria aos judeus, estaria em perigo. Desse modo, para sua própria segurança, uniram-se a eles. É tolice pensar em contender com o Deus de Israel e, portanto, é sábio considerar render-se a Ele.

ANOTAÇÕES

....
....

ESTUDO 236

Pós-exílio

MUDANÇA DE SORTE

Leitura bíblica: Ester 9

*...os judeus decidiram que eles mesmos, os seus descendentes
e todos os que viessem se juntar a eles não deixariam de comemorar
estes dois dias segundo o que se havia escrito a respeito deles,
no tempo marcado, todos os anos.*

ESTER 9:27

Foi instituída uma festa a ser observada anualmente, de geração a geração, pelos judeus em memória dessa obra maravilhosa que Deus realizara por eles, para que os filhos que nascessem pudessem saber acerca dela e declará-la a seus filhos, a fim de colocarem sua esperança em Deus (Sl 78:6-7).

Quando ela era observada — todo ano, nos dias 14 e 15 do décimo segundo mês, exatamente um mês antes da Páscoa (v.21). Assim, o primeiro e o último meses do ano mantinham a memória de meses do passado, dos dias quando Deus os preservara. Eles guardavam dois dias, como dias de ações de graças, e não se poupavam de passá-los em louvor a Deus. Que não sejamos mesquinhos em nossa retribuição de louvor Àquele que concede Seus favores tão liberalmente a nós.

Como era chamada — a festa do Purim (v.26), de *Pur*, uma palavra persa que significa *sorte*, visto que Hamã havia determinado, por sorteio, que esse fosse o tempo da destruição dos judeus; mas o Senhor, que controla a sorte, havia determinado que seria o tempo do triunfo deles. O nome dessa festa lhes lembraria do domínio soberano do Deus de Israel, que servia a Seus próprios propósitos utilizando-se das tolas superstições dos pagãos, e despistava os prognosticadores mensais em sua própria arte (Is 47:13) frustrando os sinais dos mentirosos e enlouquecendo os adivinhos (Is 44:25-26).

Por que ela era observada — para que o memorial das grandes coisas que Deus fizera por Seu povo nunca se desfizesse dentre seus descendentes (v.28). Deus não faz maravilhas para um dia, mas para permanecer em lembrança eterna. O que Ele faz durará para sempre e, portanto, deveria ser sempre mantido na mente (Ec 3:14). Nessa questão, eles se lembrariam: (1) Das más práticas de Hamã contra o povo de Deus, para sua vergonha perpétua (v.24). Porque ele havia planejado contra os judeus para os destruir. Que isso seja lembrado, para que o povo de Deus jamais se sinta seguro enquanto tiver inimigos tão maliciosos, sobre quem devem ter um olhar cuidadoso. Seus inimigos visam a não menos do que a sua destruição, que eles então dependam de Deus para a sua salvação. (2) O bom serviço de Ester ao povo de Deus, para a honra imortal dela. Quando essa mulher, em perigo de vida, chegou diante do rei, ele desfez o édito (v.25). Isso também deveria ser lembrado para que essa festa fosse guardada e essa história lida em explicação a ela, que o que ela fez seja contado como um memorial a ela. As boas obras feitas pelo Israel de Deus devem ser recordadas, para o encorajamento de outros a fazerem o mesmo. Deus não os esquecerá e, portanto, nós não devemos esquecê-los. (3) As orações deles e a resposta que lhes foi dada (v.31). Seus jejuns e clamores. Quanto mais clamores oferecermos em nosso sofrimento e quanto mais orações por libertação, mais temos o dever de sermos gratos a Deus por Seu livramento.

ANOTAÇÕES

....
....
....

A PROVIDÊNCIA QUE ABRE CAMINHOS

ESTUDO 237

Pós-exílio

Leitura bíblica: Neemias 1–2

E o rei me deu o que eu pedi, porque a mão bondosa do meu Deus estava sobre mim.

NEEMIAS 2:8

Quando Neemias havia orado pelo socorro a seus compatriotas — e talvez nas palavras de Davi: "edifica as muralhas de Jerusalém" (Sl 51:18) —, ele não ficou sentado e disse: "Que Deus faça agora o Seu trabalho, porque não há mais que eu possa fazer", mas se determinou a prever o que poderia fazer em relação a isso. Nossas orações devem ser apoiadas por nossos sérios empreendimentos; caso contrário, zombaremos de Deus. Quase dois meses se passaram, de Quisleu a Nisã (de novembro a março), antes que Neemias fizesse seu pedido de permissão ao rei para ir a Jerusalém porque ou o inverno não era o melhor momento para tal viagem, e ele não daria esse passo até que pudesse partir, ou porque faltava esse tempo todo para ele servir de copeiro, e não havia como entrar na presença do rei sem ser convocado (Et 4:11). Aqui está:

Sua humilde petição ao rei. Quando obteve o encorajamento, apresentou sua petição muito modestamente e com submissão à sabedoria do rei (v.5), mas muito expressamente. Pediu por uma ordem para ir como governador de Judá, para construir a muralha de Jerusalém e para ficar lá por certo tempo, muito meses, podemos supor. Então, ele teria a sua ordem renovada ou voltaria e seria novamente enviado, de modo que ele presidiu lá por doze anos, pelo menos (5:14). Também pediu por uma escolta (v.7) e por uma ordem para os governadores, a fim de que não apenas lhe permitissem passar por suas respectivas províncias, mas que o suprissem com o que ele precisasse, com um mandato de que o guardião da floresta do Líbano lhe desse madeira para a obra que ele planejava.

O grande favor do rei a ele ao perguntar-lhe quando ele retornaria (v.6). Deixou a entender que não estava disposto a perdê-lo, ou de ficar por muito tempo sem ele, mas, para o gratificar e fazer um ofício real de bondade ao povo dele, o rei o dispensaria por algum tempo e o deixaria ter qualquer cláusula que lhe agradasse inserida em sua ordem (v.8). Aqui há uma resposta imediata à sua oração, pois a semente de Jacó nunca buscou o Deus de Jacó em vão. No registro que ele fornece do sucesso de sua petição, Neemias chama atenção para: (1) a presença da rainha; ela estava por perto (v.6), o que se diz não ser comum na corte persa (Et 1:11). Não está claro se a rainha era sua inimiga, o que lhe seria empecilho, e ele o observa para o louvor da poderosa providência de Deus que, embora ela estivesse ali, ele foi bem-sucedido, ou se ela era sua amiga verdadeira, e isso é observado para o louvor da bondosa providência divina de que ela estava presente para ajudar o seu pedido. (2) O poder e a graça de Deus. Ele venceu seu argumento, não de acordo com seu mérito, seu interesse no rei, ou seu bom trabalho, mas de acordo com a boa mão de seu Deus sobre ele. Almas graciosas atentam à mão divina, Sua boa mão, em todos os eventos que se voltam em favor delas. Isso é um feito do Senhor e, portanto, é duplamente agradável.

ANOTAÇÕES

....
....
....

ESTUDO 238

Pós-exílio

CONSTRUÇÃO E BATALHA

Leitura bíblica: Neemias 3–4

*Os construtores, cada um trazia a sua espada
na cintura, enquanto construíam. O que tocava
a trombeta estava ao meu lado.*

NEEMIAS 4:18

Vejam a atitude tomada por Neemias para que o povo pudesse permanecer preparado no caso de haver um ataque. (1) Enquanto metade deles estava trabalhando, a outra metade estava armada, portando lanças, escudos e arcos, não apenas para se defenderem, mas para defenderem os trabalhadores também, que imediatamente abandonariam seu trabalho e se armariam diante do primeiro alarme (v.16). É provável que eles trocassem de serviço em determinados horários, o que atenuaria o cansaço de ambos e seria especialmente um alívio para os carregadores dos pesos, cujas forças diminuíam (v.10). Enquanto portassem as armas, estavam aliviados, mas não inativos. Desse modo, dividindo o tempo deles entre as colheres de pedreiro e as lanças, diz-se que eles faziam a obra com uma de suas mãos e com a outra seguravam as armas (v.17), o que não pode ser entendido literalmente, pois o trabalho requereria ambas as mãos, mas indica que eles estavam igualmente empenhados em ambos. Assim também devemos desenvolver nossa salvação com as armas de nossa guerra em mãos, visto que, em cada dever, devemos esperar encontrar oposição de nossos inimigos espirituais contra quem devemos continuar lutando o bom combate da fé. (2) Cada construtor tinha sua espada na cintura (v.18), que ele poderia carregar sem impedir o seu trabalho. A Palavra de Deus é a espada do Espírito, que devemos ter sempre à mão e jamais ter de procurá-la tanto em nossas labutas quanto em nossos conflitos como cristãos. (3) Foi tomado o cuidado de dar um rápido aviso da aproximação do inimigo, no caso de eles pretenderem surpreendê-los. Neemias manteve um corneteiro sempre perto de si para soar o alarme diante da primeira evidência de perigo. A obra era extensa, e os trabalhadores estavam espalhados, visto que trabalhavam todos ao mesmo tempo em todas as partes da muralha. Neemias fazia rondas continuamente para supervisionar a obra e para encorajar os trabalhadores. Assim, teria rápido conhecimento se o inimigo fizesse um ataque, acerca do qual, pelo soar da trombeta, ele logo avisaria a todos, que deviam unir-se a ele imediatamente com a plena certeza de que seu Deus lutaria por eles (vv.18-20). Quando atuavam como construtores, era requisito que fossem distribuídos por onde quer que houvesse trabalho a fazer. Porém, quando eram soldados, deveriam reunir-se em ordem e ser encontrados como um grupo. Desse modo, os trabalhadores no edifício de Cristo devem estar prontos para se unir contra um inimigo comum. (4) Os habitantes dos vilarejos receberam a ordem de se hospedar dentro de Jerusalém, com seus servos, não apenas para que pudessem estar mais perto de seu trabalho pela manhã, mas para que estivessem de prontidão para ajudar em caso de ataque à noite (v.22). A força de uma cidade está mais em suas mãos do que em suas muralhas. Protejam-nas, com as bênçãos de Deus sobre elas, e estarão seguros. (5) O próprio Neemias e todos os seus homens se mantinham atentos aos seus afazeres. As lanças eram erguidas para que a visão delas aterrorizasse o inimigo, não apenas de sol a sol, mas de crepúsculo a o crepúsculo, todos os dias (v.21). Assim também devemos estar sempre de guarda contra nossos inimigos espirituais, não só enquanto há luz, mas também quando há trevas, pois eles são "os dominadores deste mundo tenebroso…" (Ef 6:12).

LEITURA, PREGAÇÃO E EXPOSIÇÃO

ESTUDO 239
Pós-exílio

Leitura bíblica: Neemias 8

Esdras leu o livro em voz alta, diante da praça que fica em frente ao Portão das Águas, desde o amanhecer até o meio-dia, na presença dos homens, das mulheres e dos que podiam entender. E todo o povo tinha os ouvidos atentos ao Livro da Lei. NEEMIAS 8:3

A data era "o primeiro dia do sétimo mês" (v.2). Esse era o dia da Festa das Trombetas, que é chamada de *shabbat*, e no qual eles deveriam ter uma convocação santa (Lv 23:24; Nm 29:1). Mas isso não é tudo: foi nesse dia que o altar foi erguido e eles começaram a oferecer seu holocausto após seu retorno do cativeiro, uma misericórdia recente na memória de muitos ali presentes. É provável que, em memorial de agradecimento a isso, eles celebravam essa festa com solenidade mais do que o comum desde então.

O lugar foi na rua, "diante do Portão das Águas" (v.1), uma rua larga e espaçosa, capaz de conter uma multidão tão grande, algo que o pátio do templo não comportava, pois possivelmente não estava sendo construído tão grande como no tempo de Salomão.

As práticas religiosas realizadas nessa assembleia não foram cerimoniais, mais morais: a oração e a pregação. Esdras, como presidente da reunião, era: (1) A voz do povo para Deus, e eles se uniram a ele com dedicação (v.6). Ele louvou o Senhor como o grande Deus, deu-lhe honra ao louvar as Suas perfeições e ao orar por Seu favor; e o povo, em sinal de concordância com ele tanto na oração quanto nos louvores, disse "Amém, amém" e levantou suas mãos como evidência de ter seu anelo por Deus e nele todas as suas expectativas, e inclinaram suas cabeças em sinal de reverência e sujeição a Ele. Assim devemos adorar a Deus e nos dirigir a Ele quando vamos ler e ouvir a Palavra de Deus, como aqueles que veem Deus muito grandioso e bom em Sua Palavra. (2) A voz de Deus para o povo, e eles o ouviram atentamente. Esse era a principal função da solenidade. Esdras trouxe a Lei diante da congregação (v.2). Ele tomara o cuidado de se munir das melhores e mais corretas cópias da Lei; aquelas que ele usava para seu uso e satisfação pessoal foram as que trouxe aqui, como um bom dispenseiro de seu tesouro, para o benefício da congregação. Observe: 1) O Livro da Lei não deve ficar confinado aos estudos dos escribas, mas ser trazido diante da congregação e lido a eles em seu próprio idioma. 2) Quando os ministros chegam ao púlpito, eles devem levar consigo as suas Bíblias. Esdras o fez. Delas eles devem extrair seu conhecimento e falar conforme essa regra e demonstrar que a praticam (veja 2Cr 17:9). É, portanto, requerido daqueles que são mestres por ofício que explanem a Palavra e exponham seu sentido. "O senhor entende o que está lendo?" (At 8:30). "Entende todas essas coisas?" Essas são boas perguntas aos ouvintes. No entanto, a pergunta: "Como poderei entender, se ninguém me explicar?" (At 8:31) é boa para que esses ouvintes apresentem a seus mestres. Ler é bom, pregar é bom, mas a exposição une a leitura e a pregação e, desse modo, torna a leitura mais inteligível e a pregação mais convincente.

ANOTAÇÕES

....
....
....
....
....

ESTUDO 240

Pós-exílio

AFASTANDO A CONTAMINAÇÃO DO SAGRADO

Leitura bíblica: Neemias 13

Então ordenei que purificassem as salas, e coloquei ali outra vez os utensílios da Casa de Deus, com as ofertas de cereais e o incenso.

NEEMIAS 13:9

Com que vileza Eliasibe, o sumo sacerdote, admitiu Tobias como um hóspede no átrio do templo. Ele era aliado a Tobias (v.4), por meio de casamento e pela amizade. Seu neto havia se casado com a filha de Sambalate (v.28). Provavelmente, outro membro de sua família havia se casado com alguém da família de Tobias, e (vocês pensariam nisso?) o sumo sacerdote pensava que essa aliança traria honrarias à sua família e ficou muito orgulhoso, embora, na realidade, tenha sido sua maior desgraça e algo de que teria razão para se envergonhar.

Estava expressamente previsto na Lei que o sumo sacerdote deveria se casar com alguém de seu próprio povo, senão profanaria sua semente entre seu povo (Lv 21:14-15). E o fato de Eliasibe contrair aliança com um amonita, um servo (assim ele é chamado), e se valorizar baseado nisso — provavelmente porque ele era sagaz e elegante, alguém citado como cavalheiresco (6:19) —, era um menosprezo à coroa de sua consagração, algo que ninguém gostaria que fosse mencionado em Gate ou publicado nas ruas de Ascalom. Era lamentável que (1) Tobias, o amonita, fosse tratado com respeito em Israel e tivesse uma recepção magnificente. (2) Que o sumo sacerdote, alguém que deveria ensinar a Lei às pessoas e lhes dar um bom exemplo, devesse, contrariamente à Lei, recebê-lo e usar do poder que tinha como supervisor das câmaras do templo, para esse propósito. (3) Que o hospedasse nos átrios da casa de Deus, como se fosse para afrontar ao próprio Deus. Isso era semelhante a colocar um ídolo lá, como haviam feito os reis iníquos da antiguidade. Um amonita não deveria entrar na congregação; e um dos piores e mais vis dos amonitas poderia ser alojado no próprio templo, e estimado lá? (4) Que Eliasibe despejasse o que estava armazenado no templo para fazer espaço para Tobias, e assim expô-lo a ser perdido, desperdiçado e roubado, mesmo sendo porção dos sacerdotes, a fim de, meramente, gratificar Tobias. Assim, Eliasibe corrompeu a aliança com Levi, conforme Malaquias reclamou nesta ocasião (Ml 2:8).

Com que bravura Neemias, o principal governador, lançou fora tudo o que pertencia a Tobias e restaurou as câmaras ao seu uso adequado. Quando ele chegou a Jerusalém e foi informado pelo bom povo, que estava perturbado, acerca de como crescera a intimidade entre seu sumo sacerdote e seu principal inimigo, causou-lhe profundo pesar (vv.7-8) que a casa de Deus fosse assim profanada, seus inimigos dessa forma acolhidos e confiados e sua causa traída por aquele que deveria seu protetor e patrocinador. Nada entristece mais um bom homem, um bom magistrado, do que ver que os ministros da casa de Deus fazem algo perverso. Neemias tinha poder e o usaria para Deus.

ANOTAÇÕES

....
....
....
....
....

O CULTO PROFANADO

ESTUDO 241

Pós-exílio

Leitura bíblica: Malaquias 1

*O filho honra o pai, e o servo respeita o seu senhor. Se eu sou pai, onde está a minha honra? E, se eu sou senhor, onde está o respeito para comigo? Eu, o S*ENHOR *dos Exércitos, pergunto isso a vocês, sacerdotes que desprezam o meu nome. Mas vocês perguntam: "Como desprezamos o teu nome?".*

MALAQUIAS 1:6

CRONOLOGIA DOS PROFETAS

Ageu e Zacarias foram enviados para repreender o povo por atrasar a construção do templo. Malaquias foi enviado para os repreender pela negligência ao templo, depois de edificado, e pela profanação do culto do templo (da idolatria e superstição, eles chegaram ao extremo da impiedade e falta de religião). Os pecados contra os quais este profeta testemunhando são os mesmos acerca dos quais se reclamava no tempo de Neemias, de quem, é provável, ele fosse contemporâneo. E agora que a profecia logo cessaria, ele falava mais claramente sobre a iminente chegada do Messias do que qualquer outro dos profetas e conclui com uma orientação ao povo de Deus de guardar a Lei de Deus na memória, enquanto aguardavam o evangelho de Cristo.

O nome de Deus é tudo aquilo por meio do qual Ele se fez conhecido: Sua Palavra e ordenanças. Os sacerdotes menosprezaram essas coisas; aquilo que lhes cabia engrandecer, eles tornavam vil. Não surpreende que, quando eles assim agiram, fizeram o que é desprezível a outros, tornando abomináveis até mesmo os sacrifícios ao Senhor, como os filhos de Eli haviam feito no passado. Eles desonraram o nome de Deus (v.12), profanaram-no (v.7). Não apenas não se importavam com as coisas sagradas, como faziam mau uso delas e pervertiam-nas para servir aos piores e mais vis propósitos: seu próprio orgulho, cobiça e ostentação. Não pode haver uma ofensa maior a Deus do que a profanação de Seu nome, pois ele é santo e reverenciado. Sua pureza não pode ser degradada por nós, pois Ele não tem mácula; contudo Seu nome pode ser profanado, e nada o profana mais do que o mau comportamento dos sacerdotes, cuja função é trazer-lhe honra. Essa é a acusação geral contra eles. Contra ela, eles reivindicam que são inocentes e desafiam Deus a apresentar provas contra eles, a tornar a acusação efetiva, o que acrescentava um atrevimento ousado à sua audaz impiedade. "Mas vocês perguntam: 'Como desprezamos o teu nome?'" (v.6) e "Em que te havemos profanado?" (v.7). É comum que pecadores orgulhosos, quando repreendidos, se levantem dessa forma para a sua justificação. Esses sacerdotes haviam profanado terrivelmente as coisas sagradas; mesmo assim, como uma adúltera, diziam que não haviam feito maldade alguma. Eles ou riem para repreensão, como quem a despreza, e endurecem seu coração contra ela, ou riem dela, como aqueles que resolvem que não serão tocados por ela, ou não parecerão ter sido tocados. Seja qual for a nossa escolha, a defesa deles foi sua ofensa e, ao se justificar, sua própria boca os condenou. Quando disseram: "Como desprezamos teu nome?", provaram-se orgulhosos e perversos. Se houvessem feito essa pergunta com um desejo humilde de que se lhes especificasse no que haviam ofendido, teria sido uma evidência de seu arrependimento e lhes traria esperança de correção. Porém perguntar em tal desdém e desafio à Palavra de Deus mostra que o coração deles os inclinava totalmente a praticar o mal. Note: os pecadores se destroem quando dedicam-se a frustrar suas convicções, mas eles descobrirão que "dura coisa é recalcitrar contra os aguilhões" (At 26:14 ARA).

ANOTAÇÕES

UMA ADVERTÊNCIA E UMA PROMESSA

ESTUDO 242

Pós-exílio

Leitura bíblica: Malaquias 4

Lembrem-se da Lei de Moisés, meu servo, a qual lhe prescrevi em Horebe para todo o Israel, a saber, estatutos e juízos.

MALAQUIAS 4:4

Certamente, essa foi uma conclusão solene, não apenas dessa profecia, mas do cânon do Antigo Testamento. Era uma informação clara de que eles não deveriam esperar mais palavras ou escritos por inspiração divina, não mais ditados do Espírito de profecia, até o começo do evangelho do Messias. Isso separa os apócrifos como não integrantes dos escritos sagrados e que nunca foram aceitos pelos judeus.

Agora que a profecia cessará e está para ser selada, há duas coisas requeridas do povo de Deus que vivia naquela época: (1) Deviam manter uma veneração obediente pela Lei de Moisés: "'Lembrem-se da Lei de Moisés, meu servo, a qual lhe prescrevi em Horebe', aquela lei de fogo que se destinava a todo Israel, com estatutos e juízos, não apenas os Dez Mandamentos, mas todas as outras prescrições, cerimoniais e judiciais, que foram dadas naquele tempo e local". Observe aqui: 1) A menção honrosa feita a Moisés, o primeiro escritor do Antigo Testamento, por Malaquias, o último. Deus o chama de "Moisés, meu servo", pois os justos estarão em memória eterna. Veja como os escritores dos textos sagrados, embora vivessem a muitas Eras de distância um do outro (mais de 1200 anos desde Moisés até Malaquias), todos concordavam com a mesma coisa, apoiavam-se mutuamente, movidos e guiados pelo mesmo e único Espírito. 2) A menção honrosa que é feita da Lei de Moisés. Ela foi ordenada pelo próprio Deus; Ele a admite como Sua e a ordenara para todo Israel, como a Lei cívica de todo o reino deles. Desse modo, Deus exalta a Sua Lei e a torna honrável. 3) O resumo de nosso dever com referência à Lei. Devemos lembrar dela. Esquecer a Lei é o alicerce de todas as nossas transgressões a ela. Se dela lembrarmos corretamente, não poderemos senão nos conformar a ela. Devemos recordar-nos dela quando precisarmos usá-la, lembrar tanto dos mandamentos, em si, como das sanções pelas quais eles são reforçados. O ofício da consciência é nos fazer lembrar da Lei.

(2) Eles deveriam manter uma expectativa crédula no evangelho de Cristo e buscar o seu início na aparição do profeta Elias: "'Eis que eu lhes enviarei o profeta Elias' (vv.5-6). Embora o Espírito de profecia cesse por um tempo e vocês terão apenas a Lei para consultar, ele reviverá novamente em alguém que será enviado no espírito e poder de Elias" (conforme Lc 1:17). "A Lei e os Profetas duraram até João" (Lc 16:16); eles continuaram para ser as únicas luzes do povo de Deus até que aquela Estrela da manhã aparecesse. Note como Deus jamais ficou sem testemunhas no mundo e na Igreja, mas, conforme a ocasião exigia, Ele levava a luz da divina revelação brilhar mais e mais até ser dia perfeito.

ANOTAÇÕES

....
....
....
....
....
....
....
....

PANORAMA DO PERÍODO INTERBÍBLICO

DOMÍNIO GREGO
- Alexandre, o Grande conquista a Palestina
- Dinastia Ptolemaica domina a Palestina
- Tradução Septuaginta
- Dinastia Selêucida domina a Palestina

INDEPENDÊNCIA DA PALESTINA
- Período dos Hasmoneanos
- Reinado sacerdotal
- Escrita da Mishná (séc. 2 a.C.)

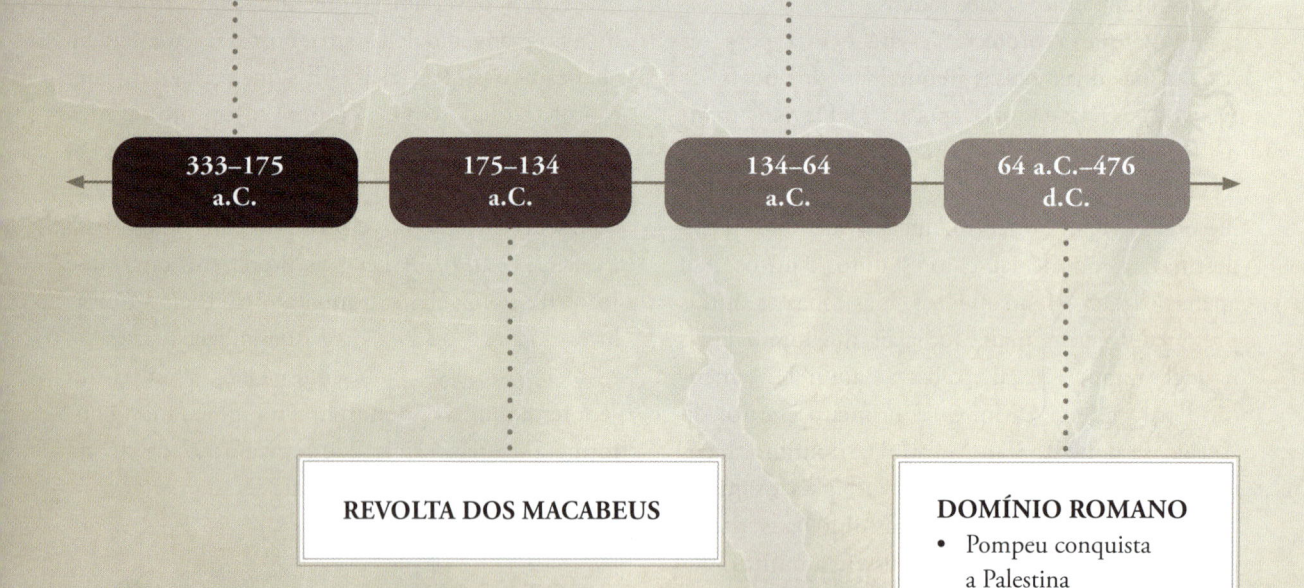

333–175 a.C. | 175–134 a.C. | 134–64 a.C. | 64 a.C.–476 d.C.

REVOLTA DOS MACABEUS

DOMÍNIO ROMANO
- Pompeu conquista a Palestina
- Eventos do Novo Testamento

OS 400 ANOS DE SILÊNCIO PROFÉTICO

Quando se termina a leitura do Antigo Testamento e se inicia a do Novo Testamento, percebem-se que ocorreram muitas mudanças na vida de Israel. O poder dominante não era mais o persa, no Oriente. Havia mudado para o extremo oposto: Roma, no Ocidente. Às línguas faladas no período veterotestamentário, o hebraico e o aramaico, acrescentou-se o grego, no qual foram produzidos todos os textos do Novo Testamento. Surgiram grupos de pessoas jamais mencionados anteriormente: fariseus, saduceus, essênios e zelotes. Quem eram os samaritanos, povo por quem os judeus nutriam evidente antipatia, e de onde eles vieram? Ainda havia adoração no Templo, mas também ocorriam reuniões nas sinagogas. Qual foi a origem delas? Já não há, no Novo Testamento, a atuação de profetas como era no Antigo Testamento. Havia comunidades de judeus espalhadas por todo o Império Romano. O que os levou a se estabelecerem em terras tão distantes? Há um sistema religioso paralelo àquele apresentado pelos textos do Antigo Testamento e que é de conhecimento geral.

Para que haja entendimento desse contexto, é preciso que se conheça como a história se desenvolveu em âmbito mundial e, de forma particular, em Israel, nesse período de cerca de 400 anos entre a profecia de Malaquias e o ministério de João Batista, precursor do Cristo.

1. O EXÍLIO E SEUS DESENVOLVIMENTOS

Algumas transformações que aconteceram na vida e religião dos judeus ainda no período exílico tiveram influência tremenda sobre os escritos do Novo Testamento.

Antes que Jerusalém caísse definitivamente ante os babilônios, Nabucodonosor havia deportado três levas de judeus de Judá para a Babilônia*. Quando finalmente a Cidade Santa sucumbiu ao cerco definitivo, em 586 a.C., o último remanescente foi levado para a Mesopotâmia.

1.1. A formação das sinagogas

Os judeus desterrados choravam a destruição de seu Templo e sua cidade. Reconheciam pelas profecias que estavam nessa situação por causa da sua constante idolatria e desprezo pelas Escrituras. Precisavam

*Reconstrução da Via Processual, que passava pelo Portão de Ishtar e levava até o templo de Marduque. Coleção: Museu de Pergamum, Berlim.

Ruínas da sinagoga de Gamala, século 1 a.C. Sua estrutura retangular mede 25,5m X 17m. A cidade montanhosa de Gamala foi refúgio para as forças rebeldes judias que combateram os romanos. A sinagoga provavelmente foi destruída pelos últimos no ano 67 d.C.
Fonte: commons.wikimedia.org

retomar a adoração ao seu Deus, mas com a impossibilidade de o fazer no Templo, usaram outros mecanismos para manter sua fé e culto vivos.

A sinagoga*, que alguns creem ter existido em tempos bem anteriores ao exílio, tomou importância. Nela, o povo se reunia para estudar a Lei nas manhãs do *Shabbat*. A liturgia era simples e consistia em: recitação do *Shemá* (Dt 6:4-9) oração, hinos (não acompanhados de instrumentos musicais), uma pregação e uma bênção. Com isso, durante o período exílico, as classes dos escribas e mestres da Lei, temporariamente, substituíram os sacerdotes. O estudo da Lei tomou o lugar dos sacrifícios que somente poderiam ser realizados no altar do holocausto no Templo, conforme os mandamentos divinos.

Mesmo depois do retorno dos exilados à Palestina, o conceito e a prática da reunião em sinagogas foram mantidos. Isso se vê até a atualidade, em Israel e entre as comunidades judaicas espalhadas pelo mundo.

1.2. Os samaritanos

Em 538 a.C., a Babilônia foi conquistada pelos persas sob a liderança do imperador Ciro, o Grande. Ele adotou uma política de dominação inovadora que permitia aos povos conquistados regressarem para suas terras e reconstruírem seus templos e cidades. Deveriam, no entanto, pagar altos tributos ao império.

A primeira lista dos retornados de Israel contava com pouco menos de 50 mil pessoas lideradas por Zorobabel (da linhagem real de Davi) e Josué (sumo sacerdote). Seu principal objetivo era a reconstrução do Templo.

No entanto, logo no início desse trabalho, encontraram forte oposição (Esdras 4) de pessoas que compartilhavam, em parte, a mesma ancestralidade dos judeus: os samaritanos. As origens desse povo remontam a séculos anteriores.

Em 722 a.C., quando Salmaneser V, rei da Assíria*, invadiu Samaria e derrotou o Reino do Norte (composto por dez das tribos de Israel, com exceção de Judá e Benjamim), levou milhares de exilados para a Assíria, abandonando apenas membros das classes mais baixas. Trouxe para esse território membros de tribos estrangeiras que adoravam outros deuses. Com essas providências, visava a enfraquecer qualquer possibilidade de rebelião

*Touros alados com cabeça humana que guardavam a cidadela de Sargão II (721-705 a.C.), na Assíria. Coleção: Museu do Louvre, Paris.

demais textos do Antigo Testamento glorificavam Jerusalém e a linhagem real davídica (ambos característicos do Reino do Sul, Judá).

- Criam que Israel se tornou apóstata quando transferiu o centro da adoração de Siquém para Jerusalém.
- No século 4 a.C., construíram um templo a Deus sobre o monte Gerizim* (região de Siquém), onde criam ser o verdadeiro local de adoração. Sua intenção era rivalizar o Templo de Jerusalém que começava a ser reconstruído. Esse templo foi derrubado em 128 a.C. pelo governante judeu João Hircano.

A rivalidade entre judeus e samaritanos aumentava gradualmente pelos constantes conflitos entre os dois povos.

por parte dos israelitas. O povo que resultou desses casamentos mistos formou os samaritanos.

Com o passar dos anos, a adoração exclusiva ao Deus de Israel entre os samaritanos foi retomada com variações consideráveis em relação ao culto do Templo. Eram elas:

- Não se opunham aos casamentos mistos.
- Criam apenas no Pentateuco como Escrituras Sagradas. A razão para essa rejeição era que os

2. O CENÁRIO POLÍTICO

Após o encerramento da profecia de Malaquias, o mundo começou a testemunhar uma sucessão de fortíssimos impérios que surgiam mudando a geografia, a cultura, a religião e a forma de administração do mundo conhecido.

2.1. O império grego

Em 338 a.C., Filipe II da Macedônia unificou as cidades-estados gregas, que brigavam entre si,

*Ruínas do templo samaritano sobre o Monte Gerizim.
Fonte: ©Shutterstock

*Esculturas que compunham a decoração do frontal triangular do Partenon, templo construído em homenagem à deusa Atena, na montanha de Acrópole, no século 5 a.C. Coleção: Museu Britânico.

criando a Liga Nacional das Cidades. Depois de seu assassinato, seu filho, Alexandre, com então 20 anos, partiu em direção leste visando à conquista do Império Persa, em 334 a.C. Nesse mesmo ano, derrotou os persas em Granico e, depois de sucessivas vitórias em Isso (333 a.C.) e Arbela (331 a.C.), estabeleceu-se definitivamente como o novo imperador. Os limites de seu império abrangiam — além da Pérsia —, a Síria, a Palestina, o Egito, chegando até a fronteira oeste da Índia.

Educado pelo grande filósofo Aristóteles e grande admirador das tradições e ideais gregos, o objetivo de Alexandre, o Grande, não era simplesmente a conquista de territórios, mas difundir a cultura grega em um processo que ficou conhecido como helenismo (de Hellas, como era conhecida a Grécia). Disseminou a arte, a arquitetura*, os esportes, e a literatura e estabeleceu o grego como a língua oficial do império.

2.2. A Palestina sob os Ptlomeus e os Selêucidas
Após a morte de Alexandre, aos 32 anos, seu império foi dividido entre seus quatro generais. A Macedônia e a Trácia formavam os dois menores, que não tiveram papel fundamental para a história de Israel no Novo Testamento. Contudo, entre os dois generais remanescentes, Ptolomeu ficou com o Egito e todo o norte da África, e Seleuco com a Ásia e Mesopotâmia. A Palestina ficava estrategicamente entre os dois impérios e por anos foi alvo de disputas entre eles.

Inicialmente sob o controle dos ptolomeus, os judeus desfrutavam de relativa paz. A colônia judaica estabelecida em Alexandria, Egito, ainda sob Alexandre, o Grande, era próspera e influente. Durante o governo de Ptolomeu II Filadelfo (285-247 a.C.), foi requisitado a esses judeus que traduzissem as Escrituras do hebraico e aramaico para o grego a fim de que fossem acrescentadas à famosa biblioteca da cidade. Essa tradução é conhecida como a **Septuaginta** porque foi realizada por, supostamente, 72 eruditos israelitas. Primeiro em toda a história das traduções das Escrituras, esse texto serviu de base aos escritores do Novo Testamento e era popular entre os judeus da Diáspora.

Em 198 a.C., o rei selêucida, Atíoco III, derrotou os ptolomeus e tomou o controle da Palestina. Enquanto ele e depois seu filho Selêuco IV governaram, os judeus não experimentaram mudanças significativas. No entanto, quando seu segundo filho, Antíoco IV (também conhecido como Epifanes, "deus manifestado"), subiu ao trono em 175 a.C., a situação transtornou-se enormemente. O sumo sacerdote, Onias, foi substituído por seu irmão, Jasom, simpatizante do helenismo. Logo foi construído um ginásio atlético onde os jovens praticavam os esportes nus, à moda dos gregos, e eram oferecidos sacrifícios às divindades gregas.

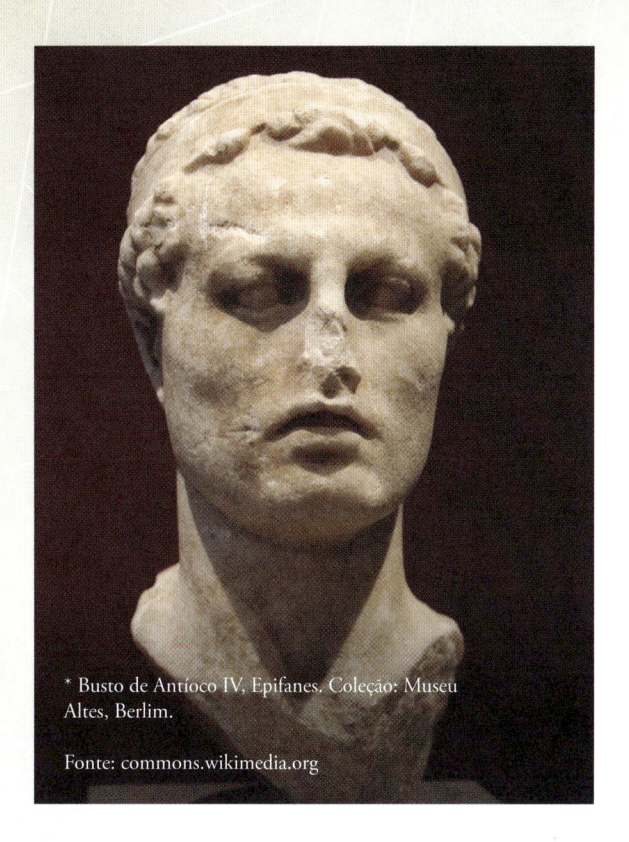

*Busto de Antíoco IV, Epífanes. Coleção: Museu Altes, Berlim.

Fonte: commons.wikimedia.org

Três anos depois, um grupo de judeus convenceu Antíoco Epífanes* a nomear novo sumo sacerdote, Menelau, também helenizante. A disputa de poder entre os dois sumo sacerdotes levou Antíoco a interpretar a nova tomada de poder por Jasom como uma rebelião. Enviou tropas de soldados em apoio a Menelau e declarou a abolição da Lei Judaica: a circuncisão e a observação do sábado ficavam proibidas, o consumo de carne de porco tornou-se obrigatório, o altar do holocausto foi destruído, foi erigida uma imagem de Zeus no Templo e, em dezembro de 167 a.C., iniciou-se o sacrifício de animais imundos sobre o novo altar. Por esta ocasião também, os tesouros do Templo foram saqueados e altos impostos estabelecidos.

Desde o começo do processo de helenização da Palestina, houve um grupo de judeus que se opunha à adoção do estilo grego de vida, os quais ficaram conhecidos com *Hasidim* (ou piedosos). Com a acirrada perseguição aos judeus praticantes da Lei, aplicada por Antíoco IV, era questão de tempo até que uma reação judaica deflagrasse uma revolução.

O estopim do movimento libertário explodiu na aldeia de Modim. Quando um oficial do rei tentou subornar o sacerdote Matatias a sacrificar um porco, este se recusou. Outro judeu ofereceu-se para realizar esse ato abominávl. Num rompante de ira, Matatias matou tanto ele quanto o oficial e demoliu o altar profano.

Matatias, seus cinco filhos — com suas respectivas famílias — e outros judeus fugiram para as montanhas onde iniciaram conflitos bélicos com os exércitos de Antíoco IV. Conhecidos como Hasmoneanos, por causa de Hasmom, bisavô de Matatias, eles perderam as primeiras batalhas, o que custou a vida do líder da revolução. Judas, conhecido como o Macabeu (o martelo), e filho de Matatias, tornou-se o sucessor na liderança do levante chamado a Revolta dos Macabeus. A guerra desse grupo não era apenas contra os opressores, mas também contra todos os judeus que tivessem aceitado as leis selêucidas sem resistência.

As vitórias que se seguiram foram estrondosas. O Templo foi recuperado e reconsagrado em 164 a.C., e instituiu-se a *Chanukah** (do hebraico, dedicação), uma festa que dura oito dias em comemoração a essa conquista.

2.3. A dinastia Hamoneana

Antíoco IV morreu sob circunstâncias não adequadamente esclarecidas em 163 a.C.; e Judas

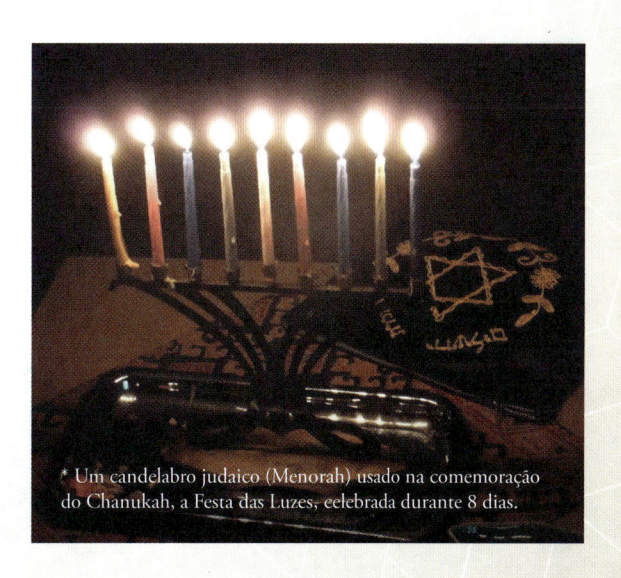

* Um candelabro judaico (Menorah) usado na comemoração do Chanukah, a Festa das Luzes, celebrada durante 8 dias.

Macabeu morreu em batalha em 160 a.C. Seus sucessores foram seus irmãos Jônatas e posteriormente Simeão. O primeiro reconstruiu as muralhas e as casas em Jerusalém. O último foi, além de sacerdote, líder militar. Recebeu de Demétrio II, selêucida, o reconhecimento da independência da Palestina em 142 a.C. Assim, começou a monarquia Hasmoneana na Judeia, uma dinastia constituída de uma família sacerdotal, não ligada à dinastia davídica.

Simeão foi assassinado em 134 a.C., em Jericó, e sucedido por seu filho João Hircano. Por meio de brilhantes campanhas militares, esse governante estendeu seu território para limites muito semelhantes ao que Israel tinha sob o reinado de Davi. Sob a liderança de Hircano, o templo samaritano em Gerizim foi derrubado.

O território da Palestina, na ocasião do nascimento de Jesus, foi formado nos governos seguintes dos Hamoneanos. Aristóbulo I, filho de Simeão, conquistou a Galileia e circuncidou, à força, seus habitantes tornando-os judeus. Alexandre Janeu expandiu o território para o monte Carmelo, Gaza e anexou Decápolis à Judeia.

No entanto, as crescentes disputas internas deixaram a Palestina vulnerável a antigos e novos invasores. Hircano II, que já era sumo sacerdote, sobe ao governo nomeado por sua mãe Alexandra. No entanto, seu irmão Aristóbulo II não se conformou, organizou um exército e tomou o poder de seu irmão. Teve início uma guerra civil, com um exército de 50 mil homens nabateanos apoiando Hircano II.

2.4. O Império Romano

O Império Romano* surgiu no século 8 a.C., mas é apenas por volta de 509 a.C., que se torna República e entra em um período de expansão territorial. Foi após a consolidação do poder de Roma com a vitória sobre os exércitos de Marco Antônio e Cleópatra na batalha naval de Ácio, em 31 a.C., que a expansão deu lugar ao período conhecido como *Pax Romana* (Paz Romana).

A relação dos romanos com a Palestina começou cerca de três décadas antes disso, quando Pompeu, general romano, estava em missão de anexação de territórios em Damasco, na Síria, ao norte da Palestina. Os irmãos Aristóbulo II e Hircano II reconheciam que opor-se a Roma seria ato insano;

* Ruínas do Fórum Imperial em Roma. Este amplo vale abrange vários edifícios públicos e religiosos do antigo Império Romano. Situa-se entre os montes Palatino e Capitólio.

assim, buscaram o favor do general que estava às portas de sua região.

Pompeu enviou um de seus oficiais à Palestina para investigar a situação. Analisando as propostas de ambos os lados para a permanência no poder, esse oficial optou por apoiar Aristóbulo II fazendo dele um vassalo de Roma. Entretanto, Aristóbulo em seguida se revoltou e armou um plano para retomada de poder, que foi frustrado por uma visita inesperada de Pompeu à Palestina. Seguiu-se uma guerra vencida pelos romanos que custou a vida de 12 mil soldados judeus, abatidos nas imediações do Templo em Jerusalém. Aristóbulo e sua família foram feitos prisioneiros e exilados em Roma. Hircano foi colocado em seu lugar como governante da Palestina. Porém, ele atuava como mero títere nas mãos de um idumeu (antigos edomitas, descendentes de Esaú) chamado Antípater, que tinha a simpatia dos romanos. Por sua lealdade ao imperador na aliança contra o Egito, vencida por Roma, Antípater recebeu de Júlio César o título de Procurador-Geral da Judeia. Pouco antes de morrer, este nomeou seus filhos Fasael como governador da Judeia e Herodes como governador da Galileia.

Como resultado de novas disputas internas, Hircano II foi capturado, mutilado e retirado do sacerdócio; Fasael foi morto, e Herodes fugiu para Roma onde, em 40 a.C., foi nomeado rei da Judeia. Na tentativa de conquistar o apoio dos judeus, que o desprezavam por ser idumeu, Herodes casou-se com Mariane, filha de Hircano II.

Foi um excepcional construtor. Entre suas obras estão: o Heródio, a fortaleza de Massada, o porto de Cesareia e foi o responsável pela reconstrução do Templo em Jerusalém*. Todavia, seu governo foi despótico: matava qualquer pessoa que ameaçasse sua posição (inclusive, atentou contra a vida de Jesus, enquanto Ele ainda era bebê).

Algumas inovações produzidas pelos Impérios Grego e Romano contribuíram grandemente para a comunicação da mensagem da salvação por meio de Jesus já no século 1. Dentre elas estão:

- O grego *koiné* foi disseminado pelo império grego e depois mantido pelo Império Romano como a língua franca para comunicação e negociação. Isso facilitou a pregação do evangelho a diversas culturas do século 1.

* Maquete do Templo de Jerusalém construído por Herodes.
Fonte: commons.wikimedia.org

- A influência das várias correntes filosóficas gregas helênicas (estóicos, epicureus, neopitagóricos, céticos e neoplatônicos) sobre a formulação do pensamento e teologia cristã. Algumas foram alvo de contra-argumentação cristã; outras tiveram postulados adotados para a defesa da fé.
- A unidade política do Império Romano (*Pax Romana*), que promovia estabilidade política e econômica, facilitava as viagens entre as diversas províncias.
- As rotas militares e de comércio romanas (tanto por terra quanto por mar) promoveram maior mobilidade. As belas estradas* construídas com solidez ligavam várias cidades e continentes possibilitando rapidez na locomoção.
- A criação da encadernação de escritos (códice) pelos romanos beneficiou grandemente a prática cristã de produzir cópias das Escrituras a fim de difundi-las por todo o território onde a Palavra de Deus pudesse chegar. Nesse formato, não apenas o transporte ficava facilitado como o arquivamento deles.

3. A DIÁSPORA

O leitor atento das Escrituras perceberá outra mudança significativa de cenário para o povo de Deus. Quando o período do Antigo Testamento se encerra, vemos os judeus concentrados basicamente em três regiões: Pérsia, Egito e Palestina. Quando se lê Atos dos apóstolos e as epístolas do Novo Testamento, vemos que Paulo e outros pregadores encontravam comunidades judaicas espalhadas por grande extensão da Ásia e parte da Europa.

Alguns historiadores consideram que esse grande movimento de migração, conhecido como *Diáspora*, tenha começado com os exílios assírio e babilônico. Embora tenham sido inicialmente forçados a abandonar suas terras, muitos israelitas preferiram permanecer na Babilônia e na Pérsia, em vez de retornarem à Palestina a partir do edito de Ciro, o Grande. Nessas regiões de concentração de poder, estabeleceram comunidades grandes e influentes.

Havia outra grande comunidade judaica estabelecida em Elefantina, Alto Egito. Alguns estudiosos sugerem que ela tenha começado a partir de uma base militar, mas sua origem permanece incerta. O fato é que esses judeus possuíam um templo

* Antiga estrada romana situada em Tall Aqibrin, na Síria. Ligava as cidades de Antioquia-nos-Orontes (atual Antáquia) e Calquis (atual Qinnasrin).

Fonte: commons.wikimedia.org

completo com, inclusive, a prática de sacrifícios. Porém, a religião exercitada por esse grupo não se assemelha muito ao prescrito na Lei Mosaica. Esse templo foi destruído em 410 a.C. e a comunidade deixou de existir no século 2 a.C.

Outro grupo grande de judeus chegou às terras egípcias em fuga dos exércitos babilônicos. Nos capítulos 43 e 44 do livro de Jeremias, vemos que alguns líderes israelitas incitaram o povo a que desobedecessem a palavra profética e fugissem para o Egito levando consigo o próprio Jeremias. Todavia, o maior acréscimo de judeus em território egípcio se deu quando Alexandre fundou a cidade de Alexandria e autorizou que os judeus se estabelecessem nessa localidade. Esse movimento teve continuidade enquanto a Palestina esteve sob o domínio dos ptolomeus.

No entanto, nos dois séculos seguintes à derrota imposta pelos selêucidas aos ptolomeus, em que os primeiros tomaram posse da Palestina, a diáspora ganhou expressão, e os judeus estabeleceram comunidades em regiões que cobriam a Ásia e parte da Europa. Esse movimento ocorreu por vezes em função de realocação de soldados judeus e suas famílias, e outras, motivado pela perseguição que os judeus sofreram a partir de Antíoco Epifanes.

Todos esses judeus da dispersão — desde os primeiros que adotaram terras babilônicas e persas como residência — tinham em comum a prática da religião judaica. Guardavam as Escrituras veterotestamentárias e reuniam-se todos os sábados nas sinagogas, que fundavam onde quer que se estabelecessem. Inicialmente isso facilitou a disseminação do evangelho por todo o Império Romano. Uma das primeiras estratégias do apóstolo Paulo, por exemplo, quando chegava a uma nova cidade era buscar uma sinagoga onde pudesse pregar o evangelho.

4. GRUPOS RELIGIOSOS

O período entre os dois Testamentos é marcado por grandes mudanças no sistema religioso judaico. Surgiram novos grupos que nem sempre se relacionavam amistosamente. Esses fatores têm grande influência no cenário do Novo Testamento e, se não conhecidos, podem provocar lacunas na compreensão dessa parte do texto sagrado.

Embora houvesse mais associações na Palestina do primeiro século, foram quatro os principais grupos religiosos que surgiram durante esses cerca de 400 anos: os fariseus, os saduceus, os essênios e os zelotes. Todos continham tanto elementos religiosos quanto políticos em sua filosofia e modo de atuação.

4.1. Os fariseus

Por ocasião do início da helenização da Palestina, um grupo de judeus piedosos se opôs radicalmente a esse processo e decidiu permanecer fiel às Escrituras e aos costumes hebraicos. Ficaram conhecidos como os *Hasidim* (piedosos). Eles ganharam força dentro do período da Revolta dos Macabeus e foram os precursores dos fariseus.

O termo "fariseus" — do hebraico *perushim*, separatistas — foi usado pela primeira vez em conexão com esse período da história de Israel. Durante a dinastia Hasmoneana, revezaram entre prestígio e desprezo por parte dos governantes. Mas foi somente após sofrerem sob Antípater e Herodes, já sob o Império Romano, que entenderam não ser possível atingir seus objetivos espirituais por meios políticos. Tornaram-se apoiadores de Roma e se opuseram à revolta que culminou com a destruição do Templo em 70 d.C. O historiador judeu do século 1, Flávio Josefo, calcula que havia 6 mil fariseus na Palestina do Novo Testamento. Eles eram representantes das classes trabalhadoras e contavam com grande respeito da população.

Seu reconhecido legalismo foi consequência de sua interpretação alegórica da Lei de Moisés e sua função para Israel. De acordo com seu entendimento de que o povo de Deus recebera os exílios assírio e babilônico como punição por seu descumprimento dos mandamentos divinos, os fariseus desenvolveram sistemas que ampliavam as ordenanças a fim de evitar que elas pudessem ser violadas de qualquer maneira. Como eram os descendentes dos mestres da Lei, ficava em suas mãos a tarefa de a interpretar e ensinar. Para isso, lançavam mão de artifícios que alargavam a cobertura da Lei para limites que esta supostamente não cobria. Ao contrário dos saduceus, os fariseus aceitavam todas as Escrituras hebraicas como inspiradas por Deus, porém também aceitavam as tradições orais rabínicas.

Ainda dentro do sistema de crenças dos fariseus, estava a eternidade da alma, a ressurreição do corpo, a existência de anjos e demônios. Observavam meticulosamente a prática do dízimo e de rituais cerimoniais que eles mesmos estabeleciam para purificação. Como seu nome deixa evidente (separatistas), criam na superioridade judaica frente a outras raças e diante até mesmo de judeus que não fossem fiéis à prática da Lei. Controlavam as sinagogas.

4.2. Os saduceus

Esse grupo era formado pelos sacerdotes e tinha caráter mais político e aristocrático do que religioso. Essa posição de prestígio lhes veio a partir da conquista da Palestina por Roma.

Não se consegue precisar quando exatamente surgiram, nem qual o significado de seu nome. Neste último quesito, há duas especulações principais. A primeira afirma que o termo "saduceu" tenha se originado da palavra hebraica *zaddikim* (o justo). E a segunda, que seja ligado à ordem sacerdotal de Zadoque, que surgiu durante o cativeiro babilônico (2Cr 31:10; Ez 40:46; 44:15; 48:11).

Os saduceus controlavam o Templo; criam somente na Lei, rejeitando as demais Escrituras hebraicas e a tradição oral rabínica; como adotaram as crenças de Epicuro (filósofo grego), negavam a imortalidade da alma; e por serem racionalistas não criam na existência de um mundo espiritual composto por anjos e demônios.

Mesmo pertencendo a uma classe mais política, precisavam recorrer aos fariseus para receber o apoio popular de suas demandas diante do Império Romano. Seu grupo foi extinto a partir de 70 d.C. com a destruição do Templo em Jerusalém.

4.3. Os essênios

Como os fariseus, os essênios também surgiram dos *Hasidim*. Eram rigorosos na observância da Lei Moisaica, porém ainda mais dedicados. Tinham estilo de vida monástico, afastando-se o máximo possível da convivência com o resto da sociedade. Viviam em comunidades rurais, normalmente nas proximidades do mar Morto (embora pode ser que se espalhassem por área mais ampla), onde compartilhavam todos os bens, plantavam para subsistência, abstinham-se do casamento e do acúmulo de bens, não possuíam escravos, não se engajavam em serviço militar. Por seu rigor religioso, sua observação de rituais de purificação superava ainda o dos fariseus. Eram dados ao estudo das Escrituras Sagradas e à produção de textos também. Sua expectativa pela vinda do Messias ultrapassava a de um judeu normal do primeiro século, por isso são conhecidos por sua literatura apocalíptica.

Embora não mencionados no Novo Testamento, os essênios são descritos por Flávio Josefo, Filo de Alexandria (filósofo e historiador judeu, 10 a.C.–50 d.C.) e Eusébio (conhecido como o "Pai da história da Igreja", 263–339 d.C.). O interesse por esse grupo aumentou a partir de 1947, quando foram descobertos os Rolos do mar Morto* — uma coletânea de manuscritos de praticamente todos os livros do Antigo Testamento (com exceção de Ester), que datavam do período Macabeu. Ou seja, são os manuscritos mais antigos das Escrituras disponíveis

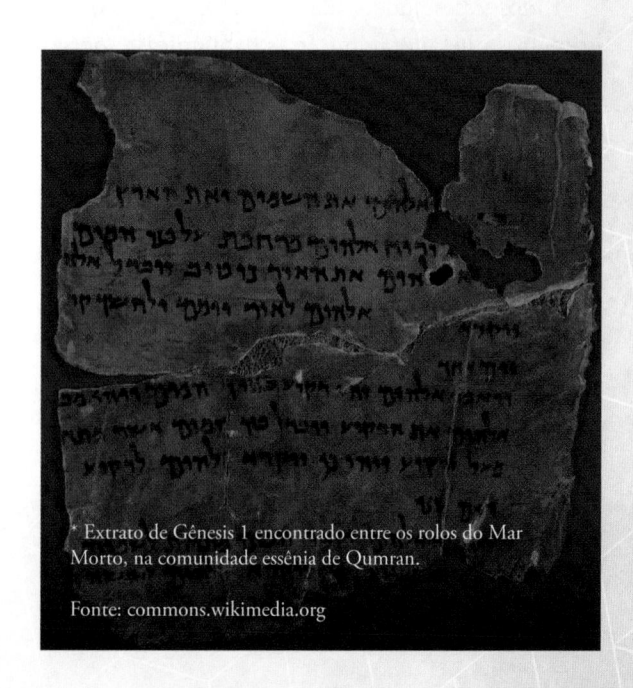

* Extrato de Gênesis 1 encontrado entre os rolos do Mar Morto, na comunidade essênia de Qumran.

Fonte: commons.wikimedia.org

até a atualidade. Esses pergaminhos parecem estar ligados a uma das comunidades essênias que vivia naquela região.

4.4. Os zelotes

Diferentemente dos anteriores, os zelotes eram mais um grupo político do que religioso. Seu nome vem da palavra "zelo", e neste caso relacionava-se ao conceito da superioridade dos judeus e de sua religião sobre outras raças. Seu ideal era libertar a Palestina do domínio romano. Segundo Flávio Josefo, o fundador desse grupo foi Judas Galileu, que liderou uma revolta contra o império por ocasião do recenseamento do ano 6 d.C., que visava à arrecadação de impostos para Roma. O conflito acabou em derrota dos judeus. Os ideais, porém, permaneceram vivos. Durante o governo de Félix como Procurador na Judeia, os zelotes formaram um grupo radical conhecido como "os sicários" (homem da adaga) porque andavam com facas escondidas nas vestes e atacavam romanos e seus apoiadores em ajuntamentos públicos.

Em 66 d.C., iniciaram novo conflito que culminou com a destruição do Templo de Jerusalém*, em 70 d.C., e a tomada pelos romanos da fortaleza de Massada, quartel-general e último refúgio dos zelotes, cerca de dois anos depois.

5. LITERATURA

Os judeus são donos de ampla literatura; mas, ao contrário dos demais povos antigos, sua devoção estava principalmente ligada às Escrituras Sagradas.

Seu interesse por falar de sua fé motivou o surgimento de dois grupos de livros produzidos no período intertestamentário: os apócrifos e os pseudoepígrafos, que incluem os apocalípticos. Algo que dificulta o estudo de tais grupos é a complexidade enfrentada para a datação de escrita desses livros.

Embora não tenha caráter de produção de conteúdo inédito, a Septuaginta foi um grande marco deste período histórico. Por isso também vale à pena discorrer sobre a história e a influência dessa primeira tradução das Escrituras hebraicas.

* Ruínas da Parede Oriental do antigo Templo de Jerusalém que foi destruído em 70 d.C. pelo exército romano. Essa é a única estrutura remanescente do Templo visitado por Jesus durante Suas viagens para a Cidade Santa.

Fonte: ©Shutterstock

5.1. Os livros apócrifos

A palavra "apócrifo" vem do grego e quer dizer oculto, escondido ou secreto. Esses livros foram inicialmente assim chamados por seu conteúdo que, segundo os mestres, não pertencia ao povo comum, mas apenas a alguns escolhidos. Com o passar dos anos, como não foram aceitos por judeus e cristãos como canônicos (ou sagrados), o termo passou a identificar o grupo de livros de caráter religioso cuja autoridade é questionável. Mesmo assim, alguns deles foram incluídos na Septuaginta e na Vulgata (versão latina feita por Jerônimo no século 4 d.C.) — em que ganharam a designação de deuterocanônicos, ou "segundo cânone".

Compõem essa lista:

- 1 e 2 Esdras
- Tobias
- Judite
- Alguns acréscimos ao livro de Ester
- Sabedoria de Salomão
- Eclesiástico
- Baruque
- Cântico das três jovens
- Epístola de Jeremias
- Oração de Azarias
- Susana
- Bel e o Dragão (acréscimos ao livro de Daniel)
- Oração de Manassés
- 1 e 2 Macabeus

Dentre esses, somente o livro de Eclesiástico parece ter sido citado indiretamente no Novo Testamento (Hb 11:5). Com exceção de 1 Macabeus, há erros nas menções históricas dos demais e imprecisões com relação ao estabelecimento de autoria.

5.2. Livros pseudoepígrafos e apocalípticos

Esses livros são assim chamados porque, em sua maioria, foram produzidos por pessoas comuns que se utilizaram do nome de importantes figuras da história hebraica para atribuir-lhes a autoria, com o fim de trazer autoridade aos seus escritos. No entanto, alguns dos autores permanecem incógnitos.

Nessa coleção estão:

- Oráculos Sibilinos
- Paralipômenos de Jeremias
- Livro dos jubileus
- Vida de Adão e Eva
- 1 e 2 Enoque
- Salmos de Salomão
- 2 Baruque (ou Apocalipse de Baruque)
- 3 e 4 Macabeus
- Testamento de Jó
- Testamento dos Doze Patriarcas
- Assunção de Moisés
- Vida dos Profetas
- Martírio de Isaías
- Epístola de Aristeias

Há, entre essa coleção, alguns que poderiam ser definidos como de caráter apocalíptico: Enoque, Assunção de Moisés, 2 Baruque, 2 Esdras e parte dos Oráculos Sibilinos.

Embora o livro de Enoque tenha sido citado na epístola de Judas, esses livros jamais foram aceitos como sagrados entre os judeus e os cristãos.

5.3. A Septuaginta

Quando Alexandre, o Grande, anexou o Egito ao seu Império Grego, ele deu autorização para que se fundasse uma colônia judaica em Alexandria, sendo-lhes doado um amplo bairro para ocupação exclusiva. Além disso, esses judeus tiveram garantida à liberdade de culto ao seu Deus. Tantas benesses motivaram a que essa comunidade se mostrasse favorável ao novo governo e buscasse se adaptar ao modo de vida dos gregos. Ao contrário daqueles que foram levados para os cativeiros assírio e babilônico, essa grande comunidade adotou o grego como sua língua e deixaram em segundo plano o uso da língua materna, o hebraico.

Com o estabelecimento de sinagogas nesse território, fez-se necessária a leitura das Escrituras em idioma que pudesse ser compreendido pelos frequentadores. Esse fator aliado ao pedido de Ptolomeu II Filadelfo de uma versão grega da Lei

Mosaica para constar na grande biblioteca em construção na cidade foram os grandes motivadores do processo de criação da Septuaginta.

A história dessa versão é rodeada de muito misticismo por parte de historiadores judeus, como Aristeias e Flávio Josefo que desejavam atribuir-lhe um caráter sacro. Contudo, afastando o sensacionalismo, parece ser consenso que o processo inicial envolveu 72 anciãos judeus enviados de Jerusalém a Alexandria que traduziram o Pentateuco. As demais porções do Antigo Testamento foram traduzidas no decorrer dos dois séculos seguintes, sendo que alguns dos apócrifos foram incluídos nessa versão apenas no primeiro século da Era Cristã.

A Septuaginta — abreviação LXX — tem importante papel na propagação do evangelho por todo o Império Romano. De amplo uso entre os judeus da Diáspora, foi o instrumento utilizado pelos primeiros missionários para comprovar aos judeus a veracidade da fé cristã como profetizada no Antigo Testamento. Com exceção dos Evangelhos Sinóticos — Mateus, Marcos e Lucas —, em que foi pouco citada (sendo que o evangelho de Mateus contém menos citações à Septuaginta do que todo o restante do Novo Testamento), ela foi material fundamental para as argumentações de Paulo, João, do autor de Hebreus (onde é muito mencionada) e dos demais autores do Novo Testamento. Era de amplo uso em todas as comunidades cristãs fora da Palestina. Também os Pais da Igreja, no segundo século da Era Cristã, usaram-na na produção de seus escritos.

CONCLUSÃO

Com todo esse pano de fundo histórico, é fácil notar que esse período, conhecido como de "Silêncio Profético", não é, entretanto, um período de inatividade divina. Pelo contrário, Deus preparava o cenário mundial para a vinda de Seu Filho. O apóstolo Paulo, em Gálatas 4:4, fala desse tempo como adequado para a chegada do Messias: "Mas, *quando chegou a plenitude do tempo*, Deus enviou o seu Filho, nascido de mulher, nascido sob a lei". Vários desenvolvimentos ocorridos durante esse período contribuíram para facilitar a propagação das boas-novas pelos discípulos de Cristo, e isso, por sua vez, revolucionou a sociedade daquela época até os dias atuais.

Igreja da Natividade em Belém, Cisjordânia
Fonte: ©Shutterstock

Novo Testamento

Panorama do Novo Testamento

PREPARAÇÃO PARA O SALVADOR

- Anúncio do nascimento de João Batista a Zacarias
- Anúncio do nascimento de Jesus a Maria e José
- Maria visita Isabel
- João Batista nasce
- Jesus nasce
- Jesus é apresentado no Templo
- Visita dos magos do Oriente
- Começa a perseguição de Herodes a Jesus
- A fuga para o Egito
- A infância de Jesus

SEGUNDO ANO DO MINISTÉRIO DE CRISTO

- Jesus é expulso de Nazaré
- Jesus comissiona os Doze apóstolos
- Sermão do Monte
- As parábolas do Reino
- Jesus acalma a tempestade
- A ressurreição da filha de Jairo

2 a.C. — **31–32 d.C.** — **32–33 d.C.** — **33–34 d.C.**

PRIMEIRO ANO DO MINISTÉRIO DE CRISTO

- Jesus é batizado
- Jesus é tentado no deserto
- Jesus escolhe os primeiros discípulos
- O primeiro milagre: casamento em Caná
- A primeira purificação do Templo
- Jesus e Nicodemos
- Jesus e a mulher samaritana
- A cura do filho do oficial do rei

TERCEIRO ANO DO MINISTÉRIO DE CRISTO

- A primeira multiplicação de pães
- Jesus anda sobre as águas
- A segunda multiplicação de pães
- Pedro confessa Jesus como o Cristo
- A ressurreição de Lázaro
- Jesus vai a Jerusalém pela última vez
- A crucificação
- A ressurreição
- A ascensão

A ERA DA IGREJA INICIA

- O Pentecoste
- O crescimento da Igreja na Palestina
- O início da perseguição judaica e a dispersão
- Estêvão: o primeiro mártir
- O evangelho começa a se espalhar para outras regiões
- Saulo se converte
- Os primeiros gentios convertidos
- O segundo mártir: Tiago, irmão de João
- O segundo centro da Igreja: Antioquia da Síria
- A primeira viagem missionária de Paulo
- O primeiro concílio: em Jerusalém
- A segunda viagem missionária de Paulo
- O imperador Cláudio expulsa os judeus de Roma
- A terceira viagem missionária de Paulo
- Paulo é preso em Jerusalém
- Paulo é levado e mantido preso em Roma
- Paulo é solto
- O grande incêndio em Roma
- Aumento da perseguição pelos romanos
- Paulo e Pedro são martirizados
- A queda de Jerusalém diante dos romanos

34–70 d.C.

CRONOLOGIA DA ESCRITA DOS EVANGELHOS E ATOS[1]

Data	Livro
53–55 d.C.	Evangelho de Marcos
60–70 d.C.	Evangelho de Mateus
62–63 d.C.	Evangelho de Lucas
64 d.C.	Atos dos Apóstolos
89–95 d.C.	Evangelho de João

[1] Embora a maioria das datas de composição dos livros do Novo Testamento seja alvo de debate, há pouca variação cronológica nas diferentes avaliações, uma vez que todos os escritos foram produzidos no século 1 da Era Cristã. No entanto, a ordem da escrita dos livros é quase consenso entre os estudiosos.

ESTUDO 243

Preparação para o Salvador

O VERBO DE DEUS

Leitura bíblica: João 1

*No princípio, aquele que é a Palavra já existia.
A Palavra estava com Deus, e a Palavra era Deus.*

JOÃO 1:1 NVT

Aqui o evangelista coloca a grande verdade que ele está para provar: Jesus Cristo é Deus, um com o Pai. Observe de quem ele fala, a Palavra, *ho logos*. Essa é uma expressão peculiar aos escritos de João (veja 1Jo 1:1; 5:7; Ap 19:13). No entanto, alguns pensam que o termo "palavra" em At 20:32; Hb 4:12; Lc 1:2 se refira a Cristo. A paráfrase caldeia muito frequentemente chama o Messias de *Memra* — a Palavra de Iavé, e fala de muitas coisas, no Antigo Testamento, das quais se dizem realizadas pelo Senhor como sendo feitas pela Palavra do Senhor. Até aos judeus mais comuns era ensinado que a Palavra de Deus era uma com Deus. O evangelista, no final de seu discurso, fala abertamente por que ele chama Cristo de a Palavra — porque ele é o Filho unigênito, "que está junto ao Pai, que é quem o revelou" (v.18). Há um aspecto duplo na Palavra: *logos endiathetos* — palavra concebida; e *logos prophorikos* — palavra pronunciada. A *logos ho eso* e *ho exo*, *ratio* e *oratio* — inteligência e enunciado. (1) Há a palavra concebida, isto é, pensada, que é o primeiro e único produto imediato e concepção da alma (cujas operações são realizadas por meio do pensamento), e é uma com a alma. Dessa forma, a segunda Pessoa na Trindade é adequadamente chamada de Palavra, visto que Ele é o primogênito do Pai, aquela Sabedoria eterna e essencial que o Senhor possuía, assim como a alma tem seu pensamento, no início de seu percurso (Pv 8:22). Não há nada que tenhamos mais certeza do que do fato de que pensamos; porém, não há nada que nos seja mais obscuro do que quanto a como pensamos. Quem pode descrever a geração do pensamento na alma? Então, certamente podemos permitir que a geração e as origens da mente eterna podem bem ser grandes mistérios, cuja essência não podemos compreender, mesmo que adoremos a sua profundidade. (2) Há a palavra pronunciada, e esse é o seu discurso, o principal e mais natural indício da mente. Assim sendo, Cristo é a Palavra, uma vez que, por meio dele, Deus tem falado conosco "nesses últimos dias" (Hb 1:2) e tem nos dirigido a ouvi-lo (Mt 17:5). Ele tornou a mente de Deus conhecida a nós, como as palavras ou discursos de um homem tornam conhecidos os seus pensamentos, tanto quanto ele desejar e nada além disso. Cristo é chamado esse orador, o que fala das coisas escondidas e estranhas. Ele é a Palavra falada de Deus para nós e a Deus em nosso favor. João Batista era a voz, mas Cristo é a Palavra: sendo a Palavra, Ele é a Verdade, o Amém, a fiel Testemunha da mente de Deus.

ANOTAÇÕES

O TEMPO DE RESPONDER ORAÇÕES

ESTUDO 244

Preparação para o Salvador

Leitura bíblica: Lucas 1

O anjo, porém, lhe disse: Não tenha medo, Zacarias, porque a sua oração foi ouvida. Isabel, sua esposa, dará à luz um filho, a quem você dará o nome de João. Você ficará alegre e feliz, e muitos ficarão contentes com o nascimento dele. LUCAS 1:13-14

Como Zacarias estava envolvido no serviço a Deus. Ele executava o ofício sacerdotal diante de Deus, na ordem do seu turno (v.8). Era a semana de ele servir e estava de plantão. Embora a família dele não houvesse sido edificada, ou aumentada, ainda assim ele tinha a consciência de cumprir com seu trabalho em seu lugar e dia. Embora possamos não ter as desejadas misericórdias, ainda assim devemos nos manter próximos ao serviço que nos foi prescrito; em nosso cumprimento diligente e constante deles, podemos esperar que, por fim, a misericórdia e o consolo virão. Por meio de sorteio, caíra que Zacarias queimaria o incenso da manhã e da tarde, durante aquela sua semana de serviço, assim como outros serviços recaíram sobre outros sacerdotes pelo mesmo método. Os serviços eram dirigidos por sorteio para que alguns não pudessem rejeitá-los enquanto outros os absorviam e para que, à disposição do sorteio provindo do Senhor, eles pudessem ter a satisfação de um chamado divino para a obra. Esse não era o dia da queima do incenso pelo sumo sacerdote, no Dia da Expiação, como alguns imaginaram, achando que por isso descobririam o tempo do nascimento do Salvador. Mas é evidente que era a queima diária do incenso no altar do incenso (v.11), que estava no templo, não no Santo dos Santos, onde apenas o sumo sacerdote entrava.

As orações que ele frequentemente fizera receberam uma resposta de paz: "Não tenha medo, Zacarias, porque a sua oração foi ouvida..." (v.13). Se o anjo se referia às orações pessoais de Zacarias por um filho para edificar a família dele, deveria ser as feitas anteriormente por essa misericórdia, quando ainda era provável que ele tivesse um filho. Contudo, podemos supor que, agora que ele e sua esposa estavam avançados em anos, ambos haviam desistido de esperar por isso e assim pararam de orar a respeito. Assim como foi com Moisés, aquilo lhes bastava, e eles não falariam mais acerca disso com Deus (Dt 3:26). Entretanto, ao dispensar a Sua misericórdia agora, o Senhor olhará bem para trás, para as orações que ele havia feito, por e com a sua esposa, assim como Isaque fizera com Rebeca (Gn 25:21). Observe que as orações da fé são armazenadas no Céu e não esquecidas, ainda que o objeto da intercessão não seja concedido no presente. As orações feitas quando somos jovens e estamos chegando ao mundo podem ser respondidas quando formos idosos e estivermos partindo dele.

ANOTAÇÕES

....
....
....
....
....
....
....
....
....
....
....
....

ESTUDO 245

A infância de Jesus

A GÊNESE DO DEUS-HOMEM

leitura bíblica: Mateus 1

"Livro da genealogia de Jesus Cristo, filho de Davi, filho de Abraão."

MATEUS 1:1

Com relação a essa genealogia de nosso Salvador, observe:

Seu título. É o livro (ou registro, como a palavra hebraica *sepher*, livro, pode significar às vezes) da geração de Jesus Cristo, de Seus ancestrais de acordo com a carne. Ou é a narrativa de Seu nascimento, Seu *Biblos Geneseos* — um livro de Gênesis. O Antigo Testamento começa com o livro da geração do mundo e é sua glória que seja assim. Porém a glória do Novo Testamento a excede por começar com o livro da geração daquele que criou o mundo. Como Deus, "suas origens são desde os tempos antigos" (Mq 5:2), e ninguém pode declarar essa origem. Contudo, como homem, Ele foi enviado na plenitude dos tempos, nascido de mulher, e é essa a geração que aqui é declarada.

Ao chamar Cristo de "filho de Davi" e "filho de Abraão", Mateus mostra que Deus é fiel à Sua promessa e fará boa cada palavra que Ele pronunciou. E isso: (1) Ainda que a concretização tenha sido adiada por muito tempo. Quando Deus prometeu um filho a Abraão que seria uma grande bênção ao mundo, talvez o patriarca tenha esperado que seria seu filho imediato, mas provou-se ser um que estava a 42 gerações e a cerca de 2000 anos de distância. Deus pode prever o que acontecerá com tanta antecedência assim e, às vezes, Ele cumpre o que foi prometido tanto tempo depois. Percebam que os atrasos nas misericórdias prometidas, apesar de exercitarem a nossa paciência, não enfraquecem a promessa divina. (2) Ainda que já tivessem começado a se desesperançar dela. Esse Filho de Davi e filho de Abraão, que era a glória da casa do Pai, nasceu da semente de Abraão como um povo desprezado, que recentemente se tornara tributário ao jugo de Roma, e quando a casa de Davi estava enterrada em obscuridade, visto que Cristo deveria ser "a raiz de uma terra seca" (Is 53:2). O tempo de Deus para o cumprimento de Suas promessas é quando as coisas ocorrem sob as maiores improbabilidades.

ANOTAÇÕES

....
....
....
....
....
....
....
....
....
....
....
....
....
....
....
....
....

O SALVADOR NASCIDO SOB A LEI

ESTUDO 246

A infância de Jesus

Leitura bíblica: Lucas 2

Passados os dias da purificação deles segundo a Lei de Moisés, levaram o menino a Jerusalém para o apresentar ao Senhor, conforme o que está escrito na Lei do Senhor: "Todo primogênito será consagrado ao Senhor". LUCAS 2:22-23

Nosso Senhor Jesus, tendo nascido de mulher, nasceu sob a Lei (Gl 4:4). Como filho de uma filha de Adão, Ele não estava apenas sob a lei da natureza, mas, como filho de uma filha de Abraão, foi colocado sob a Lei de Moisés. Ele colocou Seu pescoço sob esse jugo, embora fosse um jugo pesado e uma sombra das coisas que viriam. Ainda que suas instituições fossem elementos pobres e rudimentares deste mundo, conforme o apóstolo as chama (Gl 4:9), Cristo se submeteu a elas, para que pudesse cancelá-la com uma graça superior e separá-la para nós.

Aqui temos dois exemplos de Ele ter estado sob a Lei e submetido a ela. (1) Ele foi circuncidado no dia indicado pela Lei: "E ao se completarem oito dias, quando o menino foi circuncidado" (Lc 2:21). 1) Embora fosse uma ação dolorosa ("Sem dúvida, você é para mim um marido de sangue", disse Zípora a Moisés por causa da circuncisão, Êx 4:25), ainda assim Cristo a sofreu por nossa causa; não apenas isso, Ele se submeteu a ela para dar um exemplo de Sua obediência desde cedo, Sua obediência até o sangue. Naquele dia, Cristo derramou Seu sangue em gotas, que depois foi vertido em correntes carmesim. 2) Mesmo que, supostamente, tenha sido considerado um desconhecido, por meio dessa cerimônia, foi admitido na aliança com Deus, ainda que Ele sempre tenha sido Seu Filho amado. Além disso, foi considerado como um pecador que precisava ter sua imundície tirada; embora Ele não tivesse impureza ou abundância de maldade para ser cortada, Ele se submeteu a ela. Ademais, Ele se submeteu à Lei, porque seria feito semelhança não apenas à carne, mas à carne pecaminosa (Rm 8:3). 3) Mesmo que, em decorrência disso, Ele tenha se tornado devedor à toda a Lei (Gl 5:3), ainda assim Cristo se submeteu a ela. Portanto, Ele se submeteu a isso porque quis assumir a forma de servo, apesar de ter nascido livre.

(2) Ele foi apresentado no templo. Isso foi feito de acordo com a Lei e no tempo indicado por ela — quando Ele tinha 40 dias de vida, e os dias da purificação de Maria estavam terminados (Lc 2:22). Muitas cópias, e cópias autênticas, contêm *auton* em lugar de *autes*, "os dias da purificação deles", tanto da mãe quanto do filho, pois esse era o intento da Lei. E nosso Senhor Jesus, a despeito de não ter qualquer impureza da qual se purificar, ainda assim se submeteu a ela, como havia feito com a circuncisão. Ele se tornou pecado por nós e para que, do mesmo modo, pela circuncisão de Cristo pudéssemos ser circuncidados, em virtude de nossa união e comunhão com Ele, com uma circuncisão espiritual não realizada por mãos (Cl 2:11). Isso se deu a fim de que, na purificação de Cristo, sejamos espiritualmente purificados da imundície e da corrupção que trouxemos ao mundo conosco.

ANOTAÇÕES

....
....
....
....
....

ADORADO ENTRE OS GENTIOS

ESTUDO 247
Infância de Jesus

Leitura bíblica: Mateus 2

Onde está o recém-nascido Rei dos judeus? Porque vimos a sua estrela no Oriente e viemos para adorá-lo. MATEUS 2:2

Os magos eram gentios e não pertencentes à comunidade de Israel. Os judeus não consideraram Cristo, mas esses gentios perguntavam por Ele. Note: (1) Muitas vezes, aqueles que estão mais próximos aos recursos estão mais distantes do seu objetivo (veja 8:11-12). A honra prestada a Cristo por esses gentios foi um alegre presságio e um tipo daquela que viria a seguir, quando todos os que estavam longe se aproximariam por meio de Cristo. (2) Que eles eram eruditos. Lidavam com artes e artes peculiares; os bons eruditos deveriam ser bons cristãos e assim completariam seu conhecimento quando aprendessem de Cristo. (3) Que eram homens do Oriente, notáveis por suas adivinhações (Is 2:6). A Arábia é chamada a "terra do Oriente" (Gn 25:6), e os árabes são chamados de "povos do Oriente" (Jz 6:3). Os presentes que eles trouxeram eram produtos desse país; os árabes haviam honrado Davi e Salomão como se fossem algum tipo de Cristo. Jetro e Jó eram provenientes desse país. Não podemos dizer mais do que isso acerca deles. As demais tradições são frívolas: de que eram em número de três (embora um dos antigos diga que eram 14), que eram reis, que foram enterrados em Colônia [Alemanha] e assim chamados os três reis de Colônia. Mas não almejamos ser mais sábios do que aquilo que está escrito.

De Jerusalém eles foram a Belém, resolvidos a procurar até encontrar. Contudo, é muito estranho que tivessem ido sozinhos, que ninguém da corte, da sinagoga ou da cidade os acompanhasse, senão por consciência, pelo menos em civilidade, ou tocados por uma curiosidade para ver esse jovem príncipe. Assim como a rainha do Sul, os magos do Oriente se levantarão no julgamento contra os homens daquela geração, bem como da nossa também, e as condenarão, pois vieram de um país longínquo para adorar Cristo, ao passo que os judeus, Seus parentes, não deram sequer um passo e não se aproximaram da cidade para o saudar. Para esses magos, poderia ser um desincentivo ver a pessoa que eles assim procuravam tão negligenciada pelos Seus. "Viemos de tão longe para honrar o Rei dos judeus, e os próprios judeus menosprezam tanto a Ele e a nós?" No entanto, eles persistiram em sua decisão. Percebam que devemos continuar com nosso serviço a Cristo, mesmo que estejamos sozinhos nele. Independentemente do que os outros fizerem, devemos servir ao Senhor; se eles não querem ir ao Céu conosco, não devemos ir ao inferno com eles.

ANOTAÇÕES

ABRINDO CAMINHO NO DESERTO

ESTUDO 248

Preparação para o Salvador

Leitura bíblica: Marcos 1

Como está escrito na profecia de Isaías:
"Eis que envio o meu mensageiro adiante de você,
o qual preparará o seu caminho". MARCOS 1:2

Aqui as citações são emprestadas de duas profecias — a de Isaías, a mais longa, e a de Malaquias, que foi a última (com cerca de 300 anos entre elas). Ambas falavam do mesmo propósito com relação ao começo do evangelho de Jesus Cristo por meio do ministério de João.

(1) Malaquias, em quem se despede o Antigo Testamento, falou muito claramente acerca de João Batista, que seria aquele que daria as boas-vindas ao Novo Testamento. "Eis que eu envio o meu mensageiro, que preparará o caminho diante de mim" (3:1). O próprio Cristo vira isso e o aplicara a João (Mt 11:10), que era o mensageiro de Deus, enviado para preparar o caminho para Cristo.

(2) Isaías, o mais evangélico de todos os profetas, começa a parte evangélica de sua profecia com esta, que aponta para o começo das boas-novas de Cristo: "Uma voz clama: 'No deserto preparem o caminho do Senhor!'" (Is 40:3). E Mateus percebe isso e o aplica a João (Mt 3:3). Porém, dessas duas profecias unidas, aqui podemos observar: 1) Que Cristo, em Seu evangelho, vem entre nós trazendo consigo um tesouro de graça e um cetro de governo. 2) Que a corrupção do mundo é tal que algo precisa ser feito para fazer espaço para Cristo e para remover aquilo que não apenas traz obstrução, mas oposição ao Seu progresso. 3) Quando Deus enviou Seu Filho ao mundo, Ele tomou providências, e quando o envia ao coração, também toma providências, para preparar o caminho diante dele, visto que os desígnios de Sua graça não serão frustrados. Tampouco ninguém pode esperar o consolo dessa graça a menos que, por meio da convicção de pecado e humilhação por causa dele, seja preparado para esse consolo e disposto a recebê-lo. 4) Quando os caminhos tortuosos são endireitados (os erros do julgamento retificados e os caminhos tortos das afeições), então é feito um caminho para o consolo vindo de Cristo. 5) É em um deserto, pois assim é o mundo, que o caminho de Cristo e daqueles que o seguem é preparado, assim como aquele que Israel cruzou para chegar a Canaã. 6) Os mensageiros da convicção e do terror que vêm para preparar o caminho de Cristo são mensageiros de Deus, a quem Ele envia e de quem tem a posse, e eles devem ser recebidos como tal. 7) Que aqueles que são enviados para preparar o caminho do Senhor em um deserto tão vasto e barulhento quanto este devem clamar em alta voz, e não se poupar, erguendo suas vozes como trombetas.

ANOTAÇÕES

ESTUDO 249

Primeiro ano do ministério de Cristo

O MENOR HONRADO PELO MAIOR

Leitura bíblica: Mateus 3

Por esse tempo, Jesus foi da Galileia para o rio Jordão, a fim de que João o batizasse.
MATEUS 3:13

Nosso Senhor Jesus, desde a Sua infância até esse momento, quando tinha quase 30 anos, havia permanecido escondido na Galileia, como se estivesse enterrado vivo; mas agora, após uma longa noite escura, veja, o Sol da justiça se levanta para a glória. *A plenitude do tempo* (Gl 4:4) *chegou*, quando Cristo deveria entrar em Seu ofício sacerdotal. Ele escolheu fazer isso não em Jerusalém (embora seja provável que tenha ido até lá durante as três festas anuais, como todos faziam), mas *para onde João estava batizando*; pois para ele recorriam todos os que aguardavam pela consolação de Israel, pois era a única pessoa que os acolheria. João Batista era seis meses mais velho que nosso Salvador, e supõe-se que ele tenha começado a pregar cerca de seis meses antes de Cristo aparecer. Por esse tempo, ele estava empenhado em preparar o caminho *na região próxima ao Jordão*, e mais foi feito por essa causa nesses seis meses do que em muitas Eras anteriores. A vinda de Cristo da Galileia para o Jordão a fim de ser batizado nos ensina a não recuar diante da dor e da labuta, para que possamos ter a oportunidade de nos aproximar de Deus por meio da ordenança. Deveríamos estar dispostos a ir mais longe em vez de recuar da comunhão com Deus. Aqueles que encontram devem primeiro buscar.

Nessa história do batismo de Cristo, podemos observar como foi difícil João ser persuadido a admitir esse batismo (Mt 3:14-15). O fato de Cristo se oferecer *para ser batizado por João* era um exemplo da Sua grande humildade; que "Aquele *que não conheceu pecado*" (2Co 5:21) se submetesse ao batismo de arrependimento. Veja que tão logo Cristo começou a pregar, Ele pregou humildade, pregou-a por Seu exemplo, pregou-a a todos, especialmente aos jovens ministros. Cristo estava destinado às maiores honras, porém em Seu primeiro passo Ele assim se rebaixa. Aqueles que desejam subir devem começar de baixo. "A humildade precede a honra" (Pv 18:12). Foi um grande tributo de respeito feito a João que Cristo viesse dessa forma a ele; e foi uma retribuição pelo serviço que ele lhe prestava, que Cristo avisasse acerca de Sua aproximação. Aqueles que honram a Deus serão por Ele honrados.

ANOTAÇÕES

DEPOIS DA HONRA, A TENTAÇÃO

ESTUDO 250

Primeiro ano do ministério de Cristo

Leitura bíblica: Mateus 4

A seguir, Jesus foi levado pelo Espírito ao deserto, para ser tentado pelo diabo.

MATEUS 4:1

Com relação à tentação de Cristo, observe: (1) Quando ela aconteceu. *A seguir*; há uma ênfase nisso. Imediatamente depois de os céus terem se aberto a Ele, de o Espírito ter descido sobre Ele e de Ele ter sido declarado Filho de Deus e Salvador do mundo, a próxima notícia que temos de Cristo é que Ele é tentado, pois então Ele estaria mais capacitado a lutar contra a tentação. Note: 1) Os grandes privilégios e sinais especiais do favor divino não nos protegerão de sermos tentados. Não apenas isso, 2) Após grandes honras serem colocadas sobre nós, devemos esperar algo que traga humilhação, como Paulo tinha um mensageiro de Satanás enviado para o esbofetear depois de ele ter ido ao terceiro Céu. 3) Deus normalmente prepara Seu povo para a tentação antes de o chamar para ela; Ele lhes dá força de acordo com o dia e, antes de uma prova difícil, traz consolo mais do que comum. 4) A segurança de nossa filiação é o melhor preparativo para a tentação. Se o bom Espírito testemunha de nossa adoção, isso nos equipará com uma resposta a todas as sugestões do espírito maligno, destinada a nos perverter ou nos perturbar.

A seguir, quando Ele havia recém-saído de uma ordenança solene, em Seu batismo, então foi tentado. Percebam que, depois de termos sido admitidos à comunhão com Deus, devemos esperar sermos abordados por Satanás. A alma enriquecida deve redobrar a guarda. Quando você tiver comido e se satisfeito, então fique atento. *Depois* que Ele começou a se mostrar publicamente para Israel, *então*, foi tentado, de modo como jamais tinha sido antes enquanto vivia em privacidade. O diabo tem um ódio em especial pelas pessoas úteis que não são apenas boas, mas dadas à prática do bem, especialmente quando elas estão no início. É advertência do filho de Sirá: "Meu filho, se te ofereceres para servir o Senhor, prepara-te para a prova" (Eclesiástico 2:1, Bíblia de Jerusalém). Que os jovens pastores saibam o que esperar e que se armem de acordo.

(2) O local onde aconteceu. No deserto, provavelmente no grande deserto do Sinai, onde Moisés e Elias jejuaram por 40 dias, pois nenhuma parte do deserto da Judeia era tão abandonada aos animais selvagens quanto se diz deste (Mc 1:13). Quando Cristo foi batizado, Ele não foi a Jerusalém para lá tornar públicas as glórias que lhe foram concedidas, mas retirou-se para o deserto. Após a comunhão com Deus, é bom permanecer em solitude por um tempo, para que não percamos o que recebemos em meio às multidões e à agitação mundana.

ANOTAÇÕES

....
....
....
....
....
....
....
....
....
....

ESTUDO 251

Primeiro ano do ministério de Cristo

OS PRIMEIROS DISCÍPULOS

Leitura bíblica: Marcos 1:16-20

Jesus lhes disse: "Venham comigo, e eu farei com que sejam pescadores de gente".

MARCOS 1:17

Cristo terá seguidores. Se Ele fundar uma escola, terá eruditos; se estabelecer Seu estandarte, terá soldados; se pregar, terá ouvintes. Ele tomou um curso de ação eficaz para garantir que assim fosse, pois todos que o Pai lhe der, virão, sem falha, a Ele. *Os instrumentos que Cristo escolhe empregar ao estabelecer o Seu reino* foram as coisas fracas e tolas do mundo, não chamadas do grande Sinédrio ou das escolhas de rabinos, mas escolhidas dentre os marinheiros nas praias, para que a excelência do poder possa ser inteiramente de Deus e não de algum deles. *Embora Cristo não precise da ajuda humana, ainda assim Ele se agrada de usá-la ao estabelecer Seu reino,* para que possa tratar conosco não de modo grandioso, mas familiar, e para que em Seu reino os nobres e governantes procedam dentre nós mesmos (Jr 30:21). *Cristo coloca honra sobre aqueles que, embora pequenos no mundo, são diligentes em seu trabalho* e amam uns aos outros; assim eram os que Cristo chamou. Ele os encontrou trabalhando, e trabalhando juntos. A diligência e a unidade são boas e agradáveis e, a elas, Jesus ordena a Sua bênção, até mesmo esta bênção: "Siga-me". *O trabalho dos ministros é pescar almas e ganhá-las para Cristo.* Os filhos dos homens, em sua condição natural, estão perdidos, vagueiam sem parar no grande oceano deste mundo e são levados pelas suas correntezas e caminhos; são inúteis. Assim como o Leviatã nas águas, eles brincam nelas e, frequentemente, como os peixes do mar, devoram-se uns aos outros. Quando os ministros pregam o evangelho, lançam as redes às águas (Mt 13:47). Alguns são capturados e trazidos para a praia, mas um número maior escapa. Os pescadores se esforçam muito e se expõem a grandes perigos, assim também fazem os pregadores; e eles precisam de sabedoria. Se muitos arrastões não trouxerem nada, ainda assim devem perseverar. *Aqueles a quem Cristo chamou devem abandonar tudo para o seguir*; e, por Sua graça, Ele os inclina a fazê-lo. Não que precisemos nos retirar imediatamente do mundo, mas devemos nos desapegar dele e abandonar tudo o que seja inconsistente com nosso dever a Cristo e que não possa ser retido sem que haja prejuízo à nossa alma.

ANOTAÇÕES

JESUS NO CASAMENTO

ESTUDO 252

Primeiro ano do ministério de Cristo

Leitura bíblica: João 2:1-12

Jesus também foi convidado, com os seus discípulos, para o casamento.

JOÃO 2:2

Aqui temos a história da milagrosa transformação da água em vinho realizada por Cristo em um casamento em Caná da Galileia. Havia alguns poucos bem-dispostos a crer em Cristo e a segui-lo, antes de Ele operar um milagre; contudo não era provável que muitos fossem compelidos até que Ele tivesse algo com que responder àqueles que perguntaram: "Que sinal o senhor fará"? (Jo 6:30). Ele poderia ter realizado milagres antes, poderia ter feito deles ações comuns de Sua vida e entretenimentos comuns para Seus amigos, porém, como os milagres são destinados a serem selos sagrados e solenes de Sua doutrina, Ele não começou a operá-los senão quando começou a pregar Sua doutrina. Agora observe:

(1) *O tempo*: o terceiro dia depois que Ele chegou à Galileia. O evangelista mantém um diário de ocorrências, visto que nenhum dia passava sem que algo extraordinário fosse feito ou dito. Nosso Mestre preenchia Seu tempo melhor do que fazem os Seus servos, e jamais deitou-se à noite reclamando, como fazia o imperador romano, de que havia perdido um dia.

(2) *O local*: foi em Caná da Galileia, no território da tribo de Aser (Js 19:28), do qual se disse anteriormente que produziria delícias reais (Gn 49:20). Cristo começou a realizar milagres em um canto obscuro do país, remoto em relação a Jerusalém, que era o cenário público de ação, para mostrar que Ele não buscava a honra dos homens (Jo 5:41), mas honraria os humildes. Sua doutrina e milagres não enfrentariam tanta oposição pelos simples e honestos galileus, quanto pelos orgulhosos e preconceituosos rabinos, políticos e grandiosos em Jerusalém.

(3) *A ocasião*: foi um casamento. Provavelmente uma das partes, ou ambas, eram aparentados a nosso Senhor Jesus. Diz-se que a mãe de Jesus estava lá, não tendo sido convidada, como eram Jesus e Seus discípulos, o que indica que estava à vontade. Observe a honra que Cristo assim colocou sobre a ordenança do casamento quando agraciou a sua solenidade, não somente com Sua presença, mas também com Seu primeiro milagre: porque o matrimônio foi instituído e abençoado na inocência, porque, por meio dele, Cristo continuaria a buscar uma semente piedosa e porque ele representa a união mística entre Ele e Sua Igreja.

ANOTAÇÕES

....
....
....
....
....
....
....
....
....
....
....
....
....
....

ESTUDO 253

Primeiro ano do ministério de Cristo

A PRIMEIRA PURIFICAÇÃO DO TEMPLO

Leitura bíblica: João 2:13-22

Tirem estas coisas daqui! Não façam da casa de meu Pai uma casa de negócio! JOÃO 2:16

A Páscoa que Jesus observou em Jerusalém foi a primeira após Seu batismo, e o evangelista registra todas as Páscoas às quais Ele compareceu daí para frente, quatro ao todo, sendo a quarta aquela em que Ele sofreu (três anos após esta), e meio ano agora havia passado desde o Seu batismo. Observe aqui:

(1) O primeiro lugar onde o encontramos em Jerusalém foi no templo e, parece que Ele não fez qualquer aparição pública até que tivesse ido para lá, uma vez que a Sua presença e pregação ali foram aquela glória da última casa que excederia em muito a primeira (Ag 2:9). Já havia sido predito que Deus enviaria o Seu mensageiro, João Batista, que nunca pregou no templo, porém "de repente, o Senhor, a quem vocês buscam, virá ao seu templo" (Ml 3:1), repentinamente após o surgimento de João Batista. Assim sendo, este era o tempo, e o local era o templo, quando e onde o Messias devia ser esperado.

(2) A primeira ação de Jesus no templo foi de o purificar, visto que isso também foi previsto: "Ele se assentará como derretedor e purificador de prata. Purificará os filhos de Levi" (Ml 3:3). Agora era o tempo da reforma. Cristo veio para ser o grande Reformador e, conforme o método dos reis reformadores de Judá, Ele primeiramente eliminou o que estava errado (e isso também incluía a celebração da Páscoa, como no tempo de Ezequias e Josias, 2Cr 30:14-15; 2Rs 23:4-23), e assim lhes ensinou a fazer o certo. Primeiramente livrem-se do fermento velho e depois comemorem a festa. O propósito de Cristo vir ao mundo era para o transformar; Ele espera que todos os que venham a Ele reformem seu coração e vida (Gn 35:2). Isso Ele nos ensinou ao purificar o templo.

Veja aqui quais eram as corrupções que deveriam ser eliminadas. Cristo encontrou um mercado em um dos átrios do templo, aquele chamado de Átrio dos Gentios, dentro dos limites do monte onde a casa ficava. Lá eles vendiam bois, ovelhas e pombos para o sacrifício. Podemos supor que não era para uso comum, mas para a conveniência daqueles que vinham do interior e não podiam trazer seus sacrifícios consigo (veja Dt 14:24-26). Talvez esse mercado outrora ficasse ao lado do tanque de Betesta (Jo 5:2), mas foi admitido para dentro do templo

Festa	Referência bíblica
Páscoa (aos 12 anos)	Lucas 2:41-52
Páscoa	João 2:13-25
Páscoa	João 6:4
Tabernáculos	João 7:2-53
Festa da Dedicação (criada no tempo dos Macabeus)	João 10:22-42
Páscoa	João 11:55–18

pelos principais dos sacerdotes, visando ao lucro indevido, visto que, sem dúvida o aluguel para ficar ali, as taxas para examinar os animais vendidos e a certificação de que estes eram imaculados seriam uma receita considerável para eles. As grandes corrupções na Igreja devem seu surgimento ao amor ao dinheiro (1Tm 6:5,10). Ali, era feito o câmbio do dinheiro para a conveniência dos que deviam pagar meio siclo em espécie todo ano, como meio de resgate, para o serviço do tabernáculo (Êx 30:12), e, sem dúvida, os cambistas lucravam com isso.

ANOTAÇÕES

ESTUDO 254

Primeiro ano do ministério de Cristo

NASCIDO EM UM NOVO REINO

Leitura bíblica: João 3:1-21

Jesus respondeu: "Em verdade, em verdade lhe digo: quem não nascer da água e do Espírito não pode entrar no Reino de Deus".

JOÃO 3:5

O nascimento é o começo da vida; nascer de novo é recomeçar, como aqueles que, até aqui, haviam vivido muito erroneamente ou quase sem propósito. Não devemos pensar em remendar um prédio antigo, mas recomeçá-lo do alicerce. Devemos, igualmente, ter uma natureza nova, novos princípios, novas afeições, novos objetivos. Devemos nascer como outra pessoa, que significa tanto denuo — novamente, e desuper — de cima. (1) Devemos nascer como novas pessoas, esse é o significado do termo (Gl 4:9) e ab initio — desde o começo (Lc 1:3). Por meio de nosso nascimento, somos corruptos, formados em pecado e iniquidade; assim sendo, devemos experimentar um segundo nascimento; nossa alma precisa ser moldada e revivida novamente. (2) Precisamos nascer do alto, assim a palavra é usada pelo evangelista (Jo 3:31; 19:11) e entendo que isso é especialmente pretendido aqui, sem excluir o primeiro; pois nascer do alto supõe nascer novamente. Contudo esse novo nascimento vem do Céu (1:13) e se inclina a ele: é ser nascido para uma vida divina e celestial, uma vida de comunhão com Deus e com o mundo superior e, para que assim seja, deve tomar parte de uma natureza divina e carregar a imagem do celestial.

A necessidade indispensável deste nascimento: "se alguém (qualquer pessoa que participe da natureza humana e consequentemente de suas corrupções) não nascer de novo, não pode ver o Reino de Deus" (3:3), o reino do Messias, que começou em graça e foi aperfeiçoado em glória. A menos que nós nasçamos de novo, não poderemos ver esse reino. Isto é, primeiramente, não podemos entender a sua natureza. A natureza das coisas pertencentes ao reino de Deus (no qual Nicodemos desejava ser instruído) é tal que a alma precisa ser remodelada e moldada, o homem natural deve se tornar homem espiritual, antes que seja capaz de receber entendimento delas (1Co 2:14). Segundo, não podemos receber o consolo do reino, não podemos esperar qualquer benefício por meio de Cristo e Seu evangelho, tampouco ter qualquer parte ou porção nessa questão. Note que a regeneração é absolutamente necessária para a nossa felicidade aqui e no porvir. Se consideramos o quão corruptos e pecaminosos somos por natureza, o que Deus é — em quem unicamente podemos ser felizes e o que é o Céu — para onde a perfeição de nossa felicidade está reservada, parecerá, na raiz da questão, que devemos nascer de novo porque é impossível que sejamos felizes se não formos santos (veja 1Co 6:11-12).

ANOTAÇÕES

....
....
....
....
....
....
....
....
....
....

A ADORAÇÃO NA NOVA ALIANÇA

ESTUDO 255

Primeiro ano do ministério de Cristo

Leitura bíblica: João 4:1-42

Mas vem a hora — e já chegou — em que os verdadeiros adoradores adorarão o Pai em espírito e em verdade. Porque são esses que o Pai procura para seus adoradores. JOÃO 4:23

O caso que a mulher samaritana propôs com relação ao local público de adoração religiosa. Alguns pensam que ela começou esse assunto para se desviar da conversa acerca do seu pecado. As controvérsias na religião normalmente se provam um grande prejuízo à verdadeira piedade; no entanto, parece que ela propôs o tema com boa intenção. Sabia que devia adorar a Deus e desejava fazê-lo corretamente; portanto, ao conhecer um profeta, pediu Sua orientação.

A resposta de Cristo a esse caso de consciência (vv.21-26). Aqueles que se aplicam a Cristo para obter instrução o encontrarão manso, para ensinar aos mansos o Seu caminho. Ele não dá valor à questão acerca do local de adoração como ela havia proposto (conforme v.21): "Mulher, acredite em mim como um profeta e atente ao que digo. Você está esperando *chegar a hora* em que, quer por alguma revelação divina ou por algum sinal da providência, essa questão será decidida em favor de Jerusalém ou em favor do monte Gerizim. Contudo, eu lhe digo que *a hora já chegou*, quando essa não será mais a questão. Aquilo que lhe ensinaram a atribuir tanto peso será colocado de lado como algo *indiferente*". Deveria nos acalmar em nossas contendas pensar que aquelas coisas que agora nos preenchem e sobre as quais fazemos tanto barulho logo desvanecerão e não mais existirão. As coisas acerca das quais brigamos estão passando: virá a hora em que não mais se adorará ao Pai nesse monte ou em Jerusalém. Primeiramente, o objeto da adoração continuará a ser o mesmo — Deus, como Pai; sob essa ideia até mesmo os pagãos adoravam a Deus, bem como os judeus e provavelmente os samaritanos. Em seguida, será colocado um ponto final em toda a exatidão e em todas as diferenças quanto ao local de adoração. A iminente dissolução de toda a organização judaica e a edificação do evangelho resolverão completamente essa questão e a porão em comum, de modo que será completamente indiferente se os homens adorarão a Deus nesses locais ou em qualquer outro, pois eles não estarão ligados a lugar algum, nem aqui, tampouco acolá, mas em ambos ou em qualquer outro lugar, em todo lugar. Note: a adoração a Deus não está agora, sob o evangelho, ligada a lugar algum, como estava sob a Lei, pois é vontade de Deus que os homens orem em toda parte (1Tm 2:8; Ml 1:11). Nossa razão nos ensina a recorrer à decência e à conveniência quanto aos lugares de nossa adoração. Contudo, nossa religião não traz preferência de um local acima do outro com relação à santidade e à aceitação divina.

No tempo do evangelho, *os verdadeiros adoradores adorarão ao Pai em espírito e em verdade*. Como criatura, adoramos o Pai de todos; como cristãos, adoramos o Pai de nosso Senhor Jesus. Agora, a mudança será na natureza da adoração. Os cristãos adorarão a Deus, não por meio das observâncias cerimoniais da instituição mosaica, mas em ordenanças espirituais, que consistem em menos exercícios exteriores e são mais animadas e envigoradas com o poder e a energia divinos. O modo de adoração que Cristo instituiu é racional e intelectual, e aprimorado em comparação com aqueles ritos e cerimônias externos com que a adoração veterotestamentária era obscurecida e atulhada.

ESTUDO 256

Segundo ano do ministério de Cristo

O ANO ACEITÁVEL DO SENHOR CHEGOU

Leitura bíblica: Lucas 4:14-30

*Então Jesus começou a dizer:
"Hoje se cumpriu a Escritura que vocês acabam de ouvir".*

LUCAS 4:21

Jesus foi a Nazaré depois de ter conquistado reputação em outros lugares, na esperança de que, desse modo, pelo menos alguma coisa do desprezo e do preconceito com que Seus conterrâneos o veriam seria atenuado. Lá, Ele aproveitou para pregar: (1) Na sinagoga, o lugar adequado, onde havia sido Seu costume frequentar quando era um anônimo (v.16). Temos de frequentar a adoração pública a Deus sempre que tivermos oportunidade. Porém, agora que Ele havia entrado em Seu ministério público, lá Jesus pregou. O sábio Pescador lança a Sua rede onde está a multidão de peixes. (2) No *shabbat*, o tempo apropriado que os judeus piedosos passavam não apenas em descanso cerimonial dos trabalhos temporais, mas em seus deveres na adoração ao Senhor, como antigamente eles frequentavam as escolas de profetas nas luas novas e nos *shabbats*.

Ele se levantou para ler. Nas sinagogas, havia sete leitores a cada *shabbat*. O primeiro era o sacerdote; o segundo, o levita; os outros cinco, israelitas daquela sinagoga. Frequentemente encontramos Cristo pregando em outras sinagogas, mas nunca lendo, com exceção desta sinagoga de Nazaré, da qual Ele foi membro por muitos anos. Agora Ele ofereceu Seu serviço, como talvez tenha feito muitas vezes, e leu uma das lições dos profetas (At 13:15). Veja que a leitura das Escrituras é sempre um ato adequado de ser efetuado em assembleias religiosas; e o próprio Cristo não considerava um disparate que se envolvesse nela. (2) O livro do profeta Isaías lhe foi entregue, ou pelo líder da sinagoga ou pelo ministro mencionado (Lc 4:20), de forma que Ele não era um intruso, mas estava devidamente autorizado *pro hac vice* — nessa ocasião. Como a segunda lição daquele dia estava no profeta Isaías, eles lhe deram esse volume para ler.

Depois de Cristo o ler, Ele enrolou o livro e o devolveu ao ministro, ou ao funcionário que auxiliava, e se sentou, de acordo com o costume dos mestres judeus. Ele se assentava diariamente no templo ensinando (Mt 26:55). Neste ínterim, começou assim o Seu discurso: "'Hoje se cumpriu a Escritura que vocês acabam de ouvir', esta que Isaías escreveu por meio da profecia e que a li a vocês como história". Ela começava a se cumprir agora, na entrada de Cristo a Seu ministério público; agora, no relato que eles ouviram de Sua pregação e Seus milagres em outras localidades; agora, em Sua pregação a eles em sua própria sinagoga. É provável que Cristo tenha prosseguido e demonstrado, particularmente, como essa Escritura se cumpria na doutrina que Ele pregava acerca da proximidade do reino do Céu; que era um sermão de liberdade, de vista restaurada, de cura e de todas as bênçãos do ano aceitável do Senhor.

ANOTAÇÕES

....
....
....
....
....

O MELHOR AMIGO

ESTUDO 257

Segundo ano do ministério de Cristo

Leitura bíblica: João 5

*Então Jesus lhe disse:
"Levante-se, pegue o seu leito e ande".*

JOÃO 5:8

Jesus perguntou ao homem: "Você quer ser curado?" (Jo 5:6). Uma pergunta estranha para alguém que estivera por tanto tempo doente. Alguns certamente não queriam ser curados porque suas feridas lhes serviam para a mendicância e como desculpa para a indolência. Mas esse pobre homem era incapaz tanto de mendigar quanto de trabalhar; ainda assim, Cristo lhe perguntou: (1) Para expressar Sua compaixão para com ele. Cristo pergunta com ternura acerca dos desejos daqueles que estão aflitos e está disposto a conhecer qual é a petição deles: "O que você quer que eu lhe faça?". (2) Para o provar se ele ficaria grato, pela cura, a Alguém contra quem a maioria das pessoas tinha preconceito e buscava difamar a outros. (3) Para lhe ensinar o valor da misericórdia e incitar nele o desejo por ela.

O pobre homem inválido aproveita essa oportunidade para renovar sua reclamação e para explanar a tristeza do seu caso, o que torna a sua cura ainda mais ilustre: "Senhor, não tenho ninguém que me ponha no tanque" (v.7). Ele reclama da falta de amigos para o ajudar: "Não tenho um companheiro, um amigo sequer, para me fazer esse ato de bondade". Poderíamos pensar que alguém dentre aqueles que foram curados poderia estender-lhe a mão, mas é normal que o pobre seja destituído de amigos. Ninguém se preocupa com a alma dele. É verdadeira caridade trabalhar pelos enfermos e debilitados bem como aliviá-los; assim, os pobres são capazes de serem caridosos entre si, e devem sê-lo, embora dificilmente os vejamos agindo desse modo. Falo isso para a vergonha deles!

Nosso Senhor Jesus o cura por meio de uma palavra, embora o homem jamais tivesse pedido ou imaginado a cura. Aqui está: (1) A palavra que Ele disse: "Levante-se, pegue o seu leito" (v.8). *É-lhe ordenado andar*; uma ordem estranha a um homem débil, que fora por muito tempo deficiente. Contudo, essa palavra divina era o veículo do poder divino; era uma ordem para a enfermidade se retirar, para a natureza ser forte, mas é expressa como uma ordem para ele mesmo se mover. Ele deve se levantar e andar, isto é, tentar fazê-lo e, na tentativa, ele receberia a força para o fazer. *É-lhe ordenado que pegue o leito*. Primeiramente, para fazer parecer que a cura era perfeita e puramente milagrosa, pois ele não recuperou a força aos poucos, mas foi da extrema fraqueza e impotência até o repentino passo para a mais alta força física. Assim, ele pôde carregar um peso tão grande quanto qualquer carregador que estivesse acostumado a isso há tanto tempo quanto ele estivera parado. Aquele que um minuto atrás não conseguia se virar em sua própria cama, no minuto seguinte, conseguia carregar sua cama.

(2) A eficácia dessa palavra: um poder divino a acompanhou e ele foi imediatamente curado, pegou seu leito e andou (v.9). Ele sentiu o poder da palavra de Cristo curando-o: "Imediatamente o homem se viu curado". Que alegre surpresa para o pobre inválido foi ver-se sem dores de repente, tão forte e tão capaz de se virar sozinho! Como era novo o mundo em que ele estava num instante! Nada é difícil demais para Cristo.

ESTUDO 258

Segundo ano do ministério de Cristo

CHAMADOS PARA ESTAR COM CRISTO

Leitura bíblica: Marcos 3

Então designou doze, aos quais chamou de apóstolos, para estarem com ele e para os enviar a pregar e a exercer a autoridade de expulsar demônios. MARCOS 3:14-15

Nesses versículos, temos a escolha que Cristo fez dos doze apóstolos para serem Seus seguidores e auxiliares constantes, e para serem enviados, quando houvesse ocasião, a pregar o evangelho. Observe:

(1) A introdução a esse chamado ou promoção dos discípulos. Ele sobe uma montanha e Sua tarefa ali era orar. Os ministros devem ser separados com oração solene pelo derramamento do Espírito sobre eles. Embora Cristo tivesse autoridade para conferir os dons do Espírito Santo, para nos deixar um exemplo, Ele orou por eles.

(2) A regra que Ele seguiu em Sua escolha: Sua própria vontade. Ele chamou aqueles que queria. Não como aqueles que nós acharíamos mais aptos a serem chamados, olhando para seu rosto, ou a sua estatura. Mas aqueles que Ele julgou adequados e determinou que estariam aptos para o serviço ao qual Ele os chamou. No entanto, bendito Jesus, foi assim porque pareceu bem aos Teus olhos. Cristo chama aqueles que quer, visto que Ele é um agente livre e Sua graça lhe pertence.

(3) A eficácia do chamado. Ele os chamou para os separar da multidão e ficar perto dele, e eles vieram a Ele. Cristo chama aqueles que lhe foram dados (Jo 17:6), e todos que o Pai lhe deu, virão a Ele (Jo 6:37). Ele tornou dispostos a vir aqueles a quem era Sua vontade chamar; Seu povo estará disposto no dia do Seu poder. Talvez os discípulos tenham ido prontamente a Ele porque tinham a expectativa de reinar com Ele em pompa e poder temporais. Porém, quando eles já estavam cientes da questão, ainda assim tinham uma perspectiva de coisas melhores lhes sendo conferidas, para que não dissessem que foram enganados por seu Mestre, nem se arrependessem de ter abandonado tudo para estar com Ele.

(4) O objetivo e a intenção do chamado. Ele os ordenou (provavelmente pela imposição de mãos, que era uma cerimônia comum entre os judeus), para que estivessem com Ele todo o tempo, para serem testemunhas de Sua doutrina, modo de vida e paciência a fim de que pudessem conhecê-la plenamente e estar capacitados a falar acerca dela. Especialmente para que pudessem atestar a veracidade de Seus milagres, para que pudessem estar com Ele para receber dele as instruções e assim estivessem qualificados a instruir outros. Exigiria tempo para os adequar para aquilo que Cristo tinha em vista para eles, pois deviam ser enviados a pregar e não pregar até que fossem enviados, e não serem enviados até que, por meio do conhecimento longo e íntimo de Cristo, estivessem aptos. Percebam que os ministros de Cristo devem passar muito tempo com Ele.

ANOTAÇÕES

A LEI ENSINADA PELO LEGISLADOR

ESTUDO 259

Segundo ano do ministério de Cristo

Leitura bíblica: Mateus 5–7

Ao ver as multidões, Jesus subiu ao monte. Ele se assentou e os seus discípulos se aproximaram dele. Então ele passou a ensiná-los.

MATEUS 5:1-2

Este capítulo e os dois seguintes constituem um sermão, o famoso Sermão do Monte. Esse é o discurso mais longo e completo de nosso Salvador que temos registrado dentre todos os evangelhos. É um discurso prático, não há muita doutrina do cristianismo nele — no sentido de coisas nas quais crer —, mas é totalmente voltado para uma agenda: as coisas a serem realizadas. Cristo começou com essa abordagem em Sua pregação, uma vez que, se alguém quiser fazer a Sua vontade, deverá reconhecer a doutrina, se ela procede de Deus. As circunstâncias do sermão sendo registradas (vv.1-2), o discurso em si prossegue, cujo escopo não é para encher nossa mente de ideias, mas para orientar e regulamentar a nossa prática.

O local era uma montanha na Galileia. Como em outras ocasiões, nesta também nosso Senhor Jesus estava mal acomodado; Ele não tinha um lugar adequado onde pregar e menos ainda para repousar Sua cabeça. Em contraste, os escribas e fariseus tinham a cadeira de Moisés em que se sentar, com todo o conforto, honra e cerimônia, e lá corrompiam a Lei. Nosso Senhor Jesus, o grande Mestre da verdade, foi expulso para o deserto e não encontrou púlpito melhor do que uma montanha podia lhe oferecer. E não era um dos montes sagrados de Sião, mas um monte comum, pelo qual Cristo indicaria que não há tanta distinção de santidade de lugares agora, sob o evangelho, quanto havia sob a Lei, mas que era vontade de Deus que os homens orassem e pregassem em qualquer lugar, em todo lugar, desde que fosse decente e apropriado. Cristo pregou esse sermão, que foi uma exposição da Lei, sobre um monte porque sobre uma montanha foi dada a Lei; e isso também foi uma promulgação solene da lei cristã. No entanto, observe a diferença: quando a Lei foi dada, o Senhor desceu sobre a montanha; agora o Senhor subiu o monte. No passado, Ele falou por entre trovões e relâmpagos; agora, com voz mansa. Então, foi ordenado ao povo que mantivesse distância; agora são convidados a se aproximar. Que bendita mudança! Se a graça e a bondade de Deus são Sua glória (e certamente são), então a glória do evangelho é a glória excelente, visto que a graça e a verdade vieram por intermédio de Cristo (2Co 3:7; Hb 12:18).

ANOTAÇÕES

ESTUDO 260

Segundo ano do ministério de Cristo

O AMOR DA PENITENTE

Leitura bíblica: Lucas 7:36-50

E eis que uma mulher da cidade, pecadora, sabendo que ele estava jantando na casa do fariseu, foi até lá com um frasco feito de alabastro cheio de perfume.

LUCAS 7:37

Observem aqui o grande respeito que uma pobre pecadora penitente demonstrou por Cristo quando Ele estava em um jantar na casa do fariseu. Era uma mulher que era conhecida como pecadora pela cidade, uma gentia, uma prostituta (não creio nisso) ou conhecida como tal, e infame. Ela sabia que Jesus estava comendo na casa do fariseu e, depois de ter se convertido do seu mau curso de vida por meio de Sua pregação, ela veio para cumprir com suas obrigações para com Ele, sem ter oportunidade de fazê-lo de qualquer outro modo, senão lavando os Seus pés e ungindo-os com um óleo de doce fragrância que trouxera consigo para este propósito. Naquela época, a forma de se sentar à mesa era tal que os pés ficavam parcialmente para trás da pessoa. Então, essa mulher não olhou na face de Cristo, mas veio por trás e fez o trabalho de uma escrava cujo trabalho era lavar os pés dos hóspedes (1Sm 25:41) e preparar-lhes unguentos. No que essa boa mulher fez, podemos ver:

(1) Sua profunda humilhação pelo pecado. Ela ficou atrás de Cristo, chorando; seus olhos haviam sido o meio de entrada e saída de pecados; agora, ela os transforma em fontes de lágrimas. Sua face, que talvez costumava estar coberta de maquiagem, está marcada pelo pranto. Seu cabelo, que antes ela tinha trançado e enfeitado, foi feito de toalha. Temos razão para pensar que anteriormente ela estivesse ferida pelo pecado; porém, agora que teve a oportunidade de chegar à presença de Cristo, a ferida sangrou novamente e seu pesar foi renovado. Note: faz bem aos penitentes, em todas as suas aproximações a Cristo, renovarem sua aflição piedosa e sua vergonha pelo pecado depois de ter sido pacificado (Ez 16:63).

(2) Sua forte afeição ao Senhor Jesus. Foi isto que nosso Senhor Jesus notou de forma especial: que ela muito amava (Lc 7:42,47). Ela lavou Seus pés como sinal de sua pronta submissão à tarefa mais humilde na qual poderia prestar-lhe honra. Ademais, ela os lavou com lágrimas, lágrimas de alegria. Ela estava em êxtase ao se ver tão perto de seu Salvador a quem ela amava. Beijou-lhe os pés, como alguém indigna dos beijos de Sua boca, cobiçados pela noiva em Cântico dos Cânticos 1:2. Foi um beijo de adoração bem como de afeição. Ela os enxugou com seus cabelos, como alguém totalmente devotada à Sua honra. Os olhos dela derramavam água para os lavar, e seus cabelos foram a toalha para os secar; ela ungiu os Seus pés com o óleo, reconhecendo-o, desse modo, como o Messias, o Ungido. Ungiu Seus pés em sinal de seu consentimento ao desejo divino em ungir Sua cabeça com o óleo da alegria (Is 61:3). Veja que todos os penitentes têm um amor afeiçoado ao Senhor Jesus.

ANOTAÇÕES

....
....
....
....
....
....
....

O PECADO IMPERDOÁVEL

ESTUDO 261

Segundo ano do ministério de Cristo

Leitura bíblica: Marcos 3:20-30

Mas aquele que blasfemar contra o Espírito Santo nunca terá perdão, visto que é réu de pecado eterno.

MARCOS 3:29

Aqui está o impudente e impiedoso estigma com o qual os escribas tacharam Cristo por Ele expulsar demônios, para que pudessem escapar e invalidar a convicção do milagre e tivessem uma pobre justificativa para não o reconhecer. Esses escribas vieram de Jerusalém (v.22). Parece que percorreram esse longo caminho para impedir o avanço da doutrina de Cristo.

A resposta racional que Cristo deu a essa objeção, demonstrando o quanto ela era absurda, foi:

(1) Satanás é tão sutil que ele jamais abandonará voluntariamente o que possui. Se Satanás expulsa Satanás, seu reino está dividido contra si mesmo e não pode permanecer (vv.23-26). O diabo os chamou para si como alguém desejoso de os convencer; tratou-os com toda liberdade, simpatia e familiaridade possível; garantiu que argumentaria com eles, a fim de que toda boca fosse calada. Estava claro que a doutrina de Cristo guerreava com o reino do diabo e tendia diretamente a romper seu poder e esmagar seu interesse pela alma dos homens. Era evidente que expulsá-lo do corpo das pessoas confirmava essa doutrina e a fundamentava. Assim sendo, não se poderia imaginar que Satanás adotaria tal desígnio, todos sabem que ele não é tolo e nem agirá tão diretamente contra os seus interesses.

(2) Cristo é tão sábio que, estando em guerra contra o diabo, Ele atacará seus exércitos onde quer que os encontrar, quer no corpo, quer na alma das pessoas (v.27). Está manifesto: o propósito de Cristo é entrar na casa do valente, tomar posse do que ele tem neste mundo, saquear seus bens e convertê-los para Seu próprio serviço. Portanto, é natural supor que Ele amarrará o forte, proibindo-o de falar quando quiser e estar onde desejar, e assim, demonstrará que conquistou a vitória sobre ele.

(3) O temível alerta que Cristo lhes deu para atentarem em como falam palavras tão danosas quanto essas. Embora eles pudessem querer atenuá-las, dizendo que eram apenas conjecturas e usando o argumento do pensamento livre, se persistissem nelas, isso lhes traria consequências fatais. Seria considerado como pecado contra o último recurso e, consequentemente, imperdoável, pois o que poderia ser imaginado possível para lhes trazer arrependimento por seu pecado em blasfemar contra Cristo? Quem colocaria de lado uma convicção tão forte com uma evasiva tão fraca? É verdade, o evangelho o prometeu: Cristo comprou o perdão para o maior dos pecados e o maior dos pecadores (v.28). Muitos dos que insultaram Cristo na cruz (o que era blasfemar contra o Filho do homem agravado ao máximo) encontraram misericórdia, e o próprio Cristo orou: "Pai, perdoa-lhes" (Lc 23:34). Porém, isso era blasfemar contra o Espírito Santo, pois era pelo Espírito que Cristo expulsava demônios, e os escribas diziam que era por um espírito imundo (Mc 3:30). Por esse meio, eles desafiavam a convicção de todas as dádivas do Espírito Santo após a ascensão de Cristo, e as anulavam todas. Após isso não restaria mais provas e assim jamais deveriam ter perdão, mas estariam sujeitos à condenação eterna. Eles estavam em perigo iminente daquela punição eterna, da qual não haveria redenção e na qual não haveria interrupção, nenhuma remissão.

ESTUDO 262

Segundo ano do ministério de Cristo

O VALENTE RENDIDO

Leitura bíblica: Marcos 5:1-20

Ele disse isto, porque Jesus tinha dito a ele: "Espírito imundo, saia desse homem!".

MARCOS 5:8

Aqui temos um exemplo de Cristo desapropriando o valente armado e dispondo dele como quis, para demonstrar que Ele é mais forte do que o inimigo. Cristo o fez quando chegou à outra margem do mar [da Galileia], onde atravessara uma tempestade. Seu trabalho ali era resgatar essa pobre criatura das mãos de Satanás, e depois de o fazer, Ele retornou.

Em Mateus, diz-se que havia dois homens possessos por demônios; aqui se diz que era um homem com um espírito imundo. Se havia dois, havia um, e Marcos não afirma que era apenas um, de modo que essa diferença não pode nos causar qualquer ofensa. É provável que um dos dois era muito mais notável do que o outro e disse o que está registrado. Agora observe aqui:

(1) A condição miserável em que estava essa pobre criatura. Ele estava sob o poder de um espírito imundo, o diabo tinha posse dele e o efeito disso não era, como em muitos casos, uma melancolia silente, mas um raivoso frenesi. Ele era um louco desvairado; sua condição parece ter sido pior do que qualquer outro possesso que foi paciente de Cristo.

Ele habitava em um cemitério, entre os túmulos. Os sepulcros eram fora das cidades, em lugares desolados (Jó 3:14); o que dava ao diabo uma grande vantagem, pois infeliz daquele que está solitário. Talvez o diabo o tenha conduzido até lá a fim de levar o povo imaginar que as almas dos mortos se tornaram em demônios e faziam todo aquele mal, de modo a se escusar de fazer algo. Tocar um túmulo levava à impureza (Nm 19:16). O espírito imundo dirige as pessoas às companhias que contaminam e assim mantém a posse delas. Cristo, ao resgatar almas do poder de Satanás, resgata os vivos dentre os mortos.

(2) Sua solicitação a Cristo (Mc 5:6). Quando ele viu Jesus ao longe, vindo da praia, correu e o adorou. Normalmente, ele corria na direção dos outros com ira, mas para Cristo foi com reverência. O que foi realizado pela mão invisível de Cristo não conseguia ser feito por correntes e grilhões: sua fúria foi repentinamente contida. Até mesmo o diabo que habitava nessa pobre criatura foi forçado a tremer diante de Cristo e se inclinar diante dele. Ou, melhor dizendo, o pobre homem veio e adorou a Cristo com a noção da necessidade que tinha de Sua ajuda, tendo o poder de Satanás nele e sobre ele sido suspenso por um momento.

(3) A palavra de ordem que Cristo deu ao espírito imundo de que deixasse o seu possesso: "Espírito imundo, saia desse homem!" (v.8). Ele levou o homem a desejar ser aliviado quando o capacitou a correr e a adorá-lo, e depois exerceu Seu poder para sua libertação. Se Cristo nos leva a orar sinceramente por libertação de Satanás, Ele operará em nós essa libertação. Aqui está um exemplo do poder e autoridade com a qual Cristo ordenava aos espíritos imundos, e eles lhe obedeciam (Mc 1:27). Ele disse "saia desse homem". O desígnio do evangelho de Cristo é expulsar espíritos imundos da alma das pessoas: "Saia desse homem, espírito imundo, para que o Espírito Santo possa entrar, se apossar do coração e ter domínio sobre ele".

DEUS PERGUNTA AO HOMEM

ESTUDO 263

Segundo ano do ministério de Cristo

Leitura bíblica: João 6:1-15

Mas Jesus dizia isto para testá-lo, porque sabia o que estava para fazer.

JOÃO 6:6

Aqui está o relato de Cristo alimentando os cinco mil homens com cinco pães e dois peixes, um milagre tão notável, que é a única passagem das ações na vida de Cristo registrada por todos os quatro evangelistas. João, que normalmente não relata o que fora registrado pelos que escreveram antes dele, ainda assim conta essa história por causa da ligação que o discurso seguinte tem com ela. Observe:

A pergunta que Jesus fez quanto ao modo de prover ao povo. Ele se dirigiu a Filipe, um de Seus primeiros discípulos e que vira todos os Seus milagres, especialmente o da transformação da água em vinho e, portanto, poderia se esperar que ele dissesse: "Senhor, se quiseres, será fácil para ti alimentar a todos". Aqueles que, à semelhança de Israel, são testemunhas das obras de Cristo e têm compartilhado dos benefícios delas são indesculpáveis se disserem: "Será que Deus pode preparar-nos uma mesa no deserto?" (Sl 78:19). Filipe era de Betsaida, cidade vizinha de onde Cristo estava agora, e, assim, era o mais provável de ajudar fazer a melhor provisão. Provavelmente a maioria daquelas pessoas lhe era conhecida, e ele estava preocupado com eles. Cristo lhe perguntou: "Onde compraremos pão para lhes dar de comer?" (Jo 6:5). (1) Jesus dá como certo que eles deveriam comer com Ele. Alguém poderia pensar que Ele havia feito Sua parte ao lhes ensinar e curar e que eles agora deveriam, por sua vez, planejar como tratar a Ele e a Seus discípulos, pois algumas pessoas provavelmente eram ricas e temos certeza de que Cristo e Seus discípulos eram pobres. No entanto, Ele é solícito em acolhê-los. Aqueles que aceitam as dádivas espirituais de Cristo, em vez de retribuir por elas, serão pagos por tê-las aceitado. Depois de Cristo ter alimentado a alma dos homens com o pão da vida, também alimenta seus corpos com comida oportuna, para demonstrar que o Senhor cuida do corpo e para nos encorajar a orar por nosso pão de cada dia e estabelecer para nós um exemplo de compaixão ao pobre (Tg 2:15-16). (2) Sua pergunta foi: "Onde compraremos pão…"? (Jo 6:5). Considerando a Sua pobreza, alguém poderia pensar que, em vez disso, Ele deveria ter perguntado: "Como teremos dinheiro para comprar comida para eles?". Mas, pelo contrário, Ele está disposto a oferecer tudo o que tem do que deixá-los em necessidade. Cristo comprará para poder doar, e nós devemos nos empenhar para poder repartir (Ef 4:28).

O propósito dessa pergunta. Foi apenas para testar a fé de Filipe, uma vez que Cristo já sabia o que faria (Jo 6:6). Note: nosso Senhor Jesus nunca se perde em Seus conselhos, mas, independentemente do quão difícil for o caso, Ele sabe o que tem de fazer e qual curso tomará (At 15:18). Ele sabe os pensamentos que tem para com Seu povo (Jr 29:11) e nunca sofre com incertezas. Ele sabe o que fará, ao passo que nós não o sabemos.

ANOTAÇÕES

....
....
....
....

ESTUDO 264

Terceiro ano do ministério de Cristo

A PERSEVERANÇA QUE PREVALECE

Leitura bíblica: Mateus 15:21-28

*Então Jesus exclamou:
"Mulher, que grande fé você tem!".*

MATEUS 15:28

Esta é a famosa história de Cristo expulsando o demônio da filha de uma mulher cananeia. Há algo de muito singular e muito surpreendente nela e que traz um olhar favorável aos pobres gentios, bem como é um penhor da misericórdia que Cristo tinha reservado para eles. Aqui há um feixe de luz que era para revelação aos gentios (Lc 2:32). Cristo veio para os Seus, e os Seus não o receberam, mas muito deles discutiam com Ele e se ofendiam nele. Observe o que vem a seguir (Mt 15:21).

Ele foi para aquele local, partiu para a costa de Tiro e Sidom, não para as cidades em si (elas estavam excluídas de qualquer porção nas poderosas obras de Cristo, Mt 11:21-22), mas para aquela parte da terra de Israel que estava naquela direção. Ele foi para lá, assim como Elias foi para Sarepta, uma cidade de Sidom (Lc 4:26); foi naquela direção para buscar essa pobre mulher, para quem Ele tinha reservado misericórdia. Enquanto Ele prosseguia fazendo o bem, nunca se desviou de Seu caminho. Os cantos obscuros do país, em áreas muito remotas, terão sua porção em Suas influências benignas. Então, assim como os confins daquele território, também os confins da Terra verão a Sua salvação (Is 49:6).

Cristo costumava favorecer e encorajar todos que vinham até Ele, e até a responder antes que eles clamassem ou ouvir enquanto ainda estavam falando (Is 65:24); mas nesse caso alguém foi tratado de forma contrária, e qual a razão para isso? (1) Alguns pensam que Cristo se mostrou reticente a gratificar essa pobre mulher porque não queria ofender os judeus ao ser tão liberal e direto em Seu favor aos gentios quanto era a eles. Jesus havia ordenado que Seus discípulos não fossem pelo caminho dos gentios (Mt 10:25) e, portanto, não pareceria Ele mesmo tão inclinado a eles quanto aos outros, mas, em vez disso, mais reservado. Ou, melhor dizendo, (2) Cristo a tratou dessa forma para prová-la. Ele sabe o que está no coração, conhecia a força da fé da mulher e o quanto ela era capaz, pela Sua graça, de superar aqueles desencorajamentos. Sendo assim, Ele a encontrou com essas palavras para que a prova de sua fé pudesse resultar em louvor, glória e honra (1Pe 1:6-7). Isso se assemelha a Deus provando Abraão (Gn 22:1) e à luta do Anjo contra Jacó, somente para o fazer lutar (Gn 32:24). Muitos dos métodos da providência de Cristo ao tratar com Seu povo (especialmente de Sua graça), que podem ser obscuros e surpreendentes, podem ser explicados com a ênfase dessa história, que foi para aquela finalidade registrada: para nos ensinar que pode haver amor em Sua face e para nos encorajar a, ainda que Ele nos mate, nele confiar (Jó 13:15).

ANOTAÇÕES

....
....
....
....
....
....
....
....

O TEMPO CERTO PARA REVELAR A VERDADE

ESTUDO 265

Terceiro ano do ministério de Cristo

Leitura bíblica: Lucas 9:18-22

Respondendo, Pedro disse:
— "O Cristo de Deus".

LUCAS 9:20

Cristo conversa com Seus discípulos acerca de si mesmo e pergunta:

(1) O que as pessoas falavam sobre Ele: "Quem as multidões dizem que eu sou?" (v.18). Cristo sabia melhor do que eles, mas queria que Seus discípulos fossem sensibilizados, por meio dos erros de outros concernentes a Ele, a quão felizes eles eram por terem sido levados ao conhecimento dele e da verdade a Seu respeito. Devemos perceber a ignorância dos erros alheios para que possamos ser mais agradecidos Àquele que se manifestou a nós, e não ao mundo, e para que possamos ter compaixão deles e fazermos o que pudermos para os ajudar e lhes ensinar o correto. Os discípulos lhe dizem quais conjecturas acerca dele haviam ouvido em suas conversas com as pessoas comuns. Os ministros saberiam como melhor adaptar suas instruções, reprimendas e conselhos ao caso das pessoas em geral se apenas conversassem com mais frequência e familiaridade com elas. Assim estariam mais bem capacitados a dizer o que é pertinente para retificar suas ideias, corrigir suas irregularidades e remover seus preconceitos. Quanto mais o médico conversa com seu paciente, melhor ele sabe o que fazer para o ajudar. Alguns diziam que Ele era João Batista, que havia sido decapitado há poucos dias; outros, que era Elias ou algum dos antigos profetas; tudo, menos o que Ele era de fato.

(2) O que eles diziam acerca dele. "Agora vejam a vantagem que vocês têm por causa de seu discipulado; vocês sabem a verdade". "De fato o sabemos", disse Pedro, "graças ao nosso Mestre por isso; sabemos que és o Cristo de Deus, o Ungido de Deus, o Messias prometido". É uma questão de consolo indescritível Jesus ser o ungido de Deus, pois então Ele tem autoridade inquestionável e habilidade para Sua missão, visto que Ele ser ungido significa que é tanto o nomeado quanto qualificado para ela. Nesse momento, se poderia esperar que Cristo teria dado a Seus discípulos, que estavam tão plenamente informados e assegurados dessa verdade, a responsabilidade de o dizer a todos que encontrassem. Mas, não, Ele lhes ordenou que não o falassem a ninguém ainda, porque há um tempo para todas as coisas. Depois de Sua ressurreição, que completou a prova de Sua nomeação, Pedro ressoou pelo templo que Deus fizera desse mesmo Jesus, Senhor e Cristo (At 2:36). Contudo, por agora, a evidência ainda não estava reunida e, portanto, deveria permanecer oculta.

Com relação a Seu sofrimento e morte, acerca dos quais Ele havia falado tão pouco. Agora que Seus discípulos estavam firmes na fé de que Ele era o Cristo e eram capazes de sustentar essa verdade, Ele fala expressamente e com grande certeza a respeito de Sua paixão (Lc 9:22). Fala disso como a razão por que eles não deviam pregar que Ele era o Cristo ainda, porque as maravilhas que cercariam a Sua morte e ressurreição seriam a prova mais convincente de Ele ser o Cristo de Deus. Foi por meio de Sua exaltação à destra do Pai que Ele foi completamente declarado como o Cristo, e pelo envio do Espírito (At 2:33). Assim sendo, eles deveriam esperar até que isso fosse feito.

ESTUDO 266

Terceiro ano do ministério de Cristo

A ROCHA EM NOSSO INTERIOR

Leitura bíblica: João 7

Quem crer em mim, como diz a Escritura, do seu interior fluirão rios de água viva.

JOÃO 7:38

Quando Jesus fez esse convite: no último dia da festa dos Tabernáculos, aquele grande dia. O oitavo dia, que concluía a solenidade, deveria ser uma santa convocação (Lv 23:36). Neste dia, Cristo fez Seu chamado público ao evangelho.

Veja como as almas sedentas que chegam a Cristo serão levadas a beber. Israel, que cria em Moisés, bebeu da rocha que os seguia, como resultado, rios de águas fluíram; mas os que creem bebem de uma rocha dentro de si, Cristo neles; Ele é para eles uma fonte de água viva (Jo 4:14). A provisão é feita não apenas para sua satisfação presente, mas para seu consolo contínuo e perpétuo. Aqui está: (1) a água viva, água corrente, que o hebraico chama de viva porque está em movimento. As graças e consolos do Espírito são comparadas à água viva (quer dizer, corrente) por serem os princípios ativos vivificadores da vida espiritual e os penhores e início da vida eterna (veja Jr 2:13). (2) Rios de água viva, denotando a abundância e a constância. O consolo flui abundante e constantemente como um rio; forte como uma correnteza, para suportar as oposições das dúvidas e temores. Há uma plenitude em Cristo de graça em cima de graça. (3) Elas fluíam de Seu interior, isto é, de Seu coração ou alma, que é o objeto da ação do Espírito e a sede de Seu governo. Esses princípios graciosos são plantados; e do coração, onde habita o Espírito, fluem as torrentes de vida (Pv 4:23).

Como as Escrituras haviam dito, essas palavras parecem se referir a alguma promessa do Antigo Testamento para esse propósito, e há muitas delas, dizendo que Deus derramaria Seu Espírito, uma metáfora emprestada das águas (Pv 1:23; Jl 2:28; Is 44:3; Zc 12:10); que a terra seca se tornaria nascente de água (Is 41:18); que haveria rios no deserto (Is 43:19); que as almas graciosas seriam como um manancial de água (Is 58:11); e a Igreja, uma fonte de água viva (Ct 4:15). E aqui pode haver uma alusão às águas brotando do templo de Ezequiel (Ez 47:1). Compare Apocalipse 22:1 e Zacarias 14:8. O Dr. Lightfoot e outros nos dizem que era costume dos judeus, recebido por meio da tradição, no último dia da festa dos Tabernáculos, haver uma celebração chamada de *Libatio aquæ* — o derramar de água. Eles usavam um vaso dourado com água do tanque de Siloé, traziam-no para o templo com o som de trombeta e outras cerimônias e, ao subir ao altar, derramavam-na diante do Senhor com todas as expressões de alegria possíveis. Alguns dos escritores dizem que a água significava a Lei e se referem a Isaías 12:3; 55:1. Outros, o Espírito Santo. Pensa-se que nosso Salvador estivesse, aqui, aludindo a esse costume. Aqueles que creem terão o consolo, não de um vaso de água retirada de um tanque, mas de um rio fluindo deles mesmos. A alegria da Lei e o derramar da água, significado da cerimônia, não podem ser comparados ao júbilo do evangelho nos mananciais da salvação.

ANOTAÇÕES

....
....
....

ENTRE O BOM E O MELHOR

ESTUDO 267

Terceiro ano do ministério de Cristo

Leitura bíblica: Lucas 10:38-42

Mas o Senhor respondeu: "Marta! Marta! Você anda inquieta e se preocupa com muitas coisas, mas apenas uma é necessária. Maria escolheu a boa parte, e esta não lhe será tirada".

LUCAS 10:41-42

A censura que Cristo deu a Marta por seu cuidado excessivo (v.41). Ela apelara a Ele e, Jesus lhe traz julgamento: "Marta! Marta! Você anda inquieta e se preocupa com muitas coisas, mas apenas uma é necessária".

Ele a repreendeu, embora fosse seu hóspede nesse dia. O erro de Marta foi solicitude exagerada para o receber, e ela esperava que Cristo a justificasse nisso, mas Ele a provou publicamente por isso. Note: Cristo repreende e castiga a todos que ama. Mesmo os que lhe são queridos, se algo estiver impróprio nesses, podem ter certeza de ouvir Sua censura: "Tenho, porém, contra você" (Ap 2:4,14,20).

Cristo a censurou por estar inquieta e preocupada com muitas coisas. Ele não se agradou de que ela pensasse em o aprazer com uma refeição deliciosa e esplêndida, inquietando-se para a preparar para Ele. Ao mesmo tempo em que Ele nos ensina a não sermos extravagantes ao dispor de tais coisas, também nos diz que não devemos ser egoístas a ponto de querer que outros se inquietem, não importa quem ou quantos sejam, para que possamos ficar satisfeitos.

A aprovação e elogio a Maria por sua comprometida piedade: Maria escolhera a parte boa. Ela não disse qualquer coisa em sua própria defesa, mas, uma vez que Marta apelara ao Mestre, Maria se dispõe a deixar que Ele trate do assunto e aceitará Sua recompensa. E aqui temos que ela dera preferência àquilo que mais a merecia; pois uma coisa é necessária, e isto ela fizera: entregar-se à orientação de Cristo e receber de Sua boca a Lei. Note que a seriedade na piedade é necessária, é a única coisa necessária, visto que nada neste mundo nos trará algum bem real sem ela, e nada, senão ela, nos acompanhará ao mundo futuro.

Desse modo, ela agirá sabiamente em seu próprio favor. Cristo justificou Maria contra as acusações de sua irmã. Por mais que possamos ser censurados e condenados pelos homens por nossa piedade e zelo, nosso Senhor Jesus tomará nosso lado. Tu responderás por mim, Senhor. Que, então, não condenemos o zelo piedoso das pessoas, para que Cristo não fique contra nós. E que jamais sejamos desencorajados se formos censurados por nosso zelo piedoso, pois temos Cristo a nosso favor. Veja que, mais cedo ou mais tarde, a escolha de Maria seria justificada, e, do mesmo modo, todos os que tomam essa decisão e permanecem nela. Porém, isso não foi tudo, Cristo a aplaudiu por sua sabedoria: "Maria escolheu a boa parte" (Lc 10:42), escolheu estar com Cristo, em ter parte com Ele; escolheu o melhor trabalho e a maior alegria, e escolheu uma maneira melhor para honrar e agradar a Cristo ao receber Sua Palavra em seu coração, do que Marta fizera ao recebê-lo em sua casa.

ANOTAÇÕES

....
....
....
....
....
....
....

ESTUDO 268
Terceiro ano do ministério de Cristo

O CONSOLO QUE TRAZ ALEGRIA

Leitura bíblica: João 11

Eu sou a ressurreição e a vida. Quem crê em mim, ainda que morra, viverá. E todo o que vive e crê em mim não morrerá eternamente.

JOÃO 11:25-26

Neste capítulo, temos a história daquele ilustre milagre que Cristo realizou pouco antes de Sua morte — a ressurreição de Lázaro, que está registrada apenas por este evangelista; pois os outros três se resumem a falar do que Cristo fez na Galileia, onde Ele passou a maior parte do tempo e pouco levaram sua história a Jerusalém até a semana da paixão, ao passo que as memórias de João se relacionam principalmente ao que se passou em Jerusalém.

Neste relato, a conversa entre Cristo e Marta está registrada por completo.

(1) O que Marta disse a Cristo (vv.21-22). Primeiramente, ela reclama da longa ausência de Cristo e de Seu atraso. Ela o disse não apenas em pesar pela morte de seu irmão, mas com algum ressentimento por uma aparente indelicadeza do Mestre: "Se o Senhor estivesse aqui, o meu irmão não teria morrido". Aqui há 1) uma evidência de fé. Ela cria no poder de Cristo, que, embora a enfermidade de seu irmão fosse muito grave, Ele poderia curá-lo e assim impedido a sua morte. Ela cria na compaixão dele, de que se Ele tivesse apenas visto Lázaro em sua doença extrema e todos os seus conhecidos em lágrimas pelo moribundo, Cristo teria compaixão e teria prevenido tal quebra, visto que Sua compaixão não falha. Mas, 2) também há um triste exemplo de incredulidade. A fé de Marta era verdadeira, porém fraca como uma cana quebrada, pois limitou o poder de Cristo ao dizer "Se o Senhor estivesse aqui"; mas ela deveria saber que Cristo podia curar a distância, e que Suas graciosas ações não eram limitadas à Sua presença física.

(2) A palavra de consolo que Cristo deu a Marta em uma resposta à sua comovente fala (v.23): Jesus lhe disse "O seu irmão há de ressurgir". Marta, em sua reclamação, olhou para trás, refletindo com tristeza que Cristo não estava lá, pois, pensava ela, "meu irmão agora estaria vivo". Em casos semelhantes, temos a capacidade de aumentar nosso sofrimento ao imaginar o que poderia ter sido, "Se tal método tivesse sido aplicado, tal médico se envolvido, meu amigo não teria morrido", o que é mais do que sabemos. Mas que benefício isso nos traz? Quando a vontade de Deus é feita, nossa parte é nos submetermos a Ele. Cristo dirige Marta, e a nós por meio dela, a olhar adiante e pensar no que será, uma vez que essa é uma certeza e traz consolo: "O seu irmão há de ressurgir". Primeiramente, isso era verdade de modo peculiar quanto a Lázaro — ele ressuscitaria agora —, mas Cristo fala da ressurreição como algo que será feito no geral, não a que Ele mesmo faria, pois nosso Senhor Jesus fala de modo muito humilde daquilo que fez. Também o expressa de forma ambígua, deixando-a incerta inicialmente quanto a se Ele o ressuscitaria no presente ou não até que fosse o último dia, para que pudesse provar a fé e a paciência dela. Segundo, é aplicado a todos os santos e à sua ressurreição no último dia. Note: traz-nos consolo, quando sepultamos nossos amigos e conhecidos piedosos, pensar que eles ressuscitarão. Assim como a alma não está perdida com a morte, mas apenas partiu primeiro, assim também o corpo não está perdido, mas descansa primeiro. Pensem em Cristo lhe dizendo: "Seus pais, seu filho, seu companheiro de fardo, ressuscitarão; esses ossos secos reviverão".

INVESTIMENTO E FRUSTRAÇÃO

ESTUDO 269

Terceiro ano do ministério de Cristo

Leitura bíblica: Lucas 13:6-9

Então disse ao homem que cuidava da vinha: "Já faz três anos que venho procurar fruto nesta figueira e não encontro nada. Portanto, corte-a! Por que ela ainda está ocupando inutilmente a terra?". LUCAS 13:7

Esta parábola se refere primariamente à nação dos judeus. Deus os escolheu para si mesmo, fez deles um povo próximo a Ele, deu-lhes vantagens por conhecê-lo e servir-lhe acima de qualquer outro povo, e esperava o retorno correspondente em dever e obediência da parte deles, que, voltando-se para Seu louvor e honra, Ele teria considerado como fruto. Porém, eles decepcionaram as Suas expectativas: não apenas não cumpriram seu dever; prestavam descrédito ao invés de crédito à sua profissão de fé.

No entanto, há uma referência mais ampla, sem dúvida, e visando ao despertamento de todos os que desfrutam dos meios da graça e dos privilégios da igreja visível, a fim de fazer que a disposição mental deles e seu comportamento sejam correspondentes às suas confissões de fé e oportunidades, uma vez que esse é o fruto requerido. Agora, observe aqui:

(1) As vantagens que essa figueira teve. Ela foi plantada em uma vinha, um solo melhor e onde dispunha de mais cuidado e empenho aplicado do que as demais figueiras, que normalmente cresciam não em meio a vinhedos (esses são para as videiras), mas à beira do caminho (Mt 21:19). Essa figueira pertencia a certo homem que a possuía e estava às suas custas. Note: a Igreja do Senhor é a Sua vinha, distinta do ordinário e com cerca ao seu redor (Is 5:1-2). Nós somos figueiras plantadas neste vinhedo por nosso batismo; temos um lugar e um nome na Igreja visível, e esse é nosso privilégio e felicidade. É um favor especial, pois Ele não tratou assim com as outras nações.

(2) A expectativa do proprietário: Ele veio, procurou fruto nela e tinha razão de o esperar. Não enviou alguém em seu lugar, mas veio Ele mesmo, indicando seu desejo de encontrar fruto. Cristo veio a este mundo, veio aos Seus, os judeus, buscando fruto. Veja que o Deus do Céu requer e espera fruto daqueles que têm um lugar em Seu vinhedo. Seus olhos estão sobre os que desfrutam do evangelho, para ver se viverão de acordo com ele. Busca evidências de que eles produzem o melhor a partir da graça da qual desfrutam. As folhas não servirão, clamando Senhor, Senhor. Flores não adiantam de nada, podem começar bem e serem promissoras, mas precisa haver fruto. Nossos pensamentos, palavras e ações devem estar de acordo com o evangelho, com a luz e com o amor.

(3) A decepção de Sua expectativa: Ele não encontrou figos, nem um, nem um sequer. Note: é triste pensar em quantos usufruem dos privilégios do evangelho e ainda assim não fazem nada para a honra de Deus, tampouco para corresponder ao objetivo de Ele lhes ter confiado tais privilégios; é uma decepção para Ele e uma tristeza para o Espírito de Sua graça.

ANOTAÇÕES

....
....
....
....
....
....
....
....

ESTUDO 270

Terceiro ano do ministério de Cristo

MISERICÓRDIA ENQUANTO HÁ TEMPO

Leitura bíblica: Lucas 16:19-31

Mas Abraão disse: "Filho, lembre-se de que você recebeu os seus bens durante a sua vida, enquanto Lázaro só teve males. Agora, porém, ele está consolado aqui, enquanto você está em tormentos". LUCAS 16:25

Note: (1) O pedido que o rico fez a Abraão por alguma mitigação de seu sofrimento presente (v.24). Vendo Abraão ao longe, ele clamou, clamou em alta voz, como alguém em anseio, como quem está em dor e sofrimento, misturando gritos agudos às suas petições a fim de reforçá-las apelando à compaixão. Aquele que usava dar ordens em alto som, agora grita implorando, grita mais alto do que Lázaro diante de seu portão. As canções de sua devassidão e divertimento são todas tornadas em lamentações. Observe aqui: (1) O título que ele dá a Abraão: Pai Abraão. Veja: há muitos no inferno que podem chamar Abraão de pai, que eram descendentes dele em sua carne, e mais, há muitos que eram, por título e profissão de fé, filhos da aliança feita com Abraão. Talvez o rico, em sua alegria carnal, havia ridicularizado Abraão e sua história, como os zombadores dos últimos dias fazem. Entretanto, agora ele lhe dá um título de respeito: Pai Abraão. Está chegando o dia quando os perversos se alegrarão em afirmar ser conhecidos dos justos e reivindicar serem parentes deles, embora agora os menosprezem. Abraão, nesta descrição representa Cristo, pois a Ele todo julgamento é entregue, e as palavras de Abraão aqui são as de Cristo. Aqueles que agora menosprezam Cristo logo lhe prestarão honra: "Senhor, Senhor".

(2) A representação que o rico faz de sua presente condição deplorável: "estou atormentado neste fogo" (v.24). Reclama do tormento de sua alma e, portanto, tal fogo agirá sobre as almas, esse fogo é a ira de Deus, prendendo-se à consciência culpada. Tal fogo é o terror da mente e as repreendas de um coração que acusa e condena a si próprio. Nada é mais doloroso e terrível ao corpo do que ser atormentado com o fogo. Por esse meio aqui estão representados os sofrimentos e agonias das almas condenadas.

(3) Sua solicitação a Abraão, em consideração a essa miséria: "tenha misericórdia de mim" (v.24). Está chegando o dia em que aqueles que fazem pouco da misericórdia divina implorarão por ela. "Ó, tenha misericórdia, misericórdia", quando o dia da misericórdia acabar e quando ela não for mais oferecida. Aquele que não teve misericórdia de Lázaro espera que Lázaro tenha misericórdia dele, "pois", pensa ele, "Lázaro tem uma natureza melhor do que a minha". O favor em especial solicitado foi: "mande que Lázaro molhe a ponta do dedo em água e me refresque a língua".

(4) A resposta que Abraão deu a esse pedido: ele não o concedeu no todo. Não lhe permitiria uma gota de água para refrescar sua língua. Os condenados ao inferno não terão qualquer alívio ou mitigação de seu tormento. Se agora aproveitarmos o dia de nossa oportunidade, poderemos obter satisfação plena e duradoura nos riachos da misericórdia. Contudo, se desprezarmos agora a oferta, no inferno, será em vão esperar uma gota sequer de misericórdia. Veja com que justiça foi retribuído ao rico em sua própria moeda. Aquele que negava migalhas terá negado a si gotas.

LOCAIS DO MINISTÉRIO DE JESUS EM ISRAEL

FENÍCIA
- **11** Libertação da filha da mulher canaanita
- Tiro

GAULANITIS
- Cesareia de Filipe
- **15** Pedro confessa que Jesus é o Cristo
- Monte Hermon
- Rio Litani
- Lago Hulé
- **5** Jesus pronuncia juízos contra Corazim, Betsaida e Cafarnaum

4 Pesca milagrosa
Cura da sogra de Pedro
Cura o servo do centurião
Cura de dois cegos
Cura um paralítico
Chamado de Mateus
Discurso do Pão da Vida
Jesus paga o imposto do Templo

- Corazim
- Cafarnaum
- Betsaida
- Genezaré
- Mar da Galileia
- **6** Primeira multiplicação de pães e peixes
- Rio Jarmuque

3 Jesus transforma água em vinho — Caná

- **13** Jesus acalma o mar / Jesus anda sobre as águas

8 Jesus prega na sinagoga e é rejeitado / Tentam matá-lo pela primeira vez
- Nazaré
- Monte Tabor
- Vale de Jezreel
- Naim

- **7** Gadara — Jesus liberta um homem possuído por uma legião de demônios

- **12** Cura dos dez leprosos
- **10** Ressurreição do filho da viúva
- **9** Transfiguração de Jesus (?) / Cura do menino com convulsões

DECÁPOLIS
- **14** Segunda multiplicação de pães e peixes
- Rio Jordão
- **2** Jesus é batizado

SAMARIA
- Monte Ebal
- Sicar
- **16** Diálogo com a mulher samaritana
- Monte Gerizim

17 Ensino sobre casamento e divórcio / Jesus abençoa as crianças / O jovem rico

PEREIA
- **18** Cura de Bartimeu / Conversão de Zaqueu

Diálogo com Nicodemos
Cura do paralítico no Tanque de Betesda
Cura do cego de nascença
Última ceia
Prisão, julgamento e crucificação de Jesus
Ressurreição — **21**

- Emaús
- **JUDEIA**
- Jerusalém
- Monte das Oliveiras
- Betânia
- Jericó
- **20** Sermão profético / Ascensão de Cristo
- Belém — **1** Jesus nasce
- Mar Morto
- **19** Ressurreição de Lázaro
- **22** Jesus aparece a dois discípulos após a Sua ressurreição

Mar Mediterrâneo

ESTUDO 271

Terceiro ano do ministério de Cristo

O CASAMENTO: UMA UNIÃO SAGRADA

Leitura bíblica: Marcos 10:1-12

Portanto, que ninguém separe o que Deus ajuntou.
MARCOS 10:9

Os fariseus, que invejavam o avanço da influência espiritual de Cristo e faziam tudo o que podiam para obstruir e se opor a essa influência, discutem com o Mestre, para o distrair, desorientar e fazer que o povo se voltasse contra Ele.

Aqui está: (1) Uma pergunta com a qual eles iniciaram acerca do divórcio: "É lícito ao marido repudiar a sua mulher?" (v.2). Essa era uma boa pergunta se tivesse sido bem colocada e com um desejo humilde de conhecer o pensamento divino nessa questão. Mas eles a propuseram para o tentar, buscando ocasião contra Ele e uma oportunidade de o expor, independentemente do lado que Ele tomasse. Os ministros devem ficar atentos para não serem enredados, sob o pretexto de terem conhecimento.

(2) A resposta de Cristo a eles com uma pergunta: "O que foi que Moisés ordenou a vocês?" (v.3). Ele lhes perguntou isso para testificar Seu respeito à Lei de Moisés e para demonstrar que não viera para a destruir. Também para os envolver em um respeito universal e imparcial pelos escritos de Moisés e para que comparassem uma parte deles com outra.

(3) A precisa citação que deram sobre o que estava na Lei de Moisés, expressamente com relação ao divórcio (v.4). Cristo perguntou o que Moisés lhes dissera, e eles admitiram que Moisés apenas permitira que um homem desse carta de divórcio à sua mulher e a mandasse embora (Dt 24:1). "Se vocês o fizerem, devem fazê-lo por escrito, entregar nas mãos dela e assim mandá-la embora e nunca mais voltar a ela".

(4) A resposta que Cristo lhes deu acerca da questão, na qual Ele mantém a doutrina que havia estabelecido neste caso (Mt 5:32): que qualquer um que repudiar sua esposa, exceto por fornicação, faz com que ela cometa adultério. E para esclarecer isso, Ele aqui mostra: 1) Que o motivo de Moisés ter permitido o divórcio em sua lei era tal que eles jamais deviam fazer uso dessa permissão, pois era por causa da dureza do coração deles (Mc 10:5), pois, se não lhes fosse dada permissão de divórcio de suas esposas, eles as matariam. De modo que ninguém deveria repudiar sua esposa, senão aqueles que estivessem dispostos a admitir que seu coração era tão duro a ponto de necessitar dessa permissão. 2) Que o relato que Moisés dá acerca da instituição do casamento nesta história oferece uma razão contrária ao divórcio que equivale à proibição dele. Assim sendo, se a questão era o que Moisés havia ordenado (v.3), deveria ser respondido: "Embora o divórcio tenha sido permitido aos judeus por uma condição temporária, no entanto, por uma razão eterna, ele a proibiu a todos os filhos de Adão e Eva, e isso é o que devemos cumprir".

ANOTAÇÕES

....
....
....
....
....
....

O REINO INVERTIDO DE DEUS

ESTUDO 272

Terceiro ano do ministério de Cristo

Leitura bíblica: Mateus 20:20-28

Mas entre vocês não será assim; pelo contrário, quem quiser tornar-se grande entre vocês, que se coloque a serviço dos outros. MATEUS 20:26

Qual a vontade de Cristo com relação aos Seus apóstolos e ministros nessa questão? Primeiramente, "entre vocês não será assim". A constituição do reino espiritual é bem diferente disso. Vocês devem ensinar aos súditos desse reino, instruí-los e suplicar-lhes, aconselhá-los e consolá-los, esforçar-se e sofrer com eles, não exercer domínio ou autoridade sobre eles; não devem dominar sobre a herança de Deus (1Pe 5:3), mas trabalhar nela. Isso impede não apenas a tirania e o abuso de poder, como também a reivindicação ou uso de qualquer autoridade secular, como os príncipes dos gentios exercem legalmente. É tão difícil para o vaidoso, até mesmo para os bons homens, ter autoridade e não se envaidecer com ela e fazer mais mal do que bem no seu uso, que nosso Senhor Jesus achou adequado bani-la totalmente de Sua Igreja. O próprio Paulo rejeita o domínio sobre a fé de qualquer pessoa (2Co 1:24). A pompa e a grandeza dos príncipes dos gentios fazem mal aos discípulos de Cristo. Então, se não deve haver tal poder e honra pretendidos para a Igreja, era sem sentido que eles brigassem sobre quem os devia ter. Eles não sabiam o que estavam pedindo.

Segundo: como deveria ser entre os discípulos de Cristo? Cristo já deixara implícito algo sobre a grandeza entre eles, e aqui o explica: "mas entre vocês não será assim; pelo contrário, quem quiser tornar-se grande entre vocês, que se coloque a serviço dos outros" (vv.26-27). Observe aqui: (1) Que é dever dos discípulos de Cristo servir uns aos outros para edificação mútua. Isso inclui tanto humildade quanto utilidade. Os seguidores de Cristo devem estar prontos para descer aos trabalhos mais servis do amor pelo bem uns dos outros, devem se submeter uns aos outros (1Pe 5:5; Ef 5:21) e edificar uns aos outros (Rm 14:19) e agradarem-se mutuamente (Rm 15:2). O grande apóstolo se tornou servo de todos (1Co 9:19). É a dignidade dos discípulos de Cristo cumprir fielmente esse dever. O caminho para ser grande e o principal é ser humilde e serviçal. Esses devem ser mais considerados e respeitados na Igreja — e o serão por todos os que compreendem as coisas de forma correta —, não aqueles que são dignificados com títulos elevados e poderosos, como os dos grandes da Terra, que aparecem em pompa e presumem ter um poder proporcional, mas os que são os mais humildes e altruístas, e se dispõem mais a fazer o bem, embora possa ser para depreciação própria. Estes honram mais a Deus, e Ele os honrará. Do mesmo modo como quem quer ser sábio deve se fazer de tolo, deve-se tornar servo aquele que deseja ser o principal.

(2) Eles devem ser como o seu Mestre, e é muito apropriado que o sejam, para que, enquanto estão no mundo, eles sejam como Ele foi enquanto aqui estava, pois para ambos o momento presente é de humilhação, a coroa e a glória estão reservadas para ambos no momento futuro. Que eles ponderem que o Filho do Homem não veio para ser servido, mas para servir e dar Sua vida em resgate por muitos (Mt 20:28). Nosso Senhor Jesus aqui se coloca diante de Seus discípulos como um modelo daquelas duas coisas anteriormente recomendadas: humildade e utilidade.

ESTUDO 273

Terceiro ano do ministério de Cristo

UMA UNÇÃO PROFÉTICA

Leitura bíblica: Marcos 14:1-9

Ela fez o que pôde: ungiu o meu corpo antecipadamente para a sepultura.

MARCOS 14:8

Temos aqui exemplos da bondade dos amigos de Cristo e da provisão de respeito e honra feita a Ele. Alguns de Seus amigos o amavam, tanto em Jerusalém quanto nos arredores, e jamais pensaram que poderiam fazer o suficiente por Ele, no meio dos quais, Ele é e será glorioso, apesar de Israel não estar reunido.

(1) Aqui estava um amigo que foi gentil a ponto de o convidar para jantar consigo; e Cristo foi gentil a ponto de aceitar o convite (v.3). Embora tivesse a perspectiva de Sua morte se aproximando, ainda assim Ele não se entregou ao isolamento melancólico de todas as Suas companhias, mas conversava com Seus amigos tão livremente quanto antes.

(2) Ali estava outra amiga que foi gentil o suficiente para ungir a Sua cabeça com óleo muito precioso enquanto Ele estava sentado à mesa. Essa foi uma demonstração extraordinária de respeito a Ele feita por uma boa mulher que não pensava que nada seria bom demais para ser aplicado a Cristo e para o honrar. Agora as Escrituras se cumpriram: "Enquanto o rei está assentado à sua mesa, o meu nardo exala o seu perfume" (Ct 1:12). Que ministremos a Cristo a unção como nosso Amado, que o beijemos com beijos de afeição e derramemos sobre Sua cabeça óleo como nosso Soberano, beijando-o em sinal de aliança. Ele derramou Sua alma na morte por nós, e devemos nós considerar qualquer vaso de unguento precioso demais para ser derramado sobre Ele? Pode-se ver que ela cuidou em derramá-lo completamente sobre a cabeça de Cristo; ela quebrou o vaso (assim o lemos), mas porque era um vaso de alabastro (portanto não facilmente quebrável), e não havia necessidade de que ele fosse quebrado para obter o óleo, alguns entendem que ela chacoalhou o vaso ou lançou-o ao chão para que soltasse o que estava dentro nele, para que saísse com mais facilidade. Ou ela esfregou e raspou tudo o que estava grudado em suas laterais. Cristo deve ser honrado com tudo o que temos, e não devemos pensar em reter nenhuma parte do valor. Nós lhe damos o óleo precioso de nossa melhor afeição? Que Ele tenha tudo; ame-o com todo o coração.

Esse rito funerário foi um tipo de presságio, ou prelúdio, à Sua morte vindoura. Veja como o coração de Cristo foi preenchido com pensamentos acerca de Sua morte, como tudo foi interpretado em referência a ela e com que familiaridade Ele falou dela em todas as ocasiões. É normal para aqueles condenados a morrer que tenham seus caixões preparados e façam provisão para seu funeral enquanto ainda estão vivos. Assim, Cristo aceitou essa unção. A Sua morte e sepultamento eram os degraus mais baixos de Sua humilhação; portanto, ainda que Ele se submetesse a ambos com alegria, teria algumas marcas de honra para os acompanhar, o que poderia ajudar a remover a ofensa da cruz e ser um exemplo de quanto é preciosa à vista do Senhor a morte de Seus santos. Cristo nunca entrou em triunfo em Jerusalém, exceto quando ali foi para sofrer; tampouco teve Sua cabeça ungida anteriormente, senão para Seu sepultamento.

O REI HUMILDE

ESTUDO 274

Terceiro ano do ministério de Cristo

Leitura bíblica: Mateus 21:1-11

Digam à filha de Sião: Eis que o seu Rei vem até você, humilde, montado em jumenta, e num jumentinho, cria de animal de carga.

MATEUS 21:5

Todos os quatro evangelistas perceberam essa passagem de Cristo entrando em triunfo em Jerusalém cinco dias antes da Sua morte. A Páscoa era no décimo quarto dia do mês, e esse era o décimo, no qual a Lei determinava que o cordeiro pascal deveria ser selecionado (Êx 12:3) e separado para esse serviço. Nesse dia, Cristo, a nossa Páscoa, que seria sacrificado por nós, foi mostrado publicamente. Assim, esse foi o prelúdio de Sua paixão.

Nosso Senhor Jesus, em tudo o que fez e sofreu, tinha Seu olhar fixo nisto: que as Escrituras se cumprissem. Como os profetas olhavam à frente para Ele (dele, todos dão testemunho), assim Ele olhava para eles para que tudo o que foi escrito acerca do Messias se cumprisse pontualmente nele. Esta profecia em particular estava em Zacarias 9:9, em que introduz uma grande predição do reino do Messias — "Digam à filha de Sião: eis que seu Rei vem..." deve ser cumprida. Agora observe:

(1) Como a vinda de Cristo foi predita: "Digam à filha de Sião", a Igreja, o santo monte, "Eis, que o seu rei vem até você". Note: 1) Jesus Cristo é o Rei da Igreja, um de nossos irmãos, como nós, de acordo com a lei do reino (Dt 17:15). Ele é designado Rei sobre a Igreja (Sl 2:6). É aceito como Rei pela Igreja; a filha de Sião jura lealdade a Ele (Os 1:11). 2) Cristo, o Rei de Sua Igreja, veio a ela, mesmo neste mundo inferior. Ele vem a você, para a governar, para governar em você, para governar por você. Ele é o Cabeça sobre todas as coisas na Igreja. Veio a Sião (Rm 11:26), para que de Sião a Lei pudesse se expandir, visto que a Igreja e seus interesses eram inteiramente ligados ao Redentor. 3) A Igreja foi notificada antes da vinda de seu Rei: "Digam à filha de Sião". Cristo terá Sua vinda aguardada e esperada, e Seus súditos com grande expectativa dela, "Digam à filha de Sião", que ela pode sair e contemplar o rei Salomão (Ct 3:11).

(2) Como é descrita a Sua vinda. Quando um rei vem, algo grande e magnificente é esperado, especialmente quando Ele vem para tomar posse de Seu reino. O Rei, o Senhor dos Exércitos, foi visto sobre um alto e sublime trono (Is 6:1). Contudo, aqui não há nada disso: "Eis que o seu Rei vem até você, humilde, montado em jumenta". Quando Cristo apareceu em Sua glória, foi em Sua humildade, não em Sua majestade.

ANOTAÇÕES

ESTUDO 275

Terceiro ano do ministério de Cristo

E DEUS CHOROU

Leitura bíblica: Lucas 19:41-28

Quando Jesus ia chegando a Jerusalém, vendo a cidade, chorou por ela.

LUCAS 19:41

O grande Embaixador do Céu está aqui fazendo Sua entrada pública em Jerusalém, não para ser lá respeitado, mas rejeitado. Ele sabia em que ninho de víboras estava se lançando, e ainda assim vemos aqui dois exemplos de Seu amor por aquele lugar e Sua preocupação com ele.

(1) As lágrimas que derramou pela aproximação da ruína da cidade: "Quando Jesus ia chegando a Jerusalém, vendo a cidade, chorou por ela" (v.41). Provavelmente, foi quando Ele descia a ladeira do monte das Oliveiras, de onde tinha uma visão completa da cidade, sua grande extensão, as muitas estruturas governamentais, e Seu olhar afetou Seu coração, e Seu coração afetou Seus olhos. Veja: 1) Como era terno o espírito de Cristo. Nunca lemos dele rindo, mas o encontramos com frequência chorando. Neste mesmo lugar, Seu pai Davi chorou, e aqueles que o acompanhavam, embora fossem homens de guerra. Há casos nos quais não é vergonhoso ao mais corajoso dentre os homens desmanchar-se em lágrimas. 2) Que Jesus Cristo chorou em meio aos Seus triunfos, chorou quanto todos ao Seu redor jubilavam, para mostrar o quão pouco Ele se exaltava com o aplauso e a aclamação do povo. Assim, Ele nos ensinou a regozijar em tremor, como se não nos alegrássemos. Se a Providência não manchar a beleza de nossos triunfos, nós mesmos podemos ver motivos para manchá-la com nossos pesares. 3) Que Ele chorou sobre Jerusalém. Há cidades pelas quais devemos chorar, e nenhuma deve ser mais lamentada do que Jerusalém, que fora a cidade santa e a alegria de toda a Terra, mas veio a se tornar degenerada.

(2) O zelo que Ele mostrou pela presente purificação do templo. Mesmo que ele devesse ser destruído em pouco tempo, não quer dizer que não deva ser cuidado durante esse ínterim. 1) Cristo o purificou daqueles que o profanaram. Ele foi direto ao templo e começou a expulsar os compradores e vendedores (v.45). Dessa forma (embora Ele fosse representado como um inimigo do templo, e esse tenha sido o crime do qual foi acusado diante do sumo sacerdote), Ele demonstrou que tinha um amor mais verdadeiro pelo templo do que o de todos que tinham veneração por seu corbã (Mc 7:7-12), seu tesouro, como sagrado, pois a pureza do templo era mais a sua glória do que a riqueza dele. Cristo deu razão para expulsar os mercadores do templo (Lc 19:46). Aquela era a casa de oração, separada para a comunhão com Deus: os compradores e vendedores a tornaram um covil de ladrões, pelas negociações fraudulentas que faziam lá, algo que não devia, de modo algum, ser tolerado lá, uma vez que distraíam aqueles que vinham ali para orar. 2) Ele fez o melhor uso do templo do que nunca, visto que ensinou nele diariamente (v.47). Veja: não é suficiente que as corrupções de uma igreja sejam purgadas, a pregação do evangelho deve ser muito encorajada.

ANOTAÇÕES

....
....
....
....

PROFECIAS SOBRE O PASSADO E O FUTURO

ESTUDO 276

Terceiro ano do ministério de Cristo

Leitura bíblica: Mateus 24–25

Jesus estava sentado no monte das Oliveiras quando os discípulos se aproximaram dele e, em particular, lhe pediram: "Diga-nos quando essas coisas vão acontecer e que sinal haverá da sua vinda e do fim dos tempos". MATEUS 24:3

Os discípulos haviam perguntado acerca dos tempos: "Quando essas coisas vão acontecer?". Cristo não lhes reponde acerca do número de dias e de anos em que Sua predição se cumpriria, pois não nos cabe "conhecer os tempos ou épocas" (At 1:7). Contudo, eles perguntaram "que sinal haverá". Ele responde completamente a esse questionamento, visto que precisamos ser "capazes de interpretar os sinais dos tempos" (Mt 16:3).

Essa profecia diz respeito primariamente aos eventos próximos: a destruição de Jerusalém, o período da congregação dos judeus e sua condição, o chamado dos gentios e o estabelecimento do reino de Cristo no mundo. Porém, assim como as profecias do Antigo Testamento têm uma referência imediata às questões dos judeus e às mudanças de sua condição, sob a perspectiva deles, certamente apontam para mais adiante, para a igreja do evangelho e para o reino do Messias, e são expostas dessa maneira no Novo Testamento. Tais expressões são encontradas nessas predições de forma peculiar, e não aplicáveis de outra forma. Portanto, essa profecia, sob o tipo da destruição de Jerusalém, tem um olhar que vai muito adiante, até o julgamento geral.

Como é comum às profecias, algumas passagens são mais aplicáveis ao tipo, e outras ao antítipo; mas, à medida que se encaminham ao fim, elas apontam mais especificamente para o último. Pode-se observar que o que Cristo diz aqui aos Seus discípulos tende mais no sentido de captar a atenção deles do que de satisfazer sua curiosidade; é mais para os preparar para os eventos que ocorreriam do que para lhes dar uma ideia distinta dos eventos em si. Este é aquele bom entendimento dos tempos que todos deveríamos desejar, e, a partir dele, inferir o que Israel deveria fazer. Desse modo, essa profecia é de utilidade permanente para a Igreja e será assim até o fim dos tempos, visto que "o que foi é o que há de ser" (Ec 1:9), e a série, as ligações e os presságios dos eventos são ainda os mesmos que eram no passado, a fim de que, com base nas profecias deste capítulo, que apontam para aquele evento, possam ser feitas as previsões morais e construções tais dos tempos como as que o coração do sábio saberá aproveitar.

ANOTAÇÕES

ESTUDO 277

Terceiro ano do ministério de Cristo

VENDENDO O SALVADOR

Leitura bíblica: Marcos 14:1-11

Eles, ouvindo isto, se alegraram e prometeram dar dinheiro a ele; nesse meio-tempo, Judas buscava uma boa ocasião para entregar Jesus.

MARCOS 14:11

Sobre a malícia dos inimigos de Cristo e os preparativos feitos por eles para lhe causar dano, observe:

(1) *Os principais sacerdotes, Seus inimigos declarados, discutiam como poderiam matá-lo* (vv.1-2). A festa da Páscoa estava próxima, e nela Ele deveria ser crucificado para que: 1) Sua morte e sofrimento pudessem ser mais públicos e que todo Israel, mesmo aqueles da Dispersão que vinham de todas as partes para a festa, pudessem testemunhá-lo e as maravilhas que o seguiriam. 2) O antítipo pudesse corresponder ao tipo. Cristo, nossa Páscoa, foi sacrificado por nós e nos trouxe para fora da casa da escravidão ao mesmo tempo que o cordeiro pascal era sacrificado e comemorada a libertação de Israel do Egito.

(2) *Judas, Seu inimigo dissimulado, fez um trato com eles para o trair* (vv.10-11). Ele era um dos Doze da família de Cristo, íntimo dele, treinado para o serviço do reino; e foi aos principais dos sacerdotes para apresentar seu serviço nessa questão.

1) O que ele lhes propôs foi trair Cristo e lhes dar um sinal acerca de quando e onde poderiam encontrá-lo e capturá-lo, sem fazer alarde entre o povo, o que eles temiam, se tivessem de o aprisionar quando Ele estivesse em público, em meio aos Seus admiradores. Judas sabia que tipo de ajuda eles precisavam e em que ponto eles estavam travados em seus conselhos? É provável que não, pois o debate aconteceu em um conluio fechado. Eles sabiam que Judas desejava ajudá-los e ser aprovado? Não, sequer imaginavam que qualquer um dentre os íntimos de Cristo seria assim tão vil; mas Satanás, que havia entrado em Judas, sabia os motivos que tinham para ele e pôde orientá-lo em ser o guia daqueles que maquinavam pegar Jesus. Note: o espírito que opera em todos os filhos da desobediência sabe como trazê-los para a assistência mútua em um projeto perverso, e depois como os tornar obstinados nele, com a suposição de que a Providência os favorece.

2) Que aquilo que Judas havia se proposto era receber o dinheiro pela troca, e conseguiu o que queria quando eles lhe prometeram dinheiro. A cobiça foi o principal pecado de Judas, sua própria iniquidade e aquilo que o levou ao pecado de trair seu Mestre. O diabo adequou a sua tentação a isso e assim o venceu. Não se diz que eles lhe prometeram favorecimento (essa não era a ambição dele), mas que lhe prometeram dinheiro. Veja como precisamos redobrar nossa vigilância contra o pecado que mais facilmente nos assedia. Talvez tenha sido a cobiça de Judas que inicialmente o motivou a seguir Cristo, por ter a promessa de ser o responsável pela bolsa daquele grupo, e, em seu coração, ele amava lidar com dinheiro. Agora que havia dinheiro para ser obtido do outro lado, ele estava pronto a traí-lo tanto quanto estivera a segui-lo. Quando o princípio da profissão de fé de um homem é carnal e mundano, e serve a um interesse secular, esse mesmo princípio será a raiz de amargura de uma apostasia vil e escandalosa sempre que o vento mudar.

ANOTAÇÕES

....
....

UM MINISTÉRIO DE HUMILDADE

ESTUDO 278

Terceiro ano do ministério de Cristo

Leitura bíblica: João 13

Sabendo este que o Pai tinha confiado tudo às suas mãos, e que ele tinha vindo de Deus e voltava para Deus, levantou-se da ceia, tirou a vestimenta de cima e, pegando uma toalha, cingiu-se com ela. JOÃO 13:3-4

Como Jesus conhecia Sua glória como Deus e sua autoridade e poder como Mediador, seria de se esperar que Ele se levantasse da ceia, deixasse de lado Suas vestes comuns, pedisse um manto, ordenasse que mantivessem distância e lhe prestassem honra. Muito pelo contrário: quando Ele considerou isso, deu o maior exemplo de humildade.

Ele se vestiu como um servo para o fazer: retirou Suas vestes superiores, a fim de que pudesse se aplicar ao serviço mais rapidamente. Devemos nos dirigir ao dever como aqueles que estão decididos a não assumir posição social, mas a nos empenhar. Devemos nos afastar de tudo que poderia alimentar nosso orgulho ou ficar em nosso caminho como empecilho naquilo que devemos realizar, devemos cingir os lombos de nossa mente, como aqueles que sinceramente se dedicam ao dever.

Ele o fez com toda a cerimônia humilde que poderia, percorreu claramente todas as partes do serviço e não deixou nenhuma delas sem ser efetuada; Ele o fez como se estivesse acostumado a assim servir. Fez sozinho e não teve ninguém que lhe ministrasse. Cingiu-se com a toalha, como os servos que têm um guardanapo pendurado ao braço, ou colocou um avental diante deles. Derramou a água que estava nas vasilhas próximas na bacia (Jo 2:6) e depois lhes lavou os pés; e, para completar o serviço, enxugou-os.

Nada indica que Ele não tenha lavado os pés de Judas dentre os restantes, pois ele estava presente (Jo 13:26). Fazia parte da reputação de certa viúva, que ela havia lavado os pés dos santos (1Tm 5:10), e há algum consolo nisso. Contudo, o bendito Jesus aqui lavou os pés de um pecador, o mais maligno dos pecadores, o pior para Ele mesmo, que nesse momento conspirava para o trair.

Muitos intérpretes consideram que Cristo lavar os pés de Seus discípulos é uma representação de toda a Sua missão. Ele sabia que era igual a Deus e que todas as coisas lhe pertenciam, mas, ainda assim, levantou-se de Sua mesa na glória, retirou Seu manto de luz, cingiu-se de nossa natureza, tomou a forma de servo, não veio para ser servido, mas para servir, derramou Seu sangue e Sua alma na morte, e assim preparou um lavatório para nos purificar de nosso pecado (Ap 1:5).

ANOTAÇÕES

ESTUDO 279

Terceiro ano do ministério de Cristo

A MAIS BELA CELEBRAÇÃO

Leitura bíblica: Mateus 26:17-35

A seguir, Jesus pegou um cálice e, tendo dado graças, o deu aos seus discípulos, dizendo: "Bebam todos dele; porque isto é o meu sangue, o sangue da aliança, derramado em favor de muitos, para remissão de pecados".

MATEUS 26:27-28

Observem o que Cristo disse acerca de Seu sangue, representado no sacramento.

(1) "Porque isto é o meu *sangue*, o sangue do Novo Testamento" (v.28 ARC). O Antigo Testamento era confirmado pelo sangue de bezerros e bodes (Hb 9:19-20; Êx 24:8); porém, o Novo Testamento, pelo sangue de Cristo, que aqui se distingue daqueles. "É o meu sangue do Novo Testamento". A aliança que Deus tem o prazer de fazer conosco, com todos os benefícios e privilégios dela, é devida aos méritos da morte de Cristo.

(2) "Derramado"; não foi derramado antes do dia seguinte, mas, como agora estava perto de ser vertido, era tão certo como se já houvesse sido derramado. "Antes que vocês possam repetir essa ordenança, ele será derramado". Ele estava agora pronto a ser oferecido, e Seu sangue de ser vertido, como o sangue dos sacrifícios que fazia expiação.

(3) "Derramado em favor de muitos". Cristo veio para confirmar uma aliança com muitos (Dn 9:27) e o intento de Sua morte o confirmava. O sangue do Antigo Testamento era derramado por poucos: ele confirmava a aliança, que (como disse Moisés), "o Senhor fez com vocês" (Êx 24:8). A expiação era realizada apenas pelos filhos de Israel (Lv 16:34). Porém, Jesus Cristo é a propiciação pelos pecados de todo o mundo (1Jo 2:2).

(4) "Derramado... para a remissão de pecados", isto é, a remissão de pecado em nosso favor. A redenção que temos por meio de Seu sangue é a remissão de pecados (Ef 1:7). A nova aliança que é adquirida e ratificada pelo sangue de Cristo é uma escritura de perdão, um ato de indenização visando a uma reconciliação entre Deus e homem, visto que o pecado era a única coisa que criava o conflito, e sem o derramamento de sangue não há remissão (Hb 9:22). O perdão do pecado é essa grande bênção conferida a todos os verdadeiros fiéis na Ceia do Senhor. Ele é o fundamento de todas as bênçãos e a fonte de consolação eterna (Mt 9:2-3). Agora há uma despedida do fruto da videira (Mt 26:29). Cristo e Seus discípulos haviam ceado juntos com uma dose de consolo na festa tanto do Antigo quanto do Novo Testamento, *fibula utriusque Testamenti* — o laço que une ambos os Testamentos. Quão amáveis eram esses tabernáculos! Como era bom estar ali!

Por fim, aqui há o encerramento da solenidade com um hino (v.30). Eles cantaram um hino ou um salmo, os salmos que os judeus normalmente cantavam ao final da ceia de Páscoa, que chamavam de grande *Hallel*, isto é, o Salmo 113 e os cinco que o seguem. Isso não é inadequado, não em tempos de tristeza e sofrimento; os discípulos estavam pesarosos, e Cristo entrando em Seus sofrimentos, mas, mesmo assim, eles cantaram um hino juntos. Nossa alegria espiritual não deveria ser interrompida por nossas aflições exteriores.

ANOTAÇÕES

....
....
....
....
....
....

NEGAÇÃO E ARREPENDIMENTO VERDADEIRO

ESTUDO 280

Terceiro ano do ministério de Cristo

Leitura bíblica: Marcos 14

E no mesmo instante o galo cantou pela segunda vez. Então Pedro se lembrou da palavra que Jesus lhe tinha dito: "Antes que o galo cante duas vezes, você me negará três vezes". E, caindo em si, começou a chorar. MARCOS 14:72

Aqui temos a história de Pedro negando Cristo.

A tentação foi a acusação de ele ser um discípulo de Cristo. "Você também estava com Jesus, o Nazareno" (v.67). "Este é um deles" (v.69); "Com certeza você é um deles, porque também é galileu" (v.70). Não parece que ele fora desafiado acerca disso, ou que estivesse em qualquer perigo de ser processado como criminoso por essa razão, mas zombado e em perigo de ser ridicularizado como tolo. Enquanto os principais sacerdotes maltratavam o Mestre, os servos maltratavam os discípulos. Algumas vezes, a causa de Cristo parece estar tão ameaçada, que todos têm uma pedra para atirar nela e que até mesmo os abjetos se reúnem contra ela. Quando Jó estava no monturo, foi zombado por aqueles que eram filhos de homens vis (Jó 30:8). No entanto, considerando todas as coisas, a tentação não poderia ser chamada de terrível. Era apenas uma empregada que casualmente olhou para ele e, pelo que parece, sem qualquer desejo de lhe causar problema disse "Este é um deles", ao que Pedro não precisava ter dado resposta, ou poderia apenas dizer "E se eu for, espero que isso não seja traição".

O pecado foi grande: ele negou Cristo diante dos homens em um momento em que deveria tê-lo confessado e o reconhecido e ter aparecido no tribunal como uma testemunha a Seu favor. Cristo muitas veze avisara a Seus discípulos acerca de Seus sofrimentos. No entanto, quando eles chegaram, para Pedro, foram como uma grande surpresa e um terror, como se nunca houvesse ouvido falar deles anteriormente. Cristo frequentemente lhes dissera que eles deveriam sofrer por Ele, tomar sua cruz e segui-lo. Todavia Pedro está tão terrivelmente temeroso de sofrer que, diante do primeiro alarme, mentiria e xingaria, fazendo qualquer coisa para evitá-lo. Quando Cristo era admirado e multidões afluíam para Ele, Pedro prontamente o confessava, mas agora que era abandonado, desprezado e insultado, ele se envergonha do Cristo e não confessa ser relacionado a Ele.

Seu arrependimento foi muito rápido. Ele repetiu a negação três vezes, e a terceira foi a pior de todas, pois então ele amaldiçoou e xingou para confirmar sua negação. Nesse terceiro golpe, que, poderíamos pensar, deveria aturdi-lo e derrubá-lo, surpreendeu-o e o ergueu. Seu arrependimento aqui é expresso por *epibalon eklaie*, em que algo deve ser suprido. Ele acrescentou o pranto, assim entendem alguns, fazendo da expressão um hebraísmo: ele chorou e, quanto mais pensava acerca disso, mais chorava. Continuou a chorar, colocou tudo para fora e pranteou; irrompeu em lágrimas, humilhou-se e chorou; cobriu sua face e chorou (assim entendem outros). Lançou suas vestes sobre sua cabeça para que não fosse visto chorando. Olhou em direção ao seu Mestre, que se virou e olhou para ele.

ANOTAÇÕES

....
....
....
....
....

ESTUDO 281

Terceiro ano do ministério de Cristo

O MARAVILHOSO SACRIFICADO

Leitura bíblica: Mateus 27

*E Jesus, clamando outra vez em alta voz, entregou o espírito.
Eis que o véu do santuário se rasgou em duas partes, de alto a baixo;
a terra tremeu e as rochas se partiram.* MATEUS 27:50-51

Temos aqui o relato detalhado da morte de Cristo, e várias passagens notáveis que o acompanham.

O modo como Ele deu Seu último suspiro (v.50). Ele foi pregado na cruz entre a terceira e a sexta hora, isto é, calculamos que entre nove e meio-dia, e logo depois da hora nona, isto é, entre três e quatro horas da tarde, Ele morreu. Esse era o horário da oferta do sacrifício da tarde, a hora em que o cordeiro pascal era morto. E Cristo, nossa Páscoa, foi sacrificado por nós e se ofereceu como um sacrifício a Deus de aroma suave no entardecer do mundo. Foi neste horário do dia em que o anjo Gabriel entregou a Daniel aquela gloriosa predição do Messias (Dn 9:21-24). Alguns pensam que daquele exato momento em que o anjo falava até esse momento em que Cristo morria, aconteceram exatamente as 70 semanas, ou seja, 490 anos até esse dia e hora; do mesmo modo como a partida de Israel do Egito ocorreu ao final de 430 anos, naquele mesmo dia (Êx 12:41).

Os milagres que acompanharam a Sua morte. Uma vez que Ele realizou muitos milagres durante a Sua vida, poderíamos esperar alguns ocorrendo durante a Sua morte, pois Seu nome é Maravilhoso. Se Ele tivesse sido trasladado como Elias, em uma carruagem de fogo, isso seria milagre suficiente. Contudo, ao ser tomado por meio da vergonhosa cruz, era requisito que Sua humilhação fosse acompanhada por algumas emanações que sinalizariam a Sua glória divina. (1) Ela aconteceu em correspondência ao templo do corpo de Cristo, que agora se dissolvia. Este era o verdadeiro templo no qual habitava a plenitude da Divindade. Quando Cristo clamou em alta voz, entregando o espírito, assim desfazendo aquele templo, o templo literal ecoou o clamor e respondeu ao golpe rasgando seu véu. Note, a morte é o rasgar do véu da carne que se interpõe entre nós e o Santo dos Santos; a morte de Cristo foi assim e a morte dos verdadeiros cristãos também.

(2) Significava a revelação e o desvelar dos mistérios do Antigo Testamento. O véu do templo servia para ocultação, como aquele usado por Moisés, e, portanto, era chamado de véu da cobertura, uma vez que era alto crime qualquer pessoa ver a mobília do lugar Santíssimo, exceto o sumo sacerdote, e apenas uma vez por ano, acompanhado de grandes cerimônias e por meio de uma nuvem de fumaça. Tudo isso significava a obscuridade daquela dispensação (2Co 3:13). Mas agora, na morte de Cristo, enquanto tudo estava exposto, os mistérios foram revelados, de modo que até quem passava correndo pôde ler o significado deles (Hc 2:2). Agora podemos ver que o propiciatório significava Cristo, a grande Propiciação. O pote de maná, simbolizava Cristo, o Pão da Vida. Assim, com a face descoberta, contemplamos, como por um espelho (o que auxilia a visão na mesma medida que o véu a impedia), a glória do Senhor (2Co 3:18). Nossos olhos agora veem a salvação.

ANOTAÇÕES

....
....

UM ENCONTRO REVOLUCIONÁRIO

ESTUDO 282

Terceiro ano do ministério de Cristo

Leitura bíblica: João 20

Jesus disse: "Maria!" Ela, voltando-se, lhe disse, em hebraico: "Raboni! ("Raboni" quer dizer "Mestre".)

JOÃO 20:16

Observe: (1) Como Cristo se revelou a essa boa mulher que buscava por Ele em lágrimas: "Jesus disse: 'Maria!'" (v.16). Foi dito com ênfase e com um ar de bondade e liberdade com os quais Ele costumava se referir a ela. Agora, Ele mudara Sua voz e falara como Ele mesmo, não como o jardineiro. O modo de Cristo se fazer conhecido a Seu povo é por Sua Palavra, Sua Palavra aplicada à alma deles, falando-lhes em particular. Quando aqueles a quem Deus conhecia pelo nome nos conselhos de Seu amor (Êx 33:12) são chamados nominalmente na eficácia da Sua graça, então Ele revela Seu Filho neles como aconteceu com Paulo (Gl 1:16) quando Cristo o chamou pelo nome: "Saulo, Saulo". As ovelhas de Cristo conhecem a Sua voz (Jo 10:4). Essa única palavra, "Maria", foi como aquela dada aos discípulos em meio à tempestade. Então, é a palavra de Cristo que nos faz bem quando acrescentamos nossos nomes nos preceitos e promessas. "Nisto, Cristo me chama e fala comigo".

(2) Quão prontamente ela recebeu essa revelação. Quando Cristo disse: "Maria, você não me conhece? Nós nos tornamos estranhos um ao outro?", ela logo entendeu quem era, como a noiva em Cântico dos Cânticos 2:8: "Ouço a voz do meu amado". Ela se virou e disse: "Raboni", meu Mestre. O texto poderia bem ser lido como uma interrogação: "Raboni? É meu Mestre? De fato, o é?". Observe primeiramente o título de respeito que ela lhe dá: "meu Mestre", *didaskale* — um mestre no ensino. Os judeus chamavam seus doutores de rabinos, grandes homens. Os críticos judeus nos dizem que Raboni era, para eles, um título mais honroso que rabi. Portanto, Maria o escolhe e acrescenta a nota de apropriação "*meu* grande Mestre". Note, apesar da liberdade da comunhão com a qual Cristo se agrada de nos admitir à Sua presença, devemos nos lembrar que Ele é nosso Mestre e nos aproximar dele em temor piedoso. Na sequência, veja com que afeição vivaz ela dá esse título a Cristo. Ela desviou o olhar, que estava voltado para os anjos, para vislumbrar Jesus. Devemos desviar nossa atenção de todas as criaturas, até mesmo das melhores e mais brilhantes, para fixá-la em Cristo, de quem nada pode desviar nossa atenção, nem interferir em nosso relacionamento com Ele. Enquanto ela achava que era o jardineiro, olhava para o outro lado ao falar com Ele. Mas, agora que reconheceu a voz de Cristo, ela se virou. A alma que ouve a voz de Cristo e é voltada para Ele o chama de "meu Mestre" com alegria e triunfo. Percebam com que prazer aqueles que amam a Cristo falam de Sua autoridade sobre eles. "Meu Mestre, meu grande Mestre!"

ANOTAÇÕES

....
....
....
....
....
....
....
....

ESTUDO 283

Terceiro ano do ministério de Cristo

A MELHOR AULA DA HISTÓRIA

Leitura bíblica: Lucas 24:13-35

E, começando por Moisés e todos os Profetas, explicou-lhes o que constava a respeito dele em todas as Escrituras.

LUCAS 24:27

Jesus expôs a eles as Escrituras do Antigo Testamento que falavam do Messias, e lhes mostrou como elas se cumpriram em Jesus de Nazaré e podiam lhes dizer mais acerca dele do que anteriormente: "E, começando por Moisés e todos os Profetas, explicou-lhes o que constava a respeito dele em todas as Escrituras" (v.27). Mostrou-lhes que os sofrimentos que Ele suportara estavam longe de derrotar as profecias das Escrituras a Seu respeito, mas que eram o seu cumprimento.

Ele começou em Moisés, que registrou a primeira promessa, na qual se predizia claramente que o Messias teria Seu calcanhar ferido; mas que, por meio dele, a cabeça da serpente seria incuravelmente partida. Veja primeiramente, como há grandes coisas dispersas pelas Escrituras acerca de Cristo; é de grande serventia reuni-las e colocá-las juntas. Não se pode avançar muito em qualquer parte das Escrituras sem encontrar algo que tenha referência a Cristo; alguma profecia, alguma promessa, algum tipo ou outro, visto que Ele é o verdadeiro tesouro no campo do Antigo Testamento. Um fio dourado da graça do evangelho percorre toda a teia do Antigo Testamento. Há um clarão entre a névoa a ser discernido em todos os lugares.

Segundo, as coisas concernentes a Cristo precisam ser expostas. Embora o eunuco fosse um erudito, ele não fingiu que as compreendia, exceto se houvesse alguém para o guiar (At 8:31), uma vez que elas foram entregues em obscuridade, de acordo com aquela dispensação. Porém agora que o véu foi removido, o Novo Testamento explica o Antigo.

Terceiro, Cristo é o melhor expositor das Escrituras, particularmente aquelas que falam dele mesmo, e, mesmo após a Sua ressurreição, foi dessa forma que Ele levou as pessoas ao conhecimento do mistério, mostrando como as Escrituras se cumpriram e voltando Seu povo ao estudo delas. Até mesmo o Apocalipse é apenas uma segunda parte das profecias do Antigo Testamento e tem seus olhos constantemente voltados a elas. Se os homens não creem em Moisés e nos profetas, eles são incuráveis.

Por fim, ao estudar as Escrituras, é bom ser metódico e tomá-las na ordem, visto que a luz do Antigo Testamento brilhou gradualmente até ser dia perfeito, e é bom observar como em diversos momentos e maneiras (subsequentes às predições se aperfeiçoarem e trazerem luz às que as antecederam), Deus falou aos patriarcas acerca de Seu Filho, por meio de quem Ele nos fala agora. Aqueles que estudam o Apocalipse primeiro começam sua leitura bíblica pelo lado errado. Mas, aqui, Cristo nos ensinou a começar por Moisés.

ANOTAÇÕES

....
....
....
....
....
....
....
....

PARTIDA E EXPECTATIVA

ESTUDO 284

Terceiro ano do ministério de Cristo

Leitura bíblica: Lucas 24:50-53

*Então eles, adorando-o,
voltaram para Jerusalém cheios de alegria.*

LUCAS 24:52

Com que alegria Seus discípulos continuaram a prestar-lhe seu serviço, e a Deus por meio dele, mesmo agora que Ele os deixara.

(1) Eles o honraram em Sua partida, para dizer que, embora Ele estivesse partindo para longe, ainda assim continuariam sendo Seus súditos leais, que desejavam que Ele reinasse sobre eles, pois o adoraram (v.52). Note: Cristo espera adoração daqueles que recebem dele a bênção. Ele os abençoou, em sinal de agradecimento por eles o terem adorado. Essa recente exibição da glória de Cristo extraiu deles novos reconhecimentos e adoração. Eles sabiam que, embora Ele se separasse deles, ainda assim podia ver, e viu, sua adoração a Ele; a nuvem que o recebeu, ocultando-o da vista deles, não os afastou, ou a sua adoração, de Sua visão.

(2) Eles retornaram a Jerusalém com grande alegria. Foi-lhes ordenado que continuassem lá até que o Espírito fosse derramado sobre eles, e para lá foram em obediência, mesmo que fosse para a boca do perigo. Para lá foram, e lá ficaram com grande alegria. Essa foi uma mudança maravilhosa e uma consequência de terem seu entendimento aberto. Quando Cristo lhes disse que os deixaria, a tristeza invadiu o coração deles, porém, agora que o viram ir, estavam cheios de júbilo, plenamente convencidos de que era necessário para eles, e para a Igreja, que Ele se retirasse a fim de enviar o Consolador. Percebam: a glória de Cristo é a alegria, a grande alegria, de todos os verdadeiros cristãos, mesmo enquanto eles estão nesse mundo; muito mais ainda será quando eles forem à Nova Jerusalém e o encontrarem em Sua glória.

(3) Eles abundaram em atos de devoção enquanto estavam na expectativa da promessa do Pai (v.53). 1) Compareciam ao culto no templo nas horas da oração. Deus não havia abandonado o templo ainda; assim sendo, eles também não o abandonaram. Estavam continuamente no templo, como seu Mestre sempre que estava em Jerusalém. O Senhor ama os portões de Sião, e nós deveríamos amá-los também. Alguns acham que eles tinham seu local de reunião, como discípulos, em alguma das câmaras do templo que pertenceria a algum levita que os prezava. Outros, no entanto, pensam que isso não poderia ser ocultado ou ter a conivência dos principais dos sacerdotes e administradores do templo. 2) Eles sabiam que os sacrifícios do templo foram suplantados pelo sacrifício de Cristo, mas uniam-se às canções do santuário.

Veja: enquanto aguardamos pelas promessas de Deus, devemos ir ao encontro delas com nossos louvores. Nunca é inoportuno louvar e bendizer a Deus, e nada prepara melhor a mente para receber o Espírito Santo do que a santa alegria e o santo louvor. Os medos são silenciados, as tristezas são amenizadas e acalmadas, e as esperanças, mantidas.

ANOTAÇÕES

....
....
....
....
....

ESTUDO 285

A Era da Igreja inicia

O ESPÍRITO DE PODER VEIO

Leitura bíblica: Atos 2

Todos ficaram cheios do Espírito Santo.

ATOS 2:4

Lemos com frequência, no Antigo Testamento, que Deus desceu em uma nuvem, como quando Ele tomou posse do primeiro tabernáculo e, mais tarde, do templo, o que demonstra as trevas daquela dispensação. E Cristo ascendeu ao Céu em uma nuvem, para indicar o quanto somos mantidos na obscuridade quanto ao mundo superior. Contudo, o Espírito Santo não desceu em uma nuvem, pois Ele veio para dissipar e espalhar as trevas que inundam a mente dos homens e para trazer luz ao mundo.

(1) Esta é uma convocação audível dada a eles para despertar suas expectativas de algo grande (v.2). Aqui se diz: 1) Que ela veio de forma repentina, não surgiu gradualmente, como os ventos naturais, mas atingiu seu auge de imediato. Veio antes do esperado e surpreendeu até mesmo os que estavam reunidos a aguardando, e provavelmente envolvidos em algumas práticas religiosas. 2) Foi um som do Céu, como um trovão (Ap 6:1). Diz-se que Deus traz os ventos dos seus reservatórios (Sl 135:7) e os reúne em Suas mãos (Pv 30:4). Esse som veio de Deus, como a voz de alguém clamando: "Preparem o caminho do Senhor" (Is 40:3). 3) Foi o som de um vento, pois o caminho do Espírito é como o do vento: "você ouve o barulho que ele faz, mas não sabe de onde ele vem, nem para onde vai" (Jo 3:8). Quando o Espírito de vida está para entrar nos ossos secos, é dito ao profeta que diga ao espírito: "Venha dos quatro ventos, ó espírito" (Ez 37:9).

(2) Aqui está um sinal visível do dom que estavam para receber. Eles viram línguas fendidas, como aquelas do fogo (At 2:3), que pousaram, *ekathise*, não as línguas como de fogo, mas Ele, isto é, o Espírito (como aqui representado), pousou sobre cada um deles, como pousava sobre os antigos profetas. O sinal dado foi de fogo, para que o dito de João Batista acerca de Cristo se cumprisse: "Ele os batizará com o Espírito Santo e com fogo" (Mt 3:11). Com o Espírito Santo como fogo. Neste tempo, eles estavam na Festa de Pentecostes, celebrando o memorial da concessão da Lei sobre o monte Sinai, e, assim como ela foi trazida em meio ao fogo e é, portanto, chamada de Lei ardente, do mesmo modo é o evangelho. A missão de Ezequiel foi confirmada por uma visão de "carvão em brasa" (1:13), e Isaías por uma brasa viva tocando seus lábios (6:7). O Espírito, assim como o fogo, derrete o coração, separa e incendeia a escória, e acende, na alma, afeições piedosas e devotas na alma, pelas quais, como o fogo do altar, os sacrifícios espirituais são oferecidos.

ANOTAÇÕES

....
....
....
....
....
....
....
....
....

A LUZ RAIOU NAS TREVAS

ESTUDO 286

A Era da Igreja inicia

Leitura bíblica: Atos 9

*Enquanto seguia pelo caminho, ao aproximar-se
de Damasco, subitamente uma luz do céu brilhou ao seu redor.*

ATOS 9:3

Neste versículo, diz-se que uma luz do Céu brilhou ao seu redor, mas pelo que se segue, percebe-se que o Senhor Jesus estava na luz (v.17) e lhe apareceu, a propósito. Saulo viu apenas Ele (22:14; 26:13). Quer o tenha visto a distância, como Estêvão o viu no Céu, ou perto, nos ares, não está claro. Não é inconsistente com o que foi dito acerca dos Céus recebendo Cristo até o fim dos tempos (3:21) supor que Ele tenha, em uma ocasião extraordinária como esta, feito uma visita pessoal bem breve a este mundo. Era necessário que Paulo visse o Senhor para que se tornasse um apóstolo, então ele o viu (1Co 9:1; 15:8). (1) Essa luz brilhou de repente (*exaiphenes*) ao seu redor quando Paulo jamais pensara em algo semelhante, e sem que houvesse aviso prévio. As manifestações de Cristo de si mesmo às pobres almas muitas vezes são repentinas e surpreendentes, e Ele as antecipa com as bênçãos de Sua bondade. Os discípulos que Cristo chamou a si mesmo descobriram isso. "Não sei como" (Ct 6:12). (2) Era uma luz do Céu, a fonte de luz, do Deus do Céu, o Pai das luzes. Era uma Luz acima do brilho do sol (At 26:13), pois foi visível ao meio-dia, e sobrepujava o Sol em sua força e brilho meridianos (Is 24:23). (3) Ela brilhou ao redor dele, não apenas em sua face, mas por todos os seus lados. Independentemente de para qual lado ele virasse, se veria cercado com as revelações dela. E isso tinha o objetivo não apenas de o surpreender e despertar a sua atenção (visto que bem se poderia esperar que ele ouvisse depois de ver algo tão extraordinário), mas para denotar a iluminação de seu entendimento com o conhecimento de Cristo. O diabo vem à alma em trevas; por meio dela ele conquista e mantém a posse da alma. Cristo, porém, vem à alma em luz, pois Ele é a Luz do mundo, brilhante e glorioso para nós como luz. A primeira coisa que surge em Sua nova criação, bem como na criação do mundo, é a luz (2Co 4:6). Por isso, diz-se que os cristãos são filhos da luz e do dia (Ef 5:8).

Epístola	Data (d.C.)
Tiago	50
1 Tessalonicenses	52–53
2 Tessalonicenses	52–53
1 Coríntios	57
2 Coríntios	57
Romanos	57–58
Gálatas	62–63
Filipenses	62–63
Colossenses	62–63
Filemom	62–63
Efésios	62–63
1 Timóteo	63–64
Tito	63–64
1 Pedro	63–64
2 Pedro	65
2 Timóteo	65
Hebreus	68
Judas	68
1, 2 e 3 João	80–90
Apocalipse	90

ESTUDO 287

A Era da Igreja inicia

O MURO DE SEPARAÇÃO É DERRUBADO

Leitura bíblica: Atos 10

Então Pedro começou a falar. Ele disse: — Reconheço por verdade que Deus não trata as pessoas com parcialidade; pelo contrário, em qualquer nação, aquele que o teme e faz o que é justo lhe é aceitável. ATOS 10:34-35

Essa sempre foi uma verdade, antes mesmo que Pedro percebesse "que Deus não trata as pessoas com parcialidade". Essa foi uma regra fixa de julgamento desde o início. "Se fizer o que é certo, não é verdade que você será aceito? Mas, se não fizer o que é certo, eis que o pecado está à porta, à sua espera" (Gn 4:7). Naquele grande dia, Deus não perguntará de que país alguém veio, mas o que eles foram, o que fizeram e como se deixaram afetar por Ele e por seu próximo. E, se a reputação do homem não recebeu vantagem ou desvantagem por causa da grande diferença que havia entre judeus e gentios, muito menos receberá por qualquer diferença menor de sentimentos ou práticas que possa existir entre os próprios cristãos, como aquelas sobre carne ou sobre dias (Rm 14). É certo que o reino de Deus não é comida ou bebida, mas justiça, paz e alegria no Espírito Santo (Rm 14:17), e que aquele que assim serve Cristo é aceito por Deus e deve ser aprovado pelos homens; pois ousaríamos rejeitar aqueles que Deus não rejeita?

Contudo, agora isso foi feito mais evidente do que antes. Essa grande verdade havia sido obscurecida pela peculiaridade da aliança feita com Israel, e as insígnias de distinção colocadas sobre eles. A lei cerimonial era uma parede de separação entre eles e as demais nações; é verdade que nela Deus favorecia aquela nação (Rm 3:1-2; 9:4), e que pessoas, em especial dentre eles, estavam dispostas a inferir que eles tinham a segurança da aceitação divina, embora vivessem como desejavam; e que nenhum gentio poderia ser possivelmente aceito por Deus. O Senhor havia dito muito por meio dos profetas para prevenir e retificar esse erro, mas agora Ele o faz efetivamente abolindo a peculiaridade da aliança, repelindo a lei cerimonial e assim resolvendo amplamente a questão, colocando tanto judeus quanto gentios no mesmo nível diante de Deus. Pedro é aqui levado a perceber isso ao comparar a visão que ele tivera com a que Cornélio teve. Agora, em Cristo Jesus, é claro que nem a circuncisão ou a incircuncisão ajudavam em algo (Gl 5:6; Cl 3:11).

ANOTAÇÕES

ATENTANDO AO AUTOENGANO

ESTUDO 288

A Era da Igreja inicia

Leitura bíblica: Tiago 1

*Sejam praticantes da palavra
e não somente ouvintes, enganando a vocês mesmos.*

TIAGO 1:22

INTRODUÇÃO ÀS EPÍSTOLAS

A data de escrita dessa epístola é incerta. Seu objetivo é reprovar os cristãos por sua grande degeneração em fé e em comportamento, e para prevenir a disseminação de doutrinas libertinas que ameaçavam destruir toda a piedade prática. Também havia a intenção especial do autor dessa epístola de despertar a nação judaica para um senso da grandeza e da proximidade dos julgamentos que viriam sobre eles, e para dar apoio a todos os cristãos verdadeiros no seu caminho do dever sob as calamidades e perseguições que eles pudessem encontrar.

Os meros ouvintes enganam a si mesmos; a palavra original *paralogizomenoi* significa pessoas discutindo de forma falaciosa consigo mesmas. Seu raciocínio é evidentemente enganoso e falso quando afirmam que uma parte das suas obras os isenta da obrigação que têm com outra, ou se convencem de que encher sua cabeça com ideias é suficiente, embora seu coração esteja esvaziado de boas afeições e decisões, e sua vida seja infrutífera em boas obras. O autoengano se mostrará, no final de tudo, como o pior engano.

O apóstolo mostra qual o uso adequado da Palavra de Deus, quem são os que não a usam como deveriam e quem são os que fazem o uso correto dela (vv.23-25). Vamos considerar cada um desses separadamente. (1) O uso que devemos fazer da Palavra de Deus pode ser aprendido de ela ser comparada a um espelho, no qual o homem contempla sua face. Como um espelho nos mostra as manchas e defeitos em nosso rosto, para que possam ser tratados e lavados, assim a Palavra de Deus nos monstra nossos pecados, a fim de que possamos nos arrepender deles e tê-los perdoados, ela nos mostra o que está errado e precisa ser corrigido. Há espelhos que lisonjeiam as pessoas, mas aquele que é verdadeiramente Palavra de Deus não é bajulador. Se vocês se adulam, a culpa é sua; a verdade encontrada em Jesus não lisonjeia ninguém. Que a Palavra da verdade seja cuidadosamente observada, e ela colocará diante de vocês a corrupção de sua natureza, as desordens de seu coração e de sua vida; ela lhes dirá claramente o que vocês são. Paulo se descreve como insensível quanto à corrupção de sua natureza até que se viu diante do espelho da Lei: "'Sem a lei, eu vivia' (Rm 7:9), isto é, eu assumia que tudo estava bem comigo, e não apenas me achava puro, mas, comparado ao geral do mundo, belo também. Porém, 'quando veio o mandamento', quando o espelho da Lei foi colocado diante de mim, estão 'o pecado reviveu, e eu morri'. Então, vi minhas manchas e deformidades e descobri o erro em mim mesmo, que eu antes não conhecia. E o poder da Lei e do pecado foi tal, que me vi em um estado de morte e condenação". Assim, quando observamos a Palavra de Deus para ver a nós mesmos, nosso verdadeiro estado e condição, para retificar o erro e nos formar e vestir novamente pelo espelho da Palavra de Deus, fazemos um uso adequado dela.

ANOTAÇÕES

UMA INCONSISTÊNCIA APENAS APARENTE

ESTUDO 289

A Era da Igreja inicia

Leitura bíblica: Tiago 2

Assim, também a fé, se não tiver obras, por si só está morta.

TIAGO 2:17

Quanto a isso, surge uma pergunta importante, a saber, como conciliar Paulo e Tiago. Paulo, em suas epístolas de Romanos e Gálatas, parece afirmar diretamente o contrário do que Tiago coloca aqui, dizendo com frequência, e com grande ênfase, que somos *justificados pela fé somente e não pelas obras da lei*.

(1) Quando Paulo diz que um homem é justificado pela fé, sem as obras da lei (Rm 3:28), ele fala claramente de outro tipo de obra do que a que Tiago menciona, mas não de outro tipo de fé. Paulo fala de obras realizadas em obediência à Lei de Moisés e antes de se adotar a fé do evangelho. E ele teve de tratar com aqueles que se valorizavam tanto por essas obras, que rejeitavam o evangelho (como Rm 10, bem no início, declara expressamente). Tiago, porém, fala de obras feitas em obediência ao evangelho, e como consequência e frutos adequados e necessários à fé firme em Cristo Jesus. Ambos se preocupam em magnificar a fé do evangelho como a única que pode nos salvar e justificar. Mas Paulo a exalta mostrando a insuficiência de qualquer obra da Lei diante da fé, ou em oposição à doutrina da justificação por meio de Jesus Cristo. Tiago exalta a mesma fé, ao mostrar quais os produtos e operações genuínos e necessários advêm dela.

(2) Paulo não apenas fala de obras diferentes daquelas nas quais Tiago insistia, mas também de um uso bastante diferente que era feito das boas obras do que são aqui instadas e pretendidas. Paulo tratava daqueles que confiavam no mérito de suas obras à vista de Deus, e assim ele poderia bem fazer delas uma questão desprezível. Tiago lidava com aqueles que confessavam a fé, mas não permitiam que as obras fossem usadas como sua evidência. Confiavam apenas na mera profissão de fé como suficiente para os justificar; e com esses Tiago bem poderia instar a necessidade e a vasta importância das boas obras. Assim como não devíamos quebrar uma tábua da Lei, por fazê-la colidir contra a outra, do mesmo modo não devíamos quebrar em pedaços a Lei e o evangelho, ao fazê-los se chocar um contra o outro. Aqueles que professam o evangelho e colocam de lado a Lei e aqueles que professam a Lei de modo a desprezar o evangelho estão ambos errados, pois devemos levar nossas obras diante de nós. Deve haver tanto a fé em Jesus Cristo quanto as boas obras, que são fruto da fé.

ANOTAÇÕES

ESTUDO 290

A Era da Igreja inicia

UMA AMIZADE NOCIVA

Leitura bíblica: Tiago 4

Gente infiel! Vocês não sabem que a amizade do mundo é inimizade contra Deus? Aquele, pois, que quiser ser amigo do mundo se torna inimigo de Deus.

TIAGO 4:4

Temos um alerta claro para evitar todas as amizades descumpridoras da Lei com este mundo: "Adúlteros e adúlteras, não sabeis vós que a amizade do mundo é inimizade contra Deus?" (v.4 ARC). Os mundanos são chamados "adúlteros e adúlteras" por causa de sua deslealdade contra Deus, enquanto entregam suas melhores afeições ao mundo. A *cobiça* é chamada em outro lugar de *idolatria*, e aqui, de *adultério*. É um abandono daquele a quem somos dedicados e desposados, para abrir caminho a outras coisas. Aqui, essa marca é colocada sobre os de disposição mental mundana — que é a inimizade contra Deus. Alguém pode ter boa parte das coisas boas desta vida, e ainda assim se manter amando a Deus. Aquele, porém, que inclina seu coração ao mundo, que coloca sua felicidade nele, se conforma a ele e faz qualquer coisa para manter tal amizade é um inimigo de Deus. Colocar o mundo no trono de Deus, em nosso coração, é traição e rebelião contra Deus. Assim sendo, quem quer que seja amigo do mundo é inimigo de Deus. Aquele que age neste princípio, de manter o sorriso do mundo e de ter sua amizade contínua, não pode senão se demonstrar, tanto em espírito quanto em ações, um inimigo de Deus. Não se pode servir a Deus e a Mamom (Mt 6:24). Disto procedem as guerras e as lutas: desse amor idólatra pelo mundo e do serviço a ele, pois, que paz pode haver entre os homens enquanto houver inimizade contra Deus? Quem pode lutar contra Deus e prosperar? Pensem seriamente consigo mesmos sobre qual é o espírito do mundo e descobrirão que não podem se adequar a ele como amigos sem ocasionar que se tornem invejosos, cheios de inclinações malignas, assim como o mundo em geral. Acham que as Escrituras dizem em vão que "é com ciúme que por nós anseia o Espírito" (Tg 4:5)? O relato que as Escrituras Sagradas dão acerca do coração do homem, em sua natureza, é que seu desígnio é mau, "continuamente mau" (Gn 6:5). A corrupção natural se mostra principalmente pela *inveja*, e há uma propensão contínua a ela. O espírito que naturalmente habita no homem está sempre produzindo uma imaginação maligna ou outra, sempre emulando aquilo que vemos e com quem conversamos e buscando as coisas que eles possuem e desfrutam. Ora, esses modos mundanos, que simulam pompa e prazer e recaem em conflitos e brigas por causa dessas coisas, são consequência certeira da amizade com o mundo, visto que não há amizade sem unidade de espírito. Portanto, os cristãos devem evitar a amizade com o mundo a fim de evitar contendas, e devem mostrar que são guiados por princípios mais nobres e que um Espírito superior habita neles. Se pertencemos a Deus, Ele concede mais graça do que viver e agir como o geral do mundo faz.

ANOTAÇÕES

....
....
....
....
....

ESTUDO 291
A Era da Igreja inicia

EXPANDINDO AS FRONTEIRAS DO REINO

Leitura bíblica: Atos 11

A mão do Senhor estava com eles, e muitos, crendo, se converteram ao Senhor.

ATOS 11:21

Com relação à igreja de Antioquia, observe: os primeiros pregadores do evangelho ali eram aqueles que se dispersaram de Jerusalém pela perseguição que surgira cinco ou seis anos antes (conforme o cálculo de alguns), no tempo da morte de Estêvão (v.19). Eles viajaram para locais distantes como a Fenícia e outros, pregando o evangelho. Deus permitira que eles fossem perseguidos, para que assim fossem dispersos pelo mundo, espalhados como sementes para Deus, a fim de produzir muito fruto. Desse modo, aquilo que tinha a intenção de ferir a Igreja foi usado para agir para o bem dela; assim como a maldição de Jacó sobre Levi ("eu os dividirei em Jacó e os espalharei em Israel" (Gn 49:7), tornou-se bênção. Os inimigos objetivaram espalhá-los e desperdiçá-los, Cristo planejou espalhá-los e usá-los. Assim, a ira do homem tornou-se louvor a Deus. Observe:

Aqueles que fugiram da perseguição não fugiram de sua tarefa. Embora, por um tempo, recusaram o sofrimento, não recusaram seu serviço. Na realidade se lançaram em um campo de oportunidades maior do que antes. Aqueles que perseguiam os pregadores do evangelho esperaram, dessa forma, impedi-los de o levar para o mundo gentio, mas se provou que, no final, eles o apressaram ainda mais. No entanto, não era isso que queriam e nem o que seu coração imaginava. Os que eram perseguidos em uma cidade fugiam para outra, porém levavam consigo sua religião, não apenas para que pudessem se consolar, mas para que pudessem comunicá-la a outros, mostrando que quando saíram do caminho, não era porque tinham medo do sofrimento, mas porque estavam dispostos a se reservar para mais serviço.

Eles pregavam a Palavra a ninguém senão apenas aos judeus dispersos em todas as partes e que tinham suas sinagogas, nas quais os encontravam e a eles pregavam. Ainda não entendiam que os gentios eram seus coerdeiros e parte do mesmo corpo, mas permitiam ou que os gentios se tornassem judeus e assim integrassem a igreja, ou que permanecessem como estavam.

Empenhavam-se particularmente aos judeus helenistas, aqui chamados de "gregos", que eram de Antioquia. Muitos dos pregadores eram nativos da Judeia e de Jerusalém, outros, porém, eram nascidos em Chipre e Cirene, como Barnabé (4:36) e Simão (Mc 15:21), mas foram instruídos em Jerusalém. Sendo eles próprios judeus-gregos, tinham uma preocupação especial com aqueles pertencentes ao seu grupo e distinção e se empenhavam em favor deles em Antioquia. A estes, eles pregavam o Senhor Jesus. Esse era o tema constante de suas pregações. E o que mais os ministros de Cristo deveriam pregar senão a Cristo — e este crucificado e glorificado?

ANOTAÇÕES

....
....
....
....
....
....
....

ESTUDO 292

A Era da Igreja inicia

"ATÉ OS CONFINS DA TERRA"

Leitura bíblica: Atos 13

*Enquanto eles estavam adorando o Senhor e jejuando, o Espírito Santo disse:
— Separem-me, agora, Barnabé e Saulo para a obra a que os tenho chamado.*

ATOS 13:2

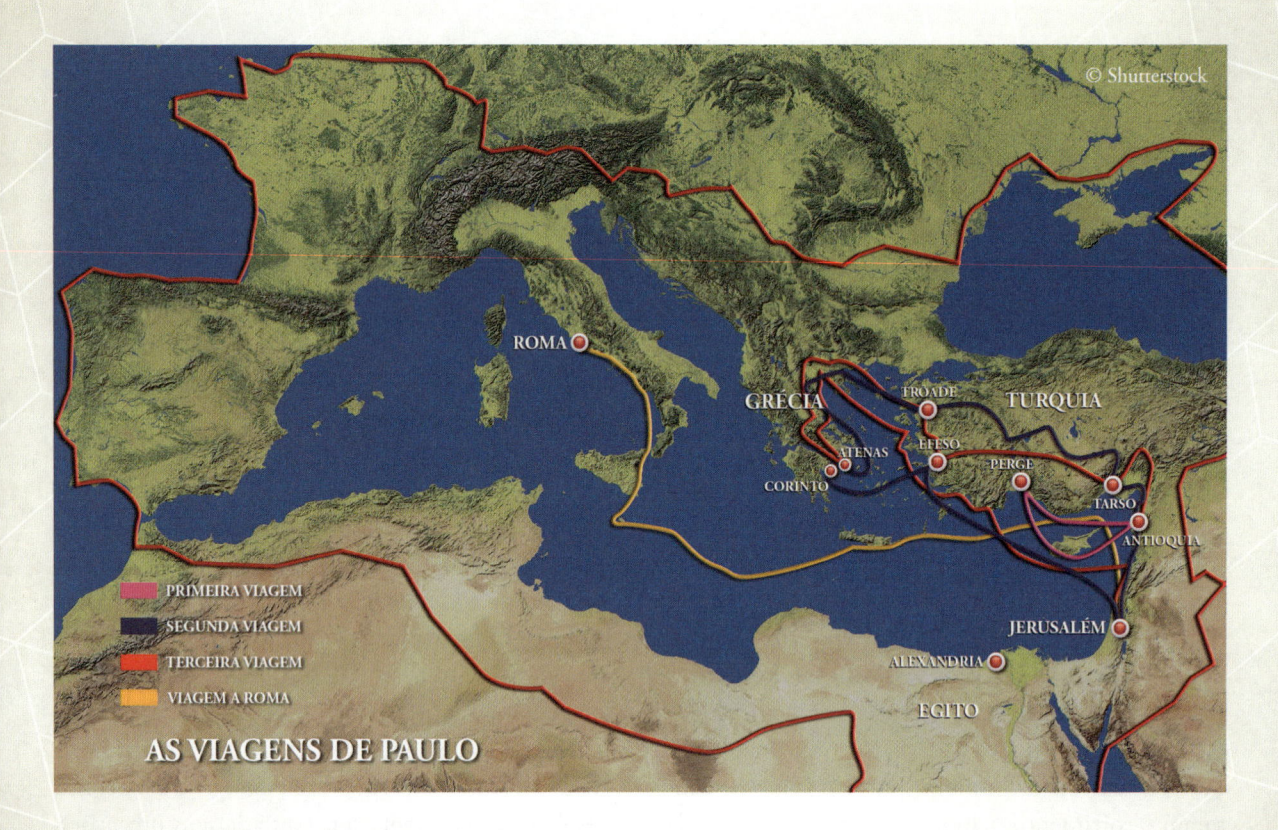

AS VIAGENS DE PAULO

- PRIMEIRA VIAGEM
- SEGUNDA VIAGEM
- TERCEIRA VIAGEM
- VIAGEM A ROMA

A ordem dada pelo Espírito Santo de separar Barnabé e Saulo, enquanto eles estavam envolvidos em exercícios públicos, os ministros de muitas congregações na cidade se uniam em um jejum solene ou dia de oração. "O Espírito Santo disse", quer por uma voz vinda do Céu, ou por um impulso forte na mente daqueles dentre eles que eram profetas, "separem-me Barnabé e Saulo para a obra a que os tenho chamado". Ele não especifica a obra, mas se refere a um chamado anterior sobre o qual os dois conheciam o significado, quer os outros o soubessem ou não: quanto a Saulo, foi-lhe dito especialmente que deveria levar o nome de Cristo aos gentios (9:15), que seria enviado aos gentios (22:21).

Antes disso, a questão havia sido resolvida entre eles, em Jerusalém, de que Pedro, Tiago e João ministrariam entre os da circuncisão, e Paulo e Barnabé iriam aos pagãos (Gl 2:7-9). É provável que Barnabé soubesse que estava destinado a esse serviço tanto quanto Paulo. No entanto, eles não se lançariam a essa colheita, embora ela parecesse farta, até que recebessem a ordem do Senhor da seara: "Pegue a sua foice e comece a colher, pois chegou a hora da colheita" (Ap 14:15). A ordem foi: "separem-me, agora, Barnabé e Saulo".

Observe aqui: (1) Cristo tem, por meio de Seu Espírito, a prerrogativa de nomear Seus ministros, uma vez que é pelo Espírito de Cristo que eles são qualificados, em certa medida, para Seus serviços, inclinados a eles e separados de outras preocupações inconsistentes com eles. Há alguns que o Espírito Santo separou para servir a Cristo, que têm se diferenciado dos outros como homens que são chamados e que voluntariamente se oferecem para o serviço do templo, e, com relação a eles, são dadas orientações àqueles que são juízes competentes da suficiência das habilidades e sinceridade dessa inclinação: "Separem-nos". (2) Os ministros de Cristo são separados para Ele e para o Espírito Santo: "separem-me". Eles devem ser empregados na obra de Cristo sob a orientação do Espírito, para a glória de Deus, o Pai. (3) Todos os que são separados para Cristo como Seus ministros são separados para trabalhar. Cristo não tem servos para que eles sejam indolentes. Se alguém almeja o ofício de bispo, deseja um bom trabalho; para isto ele foi separado: para labutar na Palavra e na doutrina. Eles são designados para se esforçar, não para se destacar. (4) O trabalho dos ministros de Cristo, para o qual são separados, é a obra que já foi estabelecida, aquela para a qual todos os Seus ministros são chamados, e para a qual eles próprios foram primeiramente dirigidos, e escolheram, por um chamado externo.

ANOTAÇÕES

ESTUDO 293

A Era da Igreja inicia

REVOLVENDO CONTROVÉRSIAS

Leitura bíblica: Atos 15

*Pois pareceu bem ao Espírito Santo
e a nós não impor a vocês maior encargo.*

ATOS 15:28

Os cristãos e os ministros estavam envolvidos em uma controvérsia, e aqueles que deveriam estar ocupados em ampliar os domínios da Igreja, agora têm que fazer o máximo para resolver as suas divisões. Quando deveriam estar em guerra contra o reino do diabo, têm muito alvoroço para manter a paz no reino de Cristo. Todavia, essa ocorrência e o registro dela são muito úteis para a Igreja, a fim de nos alertar no sentido de esperar algumas infelizes discórdias entre os cristãos e de nos orientar sobre qual método tomar para as resolver.

Eles se expressam com abundância de preocupação terna e paternal. Primeiramente, temem sobrecarregá-los: "não impor a vocês maior encargo". Estavam tão longe de querer sobrecarregá-los, que não temiam impor-lhes algo demasiadamente, de modo a desencorajá-los em seu início. Assim, não lhes impuseram senão as coisas necessárias. "A abstinência da fornicação é necessária a todos os cristãos em todos os tempos; a abstinência de carne sufocada e do sangue, e de coisas oferecidas a ídolos, é necessária neste tempo, para a manutenção de um bom entendimento entre vocês e os judeus, e para prevenir ofensa", por tanto tempo quanto for necessário para esse fim, isso é obrigatório, e por não mais do que isso. Note: os líderes da igreja deveriam impor apenas as coisas necessárias, coisas que Cristo tornou nosso dever e que têm uma tendência real à edificação da Igreja e, como neste caso, para a união dos bons cristãos. Se determinassem coisas apenas para mostrar sua força e para testar a obediência do povo, eles se esqueceriam de que não têm autoridade para criar leis, mas apenas para cuidar que as leis de Cristo fossem devidamente executadas e para reforçar a observância delas.

Por fim, eles aplicam suas ordens com um elogio àqueles que as cumprirão, ao invés de com a condenação daqueles que as transgredirão. Não concluem: "Do que, se vocês não se abstiverem, serão anátema, serão expulsos da igreja e amaldiçoados", de acordo com estilo dos concílios subsequentes, particularmente o de Trento, mas com "dos quais, se vocês se abstiverem, e não questionamos de que o farão e farão bem, será para a glória de Deus, promoção do evangelho e fortalecimento das mãos de seus irmãos, e para seu próprio crédito e consolo". Tudo é doçura, amor e boa disposição, como convém aos seguidores daquele que, quando nos chamou para tomar o Seu jugo sobre nós, nos assegurou que o encontraríamos manso e humilde de coração.

A diferença de estilo entre os verdadeiros apóstolos e os falsos é muito visível. Aqueles que eram a favor de impor as leis cerimoniais eram categóricos e imperiosos: "Se vocês não forem circuncidados segundo o costume de Moisés, não podem ser salvos" (v.1), serão excomungados *ipso facto* — de uma vez, e entregues a Satanás. Os apóstolos de Cristo, que apenas recomendavam as coisas necessárias, são brandos e gentis: "se evitarem essas coisas, farão bem" (v.29), como lhes é adequado. "Passem bem"! Desejamos, de coração, o bem para a sua honra e paz.

ANOTAÇÕES

....
....

O EVANGELHO CHAMADO À EUROPA

ESTUDO 294

A Era da Igreja inicia

Leitura bíblica: Atos 16

Assim que Paulo teve a visão, imediatamente procuramos partir para aquele destino, concluindo que Deus nos havia chamado para lhes anunciar o evangelho. ATOS 16:10

Paulo teve muitas visões, algumas vezes para o encorajar, outras, como aqui, para o orientar em seu trabalho. Um anjo lhe apareceu para declarar que era vontade de Cristo que ele fosse para a Macedônia. Que não se desencorajasse com o impedimento que lhe foi colocado novamente, pelo qual seus planos foram abortados, pois embora não fosse para onde havia desejado, iria para onde Deus tinha trabalho para ele realizar. Agora observe:

A pessoa que Paulo viu. Apareceu de pé, ao seu lado, um homem macedônio, que por sua roupa ou dialeto pareceu assim para o apóstolo, ou que lhe disse que era proveniente de lá. Alguns pensam que o anjo assumira a forma de tal homem; outros, que ele imprimiu na imaginação de Paulo a imagem de tal homem, enquanto ele estava entre o sono e a vigília, e Paulo sonhou que o havia visto. Cristo queria que Paulo fosse para a Macedônia, não como os apóstolos foram enviados, em outras vezes, por meio de um mensageiro celestial, mas por um mensageiro de lá para o chamar em sua direção, porque, deste modo, Ele orientaria depois, de forma natural, os movimentos de seu ministério, ao inclinar o coração daqueles que precisavam deles para convidá-los. Paulo seria chamado à Macedônia por um macedônio, e por ele falando em nome dos demais. Alguns afirmam que este era o anjo que tinha a tutela da Macedônia, supondo que os anjos têm incumbência de lugares e pessoas em especial. Isso é indicado em Daniel 10:20, onde lemos dos príncipes da Pérsia e da Grécia, que parecem ter sido anjos. Contudo, não há certeza quanto a isso. Um homem da Macedônia se apresentou ou aos olhos de Paulo ou à sua mente. O anjo não deveria pregar o evangelho ele mesmo aos macedônios, mas levar Paulo até eles. Tampouco ele deveria ir pela autoridade de um anjo lhe enviando, mas pela pessoa de um macedônio atraindo-o a ir.

Paulo não desobedeceu à visão celestial, mas seguiu essa orientação divina muito mais alegremente e com mais satisfação do que teria seguido qualquer de seus planos ou inclinações. Ele voltou seus pensamentos para lá. Agora que conhecia a vontade de Deus sobre a questão, estava determinado, pois isso era tudo o que desejava. Agora não pensava mais sobre a Ásia, nem sobre a Bitínia, mas empreendeu imediatamente ir à Macedônia. Apenas Paulo teve a visão, porém ele a comunicou a seus companheiros, e todos eles resolveram ir à Macedônia, pelo crédito da visão. Assim como Paulo seguia a Cristo, todos os seus o seguiriam, ou melhor, seguiriam a Cristo com ele. Todos se prepararam imediatamente para essa expedição, sem delongas. Veja que os chamados de Deus devem ser obedecidos imediatamente. Do mesmo modo que nossa obediência não deve ser discutida, também não deve ser adiada. Faça-o hoje, para que o coração não seja endurecido. Eles não puderam ir em seguida à Macedônia, mas imediatamente empreenderam em ir. Se não pudermos ser tão ligeiros em nossas realizações, devemos ser em nossos empreendimentos, e isso será aceito.

ANOTAÇÕES

....
....

ESTUDO 295

A Era da Igreja inicia

COOPERADORES NO REINO

Leitura bíblica: Atos 18

*E, como tinham o mesmo ofício,
passou a morar com eles e ali trabalhava.
O ofício deles era fazer tendas.*

ATOS 18:3

Embora Paulo tenha sido instruído como erudito, ele dominava um negócio artesanal. Era um fazedor de tendas, um tapeceiro; fazia tendas para o uso de soldados e pastores, de tecido ou de lã, ou (conforme alguns afirmam que as tendas eram geralmente fabricadas) de couro ou pele de animal, como a cobertura externa do tabernáculo. Assim, viver em tendas era habitar sub pellibus — sob peles. O Dr. Lightfoot demonstra que era costume dos judeus instruir seus filhos em algum tipo de profissão, mesmo que lhes dessem educação ou propriedades. O rabino Judah diz: "Quem não ensina uma profissão a seu filho é como se lhe ensinasse a ser ladrão". E outro assevera: "Aquele que tem uma profissão é como um vinhedo cercado". Um trabalho honesto, pelo qual o homem obtém seu pão, não deve ser desprezado por ninguém. Ainda que Paulo fosse um fariseu, e educado aos pés de Gamaliel, por ter aprendido na juventude como fazer tendas, não perdeu essa habilidade pelo desuso.

Embora tivesse direito a sustento das igrejas que plantara, e das pessoas a quem pregara, ainda assim ele trabalhava em seu chamado para obter o pão, o que é mais para o louvor dele, que não pediu suprimento, do que para aqueles que não lhe dariam provisão sem que houvesse solicitação, mesmo sabendo das dificuldades às quais ele estava reduzido. Veja como Paulo era humilde e admirem-se de que um homem tão importante pudesse se rebaixar tanto. Porém, ele havia aprendido a condescendência de seu Mestre, que não viera para ser servido, mas para servir. Veja como ele era trabalhador e quão disposto a se esforçar. Aquele que tinha um trabalho muito mais excelente a executar com sua mente, quando a ocasião se apresentava, não achava estar abaixo dele trabalhar com suas mãos. Até mesmo aqueles que são redimidos da maldição da Lei não estão isentos daquela frase: "No suor do seu rosto você comerá o seu pão" (Gn 3:19). Veja o quanto Paulo era cauteloso em recomendar seu ministério e para prevenir preconceitos contra ele (até mesmo o mais injusto e irracional). Sendo assim, ele se mantinha com seu próprio trabalho para que não tornasse o evangelho de Cristo um fardo (2Co 11:7-15; 2Ts 3:8-9).

Embora possamos supor que ele fosse habilidoso em seu ofício, ele não desdenhava trabalhar em jornadas. Fazia tendas com Áquila e Priscila, que tinham a mesma profissão, de modo que não recebia mais do que o salário diário, para mera subsistência. Os comerciantes pobres devem agradecer se sua vocação lhes trouxer sustento para si próprios e suas famílias, ainda que não possam fazer o que os comerciantes ricos fazem adquirindo propriedades por meio de sua vocação.

Embora fosse um grande apóstolo, escolheu trabalhar com Áquila e Priscila porque descobriu que eles eram muito versados nas coisas de Deus, como ficaria evidente mais tarde (At 18:26), e admite que eles foram seus ajudadores em Cristo Jesus (Rm 16:3). Esse é um exemplo para aqueles que vão ao culto buscar os serviços que trarão maior ajuda à sua alma. Escolham trabalhar com aqueles que são prováveis de serem ajudadores em Cristo Jesus. É bom ter a companhia e conversar com quem nos aprofunda no conhecimento de Cristo, e nos colocar sob a influência daqueles que estão decididos em servir ao Senhor.

PREGAÇÃO PURA, CONSCIÊNCIA PURA

ESTUDO 296

A Era da Igreja inicia

Leitura bíblica: 1 Tessalonicenses 1–2

*Pois a nossa exortação não procede de erro
ou de intenções impuras, nem se baseia no engano.*

1 TESSALONICENSES 2:3

INTRODUÇÃO ÀS EPÍSTOLAS

Tendo Paulo ficado sozinho em Atenas (1Ts 3:1), partiu dali para Corinto, onde permaneceu por um ano e meio. Nesse ínterim, Silas e Timóteo retornaram para ele vindos da Macedônia (At 18:5); então, ele escreveu essa epístola à igreja de Cristo em Tessalônica, que, embora esteja colocada após outras do apóstolo, provavelmente foi a primeira delas, escrita em cerca de 51 d.C. O seu escopo principal é expressar a gratidão de Paulo pelo sucesso de sua pregação entre eles, para os firmar na fé e para os persuadir a conversas santas.

Aqui o apóstolo se consola com o sucesso de seu ministério, que não foi infrutífero ou em vão (de acordo com nossa tradução), ou, como pensam alguns, ao refletir sobre a sinceridade de sua pregação, que não era vã ou vazia, enganadora e traiçoeira. O assunto da pregação de Paulo não procedia de especulações vãs ou indolentes sobre sutilezas inúteis e questões tolas, mas em verdades firmes e sólidas, que traziam benefício para seus ouvintes. Esse é um bom exemplo a ser imitado por todos os ministros do evangelho. Muito menos, a pregação do apóstolo era vã ou enganosa. Ele podia dizer aos tessalonicenses o mesmo que disse aos coríntios: "rejeitamos as coisas ocultas que trazem vergonha, não agindo com astúcia, nem adulterando a palavra de Deus" (2Co 4:2). Ele não tinha nenhum desígnio sinistro ou mundano em sua pregação, o que faz crer que foi:

(1) Com coragem e resolução: "tivemos ousada confiança em nosso Deus para anunciar a vocês o evangelho de Deus" (1Ts 2:2). O apóstolo foi inspirado com santa ousadia, não se desencorajou diante das aflições que enfrentava, ou da oposição que encontrava. Recebeu maus tratos em Filipos, como os de Tessalônica bem sabiam. Foi lá que ele e Silas foram tratados vergonhosamente, sendo presos ao tronco; mas, ainda assim, tão logo foram libertados, dirigiram-se a Tessalônica e pregaram o evangelho com a mesma ousadia de sempre. Veja: o sofrimento por uma boa causa deveria afiar, em vez de cegar, o fio da santa resolução. O evangelho de Cristo, no início de seu estabelecimento no mundo, encontrou muita oposição, e aqueles que o pregavam o faziam entre contendas, com grande agonia, o que é denotado pela luta dos apóstolos em sua pregação ou contra a oposição que encontravam. Este era o consolo de Paulo: ele jamais havia se intimidado em seu trabalho, ou se afastado dele.

(2) Com grande simplicidade e piedosa sinceridade: "nossa exortação não procede de erro ou de intenções impuras, nem se baseia no engano" (v.3). Sem dúvida, essa era uma questão de grande consolo para o apóstolo— a consciência de sua própria sinceridade, e foi a razão de seu sucesso. Era o evangelho sincero e não corrompido que ele pregava e exortava-os a crer e obedecer. Seu propósito não era

iniciar uma facção, atrair homens a um partido, mas promover a religião pura e sem mácula diante de Deus Pai. O evangelho que Paulo pregava não tinha engano, era verdadeiro e fiel; não era falacioso, nem uma fábula bem engendrada. Não era impuro. Seu evangelho era puro e santo, digno de seu sagrado Autor, e tendia a interromper toda forma de impureza. A Palavra de Deus é pura. Não deve haver misturas corruptas a ela, e, do mesmo modo como a exortação do apóstolo era verdadeira e pura, sua maneira de falar também era sem engano.

ANOTAÇÕES

O ENCONTRO GLORIOSO

ESTUDO 297

A Era da Igreja inicia

Leitura bíblica: 1 Tessalonicenses 3–4

Depois, nós, os vivos, os que ficarmos, seremos arrebatados juntamente com eles, entre nuvens, para o encontro com o Senhor nos ares, e, assim, estaremos para sempre com o Senhor.

1 TESSALONICENSES 4:17

Por meio desta palavra do Senhor, sabemos (1) que o Senhor Jesus virá do Céu em toda pompa e poder do mundo superior: "Porque o Senhor mesmo, dada a palavra de ordem [...] descerá dos céus" (v.16). Ele ascendeu ao Céu após Sua ressurreição e atravessou esse céu material até o terceiro Céu, que o reterá até a restituição de tudo; então voltará, aparecendo em Sua glória. Ele descerá das nuvens até os ares (v.17). Sua aparição será com pompa e poder, com uma palavra de ordem — o grito de um rei, e com o poder e a autoridade de um rei poderoso e conquistador, com a voz do arcanjo; uma companhia incontável de anjos o acompanhará. Talvez um deles, como general daqueles exércitos do Senhor, notificará sobre Sua aproximação, e a gloriosa aparição desse grande Redentor e Juiz será proclamada e anunciada pela trombeta de Deus.

A trombeta ressoará e isso despertará os que dormem no pó da terra e convocará todo o mundo para o comparecimento. Pois, (2) Os mortos ressuscitarão: "os mortos em Cristo ressuscitarão primeiro" (v.16), antes daqueles que estiverem vivos na vinda de Cristo serem transformados. Desse modo, parece que aqueles que estiverem vivos não precederão os que dormem (v.15). A primeira preocupação do Redentor naquele dia será Seus santos mortos; Ele os ressuscitará antes que a grande transformação seja efetuada sobre os vivos. Assim, aqueles que não dormiram o sono da morte não terão maior privilégio ou alegria do que os que dormiram em Jesus. (3) Os vivos serão então transformados. Serão reunidos a eles nas nuvens, para encontrar o Senhor nos ares (v.17). Nesse momento do arrebatamento nas nuvens, ou imediatamente antes dele, os vivos experimentarão uma grande transformação, que será equivalente à morte.

Essa mudança é tão misteriosa que não pode ser compreendida: sabemos pouco, ou quase nada, acerca dela (1Co 15:51). Somente, de forma geral, que o que é mortal será revestido de imortalidade, e estes corpos serão adequados para herdar o reino de Deus, algo que a carne e o sangue, neste presente estado, não têm o poder de fazer. Essa transformação será num instante, num piscar dos olhos (1Co 15:52), no exato momento, ou não muito antes, da ressurreição dos que dormem em Jesus. E os que forem ressuscitados e, portanto, transformados, se reunirão nas nuvens e lá encontrarão seu Senhor, para celebrar com Ele a Sua vinda, a fim de receber a coroa de glória que Ele lhes concederá e para serem assessores com Ele no julgamento, aprovando e aplaudindo a sentença que Ele emitirá sobre o príncipe dos poderes dos ares, e sobre todos os perversos, que serão condenados à destruição com o diabo e seus anjos.

ANOTAÇÕES

ESTUDO 298

A Era da Igreja inicia

A EXPECTATIVA DO DIA DO SENHOR

Leitura bíblica: 1 Tessalonicenses 5

Mas vocês, irmãos, não estão em trevas, para que esse Dia os apanhe de surpresa como ladrão.

1 TESSALONICENSES 5:4

O apóstolo diz aos tessalonicenses que era desnecessário ou inútil questionar sobre o tempo da vinda de Cristo em particular: "no que se refere aos tempos e às épocas, não há necessidade de que eu lhes escreva" (v.1). Há tempos e estações para nós realizarmos o nosso trabalho e a estes é nosso dever e interesse conhecer, porém o tempo e a época em que prestaremos contas, nós desconhecemos, nem é necessário que os conheçamos. Note, há muitas coisas que nossa vã curiosidade deseja saber, que não têm necessidade alguma de que conheçamos, tampouco nosso conhecimento delas nos traria proveito.

Ele fala de como será terrível a vinda de Cristo para os ímpios (v.3). Será para a destruição deles naquele dia do Senhor. Os justos de Deus trarão ruína sobre os inimigos de Deus e de Seu povo; e essa destruição será completa e cabal. Então (1) ela será repentina. Ela os assaltará e cairá sobre eles em meio à sua segurança carnal e festanças, quando dirão em seu coração "paz e segurança", quando estiverem sonhando com a felicidade e se satisfazendo a si mesmos com os vãos prazeres de sua imaginação e de seus sentidos, e não pensando acerca dela — como o trabalho de parto vem sobre a grávida, sem dúvida, no tempo indicado, mas talvez, [no caso deles] não no momento oportuno ou grandemente temido. (2) A destruição também será inevitável: eles não escaparão, não haverá sabedoria que os faça escapar. Não haverá meios possíveis para que evitem o terror ou a punição daquele dia. Não haverá lugar onde os obreiros da impiedade possam se esconder, nenhum abrigo da tempestade, nenhuma sombra para o calor ardente que consumirá os ímpios.

Paulo também fala sobre como esse dia trará consolo para os justos (vv.4-5). Observe aqui: (1) Seu caráter e privilégio. Eles não estão em trevas; são filhos da luz. Essa era a alegre condição dos tessalonicenses, bem como a de todos os verdadeiros cristãos. Não estão em um estado de pecado e ignorância como o mundo pagão. Por algum tempo estiveram em trevas, mas foram feitos luz no Senhor. Foram favorecidos com a revelação divina das coisas que não são visíveis e eternas, especialmente sobre a vinda de Cristo e suas consequências. Eram filhos do dia, pois a Estrela da Manhã se levantara sobre eles; sim, o Sol da justiça se erguera sobre eles com cura sob Suas asas. Não estavam mais sob a escuridão do paganismo, nem sob a sombra da lei, mas sob o evangelho, que traz a vida e a imortalidade à luz (2Tm 1:10). (2) Sua grande vantagem neste caso: aquele dia não os surpreenderá como um ladrão (v.4). Seria culpa deles se fossem surpreendidos por aquele dia, pois tinham tido o devido alerta e auxílios suficientes para se prover contra ele e poderiam esperar permanecer com conforto e confiança diante do Filho do homem.

ANOTAÇÕES

....
....
....
....
....

OS SINAIS DA SUA VINDA

ESTUDO 299

A Era da Igreja inicia

Leitura bíblica: 2 Tessalonicenses 1–2

Ninguém, de modo nenhum, os engane, porque isto não acontecerá sem que primeiro venha a apostasia e seja revelado o homem da iniquidade, o filho da perdição, o qual se opõe e se levanta contra tudo o que se chama Deus ou é objeto de culto.

2 TESSALONICENSES 2:3-4

INTRODUÇÃO ÀS EPÍSTOLAS

Esta epístola foi escrita logo a seguir da primeira, e parece ter o objetivo de prevenir um erro que podia vir de algumas passagens da anterior com relação à segunda vinda de Cristo, como se estivesse às portas. Nessa carta, o apóstolo resolve precaver qualquer mau uso que alguns dentre eles podiam cometer acerca daquelas suas expressões, que estavam em acordo com o que diziam os profetas do Antigo Testamento, e lhes informa que havia ainda muitos eventos intermediários a se cumprir antes que o dia do Senhor viesse, mesmo que, por estar garantido, ele houvesse falado dele como próximo.

Nestas palavras o apóstolo refuta o erro contra o qual ele os havia avisado e dá razões por que eles não deveriam esperar a vinda de Cristo como iminente. Havia vários eventos prévios à segunda vinda de Cristo. Em especial, Paulo lhes diz que haveria:

(1) Uma apostasia geral: haveria primeiramente uma deserção (v.3). Por deserção aqui não devemos entender um abandono do Estado, ou do governo civil, mas das questões espirituais ou religiosas, da firme doutrina, da adoração instituída e do governo da igreja, bem como da vida santa. O apóstolo fala de algumas grandes apostasias, não de alguns convertidos judeus ou gentios, mas um abandono geral da fé, embora gradual, e que daria ocasião à revelação do surgimento do anticristo, o homem do pecado. Acerca disso, diz Paulo (v.5), ele lhes falara quando esteve com eles, sem dúvida com o objetivo de que não se ofendessem ou tropeçassem nesse ponto. Observemos que, tão logo o cristianismo foi plantado e arraigado no mundo, começou a haver uma deserção na igreja de Cristo.

(2) Uma revelação do homem do pecado (v.3), isto é, o anticristo surgiria a partir dessa apostasia geral. Paulo depois fala da revelação do iníquo (v.8), indicando a manifestação que seria feita de sua perversidade, a fim de arruiná-lo. Aqui parece que ele fala de seu surgimento, ocasionado pela apostasia geral que mencionara antes, e para sugerir que todo tipo de falsas doutrinas e corrupções se centralizariam nele.

Depois, temos declarados o pecado e a ruína dos súditos do reino do anticristo (vv.11-12). 1) O pecado deles era este: não creram na verdade, mas tiveram prazer na injustiça; não amavam a verdade e, portanto, não creram nela, e, por não crerem, tinham prazer na injustiça, ou nas ações iníquas, agradando-se de falsas ideias. Veja: uma mente errônea e uma vida viciosa normalmente andam juntas e se ajudam mutuamente a promover uma à outra. 2) A ruína deles é expressa desta maneira: Deus lhes enviará fortes ilusões para que creiam na mentira. Assim Ele punirá a humanidade por sua incredulidade e por sua falta de apreço pela verdade, amor pelo pecado e maldade. Não que Deus seja o autor do pecado, mas, em justiça, Ele, às vezes, retira a Sua graça de tais pecadores, como aqui mencionado. Ele os entrega a Satanás, ou permite que sejam iludidos por seus instrumentos. Entrega-os à cobiça de seu coração e os abandona a si mesmos. Desse modo, o pecado seguirá, é claro, sim, a pior das maldades, que terminará, por fim, em condenação eterna.

ANOTAÇÕES

O PECADO DA PREGUIÇA

ESTUDO 300

A Era da Igreja inicia

Leitura bíblica: 2 Tessalonicenses 3

Porque, quando ainda estávamos com vocês, ordenamos isto: "Se alguém não quer trabalhar, também não coma".

2 TESSALONICENSES 3:10

Havia entre os tessalonicenses alguns que eram preguiçosos, que não trabalhavam e nem faziam qualquer coisa. Não parece que fossem glutões ou bêbados, mas ociosos, e, portanto, pessoas desordeiras. Não é suficiente que alguém diga que não causa prejuízo, pois é requerido de todos que façam o bem em todo lugar e em todos os relacionamentos nos quais a Providência os colocou. É provável que essas pessoas tivessem uma noção (por entenderem mal algumas passagens na epístola anterior) acerca da proximidade da vinda de Cristo, o que lhes servia como justificativa para abandonar o trabalho de seus chamados e viver na inatividade. Observe que é um grande erro ou negligência à religião fazer dela uma capa para a indolência ou qualquer outro pecado. Se tivéssemos certeza de que o dia do juízo estivesse tão perto, deveríamos fazer o labor do dia em seu tempo, para que, quando nosso Senhor vier, Ele possa nos encontrar trabalhando. O servo que aguarda a vinda de seu Senhor de modo correto deve estar labutando, como mandou o Senhor, para que tudo possa estar pronto quando Ele vier. Ou pode ser que esses desordeiros fingiam que a liberdade com que Cristo os libertara os isentava da responsabilidade dos serviços e atividades de suas vocações e trabalhos particulares no mundo, ao passo que eles deveriam permanecer no mesmo propósito para o qual foram chamados por Deus, e assim permanecer diante de Deus (1Co 7:20,24). A diligência em nosso chamado particular como homens é um dever exigido de nós pela nossa vocação geral como cristãos. Ou talvez a caridade geral que havia entre os cristãos aos seus irmãos mais pobres tenha incentivado alguns a viver em indolência, sabendo que a igreja os sustentaria. Qualquer que fosse o caso, eles eram culpados.

Havia pessoas intrometidas entre eles, e parece que, por conexão, as mesmas pessoas que eram preguiçosas também eram intrometidas. Isso pode parecer contradição, mas acontece que, normalmente, aquelas pessoas que não têm seu trabalho a realizar, que o negligenciam, ocupam-se da vida dos outros. Se estivermos inativos, o diabo e o coração corrupto logo encontram algo para fazermos. A mente do homem é sempre ocupada. Se ela não estiver empregada em fazer o bem, praticará o mal. Veja que esses intrometidos são desordenados, culpados de vã curiosidade e se metendo impertinentemente nas coisas que não lhes dizem respeito; além de incomodar a si mesmos e a outros com os assuntos de outras pessoas. O apóstolo alerta Timóteo (1Tm 5:13) para se acautelar dos que aprendem a ser ociosos, vagando de casa em casa, e que não são apenas preguiçosos, mas fofoqueiros e intrometidos, falando coisas que não deveriam.

ANOTAÇÕES

....
....
....
....
....
....
....
....

ESTUDO 301

A Era da Igreja inicia

O EVANGELHO NOS GRANDES CENTROS

Leitura bíblica: Atos 19

Paulo fez isso durante dois anos, de modo que todos os habitantes da província da Ásia ouviram a palavra do Senhor, tanto judeus como gregos. ATOS 19:10

Quando Paulo se separou da sinagoga, ele começou sua própria reunião, debatia diariamente na escola de Tirano. Ele abandonou a sinagoga dos judeus, para que pudesse prosseguir com mais liberdade em seu trabalho. Ainda assim ele debatia a favor de Cristo e do cristianismo e estava pronto para responder todos os oponentes em defesa deles. Por essa separação ele tinha agora dupla vantagem:

(1) As suas oportunidades eram mais frequentes. Na sinagoga, ele só poderia pregar a cada sábado (At 13:42), mas agora debatia diariamente; iniciou uma preleção a cada dia, e assim remia o tempo — aqueles cujo trabalho não lhes permitia vir um dia poderiam vir em outro; e eram bem-vindos aqueles que vigiavam diariamente diante desses portões da sabedoria e esperavam na entrada da sua casa (Pv 8:34).

(2) Eles estavam mais abertos. Para as sinagogas, ninguém poderia ir senão os judeus ou prosélitos, os gentios eram excluídos. Contudo, quando Paulo começou uma reunião na escola de Tirano, tanto judeus quanto gregos compareciam às suas ministrações (At 19:10). Assim, quando ele descreve essa porta de oportunidade em Éfeso (1Co 16:8-9), uma porta mais larga e efetiva foi aberta para eles, embora houvesse muitos adversários. Alguns pensam que a escola de Tirano era uma escola de teologia dos judeus, e do tipo que eles normalmente tinham em suas grandes cidades, além da sinagoga. Eles a chamavam de *Bethmidrash*, a casa de pesquisa, ou de repetição, e iam para ela aos sábados, após comparecerem à sinagoga. Iam de força em força, da casa do santuário para a casa da doutrina. Se essa era uma dessas escolas, isso demonstra que, embora Paulo tivesse deixado a sinagoga, ele a deixou gradualmente, e se manteve perto dela o quanto pôde, como fizera em Atos 18:7. No entanto, outros pensam que era uma escola de filosofia dos gentios, pertencendo a alguém chamado Tirano, ou um lugar de repouso (pois a palavra *schole* tem esse significado) que pertencia a um homem de importância ou ao governador da cidade. Era um lugar conveniente, que Paulo e os discípulos podiam usar, por apreço ou por alguma quantia.

O apóstolo continuou seu trabalho ali por dois anos, lia seus sermões e debatia diariamente. Esses dois anos começaram no final dos três meses que ele passou na sinagoga (At 19:8). Após o término desse tempo, Paulo continuou pregando por algum tempo nos arredores; por isso, ele pôde considerá-lo ao todo como três anos, conforme faz em At 20:31.

Assim, o evangelho se disseminou para perto e para longe: "todos os habitantes da província da Ásia ouviram a palavra do Senhor" (At 19:10). Não apenas os que habitavam em Éfeso, mas que ocupavam a grande província chamada Ásia, da qual Éfeso era a cidade principal — era chamada de Ásia Menor. Muitos recorriam a Éfeso de todas as partes, em busca da lei, do tráfego, da religião e da educação, o que dava a Paulo uma oportunidade de enviar um relato do evangelho para todas as cidades e vilarejos daquela região. Todos ouviram a palavra do Senhor Jesus.

O REINO DOS HUMILDES

ESTUDO 302

A Era da Igreja inicia

Leitura bíblica: 1 Coríntios 1

*Irmãos, considerem a vocação de vocês.
Não foram chamados muitos sábios segundo a carne, nem
muitos poderosos, nem muitos de nobre nascimento.*

1 CORÍNTIOS 1:26

INTRODUÇÃO ÀS EPÍSTOLAS

Paulo, pela bênção de Deus em seu trabalho, plantou e edificou uma igreja cristã em Corinto, principalmente entre os gentios, embora não seja improvável que muitos convertidos judeus estivessem entre eles, pois é falado que Crispo, o chefe da sinagoga, creu no Senhor com toda a sua casa (At 18:8). Paulo continuou nesta cidade por quase dois anos, como é evidente em Atos 18:11 e 18, e trabalhou com muito sucesso.

Algum tempo depois de ele os deixar, escreveu-lhes esta epístola, para regar o que havia plantado e corrigir algumas desordens grotescas que haviam sido introduzidas durante sua ausência. Essas desordens eram advindas do benefício que alguns falsos mestres haviam conquistado entre eles e por causa do fermento de antigas máximas e maneiras, ainda não completamente purgadas pelos princípios cristãos que haviam acolhido.

Ninguém célebre pela sabedoria ou eloquência foi empregado para plantar a Igreja ou propagar o evangelho. Alguns poucos pescadores foram chamados e enviados para essa tarefa. Eles foram comissionados para discipular as nações: esses vasos escolhidos para conter o tesouro do conhecimento da salvação ao mundo. Não havia nada neles que, à primeira vista, parecesse grandioso ou ilustre o suficiente para ter vindo de Deus. E os orgulhosos aspirantes ao conhecimento e à sabedoria desprezavam a doutrina por causa daqueles que eram seus despenseiros. Contudo, "a loucura de Deus é mais sábia do que a sabedoria humana" (v.25).

Os métodos da conduta divina que os homens vaidosos são capazes de censurar como insensatos e fracos têm mais sabedoria verdadeira, sólida e bem-sucedida em si do que todo o conhecimento e sabedoria que existem entre os homens. "Irmãos, considerem a vocação de vocês. Não foram chamados muitos sábios segundo a carne, nem muitos poderosos, nem muitos de nobre nascimento" (v.26). Veja a situação do cristianismo: não são chamados muitos homens instruídos, autoridades ou de honrosa posição. Há um grande grau de inferioridade e fraqueza na aparência externa de nossa religião. Pois:

(1) Poucos de caráter distinto em qualquer desses aspectos foram chamados para a obra do ministério. Deus não escolheu filósofos, oradores, políticos, ricos, poderosos ou de interesse no mundo para tornar público o evangelho da graça e da paz. Não os sábios segundo a carne, embora os homens pudessem pensar que a reputação por sabedoria e instrução contribuiria com muito do sucesso do evangelho. Não o poderoso e o nobre, ainda que se imaginasse que a pompa e o poder secular abririam caminho para a sua recepção no mundo. Porém,

Deus não vê como o homem. Ele havia escolhido as coisas tolas do mundo; as fracas, as humildes e as desprezíveis; homens de origem comum, pobres e sem instrução para serem os pregadores do evangelho e os plantadores da Igreja. Seus pensamentos não são como os nossos pensamentos, nem Seus caminhos, os nossos caminhos. Ele é um juiz melhor do que nós acerca de quais instrumentos e medidas servirão melhor o propósito de Sua glória.

(2) Poucas pessoas provenientes de classe e reputação distinta foram chamadas para serem cristãs. Assim como os mestres eram pobres e humildes, do mesmo modo eram os convertidos em geral. Poucos sábios, poderosos e nobres abraçaram a doutrina da cruz. Os primeiros cristãos, tanto entre judeus como entre os gregos, eram fracos, tolos e inferiores; pouco equipados intelectualmente, de origem e condição muito simples quanto à sua condição externa; e ainda assim, que revelações maravilhosas há na sabedoria divina em todo o projeto do evangelho, e, nessa circunstância em particular, em seu sucesso.

ANOTAÇÕES

APENAS COOPERADORES COM DEUS

ESTUDO 303

A Era da Igreja inicia

Leitura bíblica: 1 Coríntios 3

De modo que nem o que planta é alguma coisa, nem o que rega, mas Deus, que dá o crescimento.

1 CORÍNTIOS 3:7

O apóstolo advertiu os coríntios sobre as divisões. Ele os lembrou que os ministros não eram mais que ministros.

"Quem é Apolo? E quem é Paulo? São servos por meio de quem vocês creram, e isto conforme o Senhor concedeu a cada um" (v.5). Eles são apenas ministros, meros instrumentos usados pelo Deus de toda graça. Algumas das pessoas facciosas em Corinto pareciam ter feito deles mais do que deveriam, como se fossem senhores da sua fé, autores da sua religião.

Devemos cuidar para não deificar os ministros, nem os colocar no lugar de Deus. Os apóstolos não eram os autores de nossa fé e religião, embora fossem autorizados e qualificados para a revelar e propagar. Eles agiam nesse ofício conforme concedido por Deus a cada um. Todos os dons e poderes que até mesmo os apóstolos manifestaram e exerceram em sua obra ministerial provinham de Deus e tinham a intenção de manifestar a missão e a doutrina deles como divina. Era muito errado, por conta deles, transferir aos apóstolos essa consideração que pertence apenas à autoridade divina, por meio da qual eles agiam, e a Deus, de quem eles obtinham a sua autoridade. Paulo plantou, Apolo regou (v.6), e ambos foram úteis, cada um para o seu próprio propósito. Deus usa uma variedade de instrumentos e os habilita para seus diversos usos e intenções. Paulo foi habilitado para plantar, Apolo para regar, mas Deus trouxe o crescimento.

Percebam que o sucesso do ministério deve derivar da bênção divina: "De modo que nem o que planta é alguma coisa, nem o que rega, mas Deus, que dá o crescimento" (v.7). Até mesmo os ministros apostólicos não são nada por si mesmos, não podem fazer nada com eficácia e sucesso, a menos que Deus traga o crescimento. Os ministros mais qualificados e fiéis têm um senso justo de sua própria insuficiência e desejam que Deus receba toda a glória por seu êxito. Paulo e Apolo não são nada em si próprios, mas Deus é tudo em todos.

ANOTAÇÕES

ESTUDO 304

A Era da Igreja inicia

ORGULHANDO-SE DO MAL?

Leitura bíblica: 1 Coríntios 5

Não é bom esse orgulho que vocês têm. Por acaso vocês não sabem que um pouco de fermento leveda toda a massa?

1 CORÍNTIOS 5:6

Aqui o apóstolo Paulo declara o caso, e:

(1) Leva-os a saber qual era a notícia corriqueira e normal acerca deles: que alguém de sua comunidade era culpado de fornicação (v.1). Isso era reportado em todos os lugares, para a desonra deles e para a vergonha dos cristãos. E era ainda mais vergonhoso porque não podia ser negado. Veja: os pecados hediondos dos cristãos confessos são logo notados e noticiados. Deveríamos andar cautelosamente tendo em vista que muitos olhos nos observam e muitas bocas se abrirão contra nós se cairmos em prática escandalosa.

(2) Ele os culpa grandemente por sua própria conduta no caso: eles andavam "cheios de orgulho" (v.2). Eles se gloriavam no fato, 1) Talvez por causa dessa pessoa escandalosa. Ele podia ser um homem importante e eloquente, com conhecimento profundo, e por essa razão grandemente estimado, seguido e aclamado por muitos entre eles. Os coríntios se orgulhavam de ter tal líder. Em vez de lamentar sua queda e sua própria vergonha nesse caso, de renunciar a ele e de o expulsar da comunidade, continuavam a aplaudi-lo e a se orgulhar dele. Note que o orgulho ou exagerada autoestima normalmente são, no fundo, a causa de nossa estima exagerada dos outros, e isso nos cega às falhas deles e às nossas. É a verdadeira humildade que levará alguém a ver e reconhecer seus erros. O orgulhoso ou ignora completamente suas falhas, ou as disfarça astutamente, ou se empenha em transformar suas manchas em algo belo. Os coríntios que eram admiradores dos dons da pessoa incestuosa podiam negligenciar ou atenuar suas práticas horrendas. Ou ainda: 2) Isso poderia nos indicar que alguns do partido opositor estavam "cheios de orgulho". Orgulhavam-se de sua própria posição, e pisavam naquele que havia caído. É muita perversidade se gloriar nos fracassos e pecados dos outros.

Deveríamos trazê-los para perto do nosso coração e chorar por eles, não nos orgulhar por causa deles. Provavelmente esse era um dos efeitos das divisões entre eles. O partido opositor tirava vantagem desse lapso escandaloso e se alegrava por essa oportunidade. É uma triste consequência das divisões entre os cristãos que os torna aptos a se regozijar na iniquidade. Os pecados dos outros deveriam ser nossa tristeza. Além disso, as igrejas deveriam lamentar pelo comportamento escandaloso de membros em particular e, se eles forem incorrigíveis, expulsá-los. Aquele que cometeu a obra maligna deveria ser excluído de entre eles.

ANOTAÇÕES

....
....
....
....
....
....
....
....
....
....
....

DESFRUTANDO DO CASAMENTO

ESTUDO 305

A Era da Igreja inicia

Leitura bíblica: 1 Coríntios 7

Que o marido conceda à esposa o que lhe é devido, e também, de igual modo, a esposa, ao seu marido.

1 CORÍNTIOS 7:3

O apóstolo vem agora, como um fiel e habilidoso casuísta, responder alguns casos de consciência que os coríntios lhe haviam proposto. Essas foram as coisas acerca das quais eles lhe escreveram (v.1). Assim como os lábios dos ministros deveriam observar o conhecimento, da mesma forma o povo deveria pedir a lei a essas bocas. O apóstolo estava tão pronto para resolver as dúvidas deles quanto eles estavam para apresentar suas dúvidas. No capítulo anterior, ele os alerta para evitar a fornicação; aqui lhes dá algumas orientações acerca do casamento, a solução que Deus destinara à fornicação.

Ele lhes informa que o casamento, e os benefícios e satisfações desse estado, são prescritos pela sabedoria divina para prevenir a fornicação (v.2), *porneias* — fornicações, todo tipo de luxúria desregrada. A fim de evitá-la, "cada homem tenha a sua esposa, e cada mulher tenha o seu próprio marido" (v.2), isto é, casem-se e se confinem a seus próprios parceiros. E, quando estiverem casados, que cada um conceda ao outro, e prestem o dever conjugal que é devido um ao outro. Pois, como argumenta o apóstolo (v.4), estando casados nenhum deles tem poder sobre o próprio corpo, mas o entregou ao poder do outro, a esposa entregou o dela ao poder do marido, o marido entregou o dele ao poder da esposa.

Veja: a poligamia, ou o casamento com mais do quede uma pessoa, bem como o adultério, são violação aos pactos matrimoniais e uma violação dos direitos do parceiro. Assim sendo, eles não deveriam defraudar um ao outro no uso de seus corpos, nem um ao outro dos benefícios do estado matrimonial, ordenado por Deus para manter o vaso em santificação e honra e para prevenir a luxúria da impureza, exceto quando houver consentimento mútuo (v.5), ou apenas por um tempo, enquanto se dedicam a algum exercício extraordinário da religião, ou se entregam ao jejum e oração. Devemos entender que os períodos de profunda humilhação requerem abstinência de prazeres legítimos.

Porém essa separação entre marido e esposa não deve ser contínua a fim de que eles não se exponham às tentações satânicas, motivadas pela incontinência ou inabilidade de se conter. As pessoas se expõem a grande perigo ao tentar colocar em prática aquilo que está acima de suas forças, e, ao mesmo tempo, que não lhes é requerido por qualquer lei divina. Se elas se abstiverem de prazeres legítimos, podem ser enredadas nos ilegítimos. As soluções que Deus proveu contra as inclinações pecaminosas são certamente as melhores.

ANOTAÇÕES

....
....
....
....
....
....
....
....
....

ESTUDO 306

A Era da Igreja inicia

O PROPÓSITO DA CEIA DO SENHOR

Leitura bíblica: 1 Coríntios 11

Porque, todas as vezes que comerem este pão e beberem o cálice, vocês anunciam a morte do Senhor, até que ele venha.

1 CORÍNTIOS 11:26

Observem que temos aqui:

(1) *A prática sacramental.* O modo pelo qual os elementos do sacramento devem ser usados. 1) As ações de nosso Salvador: tomar o pão e o cálice, dar graças, partir o pão e distribuir ambos. 2) As ações dos que tomavam parte da comunhão: pegar o pão e comê-lo, pegar o cálice e bebê-lo, e ambos em memória de Cristo. Contudo, os atos externos não são o todo, nem tampouco a principal parte do que deve ser feito nessa santa ordenança; cada um deles tem significado. Nosso Salvador, tendo se comprometido a fazer de si mesmo uma oferta a Deus, e adquirir, por meio da Sua morte, a remissão de pecados com todos os outros benefícios do evangelho, para os verdadeiros cristãos; entregou para os Seus discípulos, no momento da instituição, Seu corpo e sangue com todos os benefícios obtidos por Sua morte, e continua a fazê-lo cada vez que a ordenança é administrada aos verdadeiros cristãos. Isso é aqui demonstrado ou estabelecido como alimento para a alma. Eles deviam recebê-lo como seu Senhor e sua vida, render-se a Ele e viver por Ele. Cristo é a nossa vida (Cl 3:4).

(2) *Um relato dos objetivos dessa instituição.* 1) Foi ordenada para ser realizada em memória de Cristo, para manter fresco em nossa mente um favor antigo — Sua morte por nós —, bem como para relembrar de nosso Amigo ausente, até mesmo de Cristo intercedendo por nós à direita de Deus em virtude da Sua morte. O melhor dentre todos os amigos e o maior ato de bondade devem ser lembrados aqui, acompanhados com o exercício das adequadas afeições e graças. O lema dessa ordenança e seu significado são: "Quando vocês a virem, lembrem-se de mim". 2) Foi para exibir a morte de Cristo, para a declarar e torná-la pública. Não é apenas em memória de Cristo, do que Ele fez e sofreu, que essa ordenança foi instituída, mas para comemorar, para celebrar Sua gloriosa condescendência e graça em nossa redenção. Declaramos que Sua morte é a nossa vida, a fonte de todos os nossos consolos e esperanças. E nos gloriamos em tal declaração; exibimos Sua morte e a anunciamos diante de Deus, como o nossos sacrifício e resgate aceitáveis.

(3) *Orientações com relação a essa ordenança.* 1) Ela deve ser frequente: "todas as vezes que comerem este pão e beberem o cálice" (1Co 11:26). Nossas refeições são repetidas com constância, não podemos manter a vida e a saúde sem elas. E é apropriado que nossa dieta espiritual deva ser um instrumento contínuo também. As igrejas antigas celebravam essa ordenança a cada dia do Senhor, ou todos os dias quando se reuniam para adorar. 2) Deve ser perpétua. Deve ser celebrada até que o Senhor volte, até que Ele venha pela segunda vez, sem pecado, para a salvação daqueles que creem e para julgar o mundo. Essa é nossa garantia por observar essa celebração. É vontade de nosso Senhor que assim celebremos os memoriais de Sua morte e paixão até que Ele venha em Sua glória, e na glória do Pai, com os santos anjos, colocando um fim no estado presente das coisas e na sua administração mediadora ao afirmar a sentença final. Note: a Ceia do Senhor não é uma ordenança temporária, mas uma ordenança permanente e perpétua.

DONS PARA EDIFICAÇÃO PÚBLICA

ESTUDO 307

A Era da Igreja inicia

Leitura bíblica: 1 Coríntios 12

A manifestação do Espírito é concedida a cada um visando um fim proveitoso.

1 CORÍNTIOS 12:7

O Espírito era manifesto pelo exercício desses dons; Sua influência e benefícios eram exibidos neles. Porém, eles não foram distribuídos para a mera honra e vantagem daqueles que os possuíam, mas para o benefício da Igreja, para edificar o Corpo e divulgar e disseminar o evangelho. Veja que quaisquer que sejam os dons que Deus confira ao homem, Ele o faz para que se faça o bem com eles, quer os dons sejam comuns ou espirituais. Os dons exteriores de Sua liberalidade devem ser desenvolvidos para a Sua glória e voltados para fazer o bem ao próximo. Ninguém os possui apenas para si próprio. Eles são uma fiança colocada em suas mãos para gerarem crédito; e quando uma pessoa beneficia o próximo com eles, mais abundantemente esses dons entrarão em sua conta no final (Fp 4:17). Os dons espirituais são concedidos para que os homens possam trazer benefícios à Igreja e para promover o cristianismo. Não são administrados para exibição, mas para serviço; não para a pompa e ostentação, mas para a edificação; não para exaltar quem os possui, mas para edificar os outros.

A medida e a proporção na qual eles são concedidos: "Mas um só e o mesmo Espírito realiza todas essas coisas, distribuindo-as a cada um, individualmente, conforme ele quer" (1Co 12:11). O que é mais gratuito do que um presente? E o Espírito de Deus não fará o que Ele deseja com os que lhe pertencem? Não pode Ele concedê-los a quem lhe agradar e na proporção que Ele quiser; um dom para certo homem, e outro dom para outro; para um, mais dons, para outro homem, menos, conforme Ele achar adequado? Não é Ele o melhor juiz acerca de como Seu próprio propósito será realizado e Seus dons concedidos? Não acontece conforme a vontade do homem, nem como eles acham melhor, mas conforme o Espírito deseja. O Espírito Santo é uma pessoa divina. Ele opera os efeitos divinos e reparte os dons divinos conforme lhe apraz, por Seu próprio poder e de acordo com Seu prazer, sem dependência ou controle. Todavia, embora Ele distribua esses dons gratuitamente e sem medida, Ele pretende que eles sejam não para a honra ou vantagem particular, mas para benefício público, para a edificação do Corpo, a Igreja.

ANOTAÇÕES

ESTUDO 308

A Era da Igreja inicia

"ONDE ESTÁ, Ó MORTE, A SUA VITÓRIA?"

Leitura bíblica: 1 Coríntios 15

Com isto quero dizer, irmãos, que a carne e o sangue não podem herdar o Reino de Deus, nem a corrupção herdar a incorrupção.

1 CORÍNTIOS 15:50

Nessa ocasião, Paulo lhes fala sobre aquilo que estivera oculto ou era desconhecido por eles até então — que todos os santos não morrerão, mas todos serão transformados. Aqueles que estiverem vivos na vinda de nosso Senhor serão levados até as nuvens sem que morram primeiro (1Ts 4:17). Porém, nesta passagem, está claro que isso não ocorrerá sem que haja a transformação do corruptível para o incorruptível. A estrutura de seus corpos vivos será assim alterada, bem como a daqueles que estão mortos. Isso ocorrerá num instante, num piscar de olhos (1Co 15:52). O que o poder máximo não pode realizar? Esse poder que chama os mortos à vida pode, certamente, de modo rápido e repentino, transformar os vivos, pois tanto eles quanto os mortos devem ser transformados, uma vez que a carne e o sangue não podem herdar o reino de Deus.

Ele especifica a razão para essa transformação: "Porque é necessário que este corpo corruptível se revista da incorruptibilidade, e que o corpo mortal se revista da imortalidade" (v.53). De outro modo, como o homem poderia ser um habitante adequado para as regiões incorruptíveis, ou para possuir a herança eterna? Como o que é corruptível e mortal poderia desfrutar do que é incorruptível, permanente e imortal? Esse corpo corruptível deve se tornar incorruptível, o corpo mortal ser feito imortal, para que o homem possa ser capaz de desfrutar da alegria que lhe foi destinada. Note: é esse corruptível que deve se revestir da incorrupção; o tecido desfeito, ser recriado. O que é semeado deve ser revivido. Os santos virão em seus próprios corpos (v.38), não em outros.

Paulo nos informa do que acontecerá depois dessa transformação de vivos e mortos em Cristo: "então se cumprirá a palavra que está escrita: 'Tragada foi a morte pela vitória'" (v.54); ou "[Ele] Tragará a morte para sempre" (Is 25:8); "Para que o mortal seja absorvido pela vida" (2Co 5:4), e a morte seja perfeitamente subjugada e vencida, e todos os santos sejam libertos para sempre de seu poder. A vitória obtida sobre ela será tal que desaparecerá para sempre naquelas regiões nas quais o Senhor manterá Seus santos ressurretos. Portanto, os santos entoarão seu *epinikion*, sua canção de triunfo. Depois, quando o mortal for revestido de imortalidade, a morte será tragada, tragada para sempre, *eis nikos*. Cristo a impede de tragar Seus santos quando eles morrem, mas quando eles ressuscitarem, a morte relativa a eles será tragada para sempre. E eles irromperão em cânticos de triunfo assim que a destruição da morte ocorrer.

ANOTAÇÕES

....
....
....
....
....
....
....
....

O SUCESSO DA FIDELIDADE

ESTUDO 309

A Era da Igreja inicia

Leitura bíblica: 2 Coríntios 2

Porque nós não estamos, como tantos outros, mercadejando a palavra de Deus. Pelo contrário, em Cristo é que falamos na presença de Deus, com sinceridade e da parte do próprio Deus.

2 CORÍNTIOS 2:17

INTRODUÇÃO ÀS EPÍSTOLAS

Na epístola anterior, o apóstolo havia declarado suas intenções de ir a Corinto enquanto passava pela Macedônia (1Co 16:5). Todavia, sendo impedido pela Providência por algum tempo, ele lhes escreve esta segunda epístola cerca de um ano após a primeira. Aqui parecem ter sido duas as necessidades:

   1. O caso da pessoa incestuosa, que permanecia sob disciplina, requerendo que, com toda celeridade, ela fosse restaurada e recebida novamente à comunhão.

   2. Havia uma contribuição sendo feita para os santos necessitados em Jerusalém, à qual ele exorta que os coríntios se unam (caps. 8–9).

Observe o efeito do ministério cristão e a consolação que o apóstolo e seus companheiros de trabalho encontraram:

(1) O êxito diferenciado do evangelho e seus diferentes efeitos sobre vários tipos de pessoas a quem ele foi pregado. O êxito é diferente, pois alguns são salvos por ele, ao passo que outros perecem sob ele. Isso não deve surpreender, considerando os diferentes efeitos que ele tem. Isso ocorre porque: 1) Para alguns, tem "cheiro de morte para morte" (2Co 2:16). Aqueles que são ignorantes de bom grado e intencionalmente obstinados, detestam o evangelho como quem não gosta de um cheiro ruim; portanto, ficam cegos a ele e endurecidos por ele: o evangelho incita suas corrupções e exaspera seu espírito. Eles o rejeitam para sua ruína, até para sua morte espiritual e eterna. 2) Para outros, o evangelho é "aroma de vida para a vida". Para a alma humilde e graciosa, a pregação da Palavra é muito prazerosa e benéfica. Assim como é mais doce que o mel ao paladar, é muito mais gratificante que o odor mais precioso ao sentido e muito mais afável, visto que, do mesmo modo que ele os despertou no início, quando estavam mortos em transgressões e pecados, ele os torna ainda mais vivazes e terminará em vida eterna.

(2) A terrível impressão que esse assunto causou à mente do apóstolo, e deveria também fazê-lo em nosso espírito: "Quem, porém, é capaz de fazer estas coisas?" (v.16). *Tis hikanos* — quem é digno de ser empregado em tal grandiosa obra, um trabalho de tanta importância por causa da enorme consequência? Quem pode realizar tal difícil obra que requer tanta habilidade e diligência? O trabalho é grande, e pequena a nossa força; sim, por nós mesmos não temos qualquer força; toda nossa suficiência provém de Deus. Veja: Se os homens ponderassem seriamente sobre quantas grandes coisas dependem da pregação do evangelho e como é difícil a obra do ministério, eles seriam muito cautelosos em como aderir a ele e muito cuidadosos em sua execução.

(3) O conforto que o apóstolo obteve sob essa séria ponderação. 1) Os ministros fiéis serão aceitos por Deus, independentemente de seu sucesso:

se formos fiéis, somos para Deus o bom perfume de Cristo (v.15), tanto para os que são salvos quanto para os que perecem. Deus aceitará nossas sinceras intenções e honestos empreendimentos, embora muitos deles possam não ser exitosos. Os ministros serão aceitos e recompensados não de acordo com seu sucesso, mas por sua fidelidade. Embora Israel não se reúna, serei glorioso aos olhos do Senhor (Is 49:5). 2) Sua consciência testemunhou de sua fidelidade (2Co 2:17). Ainda que muitos tivessem corrompido a Palavra de Deus, a consciência do apóstolo testemunhava de sua fidelidade.

Observe que, a menos que seja realizado em sinceridade à vista de Deus, o que fazemos na religião não será de Deus, não procederá dele e nem o alcançará.

ANOTAÇÕES

A GLÓRIA DO VASO DE BARRO

ESTUDO 310

A Era da Igreja inicia

Leitura bíblica: 2 Coríntios 4

Porque não pregamos a nós mesmos, mas a Jesus Cristo como Senhor e a nós mesmos como servos de vocês, por causa de Jesus.

2 CORÍNTIOS 4:5

Não pregamos a nós mesmos. O ego não era o assunto nem o objetivo da pregação dos apóstolos. Eles não ofereciam sua perspectiva ou opiniões particulares, tampouco suas emoções ou preconceitos, como Palavra e a vontade de Deus. Não buscavam promover seus interesses seculares ou sua glória. Mas pregavam Cristo Jesus, o Senhor; assim lhes convinha e lhes cabia como servos de Cristo. Seu trabalho era tornar seu Mestre conhecido ao mundo como o Messias, ou o Cristo de Deus, e como Jesus, o único Salvador da humanidade, como o legítimo Senhor, e promover Sua honra e glória. Veja: todas as linhas da doutrina cristã estão centradas em Cristo, e, ao pregá-lo, pregamos tudo o que deveríamos. "E a nós mesmos", diz o apóstolo, "...como servos de vocês, por causa de Jesus" (v.5).

Os ministros não deviam ter um espírito orgulhoso dominando sobre a herança de Deus, visto que são servos no que diz respeito à alma dos homens. Ao mesmo tempo, devem evitar a mesquinhez de espírito implícita de não se tornarem servos dos humores ou cobiças dos homens. Se assim o fizessem, não seriam servos de Cristo (Gl 1:10). E havia bons motivos:

(1) *Para eles pregarem Cristo*. Pela luz do evangelho temos o conhecimento da glória de Deus, que brilha na face de Jesus Cristo (2Co 4:6). E a luz desse Sol da justiça é mais gloriosa do que a luz que Deus ordenou que brilhasse em meio à escuridão. Observar o Sol no firmamento é agradável aos olhos, mas é ainda mais agradável e benéfico quando o evangelho refulge no coração. Assim como a luz foi a primogênita da primeira criação, ela também o é na nova criação: a iluminação do Espírito é Sua primeira obra sobre a alma. A graça de Deus criou tal luz na alma para que aqueles que, por um tempo, estiveram nas trevas possam ser feitos luz no Senhor (Ef 5:8).

(2) *Para que eles não pregassem a si mesmos*: porque eram apenas vasos de barro, objetos de pequeno ou nenhum valor. Aqui parece haver uma alusão às lâmpadas que os soldados de Gideão carregaram em cântaros de barro (Jz 7:16). O tesouro da luz do evangelho e da graça foi colocado em vasos de barro. Os ministros do evangelho são criaturas fracas e frágeis, e sujeitos a paixões e enfermidades semelhantes às dos outros homens; são mortais e logo serão quebrados em pedaços. E Deus ordenou que, quanto mais frágil o vaso, mais forte Seu poder se mostraria, para que o próprio tesouro fosse mais valorizado. Note: há uma excelência de poder no evangelho de Cristo para iluminar a mente, convencer a consciência, converter a alma e alegrar o coração. Porém todo esse poder provém de Deus, o autor, e não dos homens, que são apenas instrumentos, para que Deus possa, em tudo, ser glorificado.

ANOTAÇÕES

ESTUDO 311

A Era da Igreja inicia

ABUNDÂNCIA NA GRAÇA

Leitura bíblica: 2 Coríntios 8–9

Mas como em tudo vocês manifestam abundância — na fé, na palavra, no saber, em toda dedicação e em nosso amor por vocês —, esperamos que também nesta graça vocês manifestem abundância.

2 CORÍNTIOS 8:7

Neste capítulo e no próximo, Paulo está exortando e orientando os coríntios sobre uma obra de caridade em especial: aliviar as necessidades dos pobres santos em Jerusalém e na Judeia, de acordo com o bom exemplo das igrejas na Macedônia (Rm 15:26). Os cristãos em Jerusalém haviam empobrecido por causa da guerra, da fome e da perseguição; muitos deles haviam entrado em falência e, talvez, a maioria já fosse pobre quando primeiramente abraçaram o cristianismo, pois Cristo disse: "aos pobres está sendo pregado o evangelho" (Mt 11:5). Agora Paulo, embora fosse o apóstolo aos gentios, tinha uma consideração mais afetuosa e uma bondosa preocupação com aqueles dentre os judeus que haviam se convertido à fé cristã; e, embora muitos deles não tivessem tanta afeição aos gentios convertidos quanto deveriam, ainda assim o apóstolo encorajava os gentios a serem bondosos com eles, e os incitava a contribuir liberalmente para o seu alívio. Ele é bastante detalhista nesse assunto e lhes escreve com muito afeto.

Quando ele persuade os coríntios a realizar essa boa obra, elogia-os por outras que havia encontrado neles. Muitas pessoas amam ser elogiadas, especialmente quando lhes pedimos uma oferta para nós mesmos ou para outros, e é com justiça que devemos os devidos louvores àqueles em quem brilham as graças divinas. Observe aqui no que os coríntios possuíam em abundância: a fé é mencionada por primeiro, visto que é a raiz; e, como sem fé é impossível agradar a Deus (Hb 11:6), assim aqueles que transbordam em fé também transbordarão em outras graças e em boas obras, e estas se manifestarão pelo amor.

À fé dos coríntios, foi acrescentada a palavra, que é um dom excelente e redunda muito para a glória de Deus e para o bem da Igreja. Muitos têm fé, mas carecem de palavra, mas esses coríntios superavam muitas igrejas em dons espirituais, especialmente, na palavra. No entanto, não ocorria com eles o que acontece com muitos: que isso fosse efeito e evidência de ignorância; pois com sua capacidade de falar, vinha o conhecimento, a abundância do saber. Eles tinham um tesouro de coisas antigas e novas (Mt 13:52), e, em sua palavra evidenciavam esse tesouro. Eles transbordavam em dedicação. Aqueles que têm grande saber e prontidão na palavra não são sempre os cristãos, nem os mais diligentes. Grandes faladores não são sempre os melhores praticantes; mas esses coríntios também eram dedicados a fazer, tanto quanto a falar e a saber. Além disso, tinham imenso amor por seu ministro e não eram como muitos que, tendo dons próprios, são bem aptos a desfazer de seus ministros e negligenciá-los. Ora, a todas essas coisas boas, o apóstolo deseja que eles acrescentem também esta graça: de doar abundantemente em caridade para com os pobres, a fim de que, onde tanto bem era encontrado, pudesse crescer para algo ainda melhor.

ANOTAÇÕES

....
....
....

HUMILDADE E AUTOAFIRMAÇÃO

ESTUDO 312

A Era da Igreja inicia

Leitura bíblica: 2 Coríntios 10–11

Porque suponho em nada ter sido inferior a esses 'superapóstolos'. E, embora seja fraco no falar, não o sou no conhecimento. Em tudo e por todos os modos temos manifestado isto a vocês. 2 CORÍNTIOS 11:5-6

Neste capítulo, o apóstolo prossegue em seu discurso em oposição aos falsos apóstolos, que eram muito diligentes em diminuir seu ganho e reputação entre os coríntios e haviam prevalecido por meio de suas insinuações.

Nestes versículos, Paulo menciona:

(1) Sua igualdade com os demais apóstolos — ele não estava uma partícula sequer atrás do principal deles (v.5). Expressa isso com muita modéstia, "eu suponho". Poderia ter falado bem mais assertivamente. O apostolado, como um ofício, era igual em todos os apóstolos, mas eles, assim como outros cristãos, diferiam uns dos outros. Essas estrelas diferiam umas das outras em glória, e Paulo era, de fato, de primeira magnitude; no entanto, mesmo assim fala modestamente de si mesmo e admite humildemente sua própria fraqueza: que era rude na fala, não tinha discursos tão admiráveis quanto outros poderiam ter. Alguns pensam que ele tinha estatura bem baixa e que sua voz era proporcionalmente fraca. Outros, acham que ele poderia ter algum problema de fala, talvez uma gagueira. No entanto, ele não era rudimentar em conhecimento; não desconhecia as melhores regras de oratória e da arte da persuasão, ignorava menos ainda os mistérios do reino do Céu, como estava plenamente patente a eles.

(2) Sua igualdade com os falsos apóstolos, nesse caso: a pregação gratuita do evangelho, sem salário. O apóstolo insiste muito nisso e mostra que, como eles não poderiam negar que ele fosse um ministro de Cristo, do mesmo modo deveriam reconhecer que ele lhes fora um bom amigo. Pois ele 1) Pregara a eles o evangelho gratuitamente (vv.7-10). Ele já provara amplamente em sua epístola anterior aos coríntios a legitimidade de os ministros receberem manutenção do povo e o dever deles de lhes dar um sustento honroso. Aqui, diz que ele mesmo recebia salário de outras igrejas (v.8), de forma que tinha o direito de lhes pedir e deles receber. Mas renunciara a seu direito e escolhera sustentar-se a si mesmo trabalhando com suas mãos no ofício de fazedor de tendas para se manter, do que os sobrecarregar, para que eles fossem exaltados ou encorajados a receber o evangelho, que receberam por preço tão barato. Preferia ser suprido pelos macedônios a ser pesado para eles. 2) Informara a eles a razão de sua conduta entre eles. Não foi porque não os amasse (v.11), ou estivesse indisposto a receber as evidências do amor deles (pois o amor e a amizade são manifestos por dar e receber mutuamente), mas era para evitar a ofensa, para que pudesse evitar a ocasião para aqueles que a desejavam. Ele não daria ocasião para que ninguém o acusasse de desígnios mundanos ao pregar o evangelho, ou que pretendia fazer dele um negócio para se enriquecer.

ANOTAÇÕES

....
....
....
....
....
....
....

ESTUDO 313

A Era da Igreja inicia

A GRAÇA TODA-SUFICIENTE

Leitura bíblica: 2 Coríntios 12

Então ele me disse: "A minha graça é o que basta para você, porque o poder se aperfeiçoa na fraqueza".

2 CORÍNTIOS 12:9

O apóstolo sofria com um espinho na carne e era esbofeteado por um mensageiro de Satanás (v.7). Desconhecemos o que o espinho seria, talvez alguma grande luta ou alguma grande tentação. Alguns pensam que era uma dor física aguda ou uma enfermidade; outros, que era alguma indignidade feita a ele pelos falsos apóstolos e a oposição que ele encontrava neles, particularmente por conta de seu discurso, que era menosprezado. Seja o que for, Deus normalmente traz o bem a partir do mal, visto que as censuras de nossos inimigos ajudam a encobrir de nós o orgulho. Isto é certo: aquilo que o apóstolo chama de espinho na carne foi doloroso para ele por um tempo, mas os espinhos que Cristo sofreu por nós, e com os quais foi coroado, santificam e tornam leves todos os espinhos na carne com os quais possamos ser afligidos; Jesus sofreu sendo tentado para que pudesse socorrer aqueles que são tentados.

O propósito desse espinho era manter o apóstolo humilde, para que não se exaltasse acima da medida (v.7). O próprio Paulo sabia que ainda não o havia atingido, e que não era perfeito; mas estava em perigo de se exaltar com o orgulho. Se Deus nos ama, Ele esconderá de nós o orgulho e evitará que nos exaltemos acima da medida, e os fardos espirituais são ordenados para curar o orgulho espiritual. Esse espinho na carne é descrito como mensageiro de Satanás, que ele não enviara com um bom propósito; pelo contrário, com más intenções para desencorajar o apóstolo (que era imensamente favorecido por Deus) e o impedir em seu trabalho. Deus, contudo, o destinou para o bem, Ele o tornou em bem e fez esse mensageiro de Satanás ficar tão distante de ser um empecilho, que se tornou um auxílio para o apóstolo.

O apóstolo orou com fervor a Deus para que Ele removesse esse doloroso agravo. A oração é um bálsamo para cada ferida, um remédio para cada enfermidade; quando somos afligidos com os espinhos na carne, deveríamos nos entregar à oração. Assim sendo, algumas vezes somos provados para que aprendamos a orar. O apóstolo implorou ao Senhor três vezes, para afastar dele o espinho (v.8). Embora as aflições sejam enviadas para nosso benefício espiritual, ainda assim oramos a Deus para que as afaste. Devemos, de fato, desejar também que elas cumpram o objetivo para o qual foram planejadas.

Temos um relato da resposta que foi dada à oração do apóstolo, que, embora a aflição não tenha sido removida, algo equivalente lhe seria concedido: "A minha graça é o que basta para você". Veja: (1) Embora Deus aceite a oração de fé, Ele não a responde sempre na íntegra. Da mesma forma como Ele, às vezes, concede em ira, às vezes, Ele nega em amor. (2) Quando Deus não afasta nossos problemas e tentações, ainda assim, se Ele nos dá graça suficiente, não temos razão para reclamar, nem dizer que Ele nos trata mal. Qualquer que seja o espinho que nos fira, a graça de Deus é suficiente para nós.

ANOTAÇÕES

....
....

DESPROVIDOS DAS RÉDEAS DA GRAÇA

ESTUDO 314

A Era da Igreja inicia

Leitura bíblica: Romanos 1

Por isso, Deus os entregou à impureza, pelos desejos do coração deles, para desonrarem o seu corpo entre si.

ROMANOS 1:24

INTRODUÇÃO ÀS EPÍSTOLAS

A epístola de Romanos é colocada por primeiro não por causa da prioridade de sua datação, mas por causa da excelência superlativa da epístola, sendo ela uma das mais longas e completas de todas e, talvez, pela dignidade do local ao qual foi escrita. Crisóstomo [cerca de 347–407 d.C.] tinha essa epístola lida para ele duas vezes por semana. A partir de algumas passagens da própria carta, infere-se que ela tenha sido escrita em 56 d.C., a partir de Corinto, enquanto Paulo brevemente esteve nessa cidade em seu caminho para Trôade (At 20:5-6).

Deus abandonou todo o mundo gentílico, como um juízo justo, como punição da idolatria deles — removeu o freio da graça restritiva, deixando-os livres a si mesmos, visto que a Sua graça lhe pertence e Ele não é devedor a homem algum, assim pode dispensar ou reter Sua graça conforme lhe apraz. Deixamos que a academia discuta se esse abandono foi um ato positivo ou negativo de Deus, mas disto temos certeza: não é novidade para Deus entregar o homem a suas próprias cobiças, enviar-lhes fortes ilusões, deixar Satanás livre para agir com eles e, além disso, colocar pedras de tropeço diante deles. Contudo, ainda assim, Deus não é o autor do pecado; nisso Ele é infinitamente justo e santo, pois, embora maiores maldades brotem desse abandono, a culpa por elas deve ser colocada sobre o perverso coração do pecador. Se o paciente for obstinado e não se submeter aos métodos prescritos, mas intencionalmente tomar e fizer o que lhe é prejudicial, o médico não pode ser culpado de desistir dele estando ele em uma condição desesperadora; e todos os sintomas fatais que se seguem não podem ser imputados ao médico, mas à própria enfermidade e à tolice e obstinação do paciente.

Ao que eles foram abandonados. À impureza e às paixões vergonhosas (Rm 1:24,26-27). Aqueles que não acolheram os alertas mais puros e refinados da luz natural, que preserva a honra de Deus, perderam, com justiça, aqueles sentimentos mais rudimentares e palpáveis que preservam a natureza humana. Assim, "O ser humano, revestido de honrarias", ao se recusar a compreender o Deus que o criou, torna-se pior que "os animais, que perecem" (Sl 49:20). Assim, pela permissão divina, um se torna punição para o outro; é "pelos desejos do coração deles" (Rm1:24), é aí que se encontra toda a culpa. Aqueles que desonram a Deus são entregues à própria desonra, e não há maior escravidão do que essa. Os seres humanos são entregues na mão do senhor cruel, como aconteceu com os egípcios em Isaías 19:4. Os exemplos particulares de sua impureza e paixões vergonhosas são suas paixões não naturais, pelas quais muitos pagãos, até mesmo dentre aqueles que se passaram por sábios, como Sólon [?–560 a.C., estadista e poeta grego] e Zenão [cerca de 501–cerca de 430 a.C., filósofo pré-socrático], eram infames contra as regras mais evidentes e óbvias da luz natural. A gritante iniquidade de Sodoma e Gomorra, pela qual Deus fez chover o inferno vindo do Céu sobre eles, tornara-se não apenas normalmente praticada, mas declarada nas nações pagãs. Talvez o apóstolo se refira especialmente às abominações que eram cometidas na adoração de seus ídolos, nas quais a pior impureza era ordenada para a honra dos deuses deles: um culto do monturo para deuses do monturo — os espíritos impuros se deleitam em tais ministrações.

ANOTAÇÕES

A JUSTIÇA SEM A LEI

ESTUDO 315

A Era da Igreja inicia

Leitura bíblica: Romanos 3

Mas, agora, sem lei, a justiça de Deus se manifestou, sendo testemunhada pela Lei e pelos Profetas.

ROMANOS 3:21

A justificação pode ser obtida sem guardar a lei de Moisés, e isso é chamado de justiça de Deus, a justiça de Sua ordenação, provisão e aceitação — justiça que Ele nos confere, assim como a armadura cristã é chamada de armadura de Deus (Ef 6:11).

Ora, com relação a essa justiça de Deus, observe:

(1) *Que ela é manifesta*. O caminho evangélico da justificação é elevado, plano, e está colocado abertamente para nós: a serpente de bronze foi erguida em um poste (Nm 21:8-9); não somos deixados a tatear nossa vereda na escuridão, mas ela é manifesta a nós.

(2) *É sem a lei*. Aqui Paulo deixa óbvio o método dos cristãos judaizantes, que precisavam unir Cristo e Moisés, reconhecendo Cristo como o Messias, mas ainda se apegando à Lei, mantendo suas cerimônias e impondo-as aos convertidos gentios. "Não", diz Paulo, "é sem a Lei". A justiça que Cristo trouxe é uma justiça completa.

(3) *Contudo, a justiça ainda é testemunhada pela Lei e pelos Profetas*. Isto é, eles eram tipos, profecias e promessas no Antigo Testamento, que apontavam para essa justiça. A Lei está tão longe de nos justificar, que nos direciona a outro modo de justificação, aponta para Cristo como a nossa justiça, algo que é testemunhado por todos os profetas (veja At 10:43). Isso poderia recomendá-la aos judeus, tão apegados à Lei e aos Profetas.

(4) *É pela fé em Jesus Cristo, aquela fé que tem Jesus Cristo como seu objeto* — um Salvador ungido, que é o que significa o nome Jesus Cristo. A fé justificadora respeita Cristo como um Salvador em todos os Seus três ofícios ungidos: como profeta, como sacerdote e como rei — confia-se nele, aceita-o e devota-se a Ele, em todos esses pontos. É por meio dela que nos tornamos participantes nessa justiça que Deus ordenou e que Cristo trouxe.

(5) *É para todos e sobre todos os que creem* (Rm 3:22). Nessa expressão, Paulo inculca aquilo no que sempre insistia: que os judeus e os gentios, se crerem, estão no mesmo nível e são igualmente aceitos a Deus, por meio de Cristo, pois não há diferenciação. Ou é *eis pantas* — para todos, oferecida a todos em geral. O evangelho não exclui ninguém que não se autoexclua, mas é *epi pantas pisteuontas*, sobre todos os que creem, não apenas oferecida a eles, mas colocada sobre eles como coroa e como um manto. Se crerem, eles são participantes e têm o direito a todos os benefícios e privilégios que advêm da justiça.

ANOTAÇÕES

....
....
....
....
....
....
....
....
....
....

ESTUDO 316

A Era da Igreja inicia

ACESSO A PRIVILÉGIOS INCOMPARÁVEIS

Leitura bíblica: Romanos 5

Justificados, pois, mediante a fé, temos paz com Deus por meio do nosso Senhor Jesus Cristo.

ROMANOS 5:1

Os preciosos benefícios e privilégios que fluem da justificação são tais que deveriam nos despertar a todos para sermos diligentes e nos certificarmos de que somos justificados, depois receber o consolo e cumprir com os deveres que ela requer de nós. Os frutos dessa árvore de vida são muitíssimo preciosos.

(1) *Temos paz com Deus* (v.1). É o pecado que gera a contenda entre nós e Deus e cria não apenas uma estranheza, mas uma inimizade. O Deus santo e justo não pode, por Sua honra, estar em paz com um pecador enquanto ele continua sob a culpa do pecado. A justificação remove a culpa e assim faz o caminho para a paz. E a benignidade e a boa-vontade de Deus para com o homem são tais que, imediatamente após a remoção do obstáculo, a paz é feita. Pela fé, apoderamo-nos do braço e da força de Deus e assim estamos em paz (Is 27:4-5). Nessa paz há mais do que cessação da inimizade, há uma amizade e bondade, pois Deus é ou o pior inimigo ou o melhor amigo. Abraão, sendo justificado pela fé, foi chamado amigo de Deus (Tg 2:23), o que foi honra para ele, mas não uma honra peculiar somente a ele: Cristo chamou Seus discípulos de amigos (Jo 15:13-15). E certamente um homem não precisa de nada mais para o fazer feliz do que ter Deus como seu amigo! Entretanto, isso ocorre por meio de nosso Senhor Jesus Cristo — por intermédio dele como o grande Pacificador, o Mediador entre Deus e o homem, esse bendito Ancião de Dias (Dn 7:9) que pôs sobre nós a Sua mão. Adão, em sua inocência, tinha paz com Deus imediatamente; não havia necessidade de tal mediador. Porém, para o homem pecador e culpado, é terrível pensar em Deus fora de Cristo, pois Ele é nossa paz (Ef 2:14), não apenas que a fez, mas também é o motivo e o defensor de nossa paz (Cl 1:20).

(2) "*Obtivemos também acesso, pela fé, a esta graça na qual estamos firmes*" (Rm 5:2). Esse é mais um privilégio, não apenas a paz, mas a graça, isto é, o favor. Observe: (1) O feliz estado dos santos. A bondade de Deus para conosco e nossa conformidade a Deus é um estado de graça; aquele que tem o amor de Deus e a semelhança com Ele está em um estado de graça. Agora temos acesso *prosagogen* — introdutório, a essa graça, o que implica que não nascemos nesse estado, mas fomos trazidos a ele, pois, por natureza, somos filhos da ira, e a mente carnal é inimiga de Deus. Não poderíamos entrar nele por nós mesmos, nem teríamos vencido as dificuldades do caminho, mas temos uma condução pela mão — somos levados a Ele como cegos, mancos ou como as pessoas fracas são guiadas —, somos apresentados como ofensores perdoados, somos apresentados por algum favorito no tribunal para beijarmos a mão do rei, como são guiados os estrangeiros que terão uma audiência. Por quem temos acesso pela fé: por Cristo, como o autor e o principal agente, pela fé como o meio desse acesso. Não por Cristo em consideração a qualquer mérito ou merecimento nosso, mas em consideração a nossa crença dependente dele e de nossa resignação a Ele.

ANOTAÇÕES

A LEI QUE NOS DESPERTA PARA A MORTE

ESTUDO 317

A Era da Igreja inicia

Leitura bíblica: Romanos 7

Houve um tempo em que, sem a lei, eu vivia.
Mas, quando veio o mandamento, o pecado reviveu, e eu morri.

ROMANOS 7:9

Não há nada ao que o homem natural seja mais cego do que à corrupção original, com relação à qual o entendimento é completamente obscurecido até que o Espírito o revele pela Lei e o faça conhecido. Assim a Lei é o guardião (Gl 3:24) para nos trazer a Cristo, ela abre e sonda a ferida e assim a prepara para a cura. Desse modo, pelo mandamento, o pecado aparece como pecado (Rm 7:13); ele se revela em seus próprios matizes, aparece como é e não se pode chamá-lo por um nome pior do que o seu próprio. Então, pelo mandamento, ele se torna excessivamente pecaminoso, isto é, mostra-se como tal. Jamais vemos o veneno ou a malignidade desesperadora que existe no pecado até que o comparemos com a Lei, e a natureza espiritual dela, assim o vemos como algo maligno e amargo. *Essa foi uma experiência humilhante*: "eu vivia" (v.9). Paulo achava que estava em uma condição muito boa; estava vivo em sua própria opinião e compreensão, muito seguro e confiante da bondade de seu estado. Assim ele estava certa vez, *pote* — no passado, quando era um fariseu, pois era pensamento comum daquela geração de terem um conceito próprio muito favorável, e Paulo era como o restante deles e isso porque naquele tempo estava sem a Lei. Embora tivesse sido educado aos pés de Gamaliel, um doutor na Lei, ele se achava um grande aprendiz da Lei, um rígido observador dela e seu defensor zeloso, mas ainda estava sem a Lei. Tinha a letra da Lei, mas não o significado espiritual dela — a concha, mas não a pérola. Aquele que tinha a Lei em sua mão e mente, mas não em seu coração; a noção dela, mas não seu poder. Há muitos espiritualmente mortos no pecado que ainda estão vivos em sua própria opinião, e é sua alienação à Lei que é a causa desse erro. Porém, quando o mandamento veio, veio no seu poder (não aos olhos de Paulo, mas ao seu coração), o pecado reviveu, como a poeira de um cômodo se levanta (isto é, fica visível) quando o brilho do Sol é permitido entrar. Paulo então viu no pecado aquilo que jamais vira antes, viu o pecado em sua causa, a raiz amarga, o viés corrupto, a tendência a recair — o pecado em suas intenções, deformando, corrompendo e quebrando uma Lei justa, afrontando a excelsa Majestade, profanando a coroa soberana ao lançá-la no chão; o pecado em suas consequências, o pecado com a morte a seu encalço, o pecado e a maldição nele implicada. "'O pecado reviveu, e eu morri', perdi aquela opinião positiva que tinha de mim mesmo e mudei de ideia. 'O pecado reviveu, e eu morri', isto é, o Espírito, não o mandamento, me convenceu de que eu estava em estado de pecado, em um estado de morte por causa do pecado". Essa é a excelente utilidade da Lei; ela é uma lâmpada e uma luz; converte a alma, abre os olhos, prepara o caminho do Senhor no deserto, fende as rochas, nivela as montanha, prepara um povo para o Senhor.

ANOTAÇÕES

....
....
....
....

ESTUDO 318

A Era da Igreja inicia

A SATISFAÇÃO DA JUSTIÇA DA LEI

Leitura bíblica: Romanos 8

Porque aquilo que a lei não podia fazer, por causa da fraqueza da carne, isso Deus fez, enviando o seu próprio Filho em semelhança de carne pecaminosa e no que diz respeito ao pecado. E assim Deus condenou o pecado na carne. ROMANOS 8:3

Observe:

(1) Como Cristo apareceu: "em semelhança de carne pecaminosa". Não pecaminosa, pois Ele era santo, inocente e imaculado; mas na semelhança daquela carne pecaminosa. Ele assumiu essa natureza que era corrupta, embora fosse perfeitamente destituído das corrupções dela. O fato de Ele ter sido circuncidado, remido, batizado com o batismo de João evidencia a semelhança de carne pecaminosa. As picadas das vorazes serpentes foram curadas pela serpente de bronze, que tinha a forma, embora fosse livre do veneno, das serpentes que picavam os israelitas (Nm 21:4-9). Foi uma grande condescendência que Aquele que era Deus fosse tornado à semelhança de carne; mas, maior ainda foi que Aquele que era santo fosse tornado semelhante à carne pecaminosa. "E no que diz respeito ao pecado" — aqui as melhores cópias gregas colocam uma vírgula. Deus o enviou *en homoiomati sarkos hamartias, kai peri hamartias* — "em semelhança de carne pecaminosa, e como um sacrifício pelo pecado". A Septuaginta [N.T.: primeira versão grega do Antigo Testamento] chama o sacrifício pelo pecado de não mais do que *peri hamartias* — pelo pecado. Assim Cristo foi um sacrifício, foi enviado para torna-se tal sacrifício (Hb 9:26).

(2) O que foi realizado por essa Sua aparição: o pecado foi condenado, ou seja, aqui, mais do que nunca, Deus manifestou Sua ira contra o pecado; e não apenas isso, mas, para todos que pertencem a Cristo, tanto a condenação quanto o poder dominador do pecado é quebrado e removido do caminho. Aquele que é condenado não pode acusar ou governar; seu testemunho e sua autoridade são nulos. Dessa forma, por Cristo o pecado é condenado; embora ele viva e permaneça, sua vida nos santos é apenas aquela de um malfeitor condenado. Foi pela condenação do pecado que a morte foi desarmada e o diabo, que tinha o poder da morte, destruído. A condenação do pecado salvou o pecador da condenação. Cristo foi feito pecado por nós (2Co 5:21) e, sendo assim, quando Ele foi condenado, o pecado foi condenado na carne de Cristo, condenado na natureza humana. Assim a santificação foi feita para a justiça divina e aberto o caminho para o pecador.

(3) O alegre efeito disso: "a fim de que a exigência da lei se cumprisse em nós" (Rm 8:4). Tanto em nossa justificação quanto em nossa santificação, a justiça da Lei é cumprida. Uma justiça de satisfação pela quebra da Lei é cumprida pela imputação da completa e perfeita justiça de Cristo, que atende às maiores exigências da Lei, assim com o propiciatório tinha as mesmas medidas da arca. Uma justiça da obediência aos mandamentos da Lei é cumprida em nós quando, pelo Espírito, a lei do amor é gravada no coração e esse amor é o cumprimento da Lei (13:10). Embora a justiça da Lei não seja cumprida por nós, ainda assim, bendito seja Deus, ela é cumprida em nós; há aquilo que pode ser encontrado sobre e em todos os verdadeiros crentes que corresponde à intenção da Lei. "Nós, que não vivemos segunda a carne, mas segundo o Espírito." Essa é a descrição de todos os que têm parte nesse privilégio — eles agem a partir de princípios espirituais e não carnais. Quanto aos outros, a justiça da Lei se cumprirá neles no momento da sua ruína.

UM SACRIFÍCIO VIVO A DEUS

> **ESTUDO 319**
>
> *A Era da Igreja inicia*

Leitura bíblica: Romanos 12

Portanto, irmãos, pelas misericórdias de Deus, peço que ofereçam o seu corpo como sacrifício vivo, santo e agradável a Deus.

ROMANOS 12:1

O dever urgente — apresentar nosso "corpo como sacrifício vivo", aludindo aos sacrifícios sob a Lei, que eram apresentados ou colocados diante de Deus no altar, prontos para lhe serem oferecidos. [E ainda] "...glorifiquem a Deus no corpo de vocês" (1Co 6:20) — todo o seu ser; expresso assim porque, sob a Lei, os corpos dos animais eram oferecidos em sacrifício. Aqui, nosso corpo e espírito estão abrangidos. A oferta era sacrificada pelo sacerdote, mas apresentada pelo ofertante, que transferia a Deus todo o seu direito, concessão e todo seu benefício nele ao impor sua mão sobre a cabeça do animal. Aqui, sacrifício é considerado qualquer coisa que Deus tenha designado para ser dedicada a Ele mesmo (1Pe 2:5). Somos o templo, o sacerdote e o sacrifício, como Cristo era em Seu sacrifício peculiar. Havia sacrifícios de expiação e sacrifícios de reconhecimento. Cristo, que foi oferecido uma vez para carregar os pecados de muitos, é o único sacrifício de expiação; mas nós e nossas ações somos apresentados a Deus por meio de Cristo, nosso Sacerdote, como sacrifícios de reconhecimento para a honra de Deus.

A apresentação denota um ato voluntário, realizado pela virtude daquele poder absolutamente despótico que a vontade tem sobre o corpo e todos os seus membros. Deve ser uma oferta voluntária. Nosso corpo, não nossos animais. Aquelas ofertas legais, assim como tinham seu poder advindo de Cristo, tiveram seu término nele. A apresentação do corpo a Deus implica não somente o evitar de pecados que são cometidos no corpo ou contra ele, mas no uso do corpo como um servo da alma no serviço a Deus. É glorificar a Deus em nosso corpo (1Co 6:20), envolvê-lo no dever da adoração direta, em um cumprimento diligente de nossas vocações individuais e estarmos dispostos a sofrer por Deus em nosso corpo quando somos convocados a isso. É entregar os membros de nosso corpo como instrumentos de justiça (Rm 6:13). Embora o exercício físico aproveite pouco, ainda assim, em seu devido lugar, ele é uma prova e um produto da dedicação de nossa alma a Deus. Primeiramente, apresente-o como um sacrifício vivo, não morto como os sacrifícios sob a Lei. O cristão faz de seu corpo um sacrifício a Deus, embora não o entregue para ser queimando. O corpo sinceramente dedicado a Deus é um sacrifício vivo.

Um sacrifício vivo, ou seja, inspirado com a vida espiritual da alma. É Cristo vivendo na alma pela fé que faz do corpo um sacrifício vivo (Gl 2:20). O amor santo acende os sacrifícios, coloca vida nos deveres (Rm 6:13). Vivo para Deus (12:11). Segundo, o sacrifício deve ser santo. Há uma santidade relativa em cada sacrifício, conforme ele é dedicado a Deus. Mas, além disso, deve haver uma santidade real, que consiste em uma retidão completa de coração e vida, pela qual somos conformados tanto à natureza quanto à vontade de Deus: nosso corpo não deve ser feito instrumento do pecado e da impureza, mas separado para Deus e colocado para uso sagrado, assim como eram sagrados os utensílios do Tabernáculo, ao serem dedicados ao serviço a Deus.

ESTUDO 320

A Era da Igreja inicia

UM CASAL CONSAGRADO

Leitura bíblica: Romanos 16

Saúdem Priscila e Áquila, meus cooperadores em Cristo Jesus, os quais pela minha vida arriscaram a sua própria cabeça; e isto lhes agradeço, não somente eu, mas também todas as igrejas dos gentios.

ROMANOS 16:3-4

Aqui há elogios a alguns amigos em particular entre aqueles a quem Paulo escreveu. Há algo observável em várias dessas saudações.

Com relação a Áquila e Priscila, um casal famoso pelo qual Paulo tinha um carinho especial, eram originários de Roma, mas foram banidos de lá pelo édito de Cláudio (At 18:2). Paulo os conheceu em Corinto e trabalhou com eles no ofício de fazedor de tendas. Depois de algum tempo, quando o alcance desse édito foi reduzido, eles retornaram a Roma, e para lá Paulo envia saudações a eles. Chama-os de seus cooperadores em Cristo Jesus, por meio do ensino a particulares e conversas que promoviam o sucesso da pregação pública de Paulo, do que temos um exemplo da instrução que deram a Apolo (At 18:26). São cooperadores de ministros fiéis aqueles que se entregam a fazer o bem à alma de seus familiares e amigos. Priscila e Áquila não apenas fizeram muito, mas arriscaram muito por Paulo: "os quais pela minha vida arriscaram a sua própria cabeça". Expuseram-se para proteger Paulo, colocaram a vida em perigo para a preservação da vida dele, considerando que seria muito melhor que ele fosse poupado do que eles próprios. Paulo estava correndo muito perigo em Corinto enquanto trabalhava com eles; mas eles o abrigaram, embora com isso tenham se tornado detestáveis para a multidão enfurecida (At 18:12,17). Já havia passado bastante tempo desde quando eles fizeram essa bondade a Paulo, mas ele ainda fala dela com sentimento, como se tivesse sido recentemente. "E isto", diz ele, "lhes agradeço, não somente eu, mas também todas as igrejas dos gentios", que estavam em dívida com esse bom casal por terem ajudado a salvar a vida daquele que era o apóstolo aos gentios. Paulo menciona isso a fim de incitar os cristãos em Roma a serem mais bondosos com Áquila e Priscila.

Semelhantemente, ele envia saudações à Igreja na casa deles (Rm 16:5). Então, parece que uma igreja em uma casa não é algo absurdo como alguns gostam de fazer parecer. Talvez houvesse uma congregação de cristãos que costumava se encontrar na casa deles em tempos determinados. E depois, sem dúvida, esse lar foi abençoado como o de Obede-Edom por ter acolhido a arca. Outros acham que a Igreja não era mais do que uma família religiosa, piedosa e bem governada, que observava a adoração a Deus. A religião reinando em uma família, em seu poder, transformará uma casa em uma igreja. E, sem dúvida, exercia boa influência o fato de Priscila, aquela boa esposa, ser tão eminente e avançada na religião, tão eminente que frequentemente é citada primeiro. Uma mulher virtuosa, que observa bem o caminhar de sua família, pode realizar muito na promoção da religião na família. Quando Priscila e Áquila estavam em Éfeso, embora fossem trabalhadores lá, também mantinham uma igreja em sua casa (1Co 16:19). Um homem verdadeiramente piedoso tomará o cuidado de levar consigo a religião por onde for. Quando Abraão transportava sua tenda, ele renovava seu altar (Gn 13:18).

ANOTAÇÕES

....
....

UMA VISITA OPORTUNA

ESTUDO 321

A Era da Igreja inicia

Leitura bíblica: Atos 23

Na noite seguinte, o Senhor, pondo-se ao lado de Paulo, disse: "Coragem! Pois assim como você deu testemunho a meu respeito em Jerusalém, é necessário que você testemunhe também em Roma".

ATOS 23:11

O Senhor colocou-se ao lado de Paulo, ao lado de sua cama, embora fosse talvez uma cama de palha, para lhe mostrar que Ele estivera todo o dia com Paulo tão certamente quanto estava visivelmente com ele à noite. Note: sejam quem for que estiver contra nós, não precisamos temer se o Senhor estiver ao nosso lado; se Ele assumir a nossa proteção, podemos desafiar os que buscam nossa ruína. O Senhor está com aqueles que encorajam minha alma, e então nada pode dar errado.

(1) Cristo lhe ordena que tenha ânimo: "Coragem, Paulo! Não se deixe desestimular; não permita que o que lhe aconteceu o entristeça, nem deixe o que ainda acontecerá o atemorizar". Veja que é vontade de Cristo que Seus servos, que são fiéis, estejam sempre alegres. Talvez Paulo, em suas reflexões, tivesse começado a se sentir ressentido consigo mesmo quanto a se havia feito bem no que dissera no dia anterior no concílio. Mas Cristo, por Sua palavra, o conforta dizendo que Deus aprovara sua conduta. Ou Paulo, possivelmente, estava preocupado com o fato de que seus amigos não tivessem vindo até ele, mas a visita de Cristo falou por si mesma, ainda que ele não tivesse dito: "Coragem, Paulo!".

(2) É um argumento estranho que Cristo usa para o encorajar: "assim como você deu testemunho a meu respeito em Jerusalém, é necessário que você testemunhe também em Roma". Alguém poderia achar que isso foi de pouco consolo: "Assim como você enfrentou muitas dificuldades por mim, assim deve enfrentar muitas mais", e, no entanto, isso tinha o objetivo de o encorajar, pois, por esse meio, ele foi levado a entender: 1) Que estivera servindo a Cristo como Sua testemunha naquilo que até aqui suportara. Não foi por culpa que ele foi esbofeteado, e não foi sua perseguição anterior à igreja que está sendo trazida à memória contra ele, por mais que ele pudesse se lembrar disso contra si mesmo, mas que ele prosseguia com seu trabalho. 2) Que ele ainda não terminara seu testemunho e tampouco fora, por causa de sua prisão, colocado de lado como inútil, mas preservado para ainda mais serviço. Nada desencorajava tanto Paulo quanto o pensamento de ser afastado de prestar serviço a Cristo e às boas almas. "Não tema", diz Cristo, "ainda não terminei de o usar". (3) Parece que Paulo tinha um desejo em particular, e um desejo inocente, de ir a Roma para lá pregar o evangelho, embora ele já tivesse sido pregado e uma igreja fora plantada naquela cidade. Entretanto, sendo cidadão romano, ansiava viajar para lá e assim o planejara: "Depois de passar por Jerusalém, preciso ir também a Roma" (19:21). Também escrevera, há algum tempo, que desejava vê-los (Rm 1:11). Agora ele estava pronto para concluir que seus planos estavam frustrados e jamais veria Roma. Contudo, mesmo nisso, Cristo lhe diz que ele seria gratificado, uma vez que Paulo o desejara para a honra de Cristo e para fazer o bem.

ANOTAÇÕES

....
....
....

ESTUDO 322

A Era da Igreja inicia

UMA PRISÃO PROPÍCIA

Leitura bíblica: Atos 28

Pregava o Reino de Deus, e, com toda a ousadia, ensinava as coisas referentes ao Senhor Jesus Cristo, sem impedimento algum.

ATOS 28:31

Dois anos inteiros da vida desse bom homem foram ali passados em confinamento e, ao que parece, ele nunca foi investigado naquele tempo por aqueles de quem era prisioneiro.

Alguns imaginam que, embora não seja aqui mencionado, foi no primeiro desses dois anos, e no começo naquele ano, que Paulo foi levado pela primeira vez diante de Nero, e assim seus laços em Cristo foram manifestos no tribunal dos Césares, conforme ele diz em (Fp 1:13). E que foi nesse primeiro interrogatório que "ninguém foi a [seu] favor" (2Tm 4:16). Mas, aparentemente, em vez de ser libertado após seu apelo, conforme ele esperava, quase não escapou vivo das mãos do imperador, o que chamou de ser "libertado da boca do leão" (2Tm 4:17). O fato de ele falar desse primeiro interrogatório indica que houve um segundo, no qual se saiu melhor, mas ainda assim não foi liberado. Durante esses dois anos de aprisionamento, escreveu sua epístola de Gálatas e, depois, sua segunda epístola a Timóteo; e, em seguida, as de Efésios, Filipenses e Colossenses. A tradição diz que depois de ele ser libertado, foi da Itália para a Espanha e dali para Creta, então, juntamente com Timóteo, foi para a Judeia. Depois partiu para visitar as igrejas na Ásia e chegou, pela segunda vez, a Roma, onde foi decapitado no último ano de Nero. Contudo, Barônio [N.T.: (1538–1607) historiador italiano] admite que não há nada certo de qualquer coisa referente a Paulo entre a sua libertação da prisão e seu martírio. Mas alguns afirmam que Nero, quando começou a atuar como tirano, se lançou contra os cristãos e os perseguiu (e seria o primeiro imperador a ter criado uma lei contra eles, conforme Tertuliano em *Apologético*, cap. 5).

A Igreja em Roma fora muito enfraquecida por essa perseguição e isso trouxe Paulo a Roma pela segunda vez, para restabelecer a Igreja lá e para consolar a alma dos discípulos que foram ali deixados, assim ele teria caído pela segunda vez nas mãos de Nero. Mas, voltando ao breve relato aqui dado (At 28:1). Entristeceria qualquer um saber que um homem útil como Paulo tivesse de ficar retido por tanto tempo. Por dois anos, ele foi prisioneiro sob Félix (24:27) e, além de todo o tempo que se passou entre isso e sua vinda a Roma, ele está aqui preso mais dois anos sob Nero. Quantas igrejas ele poderia ter plantado, quantas cidades e nações poderia ter trazido a Cristo nesses cinco anos (pois, no final, foi pelo menos isso) se ele estivesse em liberdade! Porém Deus é sábio e mostrará que não é devedor ao mais útil instrumento que Ele usa, mas pode levar adiante Seu propósito, e o levará, sem os serviços deles e por meio de seu sofrimento. Até as cadeias de Paulo serviram para promover o evangelho (Fp 1:12-14). No entanto, até a prisão de Paulo foi, de algum modo, um ato de bondade para com ele, pois nesses dois anos morou em sua própria casa alugada, e isso foi, pelo que sei, mais do que ele jamais tivera. Estava sempre acostumado a residir na casa de outros, agora tinha a sua própria — sua enquanto pagasse o aluguel — e um abrigo como esse seria um repouso para alguém que, todos os seus dias, fora um itinerante. Quando era livre, estava em constante temor por causa da tocaia dos judeus (At 20:19), mas agora sua prisão era seu castelo. Assim "do que come saiu comida, e do forte saiu doçura" (Jz 14:14).

DESVIANDO-SE DO CAMINHO

ESTUDO 323

A Era da Igreja inicia

Leitura bíblica: Gálatas 1

Mas, ainda que nós ou mesmo um anjo vindo do céu pregue a vocês um evangelho diferente daquele que temos pregado, que esse seja anátema.

GÁLATAS 1:8

INTRODUÇÃO ÀS EPÍSTOLAS

Esta epístola de Paulo não é dirigida à igreja ou às igrejas de uma única cidade, como as demais são, mas de um país ou província, pois isso era a Galácia. É muito provável que esses gálatas tenham se convertido à fé cristã pelo ministério de Paulo; ou, se ele não foi o instrumento de sua plantação, pelo menos estivera envolvido em regar essas igrejas.

Enquanto estava com eles, os gálatas expressaram grande estima e afeição por sua pessoa e seu ministério. Mas ele não se ausentara há muito dali quando alguns mestres judaizantes se infiltraram entre eles; por meio de artifícios e insinuações destes, os gálatas logo foram atraídos a uma opinião negativa sobre a pessoa e o ministério do apóstolo.

Aqui o apóstolo chega ao corpo da epístola e começa com uma censura mais geral dessas igrejas por sua instabilidade na fé, que depois, em algumas partes subsequentes, ele desenvolve. Aqui podemos observar o quanto Paulo estava preocupado com a deserção deles: "Estou muito surpreso" (v.6). Num instante, ele ficou cheio de grande surpresa e pesar. O pecado e a tolice deles era não se apegarem com firmeza à doutrina do cristianismo como lhes fora pregada, mas se permitirem afastar de sua pureza e sua simplicidade. E havia muitas coisas pelas quais a apostasia deles era muito agravada. A saber, que eles:

(1) Haviam se afastado daquele que os chamara; não apenas do apóstolo, que fora o instrumento do chamado deles à comunhão do evangelho, mas do próprio Deus, por cuja ordem e direção o evangelho lhes fora pregado, e eles convidados à participação nos privilégios dele. Desse modo, eles eram culpados de um grande ultraje à bondade e à misericórdia de Deus para com eles.

(2) Foram chamados à graça de Cristo. Como o evangelho que lhes fora pregado era a revelação mais gloriosa da graça e misericórdia divinas em Cristo Jesus, assim, por meio dele, eles haviam sido chamados para tomarem parte das maiores bênçãos e benefícios, tais como: a justificação e a reconciliação com Deus aqui, e a vida eterna e a felicidade no porvir. Tudo isso nosso Senhor Jesus comprou para nós à custa de Seu precioso sangue e concede livremente a todos que sinceramente o aceitam. Portanto, tal era o pecado e a insensatez deles em abandonar essas coisas e se permitirem ser desviados do caminho estabelecido para a obtenção de tais bênçãos, em proporção à grandeza do privilégio que eles desfrutavam.

(3) Afastaram-se tão depressa. Em pouquíssimo tempo, perderam a satisfação e a estima que pareciam ter por essa graça de Cristo e muito facilmente caíram com aqueles que ensinavam a justificação pelas obras da lei, como faziam os muitos que haviam sido criados em meio às opiniões e ideias

dos fariseus, que eles misturaram à doutrina de Cristo e assim a corromperam. E, como isso era um exemplo de sua fraqueza, tornou-se mais um agravamento de sua culpa.

(4) Foram levados a outro evangelho, que não era, na realidade, outro. Assim, o apóstolo representa a doutrina desses mestres judaizantes: ele o chama de "outro evangelho" porque ele abria um caminho diferente para a justificação e para a salvação daquele que havia sido revelado no evangelho, ou seja, pelas obras, não pela fé em Cristo. No entanto, ele acrescenta: "o qual, na verdade, não é outro" (v.7) — "vocês descobrirão que não é evangelho de forma alguma — não realmente um outro evangelho, mas a perversão do evangelho de Cristo e a derrubada dos alicerces dele", indicando que aqueles que estabelecem qualquer outro caminho para o Céu, que não o evangelho de Cristo, revelam-se culpado de flagrante perversão dele e, nessa questão, se descobrirão miseravelmente equivocados.

Dessa forma, o apóstolo se esforça para imprimir sobre esses gálatas o devido sentido de sua culpa por abandonar o caminho da justificação do evangelho, mas, ao mesmo tempo, tempera sua censura com brandura e ternura para com eles, representando-os como atraídos a isso pelos artifícios e pela engenhosidade de alguns que os perturbavam, em vez de chegando a esse ponto por sua própria vontade, o que, embora não os justificasse, ainda assim atenuava um pouco a culpa deles. Assim sendo, ele nos ensina que, ao repreender outros, devemos ser fiéis tanto quanto gentis e nos empenhar para os restaurar com "espírito de brandura" (6:1).

ANOTAÇÕES

A INSENSATEZ DA MERITOCRACIA NA SALVAÇÃO

ESTUDO 324

A Era da Igreja inicia

Leitura bíblica: Gálatas 2–3

Será que vocês são tão insensatos que, tendo começado no Espírito, agora querem se aperfeiçoar na carne?

GÁLATAS 3:3

Várias coisas provavam e agravavam a insensatez desses cristãos.

(1) Jesus Cristo havia sido evidentemente colocado como crucificado para eles; isto é, foi-lhes pregada a doutrina da cruz e tiveram o sacramento da Ceia do Senhor administrado entre eles, em ambos o Cristo crucificado fora estabelecido diante deles. Ora, era a maior loucura que poderia haver que aqueles que estavam familiarizados com tais mistérios sagrados e tinham admissão a essas grandes solenidades não obedecessem a verdade assim anunciada a eles, e assinada e selada nessa ordenança. Note: a consideração das honras e privilégios aos quais fomos admitidos como cristãos deveriam nos afastar da insensatez da apostasia e do retrocesso.

(2) Ele apela às experiências que eles tiveram com a obra do Espírito na alma deles (v.2). Relembra a eles que, ao se tornarem cristãos, receberam o Espírito, que pelo menos muitos deles haviam tido parte não apenas das influências santificadoras, mas também dos dons milagrosos do Espírito Santo, provas eminentes da verdade da religião cristã e das suas várias doutrinas, especialmente de que a justificação é somente por meio de Cristo e não por obras da lei, um de seus princípios peculiares e fundamentais. Para os convencer da insensatez de seu afastamento dessa doutrina, Paulo deseja saber como eles receberam esses dons e essas graças: foi pelas obras da lei, ou seja, a pregação da necessidade delas para a justificação?

Eles não poderiam afirmar isso, pois essa doutrina não lhes fora pregada, tampouco eles tinham, como gentios, alguma desculpa à justificação por esse modo. Ou foi por ouvirem da fé, ou seja, a pregação da doutrina da fé em Cristo como única forma de justificação? Se eles quisessem dizer a verdade, seriam obrigados a admitir isso e, portanto, seria muito irracional se rejeitassem a doutrina dos bons efeitos dos quais eles tinham experiência. Note: 1) É normalmente por meio do ministério do evangelho que o Espírito é comunicado às pessoas. E 2) São muito insensatos aqueles que se permitem ser desviados do ministério e da doutrina com os quais foram abençoados para sua vantagem espiritual.

ANOTAÇÕES

ESTUDO 325

A Era da Igreja inicia

UMA BATALHA COM DIAS CONTADOS

Leitura bíblica: Gálatas 5–6

Digo, porém, o seguinte: vivam no Espírito e vocês jamais satisfarão os desejos da carne.

GÁLATAS 5:16

Há em todos uma luta entre a carne e o espírito (v.17): "A carne" (a parte carnal e corrupta em nós) "luta" (rivaliza e guerreia com força e vigor) "contra o Espírito"; ela se opõe a todos os movimentos do Espírito e resiste a tudo o que é espiritual. Por outro lado, "o Espírito" (a nossa parte renovada) "luta contra a carne" e se opõe à sua vontade e ao seu desejo. Por isso, o que acontece é que não conseguimos fazer o que gostaríamos. Assim como o princípio da graça em nós não nos permitirá fazer todo o mal a que nossa natureza corrupta nos incita, também não conseguimos fazer todo o bem que gostaríamos por causa da oposição que encontramos naquele princípio carnal e corrupto. Assim como mesmo em um homem natural há algo dessa luta (as convicções de sua consciência e a corrupção de seu próprio coração lutam um contra o outro; suas convicções suprimiriam suas corrupções, e suas corrupções silenciariam suas convicções), igualmente no homem renovado, em quem há algo de um bom princípio, há uma luta entre a antiga natureza e a nova, os remanescentes do pecado e os começos da graça, então os cristãos devem esperar que esse será seu exercício por tanto tempo quanto estiverem nesse mundo.

Nesta luta, é nosso dever e empenho tomar o lado da melhor parte: de nossas convicções contra nossas corrupções e de nossas virtudes contra nossas paixões. O apóstolo representa isso como nosso dever e nos orienta aos meios mais efetivos de sucesso nela. Se for indagado "Qual rumo devemos tomar para que o melhor empenho consiga o melhor?", ele nos dá esta única regra geral que, se devidamente observada, seria a solução mais soberana contra a prevalência da corrupção: andar no Espírito. "Vivam no Espírito e vocês jamais satisfarão os desejos da carne" (v.16). Por Espírito aqui, ele quer dizer ou o próprio Espírito Santo, que condescende em habitar no coração daqueles que foram renovados e santificados, para os guiar e auxiliar no caminho do dever, ou aquele princípio gracioso que Ele implanta na alma de Seu povo e que luta contra a carne, já que o princípio corrupto ainda existente neles se opõe a Ele. Consequentemente, o dever aqui recomendado a nós é que nos empenhemos em agir sob a orientação e a influência do bendito Espírito e de acordo com os movimentos e a tendência da nova natureza em nós.

E, se essa for a nossa preocupação no curso e andamento normais da nova vida, podemos confiar que, embora possamos não estar livres das agitações e das oposições de nossa natureza corrupta, seremos impedidos de satisfazê-la em suas cobiças; de forma que, ainda que ela permaneça em nós, não obterá domínio sobre nós.

ANOTAÇÕES

....
....
....
....
....
....

ALEGRE, MESMO QUANDO HUMILHADO

ESTUDO 326

A Era da Igreja inicia

Leitura bíblica: Filipenses 1

Mas que importa? Uma vez que, de uma forma ou de outra, Cristo está sendo pregado, seja com fingimento, seja com sinceridade, também com isto me alegro; sim, sempre me alegrarei. FILIPENSES 1:18

INTRODUÇÃO ÀS EPÍSTOLAS

Filipos era uma cidade importante na parte ocidental da Macedônia, "primeira do distrito e colônia romana" (At 16:12). Ela tomou o nome de Filipe, o famoso rei da Macedônia, que a reformou e embelezou; posteriormente, ela se tornou uma colônia romana. Perto desse lugar estavam os *Campi Philippici*, famosos pelas batalhas entre Júlio César e Pompeu, o Grande, e entre Augusto e Antônio, de um lado, e Cássio e Brutus, do outro. Porém, ela é mais notável entre os cristãos por causa desta epístola, escrita quando Paulo era prisioneiro em Roma, em 62 d.C.

Duas coisas faziam o apóstolo se regozijar na pregação do evangelho:

(1) Era para a salvação da alma dos homens: "Porque sei que disto me resultará salvação" (v.19 ARC). Observe que Deus pode trazer o bem a partir do mal; e o que não resulta na salvação dos ministros pode ainda, pela graça de Deus, ser levado a resultar na salvação das pessoas. Que recompensa podem esperar aqueles que pregam Cristo por inveja, rivalidade, contenda e para acrescentar aflição às cadeias do fiel ministro? Que pregam em fingimento e não em verdade? E mesmo isso pode resultar na salvação de outros; e pelo fato de Paulo regozijar-se nisso, também resultaria na sua salvação. Esta é uma das coisas que acompanham a salvação: ser capaz de se alegrar pelo fato de Cristo estar sendo pregado, mesmo que seja em detrimento de nossa pessoa e reputação.

(2) Resultaria na glória de Cristo, e Paulo aproveita a ocasião para mencionar sua completa devoção ao serviço e à honra de Cristo: "Minha ardente expectativa e esperança é que em nada serei envergonhado" (v.20). Observe aqui: 1) O grande desejo de todo cristão verdadeiro é que Cristo seja exaltado e glorificado, que Seu nome possa ser engrandecido e que Seu reino venha. 2) Aqueles que verdadeiramente desejam que Cristo seja exaltado desejam que Ele seja exaltado em seus corpos. Apresentam seus corpos como sacrifício vivo (Rm 12:1), e rendem seus membros como instrumentos da justiça para Deus (Rm 6:13). Estão dispostos a servir aos Seus desígnios e ser instrumentos para a Sua glória, com cada parte de seus corpos, bem como com as faculdades de sua alma. 3) É para a glória de Cristo que deveríamos servir-lhe ousadamente e não nos envergonhar dele, com liberdade de mente e sem desencorajamento: "que em nada serei envergonhado, mas que, com toda a ousadia, como sempre, também agora, Cristo será engrandecido". A ousadia dos cristãos é honra para Cristo. 4) Aqueles que fazem da glória de Cristo o seu desejo e objetivo podem fazer dela sua expectativa e esperança. Se ela for realmente almejada, certamente será alcançada. Se orarmos em sinceridade "Pai, glorifica o Teu nome", podemos ter certeza da mesma resposta a essa oração que foi obtida por Cristo:

"Eu já o glorifiquei e ainda o glorificarei" (Jo 12:28). 5) Aqueles que desejam que Cristo seja exaltado em seus corpos têm uma indiferença santa sobre se será na vida ou na morte. Eles entregam ao Pai a forma com que Ele os tornará úteis ao serviço para a Sua glória, quer por trabalho ou sofrimentos, diligência ou paciência, vida para a Sua honra em trabalhar para Ele ou morte para a Sua honra em sofrer por Ele.

ANOTAÇÕES

CRISTO, HUMILHADO E EXALTADO

ESTUDO 327

A Era da Igreja inicia

Leitura bíblica: Filipenses 2

Por isso também Deus o exaltou sobremaneira e lhe deu o nome que está acima de todo nome, para que ao nome de Jesus se dobre todo joelho, nos céus, na terra e debaixo da terra. FILIPENSES 2:9-10

Aqui estão Seus dois estados: de humilhação e de exaltação.

(1) *Seu estado de humilhação*. Ele não apenas tomou sobre si a semelhança e forma de homem, mas a forma de servo, isto é, um homem de condição simples. Não era apenas o Servo de Deus, a quem Ele escolhera, mas veio para ministrar aos homens e estava entre eles como alguém que serve e um estado pobre e servil. Alguém pensaria que o Senhor Jesus, ao se tornar homem, poderia ser um príncipe e aparecer em esplendor. Mas foi bem o contrário: Ele assumiu a forma de servo. Foi criado de modo pobre, provavelmente trabalhando com Seu pai adotivo em sua profissão. Toda a Sua vida foi de humilhação, simplicidade, pobreza e desgraça; não tinha onde repousar a Sua cabeça, vivia de doações, "Era desprezado e o mais rejeitado entre os homens, homem de dores e que sabe o que é padecer" (Is 53:3); não apareceu com pompa exterior ou com qualquer marca de distinção de outros homens. Essa foi a humilhação de Sua vida. Mas o degrau mais baixo para Sua humilhação foi morrer na cruz, "tornando-se obediente até a morte, e morte de cruz" (Fp 2:8). Não apenas sofreu, mas foi verdadeira e voluntariamente obediente; obedeceu à Lei sob a qual se colocou como Mediador e pela qual foi obrigado a morrer. "Tenho autoridade para entregá-la e também para reavê-la. Este mandato recebi de meu Pai" (Jo 10:18). Ele nasceu sob a Lei (Gl 4:4). Há uma ênfase colocada sobre o modo de Sua morte, que tinha em si todas as circunstâncias possíveis para a humilhação: "até a morte de cruz", uma morte maldita, dolorosa e vergonhosa — uma morte amaldiçoada pela Lei ("o que for pendurado no madeiro é maldito", Dt 21:23). Tal foi a condescendência do bendito Jesus.

(2) *Sua exaltação*: "Por isso também Deus o exaltou" (Fp 2:9). Sua exaltação foi a recompensa por Sua humilhação. Porque Ele se humilhou, Deus o exaltou; e Ele o exaltou sobremaneira, *hyperypsose*, elevando-o às maiores alturas. Exaltou toda a Sua pessoa, a natureza humana bem como a divina; visto que se diz que Ele existiu na forma de Deus bem como na forma de homem. Sua exaltação aqui consiste em honra e poder. Em honra, de maneira que obteve um nome que está acima de todo nome, um título de dignidade acima de todas as criaturas, homens ou anjos. E em poder: "se dobre todo joelho" a Ele. Toda a criação deve estar sujeita a Ele: as coisas dos Céus, da Terra e debaixo da Terra, os habitantes do Céu e da Terra, os vivos e os mortos. Diante do nome de Jesus, não o som da palavra em si, mas a autoridade de Jesus; todos devem lhe prestar honras. E que "toda língua confesse que Jesus Cristo é Senhor" (v.11). Toda nação e língua deveria reconhecer publicamente o império universal do Redentor exaltado que declarou: "Toda a autoridade me foi dada no céu e na terra" (Mt 28:18).

ANOTAÇÕES

....
....
....
....
....

ESTUDO 328

A Era da Igreja inicia

O SEGREDO DO CONTENTAMENTO

Leitura bíblica: Filipenses 4

Sei o que é passar necessidade e sei também o que é ter em abundância; aprendi o segredo de toda e qualquer circunstância, tanto de estar alimentado como de ter fome, tanto de ter em abundância como de passar necessidade. FILIPENSES 4:12

Aqui temos um registro do aprendizado de Paulo, não aquele adquirido aos pés de Gamaliel, mas o que recebeu aos pés de Cristo. Ele aprendera a estar contente; e essa era uma lição que ele tinha tanta necessidade de aprender quanto a maioria dos homens, considerando as dificuldades e sofrimentos com os quais foi exercitado. Estava frequentemente em cadeias, aprisionado e em necessidade, mas em tudo aprendera a estar contente, isto é, a trazer sua mente a essa condição e tirar o melhor de tudo. "Tanto sei […] ter em abundância como de passar necessidade" (v.12). Esse é um ato especial da graça, de nos acomodar a qualquer condição da vida e manter uma disposição mental igual por meio de toda a nossa variedade de estados.

(1) Adaptar-nos a uma condição aflitiva: sabermos o que é ser humilhado, ter fome, passar necessidade, de modo a não sermos vencidos pelas tentações dessas situações, ou perdermos nosso consolo em Deus, ou de não confiarmos em Sua providência, ou de tomarmos algum rumo indireto para nosso próprio sustento.

(2) Em uma situação de prosperidade: sabermos o que é ter abundância, o que é ter fartura, de modo a não ficarmos orgulhosos, seguros ou suntuosos. Essa é uma lição tão difícil quanto a primeira, uma vez que as tentações da abundância e da prosperidade não são menores do que as da aflição e necessidade. Mas como devemos aprender isso? "Tudo posso naquele que me fortalece" (v.13).

Precisamos da força que vem de Cristo para nos capacitar a não apenas cumprir nossos deveres que são puramente cristãos, mas até aqueles que são fruto da virtude moral. Necessitamos de Sua força para nos ensinar a estarmos contentes em toda situação. O apóstolo parecia estar se vangloriando de si, de sua própria força: "sei o que é passar necessidade"; mas aqui ele transfere todo o louvor a Cristo: "O que estou falando sobre saber como passar necessidade e como ter em abundância? É apenas por meio de Cristo, que me fortalece, que posso fazê-lo, não em minha própria força". Assim, requer-se de nós que sejamos fortes no Senhor e "na força de seu poder" (Ef 6:10), e estarmos fortes na graça que está em Cristo Jesus (2Tm 2:1). Somos fortalecidos pelo Seu Espírito em nosso homem interior (Ef 3:16). A palavra no original é um particípio do tempo presente, *en to endynamounti me Christo*, e denota uma ação presente e contínua, como se tivesse dito: "Por meio de Cristo, que está me fortalecendo e continuamente me fortalece; é por Sua força constante e renovada que sou capacitado a agir em tudo; dependo totalmente dele para todo o meu poder espiritual".

ANOTAÇÕES

....
....
....
....
....
....
....
....

ETERNO, PRINCÍPIO E FIM

ESTUDO 329

A Era da Igreja inicia

Leitura bíblica: Colossenses 1

Ele é a imagem do Deus invisível, o primogênito de toda a criação.

COLOSSENSES 1:15

INTRODUÇÃO ÀS EPÍSTOLAS

O objetivo desta epístola é alertar os colossenses sobre o perigo dos zelotes judeus, que insistiam na necessidade da observância da lei cerimonial, e para os fortalecer contra a mistura da filosofia gentílica com os princípios cristãos. O apóstolo professa grande satisfação na firmeza e na constância deles e os encoraja a perseverar. Ela foi escrita no mesmo período que as epístolas de Efésios e de Filipenses, em 62 d.C., e no mesmo lugar, enquanto Paulo era prisioneiro em Roma. Ele não foi indolente em sua prisão, e a Palavra de Deus não estava em cadeias.

Com relação à pessoa do Redentor. Coisas gloriosas são aqui ditas acerca dele, pois o bendito Paulo estava pleno de Cristo e aproveitava todas as ocasiões para falar honrosamente sobre Ele. O apóstolo fala de Cristo de forma distinta como Deus e como Mediador. Nos versículos 15-17, ele fala de Cristo como Deus, pois:

(1) Ele é a imagem do Deus invisível. Não como o homem, que foi feito à imagem de Deus (Gn 1:27) em suas faculdades naturais e domínio sobre as criaturas. Não, Ele é a imagem expressa de Sua pessoa (Hb 1:3). É tanto a imagem de Deus, como um filho é a imagem do seu pai, que tem semelhança natural com ele. De modo que, quem o vê, vê o Pai, e Sua glória era a glória do unigênito do Pai (Jo 1:14; 14:9).

(2) Ele é o primogênito de toda criatura. Não que Ele mesmo seja uma criatura, pois é *prototokos pases ktiseos* — nascido e gerado antes de toda a criação, ou antes que qualquer criatura tivesse sido feita, o que é a forma de as Escrituras representarem a eternidade e pela qual a eternidade de Deus é representada a nós: "Fui estabelecida desde a eternidade, desde o princípio, antes do começo da terra. Nasci antes de haver abismos […] Antes que os montes fossem firmados […] Deus ainda não tinha feito a terra" (Pv 8:23-26). Significa Seu domínio sobre todas as coisas, como o primogênito em uma família é o herdeiro e o senhor de tudo, assim Ele é o herdeiro de todas as coisas (Hb 1:2). A palavra, com apenas a mudança do acento, *prototokos*, significa o primeiro progenitor ou produtor de todas as coisas, e assim concorda com a cláusula seguinte.

(3) Ele está tão longe de ser uma criatura, que é o Criador: "Pois nele foram criadas todas as coisas, nos céus e sobre a terra, as visíveis e as invisíveis" (Cl 1:16). Ele criou tudo a partir do nada, o mais alto anjo no Céu, bem como os homens sobre a Terra. Criou o mundo, o superior e o inferior, com todos os habitantes em ambos. "Todas as coisas foram feitas por ele, e, sem ele, nada do que foi feito se fez" (Jo 1:3). Paulo fala aqui como se houvesse várias ordens de anjos: "sejam tronos, sejam soberanias, quer principados, quer potestades", o que deve querer dizer ou diferentes níveis de excelência ou diferentes ofícios e funções. Anjos, autoridade e poderes (1Pe 3:22). Cristo é a sabedoria eterna

do Pai, e o mundo foi criado em sabedoria. Ele é a Palavra eterna, e o mundo foi criado pela Palavra de Deus. Ele é o braço do Senhor, e o mundo foi feito por esse braço. Todas as coisas são criadas por Ele e para Ele, *di autou kai eis auton*. Sendo criados por Ele, foram criados para Ele; sendo feitos por Seu poder, foram criados de acordo com Seu prazer e para o Seu louvor. Ele é o fim, bem como a causa de tudo. "Para ele são todas as coisas" (Rm 11:36); *eis auton ta panta*.

ANOTAÇÕES

ESQUIVANDO-SE DAS VÃS FILOSOFIAS

ESTUDO 330

A Era da Igreja inicia

Leitura bíblica: Colossenses 2

Tenham cuidado para que ninguém venha a enredá-los com sua filosofia e vãs sutilezas, conforme a tradição dos homens, conforme os rudimentos do mundo e não segundo Cristo. COLOSSENSES 2:8

Há uma filosofia que é um exercício nobre de nossas faculdades racionais, altamente útil à religião, um estudo das obras de Deus que nos conduz ao conhecimento de Deus e confirma nossa fé nele. Porém, há uma filosofia que é vã e enganosa, e prejudicial à religião, colocando a sabedoria humana em competição com a sabedoria divina. Ao mesmo tempo, ela agrada às fantasias dos homens, arruína a sua fé, com difíceis e curiosas especulações sobre coisas que estão acima de nós, ou que não têm utilidade ou relação conosco, ou se manifesta com um cuidado por palavras e termos que têm apenas uma aparência vazia e, frequentemente, enganadora de conhecimento. Conforme a tradição dos homens, conforme os rudimentos do mundo: isso se reflete claramente sobre a pedagogia ou economia dos judeus bem como sobre o conhecimento pagão.

Os judeus se governavam pelas tradições de seus anciãos e os rudimentos, ou elementos do mundo, os ritos e as observâncias, que eram apenas preparatórios e introdutórios ao estado do evangelho; os gentios misturam seus axiomas filosóficos com seus princípios cristãos, e ambos alienavam sua mente de Cristo. Aqueles que depositam sua fé nas asseverações de outros homens e andam no caminho do mundo se afastaram de seguir a Cristo. Os enganadores eram, principalmente, os mestres judeus que se empenhavam em guardar a lei de Moisés em conjunção com o evangelho de Cristo, mas que, na realidade, era em competição com ele e contradição a ele.

Agora, aqui o apóstolo demonstra que temos em Cristo a substância de todas as sombras da lei cerimonial. Por exemplo, tinham eles naquele tempo a *Shekinah*, ou a presença especial de Deus, chamada "a glória", advinda do sinal visível dela? Nós também a temos agora em Jesus Cristo: "Porque nele habita corporalmente toda a plenitude da divindade" (v.9). Sob a Lei, a presença de Deus habitava entre os querubins, na nuvem que cobria o propiciatório; mas agora ela habita na pessoa do Redentor, que participa da nossa natureza, e é sangue do nosso sangue e carne de nossa carne, e nos declarou mais claramente o Pai. Nele, ela habita corporalmente; não como o corpo em oposição ao espírito, mas como o corpo em oposição à sombra. A plenitude da divindade habita realmente no Cristo, não figurativamente, pois Ele é tanto Deus quanto homem.

ANOTAÇÕES

....
....
....
....
....
....
....
....
....
....
....
....
....
....

ESTUDO 331

A Era da Igreja inicia

O VALOR DA INTERCESSÃO

Leitura bíblica: Colossenses 4

*Continuem a orar,
vigiando em oração com ação de graças.*

COLOSSENSES 4:2

Este é o dever para todos: continuar em oração. Mantenha constante seu tempo de oração, sem ser desviado dele por outras atividades; guarde seu coração próximo ao dever, sem divagações ou falta de vida, até o final dela, velando nela. Os cristãos deveriam aproveitar todas as oportunidades para a oração e escolher o tempo mais adequado, menos provável de ter a perturbação de outras coisas, e manter sua mente vívida no dever e em disposição apropriada. "Com ação de graças", ou reconhecimento solene das misericórdias recebidas. As ações de graça devem ter parte em cada oração. "Ao mesmo tempo, orem também por nós" (v.3). As pessoas devem orar especialmente por seus ministros e levá-los, em seu coração, ao trono da graça em todo o tempo. Como se ele tivesse dito: "Orem por nós, pois estamos certos de que temos a consciência limpa" (Hb 13:18; Ef 6:19; 1Ts 5:25). "Para que Deus nos abra uma porta à palavra", isto é, ou que Ele proporcione uma oportunidade para pregar o evangelho (é isso que Paulo diz em 1 Coríntios 16:9: "porque uma porta grande e oportuna para o trabalho se abriu para mim"), ou que me dê a capacidade e a coragem e me torne apto com liberdade e fidelidade, conforme Efésios 6:19-20: "E orem também por mim, para que, no abrir da minha boca, me seja dada a palavra, para com ousadia tornar conhecido o mistério do evangelho, pelo qual sou embaixador em cadeias".

Ou seja, Paulo está se referindo ou às mais profundas doutrinas do evangelho, com simplicidade, da qual Cristo é o principal sujeito (é isso que quer dizer por "mistério do evangelho"), ou à pregação do evangelho ao mundo gentílico, o que ele denomina de "mistério que esteve escondido durante séculos" (Cl 1:26) e o "mistério de Cristo" (Ef 3:4). Por ele, Paulo estava agora em cadeias. Ele era um prisioneiro em Roma, pela oposição violenta dos maldosos judeus. E desejava que os colossenses orassem a seu favor, para que não ficasse desencorajado em seu trabalho, nem afastado dele por seus sofrimentos: "para que eu torne esse mistério conhecido, como me cumpre fazer" (Cl 4:4). "Para que eu faça esse mistério conhecido àqueles que não ouviram dele, e o torne patente ao seu entendimento da maneira como eu tenho de fazer". Ele estava sendo bastante específico em lhes dizer pelo que ele orava por eles. Aqui ele lhes diz especificamente pelo que ele gostaria que eles orassem por ele. Paulo sabia como falar tanto quanto qualquer um, e ainda assim implorava por suas orações por ele, para que pudesse ser ensinado a falar. Os melhores e mais eminentes cristãos precisam da oração dos cristãos mais humildes e não devem deixar de pedi-la. Os principais pregadores precisam de oração, para que Deus lhes dê uma oportunidade de anunciar a Palavra e para que eles possam falar como deveriam.

ANOTAÇÕES

....
....
....
....
....

ASSUMINDO A DÍVIDA DO OUTRO

ESTUDO 332

A Era da Igreja inicia

Leitura bíblica: Filemom

E, se ele causou algum dano a você ou lhe deve alguma coisa, ponha tudo na minha conta.

FILEMOM 1:18

INTRODUÇÃO ÀS EPÍSTOLAS

Esta epístola é colocada como última dentre as que têm o nome de Paulo, talvez por ser a mais breve e com um argumento peculiar e diferente de todas as demais. No entanto, em sua peculiaridade, é muito instrutiva e útil para as igrejas, conforme o Espírito de Deus, que a inspirou, viu que seria. A sua ocasião é a seguinte: Filemom era uma pessoa notável e provavelmente um ministro da igreja de Colossos, uma cidade da Frígia. Ele tinha um escravo chamado Onésimo, o qual, tendo furtado seus bens, fugiu de Filemom. Em suas perambulações, Onésimo chegou a Roma, onde Paulo era então um prisioneiro por pregar o evangelho; providencialmente, ouvindo a pregação de Paulo ali, pela bênção de Deus, converteu-se.

O assunto principal da epístola era interceder em favor de Onésimo, para que Filemon o recebesse e se reconciliasse com ele. Entre os argumentos que Paulo usa para esse propósito, há uma promessa de satisfação a Filemom: "E, se ele causou algum dano a você ou lhe deve alguma coisa, ponha tudo na minha conta. Eu, Paulo, de próprio punho, escrevo isto: Eu pagarei" (vv.18-19). Temos aqui:

(1) Uma confissão da dívida de Onésimo para com Filemom: "E, se ele causou algum dano a você". Não é um *se* de dúvida, mas de dedução e concessão; sabendo que ele lhe causou dano, e, portanto, tornou-se seu devedor (como o *se* de Cl 3:1 e 2Pe 2:4 ARC). Observe: os verdadeiros penitentes serão hábeis em assumir suas falhas, como, sem dúvida, Onésimo fora com Paulo depois de ser despertado e trazido ao arrependimento; e isso deve ser especialmente em caso de danos a outros. Onésimo, por meio de Paulo, admite o erro.

(2) Paulo aqui se envolve para a satisfação: "ponha tudo na minha conta. Eu, Paulo, de próprio punho, escrevo isto: Eu pagarei". Observe: 1) A comunhão dos santos não destrói a distinção de propriedade: Onésimo, agora convertido, tornou-se um amado irmão, mas ainda é um escravo de Filemom e endividado com ele pelos danos que causara, e não deveria ser dispensado senão pela remissão livre e voluntária, ou com reparação feita por ele mesmo, ou por alguém em seu favor, um papel que o apóstolo assume em favor dele, sem falha. 2) A fiança não é ilegal em todos os casos, mas em alguns é uma ação boa e misericordiosa. Apenas conheça a pessoa e o caso, não seja fiador de estranhos (Pv 11:15), e não vá além da sua capacidade; ajude o amigo a quem possa ajudar desde que seja compatível com a justiça e com a prudência. E como nos alegra que Cristo tenha se feito Fiador de uma aliança superior (Hb 7:22), que Aquele que não conheceu pecado se fizesse pecado por nós, para que pudéssemos ser feitos justiça de Deus nele!

(3) A garantia formal, por escrito, bem como por palavra e promessa, pode ser requerida e concedida. As pessoas morrem, e as palavras podem ser esquecidas ou mal-interpretadas. Escrever preserva melhor o direito e a paz, e tem sido utilizado por boas pessoas, bem como por outras, em todos os tempos (Jr 32:9-14; Lc 16:5-7). Era significativo que Paulo, que vivia de contribuições, assumisse tornar em bem toda a perda realizada por um escravo maldoso a seu mestre, mas, por esse meio, estava expressando sua real e grande afeição por Onésimo e sua crença completa na sinceridade de sua conversão.

ANOTAÇÕES

BÊNÇÃOS INCOMPARÁVEIS

ESTUDO 333

A Era da Igreja inicia

Leitura bíblica: Efésios 1

*Bendito seja o Deus e Pai de nosso Senhor Jesus Cristo,
que nos abençoou com todas as bênçãos espirituais nas regiões celestiais em Cristo.*

EFÉSIOS 1:3

INTRODUÇÃO ÀS EPÍSTOLAS

Esta é uma epístola enviada de uma prisão. Alguns observam que o que Paulo escreveu quando estava preso trazia, em si, o maior prazer e sabor das coisas de Deus. Quando as tribulações eram abundantes, as consolações e experiências transbordavam ainda mais. Com isso, podemos observar que os exercícios aflitivos do povo de Deus, e especialmente de Seus ministros, normalmente tendem à vantagem dos outros, bem como deles próprios. O objetivo do apóstolo é estabelecer os efésios na verdade e, para esse fim, tornar o mistério do evangelho ainda mais conhecido para eles.

Paulo começa com ação de graças e louvor e expande, com muita fluência e profusão de afeto, para os grandiosíssimos e preciosos benefícios que desfrutamos por meio de Jesus Cristo. Os grandes privilégios de nossa religião são muito adequadamente recontados e expandidos em nossos louvores a Deus.

Ele bendiz a Deus, em geral, pelas bênçãos espirituais (v.3), em que o denomina de "Deus e Pai de nosso Senhor Jesus Cristo", pois, como Mediador, o Pai era Seu Deus; como Deus, e a segunda Pessoa da bendita Trindade, Deus era Seu Pai. Isso evidencia a união mística entre Cristo e os cristãos, que Deus e o Pai de nosso Senhor Jesus Cristo seja o Deus e o Pai deles, e isso por meio de Cristo. Todas as bênçãos vêm de Deus como o Pai de nosso Senhor Jesus Cristo. Nenhum bem pode ser esperado de um Deus justo e santo a criaturas pecaminosas, senão por Sua mediação. Ele nos abençoou com toda sorte de bênçãos espirituais. Note, as bênçãos espirituais são as melhores com as quais Deus nos abençoa, e devemos bendizê-lo por elas. Ele nos abençoa ao conceder tais coisas de modo a nos tornar verdadeiramente abençoados.

Não podemos abençoar Deus em retribuição; mas devemos bendizê-lo pelo louvor, exaltando-o e falando bem dele por esse motivo. Àqueles a quem Deus abençoa com algumas bênçãos espirituais, Ele abençoa com todas elas; a quem Ele dá Cristo, Ele concede gratuitamente todas essas coisas. Não acontece o mesmo com as bênçãos temporais; alguns são favorecidos com saúde, e não com riquezas; alguns, com riquezas, e não com saúde etc. Contudo, quando Deus abençoa com bênçãos espirituais, Ele abençoa com todas elas. Essas são as bênçãos espirituais nos lugares celestiais; isto é, dizem alguns, na Igreja distinta do mundo e chamada para fora dele. Ou se poderia ler "nas coisas celestiais", tal como as vindas do Céu e destinadas a preparar os homens para ele e assegurar sua recepção nele.

Por isso, deveríamos aprender a nos preocupar com as coisas espirituais e celestiais como sendo as principais, com as bênçãos espirituais e celestiais como as melhores bênçãos, com as quais não podemos ser miseráveis e sem as quais não podemos deixar de sê-lo. "Pensem nas coisas lá do alto, e não nas que são aqui da terra" (Cl 3:2). Essas bênçãos nos são concedidas em Cristo. Assim como todos os nossos serviços ascendem a Deus por meio de Cristo, todas as nossas bênçãos nos são transmitidas do mesmo modo, tendo Jesus como Mediador entre Deus e nós.

ANOTAÇÕES

RAIZ E ALICERCE INDESTRUTÍVEIS

ESTUDO 334

A Era da Igreja inicia

Leitura bíblica: Efésios 3

E assim, pela fé, que Cristo habite no coração de vocês, estando vocês enraizados e alicerçados em amor.

EFÉSIOS 3:17

O que o apóstolo pede a Deus em prol de seus amigos — bênçãos espirituais, que são as melhores bênçãos e as que devem ser buscadas mais zelosamente e pelas quais todos nós devemos orar, tanto por nós mesmos quanto por nossos amigos.

(1) A força espiritual para a obra e para o dever ao qual foram chamados e, no qual, estavam envolvidos: "Peço a Deus que, segundo a riqueza da sua glória, conceda a vocês que sejam fortalecidos com poder, mediante o seu Espírito, no íntimo de cada um" (v.16). O homem interior é o coração ou a alma. Ser fortalecido com poder é ser poderosamente robustecido, muito mais do que eles estavam no momento; ser dotados com o mais elevado nível de graça e com habilidades espirituais para desempenhar o dever, resistir às tentações, suportar as perseguições etc. E o apóstolo ora para que isso seja de acordo com as riquezas da Sua glória, ou de acordo com Suas gloriosas riquezas — correspondente a essa grande abundância de graça, misericórdia e poder que reside em Deus e é Sua glória, e isso por meio de Seu Espírito, que é o operador imediato da graça na alma do povo de Deus. A partir disso, podemos perceber que a força do Espírito de Deus no íntimo de cada um é a melhor e mais desejável força, força na alma, força de fé e de outras, força para servir a Deus e para cumprir nosso dever e para perseverar em nossa carreira cristã com vigor e alegria. E notemos ainda mais que da mesma forma como a obra da graça é iniciada, ela é contínua e continuada pelo bendito Espírito de Deus.

(2) A habitação de Cristo no coração deles (v.17). É dito que Cristo habita em Seu povo, à medida que Ele está sempre presente com eles por Suas graciosas influências e ações. Veja: é desejável ter Cristo habitando em nosso coração; se a lei de Cristo estiver nele escrita e o amor de Cristo for derramado sobre ele, então Cristo ali habita. Cristo é um habitante na alma de cada bom cristão. Onde Seu Espírito habita, ali Ele cresce; e Ele habita no coração por meio da fé, por intermédio do exercício contínuo da fé nele. A fé abre as portas da alma para receber Cristo; ela o admite e se submete a Ele. Pela fé, somos unidos a Cristo e temos benefícios nele.

(3) O estabelecimento de afeições piedosas e devotas na alma: "estando vocês enraizados e alicerçados em amor" (v.17), firmemente estabelecidos em seu amor a Deus, o Pai de nosso Senhor Jesus Cristo, e a todos os santos, os amados de nosso Senhor Jesus Cristo. Muitos têm algum amor a Deus e aos Seus servos, mas é como um clarão, como o crepitar dos espinhos debaixo de uma panela, que fazem grande barulho, mas logo se vão. Deveríamos desejar ardentemente que as boas afeições fossem estabelecidas em nós, para que pudéssemos ser enraizados e alicerçados em amor. Alguns entendem que isso se refira a estarem estabelecidos e firmados no senso do amor de Deus por eles, o que os inspiraria a um maior ardor de amor santo por Ele, e pelo próximo.

E como é desejável ter um senso do amor de Deus e de Cristo estabelecido e alicerçado em nossa alma, de forma a poder dizer com o apóstolo, em todo tempo: "Ele me ama!". A melhor forma de conseguir isso é atentar que mantenhamos um amor constante por Deus em nossa alma; essa será a evidência do amor de Deus por nós.

ESTUDO 335

A Era da Igreja inicia

ARMAS POTENTES CONTRA O VALENTE

Leitura bíblica: Efésios 6

Porque a nossa luta não é contra o sangue e a carne, mas contra os principados e as potestades, contra os dominadores deste mundo tenebroso, contra as forças espirituais do mal, nas regiões celestiais. EFÉSIOS 6:12

Aqui está uma exortação geral à constância em nossa carreira cristã e para nos encorajarmos em nossa guerra cristã. Nossa vida não é uma guerra? Sim, ela é, pois lutamos com as calamidades comuns da vida humana. E a nossa religião não é uma guerra ainda maior? Sim, visto que lutamos contra a oposição dos poderes das trevas e com muitos inimigos que querem nos afastar de Deus e do Céu. Temos inimigos contra os quais lutar, um capitão por quem lutar, uma bandeira sob a qual lutar e certas regras de guerra pelas quais devemos nos governar. "Quanto ao mais" (v.10), ainda resta que vocês se apliquem a seu trabalho e dever como soldados cristãos. Um bom soldado deve ser corajoso e estar bem equipado.

O combate para o que devemos estar preparados não é contra os inimigos humanos comuns, tampouco contra os homens feitos de carne e sangue, nem contra nossa natureza corrupta considerada isoladamente, mas contra as diversas fileiras de demônios que exercem um governo neste mundo. (1) Temos de lidar com um inimigo sutil, que usa astúcia e estratagemas, como diz o versículo 11. Ele dispõe de milhares de maneiras de enganar as almas instáveis, por isso é chamado de serpente, por sua sutileza; a antiga serpente, experiente na arte e no ofício de tentar. (2) Ele é um inimigo poderoso: principados, poderes e dominadores. São numerosos, vigorosos; e dominam naquelas nações pagãs, que ainda permanecem em trevas. As partes sombrias do mundo são o assento do império de Satanás. Sim, eles são os príncipes usurpadores sobre todos os homens que ainda permanecem em um estado de pecado e ignorância. O reino satânico é de treva, ao passo que o reino de Cristo é de luz. (3) Eles são inimigos espirituais: "forças espirituais do mal, nas regiões celestiais" (v.12), ou espíritos malignos, como traduzem alguns. O diabo é um espírito, um espírito maligno; e nosso risco é maior vindo desses inimigos porque eles são invisíveis e nos atacam antes que estejamos cientes deles. Os demônios são espíritos maus e incomodam principalmente os santos, provocando-os à perversidade espiritual, ao orgulho, à inveja, à malícia e outras coisas.

Paulo diz que esses inimigos estão nas regiões celestiais, ou nos lugares celestiais, conforme o original grego, entendendo que o céu (conforme diz alguém) é o todo da expansão, ou toda a extensão do ar entre a Terra e as estrelas, e o ar sendo o lugar de onde os demônios nos atacam. Talvez o sentido seja: "Lutamos por lugares celestiais ou coisas celestiais", assim interpretavam alguns no passado. Nossos inimigos lutam para impedir nossa ascensão ao Céu, para nos privar das bênçãos celestiais e para obstruir nossa comunhão com o Céu. Eles nos atacam nas coisas que pertencem à nossa alma e trabalham para desfigurar a imagem celestial em nosso coração. Assim sendo, necessitamos estar atentos contra eles.

ANOTAÇÕES

....
....
....
....

CONTRA OS FALSOS MESTRES

ESTUDO 336

A Era da Igreja inicia

Leitura bíblica: 1 Timóteo 1

O objetivo desta admoestação é o amor que procede de um coração puro, de uma boa consciência e de uma fé sem hipocrisia.

1 TIMÓTEO 1:5

INTRODUÇÃO ÀS EPÍSTOLAS

Timóteo se converteu por intermédio de Paulo e, portanto, o apóstolo o chama de "meu filho na fé". Lemos acerca de sua conversão em Atos 16:3. O escopo das duas epístolas é orientar Timóteo a como cumprir seu trabalho de evangelista em Éfeso, onde ele estava naquele tempo e onde Paulo lhe ordenara que residisse por algum tempo, a fim de aperfeiçoar a boa obra que Paulo começara lá. Quanto ao encargo pastoral daquela igreja, Paulo a havia entregado ao presbitério, conforme parece por Atos 20:28, em que encarrega os presbíteros de alimentar o rebanho de Deus, que Ele comprara com Seu próprio sangue.

O principal escopo e significado da Lei divina é nos levar ao amor a Deus e de uns para com os outros; qualquer coisa que tenda a enfraquecer nosso amor a Deus ou aos irmãos tende a anular o objetivo do mandamento. E certamente o evangelho, que nos obriga a amar nossos inimigos e a fazer o bem a quem nos odeia (Mt 5:44), não tem o propósito de colocar de lado ou suplantar um mandamento cuja finalidade é o amor. Ele está tão longe disso que, pelo contrário, mesmo que tenhamos todas as vantagens, mas careçamos de amor, somos apenas como "o bronze que soa ou como o címbalo que retine" (1Co 13:1). "Nisto todos conhecerão que vocês são meus discípulos: se tiverem amor uns aos outros" (Jo 13:35). Portanto, aqueles que se vangloriavam de seu conhecimento da Lei, mas a usavam apenas como um disfarce para a perturbação que traziam à pregação do evangelho (sob o pretexto de zelo pela Lei, dividindo e distraindo a Igreja) anulavam a finalidade do mandamento, isto é, o amor, amor advindo de um coração purificado pela fé, livre de afeições corruptas.

Aqui temos os concomitantes daquela excelência da graça da caridade, e eles são três: (1) Um coração puro; lá o amor deve estar estabelecido e de lá deve se erguer. (2) Uma boa consciência, que devemos exercitar diariamente, para que não apenas a adquiramos, mas a mantenhamos (At 24:16). (3) A fé sem hipocrisia também deve acompanhá-la, pois é amor sem dissimulação; a fé que opera por meio da caridade deve ser de natureza semelhante: genuína e sincera.

Ora, alguns que se apresentavam como mestres da Lei se desviavam do propósito do mandamento: identificavam-se como argumentadores, mas suas disputas se provavam discussões inúteis; apresentavam-se como mestres, mas dissimulavam ensinar aos outros o que eles mesmos não entendiam. Se a igreja se corromper por tais mestres, não devemos achar isso estranho, pois vemos que desde o início era assim. Observe: 1) Quando as pessoas, principalmente os ministros, desviam-se da grande Lei da caridade — a finalidade do mandamento —, eles se voltam para as discórdias vãs; quando um homem perde seu propósito e escopo, não surpreende que todos os seus passos estejam distantes do caminho. 2) As discussões, principalmente na religião, são vãs; são desvantajosas e inúteis para com tudo o que é bom e muito perniciosas e prejudiciais. E, no entanto, a religião de muitos consiste em pouco mais do que vãs discussões. 3) Aqueles que se envolvem muito em discussões inúteis são afeiçoados e ambiciosos por se tornarem mestres de outros; desejam (isto é, dissimulam) o ofício do ensino. 4) É muito comum que os homens se intrometam no ofício do ministério quando desconhecem os pormenores sobre o que devem falar. Não entendem nem o que falam, nem o que afirmam. Com esse "erudito desconhecimento", sem dúvida, eles pouco edificam seus ouvintes!

ANOTAÇÕES

CONTRA O FALSO ENSINO

ESTUDO 337

A Era da Igreja inicia

Leitura bíblica: 1 Timóteo 4

Ora, o Espírito afirma expressamente que, nos últimos tempos, alguns apostatarão da fé, por obedecerem a espíritos enganadores e a ensinos de demônios.

1 TIMÓTEO 4:1

No início deste capítulo, temos o mistério da iniquidade resumido: "o Espírito afirma expressamente que, nos últimos tempos, alguns apostatarão da fé". Quer Paulo se refira ao Espírito no Antigo Testamento, ou ao Espírito nos profetas do Novo Testamento, ou a ambos, as profecias acerca do Anticristo, bem como aquelas concernentes a Cristo, vieram pelo Espírito. Em ambas, o Espírito afirma expressamente sobre uma apostasia geral da fé em Cristo e da pura adoração a Deus. Isso ocorrerá nos últimos dias, durante a dispensação cristã, nos "últimos tempos", nas épocas seguintes da Igreja, pois o mistério da iniquidade já começara a operar. Alguns se afastarão da fé ou apostatarão. Alguns, não todos, pois nos piores tempos Deus terá um remanescente de acordo com a eleição da graça. Eles apostatarão da fé entregue aos santos (Jd 1:3), que foi uma vez entregue, a firme doutrina do evangelho, ao obedecer a espíritos sedutores, os homens que fingiam seguir o Espírito, mas não eram realmente guiados por Ele. "Amados, não deem crédito a qualquer espírito" (1Jo 4:1), a qualquer um que finja ter o Espírito.

No geral, observe: (1) A apostasia dos últimos tempos não deveria nos surpreender porque foi expressamente predita pelo Espírito. (2) O Espírito é Deus, de outra forma Ele não poderia prever acertadamente tais eventos distantes, que para nós são incertos e contingentes, dependendo do temperamento, humor e cobiça dos homens. (3) A diferença entre as predições do Espírito e os oráculos dos pagãos é notável. O Espírito afirma expressamente, mas os oráculos dos pagãos são sempre duvidosos e incertos. (4) É reconfortante pensar que nem todos são levados por essas apostasias generalizadas, mas apenas alguns. (5) É comum que os sedutores e os enganadores finjam ter o Espírito, o que é uma forte presunção da qual todos estão convencidos, de que é mais provável que aquilo que dissimula vir do Espírito produza em nós uma aprovação. (6) Os homens precisam ser endurecidos e sua consciência cauterizada antes que apostatem da fé e atraiam outros a unir-se a eles. (7) É uma evidência de que os homens apostataram da fé quando eles começam a ordenar aquilo que Deus proibiu, como a adoração a santos, a anjos ou a demônios; e proibir aquilo que Deus permitiu, ou ordenou, como o casamento e comidas.

ANOTAÇÕES

ESTUDO 338

A Era da Igreja inicia

MESTRES DIGNOS

Leitura bíblica: 1 Timóteo 5

Devem ser considerados merecedores de pagamento em dobro os presbíteros que presidem bem, especialmente os que se esforçam na pregação da palavra e no ensino.

1 TIMÓTEO 5:17

Deve ser providenciado que eles sejam sustentados honrosamente: "Devem ser considerados merecedores de pagamento em dobro os presbíteros que presidem bem (isto é, de dobrados honorários, o dobro do que estavam recebendo, ou do que os outros recebiam), especialmente os que se esforçam na pregação da palavra e no ensino" (aqueles que são mais esforçados do que os demais). Observe: o presbitério presidia, e os mesmos que presidiam eram os que labutavam na palavra e na doutrina. Eles não tinham alguém para pregar para eles e outro para os presidir, mas o trabalho era feito pela mesma pessoa. Aqui temos:

(1) O trabalho dos ministros; ele consiste principalmente em duas coisas: presidir bem e labutar na palavra e no ensino. Essa era a principal ocupação dos anciãos, ou presbíteros, nos dias dos apóstolos.

(2) A honra devida àqueles que não eram ociosos, mas dedicados nessa obra: eles eram dignos do dobro de honra, estima e sustento. Paulo cita uma porção das Escrituras para confirmar esse mandamento acerca do sustento dos ministros, que poderíamos achar estranho, mas que indica o significado que havia em muitas das leis de Moisés, e particularmente neste: "Não amarrem a boca do boi quando estiver pisando o trigo" (Dt 25:4). Os animais que eram empregados em amassar os cereais (pois era assim que o faziam em vez de debulhá-los) podiam se alimentar deles enquanto trabalhavam, de modo que, quanto mais trabalhavam, mais comida tinham. Assim sendo, que os anciãos que se esforçam na palavra e no ensino sejam bem sustentados, visto que o trabalhador é digno de seu salário (Mt 10:10), e há todos os motivos no mundo para que seja assim. Então, aprendemos que: 1) Deus, tanto sob a Lei quanto agora sob o evangelho, cuida para que Seus ministros sejam bem sustentados. Deus se importa com o boi e não cuidará de Seus próprios servos? O boi apenas pisoteia o trigo do qual se faz o pão que perece; mas os ministros partem o pão da vida, que dura para sempre. 2) Uma vez que é indicação divina que aqueles que pregam o evangelho vivam do evangelho (1Co 9:14), a subsistência confortável dos ministros é-lhes justamente devida tanto quanto o salário é para o trabalhador. E Deus, um dia, cobrará daqueles que deixam seus ministros passarem fome ou não serem confortavelmente sustentados.

ANOTAÇÕES

BISPOS SEGUNDO O CORAÇÃO DE DEUS

ESTUDO 339

A Era da Igreja inicia

Leitura bíblica: Tito 1

Porque é indispensável que o bispo, por ser encarregado das coisas de Deus, seja irrepreensível, não arrogante, alguém que não se irrita facilmente, não apegado ao vinho, não violento, nem ganancioso. TITO 1:7

INTRODUÇÃO ÀS EPÍSTOLAS

Esta epístola de Paulo a Tito é muito semelhante àquela de Timóteo. Ambos eram convertidos por Paulo e seus companheiros no trabalho e no sofrimento, ambos estavam no ofício de evangelistas, cujo trabalho era regar as igrejas plantadas pelos apóstolos e colocar em ordem as coisas que lhes faltavam. Eles eram vice-apóstolos, por assim dizer, trabalhando na obra do Senhor, como faziam, e sob a orientação dos apóstolos, embora não despótica e arbitrária, mas com o concomitante exercício de sua própria prudência e juízo (1Co 16:10-12).

Aqui o apóstolo dá a Tito orientações acerca da ordenação, mostrando a quem ele deveria ordenar e a quem não ordenar.

Com relação à vida e aos modos, as qualificações mais relevantes dos que seriam ordenados são abordadas, primeiramente, pelos aspectos negativos, mostrando como um ancião ou bispo devia ser: "não arrogante". A proibição é vasta e exclui a altivez, a presunção exagerada de seu papel e habilidades e a abundância de egocentrismo — amor-próprio, busca dos próprios interesses e fazer-se o centro de tudo —, também a autoconfiança, a autossatisfação, pouca consideração ou respeito pelos outros — ser orgulhoso, obstinado, perverso, inflexível, tenaz na vontade ou nos modos próprios ou grosseiro como Nabal: este é o sentido que os expositores têm dado ao termo. É grande honra para um ministro não ter esse tipo de inclinação, ser disposto para pedir e aceitar conselhos, ser pronto a submeter-se, tão racionalmente quanto possível, ao pensamento e à vontade de outros, fazer-se "de tudo para com todos, para poder salvar alguns" (1Co 9:22). "Alguém que não se irrita facilmente", *me orgilon* (no grego), não facilmente iracundo, provocado, rápida ou facilmente, e inflamado.

Quão inaptos para governar a Igreja são aqueles que não conseguem governar a si mesmos, ou às suas paixões turbulentas e desregradas! O ministro deve ser manso e gentil, paciente para com os homens; "não apegado ao vinho", pois não há mais vergonha a um ministro do que ser um consumidor de vinho, alguém apegado a ele e que se entrega à indevida liberdade dessa forma, "e continuam até alta noite, até que o vinho os esquente!" (Is 5:11). O uso adequado e moderado disso, bem como de outras coisas criadas por Deus, não é ilegítimo: "beba também um pouco de vinho, por causa do seu estômago e das suas frequentes enfermidades" (1Tm 5:23). Contudo, o seu excesso é embaraçoso a todos, especialmente a um ministro. O vinho desprové o homem de sua humanidade e o transforma em um bruto. Aqui é muito adequada a exortação do apóstolo: "E não se embriaguem com vinho, pois isso leva à devassidão, mas deixem-se encher do Espírito" (Ef 5:18). No Espírito, não há excesso, mas no vinho pode muito facilmente haver. Portanto, sejam cautelosos ao se aproximar perto demais do abismo.

O apóstolo continua: "não violento" (Tt 1:7), de qualquer maneira rixoso ou contencioso, não injuriosamente ou por vingança, com crueldade ou aspereza desnecessária; "não ganancioso", ou não avarento (como em 1Tm 3:3); nesse último, não se trata de recusar o justo rendimento por seu trabalho, a fim de obter o sustento e o conforto necessários, porém de não fazer do ganho sua principal motivação, de não exercer o ministério nem o administrar com visões mundanas. Nada é mais impróprio para um ministro, que deve dirigir os seus olhos bem como os dos outros ao mundo porvir, do que ser muito intencional quanto a este mundo. É chamado de "torpe ganância" (1Tm 3:3 ARC) por contaminar a alma que atenta a ela desordenadamente ou que a busca avidamente, como fosse desejável de outra forma que não para o seu bom e legítimo uso.

ANOTAÇÕES

A CIVILIDADE CRISTÃ

ESTUDO 340

A Era da Igreja inicia

Leitura bíblica: Tito 3

Lembre a todos que se sujeitem aos governantes e às autoridades, que sejam obedientes e estejam prontos para toda boa obra.

TITO 3:1

O apóstolo havia orientado Tito acerca dos deveres particulares e especiais de vários tipos de pessoas. Agora ele lhe ordena que os exorte sobre aquilo que dizia respeito a elas, de modo mais comum, a saber: a quietude e a submissão aos governantes, além da prontidão para fazer o bem, comportando-se equitativamente e sendo gentis com todos os homens — características que trazem beleza e adorno à religião. Portanto, Tito deve adverti-los sobre essas coisas.

A magistratura é uma ordenança divina para o bem de todos e, portanto, deve ser respeitada e receber a submissão de todos, não apenas pela ira ou pela força, mas voluntariamente por causa da consciência. "Governantes e autoridades" e magistrados, isto é, todos os administradores civis, quer supremos e superiores, quer subordinados, no governo sob o qual viviam, fosse qual fosse a sua forma. Que eles se sujeitassem a eles e lhes obedecessem naquilo que é legítimo e honesto, algo que pertence ao ofício deles requerer. A religião cristã era caluniada por seus adversários como prejudicial aos direitos dos príncipes e dos poderes civis, e como tendendo à facção e sedição, à rebelião contra as autoridades legítimas. Assim sendo, a fim de silenciar a ignorância dos tolos e fechar a boca dos inimigos maldosos, os cristãos deveriam ser relembrados de se mostrar a eles exemplos de uma devida sujeição e obediência ao governo que tinham sobre si. O desejo natural pela liberdade deve ser guiado e limitado pela razão e pelas Escrituras. Os privilégios espirituais não anulam ou enfraquecem, mas confirmam e fortalecem, as obrigações deles aos deveres civis: "Lembre a todos que se sujeitem aos governantes e às autoridades, que sejam obedientes".

"Estejam prontos para toda boa obra." Alguns dizem que isso se refere às boas obras que são requeridas pelos magistrados em sua esfera: "Tudo o que tender à boa ordem e a promover e assegurar a tranquilidade e a paz pública, não seja negligente, mas pronto a fomentar tais coisas". Contudo, ainda que isso seja incluído, se não tiver sido pretendido inicialmente, não deve, ainda assim, ser aqui restringido. O preceito se relaciona a fazer o bem de todo tipo e em todas as ocasiões que possam aparecer, seja com respeito a Deus, a nós mesmos ou ao nosso próximo — qualquer coisa que trouxer crédito à religião no mundo. "Tudo o que é verdadeiro, tudo o que é respeitável, tudo o que é justo, tudo o que é puro, tudo o que é amável, tudo o que é de boa fama, se alguma virtude há e se algum louvor existe" (Fp 4:8), sigam-no e o promovam. A mera inofensividade, ou apenas as boas palavras e boas intenções não são suficientes sem as boas obras. "A religião pura e sem mácula para com o nosso Deus e Pai é esta: visitar os órfãos e as viúvas nas suas aflições e guardar-se incontaminado do mundo" (Tg 1:27). Não apenas aproveite, mas busque ocasião para fazer o bem e mantenha-se treinado e pronto neste caminho. Não deixe isso para os outros, mas assuma-o e pratique-o, deleite-se, regozije-se e advirta todos acerca disso.

ANOTAÇÕES

....
....

ESTUDO 341

A Era da Igreja inicia

SOLDADO COMPLETAMENTE ENGAJADO

Leitura bíblica: 2 Timóteo 1–2

Nenhum soldado em serviço se envolve em negócios desta vida, porque o seu objetivo é agradar aquele que o recrutou.

2 TIMÓTEO 2:4

INTRODUÇÃO ÀS EPÍSTOLAS

Paulo escreveu esta segunda epístola a Timóteo de Roma, quando estava preso lá e em perigo de vida. Isso é evidente por estas palavras: "Quanto a mim, já estou sendo oferecido por libação, e o tempo da minha partida chegou" (4:6). Parece que sua partida deste mundo, conforme ele pensava, não estava distante, especialmente considerando a ira e a maldade de seus perseguidores, e que ele havia sido levado diante do imperador Nero, o que ele chama de sua "primeira defesa", quando ninguém foi a seu favor, mas todos os abandonaram (4:16). Todos os intérpretes concordam que esta foi a última epístola que ele escreveu. Não é certo onde Timóteo estava nesse momento.

Neste capítulo, nosso apóstolo dá a Timóteo muitas exortações e orientações. Elas podem ser de grande utilidade para ministros e demais cristãos.

(1) Timóteo devia esperar sofrimentos, até o sangue, e assim treinar outros para o suceder no ministério do evangelho (2Tm 2:2). Devia instruir outros e treiná-los para o ministério e assim transmitir a eles as coisas que ouvira. Devia, igualmente, ordená-los ao ministério, colocar o evangelho nas mãos deles como um depósito e assim confiar-lhes as coisas que havia ouvido.

(2) Ele devia suportar dificuldades: "Participe dos meus sofrimentos como bom soldado de Cristo Jesus" (v.3). 1) Todos os cristãos, mas especialmente os ministros, são soldados de Jesus Cristo; eles lutam sob Sua bandeira, em Sua causa e contra os Seus inimigos porque Ele é o capitão de nossa salvação (Hb 2:10). 2) Os soldados de Jesus Cristo devem provar ser bons soldados, fiéis a seu capitão, resolutos em Sua causa e não abandonar a luta até que sejam feitos mais que vencedores por meio daquele que os amou (Rm 8:37). 3) Aqueles que se provarem bons soldados de Jesus Cristo devem suportar dificuldades; isto é, devemos esperar que elas venham e contar com elas neste mundo, devemos tolerá-las e nos acostumar a elas, suportando-as pacientemente quando vierem sem nos mover de nossa integridade por causa delas.

(3) Não devia se envolver com os negócios deste mundo (2Tm 2:4). Quando um soldado está alistado, ele deixa sua profissão e todas as responsabilidades dela, para que possa atender às ordens de seu capitão. Se nos entregamos para ser soldados de Cristo, devemos estar livres deste mundo; e, embora não haja escape a que nos ocupemos com os assuntos desta vida enquanto estivermos aqui (temos algo a fazer aqui), não devemos nos envolver com tais negócios de modo a sermos desviados e afastados por eles de nosso dever para com Deus e com as grandes questões de nosso cristianismo. Aqueles que lutarão o bom combate precisam não estar apegados a este mundo, a fim de agradarmos Àquele que nos escolheu para Seus soldados. Observe: A

grande preocupação de um soldado deve ser agradar a seu general; assim, a grande preocupação de um cristão deveria ser agradar a Cristo, sermos aprovados por Ele. A maneira de agradar Àquele que nos escolheu para ser soldados não é nos envolvendo com os assuntos desta vida, mas estarmos livres daqueles envolvimentos que nos impediriam em nossa guerra santa.

(4) Timóteo devia ainda se assegurar de que, prosseguindo na guerra espiritual, combatesse pelas regras, que observasse as leis da guerra: "Igualmente, o atleta não é coroado se não competir segundo as regras" (v.5). Estamos lutando para obter domínio, para conseguir o domínio de nossas concupiscências e corrupções, para abundarmos no que é bom. Porém, não podemos esperar o prêmio a menos que sigamos as regras. Ao fazer o que é bom, devemos cuidar de fazê-lo da forma correta, para que nosso bem não seja difamado. Veja aqui: 1) Um cristão deve lutar por domínio; ele deve objetivar dominar suas próprias concupiscências e corrupções. 2) No entanto, ele deve batalhar de acordo com as regras que recebeu; deve lutar segundo a lei. 3) Aqueles que o fizerem serão, por fim, coroados depois que uma vitória completa for obtida.

ANOTAÇÕES

ESTUDO 342

A Era da Igreja inicia

TEMPOS SOMBRIOS POR VIR

Leitura bíblica: 2 Timóteo 3

Mas você precisa saber disto: nos últimos dias sobrevirão tempos difíceis.

2 TIMÓTEO 3:1

Timóteo devia saber que nos últimos dias (v.1), no tempo do evangelho, tempos perigosos viriam. Embora o tempo do evangelho era tempo de reforma em muitos aspectos, ele devia saber que nesse período haveria momentos de perigo. Não tanto por causa da perseguição externa, porém mais por causa da corrupção que vem de dentro. Esse seria um tempo obscuro em que seria difícil para um homem manter a boa consciência. Paulo não diz: "Tempos perigosos virão, pois tanto judeus quanto gentios se unirão para desarraigar o cristianismo", mas "tempos difíceis virão", pois aqueles que têm "forma de piedade" (v.5) serão corruptos e perversos e causarão um grande prejuízo para a igreja. Dois traidores dentro da guarnição podem causar mais dor a ela do que dois mil sitiantes do lado de fora. Tempos difíceis virão, pois os homens serão perversos.

Paulo diz a Timóteo qual seria a ocasião para tornar esses tempos perigosos, ou quais seriam as marcas e sinais pelos quais esses tempos podem ser reconhecidos (vv.2-9). (1) O *egoísmo* tornará esses tempos perigosos. Quem há que não ame a si mesmo? Mas o que quer dizer aqui é um amor-próprio irregular e pecaminoso. Os homens amam seu ser carnal mais do que seu ser espiritual. Amam mais gratificar sua concupiscência e satisfazê-la do que agradar a Deus e cumprir seu dever. Em vez de caridade cristã, que se encarrega do bem aos outros, eles se preocuparão apenas consigo próprios e preferirão sua própria gratificação à edificação da Igreja. (2) *Avareza*. Observe que o egoísmo traz consigo um longo comboio de pecados e ofensas. Quando os homens são amantes de si mesmos, nenhum bem pode ser esperado deles, ao passo que todo bem pode ser esperado daqueles que amam a Deus com todo o seu coração. Quando a concupiscência prevalece no geral, quando cada pessoa se preocupa com o que pode obter e em manter o que possui, isso as torna perigosas umas às outras, e obriga a que cada um se mantenha em vigilância contra seu próximo. (3) *Orgulho e arrogância*. São perigosos os tempos em que os homens, sendo orgulhosos de si mesmos, são arrogantes e blasfemadores. Arrogantes diante de quem eles desprezam e veem com escárnio, e blasfemadores de Deus e Seu nome. Quando os homens não temem a Deus, não terão consideração pelo homem, e vice-versa. (4) *Quando os filhos forem desobedientes aos pais*, e violarem as obrigações sob as quais vivem tanto em dever quanto em gratidão, pois a que maldade se apegarão aqueles que são abusivos contra seus próprios pais e se rebelam contra eles? (5) *Ingratidão e impiedade* tornam os tempos perigosos, e essas duas normalmente caminham juntas. Qual a razão por que os homens são ímpios e sem temor a Deus, senão que são ingratos pelas misericórdias de Deus? A ingratidão e a impiedade andam de mãos dadas, pois chame um homem de ingrato e não poderá chamá-lo por um nome pior. Ingrato, impuro, sem afeição natural, o que é um exemplo de grande ingratidão ao que Deus tem concedido tão bem para o sustento do corpo. Usamos mal Suas dádivas se as tornarmos comida e combustível para nossa concupiscência.

PREPARANDO-SE PARA A BATALHA

ESTUDO 343

A Era da Igreja inicia

Leitura bíblica: 1 Pedro 1

*Por isso, preparando o seu entendimento, sejam sóbrios
e esperem inteiramente na graça que lhes está sendo trazida
na revelação de Jesus Cristo.* 1 PEDRO 1:13

INTRODUÇÃO ÀS EPÍSTOLAS

O propósito desta primeira epístola é: (1) Explicar melhor as doutrinas do cristianismo àqueles novos convertidos judeus; (2) Dirigir e persuadi-los à conversação santa, no fiel cumprimento de todos os deveres pessoais e relativos, pelos quais assegurariam sua própria paz e efetivamente refutariam as calúnias e censuras de seus inimigos. (3) Prepará-los para o sofrimento. Essa parece ser a principal intenção, pois tem algo acerca desse propósito em cada capítulo e os encoraja, por grande variedade de argumentos, à paciência e à perseverança na fé, para que as perseguições e tristes calamidades que advêm sobre eles não prevaleçam, levando-os a apostatar de Cristo e do evangelho.

Vocês têm uma caminhada a percorrer, uma corrida a realizar, uma guerra a combater e um grande trabalho a fazer. Portanto, assim como o viajante, o corredor, o guerreiro e o trabalhador cingem suas vestes longas e folgadas, para que possam estar prontos e serem ligeiros em seu trabalho, também vocês em sua mente, seu homem interior e suas afeições ali instaladas, cinjam-nos, prendam-nos e não os deixem soltos e negligenciados. Restrinjam suas extravagâncias e deixem que seu lombo, ou a força e o vigor de sua mente, seja exercitado em seu dever. Desembaracem-se de tudo o que os impede e prossigam resolutamente em sua obediência. Sejam sóbrios e vigilantes contra todos os seus perigosos inimigos espirituais, e temperantes e modestos ao comer, beber, vestir-se, recrear-se, trabalhar e na totalidade de seu comportamento. Sejam sóbrios também em sua opinião, bem como na prática, e humildes em seu julgamento de si mesmos. E tenham esperança até o fim, pela graça que será trazida a vocês na revelação de Jesus Cristo.

Alguns afirmam que esse seja o julgamento final, como se o apóstolo dirigisse a esperança deles à revelação final de Jesus Cristo. Contudo, parece mais natural aceitá-la como também poderia ser traduzida: "Esperem perfeitamente, ou completamente, pela graça que lhes foi trazida na ou pela revelação de Jesus Cristo, isto é, pelo evangelho, que traz a vida e a imortalidade à luz. Esperem perfeitamente, confiem sem duvidar nessa graça que agora lhes é oferecida pelo evangelho". Aprendam: (1) A principal obra de um cristão está no correto domínio de seu coração e mente; a primeira orientação do apóstolo é para cingir o entendimento. (2) Os melhores cristãos precisam ser exortados à sobriedade. Esses excelentes cristãos são lembrados acerca dela; ela é requerida do bispo (1Tm 3:2), do idoso (Tt 2:2), deve ser ensinada às moças e aos rapazes, que também são dirigidos a serem sóbrios (Tt 2:4,6). (3) O trabalho do cristão não está terminado assim que ele entra no estado de graça, ele deve ainda esperar e lutar para ter mais graça. Quando entrar pelo portão estreito, deve andar no caminho estreito e cingir seu entendimento para esse propósito. (4) Uma confiança forte e perfeita na graça divina é consistente com nossos melhores esforços em nosso dever; precisamos esperar perfeitamente e cingir nosso lombo, e nos lançar com vigor ao trabalho que temos de realizar, encorajando-nos pela graça de Jesus Cristo.

ANOTAÇÕES

SOFRER POR FAZER O CERTO

ESTUDO 344

A Era da Igreja inicia

Leitura bíblica: 1 Pedro 3

Mas, mesmo que venham a sofrer por causa da justiça, vocês são bem-aventurados. Não tenham medo das ameaças, nem fiquem angustiados.

1 PEDRO 3:14

Aprendam, primeiramente, que seguir sempre o que é bom é o melhor caminho a tomarmos para nos manter fora do perigo. Segundo: sofrer pela justiça é a honra e a felicidade de um cristão; sofrer pela causa da verdade, de uma boa consciência ou por qualquer parte do dever cristão é uma grande honra, o deleite que advém disso é maior do que o tormento, a honra maior que a desonra, o ganho, muito maior do que a perda. Terceiro, os cristãos não têm razão para temer as ameaças ou a ira de qualquer de seus inimigos. "Seus inimigos são inimigos de Deus, Sua face está contra eles, Seu poder, acima do deles, eles são objeto de Sua maldição e não podem fazer nada sem Sua permissão. Portanto, não os temam". Em vez de se aterrorizarem com o temor do homem, assegurem-se de santificar o Senhor em seu coração (v.15); que Ele seja o seu temor, que dele tenham pavor (Is 8:12-13). "Não temam os que matam o corpo e, depois disso, nada mais podem fazer. [...], temam aquele que, depois de matar, tem poder para lançar no inferno" (Lc 12:4-5). Santificamos o Senhor Deus em nosso coração quando o adoramos, com sinceridade e fervor; quando nossos pensamentos sobre Ele são de temor e reverência; quando nos apoiamos em Seu poder, confiamos em Sua fidelidade, submetemo-nos à Sua sabedoria, imitamos Sua santidade e damos a glória devida às Suas mais destacadas perfeições. Santificamos a Deus diante dos outros quando nosso comportamento é tal que convida e encoraja outros a glorificá-lo e honrá-lo, ambos são requeridos (Lv 10:3). Quando esse princípio estiver profundamente estabelecido em seu coração, a próxima coisa, com relação aos homens, é estar sempre pronto, isto é, sendo capaz e disposto, a responder, ou fazer apologia ou defesa, da fé que você professa e isso a todos que lhe perguntarem a razão da sua esperança, que tipo de esperança você tem, ou porque sofre tantas dificuldades no mundo.

Aprendam: *Primeiro*, que um senso de respeito pelas perfeições divinas é o melhor antídoto contra o medo do sofrimento. Se temêssemos mais a Deus, certamente temeríamos menos aos homens. *Segundo*, a esperança e a fé de um cristão têm defesa contra todo o mundo. Pode haver um bom argumento pela religião; ela não é uma fantasia, mas um esquema racional revelado pelo Céu, adequado a todas as necessidades dos miseráveis pecadores, e centrado completamente na glória de Deus por meio de Jesus Cristo. *Terceiro*, cada cristão é obrigado a responder e defender a esperança que está nele. Os cristãos deveriam ter argumento pronto para o seu cristianismo, para que não pareça que são movidos ou por tolice, ou por fantasia. Essa defesa pode ser necessária mais do que uma ou duas vezes, de modo que os cristãos devem sempre estar preparados para fazê-la, quer diante de um magistrado, se ele assim exigir, quer a um cristão questionador que deseja saber acerca dela para sua informação ou crescimento. *Quarto*, essas confissões de nossa fé devem ser feitas em mansidão e temor; a apologia de nossa religião deve ser realizada com modéstia e mansidão, em temor a Deus, com zelo por nós mesmos e com reverência aos nossos superiores.

ESTUDO 345

A Era da Igreja inicia

A VIGILÂNCIA CONTRA O REAL INIMIGO

Leitura bíblica: 1 Pedro 5

Sejam sóbrios e vigilantes. O inimigo de vocês, o diabo, anda em derredor, como leão que ruge procurando alguém para devorar.

1 PEDRO 5:8

Aqui o apóstolo faz três coisas: (1) Mostra-lhes o perigo proveniente de um inimigo mais cruel e inquieto do que o pior dos homens, a quem ele descreve: 1) Por suas características e seus nomes. a) Ele é um adversário: "Esse seu adversário, não um adversário comum, mas um inimigo que os acusa e litiga contra vocês em sua grande causa de dependência e visa à sua alma". b) O diabo, o grande acusador de todos os irmãos. Este título deriva de uma palavra que significa perfurar, ou esfaquear. Ele infundiria a malignidade em nossa natureza e veneno à nossa alma. Se pudesse golpear essas pessoas com ira ou murmuração em seus sofrimentos, talvez os tivesse atraído à apostasia e à ruína. c) Ele é um leão rugidor, faminto, feroz, forte e cruel, o mordaz e ambicioso caçador de almas. 2) Por sua atuação. Ele anda ao redor, buscando alguém para devorar; todo o seu propósito é devorar e destruir almas. Para esta finalidade ele é incansável e agitado em seus empreendimentos maldosos; pois sempre circula, dia e noite, estudando e maquinando a quem poderá enredar para sua ruína eterna.

(2) Infere que é dever deles: 1) Serem sóbrios, e dominarem tanto o homem exterior quanto o interior pelas regras da temperança, modéstia e mortificação. 2) Serem vigilantes; não confiantes e descuidados, mas, pelo contrário, desconfiados do perigo constante de seu inimigo espiritual e, sob essa apreensão, serem vigilantes e diligentes em prevenir os objetivos dele e salvar nossa alma. 3) Resistir-lhe firmes na fé. Era à fé dessas pessoas que Satanás alvejava; se conseguisse derrubá-la e os atrair para a apostasia, então sabia que conquistaria seu objetivo e arruinaria a alma delas. Portanto, para destruir a sua fé, ele levanta amargas perseguições e dispõe as grandes potestades do mundo contra elas. Os cristãos deveriam resistir a essa dura provação e tentação, estando bem fundamentados, resolutos e firmes na fé.

(3) Diz a eles que a preocupação deles não era única, pois eles sabiam que aflições semelhantes recaíram sobre seus irmãos em todas as partes do mundo, e que todo o povo de Deus era sua companhia nessa guerra. Aprendam: 1) Que todas as grandes perseguições que já ocorreram no mundo foram levantadas, encorajadas e conduzidas pelo diabo; ele é o grande perseguidor, bem como o enganador e o acusador dos irmãos. Os homens são seus instrumentos voluntários e rancorosos, mas ele é o principal adversário que guerreia contra Cristo e Seu povo (Gn 3:15; Ap 12:12). 2) O objetivo de Satanás ao levantar perseguições contra os servos fiéis de Deus é levá-los à apostasia por causa de seus sofrimentos e, assim, destruir sua alma. 3) A sobriedade e a vigilância são virtudes necessárias em todos os tempos, mas especialmente em tempos de sofrimento e perseguição.

ANOTAÇÕES

....
....
....
....

CRESCIMENTO PASSO A PASSO

ESTUDO 346

A Era da Igreja inicia

Leitura bíblica: 2 Pedro 1

Porque essas qualidades, estando presentes e aumentando cada vez mais, farão com que vocês não sejam nem inativos, nem infrutíferos no pleno conhecimento do nosso Senhor Jesus Cristo.

2 PEDRO 1:8

INTRODUÇÃO ÀS EPÍSTOLAS

O escritor desta epístola parece, claramente, ser o mesmo que escreveu a anterior e, qualquer diferença que alguns eruditos percebam discernir em estilo desta epístola da primeira não pode ser argumento suficiente para afirmar que foi escrita pelo Simão que sucedeu o apóstolo Tiago na igreja em Jerusalém. Aquele que escreveu esta carta se autodenominou de Simão Pedro e um apóstolo (v.1) e disse que era um dos três apóstolos que estavam presentes na transfiguração de Cristo (v.18) e declara expressamente que lhes havia escrito a primeira epístola (3:1). O propósito desta segunda epístola é o mesmo que o da primeira, como fica evidente pelo primeiro versículo do capítulo 3.

Aqui não podemos deixar de observar como o caminho do cristão é marcado passo a passo:

(1) Precisamos ter *virtude*, pelo que alguns entendem "justiça", e depois o conhecimento, o domínio próprio e a perseverança que vêm a seguir; estando unidos a ela, o apóstolo urge com eles sobre as quatro virtudes cardeais, ou os quatro elementos que formam cada virtude ou as ações virtuosas. Contudo, entendendo que a palavra que diz que os que creem devem se empenhar nas boas obras é fiel e deve ser afirmada constantemente (Tt 3:8), por virtude aqui, podemos entender a força e a coragem, sem as quais o crente não pode defender as boas obras, ao abundar e exceder muito nelas.

(2) Os que creem devem acrescentar o *conhecimento* a essa virtude, prudência à sua coragem. Há um conhecimento do nome de Deus que deve preceder nossa fé (Sl 9:10) e não podemos provar a boa, perfeita e aceitável vontade de Deus até que o conheçamos. Mas há circunstâncias adequadas para o dever, que devem ser conhecidas e observadas; devemos usar os meios indicados e observar o tempo aceitável. A prudência cristã leva em consideração as pessoas com as quais nos relacionamos e os lugares e companhias nas quais estamos. Todo cristão deve se esforçar para obter conhecimento e sabedoria, que são proveitosos para nos orientar, tanto como o método adequado e a ordem na qual todos os deveres cristãos devem ser realizados quanto ao modo e à maneira de os realizar.

(3) Devemos acrescentar o *domínio próprio* ao nosso conhecimento. Devemos ser sóbrios e moderados em nosso amor às boas coisas da vida e no uso delas; e, se tivermos o correto entendimento e conhecimento de nossos confortos exteriores, veremos que seu valor e utilidade são imensamente inferiores àquelas misericórdias espirituais.

(4) Acrescente a *perseverança* ao domínio próprio, que deve ter sua operação perfeita, ou não poderemos ser perfeitos e íntegros, sem que nos falte nada (Tg 1:4), pois nascemos para a aflição e, por meio de muitas tribulações devemos entrar no reino do Céu. É a tribulação que opera a perseverança

(Rm 5:3), isto é, que exige o exercício e ocasiona o crescimento desta graça. Por isso, suportamos as calamidades e a cruz em silêncio e submissão, sem murmurar contra Deus ou reclamar dele, mas justificando Aquele que traz toda a aflição sobre nós, reconhecendo que nossos sofrimentos são menores do que o nosso pecado merece e crendo que não são mais do que nós precisamos.

(5) À paciência, devemos acrescentar a *piedade*, algo que é produzido pela própria perseverança, pois ela produz a experiência (Rm 5:4). Quando os cristãos suportam pacientemente as aflições, eles adquirem um conhecimento experimental da bondade de seu Pai celestial, que Ele não afastará de Seus filhos mesmo que visite a iniquidade deles com a vara e a sua transgressão com açoites (Sl 89:32-33), e por esse meio eles são levados ao temor filial e ao amor reverente.

ANOTAÇÕES

FIRMES NA PROMESSA INABALÁVEL

ESTUDO 347

A Era da Igreja inicia

Leitura bíblica: 2 Pedro 3

Antes de tudo, saibam que, nos últimos dias, virão escarnecedores com as suas zombarias, andando segundo as próprias paixões e dizendo: "Onde está a promessa da sua vinda?". 2 PEDRO 3:3-4

Os escarnecedores tentarão nos agitar e nos desestabilizar até mesmo quanto à nossa crença na segunda vinda de Cristo. Eles dirão, zombando: "Onde está a promessa da sua vinda?…" (v.4). Sem ela, todos os outros artigos da fé cristã significarão muito pouco, pois ela é o que preenche e dá o toque final a todo restante. O Messias prometido veio, Ele se tornou carne e habitou entre nós (Jo 1:14); Ele é tudo o que foi afirmado anteriormente e fez, por nós, tudo o que foi anteriormente escrito. Os inimigos do cristianismo têm se esforçado todo o tempo para derrubar esses princípios; porém, como tudo isso se apoia em fatos que já são passados, e dos quais Pedro e os outros apóstolos já nos deram evidência mais que garantida e satisfatória, é provável que, por fim, os zombadores se cansarão da oposição que lhes foi oferecida.

No entanto, enquanto um artigo muito fundamental de nossa fé ainda se refere ao que ficou para se cumprir, e tem apenas uma promessa para se apoiar, aqui eles nos atacarão até o fim dos tempos. Até que nosso Senhor venha, eles não crerão que Ele virá. Além disso, rirão à simples menção de Sua segunda vinda e farão todo o possível para desanimar aqueles que creem seriamente nela e por ela esperam.

Agora vejamos como fica esse argumento tanto da parte do que crê quanto da parte dos sedutores: os cristãos não apenas desejam que Cristo venha, mas, tendo a promessa de que Ele virá, uma promessa que Ele próprio fez e frequentemente repetiu, uma promessa recebida e relatada por testemunhas fiéis e registrada com segurança, estão firmes e completamente persuadidos de que Cristo virá. Por outro lado, esses escarnecedores, por desejarem que Ele jamais venha, fazem tudo o que está em seu poder para enganar a si mesmos e aos outros à persuasão de que Ele jamais virá. Se não puderem negar que há uma promessa, rirão dela, o que demonstra um grau muito mais elevado de infidelidade e desprezo: "Onde está", dirão eles, "a promessa da sua vinda?".

Também somos avisados de antemão acerca do método de sua altercação, pois enquanto riem também fingirão estar argumentando. Para esse propósito, eles acrescentarão que "desde que os pais morreram, todas as coisas permanecem como desde o princípio da criação" (2Pd 3:4). Essa é uma forma sutil, embora não sólida, de argumentar. Ela consegue causar impressão em mentes fracas e especialmente sobre um coração fraco. Porque a sentença contra eles não é rapidamente executada, gabam-se de que ela jamais será, por isso seu coração está totalmente voltado à prática do mal (Ec 8:11).

ANOTAÇÕES

....
....
....
....
....
....
....
....
....
....

ESTUDO 348

A Era da Igreja inicia

O PERIGO DA NEGLIGÊNCIA

Leitura bíblica: Hebreus 1–2

*Como escaparemos nós,
se não levarmos a sério tão grande salvação?*

HEBREUS 2:3

INTRODUÇÃO ÀS EPÍSTOLAS

Quanto ao escopo e o propósito desta epístola, é evidente que era informar com clareza às mentes e confirmar fortemente ao entendimento dos hebreus quanto à excelência transcendente do evangelho acima da Lei, e assim afastá-los das cerimônias da Lei, às quais eles eram tão devotados e apegados, que até as adoravam. Aqueles dentre eles que eram cristãos ainda mantinham muito do antigo fermento e precisavam se livrar dele. O propósito desta epístola era persuadir e compelir os cristãos hebreus a uma fidelidade constante à fé cristã e à perseverança nela, independentemente de todos os sofrimentos que pudessem encontrar ao fazê-lo.

Observem aqui:

(1) Como a Lei é descrita: era a palavra falada por meio de anjos e declarada como firme (2:2). Foi uma palavra pronunciada por anjos porque foi entregue pela ministração deles, eles soaram a trombeta e, talvez, formaram as palavras de acordo com a orientação de Deus. E o Senhor, como juiz, usará os anjos para soar a trombeta uma segunda vez e reunirá todos em Seu tribunal para receber a sentença, à medida que tenham ou não se conformado à Lei. Essa Lei é declarada como firme; é como a promessa, o sim e o amém; é a verdade e a fidelidade, e permanecerá e vigorará quer os homens lhe obedeçam quer não, pois cada transgressão e desobediência receberá a justa recompensa da retribuição. Se o homem brincar com a Lei de Deus, a Lei não brincará com ele; ela encerrou sob si os pecadores dos tempos passados, e fará o mesmo pelos pecadores de todas as Eras.

(2) Como o evangelho é descrito. Ele é salvação, uma grande salvação; tão grande que nenhuma outra salvação pode se comparar a ele; tão enorme que ninguém pode expressá-la completamente. Não, nem mesmo conceber o quão grande é. A salvação que o evangelho revela é grandiosa, pois revela um grande Salvador, um que manifestou Deus como reconciliado com nossa natureza e reconciliável à nossa pessoa. Ela mostra como podemos ser salvos de tão grande pecado e tão grande miséria, e sermos restaurados a tão grandes santidade e felicidade.

(3) Como é descrito o pecado contra o evangelho. É chamado de negligência à grande salvação, é um desprezo colocado sobre a graça salvadora de Deus em Cristo, menosprezando-a, não pensando que vale a pena conhecê-la melhor, nem considerando o valor do evangelho da graça ou sua própria necessidade dele e seu estado perdido sem ele. É não se esforçar para discernir a verdade dele, ou assentir a ele e discernir o quanto ele é bom, de modo a aprová-lo ou aplicá-lo a si próprios.

(4) Como é descrita a miséria dos pecadores. É declarada como inevitável: "como escaparemos nós?". Isso indica que: 1) Aqueles que desprezam essa salvação já estão condenados, sob prisão e nas

mãos da justiça. Assim estavam pelo pecado de Adão e fortaleceram suas cadeias por sua transgressão pessoal. "O que não crê já está condenado" (Jo 3:18). 2) Não há escapatória desse estado de condenação, senão pela aceitação da grande salvação revelada pelo evangelho. Quanto àqueles que o negligenciam, a ira de Deus está sobre eles e permanece sobre eles; não conseguem se desvencilhar, não conseguem emergir, não conseguem sair debaixo da maldição. 3) Há uma maldição e condenação ainda piores esperando por aqueles que desprezam a graça de Deus em Cristo; e que eles não conseguem escapar dessa maldição mais pesada. Não conseguirão se esconder naquele dia, tampouco negar o fato ou subornar o Juiz, menos ainda escapar da prisão. Não há porta de misericórdia deixada aberta para eles; não haverá mais sacrifício pelo pecado. Eles estarão irremediavelmente perdidos.

ANOTAÇÕES

ESTUDO 349

A Era da Igreja inicia

O SUMO SACERDOTE COMPASSIVO

Leitura bíblica: Hebreus 4

Porque não temos sumo sacerdote que não possa se compadecer das nossas fraquezas; pelo contrário, ele foi tentado em todas as coisas, à nossa semelhança, mas sem pecado. HEBREUS 4:15

Que tipo de Sumo sacerdote Cristo é: "Tendo, pois, Jesus, o Filho de Deus, como grande sumo sacerdote" (v.14).

(1) Ele é o grande Sumo Sacerdote, muito maior do que Arão ou qualquer dos sacerdotes de sua ordem. Os sumos sacerdotes sob a Lei eram considerados pessoas importantes e veneráveis; mas eram apenas tipos e sombras transitórios de Cristo. 1) A grandeza de nosso Sumo Sacerdote é demonstrada por Ele ter entrado nos Céus. O sumo sacerdote sob a Lei, uma vez por ano saía da vista das pessoas para entrar atrás do véu, no Santo dos Santos, onde estavam os sagrados sinais da presença de Deus; mas Cristo foi, de uma vez por todas para o Céu, a fim de tomar sobre Seus ombros o governo de tudo, para enviar o Espírito e preparar um lugar para Seu povo e para interceder por ele. Cristo executou uma parte de Seu sacerdócio na Terra, ao morrer por nós; a outra parte, Ele executa no Céu, ao interceder pela causa de Seu povo e apresentar o sacrifício deles. 2) A grandeza de Cristo é estabelecida por Seu nome, Jesus — um médico e Salvador, e alguém com a natureza divina, o Filho de Deus por eterna geração. Portanto, tendo perfeição divina, Ele é capaz de salvar completamente todos os que vêm a Deus por Seu intermédio.

(2) Além de grande, Ele é o gracioso Sumo Sacerdote, misericordioso, compassivo e compreensivo com Seu povo: "Porque não temos sumo sacerdote que não possa se compadecer das nossas fraquezas" (v.15). Embora seja tão grandioso, e muito acima de nós, ainda assim é muito bondoso e ternamente cuidadoso conosco. Ele se compadece de nossas fraquezas de tal maneira que ninguém mais pode se compadecer, pois foi Ele mesmo tentado em todas as aflições e sofrimentos que são parte de nossa natureza em seu estado caído. E isso não apenas para que pudesse satisfazer a justiça por nós, mas para se apiedar de nós.

(3) Ele é um sacerdote sem pecado: "ele foi tentado em todas as coisas, à nossa semelhança, mas sem pecado". Foi tentado por Satanás, mas saiu sem pecado. Raramente nos deparamos com tentações que não nos causem algum choque. Somos hábeis para retribuir, embora não cedamos; no entanto, nosso grande Sumo Sacerdote saiu ileso de Seu encontro com o diabo, que não conseguiu encontrar nenhum pecado nele e nem o macular de alguma forma. Foi severamente provado pelo Pai. Agradou ao Pai moê-lo; mas ainda assim Ele não pecou em pensamento, palavra ou ação. Não praticou a violência, nem se encontrou engano em Sua boca. Ele era santo, inofensivo e imaculado. E tal Sumo Sacerdote veio a nós.

ANOTAÇÕES

....
....
....
....
....
....
....
....

ARREPENDIMENTO IMPOSSÍVEL

ESTUDO 350

A Era da Igreja inicia

Leitura bíblica: Hebreus 6

É impossível, pois, que aqueles que uma vez foram iluminados, provaram o dom celestial, se tornaram participantes do Espírito Santo, [...] é impossível outra vez renová-los para arrependimento, visto que, de novo, estão crucificando para si mesmos o Filho de Deus. HEBREUS 6:4-6

O apóstolo descreve o caso terrível daqueles que caem depois de terem ido longe na profissão da religião.

(1) A gravidade do pecado da apostasia. É o mesmo que crucificar o Filho de Deus novamente e submetê-lo à vergonha pública. Eles estariam declarando que aprovam o que os judeus fizeram ao crucificar Cristo e que se alegrariam em o fazer novamente se estivesse em seu poder. Derramam o maior desdém sobre o Filho de Deus e, portanto, sobre o próprio Deus, que espera que todos reverenciem Seu Filho e o honrem como honram o Pai. Fazem o que podem para representar Cristo e o cristianismo como algo vergonhoso e gostariam que Ele fosse exposto à vergonha e à censura públicas. Essa é a natureza da apostasia.

(2) A grande miséria dos apóstatas. 1) É impossível renová-los para o arrependimento. É extremamente perigoso. Pouquíssimos exemplos podem ser dados daqueles que foram tão longe e depois caíram e, mesmo assim, foram trazidos ao verdadeiro arrependimento, um arrependimento como esse é, de fato, uma renovação da alma. Alguns pensam que esse seria o pecado contra o Espírito Santo, mas sem fundamento. O pecado aqui mencionado é evidentemente a apostasia tanto da verdade quanto do caminho de Cristo. Deus pode renová-los ao arrependimento, mas raramente o faz; e, para os homens, isso é impossível. 2) A miséria deles é exemplificada por uma semelhança tirada do solo que, depois de muito cultivo, não produz nada senão espinhos e ervas daninhas e que, portanto, está perto da maldição e cujo fim é ser queimado (v.8). Para atribuir a isso uma força maior, aqui, é observada a diferença que há entre o solo bom e o ruim, que esses opostos, colocados um ao lado do outro, ilustram-se mutuamente. *Primeiro,* há a descrição do solo bom: ele absorve a chuva que vem sobre si. Os cristãos não apenas provam a Palavra de Deus, mas eles bebem dela; e esse solo bom produz fruto correspondente ao custo pago, para a honra de Cristo e para o consolo de Seus ministros fiéis que são, sob Cristo, os tratadores da terra. E esse pomar, ou jardim, recebe a bênção. Deus declara abençoados os cristãos frutíferos, e todos os sábios e bons homens os consideram benditos: eles são abençoados com crescimento da graça e com um maior estabelecimento e glória no porvir. *Segundo,* aqui há o caso distinto do solo ruim: ele produz espinhos e ervas daninhas. Não é apenas estéril em bons frutos, mas frutífero no que é ruim, espinhos e ervas daninhas, frutíferos em pecado e maldade, que causam sofrimento e dor em todos os que estão ao redor e serão ainda mais assim aos próprios pecadores no final. Assim, esse solo é rejeitado. Deus não mais se preocupará com tais apóstatas perversos. Ele os abandonará e os expulsará de Seu cuidado. Ordenará às nuvens que não mais chovam sobre eles.

ANOTAÇÕES

....
....
....
....

ESTUDO 351

A Era da Igreja inicia

A ALIANÇA SUPERIOR E DEFINITIVA

Leitura bíblica: Hebreus 9

Por isso mesmo, ele é o Mediador da nova aliança, a fim de que os que foram chamados recebam a promessa da herança eterna.

HEBREUS 9:15

O Espírito Santo aqui quer dizer que as instituições do Antigo Testamento foram impostas aos judeus, por meio de ordenanças externas da carne, até o tempo da reforma (v.10). A imperfeição delas está em três coisas:

(1) Sua natureza. Elas eram apenas comidas e bebidas externas e da carne, além de diversas cerimônias de purificação. Todos esses eram exercícios praticados no corpo, com pouco benefício; podiam satisfazer somente a carne, ou, quando muito, santificar a purificação da carne.

(2) Elas não podiam ser tratadas com indiferença quanto ao seu uso ou desuso, mas eram impostas a eles com pesadas punições físicas, que foram ordenadas com o objetivo de fazê-los olhar mais para a Semente prometida e anelar mais por Ele.

(3) Nunca foram destinadas à perpetuidade, mas para continuar apenas até o tempo oportuno da reforma, até que as coisas melhores fossem providas e, em seu lugar, concedidas a eles. O tempo do evangelho é e deveria ser o tempo da reforma — de uma luz mais clara quanto a tudo que precisa ser conhecido —, de maior amor, induzindo-nos a não agir de má vontade com ninguém, mas com boa vontade a todos, e a ter complacência em tudo que se assemelha a Deus, tempos de maior liberdade tanto de espírito quanto de discurso, e de um viver mais santo de acordo com a regra do evangelho. Temos vantagens muito maiores sob o evangelho do que tínhamos sob a Lei. E devemos nos tornar melhores ou ficaremos piores. Um comportamento que se adequa ao evangelho é um modo excelente de vida; nada mesquinho, tolo, vão ou servil é adequado a ele.

O Espírito Santo quer dizer, com isso, que nunca fazemos o uso correto de tipos, senão quando os aplicamos ao antítipo; e, sempre que o fazemos, ficará evidente que o antítipo excede em muito ao tipo (como deveria ser), o que é o maior objetivo e propósito de tudo o que foi dito. E, como ele escreve àqueles que criam que Cristo havia vindo e que Jesus era o Cristo, assim infere, com justiça, de que Ele está infinitamente acima de todos os sumos sacerdotes da Lei (vv.11-12).

ANOTAÇÕES

....
....
....
....
....
....
....
....
....
....
....
....
....
....
....
....

PEREGRINOS PELA FÉ

ESTUDO 352

A Era da Igreja inicia

Leitura bíblica: Hebreus 11

Todos estes morreram na fé. Não obtiveram as promessas, mas viram-nas de longe e se alegraram com elas, confessando que eram estrangeiros e peregrinos na terra.

HEBREUS 11:13

Embora eles não tivessem recebido as promessas, ainda assim:

(1) Viram-nas de longe. A fé tem um olho límpido e forte e pode ver as misericórdias prometidas a distância. Abraão viu o dia de Cristo quando ele estava longe ainda, e se regozijou (Jo 8:56).

(2) Foram persuadidos por elas de que eram verdadeiras e se cumpririam. A fé coloca o selo de que Deus é verdadeiro e, assim, acalma e satisfaz a alma.

(3) Abraçaram-nas. A fé daqueles homens era uma fé de consentimento. A fé tem um braço longo e pode abraçar as bênçãos à grande distância, pode torná-las presente, pode amá-las e se regozijar nelas; e, assim, antecipar o desfrute delas.

(4) Confessavam que eram estrangeiros e peregrinos na Terra. Observe: 1) A condição deles: estrangeiros e peregrinos. São estrangeiros como santos, cujo lar é o Céu; eles são peregrinos à medida que viajam para seu lar, embora miserável e lentamente. 2) Seu reconhecimento de sua condição: não se envergonhavam de admiti-la; tanto os seus lábios quanto sua vida confessavam sua condição presente. Esperavam pouco do mundo. Não se ocupavam em se envolver com ele. Esforçavam-se para desfazer-se de todo peso, para cingir sua mente para cuidar com o caminho, para manter a companhia e o ritmo de seus companheiros de viagem, olhando para as dificuldades e suportando-as enquanto anelavam por chegar ao lar.

(5) Declaravam expressamente que buscavam outra pátria (v.14), o Céu, seu próprio país. Pois o nascimento espiritual deles é de lá, lá estão seus melhores relacionamentos, e lá está a sua herança. A essa pátria buscam: seus objetivos são ela; seus desejos são por ela, seu discurso é a seu respeito. Eles se esforçam com diligência para garantir seu direito a ela, para ter seu caráter adequado a ela, a ter sua conversação sobre ela, e para chegar a desfrutá-la.

(6) Deram prova completa de sua sinceridade ao fazer tal confissão. Pois: 1) Não se importavam com o país de onde provinham (v.15). Não ansiavam por sua abundância ou prazeres, não se arrependiam de o haverem deixado, não desejavam retornar a ele. Note: aqueles que foram chamados, de forma eficaz e salvadora, de um estado de pecado não têm desejo de voltar a ele, pois agora conhecem coisas melhores. 2) Não aproveitavam as oportunidades oferecidas para retornarem. Devem ter tido tais oportunidades. Tiveram tempo suficiente e forças naturais para voltar. Conheciam o caminho. Mas se apegaram firmemente a Deus e ao dever contra todos os desencorajamentos e todas as tentações de o abandonar. Devíamos fazer o mesmo. Não devemos desejar oportunidade de nos afastar de Deus, mas devemos mostrar a verdade de nossa fé e confissão por meio de um firme apego a Ele até o fim de nossos dias.

ANOTAÇÕES

ESTUDO 353

A Era da Igreja inicia

CONFIANDO NO DEUS PROVEDOR

Leitura bíblica: Hebreus 13

Que a vida de vocês seja isenta de avareza. Contentem-se com as coisas que vocês têm, porque Deus disse: "De maneira alguma deixarei você, nunca jamais o abandonarei". HEBREUS 13:5

Observem aqui:

(1) *O pecado que é contrário a esta graça e este dever*: a avareza, um desejo ardente pelas riquezas deste mundo, invejando aqueles que possuem mais do que nós. Esse pecado não deve ter lugar em nosso comportamento; pois, embora seja uma cobiça espreitando no coração, se não for subjugada, encontrará espaço em nosso comportamento e se revelará em nosso modo de falar e agir. Devemos cuidar não apenas para sujeitar esse pecado, mas também para desarraigá-lo de nossa alma.

(2) *O dever e a graça que são contrários à avareza*: contentar-se com as coisas que temos; as presentes, pois as passadas não podem ser revividas e as futuras estão nas mãos de Deus. Devemos nos contentar com aquilo que Deus nos dá no dia a dia, mesmo que aquém do que desfrutávamos anteriormente e mesmo que não corresponda às nossas expectativas para o futuro. Devemos estar contentes com nossa porção atual. Devemos cativar nosso pensamento à nossa condição presente, e este será o meio correto de nos contentar; e aqueles que não conseguirem fazê-lo não se satisfarão ainda que Deus eleve sua condição à que desejam, pois seu desejo se elevará junto com a sua condição. Hamã era um grande favorito da corte e ainda assim não se satisfazia (Et 3); Acabe estava no trono e ainda assim não se contentava (1Re 21); Adão estava no paraíso e ainda assim não estava contente; sim, até mesmo os anjos no Céu não se contentaram; Paulo, porém, embora humilhado e necessitado, havia aprendido a estar contente em toda e qualquer situação.

(3) *A razão que os cristãos têm para se contentar com sua porção*:

1) "Porque Deus disse: 'De maneira alguma deixarei você, nunca jamais o abandonarei'" (Hb 13:5-6). Isso foi dito a Josué (Js 1:5), mas pertence a todos os servos fiéis de Deus. As promessas do Antigo Testamento podem ser aplicadas aos santos do Novo Testamento. Essa promessa contém a soma e a substância de todas as promessas. "Eu nunca, não, jamais te deixarei, nem te abandonarei". [No original grego] há nada menos do que cinco negativos reunidos para confirmar a promessa. Os que creem de verdade terão a graciosa presença de Deus consigo na sua vida, na morte e eternamente.

2) A partir dessa promessa abrangente, eles podem ficar seguros do auxílio divino, de forma a poder afirmar com ousadia: "O Senhor é o meu auxílio, não temerei. O que é que alguém possa me fazer?" (Hb 13:6). Os homens não podem fazer nada contra Deus, e Deus pode fazer tudo o que os homens fazem contra Seu povo se tornar para o bem desse povo.

ANOTAÇÕES

....
....
....
....
....
....
....
....

PERSEVERANÇA EM MEIO À APOSTASIA

ESTUDO 354

A Era da Igreja inicia

Leitura bíblica: Judas 1

Nos últimos tempos, haverá zombadores, andando segundo suas ímpias paixões.

JUDAS 1:18

INTRODUÇÃO ÀS EPÍSTOLAS

Esta epístola (bem como outras) é denominada geral ou católica por não se dirigir especificamente a uma pessoa em particular, a uma família ou mesmo a igreja, mas sim a todos os cristãos daquele tempo, todos recentemente convertidos à fé em Cristo, quer vindos do judaísmo ou do paganismo. E ela é, e será, de utilidade permanente, duradoura e especial à Igreja por todo o tempo do cristianismo, isto é, enquanto o tempo durar.

Judas passa a advertir e exortar aqueles a quem está escrevendo:

(1) Ele os chama para se lembrarem de como haviam sido advertidos: "Mas vocês, meus amados, lembrem-se das palavras anteriormente proferidas pelos apóstolos de nosso Senhor Jesus Cristo" (v.17). "Lembrem-se, acautelem-se para que não pensem que isso é estranho (de modo que tropecem, sejam ofendidos ou tenham sua fé cambaleante por isso), uma vez que esses sedutores anteriormente descritos, e sobre os quais foram avisados, se levantarão (e logo) na Igreja cristã, vendo que tudo isso foi previsto pelos apóstolos de nosso Senhor Jesus Cristo e, consequentemente, o cumprimento desse evento é uma confirmação de sua fé, em vez de ser minimamente uma ocasião para os abalar e perturbar". Note: 1) Aqueles que desejam persuadir devem evidenciar que amam sinceramente aqueles a quem desejam persuadir. Palavras amargas e modos rudes jamais convenceram, e jamais convencerão, menos ainda persuadiram a quem quer que seja. 2) As palavras que as pessoas inspiradas proferiram (ou escreveram), quando devidamente lembradas e ponderadas, são a melhor proteção contra os perigosos erros. Sempre será assim até que o homem aprenda a falar melhor do que o próprio Deus. 3) Não devemos nos ofender se os erros e as perseguições se levantarem e prevalecerem na Igreja cristã; isso foi predito e, portanto, não devemos menosprezar a pessoa, a doutrina ou a cruz de Cristo, quando virmos isso se cumprir (veja 1Tm 4:1; 2Tm 3:1 e 2Pe 3:3). Não devemos achar isso estranho, mas nos consolar com isto: que em meio a toda essa confusão, Cristo guardará a Sua Igreja e cumprirá a Sua promessa de que as portas do inferno jamais prevalecerão contra ela (Mt 16:18). 4) Quanto mais a religião for ridicularizada e perseguida, mais rapidamente devemos nos apropriar dela e guardá-la; por termos sido advertidos, devemos demonstrar que estamos prevenidos. Sob tais provações devemos permanecer firmes e não ser rapidamente demovidos em nosso modo de pensar (2Ts 2:2).

(2) Ele os protege contra os sedutores por uma melhor descrição de seu caráter odioso: "São estes os que promovem divisões, seguem os seus próprios

instintos e não têm o Espírito" (Jd 1:19). Observe: 1) os sensualistas são os piores separatistas. Eles se apartam de Deus, de Cristo e de Sua Igreja para o diabo, para o mundo e para a carne por meio de suas práticas ímpias e viciosas, e essa é uma separação muito pior do que de qualquer ramo em particular da igreja visível por causa de opiniões, modos ou circunstâncias de governo ou adoração, embora muitos possam suportar pacientemente o primeiro, enquanto ficam abundantemente e quase perpetuamente se queixando do último, como se nenhum pecado fosse condenável, a não ser aquele que eles se alegram de chamar de cisma. 2) Os homens carnais não têm o Espírito de Deus, isto é, de Deus e de Cristo, o Espírito de santidade, o qual se alguém não o tem, esse tal não pertence a Cristo (Rm 8:9).

ANOTAÇÕES

LIMPO, MAS AINDA IMPURO

ESTUDO 355

A Era da Igreja inicia

Leitura bíblica: 1 João 1

*Se dissermos que não temos pecado nenhum,
a nós mesmos enganamos, e a verdade não está em nós.*

1 JOÃO 1:8

INTRODUÇÃO ÀS EPÍSTOLAS

Essa epístola é chamada de geral, por não ter mencionado qualquer igreja em particular. É uma carta circular enviada a várias igrejas (alguns dizem que da Pártia), com o propósito de confirmá-las no firme apego ao Senhor Cristo e às sagradas doutrinas acerca de Sua pessoa e ofício, contra os sedutores. Também para instigá-las a adornar essa doutrina por amar a Deus e ao homem e, particularmente, uns aos outros, como descendentes de Deus, unidos sob o mesmo Cabeça, e peregrinando em direção à mesma vida eterna.

Tendo o apóstolo suposto que até mesmo os da comunhão celestial têm seus pecados, procede aqui para justificar essa suposição e o faz mostrando as terríveis consequências de negar esse fato em dois argumentos:

(1) "Se dissermos que não temos pecado nenhum, a nós mesmos enganamos, e a verdade não está em nós" (v.8). Devemos nos acautelar de nos enganar ao negar ou justificar nossos pecados. Quanto mais os vemos, mais estimaremos e valorizaremos o remédio. Se os negarmos, a verdade não está em nós, quer a verdade que é contrária a essa negação (mentimos quando negamos o nosso pecado), quer a verdade da religião, não está em nós. A religião cristã é a religião dos pecadores, daqueles que pecaram e em quem o pecado, em certa medida, ainda habita. A vida cristã é vida de contínuo arrependimento, humilhação e mortificação pelo pecado, de fé contínua, gratidão e amor ao Redentor, e de esperançosa e alegre expectativa pelo glorioso dia da redenção, no qual o crente será completa e finalmente absolvido, e o pecado será abolido para sempre.

(2) "Se dissermos que não cometemos pecado, fazemos dele um mentiroso, e a sua palavra não está em nós" (v.10). A negação de nosso pecado não apenas nos engana, mas reflete desonra a Deus. Ela desafia Sua veracidade. Ele testificou do pecado, e contra ele, no mundo. E o Senhor disse em Seu coração (assim determinou consigo mesmo): "Nunca mais vou amaldiçoar a terra (como fizera recentemente) por causa das pessoas, porque (ou "embora", conforme afirmou o erudito bispo Patrick) é mau o desígnio do ser humano desde a sua mocidade" (Gn 8:21). Mas Deus deu Seu testemunho do contínuo pecado e pecaminosidade do mundo ao prover um sacrifício suficiente e eficaz contra o pecado, sacrifício que será necessário em todas as Eras e a toda a contínua pecaminosidade dos próprios cristãos, ao requerer que eles confessem continuamente seus pecados e se apliquem, pela fé, ao sangue desse sacrifício. Assim sendo, se dissermos que não possuímos o pecado ou que não pecamos, a palavra de Deus não está em nós, nem em nossa mente — quanto ao reconhecimento que devemos ter do pecado —, tampouco em nosso coração, quanto à influência prática que ela deveria ter sobre nós.

ESTUDO 356
A Era da Igreja inicia

A MARCA DO VERDADEIRO DISCÍPULO

Leitura bíblica: 1 João 3

Porque a mensagem que vocês ouviram desde o princípio é esta: que nos amemos uns aos outros.

1 JOÃO 3:11

Tendo o apóstolo João sugerido que uma das marcas dos filhos do diabo é o ódio aos irmãos, aqui aproveita da ocasião para:

(1) Recomendar o amor cristão fraternal e isso a partir da excelência, ou antiguidade ou primazia da imposição a ele relacionada: "Porque a mensagem (a tarefa ou obrigação) que vocês ouviram desde o princípio (que veio entre as principais partes do cristianismo prático) é esta: que nos amemos uns aos outros" (v.11). Deveríamos amar o Senhor Jesus, valorizar Seu amor e, consequentemente, amar os objetos desse amor, ou seja, todos os nossos irmãos em Cristo.

(2) Dissuadi-los do que é contrário a ele: toda a má disposição para com os irmãos, conforme o exemplo de Caim. A inveja e a malignidade dele deveria nos deter de abrigar sentimento semelhante, por estas causas: 1) Demonstrava que ele foi o primogênito da semente da serpente; ele, o filho mais velho do primeiro homem, era do Maligno. Ele imitou e assemelhou-se ao primeiro maligno, o diabo. 2) Essa má disposição não teve restrição; ela continuou até o ponto de planejar e concretizar o assassinato, e de um parente próximo no começo do mundo quando havia poucos para o habitar. Ele matou seu irmão (v.12). O pecado, quando favorecido, não conhece limites. 3) Foi tão longe, e tinha em si tanto do diabo, que matou seu irmão por causa da religião. Irritou-se com a superioridade do culto de Abel e invejou o favor e a aceitação que ele obteve de Deus. Por isso martirizou seu irmão. E por que o matou? "Porque as suas obras eram más, e as de seu irmão eram justas" (v.12). A má disposição nos ensina a odiar e vingar aquilo que deveríamos admirar e imitar.

(3) Deduzir, por isso, que não surpreende que homens bons tenham o mesmo destino agora: "Irmãos, não se admirem se o mundo odeia vocês" (v.13). A natureza da serpente ainda continua no mundo. A própria grande serpente reina como deus neste mundo. Não se admirem de que o mundo da serpente os odeia e sibile para aqueles que pertencem àquela Semente da mulher que esmagará a cabeça da serpente.

ANOTAÇÕES

O ESPÍRITO DO ANTICRISTO

ESTUDO 357
A Era da Igreja inicia

Leitura bíblica: 1 João 4

*Amados, não deem crédito a qualquer espírito,
mas provem os espíritos para ver se procedem de Deus;
porque muitos falsos profetas têm saído mundo afora.*

1 JOÃO 4:1

Esses espíritos estabeleceram profetas, doutores ou ditadores na religião e, assim, deveriam ser provados pela doutrina deles. O teste naquele tempo ou naquela parte do mundo onde o apóstolo agora residia devia ser este (pois em épocas e igrejas diversas os testes eram diferentes): "Nisto vocês reconhecem o Espírito de Deus: todo espírito que confessa que Jesus Cristo veio em carne (ou que confessa Jesus Cristo, que veio em carne) é de Deus" (v.2).

Jesus Cristo deve ser confessado como o Filho de Deus, a vida e o Verbo eternos, que estava com o Pai no princípio; como o Filho de Deus que veio para e em nossa natureza humana mortal e assim sofreu e morreu em Jerusalém. Aquele que confessa e prega isso, por meio de uma mente sobrenaturalmente instruída e iluminada, o faz pelo Espírito de Deus, ou Deus é o autor dessa iluminação. Do contrário, "todo espírito que não confessa isso a respeito de Jesus (que Ele veio em carne) não procede de Deus" (v.3). Deus deu tanto testemunho acerca de Jesus Cristo, que recentemente estivera no mundo, e na carne, isto é, num corpo físico como o nosso, embora Ele esteja agora no Céu, que vocês podem ficar seguros de que qualquer impulso ou inspiração fingida que contradiga isso está longe de vir do Céu ou de Deus.

A síntese de toda a religião revelada está compreendida na doutrina concernente a Cristo, Sua pessoa e Seu ofício. Assim sendo, vemos o agravamento de uma oposição sistemática a Ele e a essa doutrina. "Este é o espírito do anticristo, a respeito do qual vocês ouviram dizer que viria e que agora já está no mundo" (v.3). Era sabido de antemão por Deus que se levantariam anticristos e espíritos anticristãos, que se oporiam ao Seu Espírito e à Sua verdade; também era sabido que um anticristo eminente se ergueria e faria uma guerra prolongada e fatal contra o Cristo de Deus e contra a Sua instituição, Sua honra e Seu reino no mundo. Esse grande anticristo terá seu caminho preparado e seu surgimento facilitado por outros anticristos menores, e pelo espírito do erro operando e dispondo a mente dos homens a seu favor.

O espírito anticristão começou cedo, nos dias dos apóstolos. Haverá um terrível e insondável julgamento divino pelo fato de as pessoas se entregarem ao espírito anticristão e a tais trevas e devaneios como o de se disporem contra o Filho de Deus e contra todo o testemunho que o Pai deu do Filho! Nós, contudo, fomos advertidos de que tal oposição se levantaria; devemos, portanto, cessar de nos ofender por isso e, quanto mais virmos a palavra de Cristo cumprida, mais confirmados deveríamos ficar na verdade dela.

ANOTAÇÕES

ESTUDO 358

A Era da Igreja inicia

HOSPITALIDADE NEGADA

Leitura bíblica: 2 João 1

Se alguém for até vocês e não levar esta doutrina, não o recebam em casa, nem lhe deem as boas-vindas.

2 JOÃO 1:10

INTRODUÇÃO ÀS EPÍSTOLAS

Aqui encontramos uma epístola canônica endereçada principalmente não apenas a um indivíduo, mas a alguém do sexo frágil. E por que não a alguém desse sexo? Na redenção, no privilégio e na dignidade do evangelho não há homem ou mulher (Gl 3:28); eles são ambos um em Cristo Jesus. Nosso Senhor negligenciou Sua própria refeição, para comungar com a mulher de Samaria, buscando mostrar a ela a Fonte de vida e, quando estava quase expirando na cruz, com Seus lábios moribundos Ele legou Sua mãe bendita ao cuidado de Seu discípulo amado, e por esse meio o instruiu a respeitar as discípulas no futuro

Após dar o devido alerta acerca dos sedutores, o apóstolo fornece orientação concernente ao tratamento dos tais. Eles não deveriam ser recebidos como ministros de Cristo. O Senhor Cristo fará distinção entre tais sedutores e Seus ministros, assim como com Seus discípulos. A orientação dada é negativa. (1) "Não lhes deem suporte: se eles vierem a vocês e não trouxerem essa doutrina (acerca de Cristo como o Filho de Deus, o Messias e ungido de Deus para nossa redenção e salvação), não os recebam em casa". Possivelmente essa senhora era como Gaio, de quem lemos na próxima epístola, que também era chefe de família, um anfitrião hospitaleiro de ministros itinerantes e de cristãos. Esses enganadores provavelmente esperavam a mesma recepção dos outros, ou com os melhores que para lá iam (uma vez que os cegos são frequentemente muito ousados), mas o apóstolo não o permite: "Não o recebam em casa". Sem dúvida, os tais podem ser socorridos em suas necessidades urgentes, mas jamais encorajados ao mau serviço. Os que negam a fé são destruidores de almas; e supõe-se que até mesmo as mulheres deveriam ter bom entendimento nos assuntos concernentes à religião. (2) "Não abençoe os empreendimentos deles, nem lhes dê as boas-vindas. Não frequente o culto deles com suas orações e votos de bênção". O mau trabalho não deve ser consagrado ou recomendado à divina bendição. Deus não apoiará a falsidade, a sedução e o pecado. Devemos acolher a ministração do evangelho, mas, se não pudermos impedir a propagação dos erros fatais, não devemos ousar tolerá-los.

Aqui está o motivo para a orientação da proibição do apoio e patrocínio do enganador: "Porque aquele que lhe dá boas-vindas se faz cúmplice das suas obras más" (v.11). O favor e a afeição são coparticipantes com o pecado. Podemos nos tornar cúmplices da iniquidade dos outros. Como os cristãos precisam ser criteriosos e cautelosos! Há muitas formas de compartilhar a culpa da transgressão dos outros: pode ser feito por meio de um silêncio culposo, por indolência, despreocupação, contribuição particular, por aprovação e assistência públicas, assentimento interior, apologia e defesa declaradas. Que o Senhor perdoe nossa culpa pelo pecado de outros!

HOSPITALIDADE RECOMENDADA

ESTUDO 359

A Era da Igreja inicia

Leitura bíblica: 3 João 1

Portanto, devemos acolher esses irmãos, para que nos tornemos cooperadores com eles na proclamação da verdade.

3 JOÃO 1:8

INTRODUÇÃO ÀS EPÍSTOLAS

A comunhão cristã é exercida e valorizada por esta carta. Os cristãos devem ser elogiados na prova prática de sua sujeição professa ao evangelho de Cristo. O estímulo e o apoio de pessoas generosas e voltadas ao público estão fazendo o bem a muitos. Para esse propósito o apóstolo envia esta epístola encorajadora a seu amigo Gaio, na qual ele também reclama de espírito e prática totalmente contrários de certo ministro, e confirma o relatório positivo acerca de outro, mais digno de ser imitado.

Parece que era costume, naqueles dias de amor mútuo, auxiliar os ministros e os cristãos itinerantes em pelo menos parte de sua viagem (1Co 16:6). Ser guiado em seu caminho é uma gentileza feita a um estranho; e encontrar companhia adequada é prazer ao viajante: esta é uma obra que pode ser feita com atitude piedosa, de maneira digna a Deus, ou adequada à deferência e ao relacionamento que temos com Ele. Os cristãos não deveriam apenas considerar o que devem fazer, mas o que podem fazer, o que podem fazer de modo mais honroso e louvável: "o nobre projeta coisas nobres" (Is 32:8). Os cristãos devem praticar até mesmo as ações comuns da vida de boa-vontade e com atitude piedosa, como se servindo a Deus por elas e tendo como objetivo a Sua glória. São duas as razões para essa conduta direta:

(1) "Pois foi por causa do Nome que eles saíram, sem receber nada dos gentios" (3Jo 1:7). Assim, parece que esses eram irmãos no ministério, que saíram para pregar o evangelho e propagar o cristianismo. Possivelmente foram enviados pelo próprio apóstolo João: eles saíram para converter os gentios. Esse era um serviço excelente, eles saíram por Deus e por Seu nome; este é o maior objetivo do ministro e deveria ser sua principal fonte e motivação: reunir e edificar um povo para o Seu nome. Eles também saíram para levar consigo o evangelho gratuito, para o tornar público sem cobranças aonde quer que fossem: "sem receber nada dos gentios". Eram dignos de pagamento em dobro. Há aqueles que não são chamados para pregar o evangelho, mas que podem contribuir para o seu progresso. O evangelho deveria ser levado sem cobrança àqueles a quem primeiro é pregado. Daqueles que não o conhecem não se pode esperar que o valorizem; as igrejas e os cristãos comprometidos devem contribuir em apoio à propagação da santa religião nos países pagãos. As pessoas que se preocupam com o bem público devem contribuir de acordo com suas capacidades; aqueles que compartilham gratuitamente o evangelho de Cristo devem ser assistidos por aqueles que compartilham seus recursos.

(2) Portanto, devemos receber os tais para que possamos ser cooperadores da verdade e da verdadeira religião. A instituição de Cristo é a verdadeira

religião, ela foi atestada por Deus. Os que são verdadeiros nela e fiéis a ela desejarão ardentemente sua propagação no mundo, e por isso oram e contribuem. A verdade pode ser ajudada de muitas formas. Aqueles que não podem proclamá-la, podem receber, acompanhar, ajudar e apoiar aqueles que o fazem.

ANOTAÇÕES

OS CANDELABROS E A LUZ

ESTUDO 360

A Era da Igreja inicia

Leitura bíblica: Apocalipse 1

*Voltei-me para ver quem falava comigo e,
ao me voltar, vi sete candelabros de ouro e, no meio dos candelabros,
um semelhante a um filho de homem.*

APOCALIPSE 1:12-13

João se virou para ver quem falava, de quem era a voz e de onde vinha. Então, uma cena maravilhosa se abriu para ele numa visão:

(1) Ele viu uma representação da Igreja sob o emblema de sete candelabros de ouro, como é explicado no último versículo do capítulo. As igrejas são comparadas a candelabros porque sustentam a luz do evangelho para o benefício de todos. As igrejas não são velas, apenas Cristo é nossa luz, e Seu evangelho é nossa lâmpada; mas elas recebem sua luz de Cristo e do evangelho e a transmitem para outros. Elas são candelabros de ouro, pois devem ser preciosas e puras, comparadas ao ouro fino. Não apenas os ministros devem ser assim, mas igualmente os membros das igrejas. A luz deles deve brilhar tanto diante dos homens para trazer os outros a dar glória a Deus.

(2) Ele viu uma representação do Senhor Jesus Cristo no meio dos candelabros de ouro. Ele prometeu estar sempre com Suas igrejas, até o fim do mundo, enchendo-as de luz, vida e amor, pois Ele é a própria alma animadora e informadora da Igreja. E aqui observamos a forma gloriosa na qual Cristo apareceu em vários detalhes: 1) Ele estava trajado com uma veste até os pés, um manto principesco e sacerdotal, denotando justiça e honra. 2) Estava cingido com um cinto de ouro, o peitoral do sumo sacerdote no qual estão gravados os nomes de Seu povo, estava cingido para realizar toda a obra de Redentor. 3) Sua cabeça e cabelo eram brancos como a lã ou como a neve. Ele era o Ancião de dias, Sua cabeça grisalha não era sinal de decadência, mas, de fato, uma coroa de glória. 4) Seus olhos eram como chamas de fogo, perfurando e penetrando no coração e nos rins dos homens, espalhando terror entre Seus adversários. 5) Seus pés eram como bronze polido, fortes e firmes, dando apoio ao Seu próprio interesse, subjugando Seus inimigos, reduzindo-os a pó. 6) Sua voz era como a voz das muitas águas, de muitos rios fluindo juntos. Ele pode se fazer ouvir, e se fará, por aqueles que estão longe bem como pelos que estão perto. Seu evangelho é uma correnteza próspera e poderosa, alimentada pelas fontes superiores de infinita sabedoria e conhecimento. 7) Ele tinha sete estrelas em Sua mão direita, isto é, os ministros das sete igrejas, que estão sob Sua orientação, têm toda a sua luz e influência vindo dele e estão seguros e preservados por Ele. 8) De sua boca, saía uma espada de dois gumes, a Sua palavra, que tanto fere quanto cura, golpeia o pecado em ambos os lados. 9) Sua face era como o Sol brilhante, cuja força é brilhante e deslumbrante demais para ser contemplada por olhos mortais.

ANOTAÇÕES

....
....
....
....
....
....
....
....
....

ESTUDO 361

A Era da Igreja inicia

VENDO-SE SOB A PERSPECTIVA DE DEUS

Leitura bíblica: Apocalipse 3:14-22

Você diz: "Sou rico, estou bem de vida e não preciso de nada". Mas você não sabe que é infeliz, sim, miserável, pobre, cego e nu.

APOCALIPSE 3:17

Temos uma causa atribuída a essa indiferença na religião: a presunção ou autoilusão. Eles achavam que já estavam muito bem e por isso estavam muito indiferentes a se haviam ou não melhorado: "Você diz: 'Sou rico, estou bem de vida e não preciso de nada'" (v.17). Observe aqui a diferença que havia entre os pensamentos que tinham acerca de si mesmos e os pensamentos que Cristo tinha deles:

(1) A avaliação elevada que tinham de si próprios: "Você diz: 'Sou rico, estou bem de vida e não preciso de nada'". Sou rico e estou ficando mais rico e melhorando em um nível quanto a estar acima de toda escassez ou possibilidade de ter escassez. Talvez estivessem bem providos em relação ao corpo, e isso fazia que eles desprezassem as necessidades de sua alma. Ou se achavam tão bem providos em sua alma: tinham instrução e consideravam-na como religião; possuíam dons e os tomavam como graça; tinham inteligência e consideravam-na como verdadeira sabedoria; tinham ordenanças e as colocaram no lugar do Deus das ordenanças. Como devemos ser cautelosos para não colocar o engano sobre nossa alma! Sem dúvida há muitos no inferno que antes pensavam estar a caminho do Céu. Que clamemos diariamente a Deus para que não sejamos levados a nos vangloriar e nos enganar na questão de nossa alma.

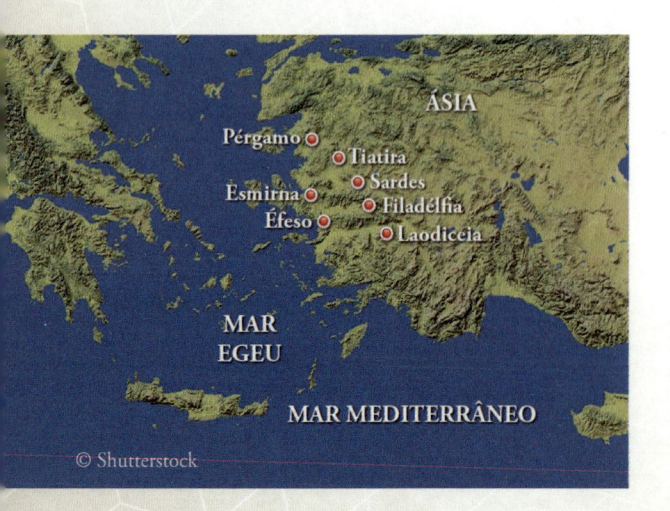

(2) A avaliação ruim que Cristo tinha a respeito deles; e Ele não estava errado. Ele sabia, embora eles não soubessem, que eram infelizes, miseráveis, pobres, cegos e nus. Seu estado era miserável em si mesmo, de tal forma que demandava piedade e compaixão dos outros: embora a igreja em Laodiceia fosse orgulhosa de si mesma, eles eram alvo da lástima de todos os que conheciam sua situação.

Aqui se acrescenta um grande e gracioso encorajamento a esse povo pecaminoso para que aceitasse a admoestação e o conselho que Cristo lhes tinha dado (vv.19-20). Ele lhes diz que eram dados a eles em afeição tenra e verdadeira: "Eu repreendo e disciplino aqueles que amo" (v.19). "Vocês podem achar que lhes dei palavras duras e censuras severas, mas elas vêm do meu amor por sua alma. Eu jamais teria repreendido e corrigido tão abertamente a sua indiferença e confiança vã se não amasse a alma de vocês. Seu eu os odiasse, eu os abandonaria a prosseguir em pecado até que chegasse a sua ruína. Os pecadores devem aceitar as repreensões da Palavra de Deus e Sua vara como sinais de Sua boa-vontade para com a alma deles e deveriam se arrepender de acordo, em bom zelo, voltando-se para Aquele que os fere. Melhores são o olhar severo e as feridas causadas por um amigo do que sorrisos bajuladores de um inimigo.

O PREÇO DA IRA CONTRA DEUS

ESTUDO 362

A Era da Igreja inicia

Leitura bíblica: Apocalipse 11

O sétimo anjo tocou a trombeta, e houve no céu vozes fortes, dizendo: "O reino do mundo se tornou de nosso Senhor e do seu Cristo, e ele reinará para todo o sempre". APOCALIPSE 11:15

Aqui está o ressoar da sétima e última trombeta, que é precedida pelo alerta costumeiro e pela exigência de atenção: "Passou o segundo ai. Eis que, sem demora, vem o terceiro ai" (v.14). Então o sétimo anjo tocou a trombeta. Isso havia sido suspenso por um tempo até que o apóstolo fosse levado a conhecer algumas ocorrências intermediárias de grande importância e que eram dignas de sua atenção e observação. Porém, aquilo que antes ele esperara agora ouvia — o ressoar do sétimo anjo. Note aqui os efeitos e as consequências dessa trombeta tocada.

(1) Houve altas e alegres aclamações dos santos e dos anjos no Céu. Observe: 1) A forma como adoravam: eles se levantaram de seus assentos e se prostraram adorando a Deus; fizeram-no com reverência e humildade. 2) O alvo de sua adoração: a) Reconheceram agradecidos o direito de nosso Deus e Salvador de governar e reinar sobre todo o mundo: "O reino do mundo se tornou de nosso Senhor e do seu Cristo" (v.15). Eles sempre tiveram esse direito, tanto por o terem criado como por terem-no comprado. b) Eles observam, com gratidão, Sua posse efetiva deles e Seu reinado sobre ele. Agradecem-no porque tomou para si esse grande poder, afirmou Seus direitos, exerceu Seu poder e assim tornou o direito em posse. c) Alegram-se de que esse Seu reinado jamais acabará: "e ele reinará para todo sempre", até que todos os inimigos sejam colocados sob Seus pés; ninguém jamais tirará o cetro de Sua mão.

(2) Também se mostram os irados ressentimentos no mundo por essas aparições e atos justos do poder de Deus: "Na verdade, as nações se enfurecem" (v.18). As nações estavam furiosas, não apenas haviam estado assim, mas ainda estavam. Seu coração se levantou contra Deus; fizeram que a Sua ira se encontrasse com a fúria delas. Era o tempo em que Deus estava se vingando com justiça dos inimigos de Seu povo, recompensando com tribulação àqueles que os haviam importunado. Era o tempo em que Ele estava começando a recompensar o serviço fiel e os sofrimentos de Seu povo; e os inimigos deles não podiam suportá-lo, irritaram-se contra Deus e assim aumentaram sua culpa e apressaram a sua destruição.

ANOTAÇÕES

ESTUDO 363

A Era da Igreja inicia

O CORDEIRO ENTRE OS SEUS ESCOLHIDOS

Leitura bíblica: Apocalipse 14

Olhei, e eis que o Cordeiro estava em pé sobre o monte Sião. Com ele estavam cento e quarenta e quatro mil, que tinham escrito na testa o nome do Cordeiro e o nome de seu Pai. APOCALIPSE 14:1

Neste capítulo, temos uma das visões mais agradáveis que podem ser contempladas neste mundo: o Senhor Jesus Cristo à frente de Seus fiéis adeptos e servos. Observe aqui:

(1) Como Cristo aparece: como um Cordeiro de pé sobre o monte Sião. O monte Sião é a Igreja do evangelho. Cristo está com Sua Igreja em meio a todas as suas lutas e, assim, ela não é consumida. É a Sua presença que assegura a perseverança dela; Ele se mostra como um Cordeiro, um verdadeiro Cordeiro, o Cordeiro de Deus. Um falso cordeiro, que na realidade era um dragão, é mencionado como se levantando da Terra no último capítulo. Aqui Cristo surge como o verdadeiro Cordeiro Pascal para mostrar que Seu governo mediador é fruto de Seus sofrimentos e o motivo da segurança e fidelidade de Seu povo.

(2) Como aparece a Seu povo: muito honrosamente. 1) Quanto à quantidade, eles são muitos, todos selados; nenhum deles se perdeu em todas as tribulações pelas quais passaram. 2) Seu sinal diferenciado: tinham o nome de Deus em sua testa; haviam feito uma confissão ousada e declarada de sua fé em Deus e em Cristo, e, sendo ela acompanhada de ações coerentes, eles são conhecidos e aprovados. 3) As congratulações e canções de louvor deles, que eram peculiares aos redimidos (v.3); seus louvores eram ruidosos como o trovão, ou como a voz de muitas águas; eram melodiosos, como o dos harpistas; eram celestiais diante do trono de Deus. Era um novo cântico, adequado à nova aliança, e para a nova e graciosa dispensação da Providência sob a qual agora eles estavam. O cântico deles era secreto aos demais, estranhos não podiam se misturar à alegria deles; outros podiam repetir as palavras da canção, mas estariam alheios ao verdadeiro sentido e espírito dela. 4) O caráter e a descrição deles: a) Eram descritos por sua castidade e pureza: são virgens (v.4). Não haviam se maculado com o adultério corporal ou espiritual; haviam se preservado limpos das abominações da geração anticristã. b) Por sua lealdade e firme apego a Cristo: seguiam o Cordeiro onde quer que Ele fosse; seguiam a conduta de Sua Palavra, Seu Espírito e providência, deixando que Ele os lidere em qualquer dever ou dificuldade que lhe aprouver. Esse é o feliz remanescente que assiste o Senhor Jesus como seu Cabeça e Senhor; Ele é glorificado neles, e eles são glorificados nele.

ANOTAÇÕES

A CIDADE DOS SANTOS

ESTUDO 364

A Era da Igreja inicia

Leitura bíblica: Apocalipse 21

*E vi novo céu e nova terra, pois o primeiro céu
e a primeira terra passaram, e o mar já não existe.*

APOCALIPSE 21:1

Aqui temos um relato mais geral da felicidade da Igreja de Deus no estado futuro, pelo qual parece seguro entender o estado celestial.

(1) Agora um novo mundo se abre à visão: "E vi novo céu e nova terra" (v.1), isto é, um novo universo, pois supomos que o mundo seja formado por céu e Terra. Por nova Terra podemos entender um novo estado para o corpo da humanidade, bem como um Céu para sua alma. Este mundo não foi criado recentemente, mas manifesto recentemente e encheu-se com todos os que eram seus herdeiros. O novo céu e a nova Terra não serão distintos um do outro; a Terra dos santos, seus corpos glorificados, será agora espiritual e celestial, e adequada àquelas mansões puras e refulgentes. A fim de abrir caminho para o início deste novo mundo, o antigo mundo, com todos os seus problemas e comoções, passou.

(2) Neste novo mundo, o apóstolo viu a Cidade Santa, a Nova Jerusalém, vinda do Céu, não localmente, mas quanto a sua origem: esta Nova Jerusalém é a Igreja de Deus em seu novo e perfeito estado, preparada como uma noiva adornada para seu Marido, embelezada com todas as perfeições da sabedoria e da santidade, reunida para a plena fruição do Senhor Jesus Cristo na glória.

(3) A bendita presença de Deus com Seu povo é aqui proclamada e admirada: "Eis o tabernáculo de Deus com os seres humanos. Deus habitará com eles. Eles serão povo de Deus, e Deus mesmo estará com eles e será o Deus deles" (v.3). Observe: 1) A presença de Deus com Sua Igreja é a glória da Igreja. 2) É surpreendente que o Deus santo habite com qualquer dos filhos dos homens. 3) A presença de Deus com Seu povo no Céu não será interrompida como é na Terra, mas Ele habitará com eles continuamente. 4) A aliança, o cuidado e o relacionamento que há agora entre Deus e Seu povo serão preenchidos e aperfeiçoados no Céu.

(4) Esse novo e bendito estado será livre de todos os problemas e pesares, pois: 1) Todos os efeitos das aflições anteriores terão terminado. Anteriormente, eles estiveram em lágrimas por causa do pecado, da aflição e das calamidades da Igreja. Mas agora, todas as lágrimas serão enxutas, não haverá sinal, nenhuma recordação dos sofrimentos passados permanecerá a não ser para fazer a felicidade presente ainda maior. O próprio Deus, como um Pai terno, com Sua mão gentil, enxugará todas as lágrimas de Seus filhos; e eles não teriam ficado sem essas lágrimas se Deus não viesse para as enxugar. 2) Todas as causas de tristezas futuras serão removidas para sempre: "já não haverá mais morte, já não haverá luto, nem pranto" (v.4). Essas coisas são inerentes àquele estado no qual estavam antes, mas agora todas as coisas antigas passaram.

ANOTAÇÕES

....
....
....
....
....
....

ESTUDO 365

A Era da Igreja inicia

O EFEITO ETERNO DO LIVRO DE DEUS

Leitura bíblica: Apocalipse 22

Eis que venho sem demora, e comigo está a recompensa que tenho para dar a cada um segundo as suas obras. Eu sou o Alfa e o Ômega, o Primeiro e o Último, o Princípio e o Fim. APOCALIPSE 22:12-13

Nesta passagem há uma ratificação solene do conteúdo deste livro e, particularmente, desta última visão (embora alguns pensem que ela não se refere à totalidade do livro, mas à totalidade do Novo Testamento; sim, de toda a Bíblia, completando e confirmando o cânon das Escrituras); e aqui isso é confirmado:

(1) Pelo nome e pela natureza do Deus que concedeu essas revelações: Ele é o Senhor Deus, fiel e verdadeiro, e assim são todos os Seus ditos.

(2) Pelos mensageiros que Ele escolheu para revelar essas coisas ao mundo; os santos anjos os mostraram a santos homens de Deus; e Deus não empregaria Seus santos e Seus anjos para enganar o mundo.

(3) Elas logo serão confirmadas por seu cumprimento: são coisas que serão realizadas em breve. Cristo se apressará, Ele logo voltará e esclarecerá tudo, e isso provará os homens sábios e felizes que creram e guardaram as Suas palavras.

(4) Pela integridade daquele anjo que fora o guia do apóstolo e o intérprete dessas visões. Sua integridade foi tal que ele não somente rejeitou a adoração religiosa de João, mas também o repreendeu repetidas vezes por isso. Aquele que era tão sensível à honra de Deus e tão desgostoso do que era errado para Deus jamais viria em Seu nome para liderar o povo de Deus em meros sonhos e ilusões. Também serve com uma confirmação a mais da sinceridade desse apóstolo que ele confessa seu próprio pecado e tolice, nos quais recairá novamente, e deixa essa sua falha em registro perpétuo. Isso demonstra que ele era um escritor fiel e imparcial.

(5) Pela ordem de deixar o livro da profecia aberto, para ser examinado por todos, a fim de que possam se esforçar por compreendê-lo, para que possam fazer suas objeções contra ele e comparar a profecia com os acontecimentos. Deus aqui trata de modo livre e aberto com todos; não fala em secreto, mas convoca todos para testemunhar as declarações aqui feitas (v.10).

(6) Pelo efeito que esse livro terá sobre os homens, por ser mantido aberto. Aqueles que são impuros e injustos aproveitarão a oportunidade para piorarem ainda mais, porém ele confirmará, fortalecerá e santificará ainda mais aqueles que são retos com Deus. Será cheiro de vida para alguns e de morte para outros (2Co 2:16), e assim se mostrará como provindo de Deus (Ap 22:12).

(7) Será a regra de Cristo para o julgamento do grande Dia; Ele dispensará recompensas e punições aos homens de acordo com suas obras, se elas estão ou não de acordo com a Palavra de Deus. Por isso a própria Palavra deve ser fiel e verdadeira.

(8) É a Palavra daquele que é o Autor, consumador e recompensador da fé e da santidade de Seu povo (vv.13-14). Ele é o primeiro e o último, o mesmo do início ao fim, e assim é a Sua Palavra. Por meio dela, Ele dará a Seu povo, que se conforma a ela, o direito à árvore da vida e a entrada ao Céu, e isso será a plena confirmação da verdade e da autoridade de Sua Palavra, uma vez que ela contém o título e a evidência daquele estado confirmado de santidade e felicidade que permanece para Seu povo no Céu.

(9) É um livro que condena e exclui do Céu todos os perversos e ímpios, e, particularmente aqueles

que amam a mentira e a praticam (v.15), portanto, ele mesmo não pode ser um livro de mentiras.

(10) É confirmado pelo testemunho de Jesus, que é o Espírito de profecia. E esse Jesus, como Deus, é a Raiz de Davi, ainda que, como homem, seja seu descendente — a pessoa em quem todas as excelências criadas e não criadas se encontram, grande e bom demais para enganar Suas igrejas e o mundo. Ele é a fonte de toda luz, a brilhante Estrela da Manhã e, como tal, concedeu às Suas igrejas essa luz da manhã da profecia, para lhes assegurar a luz daquele Dia perfeito que se aproxima.

(11) É confirmado por um convite aberto e geral para que todos venham e tomem parte das promessas e privilégios do evangelho, essas correntes da água da vida; eles são oferecidos a todos os que sentem uma sede em sua alma que nada neste mundo pode saciar.

(12) É confirmado pelo testemunho conjunto do Espírito de Deus e aquele gracioso Espírito que habita em todos os verdadeiros membros da Igreja de Deus; o Espírito e a Noiva se unem em testemunhar a verdade e a excelência do evangelho.

(13) É confirmado pela sanção mais solene, condenando e amaldiçoando todos os que ousarem corromper ou mudar a Palavra de Deus, quer ao acrescentar a ela ou retirar dela (vv.18-19). Aqueles que acrescentam à Palavra de Deus atraem para si todas as pragas escritas neste livro; e aqueles que dela retiram qualquer coisa se excluem de todas as promessas e privilégios dela. Essa sanção é como uma espada flamejante para proteger o cânon das Escrituras de mãos profanas. Deus cercou a Lei com um muro semelhante a esse (Dt 4:2), bem como todo o Antigo Testamento (Ml 4:4). E agora dessa forma muito solene, Ele cerca toda a Bíblia, assegurando-nos de que ela é um livro de natureza sagradíssima, de autoridade divina e de máxima importância, por isso o cuidado especial do grande Deus.

ANOTAÇÕES

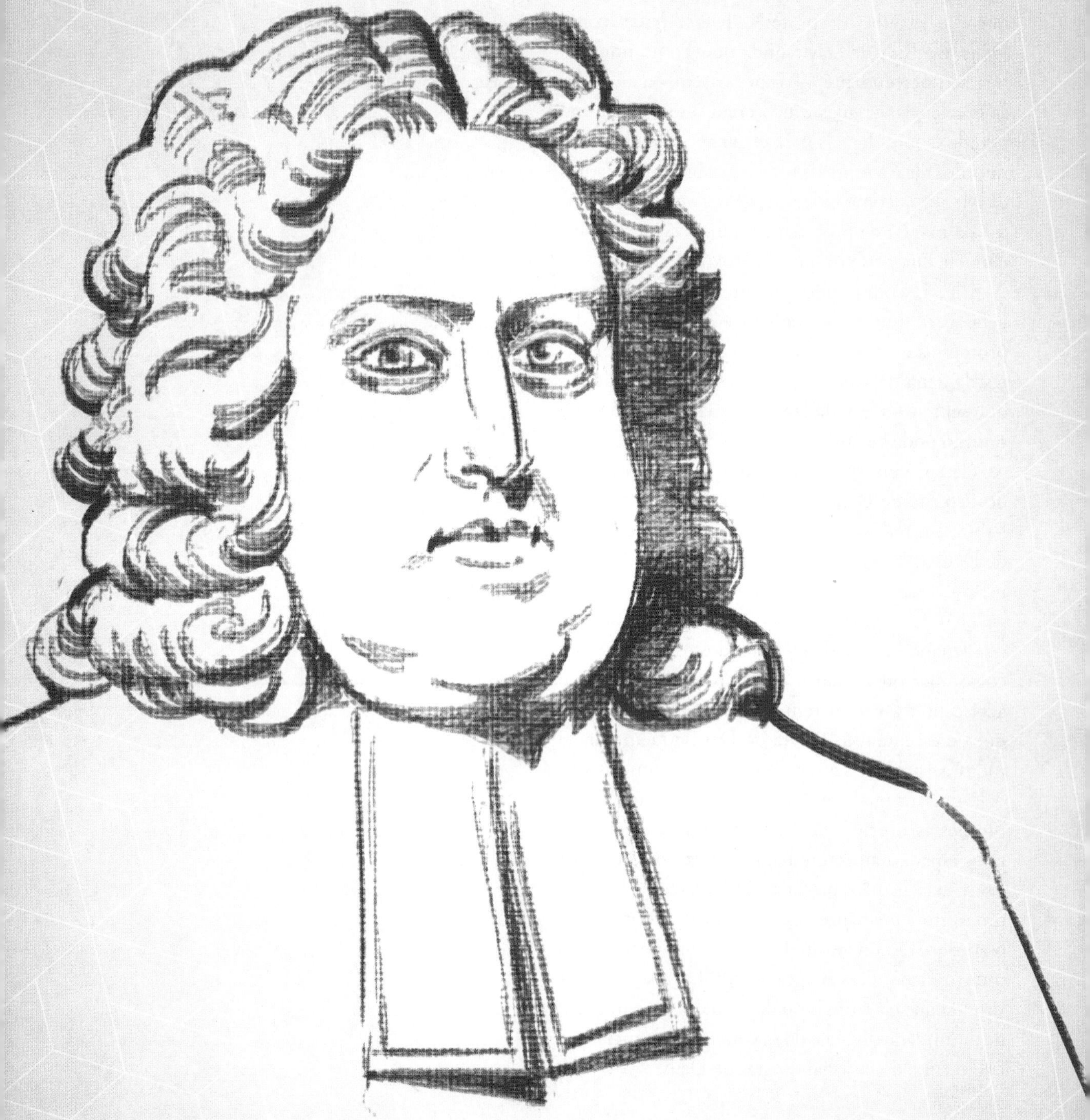

"Os que querem crescer na graça precisam ter sede de saber."

—Matthew Henry

Se você gostou desta leitura, compartilhe com outros!

- Presenteie alguém com um exemplar deste livro.
- Mencione-o em suas redes sociais.
- Escreva uma avaliação sobre ele em nosso site ou no site da loja onde você o adquiriu.
- Recomende este livro para a sua igreja, clube do livro ou para seus amigos.

Ministérios Pão Diário valoriza as opiniões e perspectivas de nossos leitores. Seu *feedback* é muito importante para aprimorarmos a experiência de leitura que nossos produtos proporcionam a você.

Conecte-se conosco:

Instagram: paodiariooficial
YouTube: @paodiariobrasil
Facebook: paodiariooficial
Site: www.paodiario.org

Ministérios Pão Diário
Caixa Postal 9740
82620-981 Curitiba/PR

Tel.: (41) 3257-4028
WhatsApp: (41) 99812-0007
E-mail: vendas@paodiario.org

Escaneie o QR Code e conheça todos os outros materiais disponíveis em nosso site:

publicacoespaodiario.com.br